Mainhardt Graf von Nayhauß

CHRONIST DER MACHT

Mainhardt Graf von Nayhauß

CHRONIST DER MACHT

Autobiographie

Siedler

MIX
Papier aus verantwortungsvollen Quellen
FSC® C014496

Verlagsgruppe Random House FSC® N001967
Das für dieses Buch verwendete FSC®-zertifizierte
Papier *Munken Premium Cream* liefert
Arctic Paper Munkedals AB, Schweden.

Erste Auflage
September 2014

Umschlaggestaltung: Rothfos + Gabler, Hamburg
Lektorat: Rüdiger Dammann, Berlin
Satz: Ditta Ahmadi, Berlin
Druck und Bindung: GGP Media GmbH, Pößneck
Printed in Germany 2014
ISBN 978-3-8275-0012-0

www.siedler-verlag.de

Gewidmet meinem Vater,
1933 von der Gestapo zu Tode gefoltert

Inhalt

Schatten der Kindheit

Das Unheil kommt in der Nacht

Maini schläft in seinem Kinderbett. Maini, das bin ich. Sechs Jahre alt. Mit allen Vornamen heiße ich Mainhardt Maria Stani Julius-Cäsar Eduard Franciscus Hubertus. Aber mein Vater, meine Mutter, mein Bruder und alle Freunde auf dem Spielplatz nennen mich nur Maini. Ich träume von der Schule, in die ich bald komme.

Plötzlich werde ich aus dem Schlaf gerissen. Es ist zehn Uhr abends. Aus der Diele unserer Wohnung in der Berliner Stierstraße dringt ohrenbetäubender Lärm. Gegenstände fallen krachend zu Boden. Zwischen lautem Klopfen brüllt jemand: »Aufmachen! Sofort aufmachen!« Ich höre Mamas Stimme: »Hilfe, Hilfe! Lassen Sie das!« Dann ein Riesenknall. Sekunden später wird die Tür zum Kinderzimmer aufgestoßen, Männer in dunklen Uniformen stürmen herein, knipsen das Licht an. Einer schreit: »Wo ist das Schwein!?«, reißt meine Bettdecke weg, wirft sie zu Boden, schaut unters Bett. Auch bei meinem kleinen Bruder Engelbert, »Engelchen« nennen wir ihn. Er fängt laut an zu weinen. Wir beide verstehen nicht, was vor sich geht.

Es ist Dienstag, der 7. März 1933.

Ich sehe durch die offene Tür, wie die fremden Männer ins Wohnzimmer stürmen, Schrank und Kommode aufreißen, in Papieren wühlen, Sachen in einen Sack stopfen. Dies und das fällt zu Boden. Manches heben sie auf, anderes lassen sie liegen, trampeln darauf herum. Meine Mutter ist ebenfalls ins Wohnzimmer geeilt, sie ruft wiederholt mit heller Stimme: »Was wollen Sie?« Einer faucht sie an: »Schnauze halten!« Ein anderer brüllt: »Wir suchen Ihren Mann! Wo ist er?«

»Das weiß ich nicht. Er ist verreist, schon länger unterwegs.«

»Besser, Sie sagen jetzt, wo er ist«, schreit der Mann. Sein Gesicht ist vor Erregung gerötet. »Keine Sorge, wir kriegen das Schwein. Und dann hat er nichts zu lachen.«

Am linken Arm ihrer Uniformjacken tragen die Eindringlinge eine Armbinde mit Hakenkreuz. Vorn an ihrer Schirmmütze, die durch einen Riemen am Kinn festgehalten wird, prangt ein silberner Totenkopf. Es sind sieben, vielleicht acht SS-Männer, wie mir meine Mutter später erklärt, als der Trupp nach einer halben Stunde wieder verschwunden ist.

»Was sind SS-Männer?«, frage ich.

»Das verstehst du nicht.«

»Wieso?«

»Weil du zu klein bist.«

»Ich bin nicht klein, Engelbert ist klein.«

»Hör auf zu nerven.«

Tränen rinnen über ihr Gesicht. Ich folge ihr in die Diele, traue meinen Augen nicht. Die schwere Wohnungstür hängt schief im Türrahmen, droht umzukippen. An einer Seite ist der Rahmen aus dem Mauerwerk herausgerissen und nur noch über das Schloss mit der Tür verbunden. Die Männer hatten sich zwischen Rahmen und Mauerwerk durchgequetscht. Am Boden überall Schutt und weißer Staub. Engelchen heult noch immer. Meine Mutter drückt ihn an sich, um ihn zu beruhigen. Er schluchzt, verschluckt sich, hustet. Sie bringt uns schließlich ins Bett. Es ist Mitternacht, bis wir einschlafen.

Vorher denke ich: Warum schimpfen sie meinen Papa ein Schwein? Meinen geliebten Vater, auf den ich so stolz bin. Wenn wir in Berlin Schiffsausflüge machten, ergatterte er für uns immer die besten Plätze – hinten auf dem Freiluftdeck, genau in der Mitte. In meinem Kinderbett sehe ich ihn in Gedanken vor mir: Er trägt einen hellen Strohhut mit breiter Krempe und schwarzem Rundumband – eine »Kreissäge« nennen das die Großen. Ich selbst habe einen weißen Matrosenanzug an, mit Seemannsknoten und schwarz-weiß gestreiftem Marinekragen. Gewiss, Papa kann auch streng sein. Vor allem wenn er mittags

Familie Nayhauß, vorn die Brüder Engelbert (li.) und Mainhardt, um 1932

ein Schläfchen hält und ich im selben Zimmer mit ihm schlafen soll. Ich bin ein zartes Kind, hatte Rachitis, der Kinderarzt warnte vor möglichem »Krüppeltum«. Aber ich kann mittags nicht schlafen, bin unruhig, wälze mich, was wiederum meinen Vater stört. Dann muss ich mich zur Strafe in die Zimmerecke stellen und heule. Meine Tränen hinterlassen feuchte Kleckse an der geblümten Tapete. Einmal verpasste mir Papa dafür eine Ohrfeige.

Anderntags, man schreibt den 8. März 1933, erstattet Gräfin Nayhauß Anzeige. Der zuständige Polizeibeamte auf dem örtlichen Revier begrüßt sie mit »Heil Hitler«. Mutter bleibt bei »Guten Tag«.

»Ich möchte Anzeige erstatten.«

»Gegen wen?«

»Gegen SS-Männer, die letzte Nacht in unsere Wohnung in der Stierstraße 4 eindrangen.«

Mutter bemerkt ein Zucken im Gesicht des Polizisten. Ist ihm die Anzeige unangenehm? Befürchtet er Scherereien mit seinen Vorgesetzten? Dann sagt er: »Das kommt in letzter Zeit leider öfter vor. Nicht nur SS-Leute sind da zugange, auch SA.« Er schiebt ihr ein Formular über den Tisch. »Füllen Sie das bitte aus.«

An der Wand der mit dunklem Holz eingerichteten Polizeistube hängt ein Porträt des Reichspräsidenten Paul von Hindenburg. Der hat etwa sechs Wochen zuvor, am 30. Januar, Adolf Hitler zum Reichskanzler ernannt, den Reichstag aufgelöst und Neuwahlen für den 5. März bestimmt.

Inzwischen geschehen aufregende Dinge: Das Reichstagsgebäude im Berliner Tiergarten fängt durch Brandstiftung Feuer. Der Berlin-Korrespondent des britischen Massenblattes »Daily Express«, Sefton Delmer, steht gerade am brennenden Reichstag, als der alarmierte Hitler dort eintrifft. »Er hatte seinen weichen schwarzen Künstlerhut tief ins Gesicht gezogen«, schreibt Delmer später. »Die Schöße seines Trenchcoats flatterten, als er, zwei Stufen auf einmal nehmend, die Treppe des Portals Nummer II hinauf stürmte. Hinter ihm Goebbels und die Männer der Leibwache.«

Delmer, für den Chef der Leibwache, Sepp Dietrich, kein Unbekannter, fragt, ob er mit durch die Polizeiabsperrung dürfe. »Schlängeln Sie sich mit durch«, antwortet dieser. Delmer ist der einzige Journalist vor Ort.

Auch Hitler kennt Delmer. Beim Rundgang durch das teilweise noch brennende Gebäude wendet sich der »Führer« an den Engländer: »Gott gebe, dass dies das Werk der Kommunisten ist. Sie erleben jetzt den Beginn einer neuen großen Epoche in der deutschen Geschichte, Herr Delmer. Dieser Brand ist der Auftakt dazu.«

Delmer gibt später seine Story mit den Hitler-Zitaten an die Londoner Redaktion durch, glaubt an den Scoop seines

Lebens. Er bekommt indes von der Zentrale die Antwort: »Wir wollen nicht diesen politischen Kram. Wir brauchen mehr über den Brand.« Die Dämlichkeit in Redaktionen ist bisweilen grenzenlos.

Von all dem ahnt der sechsjährige Maini natürlich nichts. Drei Jahrzehnte später – inzwischen selber Journalist – lernt er den englischen Reporter in Bonn kennen, ist Gast auf dessen »Valley Farm« in Suffolk, England, und arrangiert eine deutsche Ausgabe der Delmer-Memoiren mit dem Titel »Die Deutschen und ich«. Ein erstes Exemplar, das Delmer ihm zum Dank vermacht, trägt die Widmung: »For Mainhardt who is the godfather of this German edition. I hope he has as much fun in the reading of it, as I had in the writing.« Schicksalskreuzungen.

Nach dem Reichstagsbrand, Ende Februar 1933, erlässt Reichspräsident von Hindenburg eine Notverordnung »zum Schutz von Volk und Staat«. Wichtige Grundrechte werden bis auf weiteres außer Kraft gesetzt, über hunderttausend Regimegegner in der Folge verhaftet, mehrheitlich Kommunisten, aber auch andere. Die SA und die SS üben Terror aus, dringen in Wohnungen ein, stecken politische Gegner in ad hoc errichtete Isolierungslager. Das ist die politische Lage in Berlin, als am Abend des 7. März die Wohnung des Grafen Nayhauß überfallen wird.

Sein »Verbrechen«? Mit eigenem Geld hatte er im Jahr zuvor insgesamt 60 000 Exemplare einer selbstverfassten Anti-Nazi-Broschüre drucken lassen, die er nun auf Vortragsreisen unters Volk bringt. Sie trägt den Titel »Führer des Dritten Reichs!« Darin sind auf eng bedruckten Seiten die Straftaten wichtiger Nationalsozialisten aufgelistet: Meineide, Betrügereien, Urkundenfälschungen, Unterschlagungen und viele andere Entgleisungen, zum Beispiel: »Georg Berressen, führender Nationalsozialist in Koblenz, vierzehn Tage Gefängnis wegen Friedhofsschändung – hatte zwischen den Gräbern mit Mädchen Geschlechtsverkehr getrieben.«

Preis: 20 Pfg.

Führer des Dritten Reichs!

von

Clemens von Caramon

Berlin: 1932 / 21.—50. Tausend

Nicht nur lesen, weiter empfehlen, in Umlauf bringen.

Von Vater Stanislaus unter Decknamen verfasste Anti-Nazi-Broschüre, 1932

Wegen dieser Broschüre wird nach Graf Nayhauß gefahndet. Der aber setzt seine Vortragsreisen ungerührt fort. Das ist tollkühn. Oder leichtsinnig, wie man will. Andererseits macht er nur von seinem Recht auf freie Meinungsäußerung Gebrauch. Mittelfristig plant er, mit Frau und beiden Kindern über die Tschechoslowakei in die USA auszuwandern. Nur ein Visum fehlt noch.

»Wenn Sie mit dem Ausfüllen der Anzeige fertig sind, unterschreiben Sie bitte noch hier«, sagt der Polizeibeamte auf dem Revier. »Haben Sie auch die Gegenstände aufgelistet, die bei dem Überfall entwendet wurden?«, fährt er fort. »Wir werden zur Beobachtung gelegentlich Streifen in die Stierstraße schicken.« Will er nur vertrösten, oder hat der Mann keine Ahnung?

Denn der preußische Innenminister Hermann Göring hat die Polizei bereits angewiesen, Übergriffe von SS und SA nicht zu verfolgen, geschweige denn, dagegen einzuschreiten. Noch zwei Mal dringen Rollkommandos in die Wohnung des Grafen Nayhauß ein – auf der Suche nach dem »Volksfeind«. Erfolglos. Aber nichts geht ohne deutsche Bürokratie. Nach dem ersten Überfall erhält Gräfin Nayhauß von der Polizei eine Bescheinigung über die Beschlagnahme von 1550 Exemplaren der Broschüre »Führer des Dritten Reichs!«. Verräterisches Indiz, dass SS und Polizei zusammenarbeiten.

Am Volkstrauertag, dem 12. März 1933, schreibt Graf Nayhauß von unterwegs: »Mein liebes Erichen« – so nennt er zärtlich seine Frau Erika –, »eine ständige Seelenanspannung nimmt einen mit. Dazu das ständige Gefühl, jetzt kommen sie und holen dich! Du hast ja auch Furchtbares mitgemacht (...). Sag mal, haben die Strolche auch die Pfandscheine mitgenommen, das Grafendiplom, meine Zeitungen mit Berichten über das Buch und meine Vorträge? Was blieb denn in Schrank und Schreibtisch zurück?«

Dann, als begreife er das ganze Ausmaß des Unrechtssystems nicht: »Wir wollen ihnen einen schönen Schadensersatzprozess anhängen. Halte den Kopf hoch und sorge Dich nicht zu sehr um mich. Ich werde mich schon gut verstecken und durchschlagen. Und Geld verdienen, damit ich für Euch sorgen kann.«

Was er nicht ahnt: Er hat nur noch vier Monate zu leben.

Ein grausamer Fund

Der Schwimmer an der Rute des Anglers bewegt sich nicht. Es ist ein heißer Tag im Sommer 1933, der 20. Juli. Der Mann, der sich zum Angeln an den Bammelloch-Teich an der Chausseekreuzung im oberschlesischen Löwen-Falkenberg gesetzt hat, döst vor sich hin. Plötzlich stutzt er: Knapp unter der Wasseroberfläche – der Pegel ist wegen der großen Hitze stark gesunken – sieht er die Konturen eines menschlichen Körpers. Der Angler alarmiert die Polizei.

Kurz darauf vermelden die »Breslauer Neuesten Nachrichten«: »Die Leiche ist unkenntlich, da sie etwa acht bis vierzehn Tage im Wasser gelegen hat. Sie war an Händen und Füßen mit einem zwei Millimeter starken Draht gefesselt und mit einem 96 Pfund schweren Stein beschwert. Der Tote war bekleidet, jedoch fehlten die Schuhe. Es besteht die Möglichkeit, dass der Mann gefesselt lebendig ins Wasser geworfen worden ist, was jedoch bisher nicht einwandfrei festgestellt werden konnte. Zweckdienliche Angaben erbittet die Kriminalpolizei Breslau, fünftes Kommissariat.«

Die »zweckdienlichen Angaben« bleiben aus. Wer etwas weiß oder auch nur ahnt, schweigt vorsorglich. Aber die ermittelnden Polizisten geben nicht auf und lassen sich etwas Besonderes einfallen.

Am 27. August 1933 erscheint in der »Zahnärztlichen Mitteilung«, der Verbandszeitschrift der Zahnärzte in Deutschland, auf den Seiten 962 und 963 ein polizeilicher Aufruf zur Identifizierung einer Leiche. Nach Nennung des Fundortes folgt eine Beschreibung des Toten: »1,71 Meter groß, beleibt, 40 – 50 Jahre alt, anscheinend blondes oder graumeliertes Haar, glatt rasiert, volles rundes Gesicht, hohe Stirn, gradlinige, dicke Nase, großer Mund, wulstige Lippen, gepflegte Hände, kleine Füße, Zähne lückenhaft, teilweise Goldkronen, im Unterkiefer ein Ersatzstück aus Kautschuk, die beiden oberen linken Schneidezähne und der Eckzahn durch eine Ligatur mit Draht verbunden (…).

Nach fachärztlichem Gutachten hat der Tote vor nicht langer Zeit in zahnärztlicher Behandlung gestanden. Zahnschema nachstehend.

Zur Aufklärung dieses schweren Verbrechens ist zunächst die Feststellung der Persönlichkeit des unbekannten Toten unbedingt erforderlich, und eine Veröffentlichung in der Fachpresse dürfte bestimmt zum Erfolg führen. Nachrichten werden erbeten an die Staatsanwaltschaft in Brieg zum Aktenzeichen 3 J 658/33 und an die Landeskriminalpolizeistelle in Gleiwitz, Oberschlesien.«

Zum Zeitpunkt dieser Veröffentlichung hat Mutter schon seit Wochen nichts mehr von ihrem Mann gehört. Sie weiß, er ist auf Vortragsreise. Üblicherweise schreibt er fast täglich. Aber die letzte Nachricht kam vor gut zwei Monaten aus Breslau, datiert vom 25. Juni: »(…) und dann wird man mich holen. Sie werden sich aber hüten, sowie man ihnen die Zähne zeigt.«

Mutter wird von Tag zu Tag unruhiger. Sie schläft schlecht, isst kaum. Ich frage: »Mutti, was ist? Warum bist du traurig?« Sie wischt sich mit einem Seidentüchlein die Tränen weg. »Nichts Besonderes, Mainerle. Geh spielen.«

Wenig später bringt der Briefträger eine Postkarte. Absender ist der Breslauer Polizeipräsident. Sie ist vom 14. Juli 1933 und enthält die Mitteilung, dass Vater am 26. Juni in »Schutzhaft« genommen und der Staatspolizeistelle in Oppeln übergeben worden sei. In »Schutzhaft«? Mutter versteht den Begriff nicht. Wer musste vor wem geschützt werden? Ihr Mann vor Menschen, die ihm Böses wollen? Oder mussten andere geschützt werden vor ihrem Mann? Sie ahnt Schlimmes, sucht Rat und Trost bei ihrer Mutter, Schwester Nora und ihrer französischen Freundin Mary Knief, die um die Ecke wohnt.

Ende August nimmt das Unheil seinen Lauf. Der Berliner Zahnarzt Dr. Handschuck liest in der Fachzeitschrift seiner Berufsorganisation den Polizeiaufruf zur Identifizierung einer Leiche und erkennt in der abgedruckten Zeichnung zweifelsfrei das Gebiss eines seiner Patienten: des Königlich-Preußischen Ritt-

Stanislaus Graf von Nayhauß-Cormons, 1928

meisters a.D. Stanislaus Graf von Nayhauß-Cormons, wohnhaft Berlin-Friedenau, Stierstraße 4. Er benachrichtigt Mutter. Sie trifft die Nachricht wie ein Keulenschlag. Ihre Gedanken überschlagen sich: Mein geliebter Stani tot? Wer hat ihm das angetan? Was soll ich jetzt bloß machen? Wie sag ich es Mainhardt und Engelbert? Wovon sollen wir jetzt leben? Die September-Miete für die Wohnung ist fällig. Sie kann keinen klaren Gedanken fassen.

Als sie schließlich zur Ruhe kommt, setzt sie sich noch am selben Tag mit dem Berliner Polizeipräsidium in Verbindung und gibt die Feststellung des Zahnarztes weiter: »Die Leiche ist mit an Bestimmtheit grenzender Wahrscheinlichkeit mein Mann.«

Der Beamte erklärt ihr, man werde erst einmal per Funkspruch die Landeskriminalpolizeistelle in Gleiwitz benachrichtigen. »Sie hören von uns.« Parallel geht ein Funkspruch an die Polizei im oberschlesischen Oppeln, wo sich Graf Nayhauß angeblich in »Schutzhaft« befand. Täglich ruft Mutter im Polizeipräsidium an, ohne etwas Neues zu erfahren. Die Ungewissheit über das Schicksal ihres Mannes ist fast unerträglich. Am 1. September lässt man sie schließlich wissen, dass sich die Gestapo, die Geheime Staatspolizei, eingeschaltet und dem Berliner Polizeipräsidium untersagt habe, weiter in der Sache des Grafen Nayhauß zu recherchieren und jedwede Auskunft zu geben. Aber Mutter ist eine mutige Frau und wagt sich in die Höhle des Löwen – ins Gestapo-Hauptquartier, das Geheime Staatspolizeiamt in der Prinz-Albrecht-Straße 8. Ihr Herz schlägt heftig, als sie das Gebäude betritt. Doch ihre Furcht ist unbegründet. Die Herren des Schreckens sind eher überrumpelt, reagieren wie Beamte, lassen die »dreiste Person« einfach auflaufen, erklären sich für »nicht zuständig«. Mutter lässt sich aber nicht so einfach abweisen. Sie wird wiederholt vorstellig, fragt penetrant nach. Und zeigt den Herren die bewusste Karte mit der polizeilichen Mitteilung.

Im November 1933 beendet die Gestapo das Katz-und-Maus-Spiel und bestätigt die Mordtat an Vater, verbindet das Eingeständnis jedoch mit der strikten Auflage, unter allen Umständen gegenüber jedermann, auch den eigenen Kindern, zu schweigen: »Sonst bist du dran!« Man verweigert die Herausgabe der Leiche und der persönlichen Gegenstände, die Vater bei sich hatte. Es wird auch keine Sterbeurkunde ausgestellt und keine finanzielle Entschädigung gewährt. Aber Mutter gibt nicht auf. Mit Datum vom 28. Mai 1934 schreibt sie an keinen Geringeren als Adolf Hitler, an den »Herrn Reichskanzler«, wie er inzwischen offiziell anzusprechen ist. Und: Sie droht ihm, die Ermordung ihres Mannes durch die NS-Schergen publik zu machen. Welch kühne Tat, die nur mit der verzweifelten Lage eines Menschen zu erklären ist, der plötzlich ohne einen Pfennig dasteht:

»Meine Schreiben vom 6. September, 14. September, 5. Oktober und 24. Oktober, sämtlich unter ›Einschreiben‹ an den Herrn Justizminister gesandt, blieben wider alle Erwartungen bis heute trotz der außerordentlichen Wichtigkeit der Angelegenheit – nicht allein für mich – unbeantwortet. Die Schreiben wurden aber auch von anderer behördlicher Stelle nicht erledigt. Ich wäre daher gezwungen, die Angelegenheit zum Gegenstand einer öffentlichen Klage zu machen. Deshalb wende ich mich zunächst noch an Sie, sehr geehrter Herr Reichskanzler, mit der Bitte um Ihr gütiges Eingreifen und Ihre Entscheidung gemäß meiner am Schlusse dieses Briefes gestellten Anträge.

Wie unsagbar schwer mir das Leben gemacht ist, können Sie sich, sehr geehrter Herr Reichskanzler, gar nicht vorstellen. Welch unglaublich schwere Nervenkrise ich durchzumachen hatte und heute noch schwer gesundheitlich zu leiden habe, seit ich die von der Staatsanwaltschaft nach der Auffindung der Leiche aufgenommenen Bilder gesehen habe. Es ist ein wahrhaft grauenvolles Bild, welches Schrecken und Qualen verrät; und wenn ich dann die ausführlichen Berichte in den verschiedenen Tageszeitungen lesen musste – der Staatsanwalt glaubte ja anfänglich an einen Raubmord –, nach welchen der Tote, lebendig und bei Bewusstsein gefesselt, ins Wasser geworfen sein müsse, dann war ich am Ende meiner Kraft und empfinde die Schwere erst recht durch die wirtschaftliche Notlage, die durch den Tod meines Mannes an die Stelle einer sorglosen Zukunft getreten ist.

Ich fühle mich als deutsche Frau, Tochter des ehem. Königlichen Preußischen Majors von Mosengeil und Ehefrau eines ehem. Königlich Preußischen Rittmeisters im nationalsozialistischen Staate rechtlos, weil man mich [die nächsten drei Worte unterstreicht sie] *ohne jede Begründung* einfach rechtlos gemacht hat. An Stelle dessen verlangt man von mir ein ungeheuerliches absolutes Schweigen, welches naturgemäß mit der Zeit zermürbt, nachdem durch diesen Mord mir der Mann, meinen Kindern der Vater und der Familie der Ernährer genommen worden ist!

Das sind Zustände, sehr geehrter Herr Reichskanzler, die Ihnen bestimmt unbekannt geblieben sind und von Ihnen niemals gutgeheißen werden würden. Ich bitte deshalb gehorsamst, anzuordnen:

1.) Dass mir ein auf den Namen meines Mannes, dem Rittmeister a.D. Stanislaus Graf von Nayhauß-Cormons, ausgestellter Totenschein ausgehändigt wird;

2.) Dass mir das Gepäck, Kleiderstücke und Wertsachen, die mein Mann bei seiner Inhaftierung im Besitz gehabt hat, umgehend ausgeliefert werden;

3.) Dass die sterblichen Überreste meines Mannes von dem Stroschwitzer Friedhof aus dem Grab des ›Unbekannten Toten‹ an einen von mir noch näher zu bestimmenden Ort auf Staatskosten überführt werden und dass ich bei der Überführung mit einem Begleiter zugegen bin und mir wegen meiner Mittellosigkeit freie Hin- und Rückfahrt – das Gleiche für meinen Begleiter – gewährt werden, und

4.) Dass mein Schadensersatzanspruch, den ich auf Verlangen gern näher präzisiere, anerkannt wird.«

Dann schlägt Mutter, als sei sie Herrin des Verfahrens, sogar einen Tauschhandel vor: »Dabei verzichte ich aus Gründen der Staatssicherheit auf eine Aufklärung des Falles bzw. auf weitere Ermittlungen, die die Mordtat selbst, Täter und Mittäter betreffen.«

Als sie den Brief abgeschickt hat, schwindet ihr Mut, Angst beschleicht sie, lässt sie in der Nacht nicht schlafen. Was, wenn auch sie abgeholt und in »Schutzhaft« genommen wird? Wenn man sie foltert, fesselt und in einem schmutzigen Tümpel versenkt? Maini und Engelchen dann gänzlich ohne Eltern?

In Deutschland herrschen Willkür und Terror. Menschen verschwinden, Bücher werden öffentlich verbrannt, jüdische Geschäfte geplündert, auf den Straßen Berlins fallen des Nachts Schüsse. Aber in den Amtsstuben geht alles weiter seinen bürokratischen Gang.

So schreibt am 25. Juni 1934 der Reichsminister der Justiz, Dr. Gürtner, an Hitler: »Der Herr Stellvertreter des Reichskanzlers hat mir die Angelegenheit der Gräfin von Nayhauß-Cormons vom 28. Mai 1934, die ihm übergeben worden ist, mit dem Anheimstellen zugeleitet, sie dem Herrn Reichskanzler vorzulegen. Ich entspreche diesem Ersuchen und beehre mich gleichzeitig mitzuteilen, dass der Vorgang im Reichsjustizministerium bisher nicht bekannt war. Ich werde mich über die Sachlage unterrichten.« Parallel wird der Vorgang dem Herrn Reichsminister des Inneren »ergebenst übersandt«.

Der Vorgang im »Reichsjustizministerium nicht bekannt«? Eine eiskalte Lüge. Bereits im vorausgegangenen Herbst hatte Mutter den Reichsjustizminister per Einschreiben um Aufklärung des Mordes an Vater gebeten, »der geeignet ist, das Ansehen der in Frage kommenden Behörden zu schädigen«.

Es wird gelogen und vertuscht, Zuständigkeiten werden hin- und hergeschoben. Derweil steht unserer Familie finanziell das Wasser bis zum Hals. Nach Vaters Verschwinden muss die Wohnung in der Stierstraße aufgegeben werden. Wir ziehen im August 1933 in den am südlichen Rand Berlins gelegenen Ortsteil Britz um, genauer in die Miningstraße 58. Dort wohnen wir in einem Reihenhaus – Teil der Jahrzehnte später zum Weltkulturerbe erklärten Hufeisensiedlung –, zusammen mit der Großmutter mütterlicherseits, von deren Offizierspension wir leben, und Mutters älterer Schwester, »Tante Ilse«. Bruder Engelbert und ich wachsen also in einem Dreifrauenhaushalt auf.

Mutter gibt den Kampf mit den Behörden nicht auf. Sie wartet immer noch auf eine Antwort Hitlers auf ihren Brief.

Schließlich erhält sie nach sechs Monaten vom »Reichs- und Preußischen Justizministerium« per 24. November 1934 ein Schreiben. Trocken und mitleidlos wird festgestellt:

> »Das Verfahren betreffend das Ableben ihres Ehemannes ist auf Grund des Erlasses des Herrn Preußischen Ministerpräsidenten vom 22. Juli 1933 (JMBl. S.235) in Verbindung mit der Allgemeinen Verfügung vom 25. Juli 1933 (JMBl. S.236) betreffend Gnadenerweise aus Anlass der Beendigung der nationalsozialistischen Revolution durch Erlass vom 21. September 1933 niedergeschlagen worden. Sie sind auf Ihre Eingaben vom 6. September, 14. September, 5. Oktober und 24. Oktober 1933 am 27. Oktober 1933 von dem Staatsanwaltschaftsrat Dr. Conrady im Geheimen Staatspolizeiamt Berlin SW.11, Prinz Albrechtstraße 8, eingehend mündlich beschieden worden.
> Hinsichtlich der von Ihnen beantragten ordnungsgemäßen Sterbeurkunde nehme ich auf mein Schreiben vom 23. Juli 1934 Bezug.
> Im Auftrage. Gez. Von Haacke«

Für Mutter ist es wie ein Albtraum: Die Mörder ihres Mannes werden »wegen Beendigung der nationalsozialistischen Revolution« freigesprochen? Wie Tausende anderer NS-Opfer bekommt sie unerbittlich ihre Rechtlosigkeit zu spüren. Aber sie gibt nicht auf, sucht juristischen Beistand, den Berliner Rechtsanwalt und Notar Max Becker. Doch auch dessen Eingaben bleiben ohne Erfolg. Am 9. März 1935 wird Anwalt Becker von Hitlers Staatssekretär und Chef der Reichskanzlei, Dr. Lammers, brieflich abgespeist:

> »1. Die Aushändigung einer Sterbeurkunde für den verstorbenen Grafen von Nayhauß-Cormons konnte nach Mitteilung des Herrn Reichs- und Preußischen Justizministers nicht erfolgen, weil die Gräfin Nayhauß dem für die Berichtigung der

Eintragung im Sterberegister zuständigen Amtsgericht in Löwen keine Geburtsurkunde des Verstorbenen eingereicht hatte. Gräfin Nayhauß wurde von dem Herrn Justizminister mit Schreiben vom 23. Juli 1934 zur Vorlage einer Geburtsurkunde erneut aufgefordert. Es darf angenommen werden, dass dieser Punkt hierauf seine Erledigung gefunden hat.
2. Die Bekleidungsstücke und Wertsachen des Verstorbenen sind nach Mitteilung des Herrn Reichs- und Preußischen Justizminister der Gräfin Nayhauß am 19. Februar 1934 vom Geheimen Staatspolizeiamt zugesandt worden.
3. Dem Antrage, die sterblichen Überreste des Grafen Nayhauß auf Staatskosten nach einem noch zu bestimmenden Ort zu überführen, vermag der Herrn Reichs- und Preußische Minister des Inneren in Anbetracht der gesamten Umstände des Falls nicht näher zu treten.
4. Ebenso glaubt der Herr Reichs- und Preußische Minister des Inneren, dem Antrag auf Gewährung einer Entschädigung für die Witwe des Grafen Nayhauß nicht entsprechen zu können. Es muss danach der Entscheidung der Gräfin Nayhauß überlassen bleiben, ob sie wegen Ziff. 2 und 4 ihres Antrages den Weg der gerichtlichen Klage beschreiten will.

Heil Hitler!

Dr. Lammers«

Mein Leben als Halbwaise

Wir leben nun schon seit einiger Zeit in Berlin-Britz. Vater war noch auf einem Schloss im schlesischen Nieder-Baumgarten geboren, Großvater dort einst Herr über mehrere Rittergüter, zudem Reichstagsabgeordneter und langjähriges Mitglied des Preußischen Landtags für die Zentrumspartei – und die Nachfahren sind nun Bewohner einer Reihenhaus-Siedlung, die vorwiegend von Angestellten, Beamten und Handwerkern bewohnt ist. Auch die spätere Chefsekretärin Helmut Schmidts, Liselotte

Schmarsow, wächst in diesem Viertel auf. Hier, nach Einzug in das Reihenhaus, erfahren mein Bruder und ich vom Tod unseres Vaters. Es ist ein warmer Sommertag. Wir spielen in einer Sandkiste im kleinen Garten hinter dem Haus. Mutter ruft aus dem Fenster: »Maini, Engelchen! Kommt mal rein. Ich hab euch was zu sagen.«

Ihre Stimme klingt gebrochen, uns Kindern fällt das nicht auf. Aber als wir ins Zimmer treten, sehen wir Tränen in ihrem Gesicht.

»Mutti, warum weinst du?«, frage ich zaghaft.

»Der Papa ist tot!«

Nach ein paar Schrecksekunden fangen auch wir an zu weinen. Mutter zieht uns beide auf das geblümte Sofa, auf dem sie sitzt. Jeden auf eine Seite. Unsere Köpfe drückt sie an ihre Brust. »Warum ist Papa tot?«, frage ich. Engelbert schreit: »Ja, warum?«

»Das erzähl ich euch später mal. Nicht jetzt.«

»Warum später?«

»Auch das sage ich euch später. Er ist jetzt im Himmel.« Sie hat Mühe, sich zu beherrschen. »Geht jetzt wieder in den Garten«, sagt sie und schiebt uns sanft, aber bestimmt vom Sofa. In der Buddelkiste haben wir uns eine Autorennbahn gebaut, spielen mit kleinen, hölzernen Rennwagen weiter um die Wette. »Du bist dran«, sage ich zu Engelbert. Er mimt Bernd Rosemeyer auf Auto-Union, ich Rudolf Caracciola, Mercedes, die damals populärsten Rennfahrer. Vaters Tod ist schnell verdrängt.

Ich erlebe, obwohl Halbwaise, in Britz eine glückliche, wilde Kindheit. Rechts neben unserem Haus stehen zwei riesige Pappeln, die ich zum Entsetzen meiner Mutter immer wieder bis zur Spitze hochklettere. Im nahe gelegenen Teltow-Kanal bringe ich mir das Schwimmen bei. Vorbeigleitenden Berufsschiffern, die mich mit drohendem Zeigefinger vor der Strömung warnen, strecke ich die Zunge raus. Ich schließe mich einer Clique an. Respekt verschaffe ich mir auf dreiste Weise. Als mich eines Tages der Älteste – wir nennen ihn nur »Langer« – zum wiederholten Mal auffordert, mich zum Gaudi der Gruppe mit einem stärkeren Jungen zu prügeln, verweigere ich mich. Darauf herrscht er mich an: »Maini, entweder du machst, was ich dir sage, oder du kriegst von mir eine gescheuert!«

Da ziehe ich aus der Tasche meiner kurzen Hose einen mit Platzpatronen geladenen Trommelrevolver (weiß der Teufel, wie ich an den herangekommen bin), ziele aus etwa einem Meter Entfernung auf sein Gesicht und drücke ab. Seine Augen sind weit aufgerissen, Nase und Stirn vom Feuerstrahl der Platzpatrone kohlrabenschwarz. Ich renne fort, so schnell ich kann. Mein Herz schlägt wild. Mich nur nicht vom Langen erwischen lassen. Danach traue mich für Tage nicht auf die Straße – bis mein Freund »Schnelli« kommt: »Kannst ruhig wieder zu uns kommen. Der Lange tut dir nichts. Der hat jetzt Schiss vor dir.«

Eine Lektion fürs Leben: sich nicht alles gefallen lassen. Aber der erste Schlag muss sitzen.

In der Clique treiben wir uns herum – schaufeln Nachbarn Pferdeäpfel durch die Briefschlitze der Wohnungstür, legen Pflastersteine auf die Schienen der Straßenbahn, damit es knirscht und knallt, fahren mit der Straßenbahn, ohne zu bezahlen, nach Neukölln ins Kaufhaus, klauen Spielsachen und Süßigkeiten. Im Winter sind wir friedfertig, laufen im benachbarten Ortsteil Buckow abends auf einem beleuchteten Teich Schlittschuh, singen zu einem Schlager, der aus Lautsprechern dröhnt: »Wenn ich die blonde Inge abends nach Hause bringe«.

Als ein Zirkus mit Löwen, Bären, Kamelen, Dompteur und Kapelle in Britz gastiert – »Volkspreise: Erwachsene ab 40 Pfennige, Kinder ab 25 Pfennige aufwärts« –, sitzt meine Mutter in der ersten Reihe und fällt bei Vorstellungsbeginn fast vom Stuhl: Ihr Maini zieht gleich zu Anfang und dann vor jedem Akt den Vorhang auf und später wieder zu.

Zu Hause ist das Geld knapp, Fleisch gibt es allenfalls sonntags. Das Fahrrad, das ich mir zu Weihnachten wünsche, ist ein gebrauchtes Erwachsenenrad. Viel zu groß für mich. Prompt erradle ich mir einen wunden Hintern.

Die ständigen Geldsorgen veranlassen Mutter, sich mit der Ablehnung einer Entschädigung für den Mord an Vater nicht zufriedenzugeben. Sie zieht vor das Berliner Landgericht und strengt ein Armenrechtsverfahren an. Zwangsläufig muss sie den Mord an ihrem Mann durch die Gestapo offenlegen, obwohl sie zum Stillschweigen verpflichtet ist – »sonst bist du dran«. Da durch die Hartnäckigkeit meiner Mutter aber mittlerweile viele Beamte – im Reichskanzleramt, im Innen- wie Justizministerium, im Berliner Polizeipräsidium, im Büro des Reichspräsidenten – mit dem »Fall Nayhauß« befasst sind, wäre es ein Risiko, nun auch die Gräfin Nayhauß wie ihren Mann sang- und klanglos verschwinden zu lassen. Stattdessen beschließt man, den Fall aus der Welt zu schaffen. So ergeht am 4. Dezember 1936 vom Reichs- und Preußischen Minister des Inneren an den Polizeipräsidenten in Berlin mit den Vermerken »Sofort« und »Geheim« folgende Anweisung:

> »Der Gräfin Erika von Nayhauß-Cormons und ihren beiden Kindern wird anlässlich des Ablebens ihres Ehemannes bezw. Vaters aus Billigkeitsgründen vom 1. Dezember 1936 an eine monatliche Rente von 350 RM ›Dreihundertfünfzig RM‹ aus Reichsmitteln bewilligt. Von diesem Betrage stehen der Gräfin selbst 150 RM, ihren Kindern je 100 RM zu. Die Rente für die Gräfin wird lebenslänglich, die Renten für die Kinder bis zur Vollendung des 25. Lebensjahres gewährt. [...]. Ferner bewillige ich der Gräfin von Nayhauß-Cormons eine einmalige Entschädigung von 2500 RM ›Zweitausendfünfhundert RM‹ aus Reichsmitteln.«

In ihrer schönen, mit lila Tinte geschriebenen Schrift vermeldet sie einer Verwandten in Heidelberg:

> »Mir wurde eine große Weihnachtsfreude zu Teil. Denkt Euch – mein schwerer Kampf ist nun zu Ende geführt und siegreich für mich. Was dies für mich bedeutet, wisst Ihr.

Wenn der Sieg auch überaus wehmutsvoll ist – so muss ich glücklich sein über diesen Erfolg, nun die Zukunft meiner Kinder gesichert zu wissen, ebenso die meine. Auch hat es mir moralisch eine große Befriedigung gegeben und neues Vertrauen. Man hat sich sehr anständig gezeigt und mir damit den Beweis geben wollen, gut zu machen, was möglich ist. Das Andere ist unwiederbringlich und wird mich auch wie ein düsterer Schatten mein Leben begleiten.

Den Kindern geht es gottlob gut, und ich hoffe, es bricht für mich ein Jahr an, in welchem ich nun, erlöst von schweren Gedanken um das ›Wohl und Wehe‹ meiner Kinder nun mutig mit ihnen vorwärts streben kann. – Wahrscheinlich kommt Mainhardt nach Potsdam (Kadettenhaus). ›Mami‹ ist zu nachgiebig und schwach, und ich fürchte Nachteile für ihn [gemeint, wenn er bei seiner Mutter aufwächst]. Aber es ist zu schwer für mich, den endgültigen Entschluss zu fassen.«

Sie schreibt weiter: »Ich werde wohl nun bald von hier fortziehen – wieder in die Stadt. Britz liegt zu sehr ab und ist nichts für die Jungens auf die Dauer.«

Damit beginnt ein neuer Abschnitt ihres Lebens, das einst wohlbehütet begonnen hatte.

Familiengeschichten

Mutter Erika: Immer das letzte Wort

Geboren wird Erika am 2. Januar des Jahres 1890 in Cassel, das man damals noch mit ›C‹ schreibt. Sie hat zwei ältere Geschwister, Ilse und Nora. Der Vater, Eduard von Mosengeil, ist Offizier, seinerzeit Hauptmann und Kompaniechef im 3. Hessischen Infanterie-Regiment. Getauft wird sie auf die Vornamen Anna Marie Erika.

Bedingt durch den Soldatenberuf des Vaters beginnt zunächst ein unruhiges Leben. Kaum vier Monate nach der Geburt zieht die Familie nach Kehl am Rhein um, wohin der Vater versetzt wird. Drei Jahre später geht es nach Gelnhausen, westlich von Frankfurt am Main, und von dort nach Meiningen im Thüringischen.

Mit sechs bekommt sie eine Hauslehrerin, wird zudem von einem Kinderfräulein betreut. Mit neun besucht sie in Meiningen eine reguläre Schule, erhält Klavierunterricht, später auch Gesangsunterricht. Mit sechzehn beendet sie ihre Schulzeit und stellt rückblickend fest: »Die Lehrer meinten, ich wollte immer das letzte Wort haben. Aber wenn ich fest davon überzeugt bin, Recht zu haben, kann ich nicht klein beigeben.«

Später in Halberstadt trifft sie, inzwischen siebzehn, auf einem Tennisplatz erstmals ihren späteren Mann: Stanislaus Graf von Nayhauß-Cormons, Leutnant bei den »Seydlitz-Kürassieren«, auch »Bismarck-Kürassiere« genannt, weil deren Kommandant später der erste Reichskanzler wurde. Wieder in Meiningen, besucht Erika zur Vervollständigung ihrer Ausbildung eine Kochschule.

Die Mosengeils gehören zwar zum einfachen Adel, genießen aber nicht nur in Meiningen, sondern in ganz Thüringen

Haus der Familie Mosengeil in Meiningen, Thüringen

besondere Hochachtung. Die verdankt sich vor allem Erikas Urgroßvater, Friedrich von Mosengeil, Jahrgang 1773. Drei Dinge machten ihn bedeutend: seine Schriftstellerei, die er neben seiner Arbeit als Gemeindepfarrer ausübte (er schrieb unter anderem Beiträge für Christoph Martin Wielands »Der teutsche Merkur«); zweitens war er schon mit 23 Jahren einer der Erfinder der deutschen Stenografie, der Kurzschrift; und zum Dritten wurde er mit 32 zum Erzieher des fünfjährigen Erbprinzen Bernhard von Sachsen-Meiningen bestellt – mit Wohnrecht im herzoglichen Schloss, dem Titel eines Consisterialrates und einem jährlichen Salär von 500 Talern.

Es war die Zeit der Napoleonischen Kriege. Auch das Herzogtum Meiningen blieb in den folgenden zehn Jahren von Besatzungen, Seuchen und Teuerungen nicht verschont. Im Frieden von Posen vom 11. Dezember 1806 zwischen Frankreich und Kursachsen – eine Folge der von Preußen im Oktober desselben Jahres verlorenen Schlacht bei Jena – wurde Meiningen gezwungen, dem Rheinbund beizutreten, und war nun Alliierter des verhassten Napoleon.

Auch Friedrichs Sohn Julius wird Pfarrer, während Enkel Eduard von Mosengeil, Mutters Vater also, die Offizierslaufbahn einschlägt. Bei einer Abendgesellschaft ist seine Tischdame ein Fräulein Helene Zimmermann, mit dem er sich achtzehn Tage später verlobt. Für die Heirat, die ein halbes Jahr darauf folgt, ist damals für einen Offizier ein Dispens des Kaisers erforderlich, der nur bei gutem Leumund und notariell beurkundetem Vermögensnachweis der Braut erteilt wird.

Eduard, nebst Helene und den drei Töchtern, lebt nach zahlreichen Versetzungen ab 1899 als pensionierter Major wieder in seiner Heimatstadt Meiningen, in dem ihm so vertrauten Haus, das sein Großvater Friedrich Mosengeil 1821 erworben hatte und wo er aufgewachsen war.

Erika hat eine unbeschwerte, glückliche Jugendzeit. Die Mädchen, zu jungen Frauen herangewachsen, besitzen Tanzkarten, auf denen die Herren sich vorab eintragen müssen. Erikas Tanzkarte ist stets schnell ausgebucht. Wer dann noch kommt, erhält einen Korb. Auch das Schlittschuhlaufen auf den gefrorenen Gewässern des Englischen Gartens macht Erika Vergnügen: »Als junge Damen haben wir mit den Herrn Leutnants nette Stunden verlebt. Es wurden auch Eisfeste vom Regiment arrangiert, hinterher mit Tanz im Casino. Auf dem Eis gab es Punsch und Pfannkuchen, Lampions, Fackeln und Regimentsmusik.«

Die größten Familienfeste waren die Hochzeiten, die fast immer im Hause der Braut gefeiert wurden. An drei Sonntagen hintereinander wurde das Brautpaar von der Kanzel herab ausgerufen. Der Dienstag danach war allgemein der Hochzeitstag. Bereits vierzehn Tage vor dem Fest wurden vom Brautpaar die Hochzeitsgäste eingeladen. Deren Zahl war für gewöhnlich ansehnlich, die Geschenke hingegen meist bescheiden. Umso mehr wurde gegessen und getrunken. Zwei Tage dauerte gemeinhin das Fest.

In diese beschauliche Welt bricht aus heiterem Himmel das Unglück herein: 1908 trifft Erikas Vater ein Schlaganfall, der ihn pflegebedürftig macht. Dadurch ändert sich für die Familie alles. Der Vater, immer so sehr um das Wohl und Wehe seiner Familie bedacht, ist nun selbst auf Hilfe angewiesen. In diesem Zustand möchte er nicht durch Meiningen gefahren werden, wo ihn jeder kennt. Er drängt auf Umzug in eine andere Stadt. Ende Juni 1909 erfolgt deshalb die Umsiedlung der Familie nach Naumburg an der Saale. Ihre große Wohnung in Meiningen wird aufgeteilt und vermietet.

Dann der nächste Schicksalsschlag: Am 15. August 1910 stirbt der Vater, wird einen Tag darauf in Naumburg zu Grabe getragen. Seine Familie, obschon auf seinen Tod vorbereitet, der dann doch überraschend kam, ist tief getroffen. Schmerzlich vermissen sie den Ehemann und Vater, seinen Sachverstand und seinen finanziellen Rat – vor allem in den folgenden Kriegsjahren und während der Inflation.

Nach dem Tod des Vaters beschließt die Mutter, nach Potsdam überzusiedeln. Das nahe Berlin bietet in diesen letzten drei Friedensjahren bedeutend mehr Glanz und Zerstreuung für ein junges Mädchen. Erika wird häufig der Hof gemacht, sie ist eine schöne Frau. Aber sie bindet sich nicht, wie sie ihrem Tagebuch anvertraut: »Noch nie in meinem Leben habe ich einen Menschen nach kurzer Zeit über alles geliebt. Er muss mir erst sozusagen ans Herz wachsen.«

Mit Kriegsbeginn ändert sich abermals ihr Leben. Im Winter 1915 ist Erika freiwillig für acht Wochen im Potsdamer Kriegslazarett tätig. »Der Andrang war damals enorm, alles wollte pflegen – und selbst dabei wurde man von seinen lieben Mitmenschen schief angesehen. Darum mache ich anderen Platz, die ältere Rechte hatten. Die Soldaten waren traurig, hingen alle furchtbar an mir und einer sagte wütend: ›Schwester Erika, Sie sind unsere Lieblingsschwester, warum müssen Sie gerade gehen, soll doch eine von den anderen Heuschrecken verschwinden‹«, berichtet sie in ihrem Tagebuch.

Ende 1916 treibt es Mutter Helene weg aus Potsdam nach Berlin. Sie hat sich schon länger schriftstellerisch betätigt und möchte dies nun zum Beruf machen – Berlin bietet da bessere

Chancen. Zudem eröffnet sie in der Fasanenstraße 30 eine Pension. Auch Erika wird dort bis zu ihrer Heirat leben. Sie nimmt weiter Gesangsunterricht mit Klavierbegleitung.

In dem von ihrer Mutter verfassten Schauspiel »Sascha«, aufgeführt im Charlottenburger Theater, erhält sie im April 1918 eine Rolle – ebenso in der späteren Stummfilmfassung. Mitunter vertritt Erika ihre Mutter beim Kochen für die Pensionsgäste. Es gibt einfache Kost, Bouillonsuppe, Rouladen mit grünen Erbsen, Bratkartoffeln und Nachspeise. Ein zweites Mädchen ist mit der Wäsche beschäftigt. Aber mit der Pension gibt es Probleme. Zahlungssäumige Logiergäste bewirken erhebliche Ausfälle, so dass Mutter Helene in Mietrückstand gerät. Selbst die Aufnahme einer Hypothek und schließlich der Verkauf des Meininger Hauses bieten keine Entlastung. Entnervt gibt Helene 1927 Wohnung und Pension in der Fasanenstraße auf. Auch die Schriftstellerei läuft nicht wie erhofft. Mitunter muss Helene die Aufführungen der von ihr geschriebenen Theaterstücke selbst finanzieren.

Später lebt sie mit Erika zunächst in Berlin-Friedenau, schließlich in Britz. Die steten Sorgen um das Meininger Haus, ihre vergeblichen schriftstellerischen Bemühungen und die permanente finanzielle Misere haben ihre Nerven zerrüttet und zu einer vollkommenen Erschöpfung geführt.

Anders Tochter Erika. Sie hat Glück. Ende Januar 1925 trifft sie im Theater Stanislaus Graf von Nayhauß-Cormons. Er bittet sie um das Programmheft, hocherfreut, die hübsche Dame wiederzusehen. Kurz zuvor waren sich beide flüchtig im Berliner Kaufhaus KaDeWe begegnet, neunzehn Jahre nach ihrem ersten Treffen auf dem Tennisplatz in Halberstadt.

Sie finden schnell zueinander. Bereits sechs Wochen danach verloben sie sich heimlich. Ihrer französischen Freundin Mary, die inzwischen den Deutschen August Knief geheiratet hat, gesteht sie, dass sie endlich mal »Ernst gemacht« habe und dass sie beide so gut zusammenpassten.

Die offizielle Verlobung erfolgt Anfang Mai zu »Stanis« 50. Geburtstag. Einige Wochen später, am 20. Juni, wird gehei-

Mutter Erika von Mosengeil in den Zwanzigerjahren

ratet. Die anschließende Hochzeitsreise, die der Ehemann gelegentlich auch für geschäftliche Dinge nutzt – er knüpft Kontakte, um Aufträge als Vortragsredner zu erhalten –, verläuft nur durch Deutschland, unter anderem nach Duisburg, Königswinter am Rhein, Koblenz und Wiesbaden.

Schon vor der Vermählung war Stani etwa als Redner für die Deutschnationale Volkspartei zur Reichspräsidentenwahl in Westdeutschland tätig. Mitunter tritt er jetzt viermal am Tag auf. Er ist rhetorisch gewandt, spricht in über hundert großen Versammlungen. Teilweise kommt es dabei zu Störungen, so im April 1925 in Bonn, als Reichsbannerleute versuchen, eine Wahlveranstaltung zu sprengen. Er berichtete später: »Es gab großen Klamauk, und die Kerle mussten mit Stöcken, unter Mithilfe der

Polizei, aus dem Stall getrieben werden.« Aber Stani lässt sich nicht aus der Ruhe bringen.

Das jung vermählte Paar lebt zunächst in Potsdam im vormaligen Palais der Gräfin Lichtenau – der Geliebten von König Friedrich Wilhelm II. –, zusammen mit dem elfjährigen Sohn Hubertus aus Stanis erster, geschiedener Ehe. Es gibt Hausdame, Dienstmädchen und einen großen Hund. Erika weiß in allen Lebenslagen genau, was sie will: »Ich lege auf Körperpflege einen ungeheuren Wert, und es ist mir bei einem Mann überhaupt das Wichtigste.« Aber auch in dieser Hinsicht braucht der Spross einer uralten Adelsfamilie keine Belehrung.

Für Gott und Vaterland: Die Herren von Neuhaus

Die Familie derer von Nayhauß – anfangs noch Neuhaus genannt – stammt aus Franken. Sie gehört zum fränkischen Uradel, zog im 11. Jahrhundert mit den deutschen Kaisern in den Kriegszügen über die Alpen und wurde dort nebst anderen fränkischen Ritterfamilien, wie den Auerspergs, Attems, Strassoldos, in den frisch erworbenen Ländern belehnt. Ihr neuer Besitz lag in der Gegend des späteren österreichischen Küstenlandes Friaul, an den Ufern des azurblauen Isonzo, der westlich Görz in Nord-Süd-Richtung verlaufend von den julischen Alpen dem adriatischen Meer zufließt. Dieser einzigartig schönen Gegend, die im Laufe der Jahrhunderte oft Schauplatz blutiger Schlachten wurde, war im Ersten Weltkrieg eine wichtige Rolle beschieden, weil hier die österreichische Isonzofront verlief.

Nach ihrer Ansiedlung spielt die Familie in dieser Region über mehrere Jahrhunderte eine führende Rolle, unter anderem lange Jahre als Herrscherhaus über die Grafschaften Görz und Udine, und sie führt Kämpfe gegen die Republik Venedig, in deren Geschichte der Familienname häufiger vorkommt. Der Familie gehören große Besitzungen, deren Ausmaße dadurch erkennbar werden, dass noch heute in der Gegend von Görz,

Familienwappen derer von Nayhauß, verliehen durch Ferdinand II., Kaiser des Heiligen Römischen Reiches und österreichischer Erzherzog, 1624

durch die ganze Halbinsel Istrien bis Abbazia, Fiume, viele Grabdenkmäler und Burgruinen mit dem Familienwappen zu finden sind. Im Dom von Cormons, einem kleinen, westlich von Görz gelegenen Städtchen, dessen Name inzwischen Teil des Familiennamens ist, sind in einer Gruft etliche Vorfahren beigesetzt.

Angehörige der Familie zeichnen sich in verschiedenen Kämpfen der damaligen Zeit aus, so dass sie zunächst Barone und 1474 schließlich Grafen von Cormons werden. Seitdem führen sie den Namen Graf von Neuhaus-Cormons. Eine spärliche Ruine der von ihnen in Cormons errichteten Burg zeugt noch heute von der einstigen Machtstellung. Zwei Vorfahren halfen bei der Verteidigung Wiens durch Graf Ernst Rüdiger von Starhemberg. Sie dienten gleichsam als Generalstabschefs des tapferen Wiener Stadtkommandanten während der zweiten Türkenbelagerung im 17. Jahrhundert.

Wegen zahlreicher Verdienste wurde den Herren von Neuhaus von Kaiser Ferdinand II., erwählter Römischer Kaiser und Erzherzog zu Österreich, bereits 1624 auf einer schweinsledernen Urkunde eine Aufbesserung ihres Familienwappens verbrieft. Markanteste Symbole: ein gepanzerter Arm mit erhobenem Schwert, ein Wolf in Mönchskutte und zwei schräge, schwarz-rot geschachtete Balken. 1696 werden sie in den erblichen Reichsgrafenstand erhoben und dürfen als besondere Auszeichnung künftig das Prädikat »Erlaucht« tragen.

Inzwischen hat die Familie großen Besitz in Oberschlesien und in der Grafschaft Glatz erworben und erhält, als Schlesien unter Friedrich dem Großen Preußen zugeschlagen wird, die preußische Staatsangehörigkeit. Einer der ersten schlesischen Edelleute, den Friedrich II. nach der Annexion dieser Provinz an seinen Hof beruft, ist der Ururgroßvater Stanis, der bald ein besonderer Vertrauter des Königs wird. Zu seiner Vermählung mit einer Hofdame der Königin, der Baronesse Welling, schenkt ihm der König sechs lebensgroße Porträts, die ihn, die Königin, seinen Bruder Prinz Heinrich, seine Schwestern, die Marktgräfinnen von Schwedt und von Anspach-Bayreuth sowie seinen Vater darstellen.

Stanis Großvater wiederum nimmt von 1813 bis 1815 an den Befreiungskriegen als Adjutant des Grafen Gneisenau, Generalstabschef des Feldmarschalls Fürst Blücher, teil – und verliert in der Völkerschlacht von Leipzig ein Auge. Später ist er Kammerherr des Königs und Generallandschaftsrepräsentant von Oberschlesien. Er stirbt in Breslau, als dort in den sechziger Jahren des 19. Jahrhunderts die Cholera wütet.

Stanis Vater Julius schließlich gehört während seiner Dienstzeit als Offizier dem 2. Leib-Husaren Regiment »Königin

Schloss Nieder-Baumgarten, Schlesien,
letzter Stammsitz der Grafen von Nayhauß

Victoria von Preußen« an, jenem ruhmreichen Elite-Regiment der Armee, das als »Totenkopf-Husaren« zu den volkstümlichsten Truppenteilen zählt.

Er nimmt als Rittmeister seinen Abschied, um die vier in Schlesien gelegenen Familiengüter zu übernehmen, von denen eines – Bladen – im oberschlesischen Kreis Leobschütz liegt, drei in Niederschlesien. Julius widmet sich darüber hinaus auch dem politischen Leben und ist ab 1874 als Vertreter des Wahlkreises Cosel-Leobschütz in den Reichstag und in den Landtag gewählt. In beiden Parlamenten schließt er sich als strenggläubiger Katholik und Malteserritter der Zentrumsfraktion an, in der er während der ganzen Kulturkampfzeit – als Otto von Bismarck die Trennung von Staat und Kirche vorantrieb – eine wichtige Rolle spielt. Dem Reichstag gehört er dreizehn Jahre lang an, dem preußischen Landtag zwanzig. In der engeren Heimat ist er außerdem in der einflussreichen Stellung eines »Landesältesten« mehrere Jahrzehnte tätig. Bei seiner strengen Religiosität erfüllt ihn mit besonderem Stolz, dass ein direkter Vorfahre seliggesprochen wurde und im Dom von Meran beigesetzt ist.

Stani schließlich, mein Vater also, wird auf Schloss Nieder-Baumgarten, einem entzückend gelegenen Herrensitz der vorerwähnten Familiengüter, als jüngstes von sieben Geschwistern geboren. Er wird zunächst im Elternhaus erzogen, besucht dann die Volksschule in Baumgarten und kommt im Alter von neun Jahren nach Patschkau in Schlesien in Pension zum Gymnasiallehrer Prof. Dr. Stein, wo außer ihm noch seine beiden älteren Brüder Ernst und Mainhardt wohnen. Dort besucht er zunächst noch ein Jahr die katholische Volksschule, dann das örtliche katholische Gymnasium. Dass seine Familie ihn zunächst die Volksschule besuchen lässt, wird unter Standesgenossen belächelt, ist aber ein deutliches Signal für die in der damaligen Zeit äußerst seltene, moderne Einstellung seines Vaters. Der erachtet es für zweckmäßig, wenn der Sohn nicht nur unter »Seinesgleichen« erzogen wird, sondern mit Kindern aller Schichten in Berührung kommt. Stani macht dadurch manche Erfahrung, die ihm im späteren Leben, namentlich als Soldat und Vorgesetzter, von großem Nutzen ist.

Für die politische Haltung seines Vaters und die außerordentliche Wertschätzung, die dieser in der Bevölkerung seiner Heimat genießt, ist bezeichnend, dass er nicht nur von den Zentrumswählern, sondern als Kompromisskandidat auch von Konservativen und vielen Mitgliedern der fortschrittlichen Volkspartei gewählt wird. Als strenggläubiger Katholik unterhält er beste Beziehungen zum katholischen Klerus, dessen Mitglieder aus der näheren und weiteren Umgebung häufig Gäste im väterlichen Hause sind. Stanis Vater, der mit anderen schlesischen Malteserrittern mehrfach im Vatikan Dienst leistet, erfreut sich des ganz besonderen Wohlwollens der Päpste Pius IX. und Leo XIII. sowie – trotz seiner Einstellung gegen die Berliner Regierung in der Kulturkampfzeit – des alten Kaisers Wilhelm wie auch der nachfolgenden Kaiser Friedrich und Wilhelm II.

Großvater Julius Graf von Nayhauß,
1821 bis 1908

Selbst mit Bismarck, dem politischen Gegner, versteht er sich persönlich sehr gut und ist häufiger bei ihm zu Gast. Das Wohlwollen des Kaisers wiederum wird am sinnfälligsten dadurch dokumentiert, dass dieser beim älteren, später leider bei Arras gefallenen Bruder Stanis die Patenschaft übernommen hat.

Ostern 1886, also mit elf Jahren, kommt Stani ins Potsdamer Kadettenhaus. Denn sein Vater, der infolge seiner parlamentarischen Tätigkeit monatelang in Berlin weilen muss, will den noch so jugendlichen Knaben, der den frühen Tod der Mutter nicht verwinden kann, vor allem an Sonntagen bei sich haben. In diese Potsdamer Kadettenzeit fallen, abgesehen vom Tod seiner Mutter Anna, für Stani die ersten großen bleibenden Eindrücke seines jungen Lebens.

Zum Beispiel erhält er eines Tages die Aufforderung, seinen Vater im Berliner Reichstag zu treffen. Dort angekommen, meldet ihn ein Fraktionsdiener beim Vater im Plenarsaal an, der daraufhin ausrichten lässt, der Sohn möge im Wandelgang vor dem Sitzungssaal warten, da gleich eine Sitzungspause erfolgen würde. Stanis Vater erscheint darauf in Begleitung des Führers der Zentrumspartei, Ludwig Windthorst, und eines Fraktionskollegen, des späteren Reichstagspräsidenten Graf Ballestrem, der zudem Stanis Patenonkel ist. Dem Reichstag liegt gerade die größte Militärvorlage vor, die ein deutsches Parlament bis dahin jemals zu entscheiden hat – wegen einer Krise mit Frankreich und eines drohenden russisch-französischen Bündnisses soll das Heer massiv verstärkt werden. Die Bewilligung ist, wie so oft, von der Zustimmung der Zentrumspartei abhängig, und der Erfolg scheint zeitweise fraglich. Es ist jene Vorlage, bei deren Debatte Fürst Bismarck die berühmten Worte spricht: »Wir Deutsche fürchten Gott und sonst nichts auf der Welt!«

Während sich also Stanis Vater und die zwei anderen Parlamentarier mit dem jungen Kadetten unterhalten, erscheint plötzlich Reichskanzler Bismarck in Begleitung von Feldmarschall Graf Moltke und sagt lachend zu den drei Männern: »Ich danke Ihnen, meine Herren, dass Sie mir die Militärvorlage hier schon in Person dieses kleinen Mars präsentieren. Wem von den Herren gehört dieser junge Nachfolger Moltkes?«

Als Stanis Vater erwidert: »Mir, Durchlaucht«, entgegnet Bismarck zum kleinen Kadetten gewandt: »Na, das ist nett, dass du deinen Großvater besuchst.« Worauf Stanis Vater erwidert: »Nein, Durchlaucht, das ist nicht mein Enkel, sondern mein jüngster Sohn!« Darauf der Kanzler: »Potztausend Graf! Sie haben noch einen so jungen Sohn?«

Stanis Vater, Bismarck und Moltke unterhalten sich noch etwas mit dem Jungen, leutselige Fragen an ihn richtend, ob er ein gutes Zeugnis habe, in welches Regiment er später eintreten wolle und so fort. Schließlich sagt Bismarck, dabei freundlich Nayhauß Senior auf die Schulter klopfend: »Meine Herren, ich danke nochmals für die hier bildlich präsentierte Zustimmung zur Militärvorlage. Na, ich weiß ja, wenn ihr Herren vom Zentrum auch schwarz wie die Raben seid und immer zu Rom haltet, wenn das Vaterland ruft, so kann ich mich doch immer auf die alten Rittmeister preußischer Leibregimenter verlassen.« Und als Bismarck und Moltke schließlich auch Stani zum Abschied die Hand reichen, schlägt das Kinderherz höher vor Stolz.

Noch manche hochinteressante Persönlichkeit der damaligen Zeit lernt mein Vater durch seinen Vater kennen. Zum Beispiel den berühmten Maler Adolph von Menzel. Der zwergenhafte Mann mit dem ungewöhnlich großen Kopf und einem eigenartigen Kinnbart, wie ihn damals vorzugsweise Schiffer tragen, verkehrt häufig in einem seinerzeit sehr frequentierten Restaurant in der Potsdamer Straße und nimmt anschließend gewöhnlich seinen Kaffee in dem bekannten Café »Josty« am Potsdamer Platz ein, das auch der Abgeordnete Graf Nayhauß manchmal mit ihm nahe stehenden Parlamentariern zu besuchen pflegt und den Sohn mitnimmt, wenn der seine Ferien bei ihm verbringt. Dem Jungen macht es einen Heidenspaß zu beobachten, wie der Maler dort genießerisch seinen Kaffee trinkt oder trotz des laut herrschenden Treibens am Kaffeetisch ein kurzes Nachmittagsschläfchen hält.

Die Potsdamer Kadetten wohnen alljährlich den Frühjahrsparaden der Potsdamer Garnison im Lustgarten bei. Stolz erfüllt sie, wenn sie die Begrüßung des auch ihre Front abreitenden Kaisers: »Guten Morgen, Kadetten!« mit einem kräftigen: »Guten Morgen, Euer Majestät!« erwidern.

Ostern 1891 wird Stani, inzwischen sechzehn, an die Hauptkadettenanstalt Berlin-Lichterfelde versetzt, darf fortan nicht bloß als Zuschauer, sondern aktiv an den Frühjahrs- und Herbstparaden der Garde auf dem Tempelhofer Feld teilnehmen. Bewegende Erlebnisse für einen zum Soldatenberuf bestimmten Jugendlichen, der die Liebe zum Militär von seinen Vorfahren geerbt hat.

Neunzehnjährig beginnt er seine militärische Laufbahn beim alten Garde-Jäger-Bataillon in Potsdam, auf dessen ruhmgekrönte, stolze Fahne er am Geburtstag des Kronprinzen im Fahnenzimmer des Stadtschlosses vereidigt wird. Zehn Jahre später feiert das Bataillon das einhundertfünfzigjährige Stiftungsfest mit Festgottesdienst und Parade im Lustgarten. Der Kaiser ist auch präsent. Während dieser Festlichkeiten hat Stani die Ehre, dem Kaiser als Ordonnanzoffizier zu dienen, ihm Mantel, Tschako und Degen beim Betreten des Garnisonskasinos abzunehmen, ihm nach dem dort stattgefundenen Festessen mit dem Offizierskorps den Kaffee zu reichen.

Nach zwölfjährigem Dienst bei der Infanterie muss Stani dann jedoch wegen einer Lungenerkrankung um Versetzung zur Kavallerie bitten. Anstrengende Fußmärsche hält er nicht mehr durch. 1896 wechselt er darum zu einem Kürassier-Regiment in Köln-Deutz. Als er sich bei der Herbstparade auf dem Tempelhofer Feld in Berlin beim Kaiser – so verlangt es die Order – abmeldet, meint der scherzhaft: »Na, wenn Sie mir kein Yorck werden wollen, dann wenigstens ein Seydlitz.« (Mit »Yorck« ist ein besonders tapferer General aus den Befreiungskriegen gemeint, Seydlitz ist ein Kürassier-General seiner Majestät.)

Doch auch der Dienst bei der Truppe zu Pferd kommt eines Tages abrupt zum Ende. Während eines Dauerritts, den Stani im Dezember von Köln-Deutz aus auf dem rechten Rheinufer bis Ehrenbreitstein bei Koblenz und von da auf dem linken Rheinufer über Koblenz und Bonn zurück bewältigen muss, hat er bei Siegburg die teilweise mit Eisschollen bedeckte Sieg zu durchschwimmen. Hierbei zieht er sich eine schwere Lungenentzündung zu, deren Heilung später nicht richtig vorankommt. Da er seine Mutter und drei Geschwister an Lungenleiden verlor, in dieser Richtung also erblich belastet scheint, halten es die zu Rate gezogenen Fachärzte für ausgeschlossen, dass er, selbst nach einer Genesung, noch länger den militärischen Beruf fortsetzen könne. Also nimmt er Abschied aus dem aktiven Militärdienst und widmet sich zwei Jahre lediglich der Wiederherstellung seiner Gesundheit, indem er sich den größten Teil dieser Zeit an der Riviera und im milden, maritimen Klima der Insel Wight und Südenglands aufhält.

Entgegen den ärztlichen Prognosen ist er nach diesen zwei Jahren vollkommen genesen und wird 1899 als 24-jähriger Leutnant bei den Oldenburger Dragonern wieder eingestellt. Später erinnert er sich: »In diesem ausgezeichneten Reiterregiment erlebte ich die schönste Zeit meines Lebens, eine arbeits- und mühenreiche, aber doch so frohe Leutnantszeit. Auf diesem guten kavalleristischen Lehrboden begann meine rennsportliche, von manchen Erfolgen gekrönte Rennreiterlaufbahn.«

1906 wird er zu den Seydlitz-Kürassieren nach Halberstadt versetzt und erlebt hier nun eine unschöne Seite des Militärdienstes – nämlich einem bornierten, herrschsüchtigen Vorgesetzten ausgeliefert zu sein. Es kommt zu einer Situation, in der ihn sein Kommandeur vor versammeltem Offizierskorps und Gästen der Garnison beleidigt. Anlass ist die traditionelle »Hubertusjagd«, ein auch von den Seydlitz-Kürassieren veranstaltetes Reiterfest. Stani reitet im roten Rock, mit schwarzer Kappe und alter Reitersitte gemäß mit Veilchenstrauß im Knopfloch und am Stirnband seines Pferdes ein. Prompt ruft der Kommandeur, so dass es alle Umstehenden hören: »Kann mir schon den ganzen Tag verderben, wenn ich einen Menschen sehe, wie den Kerl da mit seinen Veilchen. Wirkt auf mich genauso wie eine Schneppe mit Schneppenparfüm.« Dann will er wissen, wer Stanis Gäste seien, die in einem Krümperwagen vorgefahren waren. Stani: »Herr Kommerzienrat Mädler mit seinen beiden Töchtern, die ich rechtzeitig in die Gästeliste eingetragen habe.« (Mädler ist der Eigentümer der schon damals weltbekannten Kofferfirma.) Darauf der Kommandeur, wieder so, dass alle es hören können: »Das passt mir nicht! Solange ich die Ehre habe, an der Spitze des Regiments zu stehen, wünsche ich nicht, eine solche Sorte Mensch in das Offizierskorps eingeführt zu sehen.« Eine höchst unhöfliche Bemerkung, die zugleich bezeichnend ist für den in Offiziers- und Adelskreisen herrschenden Standesdünkel gegenüber Fabrikanten und Kaufleuten – frei nach dem Motto: »Kofmichs sind nicht unsere Welt.«

Stani verlässt mit seinen Gästen das Fest, ehe es begonnen hat, und bringt den Vorfall kurz darauf vor das Ehrengericht des

Regiments. Auf die Frage, welche Genugtuung er von seinem Vorgesetzten, einem Oberstleutnant, erwarte, antwortet Stani, dieser solle ihn, den jungen Leutnant Nayhauß, vor selbigem Ehrenrat und vor dem gesamten Offizierskorps des Regiments um Entschuldigung bitten, die gleiche Entschuldigung ihm per eingeschriebenem Brief bestätigen und Abschriften dieses Briefes an die ältesten Offiziere der Nachbarregimenter senden. Gefragt, was er tun würde, falls der Kommandeur nicht auf diese Bedingungen einginge, erklärt er ungerührt: »Kugelwechsel bis zur Kampfunfähigkeit!«

Ein ausgeprägtes Ehrgefühl ist Teil seines Charakters. Und wer kann schon aus seiner Haut? Doch siehe da, der Kommandeur akzeptiert Stanis Forderung. Allerdings hat der juristische »Sieg« einen Haken. Wenige Tage später erfährt er, dass der nächsthöhere Offizier, nämlich der General von Beneckendorff und von Hindenburg, der spätere Reichspräsident, ihn mit vierzehn Tagen Stubenarrest bestraft, weil er »einen falschen Weg« beschritten habe. Nach dem ungeschriebenen Reglement beschwere man sich nicht in einer dienstlichen Angelegenheit vor dem Ehrenrat.

Nun ist Stani nicht zu halten. Schnappt über, heute würde man sagen, zündet eine Atombombe: In unbändigem Zorn beschwert sich der junge Leutnant über den General von Hindenburg an allerhöchster Stelle – bei seiner Majestät dem Kaiser. Nach einigen Wochen erhält er die Antwort, knapp und kühl: »Ich weise die mir von Ihnen gegen Ihren Kommandierenden Herrn General, den General der Infanterie von Beneckendorff und von Hindenburg, unterbereitete Beschwerde zurück. Gez. Wilhelm I.R.«

Ein gewisser Trost bleibt: Stani erfährt, dass auch sein Vorgesetzter, der ihn beleidigte, von Hindenburg mit fünf Tagen Stubenarrest bestraft wurde. Der absolviert allerdings die Strafe, indem er sich »krank« meldet.

Schwamm drüber. Für Stani hielt das Leben weitere Überraschungen bereit. Höchst unerfreuliche.

1912 nimmt er, inzwischen Mitte dreißig, endgültig Abschied vom aktiven Militärdienst. Eine neue Versetzung, die ihm nicht passt, weitere Ehrenhändel, Stürze mit schweren Kopfverletzungen bei der Rennreiterei – all dies verleidet Stani, der einst mit Leidenschaft und Stolz dem Offiziersberuf nachging, ein Verbleiben. Hinzu kommt, dass er, inzwischen siebenunddreißig, im selben Jahr die 21-jährige Asta Brasch heiratet. Zwölf Monate später kommt Sohn Hubertus, mein älterer Bruder, zur Welt, und zwar in Saint-Jean-sur-Mere, an der Côte d'Azur. Dort wird er auch am 7. Mai 1914 getauft. Pate ist kein Geringerer als Seine Königliche Hoheit Heinrich von Oranien, Prinz der Niederlande. Zur Erinnerung schenkt er meinem Vater einen weißen Saphir aus seinem Degen. Daraus lässt Stani einen in Gold gefassten Siegelring herstellen, den ich noch heute bei feierlichen Anlässen trage.

Nach seinem Ausscheiden aus dem Militärdienst erhält Vater Angebote von großen deutschen Industriefirmen, auf dem Balkan als Lobbyist tätig zu werden – darunter für den Kruppkonzern. Während einer mehrmonatigen Balkanreise ist er zum Beispiel bemüht, Aufträge für Artilleriemunition in Montenegro, für den Ausbau von Häfen in Bulgarien und für eine Lieferung von Lastkraftwagen an Griechenland einzufahren. Sein adliger Name öffnet ihm Türen, in Sofia wird er von König Ferdinand empfangen. Stani sieht sich schon als Millionär.

Aber noch ehe abgesprochene Vereinbarungen unterschriftsreif sind, geschlossene Verträge realisiert werden und die Millionen fließen, bricht der Erste Weltkrieg aus: Deutschland erklärt am 1. August 1914 Russland den Krieg, zwei Tage später Frankreich, das wiederum mit England verbündet ist. Deutsche Truppen marschieren völkerrechtswidrig durch Belgien, um von dort aus den »Erbfeind« Frankreich anzugreifen.

Auslöser des großen Schlamassels ist die vorangegangene Ermordung des österreichisch-ungarischen Thronfolgers, Erz-

Vater Stanislaus als Rittmeister bei den »Königs-Ulanen«, 1915

herzog Franz Ferdinand, und seiner Frau in Sarajewo durch einen serbischen Studenten. Der Vielvölkerstaat wird in seinen Grundfesten erschüttert. Da Serbien, das dem Habsburger Reich angehört, gerade auf seine Unabhängigkeit drängt und dabei von Russland unterstützt wird, setzt ein Dominoeffekt ein. Bündnisverpflichtungen treten in Kraft, ein kriegerischer Flächenbrand breitet sich aus. In Deutschland wird am 1. August 1914 Mobilmachung angeordnet.

Stani eilt zu den Fahnen, meldet sich bei den für ihn zuständigen »Königs-Ulanen« in Hannover. Später schreibt er: »Jeder fieberte vor innerer Erregung und Begier, zu den Freunden und Kameraden an die Front eilen zu können. Der unaufhaltsame

Siegeszug der deutschen Fahnen in jenen ersten Kriegswochen ließ in jedem von uns die Befürchtung aufkommen, dass wir nicht mehr rechtzeitig eintreffen würden, um auch unsererseits an den stolzen Erfolgen teilnehmen zu können, weil wir damals befürchteten, dass der Krieg schon nach wenigen Wochen zu Ende sein würde.«

Es folgen Fronteinsätze zunächst in Belgien, in der Schlacht von Lille, dann in Russland. Dort erlebt Stani die Härte des Krieges: Ausrüstung und Bewaffnung sind unzureichend, die Kavallerie muss gegen einen zahlenmäßig überlegenen Gegner kämpfen. Ist die Stellung nicht mehr zu halten und der Schwadronsführer bittet den Divisionskommandeur per Melder, die eigenen Reihen zurücknehmen zu dürfen, kommt der Befehl: »Die Schwadronen bleiben unter allen Umständen weiter in ihren Stellungen! Und wenn sie dabei bis auf den letzten Mann fallen, so haben sie ihre Pflicht und Schuldigkeit getan.«

Stanis erste Verwundung, eine Splitterverletzung am Fuß, ist noch eine leichte. Die steckt er weg und kehrt bald zurück an die Front. Er wird mit dem Eisernen Kreuz 1. Klasse dekoriert und zum Rittmeister befördert, was bei der Infanterie dem Rang eines Hauptmanns entspricht. Dann erwischt es ihn heftiger – er wird an der Schulter verwundet. Es folgen sechs Monate Aufenthalt in verschiedenen Lazaretten mit vier Operationen.

Im Sommer 1915 hat er das erste Kriegsjahr hinter sich. Doch noch immer wird er im Heimatlazarett von Bad Kissingen behandelt. Er erbittet Urlaub, um in Stuttgart den berühmten Erbauer des ersten Luftschiffs, Graf Zeppelin, zu besuchen. Dieser ist Pate seines kleinen Sohns Hubertus. In Stuttgart angekommen, erfährt er, dass Graf Zeppelin nach Friedrichshafen am Bodensee aufgebrochen ist, wo die Zeppelin-Werft liegt. Also reist er ihm dorthin nach. Es wird für beide Herren ein angenehmes Wiedersehen. Stani erzählt beiläufig, dass er vom Kriegsausbruch ausgerechnet in der gegenüberliegenden Schweiz überrascht wurde, wo noch immer sein zurückgelassenes Hauptgepäck in einem Hotel lagert. Das sei doch jetzt eine günstige Gelegenheit, meint sein Gastgeber, mit einem Schiff zur Schweiz überzusetzen, um das Gepäck abzuholen. Stanis Bedenken, dass er zwar seinen Reisepass bei sich habe, aber keinen militärischen Urlaubsschein für die Schweiz, werden von Graf Zeppelin und dessen Adjutanten zerstreut: »Von hier aus unternehmen alle Tage deutsche Soldaten, die in den umliegenden Lazaretten auf vollständige Genesung warten, Ausflüge in die Schweiz.«

Also bricht Stani am nächsten Tag auf, eine Reise mit fatalen Folgen. Bei schönem Wetter legt das Schiff Richtung Schweiz ab. Kurz darauf beobachtet er an Deck zwei Herren, die dem Kapitän allerlei merkwürdige Fragen stellen, während sie auf das zurückliegende Ufer von Friedrichshafen zeigen. Einer macht sich über die Auskünfte Notizen – zum Beispiel, wo genau die Zeppelin-Werft liegt, welche Angriffe aus der Luft bisher erfolgten, wo sich die Stellungen der Abwehrgeschütze befinden, woher der Stoff für die Bespannung der Luftschiffe stammt. Der Kapitän scheint auf alles eine Antwort zu haben, berichtet arglos, die Seide käme aus Basel, sei allerdings seit Kriegsausbruch Konterbande, also mit Gefahren und Kosten geschmuggelte Ware. Da die für ein Luftschiff benötigte Seide sechsfach aufgetragen wird, werde für jeden Zeppelin zwölftausend Meter Seide gebraucht – insofern sei der Schmuggel dieses kriegswichtigen Materials eine lohnende Sache.

Stani wittert in den Fragestellern feindliche Spione und entschließt sich kurzerhand, ihnen auf der Schweizer Seite zu folgen. Dabei stellt er fest, dass sich einer der Verdächtigen zu einer Villa begibt, in welcher der Militärattaché der französischen Gesandtschaft ein Büro unterhält, also ein Vertreter des Landes, das sich mit Deutschland im Krieg befindet. Stanis Herz rast. Soll er die Beobachtung der deutschen Gesandtschaft melden? Oder, wenn der vermeintliche Spion das Haus verlassen hat, den französischen Militärattaché persönlich aufsuchen, pro forma seine Dienste anbieten, um auf diese Weise die Absichten der französischen Heeresleitung zu erfahren? Eine folgenschwere Überlegung. Denn spontan entscheidet sich Stani für Letzteres. Aber der Franzose reagiert reserviert, schlägt vor, dass der fremde deutsche Offizier den russischen Militärattaché informieren möge – dieser würde sich ständig beklagen, nicht genügend Nachrichten aus Deutschland zu erhalten. Stani lässt sich die Adresse geben und geht tatsächlich dorthin. Da er auch hier keine Informationen anzubieten hat, vielmehr nichts preisgeben will, wird der Russe ebenfalls misstrauisch. Es kommt nicht einmal zu einem längeren Gespräch.

Stani beschließt, sein zurückgelassenes Gepäck abzuholen und nach Deutschland zurückzukehren. Diesmal nicht per Schiff, sondern per Bahn, wozu er in Zürich umsteigen muss. Als er dort einem Kofferträger sein Gepäck geben will, stoppt ihn brüsk ein Mann, der sich als Schweizer Kriminalbeamter ausweist und Stani kurzerhand festnimmt. Auf der Polizeiwache muss er seine Papiere abgeben, und man erklärt ihm, dass er sich in der Schweiz verdächtig verhalten habe. Spionage sei, egal welchem Land dienlich, seit Ausbruch des Krieges in der Schweiz verboten. Beim Verhör erfährt er, dass sowohl der französische als auch der russische Militärattaché Anzeige erstattet haben, da sie sich von einem angeblichen deutschen Spion, gemeint Stani, belästigt fühlten. Doch der Beschuldigte kann die Vorwürfe, Spionage betrieben zu haben, zunächst entkräften und darf die Wache verlassen und nach Deutschland zurückreisen.

Dort angekommen, begeht er den nächsten unverzeihlichen Fehler: Statt das Schweizer Erlebnis der nächsten deutschen Militärbehörde zu melden, glaubt er, er könne dies später bei der für ihn zuständigen Einheit in Hannover erledigen. Doch als er zu seinem Ulanen-Regiment in Hannover zurückkehrt, erscheint ihm sein Vorgesetzter auffällig reserviert, bittet Stani, im Offizierskasino zu warten. Kurze Zeit später erscheint ein Hauptmann des Generalkommandos und verhaftet ihn wegen Landesverrats.

Es folgen vier Jahre in Gefängnissen, Militärarrestzellen und sogar vorübergehend in einer Irrenanstalt. In der ersten

Verhandlung vor einem Kriegsgericht wird er infolge seiner Kontakte mit dem französischen und dem russischen Militärattaché wegen »Kriegsverrats« zum Tode verurteilt. Stani ruft noch im Gerichtssaal: »Das ist ein Witz!« Er geht in Revision.

Im Wiederaufnahmeverfahren nach endloser Wartezeit wird er zu »nur noch« lebenslänglich abgeurteilt. Die Richter betrachten ihn nun als einen »minderschweren Fall«. Aber kein Geringerer als der Kaiser bestätigt den Richterspruch.

Doch Stani ist nicht kleinzukriegen, legt erneut Revision ein, diesmal beim Reichsmilitärgericht in Berlin. Die Zeit bis zum Verhandlungstermin verbringt er im Gefängnis. Auch seine Frau wird vorübergehend in Untersuchungshaft genommen, kann jedoch beweisen, dass sie von den angeblichen Spionageplänen ihres Mannes nichts wusste. Sie lässt sich kurzerhand von ihm scheiden und verkauft fast seine ganze Habe.

Während der Haftzeit verändert sich die Welt. Die militärischen Auseinandersetzungen münden in einen Weltkrieg. Der Habsburger Vielvölkerstaat zerfällt in mehrere kleinere Staaten. In Russland kommt es 1917 zur Oktoberrevolution, der Zar verliert sein Reich. In Deutschland meutert die Marine und löst auch hier eine Revolution aus. Kaiser Wilhelm II. wird zur Abdankung gezwungen und flieht nach Holland ins Exil. In Berlin übernehmen zunächst die Sozialdemokraten die Regierungsgeschäfte. Einer ihrer Führer, Philipp Scheidemann, ruft am 9. November 1918 vom Balkon des Reichstags die Republik aus.

Die Revolution erreicht auch Stani in seiner Zelle. In seinen Erinnerungen berichtet er anschaulich, wie eines Tages die Zellentür aufgestoßen wird und zwei Feldwebel mit einem Offizier-Stellvertreter erscheinen. Letzterer, eine stattliche, große Erscheinung, herrscht Stani mit barscher Stimme an: »Mein Name ist Lünsmann. Wer bist du?«

»Der frühere Rittmeister Graf Nayhauß-Cormons.«

»Graf gibt es nicht mehr, alle Standesunterschiede und alle Geburtsvorrechte sind aufgehoben, die Adelstitel sind abgeschafft. Also du bist der Rittmeister, der wegen Kriegsverrats lebenslänglich hier sitzen soll?«

Stani erwidert, dass er wegen eines schwebenden Wiederaufnahmeverfahrens eingesperrt sei und von einem Freispruch ausgehe.

Der andere: »Ich weiß alles, wir sind über dich ganz genau informiert, ebenso wie über jeden anderen Gefangenen hier. Du bist ein schneidiger, tüchtiger Offizier gewesen, vor allem, worauf es uns besonders ankommt, stets gut zu deinen Leuten und bei diesen beliebt. Die Revolution ist ausgebrochen, der Kaiser sowie alle deutschen Fürsten sind abgesetzt, der Kaiser und der Kronprinz nach Holland geflohen. Viele Truppenteile stehen bereits zu uns, und Deutschlands Kriegsgegnern wird nun der Friede angeboten. Ein Idealfriede nach dem Selbstbestimmungsrecht der Völker kommt zustande.«

Lünsmanns Augen leuchten vor Begeisterung. »An vielen Stellen der französischen Front finden Verbrüderungen mit den bisherigen Gegnern statt. Die englische Flotte liegt vor Borkum und hat die rote Fahne des Sozialismus gehisst. Die englischen Matrosen verbrüdern sich mit den unsrigen. Die Revolution schreitet in Deutschland vorwärts, aber noch sind Widerstände zu überwinden. Viele Offiziere sind schon auf unserer Seite. Kein einziger von mehreren Tausend deutschen Offizieren hat in Berlin sein Leben eingesetzt, um die Monarchie zu retten. Wir brauchen aber noch Führer, die sich uns anschließen und sich an unsere Spitze stellen. Du, Nayhauß, kannst sofort frei sein. Aber wir erwarten, dass du dich uns sofort zur Verfügung stellst.«

Als habe Stani schon zugestimmt, fährt Lünsmann fort: »Du wirst mit zur hiesigen Kaserne kommen, dort steht schon ein Bataillon Matrosen aus Wilhelmshaven bereit, ein weiteres wird hier zusammengestellt aus Angehörigen der Fliegerstation bei Celle, aus Freiwilligen und den freigelassenen Gefangenen der Strafanstalt, die Soldaten waren. Dieses Bataillon sollst du übernehmen und damit morgen die Revolution in Hannover und darauf in Magdeburg machen.«

Er holt tief Luft. »Gehst du hierauf ein, bist du frei, bleibst frei, und im neuen Staat wird für dich gesorgt werden. Stellst du dich uns und dem neuen Staat jetzt nicht zur Verfügung, bleibst du zeitlebens hier, ob du schuldig bist oder nicht. Das habe ich dir im Auftrag des Reichsarbeiter- und Soldatenrates zu eröffnen. Nun überleg dir alles schleunigst. In drei Minuten bin ich wieder hier. Ich gehe nur in zwei Nachbarzellen, um dort mit Gefangenen zu sprechen.« Sprach's und wirft die Zellentür ins Schloss.

Stanis Gedanken überschlagen sich. Es kommt ihm alles so unfassbar vor. Der Kaiser gestürzt, auf der Flucht ins Exil? Die Revolution ausgerufen? Verbrüderung der Massen? Frieden mit den bisherigen Feinden? Stani hat keine Zeit, lange zu überlegen. Er muss sich entschließen, das Angebot der Freiheit zu akzeptieren oder hinter Zuchthausmauern zu bleiben. Wahrlich eine Entscheidung, die schwerwiegender kaum sein könnte.

Kurz darauf tritt der Revolutionsführer wieder in Stanis Zelle. »Na, hast du dich entschieden?«

»Jawohl, ich nehme das Angebot an.«

»Komm jetzt gleich mit zur Küche, wo ihr armen Teufel endlich mal satt zu essen bekommt. Danach werden alle anderen Gefangenen geschlossen zur Kaserne geführt, um dort eingekleidet und bewaffnet zu werden. Du kannst wieder zurück in deine Zelle, in Ruhe deine Sachen packen und morgen frühzeitig zur Kaserne kommen, um die Führung des Bataillons zu übernehmen. Alles klar?«

»Jawohl! Verstanden!«

In der Gefängnisküche bekommen die freigelassenen Gefangenen alles, was es zu essen und zu trinken gibt. Gierig verschlingen sie, was sie erhaschen können: Kakao, Tee und Kaffee, Wurst, Käse, dicke Erbsensuppe mit reichlich Fleisch und andere jahrelang entbehrte Sachen. Sie essen nicht, nein, sie fressen. Anschließend wird die Kleiderkammer gestürmt. Manche Gewohnheitsspitzbuben lassen sich dabei verleiten, nicht nur die eigenen, bescheidenen Klamotten zu suchen und mitzunehmen, sondern sich einfach das Beste zu klauen. Danach werden sämtliche ehemaligen Gefangenen in geschlossener Marschkolonne, eskortiert von bis an die Zähne bewaffneten Matrosen der Revolution, zur Kaserne geführt.

Stani kehrt, wie angewiesen, zurück in die Strafanstalt. Für alle Fälle erhält er einen vom Soldatenrat gezeichneten und gestempelten Ausweis, wonach er frei sei, jederzeit die Strafanstalt verlassen könne, nach Belieben ein und aus gehen dürfe. Zurück in seiner Zelle ist er von der Aufregung und den Ereignissen des Tages todmüde, trotzdem außerstande, die Augen zu schließen, endlich den ersehnten Schlaf zu finden. Erst am Morgen, als das Tageslicht schon durch das Zellenfenster scheint, schläft er für ein paar Stunden ein. Aufgewacht, überlegt er, ob er sich tatsächlich an die Spitze eines revolutionären Bataillons setzen solle, steht doch immer noch die Hauptverhandlung seines Wiederaufnahmeverfahrens in Berlin an. Wie würde ihm das ausgelegt werden, mit Revolutionären gemeinsame Sache gemacht zu haben?

Doch die Entscheidung wird ihm abgenommen. Der Revolutionsrat bestimmt, dass er bis zu seinem Wiederaufnahmeverfahren in Haft bleiben muss. Den Schock hat er noch nicht verkraftet, da trifft ihn ein weiterer: Sein Befreier, der Offizier-Stellvertreter Oskar Lünsmann, kommt ihm entgegen – mit Handschellen gefesselt, eskortiert von zwei Gefängniswärtern. Was war passiert? Der Revolutionsführer hatte seinerseits einen furchtbaren Terror entfacht und ohne Gerichtsurteil eine größere Anzahl von Todesurteilen eigenmächtig vollstrecken lassen. Dafür war er nun von einer höheren Revolutionsinstanz selbst zum Tode verurteilt worden. Am 16. November 1918 wird er auf dem Waterlooplatz in Hannover an eine Säule gebunden, umringt von einem größeren Menschenauflauf, und erschossen. Auch diesmal frisst, wie schon in Frankreich am Ende des 18. Jahrhunderts, die Revolution ihre Kinder.

Nach dem Umsturz bleibt Stani noch ein halbes Jahr in Haft, wo er erneut ein tristes Weihnachtsfest erlebt, bis schließlich im

April 1919 der Freispruch durch das Reichsmilitärgericht erfolgt. Bei der Wiederaufnahmeverhandlung kann er mit Hilfe seiner Anwälte beweisen, dass er zum Zeitpunkt, als er bei den Attachés in Bern vorsprach, nicht das Geringste über die Lage an der Front wusste, da er im Reservelazarett Bad Kissingen stationiert war; er konnte mitnichten dem Kriegsgegner entscheidende Geheimnisse verraten. Am dritten Tag der Verhandlung, am 14. April, mittags vierzehn Uhr, wird er schließlich freigesprochen. Alle gegen ihn verhängten Maßnahmen werden annulliert, außerdem wird bestimmt, dass er wieder in seinem Regiment als Rittmeister zu »erachten« ist.

Endlich ein freier Mann und voll rehabilitiert – aber in wirtschaftlicher Not. Denn mit den vorangegangenen Fehlurteilen sind seine Pensionsansprüche erloschen, die selbst durch den endgültigen Freispruch nicht wieder in Kraft treten. Begründung: Er müsse mindestens eine neue zehnjährige Dienstzeit geleistet haben.

Da ein Unglück selten allein kommt, folgt ein Problem ganz anderer Art: Seine geschiedene Frau Asta verweigert ihm das Wiedersehen mit seinem inzwischen sechsjährigen Sohn Hubertus. Ein hässliches Gezerre um das Sorgerecht setzt ein, mit Entführung durch die Mutter und zwischenzeitlicher Einweisung des Kindes in ein Waisenhaus – auf Beschluss des Vormundschaftsgerichts –, bis mein Vater endlich das alleinige Fürsorgerecht zugesprochen bekommt. Der Kampf um die verloren gegangene Pension zieht sich währenddessen über Jahre hin. In seiner Verzweiflung wendet sich Stani an den Reichspräsidenten Hindenburg, seinen ehemaligen Divisionskommandeur, mit der Bitte um finanzielle Unterstützung. Am 16. Juli 1929 erhält er vom Staatssekretär des Präsidenten Antwort: »Fonds, aus denen der Herr Reichspräsident größere Beihilfen oder Darlehen gewähren kann, bestehen leider nicht, so dass in dieser Richtung Ihrer Bitte nicht entsprochen werden kann.«

Weil Stani auch ein Jahr später noch in finanzieller Klemme steckt, wendet er sich an die »Generalverwaltung des vormali-

Katholiken, hört auf die Wahrheit!

Einer aus Eurer Mitte, der Sohn des verstorbenen bekannten Zentrumsabgeordneten und Mitbegründers der Zentrumspartei

Reichsgraf von Nayhauss-Cormons

wird Euch nächsten Mittwoch, den 24. Juni, abends 8 Uhr, im Reichshallentheater aufklären über

Katholizismus und Zentrumspolitik zu Sozialismus und Reichsbanner

Zentrumsführer sind zur Diskussion eingeladen. Sie erhalten ausreichende Redezeit und freies Geleit.

Auch für das politische Gebiet gilt der Satz:

„Die Wahrheit wird Euch frei machen!“

NSDAP.
Ortsgruppe Erfurt

Vortragsankündigung, Erfurt,
Ende der Zwanzigerjahre

gen regierenden Preußischen Königshauses«. Der Generalbevollmächtigte der Verwaltung antwortet: »Ich beehre mich, Ihnen mitzuteilen, dass es unter den heutigen Umständen leider nicht möglich ist, Ihrer Bitte um Gewährung eines Darlehens in Höhe von 8000 Reichsmark zu entsprechen. In Anbetracht der harten Schicksalsschläge, die Sie erlitten haben, und im Hinblick auf die bedauerliche Lage, in der Sie sich heute befinden, hat Seine Majestät der Kaiser und König zur Linderung Ihrer Notlage ausnahmsweise einen einmaligen Betrag von 700 Reichsmark bewilligt. Ich werde Ihnen diesen Betrag durch die Hausschutzverwaltung überweisen lassen.«

Um finanziell wieder auf die Beine zu kommen, beteiligt sich Stani an der Herstellung eines Films, der die schönsten Kunstschätze der Katholischen Kirche in Deutschland zeigt. Die Aufführungen leitet er jeweils mit einem begleiteten Vortrag unter der Überschrift ein: »Die katholische Kirche als Trägerin der Kunst und Kultur«. Schließlich nutzt er sein Rednertalent, das er schon bei zahlreichen Vorträgen unter Beweis gestellt hat, und spricht in politischen Versammlungen zu Themen wie »Wird Hitler Diktator des Freistaates Oldenburg?« oder: »Katholizismus und Zentrumspolitik zu Sozialismus und Reichsbanner«. Vereinzelt nutzen sogar die örtlichen Gremien der Hitler-Partei seine Rednerkünste und lassen ihn auf ihren Kundgebungen sprechen. Um Geld zu verdienen, nimmt Stani zunächst auch solche Aufträge an. Zwar steht er der NSDAP alles andere als nahe, verkennt aber, wie so viele Zeitgenossen, lange die aufkommende Gefahr.

Die NSDAP-Ortsgruppe in Worbis-Ohmfeld kündigt ihn sogar als »Parteigenosse Stani Graf von Nayhauß-Cormons Berlin« an. Aber zu diesem Zeitpunkt scheinen sich die obersten Nazis bereits an seinem Auftreten und seinen Äußerungen zu stören. Sie erlassen ein Redeverbot, »weil der Graf nicht Mitglied der NSDAP ist«, schreibt die Reichsleitung der Partei in einem Brief vom 30. Juli 1931 und fügt an, dass eine Aufnahme des Grafen von Nayhauß ohnehin nicht in Frage komme.

Aus politischer Distanz wird offene Feindschaft. Unter dem Pseudonym »Clemens von Caramon« veröffentlicht er auf eigene Kosten jene bereits erwähnte Broschüre mit dem Titel »Führer des Dritten Reichs!«. Die verbreitet er auf Vortragsreisen. In dieser Broschüre nennt er Nationalsozialisten verschiedener Ränge mit krimineller Vergangenheit, schreibt in einem Vorwort: »Bei jeder anderen Partei verschwinden ›schwarze Schafe‹, nachdem sie entdeckt wurden, von der Bühne des öffentlichen Lebens. Nur der Nationalsozialismus duldet einzig und allein skrupellos an seiner Spitze, in Führerstellung, vielfach Menschen, die in des Wortes wahrster Bedeutung ›Dreck am Stecken‹ oder ›keine weiße Weste‹ mehr haben. Und zwar in einer Anzahl, wie es bei jeder anderen Partei von rechts bis links, die auf einwandfreie ethische, moralische Einstellung ihrer Führer hält, einfach unmöglich wäre. Beweis: Siehe die folgenden Seiten.«

Er schreibt zum Beispiel:

> »Georg Ottel, Schar-Führer in Lörrach (Baden) ist allein mit sechs Vorstrafen gelistet, darunter wegen mehrfachen Diebstahls, Bettelns und schwerer Urkundenfälschung, vier Monate Gefängnis.
> Wilhelm Hüttmann, Gauleiter der NSDAP in Oberschlesien, neun Monate Gefängnis wegen Unterschlagung und Hehlerei, wegen fortgesetzten Betruges in zehn Fällen, ein Jahr Gefängnis und zwei Jahre Ehrverlust.
> Fritz Brandenburg, Führer des SA-Sturms in Bonn, ein Monat Gefängnis wegen Unterschlagung.«

Die Auflistung der kriminellen Vergangenheit führender Nationalsozialisten umfasst dreißig Seiten und wird abgeschlossen mit einem Hitlerzitat: »Wir sind die Partei der anständigen Leute!«

Die Nazis schäumen, es ist nur noch eine Frage der Zeit, bis sie ihn jagen und an weiteren Auftritten hindern werden. Er ist sich der Gefahr, in der er schwebt, bewusst, gibt aber nicht auf, seine Broschüre in ganz Deutschland zu vertreiben.

Seine Gegner fragen sich, woher er die detaillierten Informationen für diese Schwarze Liste erhielt. Und dann gerät ausgerechnet der erste Chef der Geheimen Staatspolizei, Rudolf Diels, in den Verdacht, ihn mit Material versorgt zu haben. In einer vom 23. Juni 1932 datierten Erklärung, geschrieben also zu einem Zeitpunkt, als Hitler und die NSDAP noch nicht an der Macht sind, bestätigt Stani zumindest eine Unterstützung durch den Gestapo-Chef. Er schreibt: »Diels erklärte mir, dass er nur das ihm vor der Drucklegung vorgelegte Manuskript gebilligt und erklärt habe, dass er sowohl wie auch Staatssekretär Dr. Abegg vom Preußischen Innenministerium das Erscheinen der Schrift und meine Aktion, das heißt, die Art und Weise, wie die Schrift in weiteste Kreise gebracht werden solle, begrüßen würde, weil die ganze Tendenz den Zielen der Staatsregierung dient und die Schrift, soweit er dazu in der Lage sei, weitgehendst empfehlen werde.«

Dass die Sache mit der Broschüre für ihn dennoch kein gutes Ende nehmen würde, ahnt Stani, schreibt daher an meine Mutter: »Eine ständige Seelenanspannung nimmt einen mit. Dazu das ständige Gefühl, jetzt kommen sie und holen dich.«

Vier Monate später ist er tot.

Aufwachsen unterm Hakenkreuz

Hitler-Jugend und Napola

Mutter reagiert erstaunlich gefasst auf meinen Wunsch, in die Jugendorganisation der Nazis einzutreten. Immerhin nicht alltäglich, dass ausgerechnet der Sohn eines Gestapo-Opfers dorthin drängt. Auf ihre Frage »Was willst du denn da?«, entgegne ich sehr bestimmt: »Ich will auch eine Uniform. Wie alle Kinder. Sogar die Mädchen. Außerdem kriegt man einen Dolch, macht Ausflüge, mit Lagerfeuer und so.«

Pause.

»Vielleicht komme ich auch in einen Fanfarenzug.«

»Du kannst doch gar nicht Fanfare blasen.«

»Macht nichts.«

Mutter fügt sich ins Unabänderliche. Zwei Monate vor meinem zehnten Geburtstag werde ich in die Hitler-Jugend aufgenommen. Acht Monate später, am 1. Dezember 1936, wird ein vom »Führer und Reichskanzler« unterschriebenes »Gesetz über die Hitlerjugend« erlassen. Paragraph 1: »Die gesamte deutsche Jugend innerhalb des Reichsgebietes ist in der Hitlerjugend zusammengefasst.« Eine später erlassene Durchführungsverordnung bestimmt: »Alle Jugendlichen vom 10. bis 18. Lebensjahr sind verpflichtet, in der Hitlerjugend Dienst zu tun [...]. Mit Gefängnis und Geldstrafe oder mit einer dieser Strafen wird belegt, wer böswillig einen Jugendlichen vom Dienst in der Hitler-Jugend abhält oder abzuhalten versucht.«

Als das Gesetz erlassen wird, führt kein Weg an der Mitgliedschaft in der HJ vorbei, selbst wenn ich mich nicht freiwillig dazu entschlossen hätte. In kindlicher Unbefangenheit stimme ich beim Ausmarsch in das Lied ein: »(...) denn heute gehört uns Deutschland und morgen die ganze Welt«. Am Ende

Im Alter von elf Jahren als Napola-Schüler in Berlin-Spandau, 1937

meiner HJ-Zeit habe ich es sogar bis zum Hauptscharführer gebracht, was beim Militär dem Hauptfeldwebel einer Kompanie entspricht.

Im Frühjahr 1937 komme ich auf die Nationalpolitische Erziehungsanstalt (NPEA) in Berlin-Spandau. Die »Napolas«, wie sie der Einfachheit halber auch genannt werden, sind die Nachfolgeeinrichtungen der ehemals Preußischen Kadettenanstalten, wo Offiziersnachwuchs ausgebildet wurde – vormilitärische Einrichtungen, die nach dem verlorenen Ersten Weltkrieg im Versailler Vertrag verboten worden waren. Nun werden die Anstalten unter anderem Namen und mit geänderten Uniformen weitergeführt. Sie sind aber keine Adolf-Hitler-Schulen, wie fälschlicherweise immer wieder behauptet wird. Es war der Wunsch meines Vaters, der selbst auf einer Kadettenanstalt erzogen wurde, dass auch seine beiden Söhne diese Erziehung erhalten. Und die ist bisweilen knochenhart, wie ich während meiner Schulzeit auf der Napola in Berlin-Spandau erfahre.

»Alle raus! In drei Minuten in Wehrsportuniform angetreten!« Mehr verstehe ich nicht, denn ich bin als Erster aus dem Schlafsaal zur Stube gerannt, wo wir zu acht Jungmannen – so heißen wir – wohnen. Kurz darauf stehen wir dreißig unserer Klasse draußen vor dem Turm unseres Heimgebäudes. Es ist eine helle Mondnacht im März 1942. Drittes Kriegsjahr. Nun kann die einzige Rettung nur noch Fliegeralarm sein. Es kommt aber keiner. Hannes Eggers – so heißt der Erzieher – ist groß, mit kantigem Gesicht, Bürstenhaarschnitt, hetzt uns im Laufschritt auf dem Platz hin und her. »Hinlegen! Auf! Hinlegen!« Im Nu sind Gesicht und Hände voll Dreck und Schweiß. Dann geht es auf den größeren Sportplatz. Erst eine halbe Runde, dann immer wieder das verfluchte »Hinlegen!«. Der Boden ist noch gefroren, meine Hände aufgeschürft.

»Alle weggetreten, in drei Minuten Antreten im Trainingsanzug!«, schreit Eggers. Danach geht es erst richtig los: eine Runde im schnellsten Tempo. Dann auf das daneben liegende Handballfeld: Liegestütze, Laufschritt, hüpfen, erst auf einem Bein, dann auf dem anderen. Noch einmal hinlegen, robben, auf allen vieren kriechen, wieder hüpfen. Hockstellung, Arme vor, hüpfen. Grausam, wie er uns fertig macht, denke ich und keuche. Warum haben auch zwei, drei Idioten von uns im Schlafsaal Kissenschlacht gemacht, wiewohl schon Licht ausgemacht und Bettruhe angesagt war – bis Eggers plötzlich im Saal stand.

Wieder und wieder müssen wir antreten – bis der Erzieher endlich genug hat und uns wieder in den Schlafsaal schickt. Vorher verpasst er uns noch einen Generalanschiss: »Ihr seid überhaupt nicht zu gebrauchen! Was wollt ihr überhaupt noch auf der Napola? Geht bloß ab, verlasst die Schule. Pennälerhaufen!« Zuletzt brüllt er so, wie ich ihn noch nie gehört habe. Schließlich schreit er: »Raus!«, und wir drücken uns geknickt durch die Stubentür davon. Im Schlafsaal spricht keiner mehr, alle sind von der Schleiferei vollkommen erschöpft. Ich kann nicht einschlafen, weil mir alle Gliedmaßen und Muskeln wehtun.

Dabei fing alles so harmlos an. Nachdem mich meine Mutter auf der Napola angemeldet hatte, musste ich eine einwöchige Aufnahmeprüfung machen. Man wird dabei nicht nur in schulischen Fächern geprüft, sondern auch auf Gemeinschaftssinn getestet. Ich, der zehnjährige Knirps, lebe eine Woche lang in Stuben mit zehn, zwölf anderen Jungen zusammen. Besonderen Wert legt man während der einwöchigen Prüfung auf den sportlichen Test, einschließlich einer Mutprobe: Nichtschwimmer müssen vom Dreimeterbrett ins Wasser springen, wo ältere Jungen sie wieder rausfischen. Wer schwimmen kann, muss vom zweiten Stock eines Gebäudes in ein unten aufgehaltenes Tuch springen. Ich trickse den Prüfer aus, gebe vor, Nichtschwimmer zu sein, wiewohl ich schwimmen kann. »Gut gemacht«, ruft er, als ich nach dem Sprung vom Dreimeterbrett im Hallenbad prustend auftauche und aus dem Wasser gezogen werde.

Als ich nach den Osterferien 1937 in Spandau anfange, besteht unser 1. Zug – so heißen die Klassen auf der Napola – aus fünfzig Jungmannen. Beim Notabitur sieben Jahre später sind es nur noch achtzehn. Die übrigen sind auf der Strecke geblieben, weil sie aus schulischen oder sportlichen Gründen nicht versetzt wurden. Man muss bei Nichtversetzung die Schule verlassen. Aber es gibt Ausnahmen, zum Beispiel, wenn man ein Supersportler ist und bei den HJ-Gebietsmeisterschaften brilliert. Ich bin stolz, als Vierzehnjähriger Handball-Jugendmeister von Berlin und Erster im Kunstspringen zu sein.

Körperliche Ertüchtigung wird in Spandau großgeschrieben. Wir haben nicht nur täglich Sportunterricht, sondern treiben in unserer Freizeit freiwillig jede Art von Sport: Handball,

Geräteturnen, Schwimmen im Hallenbad. Die Schule besitzt mehrere Handball- und Tennisplätze, eine Schießhalle, einen Reitstall, einen Fuhrpark mit Motorrädern und Geländewagen. Zu unseren Sporterziehern gehören der Box-Europameister im Mittelgewicht Fritz Rolauf und der Olympiasieger im Speerwerfen Gerhard Stöck. Insofern stimmt der Begriff »Eliteschule«. Ich fühle mich trotz Schleifer Eggers und gelegentlicher Strafaktionen wohl, habe keinerlei Heimweh.

Im Gegensatz zu heutigen Internatsschülern werden wir sehr streng gehalten. Um in die Stadt, sprich Spandau, zu gehen, muss man sich abmelden. Wir landen meist in einer Gaststätte vis-à-vis, wo wir Billard spielen und für zehn Pfennig Apfelsaft trinken. Wenn wir nach Berlin-Mitte wollen, müssen wir einen Urlaubsschein beantragen. Urlaub gibt es jedes zweite Wochenende, aber nur für die Berliner. Die Hälfte unseres Zuges kommt aus Ostpreußen oder der Mark Brandenburg, kann darum nur in den Schulferien nach Hause. Wer im Unterricht stört, fängt auch schon mal eine Ohrfeige ein – so wie ich eine besonders kräftige von meinem Erdkundelehrer Gerhard Stöck, 1936 nicht nur Sieger im Speerwerfen, sondern auch Bronzemedaillen-Gewinner im Kugelstoßen.

Die politische Indoktrinierung ist in Spandau nicht größer als außerhalb unserer Anstalt in der Hitler-Jugend oder im Jungvolk. Einmal in der Woche haben wir einen politischen »Heimabend«, in dem Politik diskutiert und abgefragt wird; an solchen Abenden müssen wir zum Beispiel Hitlers Lebenslauf aufsagen. »Führer-Reden« werden gemeinsam angehört – vorne im Saal die Erzieher, wir Jungmannen nach Klassen gestaffelt. Einmal leiste ich mir einen kessen Zwischenruf. Als Hitler in einer Rede 1941 zum Heldengedenktag fordert: »Auch die Heimat muss in diesem Krieg schwerere Opfer bringen wie früher«, krähe ich, der gerade den Komparativ gelernt hat: »schwerere als früher«. Wie »puppets on a string« reißen alle die Köpfe zu mir herum – die Erzieher missbilligend, die Mitschüler mit feixenden Grimassen. Die befürchtete Abstrafung bleibt – oh Wunder – aus.

Dass ich mich in Spandau wohl fühle, mag auch damit zusammenhängen, dass ich über die Todesumstände meines Vaters immer noch nichts weiß. Unser Tagesablauf ist je nach Altersstufe (Hundertschaft) sehr verschieden. In der Unterstufe schlafen wir zusammen in einem riesigen Saal von der Größe einer Turnhalle, später nur noch klassenweise zusammen, also jeweils ein Zug. In der Oberstufe werden je zwei Jungmannen zusammengelegt. Die Vormittage sind mit Unterricht ausgefüllt, an den Nachmittagen ist erst einmal Arbeitsstunde angesetzt, in der Schularbeiten gemacht werden. Bezahlte Nachhilfe ist unbekannt. Versteht man etwas nicht, fragt man einen Mitschüler.

Dann gibt es wie beim Militär Putz- und Flickstunde mit anschließendem Schuh- und Spindappell. Einmal in der Woche steht auf dem Plan Ausmarsch mit Geländespiel im Spandauer Forst – »Blaue Partei« gegen »Rote Partei« –, jeder teilnehmende Jungmann bekommt einen Wollfaden in entsprechender Farbe ums Handgelenk. Wenn der abgerissen wird, ist man außer Gefecht. Die Kleineren hassen diese Spiele, weil einem von den Größeren nicht nur der Wollfaden entrissen wird, sondern man im Gerangel regelmäßig Prügel bezieht.

Ich bin von diesem Internatsleben begeistert. Als meine Mutter mich zur Aufnahmeprüfung brachte und sich von mir verabschieden wollte, fand sie ihren »Maini« in seiner neuen Stube mit einem Besen beim Saubermachen vor, der ihr lapidar verkündete: »Mutti, ich habe jetzt keine Zeit, Du siehst doch, ich bin beschäftigt!«

Uns geht es ja auch nach der endgültigen Aufnahme blendend. Ich habe zehn (!) Paar Schuhe, hinzu kommen verschiedene Uniformen – die olivfarbene Anstaltsuniform und die der HJ, zu der wir in einer Sondereinheit (Fähnlein) gehören. Alles vom Staat gestellt. Und das für einen Erziehungsbeitrag von nur monatlich fünfundsiebzig Reichsmark, zusätzlich fünf Reichsmark Taschengeld. Für meinen Bruder Engelbert, der 1941 nach Spandau kommt, muss Mutter noch weniger zahlen. Dies alles spielt natürlich bei der Frage, wie ich mich in Spandau fühle, auch eine Rolle, denn Mutters Rente ist nicht üppig.

Abwechslung und Anreiz sind im Sommer Manöverübungen und Klassenfahrten – zum Beispiel ins Zeltlager an der Ostsee. Mit zwölf im Herbst zum Kartoffelbuddeln zu einem Bauern nach Berlin-Gatow, wo wir als Lohn Berge von Streuselkuchen verdrücken. Mit vierzehn bekommen wir Segelflugkurse im Oderbruch. Außerdem hat die Schule einen Bootshafen an der Havel, wo wir segeln und rudern lernen, am Wochenende uns sogar Boote leihen dürfen. Kein Wunder, dass wir glücklich und stolz sind, dieser Eliteschule anzugehören. Damit uns die Sonderstellung nicht zu Kopf steigt und wir auch das Leben einfacher Menschen kennenlernen, werden wir mit fünfzehn zum zweimonatigen Ernteeinsatz aufs Land geschickt – in den Osten, Kreis Konin, damals Warthegau, heute Polen.

Ganz auf uns allein gestellt, muss jeder bei einer Bauernfamilie leben und arbeiten. Es sind Bessarabiendeutsche, die aufgrund des Hitler-Stalin-Paktes von den Sowjets aus ihrer Heimat im heutigen Moldawien vertrieben und im Warthegau angesiedelt wurden – auf Höfen, die zuvor Polen gehörten, die nun ihrerseits vertrieben wurden oder als Knechte unter den neuen Herren arbeiten müssen. Für den kleinen Grafen Nayhauß ein ungewohntes Leben. Ich werde auf den Hof der Familie Messinger, von Abstammung Schwabendeutsche, 1940 umgesiedelt, in Giewartow, Gemeinde Nasswerder, eingesetzt. Neben Vater und Mutter gibt es vier Töchter – Lili, Emilie, Alma, Anna. Wir trinken nur Wasser aus der Pumpe im Hof, essen gemeinsam mit Holzlöffeln aus einer großen dunkelbraunen Emailleschüssel, schlafen in einer dunklen Kammer auf einem Strohsack. Trotzdem fand ich es aufregend.

Zur allgemeinen Erziehung gehört auch, dass die Jungmannen der Oberstufe einmal für die Dauer der Sommerferien auf Bergarbeiterfamilien im Ruhrgebiet aufgeteilt leben und mit dem Familienoberhaupt zur täglichen Arbeit unter Tag ins Bergwerk einfahren.

Mein Wohlfühlen auf der Napola geht so weit, dass ich mich jedes Mal am Ende der Ferien freue, wieder in die Anstalt zurückzukehren. Auch im Spätsommer 1939, als der Ausbruch des Zweiten Weltkriegs unmittelbar bevorsteht und wir von der Anstaltsleitung aufgefordert werden, bis auf weiteres zu Hause zu bleiben. Als Hitler dann am 1. September vor den Abgeordneten des Deutschen Reichstags verkündet: »Seit 5:45 Uhr wird jetzt zurückgeschossen. Und von jetzt ab wird Bombe mit Bombe vergolten«, bin ich dreizehn und radle innerlich aufgewühlt von unserer Wohnung in Berlin-Lichterfelde-West zu meinem Klassenkameraden »Kalle« Müller im Ortsteil Dahlem. Aus vielen geöffneten Fenstern dröhnt die im Radio übertragene Stimme des »Führers« – bedrohlich, anmaßend, feierlich zugleich: »Wenn ich nun vom deutschen Volk Opfer, wenn notwendig alle Opfer fordere, dann habe ich ein Recht dazu.« Kalles Mutter, Apothekerfrau, öffnet mir, schüttelt den Kopf und sagt nur: »Das nimmt kein gutes Ende.«

Als Tage später für uns Napola-Schüler die Sommerferien für beendet erklärt werden, freue ich mich dieses Mal besonders, meine Mitschüler wiederzusehen. Natürlich haben sich nicht alle so wohl gefühlt wie ich. Ich erinnere mich, dass wir einen Mitschüler regelrecht rausekelten. Herzlos, wie Kinder sein können, haben wir ihn terrorisiert, indem wir ihn nachts im Bett überfielen und mit nassen Handtüchern traktierten. Hintergrund: Sein Vater war General und versorgte ihn mit »Fresspaketen«, die er mit uns nicht teilen wollte. Das wurde gnadenlos bestraft. Der Junge gab bald auf und verließ die Schule.

Noch einer verließ vorzeitig die Anstalt: Kurt Baier, ein Bessarabiendeutscher, dem wir gleich den Spitznamen »Panje« verpassten. Er entpuppte sich als glänzender Schüler, der in fast allen Fächern eine Eins hatte, trotzdem kein Streber war, sondern sich als ein Superkamerad erwies. Zu unserem Leidwesen erklärte er eines Tages, dieser Internatsbetrieb, der viel Ähnlichkeit mit dem Kommiss habe, liege ihm nicht und er würde hier auch zu wenig lernen. Panje verließ uns freiwillig, wurde später Arzt und wanderte in die USA aus. Bis zu seinem frühen Tod hielt ich Verbindung zu ihm, besuchte ihn nach dem Krieg.

Von unseren Erziehern ist mir am stärksten unser langjähriger Klassenlehrer Werner Kuhls in Erinnerung, ein stämmiger Westfale. Er behandelte uns eher als Kumpel und verringerte so die autoritäre Distanz zwischen Erzieher und Jungmannen. Wir schätzten ihn sehr. Kuhls hatte im spanischen Bürgerkrieg in der »Legion Condor« gedient. Er erzählte uns eines Tages auch von einem Besuch in einem Konzentrationslager. Er war mit anderen Erziehern unserer Schule zu einer Besichtigung des KZ in Oranienburg eingeladen worden, ein Städtchen, das man schon damals von Spandau mit der Berliner S-Bahn erreichen konnte. Von KZs wussten wir Schüler nur, dass, so die Nazi-Propaganda, dort »arbeitsscheues Gesindel und Kriminelle« eingesperrt waren sowie Kommunisten, die unsere »Erzfeinde« seien.

Als wir Kuhls fragen, was er denn in Oranienburg gesehen habe, berichtet er: »Ach, nichts Besonderes. Wir sahen Häftlinge, die im Kreis herumgingen und Holzschuhe auf Verschleiß testeten.« Ich glaube nicht, dass uns Kuhls anlog. Wahrscheinlich hat man auch ihm etwas weisgemacht. Wir haben bis 1945 nie erfahren, was dort in der Nähe von Spandau tatsächlich geschah.

Ein ganz anderer Erziehertyp war jener Hundertschaftsführer Hannes Eggers, der gefürchtete Schleifer. Er war – das sei rückschauend zu seinen Gunsten gesagt – kein Sadist, sondern er handelte vielmehr nach der damals üblichen Doktrin »Gelobt sei, was hart macht.«

Auch Ausländer gehörten zu unseren Erziehern. Wir hatten einen Engländer und einen Amerikaner für den Englisch-Unterricht und einen Holländer für Sport. Der Engländer, Mr. Newhouse, entpuppte sich später als britischer Agent und verschwand kurz vor Kriegsbeginn, während der Amerikaner noch mit uns die ersten Luftangriffe der Briten im Luftschutzbunker durchlitt.

Zweifel am Nazi-Regime haben wir damals nicht, zeigen aber manchmal durchaus eine kritische Einstellung zu verschiedenen Vorgängen, die wir dann mit dem Spruch quittieren: »Wenn das der Führer wüsste!« Wir dünken uns besser als die allgemeine HJ, die wir bei allen sportlichen Vergleichskämpfen besiegen. Wir mokieren uns über wichtigtuerische Parteifunktionäre (»Goldfasane«), wir nehmen die anderen Eliteschultypen, Feldafing und Ordensburgen, wo der Parteinachwuchs erzogen wird, nicht für voll. Aber das ist keine begründete Kritik am Regime, sondern Ausdruck unserer elitären Denkweise.

Meine Zeit in Spandau hat mich sicher verändert. Ich habe dort viel gelernt, weniger im schulischen als im sportlichen Bereich. Die Liebe zum Sport ist mir bis heute geblieben. Ich wurde, was ich damals natürlich noch nicht wusste, begeisterter Tennisspieler, Motorrad- und Skifahrer, leistete mir ein Motor- und ein Segelboot. Spandau hat mich auch generell geprägt, was Zielstrebigkeit, Selbstverantwortung, Pflichtbewusstsein betrifft. Klingt nach Sekundärtugenden, aber so ist es nun einmal.

Es geht natürlich nichts über die Erziehung in einem intakten Elternhaus. Unter intakt verstehe ich unter anderem, dass beide Elternteile präsent sind, dass sie sich auch vertragen und dass keine finanzielle Not oder gar Armut herrscht. Aber wenn – wie bei mir – diese Voraussetzungen nicht gegeben waren, weil der Vater nicht mehr lebte, der in der Pubertät des Sohnes eine so wichtige Rolle spielt, war die Erziehung in der Napola für mich die zweitbeste Lösung. Sie hat mir später in der schweren Nachkriegszeit geholfen, mich durchzusetzen.

In meinem Abiturzeugnis steht als Berufswunsch »Diplomat oder Journalist«. Das deckt sich auch mit den Vorstellungen der Erzieher, die uns immer gewarnt haben: »Werdet nicht alle Offiziere!« Wir sollten möglichst breit gefächert viele Berufe und Gesellschaftsschichten mit unserem Können anreichern. Diplomat konnte ich nach dem Krieg nicht werden, da mir das Studium fehlte, weil ich für Mutter und den jüngeren Bruder, dem ich ein Studium ermöglichte, zu sorgen hatte. Seilschaften im Sinn des englischen »Old Boys Club« unter den ehemaligen Eliteschülern existierten nicht. Natürlich gab es bei gemeinsamer beruflicher Lage ein besseres und leichteres Zusammenspiel, wenn es sich um »Ehemalige« handelte. Ich erinnere mich an den ehemaligen »Spiegel«-Korrespondenten in München, Werner Volkmar, einen alten »Spandauer«, der dann in Bonn Lobbyist für die Mineralölindustrie wurde. Wenn er eine Meldung lanciert haben wollte, hat man ihm geholfen. Aber der stellvertretende Generalinspekteur der Bundeswehr, Generalleutnant Hans Poeppel, auch ein »Spandauer«, wäre nie auf den Gedanken gekommen, »alten Kameraden« Pöstchen im Verteidigungsministerium zuzuschustern.

Wann eigentlich geriet unsere NS-gefärbte Ideologie ins Wanken? Ein klares Datum gibt es nicht. Wir glaubten an den »Endsieg« bis zuletzt, hofften noch in den letzten Kriegswochen auf die versprochenen »Wunderwaffen«. Wir waren Teil der allgemeinen Euphorie, bejubelten die Sondermeldungen über Siege an der Front und über versenkte Schiffe im Atlantik durch unsere U-Boote. Solange wir klein waren, sammelten wir nach Bombenangriffen der Alliierten eifrig Granat- und Bombensplitter, tauschten sie mit anderen Jungen.

Dass nicht alles mit rechten Dingen zuging, spürte ich vielleicht erstmals am Tag nach der »Reichskristallnacht« im November 1938, als jüdische Gotteshäuser in Flammen standen. Ich kam von einem Wochenende bei Mutter auf dem Weg zurück nach Spandau mit der S-Bahn an der abgebrannten Synagoge von Charlottenburg vorbei. Als ich die noch rauchende Ruine sah, war ich irritiert. Wer tut so etwas? Und warum? Aber als Zwölfjähriger fand ich natürlich keine Antwort. Und dann beschäftigte mich sehr schnell wieder der Dienstbetrieb der Napola.

Drei Jahre später, inzwischen fünfzehn, geriet ich noch einmal ins Grübeln. Ich stieß zu Hause beim Stöbern auf ein Exemplar der von meinem Vater verfassten Anti-Nazi-Broschüre – ohne zu wissen, dass sie von ihm stammt. Auf dem Titel die Zeichnung eines Mannes mit Hakenkreuzbinde hinter Gittern, Überschrift »Führer des Dritten Reichs! Von Clemens von Caramon«. Eine dunkle Ahnung beschlich mich, zumal Mutter gelegentlichen Fragen, woran denn Vater gestorben sei, auswich. Sie wurde verlegen, biss sich auf die Lippen, als könnte ihr die Antwort rausrutschen. »Das erzähle ich dir später einmal.«

»Wo liegt er denn begraben?«

»In Schlesien.«

»Und warum fahren wir nicht einmal dorthin?«

»Zu weit weg. Außerdem haben wir dafür kein Geld.«

Mich befriedigten die Antworten natürlich nicht. Aber ich wollte ihr nicht weiter zusetzen. Ich merkte nur, irgendetwas stimmt nicht.

Inzwischen hatte der Krieg an Heftigkeit zugenommen. Die Briten beginnen mit Flächenbombardements auf Lübeck, Köln und Essen mit verheerenden Zerstörungen. In Afrika müssen sich die deutschen Truppen zurückziehen, in Stalingrad kapituliert die Paulus-Armee.

Am 2. März 1943 erhält Mutter ein Schreiben des Polizeipräsidenten von Berlin:

> »Heranziehung von Schülern zum Kriegshilfseinsatz der deutschen Jugend in der Kriegsmarine:
>
> Die deutsche Jugend der höheren und mittleren Schulen wird dazu aufgerufen, in einer ihren Kräften entsprechenden Weise bei der Verteidigung des Vaterlandes mitzuwirken [...]. Hierfür wird der Schüler Mainhardt, geboren am 1.7.1926, [...] der Kriegsmarine zur Dienstleistung zugewiesen. Er hat sich am 3. März 1943 um 8 Uhr in seiner Schule zu melden.«

Mit sechzehn in den Krieg

Der Pulvergeruch ist ätzend, der Lärm betäubend. Dazu der immer wieder gebrüllte Befehl des Geschützführers: »Salventakt einhalten! Salventakt!« Aus einem Lautsprecher dröhnen in kurzen Abständen erst ein quäkender Ton, kurz darauf ein schrilles Läuten und dann ein Knall, dass es einem fast die Ohren abreißt. Ringsherum Keuchen, Schweißgeruch und Rufe »Aufpassen!«. Metall schlägt scheppernd auf Betonfußboden. Husten, Fluchen, Schimpfen. Ein Inferno auf engsten Raum unter einer großen Stahlkuppel. Entrinnen unmöglich.

Ich bin seit vier Monaten Marinehelfer in einer Flak-Stellung nordöstlich von Kiel auf einem freien Feld. Nächster Ort Passade, ein winziges Dorf. Jetzt ist es Nacht, ich stehe innerlich aufgewühlt hinter einer 10,5-cm-Flugabwehrkanone, ein tonnenschweres Ungeheuer mit einem fast neun Meter langen, Feuer speienden Rohr. Das Ganze einbetoniert in den holsteinischen Ackerboden. Seit zehn Minuten feuern wir auf über uns fliegende britische Bomber vom Typ »Lancaster«. Sieben Mann Besatzung. In dieser Nacht sind es Hunderte mit ihrer Tod bringenden Last – mit 1000 Kilo schweren Sprengbomben, Flächenbrände erzeugenden Phosphorkanistern und speziellen Leuchtmarkierungen, um Ziele auch bei Nacht auszumachen. Zuvor hatten die »Lancaster«-Maschinen bereits Essen und die MAN-Werke in Augsburg heimgesucht. Auch Hitlers Berghof bei Berchtesgaden hat man »Grüße« von der Royal Air Force geschickt.

Ich bin auf meiner Position als »Hülsenfänger«. Meine Aufgabe: Direkt hinter dem Verschluss des Kanonenrohrs stehend, muss ich den Ladekanonier unterstützen, wenn er nach dem ersten Signalton die fünfzehn Kilo schwere Granate aus der Zündereinstellmaschine reißt und in den offenen Verschluss des Kanonenrohrs schiebt. Keine leichte Sache, darum muss ich mitschieben – und sofort zur Seite springen. Denn wenn das zweite Signal ertönt, bedient der Geschützführer den Abzug,

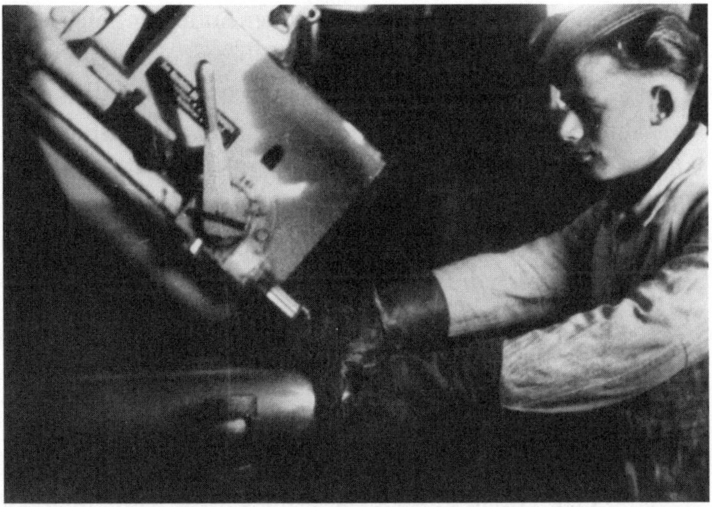

Als Ladekanonier am 10,5-cm-Geschütz in Passade, Schleswig-Holstein, 1943

feuert damit die Granate Richtung Ziel. Das ist mit einem gewaltigen Rückstoß verbunden. Wehe, man wird von dem zurückfahrenden Rohr getroffen. Dann ist man reif fürs Lazarett.

Ich muss aber gleichzeitig die mit Wucht herausfliegende, heiße Granathülse auffangen. Dazu habe ich feuerfeste Handschuhe. Gelingt mir das nicht, trifft sie einen der zur Geschützmannschaft gehörenden russischen Kriegsgefangenen, der hinter mir bereitsteht, um die nächste Granate zu reichen. In dieser Nacht schießen wir quasi Dauerfeuer, da der Feind in mehreren Wellen angreift. Das bedeutet, alle fünf Sekunden wird eine Granate durch die fast senkrecht in den Himmel gerichtete Kanone abgefeuert. Für den Ladekanonier eine ungemein Kräfte zehrende Anstrengung, die fünfzehn Kilo ins Rohr zu schieben.

Ich sehe, wie er spuckt und hustet, er hat Schweißtropfen auf der Stirn, ist knallrot im Gesicht. Die nächste Granate schiebt er nur noch mit Verzögerung ins Rohr. Dann verdreht er die Augen und kippt seitlich weg. Geistesgegenwärtig springe ich auf seine Position, reiße die nächste Granate aus der Zündereinstellmaschine und schiebe sie unter Aufbietung aller meiner Kräfte ins Rohr – verpasse dabei aber den nächsten Salventakt. Noch während der Geschützführer schreit: »Weiter so, Nayhauß!«, tönt über Lautsprecher vom Gefechtsstand die Stimme des Batteriechefs, eines Kapitänleutnants: »Geschütz Nummer 2, was ist verdammt noch mal los? Schlaft ihr?«

Arschloch, denke ich, komm her. Mach es besser. Tief Luft holend bugsiere ich die nächste Granate ins Rohr. Die plötzliche Verantwortung verleiht mir ungeahnte Kräfte. Dazu die Anfeuerung durch den Geschützführer: »Weiter! Weiter! Weiter!« Noch mehrere Schüsse – ich zähle sie längst nicht mehr, da kommt der erlösende Befehl: »Feuer einstellen! Feindlicher Verband im Abflug.«

Nun doch ermattet, gehe ich in die Hocke, lehne mich an die Betonwand des Geschützbunkers, spüre die angenehme Kühle der Wand, ringe nach Luft. Der eigentliche Ladekanonier, kein Marinehelfer, sondern regulärer Soldat, ein kräftiger Bursche von der Mosel, ist immer noch außer Atem, drückt mir die Hand, haucht ein »Danke«. Was er in dieser Minute nicht weiß: Er ist als Ladekanonier abgelöst, und ich – eher ein schmales Handtuch – bin bis zum Ende meiner Zeit als Marinehelfer Nachfolger und stolz wie Bolle.

Als der Angriff endgültig vorüber ist, stolpere ich in dunkler Nacht durch schmale, mit Tarnnetzen überdachte Laufgräben zurück Richtung Unterkunft. Plötzlich bleibe ich stehen, drehe mich um, blicke gen Süden. In weiter Ferne sehe ich am Horizont einen zuckenden Feuerschein. Es dauert, bis ich begreife: Es ist das brennende Hamburg. Nach dem Krieg erfahre ich, dass in dieser Nacht in der Hansestadt 1400 Menschen starben. Noch viermal bombardieren die Briten die Stadt im Rahmen einer Aktion mit dem Codenamen »Gomorrha«. Am Ende werden 30 482 Tote gezählt, darunter 5586 Kinder. 277 330 Wohngebäude und 580 Industriebetriebe, 277 Schulen, 58 Kirchen und 24 Krankenhäuser werden zerstört. Luftmarschall Arthur Harris (»Bomber Harris«), der die Aktion befehligt, meldet Premierminister Winston Churchill: »Sir, Hamburg ist von der Landkarte verschwunden.«

Kein Wunder, dass sich Mutter um mich sorgt. Wir sind in Berlin am 29. August auch ausgebombt worden. Mutter lebt seitdem in einem Ausweichquartier in Salzwedel zwischen Hamburg und Berlin beim Lokomotivführer Uthe. Statt Verständnis für ihre Sorge um mich zu zeigen, reagiere ich mit der Überheblichkeit eines gerade erwachsen gewordenen Kriegers pampig, schreibe ihr: »Du tust gerade so, als ob wir hier in der russischen Stadt Orel oder an einem anderen Brennpunkt der Kämpfe liegen. Du kannst beruhigt sein: Wir sind hier zehn Mal sicherer als ihr zu Hause. Wenn jede Mutter so übertrieben ängstlich wäre – wo kämen wir alle hin?«

In einem zweiten Brief reagiere ich versöhnlicher: »Liebe Mutti! – Ich lebe noch! Ich habe mir weder den Daumen gequetscht, noch ist mir eine Bombe auf den Kopf gefallen. Kurz gesagt, es geht mir gut. Der Dienst hier ist leicht und macht mir sehr viel Spaß. Unser Dienstplan: 7:00 Wecken, 8:30 Uhr Morgenmusterung (also Appell). Dazwischen waschen, Koje bauen (gemeint Bettenbau), und Frühstück. Dann folgt ein kleiner Morgenmarsch von rund zwei Kilometern, anstatt Frühsport. Aber alles ganz ruhig. Wie überhaupt der ganze Dienst ruhig ist. Nicht nur für uns, sondern für die ganze Batterie. Wir unterscheiden uns durch nichts von den übrigen Soldaten. Weder in der Uniform, noch im Dienst. Bis zur Mittagsmusterung, Appell aller angetretenen Soldaten, die um 11:30 Uhr stattfindet, haben wir Dienst. Für die nächsten Wochen also Exerzieren am Geschütz, was nicht anstrengend ist und uns allen große Freude bereitet. Anschließend im Speisesaal Mittagessen – bis 14:30 Uhr Mittagspause. Dann wieder Dienst und um 17:00 Uhr Abendbrot. Dazu gibt es eine warme Suppe, und jeder empfängt seinen Proviant für den Abend und den nächsten Morgen (Brot, Butter, Wurst und Tee). Das Einteilen der Portion bereitete uns anfangs einige Schwierigkeiten. Man fraß alles auf und schaute am nächsten Morgen zu, wie andere aßen. Aber jetzt haben wir den Bogen schön spitz. Danach haben wir von 17:30 Uhr bis 22:00 Uhr wieder Freizeit. Dann ist Ruhe.«

Was ich nicht schreibe: Ich erlebe bei der Marine-Flak eine verrückte Situation. Gemeinsam mit russischen Kriegsgefangenen schießen wir aus schweren Geschützen auf britische und amerikanische Bomber. Dabei wollte Hitler doch einst am liebsten mit den »uns Germanen« rassisch nahe stehenden Engländern gemeinsam »gegen die asiatischen Untermenschen« im Osten kämpfen. Nun sind die Rollen vertauscht. Wir stecken den gefangenen Russen durch das vergitterte Tor ihres Bunkertors, hinter dem sie gefangen gehalten werden, heimlich Essen zu. Wir haben Mitleid mit ihnen. Dabei wissen wir noch nicht einmal, dass sie nach Kriegsende – in ihre Heimat überstellt – wegen Zusammenarbeit mit dem Feind die Todesstrafe erwartet.

Weiter berichte ich an Mutter: »Untergebracht sind wir in Baracken, aber alles wohnlich eingerichtet. Warm duschen können wir zu jeder Tageszeit. Ich nutze das ständig aus. Das Essen ist auch gut. Wir leben hier vollkommen wie die Soldaten und unterscheiden uns praktisch nicht von ihnen. Mit Schulunterricht sieht es ziemlich dunkel aus. Es wird sich alles mit der Zeit ergeben.«

So ist es. Wir haben bald regelmäßigen Schulunterricht, das heißt, nach einer Alarmnacht geht Geschützreinigen und Munitionheranschleppen vor. Wir haben inzwischen dreierlei Uniformen: weißes Drillich zum Dienst am Geschütz, feldgraue Uniform mit gekreuzten Ankern auf dunkelgrünen Schulterklappen zum allgemeinen Dienst und die dunkelblaue Marineuniform zum »Anlandgang«. Allerdings mit der Anweisung, dazu die HJ-Armbinde und den Ärmelstreifen mit der Aufschrift »Marinehelfer« zu tragen. Beides legen wir nach Verlassen des Batteriegeländes prompt ab, um als echte »Seelords« zu gelten. Das zahlt sich besonders vor Nachtclubs mit Zutritt nur für »Wehrmachtangehörige und Begleitung« aus. Scharen von vergnügungssüchtigen Mädchen vor den Etablissements warten darauf, mit reingenommen zu werden.

Als Marinehelfer im Urlaub mit Mutter Erika,
1943

Zur angenehmen Abwechslung im bald eintönigen Dienstbetrieb in Passade zählen die Marinehelferinnen unserer Batterie – Mädchen nur wenig älter als wir. Zwar gilt ein striktes Verbot, mit ihnen außerdienstlich zu verkehren – sie sind in einer Extrabaracke untergebracht. Dennoch kommt es zu versteckten Liebeleien, die allerdings nicht über harmloses Knutschen hinausgehen. No Sex! Dennoch werden meine Flamme und ich eines Tages verpetzt, werden nach einem strengen Verhör (»Was genau haben Sie gemacht?«) vom Batteriechef zu drei Tagen Arrest bestraft. Natürlich getrennt. Um sich im Knast die Zeit besser vertreiben zu können, darf man zwischen der Bibel und Hitlers Standardwerk »Mein Kampf« wählen. Aus Trotz nehme ich, der Nichtgetaufte, die Bibel.

»Leider will jetzt gar kein Alarm kommen«, schreibe ich eines Tages in mein Tagebuch und fahre fort, »schade, wir wollen doch möglichst schnell unser Kampfabzeichen machen.«

Das Kampfabzeichen der Marineartillerie, ein ovaler, auf der linken Uniformseite zu tragender Orden, gibt es für die Beteiligung an mindestens sieben abgeschossenen Flugzeugen. Dieses »Soll« erreichen wir Marinehelfer noch vor Ende unserer knapp einjährigen Dienstzeit und werden entsprechend dekoriert. Nur, zu welchem Preis? Keiner von uns kann sich das unendliche Leid vorstellen, das der Luftkrieg über Deutschland für die Menschen in den ausgebombten Städten bringt.

Nach knapp einem Jahr nähert sich unsere Dienstzeit bei der Marine-Flak dem Ende. In der Batterie haben Offiziere und einfache Soldaten uns schätzen gelernt. »Wollt ihr nicht bei uns bleiben, statt an die Front zu müssen? Wir können das arrangieren!« Wir lehnen das durch die Bank ab, wollen nicht länger »Etappenhengste« abgeben. Zunächst müssen wir jedoch wie jeder junge Mann und jede junge Frau zum Reichsarbeitsdienst. Einer unserer Napola-Erzieher hat allerdings erreicht, dass wir statt der vorgeschriebenen zwölf Monate nur sechs Wochen Dienst tun müssen, damit wir – zurück an der Napola in Köslin – noch unser Abitur machen können. Und dort, in Köslin, erreicht mich, nachdem ich mich als Freiwilliger zum Kriegsdienst gemeldet hatte, der Einberufungsbefehl – und zwar zur Waffen-SS.

Ausgerechnet am 6. Juni 1944, dem sogenannten D-Day, dem Beginn der Landung alliierter Truppen in der Normandie, werde ich regulärer Soldat.

Feuertaufe in Arnheim

Es ist Nacht. Dicht gedrängt, müde der Blick, hocken wir auf den harten Bänken eines Lkws und wünschen uns sehnlichst, vor Tagesanbruch das holländische Arnheim zu erreichen, um von feindlichen Tieffliegern verschont zu bleiben. »Wo sind eigentlich die Schützenpanzer, die zu den Panzergrenadieren gehören?«, rufe ich durch den Motorlärm Gruppenführer Galla zu.

»Was ist los?«

Ich wiederhole und füge kess hinzu: »Nennen wir uns jetzt Lkw-Grenadiere?«

Er überhört die Ironie. »Alle beim letzten Einsatz abgeschossen.«

Ich denke: Da steht uns ja einiges bevor. Trotzdem, die Kameraden und ich brennen auf Einsatz. Eine dreimonatige Ausbildung beim Ersatzbataillon in Brünn liegt hinter mir. Seit einigen Tagen bin ich bei der Feldeinheit – 21. Panzergrenadier-Regiment, SS-Panzerdivision »Freundberg«. Nun, auf dem Lastkraftwagen, höre ich durch die Dunkelheit das Grollen der herannahenden Front. Es klingt wie fernes Gewitter, hat etwas Bedrohliches. Ich nehme einen Schluck aus der Feldflasche. Das Wasser tut gut auf der pelzigen Zunge.

Was ich nicht im Geringsten ahne: Ich werde in die Schlacht um die größte Luftlandeoperation des Zweiten Weltkrieges geworfen. Die Gegner Deutschlands sind nach der geglückten Invasion in der Normandie inzwischen quer durch Frankreich und Belgien bis an die Grenzen des Deutschen Reiches vorgestoßen. Ihrem obersten Befehlshaber, dem amerikanischen General Dwight D. Eisenhower, unterstehen auch französische, polnische, aber vor allem die Truppen des englischen Feldmarschalls Bernard L. Montgomery – ein Kriegsheld, der ein Jahr zuvor das deutsche Afrikakorps unter General Rommel in der Schlacht von El Alamein besiegte und sich für den größten Feldherrn seiner Zeit hält. Es gefällt ihm gar nicht, einem Amerikaner unterstellt zu sein. Er plädiert für einen geballten Vorstoß über den Rhein bei Arnheim und von dort ins Ruhrgebiet. »Geben Sie mir an Truppen und Nachschub, was ich brauche, und ich fahre nach Berlin, und der Krieg ist zu Ende«, fordert er großmäulig von Eisenhower. Der wiederum favorisiert einen Vorstoß amerikanischer Truppen auf breiter Front durch das Saarland Richtung Frankfurt am Main. Für beide Strategien gleichzeitig reicht jedoch der Nachschub nicht – vor allem an Benzin für Panzer fehlt es. Für Eisenhower ist Montgomery ein aufgeblasener Egozentriker, der sich für unfehlbar hält. Der Engländer wiederum sieht in dem Amerikaner einen Oberkommandierenden, der den Kontakt zur Truppe verloren hat. Die Herren können sich nicht riechen.

Schließlich lenkt Eisenhower genervt ein und gibt für den von »Monti« geplanten Angriff auf die Rheinbrücke von Arnheim mit 10 000 Mann – Fallschirmjäger und per Lastensegler abgesetzte Soldaten, einschließlich einer polnischen Fallschirmjägerbrigade – grünes Licht. Die gesamte Operation erhält den Codenamen »Market Garden« und beginnt am Morgen des 17. September 1944. Und ich kleiner Grenadier mittendrin. Hätte Eisenhower auf seinem Plan beharrt, wäre ich noch einmal davongekommen. Nun steht mir das ganze Grauen des Krieges bevor.

Von vierundzwanzig Rollfeldern startet in England eine Streitmacht unvorstellbaren Ausmaßes. In knapp fünftausend Einsätzen – durch Bomber, Transportflugzeuge, Lastensegler und Jagdflugzeuge als Begleitschutz – werden Soldaten, Waffen, Munition, gepanzerte Fahrzeuge und Nachschub ins Einsatzgebiet gebracht. Am Ende sind auf alliierter Seite nahezu vierzigtausend Soldaten an der Operation beteiligt. In den deutschen Militärstäben ist man total überrumpelt.

Meine Kameraden und ich erreichen auf unserem Lkw gegen sieben Uhr morgens – inzwischen ist es Montag, der 18. September – die Gegend von Arnheim. Über der Stadt qualmen dunkle Wolken, Detonationen von Bomben und Artillerie-Einschlägen sind zu hören, dazwischen das Tack-Tack-Tack von Maschinengewehren. In diesen Hexenkessel sollen wir jetzt.

Sofort nach dem Ausladen werden einige andere und ich zu einem Spähtrupp zusammengestellt. Unser Auftrag: feststellen, ob die Engländer die strategisch wichtige Rheinbrücke bereits besetzen konnten. Vom westlich von Arnheim gelegenen Vorort Velp geht es zunächst durch noch wenig belebte Straßen. Es ist sehr heiß, unser Weg führt nach Verlassen der Ortschaft durch Wiesen und über Torfmoore, die von vielen Wassergräben, Hecken und Bäumen durchzogen sind. Die Ausrüstung drückt, das Maschinengewehr, Model MG 42, das ich trage, wiegt fast elf Kilo. Es ist in der Lage – hat man die nötige Munitionsmenge –, bis zu 1500 Schuss pro Minute abzufeuern. Wir nennen es die »Hitlersäge«.

Der Weg zum Stadtzentrum von Arnheim wird in der Hitze zur Qual. Fahnenjunker Klaus Witt führt den Spähtrupp an, er ist zwar mit dem Eisernen Kreuz zweiter Klasse ausgezeichnet, aber aus irgendeinem Grund traue ich ihm nicht. Wir erreichen schließlich ohne Feindberührung das eigentliche Arnheim. Hier und da ein brennendes Haus, Mauerschutt und Glasscherben auf den Straßen, ein verstört herumirrender Hund. In einem Haus, das wir durchsuchen, ist der Esszimmertisch gedeckt, die Speisen stehen in der Küche auf dem Herd. Die Bewohner haben das Haus offensichtlich fluchtartig verlassen. Wir arbeiten uns in Schützenreihe vor – einer nach dem anderen. Auf einem Fabrikgelände stoßen wir auf Widerstand. Wir werden beschossen. Vor uns befindet sich eine Kreuzung, die linke Straße leicht ansteigend. Fahnenjunker Witt schaut auf seinen Stadtplan. »Das muss die nördliche Auffahrt der Rheinbrücke sein«, ruft er uns über die Schulter zu. Wir kommen nicht weiter. Mein Herz schlägt schneller. Meine erste Feindberührung. Gefechtslärm macht die Verständigung schwierig. Wir stehen keuchend in einem Hauseingang, der uns Schutz vor den Schüssen der Engländer bietet.

Witt muss schreien: »Nayhauß, Sie bleiben hinter mir!« Er zeigt auf die nächsten fünf hinter meinem Rücken. »Ihr auch. Alle anderen auf die gegenüberliegende Straßenseite. Schnell, schnell! Auch der mit dem zweiten Maschinengewehr. Und dann arbeiten wir uns auf beiden Seiten Richtung Brücke vor.«

Witt ist aufgeregt wie wir alle – und sein Befehl ein tödlicher Fehler. Auf der anderen Straßenseite stehen keine Häuser mit Schutz bietenden Eingängen, dort verläuft längs der Straße nur eine Gartenhecke. Er hätte die Soldaten nicht auf die andere Seite schicken dürfen. Nun ist es zu spät. Nach wenigen Sekunden fällt durch Kopfschuss der andere MG-Schütze unseres Spähtrupps. Er hat sich noch Deckung suchend auf die Straße geworfen, aber eine Kugel trifft ihn unmittelbar unter der Sichtblende seines Stahlhelms mitten in die Stirn. Ich sehe mit Schrecken, wie sein Kopf noch vorn abknickt. »Achtung Scharfschützen!«, schreit jemand. Abermals zu spät. Tack, Tack, Tack werden auch die hinter ihm liegenden Kameraden tödlich getroffen.

Der erste und so schnelle Verlust schockiert mich. Hätte Fahnenjunker Witt mich auf die andere Seite geschickt, wäre ich jetzt nicht mehr am Leben. Das also ist der Tod? Ich nehme mir vor, wenigstens eine Lehre zu ziehen: erst schauen, dann einem Befehl folgen. Auf keinen Fall blindlings.

Wir arbeiten uns ein paar Hauseingänge weiter vor Richtung Brückenauffahrt. Ich liege jetzt mit meinem MG in einem Büro, peile durch ein zerbrochenes Fenster die Lage. Plötzlich werden wir von den Engländern gegenüber entdeckt, sie schießen mit Granatwerfern. Gott sei Dank treffen sie nur die Hauswand und nicht durch ein Fenster uns. Die Nordauffahrt der Rheinbrücke ist also besetzt, mithin unser Erkundungsauftrag erfüllt. Wir treten vorsichtig den Rückzug an.

Als wir die Kompanie erreichen, denke ich: Das war also die vielzitierte Feuertaufe. Eingedenk unserer Gefallenen müsste es Totenmesse heißen.

Einen Tag später verbringen wir die Nacht im Kompaniegefechtsstand, der im Rathaus von Arnheim untergebracht ist.

Eine Stunde vor Mitternacht werden wir aus dem Schlaf gerissen. »Los, los, wir brauchen einen Spähtrupp«, befiehlt der Kompanieführer. »Keine Sorge, ihr seid gleich wieder zurück.« Wir sollen erkunden, ob die Engländer auf der gegenüberliegenden Seite eines großen Parks Stellung bezogen haben. Die meisten unserer Gruppe scheinen den Ernst der Lage nicht zu begreifen, sie albern herum, machen Lärm. Daraufhin beschließt der Gruppenführer, nur seinen Stellvertreter, Sturmmann Spitzer, und mich mitzunehmen.

So schleichen wir zu dritt allein vor. Überall knistern die brennenden Häuser. Als wir den besagten Park erreichen, robben wir uns über eine Rasenfläche zum anderen Parkende, wo die Engländer vermutet werden. Etwa zwanzig Meter vor dem Ende riechen wir plötzlich Virginia-Tabak. Also sind dort englische Soldaten, unsere rauchen Orient-Tabak. Während ich noch überlege, ob damit unser Auftrag erfüllt ist, spüre ich einen aufkommenden Hustenreiz. Aber ich darf auf keinen Fall einen Laut von mir geben, dann würden wir sofort beschossen werden, hätten auf die etwa zwanzig Meter Entfernung keine Überlebenschance. Um den Hustenreiz zu unterdrücken, beiße ich in den Rasen. Gruppenführer Galla sieht, dass mit mir etwas nicht in Ordnung ist, weiß aber nicht, was, und hat panische Angst, dass ich ein Geräusch machen könnte. Ich schlucke in meiner Verzweiflung Rasenerde und schaffe es tatsächlich, nicht zu husten. Galla deutet mit dem Daumen über die Schulter nach hinten. Vorsichtig treten wir den Rückzug an. Von wegen »gleich zurück«. Es ist nach drei Uhr nachts, als wir den Gefechtsstand wieder erreichen. Ich erfrische mich notdürftig, trinke gierig Leitungswasser, falle dann in einen totenähnlichen Tiefschlaf.

Inzwischen ist es Mittwoch, der 20. September, drei Tage nach Landung der Engländer. Am Morgen muss unsere Gruppe den Spähtrupp wiederholen. Aber wir kommen nicht einmal bis zu besagtem Park, zweihundert Meter nach unseren letzten Sicherungskräften macht britisches Granatwerferfeuer weiteres

Vorankommen unmöglich. Ergo zurück, den Blick auf die vor uns liegende Straße gerichtet und abgewartet.

Plötzlich taucht eine holländische Nonne auf, schwenkt ein weißes Tuch. Drei, vier weitere Nonnen erscheinen auf der Bildfläche und fangen an, auf der Straße liegende Verwundete zu bergen. Automatisch stellen Deutsche und Engländer das Feuer ein, bestaunen ungläubig das Geschehen. Als die Nonnen den letzten Verwundeten von der Straße gezerrt haben, wird weitergekämpft. Der ganze Irrsinn des Krieges.

Über Nacht sind schwere Waffen unserer Division herangebracht worden. Die Rheinbrücke ist wieder in deutscher Hand, die Engländer haben sich in das Hauptgefängnis und in die angrenzenden Häuser zurückgezogen. Es gelingt uns, nachmittags das rechts vom Gefängnis liegende Gerichtsgebäude zu besetzen. Aber das ist nur ein Teilerfolg. Während ich in einer Ecke eines Büros hocke, schießen englische Scharfschützen aus dem Gefängnis vis-à-vis durch die Fenster auf uns.

Inzwischen ist deutsche Artillerie mit 10,5-cm-Geschützen aufgefahren. Normalerweise auf 1000 Meter oder weiter entfernte Ziele gerichtet, nehmen sie aus nur hundert Metern die letzten Häuser unter Beschuss. Fasziniert beobachte ich einen Offizier, von dem ich später seinen Namen erfahre: Major Knaust, Weltkriegsteilnehmer, Baltikumkämpfer. Aber das Bemerkenswerteste: Er hat eine hölzerne Beinprothese und springt damit furchtlos in vorderster Linie von Geschütz zu Geschütz. Nach Abschluss der Schlacht um Arnheim wird er von Hitler mit dem Ritterkreuz zum Eisernen Kreuz dekoriert.

Von Major Knaust und seinen schweren Geschützen sturmreif geschossen, ergeben sich gegen Abend die Engländer – bis auf achtzig Mann unter Führung eines Captains. Die Wirkung des Artilleriebeschusses muss furchtbar gewesen sein. Erschöpft und traumatisiert torkeln sie aus den Häusern, lassen sich widerstandslos gefangen nehmen und zum Kompaniegefechtsstand abführen. Dort fragt der Kompaniechef: »Wer kann Englisch?« Ich hebe meine Hand. »Nayhauß, vernehmen Sie die Gefangenen, notieren Sie Namen, Dienstgrad und Heimatadresse. Damit können wir ihre Angehörigen verständigen. Fragen Sie auch nach Einzelheiten ihres Einsatzes. Fangen Sie gleich an.«

Die Engländer sind größtenteils erleichtert, in Gefangenschaft geraten und damit dem Schlamassel entgangen zu sein. Aber nicht alle wollen ihre Heimatadresse nennen (»Dann schickt ihr Bomber rüber, um unsere Angehörigen zu bombardieren«). Ich versuche, ihnen das auszureden: »Nonsens, wir wollen eure Namen und Anschriften für das Internationale Rote Kreuz in Genf. Die geben das weiter an eure Angehörigen, damit sie sich um euch nicht mehr sorgen müssen.« Der eine oder andere nennt daraufhin seine Heimatadresse.

Zum Schluss bringe ich einen gefangenen Leutnant in den Rathauskeller, wo die bereits Vernommenen eingesperrt sind. Dort bietet sich mir, als der deutsche Posten die Kellertür aufschließt, ein gespenstischer Anblick: Etliche Verwundete liegen auf nacktem Fußboden, umringt von ratlosen Kameraden. Der Schreck der durchgemachten Kämpfe spiegelt sich in ihren Gesichtern. Einer der Verwundeten versucht, mit seinen ölverschmierten Händen die aus seinem Bauch herausquellenden Gedärme zurückzuschieben. Ein englischer Arzt im Offiziersrang und sein Kollege treten an mich heran.

»Please, help us. Please!«

»Was kann ich für Sie tun?«

»We have no medical equipment to help this poor guy and others.«

Ich muss jedoch einräumen: »Unser Sanitäter ist zu euch übergelaufen. Wir haben außer meinem kleinen Verbandspäckchen auch kein medizinisches Material.«

Die beiden schauen sich ratlos an. Schließlich sagt der eine, natürlich alles auf Englisch: »Können Sie uns in die Stadt begleiten? Vielleicht treiben wir irgendwelche Sachen auf, die wir als Verbandszeug benutzen können. Schauen Sie doch, dieser arme Kerl da, der mit bloßen Händen versucht, seine Gedärme zurückzuhalten. Dem könnte vielleicht geholfen werden.« Von draußen ist das Dröhnen der Schlacht zu hören. »Wir geben Ihnen unser Ehrenwort, wir unternehmen keinen Fluchtversuch.«

Ich nicke. »Let's go!« Der Posten vor der Tür schaut ungläubig, als ich mit den englischen Sanitätsoffizieren den Keller verlasse. »Geht in Ordnung, Kumpel«, beruhige ich ihn. Als wir auf die Straße kommen, umgibt uns eine chaotische Kulisse: überall Feuer, Rauchgestank, dazwischen Geschützdonner und immer wieder Schüsse. Bäume sind zerrupft und zersplittert, geknickte Straßenbahnmasten haben ihre Spitzen auf die Straße gesenkt. Überall liegen und hängen grellfarbige Fallschirme mit geborstenen und halbgeöffneten Versorgungsbehältern, aus denen Munition, Waffen, Instandsetzungsmaterial und Verpflegungsbüchsen hervorquellen. Nur kein Sanitätszeug. Der Straßenbelag ist mit Glassplittern und Mauersteinen übersät. Uns begegnen deutsche Landser, quasi noch kämpfend, beäugen mich und meine beiden englischen Offiziere, teils erstaunt, teils misstrauisch. Ich brülle: »Alles ok! Meine Gefangenen.« Wir stoßen schließlich auf ein Hemdengeschäft, in der Auslage jede Menge Ware. Einer der beiden Engländer sagt: »Los, nehmen wir uns doch wenigstens die Hemden, die können wir zerreißen. Dann haben wir schon mal Verbandsmaterial.« Er tritt mit einem Fuß die Glastür ein. Wir stolpern in das Geschäft, raffen an Oberhemden zusammen, was wir greifen können, selbst Smokinghemden, und hasten zurück durch das brennende Arnheim zum Gefechtsstand im Rathaus. Dort schließt der Posten wieder die Tür zum Keller auf. Ich lasse die beiden Sanitätsoffiziere allein. Sie rufen mir noch nach: »Thanks a lot. We'll never forget.«

In den oberen Stockwerken, wo sich der Kompaniegefechtsstand befindet, gibt es keine Gefangenen mehr zu verhören. Jemand ruft mir zu: »Sie können zurück zu Ihrer Gruppe.« Nur, wo ist meine Gruppe? Wahrscheinlich noch im Gerichtsgebäude, das wir im Laufe des Tages eroberten. Ich mache mich in dunkler Nacht auf den Weg, wanke vor Erschöpfung mehr, als dass ich gehe, erreiche schließlich einen deutschen Doppelposten gegenüber von besagtem Gerichtsgebäude. Es sind zwei an einem Laternenpfosten in Deckung liegende Soldaten, die mich, ohne zu fragen, wohin ich will, passieren lassen. Aufgrund der Brände in der Stadt erkenne ich schemenhaft die umliegenden Häuser, auch das Gerichtsgebäude.

Ich betrete es vorsichtig von einem Seiteneingang im Erdgeschoss, taste mich – nun ist es noch dunkler – durch einen Korridor vor zur Haupteingangshalle. Vom Tag her sind mir die Räumlichkeiten noch geläufig. Es stinkt nach Verbranntem. Als ich mich der Eingangshalle nähere, höre ich im Dunkeln englische Worte. Sie kommen von der Rückseite einer großen Freitreppe, die zum oberen Stockwerk führt. Anstatt mich nun heimlich aus dem Staub zu machen, fordere ich Idiot die Engländer auf, sich zu ergeben: »Come on guys, give up. Drop your weapons!« Nichts geschieht, absolute Stille.

Dann, plötzlich, detoniert seitlich rechts vor mir eine Handgranate mit einem Mordsknall. Gleißendes Licht, heller als die Sonne, blendet mich. In mir steigt eine Hitze von gefühlten tausend Grad auf. Ein einziges Wort geht mir durch den Kopf: Aus! Was ich in diesem Moment noch nicht weiß, aber hinterher erfahre: Ich habe Glück im Unglück, weil ich in einem teilweise mich schützenden Türrahmen stehe, so dass mich »nur« jeweils ein Stecksplitter im rechten Unterschenkel und an der Innenseite des linken Oberschenkels sowie drei kleine Metallsplitter im rechten Kniegelenk treffen. Vor einer lebensgefährlichen Verletzung des Bauches schützt mich mein Tagebuch in der rechten Außentasche der Uniform, das einen wuchtigen Splitter abfängt. Mit einem Satz kreuze ich den Flur durch die offene Tür eines gegenüberliegenden Büros und springe aus dem zerschossenen Erdgeschossfenster.

Im nächsten Moment ist mir klar: Ich bin erneut in Gefahr. Die deutschen Posten, die mich passieren ließen, muss die Explosion alarmiert haben. »Nicht schießen, nicht schießen!«, schreie ich, während ich über den Platz zu ihnen renne. Gott sei

Dank ballern sie nicht auf mich. Keuchend angekommen, fauche ich sie an: »Verdammt noch mal! Warum habt ihr mich nicht gewarnt? Mich nicht zurückgehalten? Idioten!«

Ich blute an Armen und Beinen und bewege mich humpelnd zum Rathaus – schnurstracks in den Keller zu den gefangenen Engländern. Der Posten versteht die Welt nicht. Ich schreie: »Schließ endlich auf!« Ich betrete den vollgestopften, stinkenden Raum mit den Verwundeten. Sofort sind beide Ärzte, mit denen ich vor einer halben Stunde unterwegs war, zur Stelle, sehen das Blut an meiner Uniform und fragen: »What the hell happened – Was ist passiert?«

»Bin versehentlich über die deutschen Linien geraten und in ein Haus, das von Ihren Leuten besetzt ist.«

Dann passiert Unglaubliches: Sie entschuldigen sich mit einem Wortschwall – »Awfully sorry, dass Ihnen das ausgerechnet angetan wurde. Wir entschuldigen uns dafür! We apologize!«

Ich bin viel zu erschöpft, um ihnen zu sagen, dass das ja nicht ihre Schuld sei. Ich glaube, ich bringe noch auf Englisch ein »shit happens!« raus, dann sinke ich zu Boden. Die beiden Ärzte untersuchen meine Wunden, registrieren, dass sie nicht lebensgefährlich sind, und verbinden mich – mit zerrissenen Hemdteilen.

Am nächsten Morgen melde ich mich beim Gefechtsstand ab, ein Kradmelder mit Beiwagenmotorrad bringt mich zum Hauptverbandsplatz. Von dort aus geht es mit einem Sanitätskraftwagen in das nächste noch in Holland liegende Kriegslazarett. Dort werde ich operiert.

Als am Tag darauf die Nachricht kommt, dass das Lazarett näher an die Front verlegt werden soll, werden wir Verwundeten in die grenznahe Heimat gebracht – nach Rees am Niederrhein, in eine klosterähnliche Burg namens »Haus Aspel«. Ich kann mithin nicht so bald wieder zur Feldeinheit zurückkehren.

Kurz darauf werde ich erneut untersucht. Drei Militärärzte stehen mit ernsten Gesichtern am Fußende meines Bettes. Der

Ältere, offensichtlich der Chefarzt, schaut erst auf meine Verwundetenakte, dann auf mich. »Sie haben drei kleine Metallsplitter im rechten Kniegelenk. Das gefällt uns gar nicht. Wir sollten operieren. Nur, dann bleibt Ihr Bein steif. Lassen wir die Splitter drin, können sie sich entzünden, und wir müssen eine Oberschenkelamputation vornehmen. Sie haben die Wahl, Grenadier Nayhauß.«

Mir wird so heiß wie in dem Augenblick, als in Arnheim vor mir die verdammte Handgranate explodierte. Ich armes Würstchen, gerade achtzehn, vor mir die drei streng schauenden Ärzte, soll eine so weit tragende Entscheidung treffen?

»Also«, sagt der Chefarzt, und wie er das sagt, gibt er zu verstehen: Ich habe keine Lust, noch länger auf eine Entscheidung zu warten. Verzweifelt suche ich in den Augen der beiden anderen Ärzte nach einem versteckten Zeichen – ein zustimmendes Nicken, ein verneinendes Kopfschütteln. Nichts dergleichen.

Ich nehme meinen ganzen Mut zusammen, stoße heraus: »Nicht operieren!«

»Na ja«, entgegnet der Chefarzt, »hoffentlich wissen Sie, worauf Sie sich da einlassen.« Er schaut beleidigt drein. Er wäre für operieren gewesen. »Aber ich verordne Ihnen für die nächste Wochen strengste Bettruhe. Kein Aufstehen, kein Rumlaufen, gar nichts! Verstanden?«

»Jawohl! Verstanden.« Unbewusst nehme ich im Bett Haltung an. Grußlos entfernen sich die Herren. Ich kann die nächste Nacht nicht schlafen, wälze mich hin und her. Umso mehr, als einer der zehn Verwundeten, mit denen ich das Krankenzimmer teile, konstant wimmert. Der Arme ist doppelt beinamputiert, hat offensichtlich starke Schmerzen, jedoch es fehlt an schmerzstillenden Mitteln. Ein anderer Verwundeter brüllt wiederholt: »Ruhe! Halt endlich die Schnauze!« Danach ist es für einige Minuten ruhig, dann beginnt der Mann wieder laut zu weinen. Da höre ich, wie der andere aufsteht und ans Bett des Beinamputierten tapst, dann Schläge – patsch, patsch,

patsch! Nun ist es beklemmend still. Ich denke: Einen Schwerstverwundeten prügeln. Das darf nicht wahr sein. Warum greift keiner ein? Warum gehe ich nicht dazwischen? Zu schwach? Zu feige? Zu abgestumpft? Krieg macht Menschen herzlos.

Am nächsten Morgen wieder Visite. Der vermutliche Chefarzt schaut auf meine Krankenakte. Dort steht oben: »Dienstgrad SS-Panzergrenadier«. Daraufhin fragt er mit gerunzelter Stirn, als könne er den Eintrag nicht nachvollziehen: »Was hat Sie denn zur Waffen-SS gebracht?«

»Ich habe mich als Kriegsfreiwilliger gemeldet und wurde daraufhin zur Waffen-SS eingezogen. Vielleicht weil ich Napola-Schüler war und der Inspekteur der Napolas SS-Obergruppenführer Heißmeyer ist.«

Der Arzt: »So, so.«

Ich überlege noch lange, was er mit »so, so« gemeint haben könnte.

Die transportfähigen Verletzten, darunter ich, werden nach und nach ins »Heimatgebiet« verlegt. Das passt mir gar nicht, weil ich möglichst schnell an die Front zurückmöchte. Und noch etwas anderes schmeckt mir nicht: Da ich inzwischen »Auf-Patient« bin, werde ich im Lazarett in Melsungen als Hilfssanitäter eingesetzt. Ich muss »Schieber« reichen und mit Urinflaschen jonglieren. Einmal werde ich auch nach Berlin geschickt, um für Offiziere des Lazaretts in der Heeres-Kleiderkammer, Kurfürstendamm, Ecke Joachimstaler Straße, Sachen zu besorgen. Weil ich dies und alles andere gut verrichte, macht man mir das Angebot, als regulärer Sanitäter im Lazarett zu bleiben, statt nach meiner Genesung an die Front zurückzukehren. Welche Chance! Ich jedoch lehne das mit Entrüstung ab. Ein Drückebergerposten widerspricht meiner preußischen Erziehung.

Dabei nähert sich unweigerlich das Ende des gar nicht mehr so großen »Großdeutschen Reiches«. Am 16. Dezember 1944 erlässt der Oberbefehlshaber West, Generalfeldmarschall von Rundstedt, folgenden Tagesbefehl:

»Soldaten der Westfront!
Eure große Stunde hat geschlagen!
Starke Angriffsarmeen sind heute gegen den Angloamerikaner angetreten. Mehr brauche ich Euch nicht zu sagen.
Ihr fühlt es alle:
Es geht ums Ganze!
Tragt in Euch die heilige Verpflichtung, alles zu geben und Übermenschliches zu leisten für
Unser Vaterland und unseren Führer!«

Vom 26. Dezember bis 10. Januar bekomme ich Genesungsurlaub und Marschpapiere nach Salzwedel, Anreise über Berlin. Die Stadt ist inzwischen zur »Festung« erklärt worden. Nur mit ausdrücklicher Genehmigung darf man sie betreten oder verlassen. In der Viermillionen-Metropole herrscht eine seltsame Atmosphäre – teils Festungsmentalität, teils Normalbetrieb. Und wieder einmal kreuzen sich Schicksalswege. Da ist in Berlin-Heiligensee der Leutnant Karl Carstens, der an der dortigen Flak-Artillerieschule Dienst tut – und in Uniform mit hohen Schaftstiefeln und Pistole am Koppel durch die von Luftangriffen schwer zerstörte Stadt geht. Er besucht, während die Russen nur etwa achtzig Kilometer vor Berlin stehen, in der Charlottenburger Oper eine Aufführung von Mozarts »Idomeneo«. Der Tenor singt die Arie »Holder Friede kehre wieder«, da beginnt das Publikum zu weinen. Carstens später als Bundespräsident zu mir: »Das werde ich nie vergessen.«

Zur vorgeschobenen Verteidigung Berlins wird auch der siebzehnjährige Fallschirmspringer Horst Ehmke eingesetzt. Vor einer Eisenbahnbrücke erwischt ihn eine MG-Garbe: Oberschenkeldurchschuss und rechter Zeigefinger verletzt. Vierzig Kilometer nördlich von Berlin liegt, eingegraben an der Böschung des Hohenzollernkanals, der blutjunge Fallschirmjäger Peter Boenisch. Er steckt in einem verdreckten Tarnanzug, ein schmutziger Verband ist um den Mittelfinger der linken Hand gewickelt. Ein russisches Geschoss hat ihm die Fingerkuppe abgefetzt. Und dreißig Kilometer südlich von Berlin, in Beelitz, ist der siebzehnjährige Pionier Hans-Dietrich Genscher im Einsatz. Er gehört zur legendären »Armee General Wenck«, die Hitler aus Berlin rauspauken soll. Der General jedoch entscheidet sich anders, indem er stattdessen deutsche Soldaten, dazu Tausende von Verwundeten und Flüchtlingen, aus einer russischen Umzingelung befreit und gen Westen zu den Amerikanern begleitet.

Wie gesagt, Ende Dezember 1944 darf kein Wehrmachtsangehöriger die »Festung Berlin« verlassen. Jeder Soldat wird zur Verteidigung gebraucht. Ich kann allerdings die »Kettenhunde«, so nennen wir die deutsche Militärpolizei, mit meinem nach Salzwedel ausgestellten Urlaubsschein für Genesende überzeugen, dass ich rechtsmäßig unterwegs bin. »Der Mann darf weiterreisen!« weist der Bahnhofskommandant, ein Major, den Unteroffizier an, der mich in Oranienburg, dem nördlichen Außenring von Berlin, aus dem Zug holte und nun zurückbringen muss.

Kurz vor Neujahr bin ich endlich zu Hause. Zu Hause – das sind drei Zimmer im oberen Stockwerk beim Lokomotivführer Uthe in der Ernst-Gädtke-Straße, wohin wir 1943 nach behördlicher Aufforderung, das durch ständige Luftangriffe gefährdete Berlin zu verlassen, eingewiesen wurden. Mutter ist überglücklich, umarmt mich, drückt mich fest an sich, weint vor Freude. Bruder Engelbert, normalerweise auf der Napola Spandau, die aber inzwischen nach Köslin im Pommerischen evakuiert wurde, ist auch da. Die kleine Familie ist mithin in schweren Zeiten vereint. Was will man mehr?

Mutter hat sich offensichtlich auch an meine SS-Uniform gewöhnt. Kurz nach dem Einberufungsbefehl hatte sie noch versucht, mich umzustimmen: »Du kannst dich doch zur Marine, zu den U-Booten, melden. Auch ein Elite-Verband!« Sie wusste um meine Begeisterung für besondere, ruhmreiche Militär-Einheiten. Ich schüttelte damals den Kopf: »Dazu ist es jetzt zu spät.«

Vielleicht denkt sie, der Spuk ist eh bald vorbei. Auch Freunde und Nachbarn stoßen sich nicht an meiner Uniform. Denn inzwischen gibt es 910 000 Soldaten der Waffen-SS, darunter Holländer, Belgier, Letten, Kroaten, Finnen, Esten, sogar eine mohammedanische SS-Division. Und das letzte Aufgebot an Verteidigern für Hitlers Bunker in Berlin sind ausgerechnet Franzosen der »SS-Division Charlemagne«.

Als ich jetzt beim ersten Abendbrot erzähle, dass man mich in Melsungen gerne als Sanitäter behalten, also vom Frontdienst befreit hätte, ich dies aber ablehnte, bricht Mutter in Tränen aus. »Denkst du denn überhaupt nicht an mich? Die Vorstellung, dass du wieder an die Front musst, ist für mich unerträglich.« Hätte sie jetzt mit der Wahrheit über den Tod meines Vaters herausrücken sollen? Nur, wäre ich dann vielleicht aus Wut desertiert? Um womöglich erwischt und standrechtlich erschossen zu werden? Ich beruhige sie: »Mir wird schon nichts passieren.« Ein durch nichts gerechtfertigter Optimismus.

Am 10. Januar des neuen Jahres ist mein Genesungsurlaub beendet. Am Vorabend schreibe ich in mein Tagebuch, das ich seit meiner Napola-Zeit führe: »Morgen geht's wieder raus. Man kann sich eines sentimentalen Gefühls doch nicht erwehren. Aber warum es sich selbst schwer machen?«

Im Briefkasten finde ich einen Aufruf, wer immer ihn verfasst haben mag, ich lese:

»Volksopfer
Sammlung für Wehrmacht und Volkssturm: 7. bis 28. Januar 1945
Es werden gebraucht:
1) Altspinnstoffe (Lumpen, Hadern) jeder Art aus Wolle. Leinen, Kunstseide, Strümpfe, Stopfreste aller Art.
2) Wäsche aller Art, und zwar: Unterhosen, Nachthemden, Frauenwäsche, Schlüpfer, Unterkleider.
3) Ausrüstungsgegenstände für die kämpfende Truppe und zwar: Zeltbahnen und Zeltzubehör, wasserdichte Wagen-

planen, gegerbte Tierfelle, Schlafsäcke. Kochgeschirre, Essgeschirre und Trinkbecher. Spaten mit und ohne Futteral, Stahlhelme, Ferngläser, Autobrillen, Sonnenbrillen.
Gebt alles Entbehrliche der kämpfenden Front!«

Dass das Regime auf dem letzten Loch pfeift, hätte mir einleuchten und mich stutzig machen müssen. Aber ich erkenne die Zeichen des Niedergangs nicht, sondern trete am nächsten Morgen per Bahn die Rückfahrt zur kämpfenden Truppe an – und erlebe gleich eine unangenehme Überraschung.

Schlacht im Elsass

Es ist zum Verzweifeln. Neun Tage brauche ich, um die alte Kompanie zu finden. Zunächst erhalte ich Marschpapiere für die völlig falsche Richtung. Von Salzwedel nach Bremen, Osnabrück, Münster, Unna. Dort erfahre ich auf der Frontleitstelle, dass meine Division längst nicht mehr in Holland steht, sondern in der Pfalz.

Also ab gen Süden, zunächst nach Bad Godesberg, weiter rechtsrheinisch bis Remagen. Dort über die Brücke, die wenig später von den Amerikanern erobert wird, nach Koblenz, Bingen, Mainz, Ludwigshafen, Neustadt an der Weinstraße, Edenkoben. Es ist bitter kalt, die Züge sind ungeheizt, Verpflegung völlig unzureichend, Tieffliegergefahr.

Ich friere, bin ständig hungrig. Zu allem Überfluss verliere ich Soldbuch und Marschpapiere.

Die Kompanie liegt nun in Deidesheim – zwischen dem Pfälzerwald und Speyer –, verteilt auf Privatquartiere. Als ich erschöpft und verdreckt ankomme, ist nur noch ein Quartier für einen Offizier frei. Mit großer Überredungskunst und leichter Betonung des »Grafen« in meinem Namen ergattere ich beim Bürgermeister auch ohne Offizierschulterstücke das beste Quartier weit und breit.

Es herrscht Alarmzustand, das heißt: kein Dienst, nur warten. Ich komme mir vor wie im Urlaub, schlafe lange, frühstücke spät, schreibe Feldpostbriefe nach zu Hause. Meine Feldpostnummer 2858813 als Absender. Abends mache ich Besuche bei Kameraden. Nach dem Horror von Arnheim ein paradiesischer Zustand. Doch mein Gefühl sagt mir, dass diese Herrlichkeit nicht lange dauern wird. Von den alten Mitkämpfern sind nur noch wenige anwesend. Spitzer ist gefallen, Kalle Bethmann beim Rückzug über die Maas zum zweiten Mal verwundet und Weber schon auf Offizierslehrgang. Die wenigen Verbliebenen tragen stolz das Eiserne Kreuz II. Klasse und das Infanterie-Sturmabzeichen, womit sie nach der Schlacht von Arnheim dekoriert wurden. Von Galla erfahre ich, dass auch ich für das EK II vorgeschlagen, aber abgelehnt wurde. Begründung: zu kurze Frontzeit. Immerhin werden mir fünf Nahkampftage bescheinigt – fünfzehn braucht man, um die Nahkampfspange des Heeres in Bronze zu erhalten. Nun werde ich als Melder beim 2. Zug der Kompanie eingeteilt.

Es ist mittlerweile der 18. Januar 1945. Das Kriegsglück hat die Deutschen längst verlassen. An der Ostfront beginnen die Russen eine groß angelegte Offensive, die sie in nur vier Monaten bis nach Berlin bringen wird. Magdeburg wird hintereinander in zwei Nächten schwer bombardiert, und im Westen haben die Alliierten den Rhein erreicht. Wieder bahnt sich für mich Unheil an, ohne dass ich weiß, wie, wo und welcher Art.

Hitler und Himmler befehlen im Januar 1945 die Bildung je eines Brückenkopfes südlich und nördlich vom französischen Straßburg, denn die Amerikaner haben, wie bereits erwähnt, inzwischen den Rhein auf breiter Front erreicht, auch bei Straßburg. Verloren gegangenes Terrain soll zurückerobert werden. Die streng geheime Offensive erhält den Codenamen »Nordwind« – was immer die Herren Befehlshaber sich dabei dachten, denn die Angriffsrichtung ist eindeutig gen Westen gerichtet. Wie dem auch sei, Panzergrenadier Nayhauß ist wieder einmal mittendrin und droht verheizt zu werden.

Schon bald empfangen wir Munition und Schneehemden. Die weißen Hemden, getragen über unseren Uniformen, sollen uns im verschneiten Gelände tarnen. Statt mit Lkw geht es diesmal in einem Reisebus über Speyer, Baden-Baden in den Brückenkopf nördlich Straßburg. Dort beziehen wir in einem Wald Stellung. Gegen zwanzig Uhr tritt das Regiment schließlich in dunkler Nacht und tiefem Schnee zum Angriff an. Auftrag unserer Kompanie: Eroberung eines vom Feind besetzten Waldstückes.

Die Soldaten unserer Kompanie sind größtenteils zum ersten Mal im Fronteinsatz. Sie sind kopflos und orientierungslos, teils hasten sie tiefer in den Wald, teils bleiben sie unschlüssig in kleinen Gruppen stehen. In diesem Augenblick hören wir Geschrei, Schüsse fallen – aber nicht von vorne, wo sich die Amerikaner verschanzt haben, sondern aus der Richtung, aus der wir gerade vorgestoßen sind. Es ist die eigene 7. Kompanie, die in Unkenntnis der Lage von ihrer Angriffsrichtung abgekommen ist und uns mit wildem Geschieße eindeckt. Ehe der Irrtum erkannt wird, haben wir die ersten Verluste.

Nun stoßen auch die Amerikaner aus dem Waldinneren hervor, eröffnen ihrerseits das Feuer. Die Dunkelheit erschwert das genaue Erkennen, wer wo steht. Jetzt schießt jeder auf jeden aus reinem Überlebenstrieb. Wir kriechen zum provisorischen Gefechtsstand zurück. Mitternacht ist längst vorbei. Wir zittern vor Kälte – oder ist es Angst? – und igeln uns mit der 7. Kompanie, die uns idiotischerweise zuvor in den Rücken fiel, ein.

Am Gefechtsstand haben wir einen Schwerverwundeten. Beide Knie durchschossen. Der arme Kerl liegt wimmernd auf dem eiskalten Boden. Ich kann das nicht länger mit anhören und rede auf den Kompanieführer ein: »Der Mann muss nach hinten gebracht werden!«

»Das geht nicht, ich kann keinen Mann zum Abtransport entbehren.«

Aber ich insistiere: »Der Mann muss zurück! Er stirbt uns hier!«

»Ok. Nehmen Sie sich einen Mann und bringen den Verwundeten zurück.«

Ich finde einen Freiwilligen. Wir legen den Verwundeten auf eine Zeltbahn und beginnen, ihn mühsam zerrend aus dem Wald herauszuziehen. Wir sind etwa hundertfünfzig Meter aus dem Wald, da wird es hell. Wir sind nun ohne Deckung, während wir uns verzweifelt abmühen, den Verwundeten über die weiße Schneefläche nach hinten zur deutschen Ausgangsstellung zu bringen. Und was geschieht? Die Amerikaner decken uns mit schwerem Maschinengewehrfeuer ein, machen ein Weiterkommen unmöglich. Ich rufe dem mir helfenden Kameraden zu: »Bleib hier mit ihm. Ich versuche, einen Sanka zu holen.« Ich laufe los, komme aber nicht weit, weil Scharfschützen mich beschießen. Ich werfe mich Deckung nehmend in den Schnee. Drei Stunden spiele ich den »toten Mann«. Ich darf mich nicht bewegen. Bei dem geringsten Versuch, mich zu regen, höre ich, wie wir es nennen, »die Fliegen summen«, das Geräusch vorbeizischender Kugeln.

Ich bin einmal mehr verzweifelt, liege zwischen den Linien. Inzwischen ist es taghell geworden. Ein sonnenstrahlender Sonntagmorgen mit herrlich blauem Himmel. Ein Tag, wie man ihn zu Hause mit einem Sonntagmorgen-Spaziergang verbindet. Ich dagegen bin in dieser Scheißsituation. Ich habe mich schon damit abgefunden, den Abend abzuwarten. Aber ob ich bis dahin die Kälte ertrage? Nein, es geht nicht. Ich krieche weiter, richte mich irgendwann auf und hetze, ohne mich weiter um die an mir vorbeizischenden Geschosse zu scheren, in die Richtung, aus der wir kamen. Nach einem mir schier endlos erscheinenden Marsch erreiche ich das nächste Dorf, finde den Bataillonsgefechtsstand in einem geräumten Bauernhaus. Vorbei an einem Wachposten, total erschöpft, stoße ich die Tür auf und sehe mich den Offizieren des Bataillonsstabes gegenüber. Mich trifft der Schlag! Sie sind am helllichten Tag betrunken. Ich schreie: »Ich brauche einen Sanka, wir haben einen Schwerverwundeten zu bergen.«

Der Bataillonskommandeur lallt: »Wir haben keine Fahrzeuge. Junge, hau dich irgendwo im Dorf aufs Ohr.« Entsetzt wende ich mich ab, torkele über die Dorfstraße. Hier und da tote Soldaten, herrenloses Vieh. An einem Haus sehe ich einen abgeschossenen Sherman-Panzer, die toten Amerikaner daneben. Kehrtmachen zu dem zurückgelassenen Verwundeten und dem helfenden Kameraden? Im Schussfeld der Amis reiner Selbstmord.

Da plötzlich ruft einer aus einem der verlassenen Bauernhöfe: »Nayhauß! Komm her, ruh dich aus.« Ich schaue erstaunt hinüber, von wo die Aufforderung kommt. Ein Soldat, den ich noch von meiner Ausbildung in Brünn kenne, hat ein Kaninchen geschlachtet, Wein aufgetischt und die Fenster mit Matratzen verbarrikadiert. Ich bin zu erschöpft, um die ganze Lage zu begreifen, und gehe, nein, stolpere zu ihm durch eine quietschende Tür ins Haus. Ich esse ein bisschen von dem Kaninchenbraten, nehme ein paar Schluck Rotwein, haue mich im Schlafzimmer des Bauernhauses aufs Bett und schlafe todmüde ein.

Ich schlafe den ganzen Tag und die folgende Nacht in einem Stück durch. Die Reste unserer Kompanie haben inzwischen den Ort erreicht. Aber in welchem Zustand! Verdreckt, erschöpft, zum Teil blutend stehen die wenigen herum. Der Verwundete, dem ich helfen wollte, ist nicht dabei. Bis heute verfolgt mich der Gedanke, er und sein Kamerad könnten geglaubt haben, ich hätte mich unter dem Vorwand, Hilfe zu holen, davongemacht. Von einst einhundertzwanzig Mann sind nur dreizehn zurückgekommen, der Rest gefallen, verwundet oder in amerikanische Gefangenschaft geraten. Ich bin der Dreizehnte. Dreizehn ist seitdem meine Glückszahl.

In der nächsten Nacht marschieren wir, nun zu einer neuen Einheit abkommandiert, zum nächsten Kampfeinsatz. Zuvor hatte man uns angewiesen, Mantel, Decke, Zeltbahn, Kochgeschirr und Feldflasche abzugeben. »Was soll der Quatsch?«, rufe ich dem Vorgesetzten zu, der den Befehl gibt. »Einen Materialverlust wie bisher kann sich unsere Einheit nicht mehr leisten. Ihr bekommt alles wieder, wenn wir vom Angriff zurück sind.«

So weit ist es also schon gekommen. Ob wir vom Einsatz heimkehren, ist nicht die Frage, solange nur unsere Ausrüstung nicht verloren geht. Armes Deutschland, denke ich. Ich komme mir verlassen vor.

Gegen Mitternacht erreichen wir die uns zugewiesene Position. Kaum angekommen, schlagen rechts und links hell aufleuchtende Phosphorgranaten ein. Niemand traut sich aus der Deckung zum Angriff. Schließlich brüllt der Kompaniechef: »Nayhauß, Sie«, dann nennt er noch einen Namen, den ich nicht richtig verstehe, »wir drei machen die Sturmspitze.« Und dann springen wir drei, etwa jeder zehn Meter vom anderen entfernt, aus dem Graben und hetzen über ein Schneefeld Richtung Waldstück, wo die Amerikaner liegen.

Dann kommt der Angriff zum Erliegen. Ich falle erschöpft in den Schnee. Plötzlich ein ohrenbetäubender Knall! Ich verspüre im Rücken einen so schweren Schlag, als wenn ein Riese mit einer Eisenstange mich zweiteilen wollte. Blut schießt aus meinem Mund. Wieder denke ich, wie schon bei der ersten Verwundung in Arnheim: »Aus!«

Nach Sekunden versuche ich, mich mit letzter Kraft aufzurichten. Mir wird schwarz vor Augen, ich falle wieder zurück. Vergeblich rufe ich nach Hilfe. Ich reiße mich zusammen, komme noch einmal hoch, weiß nun, dass mir niemand helfen wird. Aber hier verrecken? Mein Leben einfach aufgeben? Und kein Mensch wird von meinem Ende etwas erfahren. Mein toter Körper würde vom Schnee bedeckt sein. Nein! Ich will nicht aufgeben. Ich krieche zurück, von wo wir angegriffen haben, endlos durch den tiefen Schnee, immer wieder Deckung suchend vor den Garben schwerer Maschinengewehre und den verdammten Granaten, von denen eine mich erwischte. Ich will nicht sterben.

Ich erreiche einen Fluss. Was tun? Ich weiß von meiner Verwundung in Arnheim, wie wichtig fürs Überleben die erste medizinische Versorgung ist. Darum entschließe ich mich, in das eiskalte Wasser zu steigen, die Nacht hat ungefähr 15 Grad minus. Artilleriegeschosse haben die Eisdecke des Flusses aufgeschlagen, so gehe ich langsam watend, das Wasser bis zu den Achseln ansteigend, zur anderen Flussseite. Ich spüre, wie das eiskalte Wasser meine Rückenwunde erreicht. Merkwürdigerweise spüre ich keine zusätzlichen Schmerzen. Auf der anderen Seite krabbele ich hoch ans Ufer. Panik ergreift mich, ich versuche weiter in und durch den Wald zu kommen – in Erinnerung der Richtung, aus der wir vor dem Angriff kamen.

Da, plötzlich ein Lichtschimmer. Ich taumele vorwärts in Richtung dieses schwachen Lichtes, erkenne schemenhaft einen kastenartigen Funkwagen mit einer Riesenantenne. Was ich im ersten Augenblick nicht sehe, ist eine Gestalt im Dunkeln. Als ich näher komme, erkenne ich einen SS-Sturmbannführer, also quasi einen Major. Er hat eine Pistole auf mich gerichtet und schreit: »Drehen Sie sofort um! Gehen Sie zurück zu Ihrer Truppe! Sie Feigling! Desertieren gibt es nicht!«

Ich schreie ihn an: »Ich bin verwundet! Sehen Sie das nicht?« Ich drehe mich um, zeige ihm meinen Rücken. Mein zuvor weißes Schneehemd muss total mit Blut besudelt sein. Ich drehe mich zurück mit dem Gesicht zu ihm, registriere, wie er die Pistole langsam sinken lässt. Dann dreht er sich um und ruft in Richtung Funkwagen: »Ringsdorf! Zum Teufel noch mal, Ringsdorf!« Von der Rückseite des Funkwagens löst sich ein Schatten. Der Sturmbannführer befiehlt: »Fahren Sie den Mann zum Hauptverbandsplatz. Er ist verwundet.«

Ab nach Hause: Aber wie?

Ich schlage die Augen auf, versuche zu begreifen, wo ich bin. Langsam kommt die Erinnerung. Der Kampf ums Überleben. Das Szenario des Schlachtfeldes. Das Einschlagen der Granaten. Die Blitze der Mündungsfeuer. Der furchtbare Schlag auf meinen Rücken. Das Zurücktaumeln. Der Offizier, der mich erschießen will. Der Fahrer, der mich ins Lazarett bringen soll. Dann verlässt mich die Erinnerung.

Langsam schaue ich mich um. Ich liege in einem kleinen Zimmer, in einem richtigen Bett, es knarrt und hat ein helles, stellenweise abgeschabtes Eisengestell. Mir gegenüber, schräg zur weißen Wand, ein zweites Bett, darin ein Soldat mit Kopfverband. Er schaut zu mir herüber, zeigt aber ansonsten keine Regung. Kein Blinzeln der Augen, geschweige denn ein paar Worte. Ich habe Schmerzen und Atembeschwerden. Bin ich etwa noch nicht operiert? Ich fange an zu rufen, nein, zu schreien: »Ich will operiert werden!«

Eine Schwester kommt: »Keine Sorge, ich rufe den Arzt.« Kurz darauf erscheint ein Mensch im weißen Kittel, an der Kragenöffnung erkenne ich wieder die Insignien eines Offiziers. Er beugt sich über mich: »Ich bin Oberstabsarzt Brandenburg. Junge, du bist längst operiert. Ruh dich aus.« Was er mir in diesem Moment nicht erklärt, ich aber später auf meinem Begleitzettel für Verwundete lese: »Art der Verwundung: Brustkorbwandstreifschuss ohne Verletzung der Pleura. Verdacht auf Lungenriss. In der rechten hinteren Axillarlinie, in Höhe des 8. Brustwirbels ein drei Mark Stück großer Einschuss. Handbreit medial davon in Höhe des 7. Brustwirbels ein doppelt so großer Ausschuss.«

Obwohl es kaum noch Benzin für die Sanitätskraftwagen gibt, werde ich noch am Abend, mit sieben anderen Verwundeten, nach Deutschland verlegt. Es wird ein langer, schmerzvoller Transport. Wir fahren auf der deutschen Rheinseite von Ort zu Ort, von Lazarett zu Lazarett. Doch immer wieder werden wir abgewiesen: »Fahrt weiter! Wir sind überfüllt.« So geht es etwa zwei Stunden durch die Nacht. Endlich, in Baden-Baden ist das zum Kriegslazarett umfunktionierte Nobelhotel »Europäischer Hof« bereit, vier Verwundete aufzunehmen.

Von dort werde ich sechs Wochen später nach Herrenalb im Schwarzwald verlegt. Doch nachdem ich wieder halbwegs mobil bin, drängt es mich nach Hause, also wieder nach Salzwedel. Von meiner ersten Verwundung weiß ich, dass man sich ins Lazarett im Heimatort verlegen lassen kann. Voraussetzung: Dort ist Platz, und eine Bescheinigung darüber liegt vor – in den letzten Kriegswochen, bei all dem Durcheinander, eine aussichtslose Prozedur. Kaltblütig versuche ich, die Verlegung mit einer Lüge zu erreichen. Bei der nächsten Arztvisite frage ich: »Herr Stabsarzt, wann kann ich nach Salzwedel in mein Heimatlazarett verlegt werden? Die Bescheinigung vom dortigen Lazarett liegt vor.«

Der Arzt wendet sich an seinen Hauptfeldwebel und fragt: »Ist das so?«

»Nicht dass ich wüsste.«

Ich entgegne, ohne rot zu werden: »Ich habe sie vorgestern in der Schreibstube hinterlegt.«

Daraufhin der Chefarzt: »Also, setzen Sie den Mann in Marsch.«

Mit den erschlichenen Papieren mache ich mich am 6. März auf den Weg, brauche sieben Tage. Unterwegs wird mir beim Umsteigen ein Zettel zugesteckt. Ich habe keine Zeit, ihn mir sofort anzuschauen, muss sehen, dass ich meinen Anschluss nicht verpasse. Im Zug beginne ich zu lesen. Überschrift: »Was kann man tun?« Worum geht es eigentlich, denke ich, rutsche unruhig auf meinem Sitz hin und her, lese weiter: »Fast jeder Deutsche weiß, dass der Krieg verloren ist – und dass es an Deutschland selbst liegt, das Ende zu beschleunigen. Viele fragen sich aber, was man unternehmen kann. Man kann allerhand.«

Ich schaue nach links und rechts, ob mir vielleicht jemand auf das Flugblatt schielt. Eine hochgefährliche Angelegenheit, die man mir in die Hand gedrückt hat. Werde ich damit erwischt, kann ich wegen Landesverrats hingerichtet werden. Trotzdem überwiegt die Neugier, ich lese weiter, zum Beispiel: »Man kann Unterschlupf gewähren den Todeskandidaten des Volkssturms, den Fremdarbeitern und den Volksge-

WAS KANN MAN TUN?

Fast jeder Deutsche weiss, dass der Krieg verloren ist — und dass es an Deutschland selbst liegt, das Ende zu beschleunigen. Viele fragen sich aber, was man unternehmen kann. Man kann allerhand:

Man kann sich zusammenschliessen — mit gleichgesinnten Nachbarn und als Arbeiter mit anderen deutschen und fremden Arbeitskameraden.

Man kann die Nazis genau beobachten und sich die Namen von Kriegsverlängerern merken — und insbesondere Personen, die sich Greueltaten, ob gegen Deutsche oder Ausländer, zuschulden kommen lassen.

Man kann die Wahrheit verbreiten, indem man sich über den tatsächlichen Stand der Dinge unterrichtet und mutig den Nazi-Phrasendreschern und Gerüchtemachern entgegentritt.

Man kann mit den Soldaten sprechen und ihnen klarmachen, dass ihr Opfermut den Krieg und damit die Leiden der Heimat jetzt nur noch verlängert.

Man kann sich dem Arbeitszwang entziehen indem man sich und seine Familie rechtzeitig aus der Gefahrenzone in Sicherheit bringt.

Man kann Unterschlupf gewähren den Todeskandidaten des Volkssturms, den Fremdarbeitern und den Volksgenossen, die insgeheim mutig gegen das nationalsozialistische Terror-System arbeiten.*

Man kann Lebensmittel zurückbehalten, wenn die Parteifanatiker Bestände ins Reichsinnere verschleppen wollen. Was zurückbleibt, wird der Gemeinschaft helfen.

Man kann sich dem Volkssturm entziehen und anderen helfen, dasselbe zu tun. Volkssturm-Einsatz bedeutet Kriegsverlängerung durch Selbstmord.

> **Man kann selbst für den Frieden kämpfen. Dazu ist Mut erforderlich — und straffes Zusammenhalten gegen Gestapo und SS. Aufträge und Befehle kommen von den Führern der Widerstandsgruppen.**

Tausende Deutsche im Osten und Westen haben so gehandelt. Sie leben jetzt bereits im Frieden. Sie haben sich geweigert, mit Himmler den Krieg zu verlängern. Sie hatten erkannt:

MAN KANN DEN FRIEDEN BESCHLEUNIGEN!

* *Wer Mitglieder der Wehrmacht beherbergt, hat dies sofort nach Eintreffen der Alliierten den Militärbehörden zu melden.*

Flugblatt von 1945

nossen, die insgeheim mutig gegen das nationalsozialistische Terror-System arbeiten.«

Erschrocken blicke ich auf meine Mitreisenden, die jedoch gleichgültig dösend dreinschauen. Das Rattern der Zugräder wirkt einschläfernd. Starker Tobak, was ich da in die Hand gedrückt bekommen habe. Aber niemand im Abteil hat das mitbekommen.

Mutter ist überglücklich, als ich überraschend in Salzwedel auftauche. Ich bin fortan sogenannter »Heimschläfer«, darf also zu Hause wohnen und gehe täglich zum Verbinden ins örtliche Lazarett. Mutter und ich verfolgen am Radio den weiteren Vormarsch der Westalliierten Richtung Elbe. Salzwedel, das noch vor der Elbe liegt, soll als »Offene Stadt« den heranrückenden Amerikanern kampflos übergeben werden. Am 11. April ist es so weit, es wird »Panzeralarm« gegeben, die Stadt ist in heller Aufregung. Riesige Menschenschlangen bilden sich vor den Kaufläden. Mittags rollen die ersten Amerikaner in die Stadt – jeweils zwei Mann in einem Jeep –, was mich, in Erinnerung, dass wir auf Lkws oder Reiseomnibussen ins Kampfgebiet verlegt wurden, am meisten beeindruckt. Ich erlebe die ersten Schwarzamerikaner – Neger sagt man damals noch –, bin erstaunt über ihre besondere Freundlichkeit uns gegenüber. Während Tag und Nacht die vollmotorisierte US-Army weiter gen Osten Richtung Elbe rollt, bleibt ein Teil als Besatzungsmacht zurück. Von Haus zu Haus gehend, suchen sie nach Waffen. Als es bei uns an der Haustüre klingelt und drei amerikanische Soldaten Einlass begehren, um nach Waffen zu suchen, bin ich erstaunt, dass einer fließend Deutsch, sogar mit Berliner Dialekt, spricht. »Woher können Sie so gutes Deutsch?«

»Ich bin in Berlin geboren!«

Dass er heute auf amerikanischer Seite gegen uns Deutsche kämpft, finde ich nicht gut. Aber wichtiger ist mir, dass er und seine Kameraden meine Pistole nicht finden, die ich aus dem Einsatz mit nach Salzwedel brachte. Ich entschließe mich schweren Herzens, meinen Napola-Dolch mit der auf der

Klinge eingravierten Losung »Mehr sein als scheinen« zu übergeben, um sie von weiterem Suchen nach Waffen abzulenken. Das funktioniert sogar.

Fühlen wir uns befreit? Eher erleichtert und dankbar, dass die Bombenangriffe ein Ende haben, dass nicht mehr geschossen und getötet wird. Aber der Krieg ist verloren, man bekommt zu spüren, dass man nicht mehr Herr im eigenen Land ist. Im Briefkasten finden wir eine Mitteilung der neuen Militärregierung:

> »Aufruf an die Bürger der Stadt Salzwedel.
> WICHTIG!
> 1. Mit sofortiger Wirkung müssen alle Bürger in ihren Häusern verbleiben, bis weitere Befehle gegeben werden; ausgenommen hiervon sind Personen, die im Besitz einer Befreiung der Militär-Regierung von der Sperrstunde sind.
> 2. Jeder, der diesen Befehl übertritt, muss damit rechnen, ohne Anruf erschossen zu werden.«

Eine Befreiung sieht eigentlich anders aus, denken Mutter und ich. Fast täglich flattern uns Bekanntmachungen in den Briefkasten. So auch vom Bürgermeister Salzwedels:

> »Auf Anordnung der Militär-Regierung sollen sofort mehrere tausend tiefe Teller und Esslöffel geliefert werden. Zur Abgabe ist jede Haushaltung nach ihren Beständen verpflichtet. Mindestens sind je Haushaltung: 2 tiefe Teller und 2 Esslöffel zu liefern. Die Besitzer reichlicher Bestände sind zur Abgabe einer größeren Anzahl verpflichtet. Die Gegenstände werden durch die Verteiler der Lebensmittelkarten am Dienstag, den 1. Mai 1945, abgeholt.
> 1. Es bleibt nach wie vor die Verpflichtung der 18 bis 60 Jahre alten Männer bestehen, die sich zum Arbeitseinsatz täglich um sieben Uhr einzufinden haben […].«

Die Salzwedeler Privatbank Meyer-Brüggemann, bei der wir Kunde sind, schreibt am 22. Mai 1945: »Laut Verfügung der Amerikanischen Militärkommandantur dürfen Schließfächer in allen Stahlkammern nur im Beisein eines Vertreters des Amerikanischen Kommandanten geöffnet werden. Über die Entnahme wird ein Protokoll geführt und dreifach unterzeichnet. Der Vertreter der amerikanischen Armee befindet sich zu diesem Zwecke jeden Dienstag, Donnerstag und Sonnabend von 13 – 17 Uhr in unserem Büro.«

Täglich hören Mutter und ich im Radio Nachrichten, nunmehr auch »Feindsender«. Durchsage am 28. April:

> »Um Berlin tobt die Entscheidungsschlacht. Der Außenring ist von den Sowjets erobert. Der Frontverlauf reicht von Grunewald, Zehlendorf, Dahlem, Tegel, Tempelhof über Schlesischer Bahnhof, Alexanderplatz, Frankfurter Allee, Schönhauser Allee, Siemensstadt, Charlottenburg. Kanadische Truppen haben Leer erobert, stehen vor Emden. Bremen ist erobert. Hamburg liegt unter englischem Artilleriebeschuss. Bei Lauenburg sind die Engländer über die Elbe gestoßen, versuchen Hamburg von Norden zu umklammern. Französische Truppen haben Konstanz erobert und den Schwarzwald von deutschen Kräften gesäubert. Amerikanische Panzerspitzen haben die österreichische Grenze bei Füssen und Passau erreicht. Augsburg, Ingolstadt, Regensburg sind gefallen. Am 25. April, um 16 Uhr, vereinigten sich amerikanische, englische und russische Truppen bei Torgau an der Elbe.«

Wir spüren das Ende. Jedoch, was wird bis dahin noch passieren? Gerüchte jagen durch Salzwedel. Der Führer ist im Kampf gefallen. Göring als rangältester Offizier der Wehrmacht wegen Herzleidens zurückgetreten. Nein, besagt ein anderes Gerücht: Er soll mit Familie und Vermögen ins Ausland geflüchtet sein. SS-Reichsführer Himmler hat England und Amerika die bedingungslose Kapitulation angeboten, nicht aber Russland. Hat er nicht, lautet ein anderes Gerücht. Das ist zwar alles aufregend, aber wir müssen sehen, dass wir genug zu essen bekommen. Ein gegen Silberbesteck getauschtes Schwein wird von Lokomotivführer Uthe im Hof geschlachtet. Wir kochen in einem großen Waschkessel Zuckerrüben zu Sirup.

Unsere größte Sorge aber gilt Bruder Engelbert. Er ist bereits im Februar 1944 mit der Napola-Spandau nach Köslin in Pommern verlegt worden. Zuletzt besuchte er uns während der Weihnachtsferien in Salzwedel. Aber wo ist er jetzt?

Aus dem Radio erfahren wir unterdessen: »Neues Kapitulationsangebot Himmlers über den schwedischen Gesandten an die Westmächte.« Stündlich erwartet die Welt das Ende des Krieges. 30. April: Radio Hamburg meldet abends den Tod Hitlers. 2. Mai: Dönitz fordert in einem Aufruf an die Wehrmacht, den Kampf gegen den »Bolschewismus« bis zum Letzten fortzuführen. Gegen Engländer und Amerikaner will er so lange kämpfen, wie sie ihn in seinem Ringen gegen die Russen behindern. Purer Größenwahn. Deutschland, geschlagen an allen Fronten, hat keine Bedingungen mehr zu stellen.

Das alles vergrößert nur unsere Sorgen um Engelbert. Was wir nicht wissen: Als die Russen vierzig Kilometer vor Köslin stehen, werden alle Jungmannen mit ihren Erziehern evakuiert. Das heißt, Engelbert und einige Gleichaltrige werden zunächst mit Panzerfäusten ausgerüstet und auf Panzerjagd geschickt. Als die Russen nur noch acht Kilometer von Köslin entfernt sind, dürfen sie die Waffen ablegen und sich ebenfalls nach Westen absetzen. Sie flüchten über Kolberg, Swinemünde, Plön nach Burg in Schleswig-Holstein und fahren schließlich in einem Zug Richtung Berlin. Wer seine Eltern anderswo im noch nicht besetzten Gebiet weiß, darf sich von der Gruppe trennen und sich auf eigene Faust durchschlagen. Engelbert tut genau das. Mal zu Fuß, dann auf einem Lkw mit zurückziehenden deutschen Truppen. Immer im Rücken die bedrohlich heranrückende russische Front. Ein deutscher Oberleutnant versucht, ihn als Melder anzuheuern. Engelbert ist so schlau,

Mutter Erika mit Bruder Engelbert nach dessen glücklicher Heimkehr 1945

sich dem zu widersetzen. Er übernachtet in Scheunen oder unter Strohmieten. Am 1. Mai erreicht er die Elbe. Aber weit und breit keine Brücke. Was nun? Er baut zusammen mit einem ebenfalls fliehenden Soldaten ein Floß zum Überqueren des Flusses. Kein leichtes Unterfangen. Dennoch, im Morgengrauen des nächsten Tages wagen sie auf diesem selbst gezimmerten Floß die Überquerung. Von der ersten amerikanischen Postenkette, die Befehl hat, niemand an Land zu lassen, werden sie nicht bemerkt. Auch die zweite Kette können sie unbemerkt passieren, werden dann aber aufgegriffen und getrennt zum Verhör gebracht. Schließlich wird Engelbert, ein vierzehnjähriger Schüler, einem leibhaftigen General der US-Army vorgeführt, in der Annahme, der aufgegriffene Junge sei ein »Werwolf« – also eins jener vom NS-Regime verführten Kinder, die ohne Uniform als Partisanen den Feind angreifen sollen. Engelbert in seinem besten Schulenglisch: »I just want to go to my mother in Salzwedel.« Entweder hält der General Engelbert wirklich für einen »Werwolf«, oder ihm tut dieses Jüngelchen einfach nur leid – jedenfalls gibt er einem Captain namens James J. O. Donnel aus Louisiana den Befehl, ihn in einem Jeep nach Salzwedel zu fahren und zu prüfen, ob die Angaben des Jungen stimmen.

Ich höre plötzlich im Haus einen Schrei. Es ist Mutters Stimme. Sie ruft: »Engelbert ist da!« Sie hat aus dem Fenster mitbekommen, dass ein amerikanischer Jeep vorfährt und ihr Jüngster aus diesem Wagen steigt, nach oben guckt, eskortiert von amerikanischen Soldaten. Sie hastet die Treppe runter, reißt die Tür auf, da steht Captain Donnel verbindlich lächelnd vor ihr: »I am bringing your son.« Mutter und Engelbert fallen sich um den Hals. Irgendwann löst sich die Umarmung von Mutter und Sohn, und Mutter fällt auch dem Captain um den Hals. Ihre Bitte, ob er nicht hereinkommen will, lehnt er dankend ab: »No thanks, I have to go back to my unit!« – Ich muss zurück zu meiner Einheit.

Mutter lüftet ihr Geheimnis

Es ist der erste Abend nach der glücklichen Heimkehr meines Bruders. Ich merke, Mutter ist nervös, streicht sich unnötig immer wieder übers Haar, hält den Blick gesenkt. Wir haben gegessen, der Tisch ist abgeräumt. Mutter räuspert sich. »Ich habe euch etwas Wichtiges zu sagen. Erschreckt nicht.« Pause. »Maini und Engelchen, ihr habt mich immer wieder gefragt, woran und wie euer Vater gestorben ist.« Sie macht erneut eine Pause. Wir richten uns auf, gespannt auf das, was jetzt kommt. Dann berichtet sie, bemüht, ihre Stimme nicht abrutschen zu lassen, dass unser Vater von der Gestapo aufs Schwerste gefoltert und in einen Teich geworfen wurde. Ob er vorher schon tot war oder erst im Wasser – gefesselt an einen großen Stein – jämmerlich ertrank, wisse man nicht.

»Wie bitte?«, gehe ich dazwischen. »Aber warum haben die das getan?«

»Euer Vater hat eine Broschüre verfasst, in der er führende Nazis namentlich nannte, die eine kriminelle Vergangenheit hatten – Betrug, Diebstahl, Urkundenfälschung, Kindesmissbrauch und so weiter.«

»Und deswegen haben sie ihn umgebracht? Sie hätten ihn doch verklagen können.«

»Haben sie aber nicht.«

»Und warum hast du uns das nicht früher gesagt?«

Dann erzählt Mutter von den Drohungen und ihren Ängsten. Engelbert und mir stehen Tränen in den Augen. Ich stehe auf, gehe um den Tisch, stelle mich hinter sie und lege meine Arme um sie. In der kommenden Nacht finde ich keinen Schlaf, meine Gedanken verselbständigen sich. Wie hätte ich mich verhalten, wenn Mutter wenigstens mir reinen Wein eingeschenkt hätte? Nicht unmittelbar, als sie Vater töteten und ich erst sieben war. Vielleicht später, als ich unbedingt zur Hitler-Jugend wollte? Wäre ich noch gern auf die Napola gegangen?

In den nächsten Tagen und Wochen versuchen wir drei, uns an das neue Leben unter einer Besatzungsmacht zu gewöhnen. Neue Ausweise müssen beschafft, Lebensmittelkarten abgeholt werden, denn Nahrungsmittel sind nach wie vor rationiert und die Rationen knapp. Das eine oder andere ist auf dem Schwarzmarkt zu besorgen. Die Amerikaner tauschen gerne etwas von ihren Rationen gegen Souvenirs – möglichst mit vielen Hakenkreuzen. Auf dem Dach des Rathauses weht das Sternenbanner. Ich balle die Faust in der Hosentasche – empfinde die Schmach der militärischen Niederlage. Am 8. Mai erfahren wir aus dem Radio, dass Deutschland bedingungslos kapituliert hat. Der Zweite Weltkrieg, der Millionen Opfer gefordert hat, ist Gott sei Dank zu Ende, aber unsere Zukunft völlig unbestimmt.

Am Abend des 30. Juni sitzen Mutter, Engelbert und ich erwartungsvoll im Wohnzimmer. Sie hat – wie sie das zustande gebracht hat, ist uns schleierhaft – trotz der Lebensmittelknappheit eine Torte gebacken. Engelbert und ich spielen eine Partie Schach, um uns die Wartezeit zu verkürzen. Dann, um Mitternacht, der 1. Juli steht bevor, ist mein neunzehnter Geburtstag fällig. Als die Uhr 24:00 schlägt, ich das Messer schon zum Anschneiden der Torte ansetze, vernehmen wir plötzlich von der Straße Geräusche. Dann hören wir eine Lautsprecherdurchsage: »Bürger der Stadt Salzwedel. Eure Stadt ist an die Rote Armee übergeben worden. Bleibt in euren Häusern. Erwartet morgen weitere Anordnung.« Wir sind entsetzt. Die Sowjets einmarschiert? Die Amerikaner klammheimlich abgerückt? Leider ist es so, wie wir anderntags erfahren. Es ist ein vereinbarter Austausch zwischen den Alliierten, dass die Westmächte drei Sektoren in Berlin im Austausch für von ihnen besetzte Teile Westdeutschlands – darunter Thüringen und Sachsen-Anhalt, also auch Salzwedel – erhalten.

»Was machen wir jetzt, fliehen?«, fragt Mutter.

»Das hilft uns nicht weiter«, entgegne ich. »Wer weiß, wo wir dann landen. Nur eines ist gewiss: Ich muss schleunigst nach Berlin, denn für mich ist kein Bleiben unter russischer Besatzung. Die verbannen mich nach Sibirien.«

Am nächsten Tag gibt es nur ein Thema: Wie schaffe ich es nach Berlin? Und wo dort wohnen?

Der Hauptfeldwebel des Reservelazaretts, wo ich mich täglich noch melden muss, sagt, als er von meinem Plan hört, nach Berlin zu trampen: »Kommen Sie aber so schnell wie möglich zurück. Die Russen haben alle Krankenakten eingesehen und die Verwundeten gezählt.«

Am nächsten Tag mache ich mich auf den Weg ins Ungewisse. Um es meiner Mutter und meinem Bruder leichter zu machen, verabschiede ich mich so knapp wie möglich. Mich noch mal einmal umdrehend und zurückwinkend, während Mutter und Engelbert in der Haustüre stehen, marschiere ich los: in kurzen Hosen, leichtem Schuhwerk, ärmellosem Hemd, fünfzig Reichsmark im Brustbeutel und einem kleinen Köfferchen mit Nacht- und Waschzeug, Pullover und Windjacke.

Mein Weg führt mich zunächst zu Fuß ostwärts Richtung Ahrendsee, wo ich mit Mutter schon einmal Urlaub gemacht hatte. Nach zwei Tagen erreiche ich die Elbe, gegenüber liegt die Stadt Wittenberge, zu der bisher eine Brücke führte. Sie ist aber durch die Kriegsereignisse zerstört. Von einem Anrainer erfahre ich, dass es weiter nördlich einen Fischer geben soll, der gegen Bakschisch Leute mit einem Kahn übersetzt. Ich finde tatsächlich den Mann. Bei ihm warten noch zwei andere, die gleich mir ans gegenüberliegende Ufer wollen. Ich drücke ihm fünf Reichsmark in die Hand, er schaut mich schräg an: »Das reicht nicht. Zehn mindestens!« Ich schiebe fünf Mark nach, und er gibt uns Kommando einzusteigen. Er muss kräftig gegen die Strömung rudern. Aber er schafft es, ruft: »Los, los! Schnell aussteigen! Ich will hier nicht länger bleiben.«

Wir entsteigen seinem Kahn, froh, es geschafft zu haben, krabbeln einen Deich hoch und halten oben vor Schreck inne. Vor uns stehen zwei Russen mit ihrer Kalaschnikow im Anschlag, sie grinsen und rufen: »Stoi!« Dann filzen sie uns, finden meinen Brustbeutel mit dem restlichen Geld aber glücklicherweise nicht. Anschließend lassen sie uns landeinwärts marschieren. Einer voraus, der andere hinter uns. Wir erreichen nach etwa zehn Minuten ein Lagertor, durch das wir geführt werden.

Zu unserer Überraschung stehen dort schon einige Dutzend Menschen aufgereiht, offensichtlich die Tagesbeute der beiden Russen am Deich. Männer über sechzehn Jahre werden aufgefordert, nacheinander vorzutreten und sich auszuweisen. Etwa zehn Meter vor der Gefangenenreihe stehen drei russische Offiziere. Sie prüfen die ihnen gereichten Papiere. Ringsherum lauter russische Soldaten, die das Prozedere neugierig verfolgen. Sobald einer der Festgenommenen überprüft und nach links weggetreten ist, darf der nächste vortreten. Verdammt noch mal, denke ich, soll dies das klägliche Ende meiner Berlin-Reise sein? Ich weiß nicht, woher ich den Mut nehme: Während die drei russischen Offiziere sich gerade mit meinem Vordermann beschäftigen, marschiere ich einfach auf die Gruppe zu, mache kurz davor einen Schlenker nach links, ständig gewahr, sofort am Kragen zurückgezerrt zu werden. Aber nein, das bleibt aus. So gehe ich – und kann es selbst nicht glauben – einfach aus dem Lager. Unfassbar! Niemand hat meinen Trick bemerkt, nicht einmal die herumstehenden russischen Soldaten.

Nun trampe ich in Richtung Wittenberge, wo ich eine funktionierende Zugverbindung nach Berlin erhoffe. Als die Dunkelheit hereinbricht, muss ich sehen, wo ich die Nacht verbringe. Auf abgemähten Getreidefeldern sehe ich Lagerfeuer. Russische Soldaten kampieren dort, singen Lieder. Bloß nicht sich vor denen blicken lassen. Ich verkrieche mich in eine Strohmiete und falle tatsächlich in Schlaf. Beim ersten Morgengrauen schleiche ich mich davon, die auf dem Feld kampierenden Russen entdecken mich nicht, und erreiche schließlich den Bahnhof von Wittenberge. Züge nach Berlin gibt es zwar, jedoch keine genauen Abfahrtszeiten. Nach stundenlangem Warten in dem schwer zerstörten Bahnhof wird tatsächlich ein Zug nach Berlin angekündigt. Ich löse eine Fahrkarte, muss auf der Hut sein. Russische Jugendbanden, die sogar in dieser Gegend streunen, plündern deutsche Fahrgäste aus. Ich suche darum ein Abteil auf, in dem ein sowjetischer Offizier sitzt.

Nach mehreren Stunden – der Zug wird wegen kaputter Gleise zweimal auf die Schienen der Gegenfahrbahn umgeleitet – erreiche ich Berlin, meine Heimatstadt.

So viel Anfang war nie

Mein Berlin: Was ist aus dir geworden?

Der Anblick ist grauenhaft. Bis man es selbst gesehen hat, unvorstellbar. Der Pariser Platz vor dem Brandenburger Tor ein einziges Trümmerfeld. Links ein ausgebrannter Lkw. Die berühmte Quadriga auf dem Brandenburger Tor nur noch zum Teil vorhanden. Das Tor selbst, Wahrzeichen Berlins, fast zerstört. Der linke Nebenflügel fehlt völlig. Am nördlichen Rand des Platzes die französische Botschaft total ausgebrannt. Dunkle Löcher, wo einmal Fenster waren, jetzt wie tote Augen. Die Gedächtniskirche in Zoo-Nähe, gestutzt wie ein ausgedienter Weihnachtsbaum. Von dort bis zum Wittenbergplatz rechts und links fast alle Häuser zerstört. Frauen schaufeln Schutt in eiserne Schubkarren. Sie tragen Kopftücher gegen den Trümmerstaub wie sonst nur Frauen auf dem Land bei der Ernte. Andere klopfen von alten Ziegelsteinen den Putz ab, damit sie für den Wiederaufbau genutzt werden können. Am Anfang des Kurfürstendamms, auf dem Mittelstreifen, ein zur Hälfte eingegrabener deutscher »Tiger«-Panzer, das Kanonenrohr gen Westen, gen Halensee gerichtet, von der Besatzung aufgegeben. Das Mietshaus in Berlin-Lichterfelde West, Baselerstraße, Ecke Finkensteinallee, mit unserer ehemaligen Wohnung, hat im August 1943 eine Luftmine halbiert. Der hintere Teil fehlt völlig. Wo sich unsere Wohnung befand, steht das Haus noch. Was von unseren Möbeln übrig blieb, ist jetzt in Salzwedel eingelagert. Wahrscheinlich galt die Bombe der gegenüberliegenden Kaserne der SS-Leibstandarte Adolf Hitler. In Berlin sind fast siebenhunderttausend Wohnungen zerstört, im Zentrum über die Hälfte.

Wo jetzt unterkommen? Ich schlage mich zu der Adresse meines Klassenkameraden »Kalle« Müller nach Berlin-Dahlem durch, klingele, die Tür geht auf, und vor mir steht seine Mutter – jene kluge Frau, die am Tage des Kriegsausbruches in weiser Voraussicht prophezeite: »Das nimmt kein gutes Ende.« Jetzt sagt Frau Müller: »Maini, komm rein. Kalle ist eben nur mal weg.« Ich schaue mich um, alles ist noch so eingerichtet, wie ich das letzte Mal die Wohnung sah – gutbürgerlich, gepflegt. Frau Müller wischt sich die Hände an ihrer Küchenschürze ab und fragt: »Und, wo wohnst du denn?«

»Unsere Wohnung in Lichterfelde ist zerstört, die Möbel sind in Salzwedel.«

»Du kannst bei uns wohnen, zusammen mit Karl-Heinz in seinem Zimmer.«

»Danke, Frau Müller.«

Am nächsten Tag trete ich die Rückreise nach Salzwedel an. Diesmal weniger kompliziert, auch gibt es inzwischen eine Notbrücke über die Elbe. Mutter ist selig, dass ich heil nach Hause gefunden habe. Der Hauptfeldwebel des Reservelazarettes ist aufgeregt, als ich mich zurückmelde.

»Mensch, Nayhauß, wo waren Sie die ganze Zeit? Ich habe Blut und Wasser geschwitzt, weil die Russen inzwischen das Lazarett auflösten. Nur die nicht transportierfähigen Verwundeten sind noch hier. Ich habe ihnen einfach Ihre Entlassung zur Unterschrift untergeschoben und dabei vermieden, dass sie den Nayhauß noch einmal sehen wollten, worauf sie bei den anderen Verwundeten bestanden.«

»Tut mir leid, Herr Hauptfeldwebel.«

Nun bin ich also im Besitz eines Entlassungsscheins aus russischer Gefangenschaft, obwohl ich nie dort war. Aber bei Kontrollen ist das Papier äußerst hilfreich. Zwei Tage später trete ich die endgültige Übersiedlung nach Berlin an, verspreche Mutter und Engelbert: »Ich werde für euch sorgen, vor allem Geld schicken.« Dann drehe ich mich um, damit sie meine Tränen nicht sehen, und marschiere los, diesmal mit langen Hosen. In dem rechten Ärmel meines Unterhemdes habe ich auf der Innenseite eine Tasche angenäht, in der jetzt meine Pistole steckt. Auf keinen Fall will ich in russische Gefangenschaft geraten, notfalls mich freischießen.

Wieder bei Müllers in Berlin angekommen, ist das dringlichste Problem die Nahrungsbeschaffung. Alles ist nur auf Lebensmittelkarte erhältlich, die man nach Anmeldung von den örtlichen Behörden ausgestellt bekommt. Tägliche Ration:

350 Gramm Brot,
5 Gramm Butter,
14 Gramm Fleisch,
43 Gramm Gemüse,
52 Gramm Käse,
zwei Kartoffeln und
1/8 Liter Magermilch.

Kalle Müller und ich ziehen nachts durch Schrebergärten, klauen Obst, Tomaten und sonstiges Gemüse. Den Gedanken, dass wir anderen etwas stehlen, was sie selber zum Überleben benötigen, verdrängen wir. Jeder ist sich selbst der Nächste.

Eines Tages fehlt es sogar an Salz, das in ganz Berlin nicht erhältlich ist. Aber Mahlzeiten ohne Salz sind fade, schmecken einfach nicht. Kalle und ich fahren mit dem Zug zum 60 Kilometer entfernten Löwenberg, wo ein weiterer ehemaliger Klassenkamerad wohnt. Sein Vater, Dr. Menzel, ist Tierarzt und wird von den Bauern für seine Bemühungen meistens mit Naturalien entlohnt. Er hat ausreichend Salz, wovon er uns ein halbes Kilo schenkt: »Lasst euch das nicht unterwegs klauen.« Weil in Berlin ab frühem Abend Sperrstunde herrscht, das heißt, kein Deutscher darf sich auf der Straße zeigen, geraten wir ins Schwitzen. Wir sind erst gegen 22:00 Uhr zurück am Nordbahnhof. Immer an den Hauswänden entlang, uns in Eingängen versteckend, wenn wir einer russischen Patrouille gewahr werden, erreichen wir nach Mitternacht Kalles Zuhause.

Nun muss die – nach dem Wohnen – zweitwichtigste Aufgabe gelöst werden: Wo Arbeit finden? Kalle will später studieren, wozu aber unser auf der Napola abgelegtes Notabitur nicht berechtigt. Also muss er noch einmal ein ganzes Jahr die Schulbank drücken. Aber was mache ich?

Wiederum mit einem ehemaligen Klassenkameraden, Jürgen (»Jucke«) Sillke, der ebenfalls den Krieg überlebte und nach Berlin zurückfand, versuchen wir es bei der amerikanischen Besatzungsmacht. Das hätte den Vorteil, eine Lebensmittelkarte mit größeren Rationen zu bekommen. In Zehlendorf betreiben die Amerikaner in einer beschlagnahmten Villa ein provisorisches Arbeitsamt. Als Sillke und ich eines Vormittags dort hinfahren, trauen wir unseren Augen nicht: Vor besagter Villa stehen dichtgedrängt weit über hundert verzweifelt Arbeit suchende Menschen. Dabei spielen sich groteske Szenen ab. Die Amerikaner haben längst die Haustüre abgeschlossen, erledigen das Geschäft von einem Balkon im ersten Stock aus, indem sie die gewünschten Hilfskräfte ausrufen, zum Beispiel: »Ein Koch!«

Darauf melden sich alle Wartenden mit erhobener Hand, brüllen: »Hier!« Egal, was die Amerikaner suchen – »Ein Chauffeur!« –, immer wieder schreien alle Wartenden: »Hier!«

Als sich das skurrile Schauspiel auch am nächsten Tag wiederholt, wird mir und meinem Schulkameraden klar, dass wir so nie einen Job kriegen. Wir beschließen kurzerhand zu warten, bis die Amerikaner die Suche nach Arbeitskräften mittags für beendet erklären und sich die Menschenmenge verzogen hat. Als die Luft rein ist, schleichen wir uns um das Haus, in der Hoffnung, es von der Rückseite betreten zu können. In der Tat, eine Terrassentür im Erdgeschoss steht offen. Mit klopfenden Herzen betreten wir das Anwesen, stoßen prompt auf einen amerikanischen Offizier: »What are you guys doing here?«

»Wir suchen Arbeit. Als Dolmetscher zum Beispiel.«

Sein anfängliches Misstrauen schwindet. Er fixiert uns von oben bis unten, registriert, dass wir sauber und ordentlich angezogen sind. »Kommt morgen um dieselbe Zeit wieder, dann habe ich vielleicht einen Job für euch beide.«

Uns bedankend, »Thank you so much, Sir«, treten wir überglücklich den Rückzug an. Anderntags melden wir uns zur vereinbarten Zeit. Der Amerikaner sagt mit einem gewissen Stolz: »Oberleutnant Forell vom RTO ist an euch interessiert. Wartet, er holt euch gleich ab.«

Wir können unser Glück kaum fassen, rätseln, was RTO bedeuten könnte. In der Tat erscheint kurz darauf ein gut aussehender, schlanker amerikanischer Offizier, Anfang dreißig, begrüßt uns mit einem freundlichen: »Hello, nice to meet you«, und bedeutet uns, auf dem Rücksitz seines Armee-Jeeps Platz zu nehmen. Er selbst setzt sich ans Steuer. Zu unserer Überraschung sitzt auf dem Beifahrersitz ein bildhübsches junges Mädchen. Er stellt sie uns vor: »That's Lilo.« Wir murmeln unsere Namen, und los geht es nach Marienfelde, ein im Süden Berlins gelegener Ortsteil. Dort haben die Amerikaner auf einem großen Verschiebebahnhof mit zahlreichen Gleisen, die jeweils in eine Lagerhalle führen, ihr Nachschubzentrum für die Versorgung der gesamten US-Streitkräfte in Berlin angelegt. Auf diesem Areal leitet Oberleutnant Forell das »Rail Transportation Office« (RTO).

Meine Aufgabe soll es sein, zwischen den Amerikanern und dem deutschen Rangierpersonal zu übersetzen. Gleich bei meinem ersten Auftrag versage ich jammervoll mit meinem Schulenglisch. Überhaupt, mich als Dolmetscher auszugeben ist pure Dreistigkeit. Aber was tut man nicht alles, um in diesen Nachkriegswirren an einen Job zu kommen. Forell: »Tell them they can have chow now.« Ich überlege fieberhaft, was er gemeint haben könnte, komme aber auf keine Lösung, frage ihn – natürlich auf Englisch. »Wie bitte?« Er wiederholt: »They can have chow now.« Ich komme ins Schwitzen, kann mir immer noch keinen Reim auf seine Anordnung machen. Chow? Meint er vielleicht Cow, also Kuh? Aber das macht keinen Sinn. Als ich drauf und dran bin, ihn zum dritten Mal zu fragen, was er gemeint hat, kommt mir ein älterer deutscher Lokomotivführer zu Hilfe: »Ick hab' schon kapiert, wir können Fuffzehn machen.«

Immerhin, als Berliner verstehe ich Gott sei Dank, was das bedeutet: eine fünfzehnminütige Frühstückspause.

Trotz der anfänglichen Blamage gewöhne ich mich schnell an das völlig neue, fremdsprachige Arbeitsklima. Ich pauke abends zu Hause Vokabeln, gehe ins Kino mit amerikanischen Filmen, die wiederum mit deutschen Untertiteln versehen sind, notiere in einem Notizblock Redewendungen, die ich dabei aufschnappe.

Ich trage amerikanische Armee-Klamotten, die schwarz gefärbt sind, damit ich mich von den Besatzungssoldaten unterscheide, und muss einen zwölfseitigen Fragebogen der Militärregierung mit 133 Fragen ausfüllen. Nummer 43, nach eventueller Zugehörigkeit zur Waffen-SS, verneine ich, um nicht den für Mutter, Bruder und mich überlebenswichtigen Job zu verlieren. Ich mache einen amerikanischen Militärführerschein, knalle prompt beim ersten Fahrversuch mit einem Jeep gegen eine Mauer. Aber das wird mir nachgesehen. Oberleutnant Forell, inzwischen zum Captain befördert, ist ein liebenswürdiger Chef. Im Zivilberuf arbeitet er in den USA ebenfalls für die Eisenbahn, für die »Union Pacific«. Er hat tschechische Wurzeln und liebt politische Gespräche mit mir, wobei er gern provoziert. So fragt er mich eines Tages, weil er meine Ressentiments gegenüber der Besatzungsmacht spürt: »Mike (Mainhardt kann er sich nicht merken), bist du bereit, die amerikanische Flagge zu grüßen?« Alle Anwesenden im Büro, Amerikaner wie Deutsche, erstarren, schauen gespannt auf mich. Ich suche nach einer Antwort, aber sage dann – Amis sind für mich immer noch nicht Befreier, sondern eben Besatzer – trotzig: »Nein!«

Jetzt könnte er mich rausschmeißen. Doch er lächelt nur, tut genau das nicht, sondern genießt das Überlegenheitsgefühl, mir dieses Geständnis entlockt zu haben. Als er nach etwa einem Jahr in die Vereinigten Staaten zurückversetzt wird, schenkt er mir – ich traue meinen Augen nicht – Adolf Hitlers Standardwerk »Mein Kampf« – Jubiläumsausgabe mit Goldrandschnitt. »Mike, das ist bei dir besser aufgehoben«, sagt er ironisch lächelnd. Überhaupt, obwohl unmittelbar nach Kriegsende für die amerikanischen Soldaten ein strenges Fraternisierungsverbot herrscht, sind die Amerikaner vom RTO oft bei mir zu Hause zu Gast, oder wir besuchen gemeinsam Sportveranstaltungen in der Berliner Waldbühne.

Der Nachschub für die US-Streitkräfte in Berlin kommt aus den USA per Schiff zunächst nach Bremerhaven, wird dort auf Eisenbahnwaggons umgeladen und auf dem Schienenweg nach Berlin transportiert. Oft ein gefährliches Unternehmen, weil die Züge von Plünderern auf offener Strecke zum Halten gebracht werden – auch von sowjetischen Soldaten –, um sich an der Ware zu bereichern. In einem Fall kommt es sogar zu einer Schießerei, ein Amerikaner vom Begleitkommando wird getötet.

Neben meinem Dienst beim RTO, bisweilen auch sonn- und feiertags, muss ich mich um Mutter und Bruder in Salzwedel kümmern. Für die Weiterzahlung der ihr von den Nazis als Entschädigung für den Mord an meinem Vater gewährten Rente von monatlich 350 Reichsmark erklärt sich groteskerweise nach der Befreiung vom nationalsozialistischen Regime keine Behörde für zuständig. Sie lebt in ständiger Geldnot, möchte mit Engelbert ebenfalls nach Berlin umsiedeln, was ich aus diversen Gründen für nicht richtig halte und ihr darum im Januar 1946 schreibe:

»Liebe Mutti!
Was in meinen Kräften steht, will ich tun, um Dir zu helfen. Ich werde Dir von nun ab jeden Monat 200 Reichsmark schicken. Du musst damit auskommen, und ich glaube, dass dies bei einigermaßen Sparsamkeit auch möglich ist. Du musst mir allerdings versprechen, dass Du den Kampf um Deine Rente wie bisher weiterführst. Hier in Berlin würden für Dich 200 RM schwerlich ausreichen. Daher musst Du schon vorläufig in Salzwedel bleiben. Deine Idee, in Berlin eine Parfümerie zu eröffnen, wäre in Vorkriegszeiten bestimmt eine ganz einträgliche Sache gewesen. Heute sieht es da ganz

> anders aus: Passenden Laden finden, Ware beschaffen, viel Ärger mit Vertretern und Geschäftsleuten. Die Einteilung unserer Wohnung in Privat- und Geschäftsräume wäre vollkommen in Ordnung, mit dem Fehler, dass wir nämlich noch gar keine haben. […].
>
> Dass Engelbert die Schule bis zum Abitur weiterhin besucht, ist für mich selbstverständlich. Dafür werde ich schon immer das nötige Geld aufbringen. Allerdings bedeutet das für ihn, dass er sich auf den Hosenboden setzt und lernt. Ich will keine Glanzleistungen sehen, sondern mindestens eine Versetzung. Denn jedes weitere Schuljahr bedeutet ja wieder extra Geld.«

Weil Mutter wenigstens besuchsweise nach Berlin kommen will, aber nur bei ihrer französischen Freundin aus Internatszeiten, Mary Knief, unterkommen kann, sich dort aber wegen der allgemeinen Lebensmittelknappheit selbst verpflegen muss, schreibe ich: »Ich will versuchen, dass ich Dir während Deines Aufenthaltes 10 Pfund Kartoffeln besorgen kann. Ebenso habe ich für Deinen Besuch noch eine Büchse mit Sardinen.« Sie selbst, und das zeugt von der allgemeinen Hungersnot in ganz Deutschland, schickt je ein Päckchen Grieß und Haferflocken voraus.

Da meine Mutter aber nicht lockerlässt, nach Berlin in eine eigene Wohnung überzusiedeln, schreibe ich ihr im Mai 1946 noch einmal: »Ich halte einen Umzug für unmöglich. Wollen wir einmal vom Essen absehen. Denk doch nur an das Brennmaterial, das Du täglich benötigst. Schon jetzt im Sommer zum Kochen. Das ist ungeheuer viel. Ich sehe das ja bei Müllers. Denn mit dem bisschen Gas, was Dir rationiert zusteht, kannst Du Dir gerade den Kaffee morgens wärmen. Und dann erst im Winter, wo Du noch Holz zum Heizen brauchst. Willst Du täglich in den Grunewald ziehen und Dir Reisig sammeln, damit Du Dein Essen kochen kannst?«

Zum Schluss kann ich immerhin etwas Positives vermelden: »Ich habe Gehaltserhöhung bekommen. Demnach verdiene ich jetzt 222,18 Reichsmark im Monat. Allerdings muss ich 67 RM Steuern zahlen. Es bleibt also nicht viel übrig.« Dann schließe ich: »Ich habe wieder etwas Seife abgeschickt. Ebenso ist das Geld für Mai abgegangen. Zum Muttertag alles Gute. Leb wohl und sei herzlich gegrüßt, Maini«.

Indes, Mutter lässt bezüglich ihrer Umzugspläne nicht locker, schreibt in für mich überraschend gutem Englisch an einen Mr. Ambers vom »Office of Military Gouvernement«, Berlin, am 21. Juli 1946 einen Brief: »I come to you with the urgent request to help me obtain the permission for a return to Berlin.« Sie schildert den Mord an ihrem Mann und schließt: »With all my heart I hope you may give a kind attention to my request.«

Schon am 12. September erhält sie daraufhin eine polizeiliche Anmeldebescheinigung und als »Opfer des Faschismus« sogar eine 4-Zimmer-Mietwohnung im Stadtteil Steglitz, Kurfürstenstraße 4 (heute Braillestraße), zugewiesen. Kurzum, Erika hat sich wieder einmal durchgesetzt, getreu ihrem Prinzip: Niemals klein beigeben.

Derweil geht meine Arbeit bei den Amerikanern weiter. Ich zweige für mich heimlich Waren aus den Nachschubtransporten ab: Zigarettenstangen, Cornedbeef-Büchsen, Konserven mit »Chopped ham and egg«, Süßigkeiten und Textilien, die man in Schwarz umfärben kann. Was ich nicht selber verbrauche oder Mutter und Engelbert zukommen lasse, verhökere ich auf dem Schwarzmarkt – zum Beispiel gegen hölzerne Eisenbahnschwellen, mit denen wir Öfen und Herde befeuern. Dabei ist der Besitz alliierter Waren für Deutsche strengstens verboten, kann sogar mit Gefängnis bestraft werden. Unbeschadet dessen dealen auf den schwarzen Märkten sogar amerikanische Soldaten und russische Offiziere.

Einer meiner Abnehmer für solche dunklen Geschäfte ist der Berliner Verleger, Herr Orschel, Herausgeber der »Nachrichten für Außenhandel«, kurz auch NfA genannt. Jedes Mal, wenn wir unsere Geschäfte abgeschlossen haben – er zahlt in US-Dollar, weiß der Teufel, woher er sie hat –, redet er mir ins Gewissen: »Junge, du kannst doch nicht ewig beim Ami arbeiten, das ist keine Zukunft. Willst du nicht bei mir als Volontär anfangen?«

»Gerne, aber später.«

Da irre ich gewaltig. Der Wechsel erfolgt früher als gedacht. Aber zuvor lande ich im Knast.

Journalist wegen Diebstahls. Und dann auch noch Diplomat

Das Bulletin des »Berlin-Quartermaster-Depot« der US-Streitkräfte in Berlin vom 11. Februar 1947 vermerkt unter anderem: »Drei Zivilisten beim Diebstahl erwischt. Sie wurden entlassen.« Das Dumme: Ich bin einer von ihnen.

Als ich tags zuvor morgens im Büro erscheine, erwarten mich zwei Militärpolizisten, breitbeinig, mit strenger Miene. Einer zeigt auf meinen Schreibtisch – ich sehe flüchtig, dass er aufgebrochen ist: »Ist das Ihrer?« Ich nicke und ahne, was jetzt folgt. Denn im Schreibtisch befinden sich Zigarettenstangen, Cornedbeef-Büchsen und andere Dinge, die ich während meiner Arbeit beim Rangieren der eintreffenden Verpflegungszüge beiseitegeschafft hatte. »You are under arrest«, sagt der Militärpolizist. Ich werde abgeführt und nach kurzem Verhör in eine Zelle gesperrt.

Zu meiner Überraschung komme ich schon am nächsten Tag frei und kann nach Hause gehen. Der Kommandeur des Quartermaster-Depots erklärt: »Wegen Ihrer bisherigen Verdienste um das Nachschubwesen der amerikanischen Streitkräfte in Berlin werden wir Sie nicht bestrafen, schon gar nicht ins Gefängnis schicken.« Das ist verwunderlich: Deutsche Arbeiter, die beim Entladen der Waggons nur ein Stück Seife in die eigene Tasche steckten, landeten für zwei Monate im Gefängnis. Ich bedanke mich artig und sehe zu, dass ich schleunigst das Areal verlasse. Von der nächsten Telefonzelle aus rufe ich meinen Schwarzmarktpartner, den Verleger, an: »Herr Orschel, ich muss Sie dringend sprechen.«

In Berlin-Mitte, Französische Straße 32, haben Verlag und Redaktion der »Nachrichten für Außenhandel« in einem stattlichen Haus aus dem vorigen Jahrhundert ihren Sitz. Dort angekommen, innerlich noch immer noch aufgewühlt, erzähle ich Orschel, was geschehen ist.

»Und nun wollen Sie bei uns Volontär werden?«, entgegnet er mit hintergründigem Lächeln. »Über Diebstahl Journalist geworden. Das können Sie später einmal in Ihrem Lebenslauf schreiben.« Dann ruft er den Verlagsleiter und erklärt ihm: »Das ist Herr von Nayhauß, ein Schulfreund meines Sohnes.« Ich denke: überall Schulfreunde, Old Boys Network. Der Verlagsleiter wirft mir einen prüfenden Blick zu. Orschel: »Setzen Sie einen Vertrag auf. Und zwar als Volontär und kaufmännischer Angestellter. Herr von Nayhauß muss Mutter und Bruder ernähren. Daher kaufmännischer Angestellter. Monatlicher Lohn 180 Reichsmark.«

»Wo und wann soll er anfangen?«

»Am besten morgen schon. Vielleicht beim Umbruch?«

Bei diesem Wort erschrecke ich, kenne es nur im Zusammenhang mit Hitlers Machtergreifung 1933. Ist das hier etwa eine Untergrundbewegung, die den Sturz der russischen Besatzungsmacht plant? Zum Glück erspare ich mir eine entsprechende Nachfrage und damit eine faustdicke Blamage.

Als ich am nächsten Tag die Druckerei betrete, schlägt mir ein bis dahin fremder Geruch entgegen, eine Mischung aus Öl, Druckerschwärze und Waschbenzin. Die mannshohen Bogendruckmaschinen sind wie stampfende Kolosse. Ich sehe, wie eine gummibeschichtete Walze Papier über den schwarz eingefärbten Bleisatz führt, um es dann gedruckt auszuwerfen. Aber das Faszinierende sind Zigtausende Buchstabenformen aus Blei, die der Setzer in schmalen Schubladen aufbewahrt, um mit ihnen die gelieferten Texte zu montieren. An vieles muss ich mich gewöhnen: etwa, dass die Woche achtundvierzig Arbeitsstunden hat und dass auch Samstag bis 14 Uhr gearbeitet wird. Und nur zwölf Tage Jahresurlaub.

Aber was soll's? Ich habe wieder eine Beschäftigung, kann Mutter und Engelbert ernähren. Von unserer neuen Wohnung in Berlin-Steglitz, die Mutter als Opfer des Faschismus zugewiesen bekam, bis zur Französischen Straße brauche ich mit den öffentlichen Verkehrsmitteln etwa vierzig Minuten – normale Anfahrtszeit in einer Großstadt. Nach einwöchiger Einarbeitung in der Druckerei lande ich in der Redaktion. Die »Nachrichten für Außenhandel« erscheinen zweimal wöchentlich in einem bescheidenen Umfang von etwa vierzehn Seiten, wobei jeweils nur die Vorderseite bedruckt ist. »Als Manuskript gedruckte Ausgabe« heißt es im Untertitel.

Ich muss Nachrichten redigieren und zusammenstellen. Das liest sich dann wie folgt: »Deutschland: US- und Britische Zone – Handelsbesprechungen mit den Niederlanden. In Frankfurt am Main begannen Landesbesprechungen mit einer Niederländischen Delegation. Die Niederlande lieferten zurzeit sieben Prozent der vom Vereinigten Wirtschaftsgebiet (gemeint britische und amerikanische Besatzungszonen) eingeführten Güter der Kategorie B. Hierzu gehören alle Waren mit Ausnahme von Lebensmitteln, Brennstoffen, Saatgut, Düngemitteln und Medikamenten.« Nach einigen Wochen darf ich meinen ersten Artikel schreiben. Über die Jute-Wirtschaft: »Unter den Bastfasern (Flachs, Hanf, Jute, Ramee und Nessel) nimmt die Jute durch die regionale Zusammenballung ihrer Anbaugebiete eine besonderen Stellung ein […].« Dröge Themen, die allenfalls die Handelsattachés der ausländischen Vertretungen interessieren. Aber Mutter ist mächtig stolz auf mich und meine treuste Leserin.

Zu meinen Aufgaben gehört es auch, jeweils am Erscheinungstag der NfA bei ausländischen Dienststellen ein Exemplar unseres Blattes gegen eine Ausgabe der führenden Zeitung des jeweiligen Landes einzutauschen. Denn den Verlagen und Redaktionen fehlen schlicht die Devisen, um diese zu abonnie-

Kgl. Norsk Legasjon

Den kgl. norske legasjon i Stockholm bevidner herved at innehaveren av dette kort

Red. Willy Brandt (Karl Frahm)

er autorisert som

krigskorrespondent

~~filmfotograf~~

~~fotograf~~

under befrielsen av Norge.

Man anmoder om at alle militäre og civile norske og allierte myndigheter gir ham all den bistann som han måtte ha behov for under sitt arbeide.

Stockholm 11. mai 1945

K. Frahm (Willy Brandt)

Innehaverens navntrekk.

No 32

Kgl. Norsk Legasjon

Presseattaché

Willy Brandts norwegischer Presseausweis, 1940

ren. Bei der Norwegischen Militärmission in der Uhlandstraße ist mein zuständiger Gesprächspartner der Presseattaché, ein gewisser Willy Brandt, ein Offizier im Majorsrang. Die Uniform steht dem großgewachsenen Mann gut. Um an seinen schmalen Schreibtisch vor dem Fenster zu gelangen, muss ich mich am Arbeitsplatz seiner Sekretärin Rut Bergaust, der späteren Frau Brandt, und an einem schwarzen Pudel namens Blacky vorbeidrücken. Aus diesen Visiten entwickelt sich, was ich nicht ahne, eine jahrzehntelange Verbindung.

Um die Jahreswende 1947/48 scheidet Brandt aus norwegischen Diensten aus. Er stellt einen Antrag auf Wiedererlangung der deutschen Staatsbürgerschaft, die er vor seiner Emigration nach Norwegen besaß. Nun soll er Berliner Vertreter des in Hannover ansässigen SPD-Parteivorstandes werden. Ich besuche ihn in seinem Haus am schönen innerstädtischen Halensee. Wir hocken dort abends während der sowjetischen Blockade Berlins wegen Stromsperren oft bei Kerzenlicht und reden über ein immer wiederkehrendes Thema: Was soll aus Deutschland werden? Unsere Vorstellungen haben nicht das Geringste damit zu tun, was später tatsächlich aus Deutschland wird. Dazu reicht unsere Phantasie nicht – schon gar nicht, dass Brandt einmal Bundeskanzler werden sollte. Ich erlebe ihn aber auch in tiefer Depression, denn zwischen ihm und dem SPD-Vorsitzenden Kurt Schumacher in Hannover kommt es aus diversen Gründen zum Zerwürfnis. Ende 1949 legt Brandt deshalb sein Amt als Verbindungsmann zu den Berliner Sozialdemokraten nieder. Seinen Dienstwagen und das schöne Haus am Halensee muss er abgeben, stattdessen in ein Reihenhaus in Berlin-Schlachtensee umziehen. Er besitzt kaum genug eigene Möbel, um es auszustatten, ist zwar inzwischen Abgeordneter im ersten Deutschen Bundestag, aber finanziell in der Klemme. Die Diäten betragen monatlich 1950 Mark – damals viel Geld, aber nicht für Willy Brandt, der nun zwei Haushalte finanzieren muss. Er ist auf zusätzliche Einnahmen angewiesen, nimmt daher den Chefredakteursposten der Parteizeitung »Berliner Stadtblatt« an. Die Auflage ist lächerlich niedrig – kaum mehr als 3500 Exemplare. Ich besuche ihn eines Tages in seinem kleinen Büro. Er ist blass. »Nayhauß, was soll aus mir nun werden?«

Doch obwohl selbst von Sorgen geplagt, versucht er meiner Mutter zu helfen, die groteskerweise ihre Witwenpension nach dem Zusammenbruch des Nazi-Regimes nicht weiter erhält – wegen Unklarheit, aus welchem Topf diese bezahlt werden soll. Brandt schreibt an den Berliner Stadtrat und Parteigenossen Theuner mit der Bitte, die Pensionszahlung wieder aufzunehmen. Mit Datum vom 26. Oktober 1950, Aktenzeichen –B/Gi-, kommt trotz der erwiesenen Ermordung meines Vaters durch die Gestapo ein abschlägiger Bescheid: »Sehr geehrter Herr Brandt. Die Magistratsabteilung Personal und Verwaltung hat nicht die Möglichkeit, auf die Frage der Wiedergewährung von bis zum Zusammenbruch gewährten Renten aus Reichsmitteln Einfluss zu nehmen [...]. Wir haben in Anbetracht der in die-

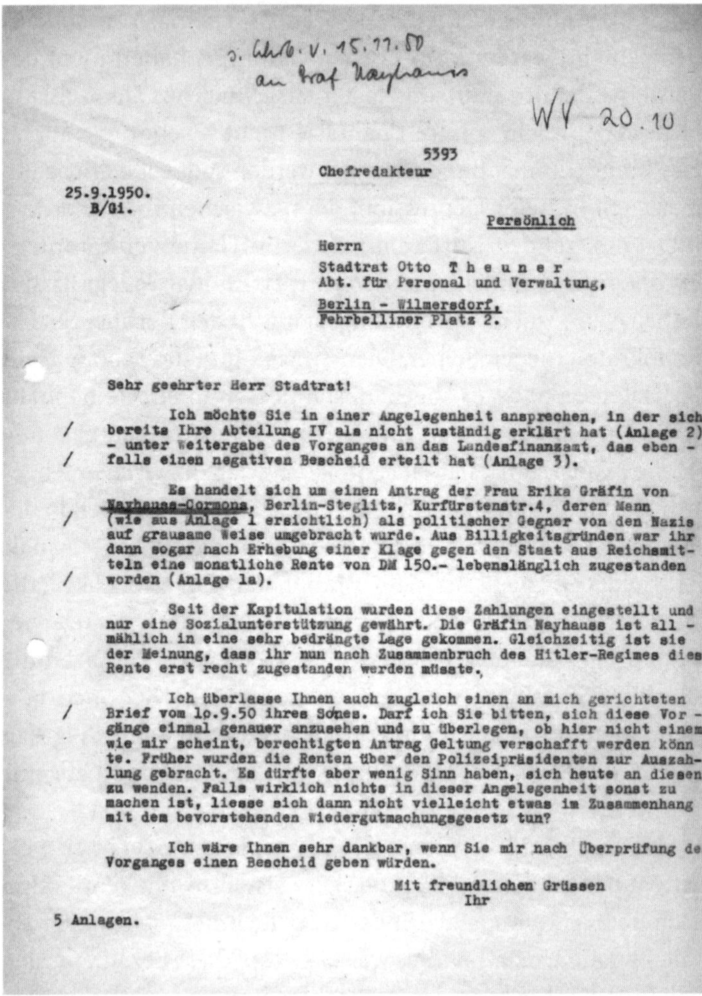

z. Wv. v. 15.11.50
an Graf Nayhauss

WV 20.10

5393
Chefredakteur

25.9.1950.
B/Gi.

Persönlich

Herrn
Stadtrat Otto T h e u n e r
Abt. für Personal und Verwaltung,
Berlin - Wilmersdorf,
Fehrbelliner Platz 2.

Sehr geehrter Herr Stadtrat!

Ich möchte Sie in einer Angelegenheit ansprechen, in der sich bereits Ihre Abteilung IV als nicht zuständig erklärt hat (Anlage 2) - unter Weitergabe des Vorganges an das Landesfinanzamt, das eben - falls einen negativen Bescheid erteilt hat (Anlage 3).

Es handelt sich um einen Antrag der Frau Erika Gräfin von ~~Nayhauss-Cormons~~, Berlin-Steglitz, Kurfürstenstr.4, deren Mann (wie aus Anlage 1 ersichtlich) als politischer Gegner von den Nazis auf grausame Weise umgebracht wurde. Aus Billigkeitsgründen war ihr dann sogar nach Erhebung einer Klage gegen den Staat aus Reichsmitteln eine monatliche Rente von DM 150.- lebenslänglich zugestanden worden (Anlage 1a).

Seit der Kapitulation wurden diese Zahlungen eingestellt und nur eine Sozialunterstützung gewährt. Die Gräfin Nayhauss ist all - mählich in eine sehr bedrängte Lage gekommen. Gleichzeitig ist sie der Meinung, dass ihr nun nach Zusammenbruch des Hitler-Regimes diese Rente erst recht zugestanden werden müsste.

Ich überlasse Ihnen auch zugleich einen an mich gerichteten Brief vom 10.9.50 ihres Sohnes. Darf ich Sie bitten, sich diese Vor - gänge einmal genauer anzusehen und zu überlegen, ob hier nicht einem, wie mir scheint, berechtigten Antrag Geltung verschafft werden könn - te. Früher wurden die Renten über den Polizeipräsidenten zur Auszahlung gebracht. Es dürfte aber wenig Sinn haben, sich heute an diesen zu wenden. Falls wirklich nichts in dieser Angelegenheit sonst zu machen ist, liesse sich dann nicht vielleicht etwas im Zusammenhang mit dem bevorstehenden Wiedergutmachungsgesetz tun?

Ich wäre Ihnen sehr dankbar, wenn Sie mir nach Überprüfung des Vorganges einen Bescheid geben würden.

Mit freundlichen Grüssen
Ihr

5 Anlagen.

Brief Willy Brandts an den Berliner Stadtrat, 1950

sem Fall vorliegenden besonderen Umstände die Pensionsstelle angewiesen, Frau Erika Gräfin von Nayhauß-Cormons eine Überbrückungshilfe in Höhe von DM 30 netto monatlich zu gewähren. Eine andere Möglichkeit der Unterstützung besteht zu unserem Bedauern zurzeit nicht.«

Für Mutter eine herbe Enttäuschung, für mich eine weitere Verpflichtung, für die Familie zu sorgen.

Zu meinen anderen Zeitungstauschpartnern zählt auch der schwedische Generalkonsul Brynolf Eng in der Rauchstraße. Er lässt es sich nicht nehmen, mich jedes Mal persönlich zu empfangen, um meine Meinung zu aktuellen Themen zu erfahren, damit er sie als »Stimme des Volkes« für seine Berichte an das Auswärtige Amt in Stockholm nutzen kann. Bei einem dieser Besuche fragt er: »Wüssten Sie einen Experten, der mir eine Einschätzung bezüglich der geplanten Währungsreform, also Ablösung der Reichsmark durch die Deutsche Mark, verfassen könnte?« Dreist entgegne ich: »Ja, ich weiß jemanden, mich.« Spöttisch lächelnd entgegnet er: »Dann schreiben Sie mal darüber.«

Kein Problem. In unserer Redaktion gibt es Experten, die bis Kriegsende in wichtigen Ministerien saßen, aber erst nach Gründung der Bundesrepublik wieder staatliche Posten erhalten sollten – etwa ein gewisser Dr. Kurt Leopold, später stellvertretender Leiter der Treuhandstelle für Interzonenhandel, der bis Kriegsende in der Reichswirtschaftskammer tätig gewesen war. Seine Einschätzung und die anderer Experten in der Redaktion notiere ich. Sie sagen im Wesentlichen eine Währungsreform nach folgenden Regularien voraus: Jeder erhält beim Umtausch in die neue Währung einen Betrag von 40 Reichsmark im Verhältnis 1:1; Arbeitseinkommen, Renten, Mieten werden im selben Verhältnis umgestellt; die Gültigkeit der neuen D-Mark wird trotz sowjetischer Proteste auch auf West-Berlin ausgedehnt.

Beim nächsten Besuch überreiche ich meine Expertise Generalkonsul Eng. Er nimmt sie dankend entgegen, lässt sie aber ungelesen in einer Schublade seines Schreibtisches verschwinden. Wenig später, am 20. Juni 1948, tritt die Währungsreform in Kraft, und es trifft im Wesentlichen zu, was ich in meiner Ausarbeitung geschrieben hatte. Nur in West-Berlin wird die D-Mark wegen starker Proteste der sowjetischen Besatzungsmacht erst drei Tage später eingeführt. Als die Nachricht über den RIAS (Rundfunk im amerikanischen Sektor) läuft, löst sie bei mir Existenzangst aus: Wie soll die Familie mit den pro Kopf zugebilligten 40 D-Mark über die Runden kommen?

In Panik ergreife ich eine hellbraune lederne Aktentasche, die ich über den Krieg hinweggerettet habe, und fahre per Straßenbahn in Begleitung von Bruder Engelbert, der unsere restlichen Reichsmark zusammengerafft hat, zum Schwarzmarkt auf den Potsdamer Platz. Ein russischer Offizier kauft uns meine Tasche ab – gegen US-Dollar. Für einen Dollar gibt es zehn D-Mark. Für 60 Reichsmark erhält man auf dem Schwarzmarkt mit Glück eine D-Mark. Das neue Geld wirkt fremd, hat Format und Größe von Dollarnoten. Immerhin, die Geschäfte füllen sich schnell mit bis dahin nur auf dem Schwarzmarkt zu ergatternden Waren. Eine Stange Ami-Zigaretten kostet nicht mehr 200 Reichsmark, sondern die Packung fünf D-Mark, das Pfund Butter anstatt 800 Reichsmark jetzt zehn D-Mark, eintausendfünfhundert Gramm Brot statt 200 Reichsmark nur 1,50 D-Mark.

Aber das Beste: Die Währungsreform beschert mir einen neuen Job, von dem wir leben können. Der schwedische Generalkonsul lässt mich in der Stadt suchen, sein Fahrer spürt mich schließlich in Dahlem auf. Im Generalkonsulat eröffnet mir Brynolf Eng: »Graf Nayhauß, ich muss eingestehen, dass ich ihre exzellente Expertise über die mögliche Währungsreform, die ja nun im Wesentlichen so eingetreten ist, wie Sie es voraussagten, damals nicht nach Stockholm schickte. Tut mir leid. Ich habe Ihren Ausführungen nicht geglaubt. Nun aber mache ich Ihnen ein Angebot: Wollen Sie nicht Ihr Volontariat aufgeben und ab sofort für mich arbeiten? Sie bekommen 200 D-Mark monatlich.«

Ich bin für einen Moment sprachlos, dann antworte ich: »Plus monatlich Waren im Werte von 10 Dollar aus dem amerikanischen PX.« Ausländische Diplomaten können nämlich in den Läden der amerikanischen Besatzungsmacht, im »Post Exchange«, einkaufen. Dort gibt es Waren, die für Deutsche unerschwinglich sind.

Eng ist einverstanden. Und Mutter findet es schick, dass ich »Diplomat« werde. Ich erhalte im ersten Stock des Generalkonsulats ein schönes, großräumiges Büro. Meine Aufgabe besteht unter anderem im täglichen Auswerten der deutschen Zeitungen, verbunden mit einem Pressevortrag beim Generalkonsul. Zum Beispiel am 24. Februar 1949:

> »In Bonn verabschiedet der Parlamentarische Rat das erste Wahlgesetz – gegen die Stimmen der CDU/CSU und der KPD.
>
> Ludwig Erhard, Direktor der Zonenverwaltung für Wirtschaft, bestätigt auf Anfrage, dass er die Besatzungsmacht um Aufhebung der Rationierung von Tabak und Schuhen gebeten hat.
>
> Am Vorabend wurde ein westlicher Funkwagen der Polizei an der Sektorengrenze in Marienfelde von russischen Soldaten mit Maschinenpistolen beschossen.
>
> Im Schlossparktheater Berlin wird ›Des Teufels General‹ gespielt.
>
> Es werden zurzeit in Berlin verteilt: 1 Kilo Rote Beete auf Abschnitt S/L6 der Februar-Lebensmittelkarte. Der Abschnitt B/F der Januar-Fleischkarte für Zwiebeln verfällt am 28. Februar.
>
> Aus dem Lagerraum der Berliner jüdischen Gemeinde in Charlottenburg entwendeten unbekannte Täter drei Zentner Kaffee, über einen Zentner Schmalz und 1400 Zigaretten.
>
> Die Zahl der Arbeitslosen stieg in der Doppelzone (Amerikanische und Britische) auf 1019426.
>
> Die Post teilt mit: Ab 1. März werden eilige Sachen auf Krafträdern befördert.«

So weit die Nachrichten vom besagten Tag in meinem Pressvortrag.

Außerdem schreibe ich Aktennotizen zu verschiedensten Themen – etwa über die Behandlung ausländischer Wertpapiere durch die sowjetische Besatzungsmacht: »Nach der Kapitulation im Mai 1945 wurden neben allen in der Ostzone befindlichen ausländischen Wertpapieren gleichzeitig etwa 80 Prozent aller deutschen Aktien und Obligationen von den sowjetischen Behörden beschlagnahmt und nach einem unbekannten Ort verlagert. Sie behaupten, dass jene Wertpapiere ihnen als Kriegsbeute anerkannt worden sind. Eine derartige Anerkennung erfolgte jedoch nicht. Vielmehr stellen die Westmächte noch einmal ausdrücklich fest, dass das Potsdamer Abkommen den Russen kein Anrecht gibt, in Deutschland beschlagnahmte Wertpapiere als ihr Eigentum zu betrachten.«

Über die bei Kriegsende von den Siegermächten angeordnete Demontage bestimmter Industrieanlagen als Reparation schreibe ich: »Bei zahlreichen deutschen Wirtschaftssachverständigen ist zu hören, dass im vorwiegenden Maße Konkurrenz-Gesichtspunkte Umfang und Art der Demontage bestimmen. Mit der Festsetzung des Demontageumfangs wurden zum Beispiel von der britischen Militärregierung die Vertreter von Stewarts & Lloyd, der größten englischen Konkurrenzfirma der rheinischen Rhönwerke AG, beauftragt.«

An einem Tag Ende September 1948 ruft mich der Generalkonsul zu sich: »Nayhauß, fahren Sie einmal zum Stadthaus im Ostsektor, da scheint sich etwas zusammenzubrauen.« Das Stadthaus in der Parochialstraße ist Sitz sowohl des Magistrats für Gesamtberlin (Regierung) als auch Tagungsort der Stadtverordnetenversammlung (Parlament). Doch die Versammlung der Abgeordneten wurde wegen Behinderung durch kommunistische Schlägertrupps mehrmals verschoben. Nun soll ein neuer Versuch gemacht werden. Unter anderem steht auf der Tagesordnung die Nominierung von Abgesandten für den Parlamentarischen Rat in Bonn, der über die neue Verfassung der Bundesrepublik, das Grundgesetz, entscheidet. Die Kommunisten sind der Auffassung, Berlin sei nicht die »97. Provinz der Bundesrepublik«, Berliner Abgeordnete hätten dort nichts zu suchen.

Ich mache mich früh auf den Weg, habe aber trotzdem Schwierigkeiten, in das Stadthaus zu gelangen. Demonstranten blockieren den Weg, halten Transparente hoch mit Aufschriften wie »Weg mit dem bankrotten Magistrat!«, »Raus mit den Westmächten aus Berlin!«, »Wir wollen nur eine Währung!«. Es ist ein Spießrutenlauf. Am Hauptportal kontrollieren Ordner die Einlassberechtigungen. Ich zeige meinen Presseausweis und werde durchgelassen. Wenig später wäre ein Reinkommen nicht mehr möglich gewesen, Demonstranten keilen sich, um Einlass zu finden. Das vergitterte Haupttor haben sie längst aufgebrochen. Der amtierende Bürgermeister von Berlin, Ferdinand Friedensburg, gelangt nur durch den Hintereingang ins Haus.

Ich schaffe es bis auf die Pressetribüne. Der Fotograf der amerikanischen Agentur Associated Press (AP) wird als »Ami-Schwein« beschimpft, man schlägt ihm die Kamera aus den Händen. Ich erkenne zwei Kollegen vom RIAS, Peter Schulze, dessen Mutter einem schwedischen Diplomatenpaar den Haushalt führt, und Jürgen Graf, einen stadtbekannten Reporter. Sie berichten zunächst ungeschoren live, bis ihnen die Mikrofone weggerissen werden und das Kabel zur Außenwelt durchgeschnitten ist. Friedensburg hat eigene Ordner entsandt – überwiegend West-Berliner Polizisten in Zivil, als Ordner lediglich durch eine weiße Armbinde erkennbar. Die Ost-Berliner Polizisten machen mit ihnen kurzen Prozess, legen den verhassten Kollegen aus dem Westen Handschellen an, führen sie ab aus dem Haus.

Einigen West-Ordnern gelingt es, sich in den Zimmern der Abgeordneten aus den Westsektoren zu verbarrikadieren. Der sowjetische Stadtkommandant Alexander Kotikow verspricht seinem französischen Kollegen General Jean Ganeval per Ehrenwort, diese restlichen Ordner bekämen freien Abzug. In dem Glauben, dass die Russen ihr Wort halten, kommen sie freiwillig aus den Abgeordnetenzimmern, werden aber von den Kommu-

Presseausweis des Schwedischen Generalkonsulats,
1950

nisten prompt auf Lastwagen verfrachtet und ins nächstliegende Gefängnis gebracht. Weil schließlich nur die Stadtverordneten der SED im Sitzungssaal Platz nehmen konnten, ist die Tagesordnung hinfällig. Ich versuche, von der Pressebühne durch den Hinterausgang das Stadthaus zu verlassen. Ein wütender Demonstrant geht mir an die Wäsche:

»Bist du Westjournalist, ein Knecht des Kapitals?«

»Nein, ich bin Diplomat«, was natürlich nicht ganz stimmt.

»Ost oder West?«

»Nord«, antworte ich und verwirre ihn damit total.

»Was soll der Quatsch? Willst du mich verarschen?«

»Nein. Schwedisches Generalkonsulat.«

»Dann hau ab, aber schnell!«

Ich eile zurück ins Generalkonsulat, berichte. Der Chef bittet mich, alles aufzuschreiben und bis morgen einen Bericht für Stockholm anzufertigen.

Was ich gerade erlebt habe, ist das Ende der Verwaltungseinheit Berlins, der Beginn der Spaltung der Stadt. Die Berliner

Mauer, die beide Teile endgültig trennt, wird indes erst zwölf Jahre später hochgezogen.

Drei Tage nach dem Sturm auf das Stadthaus im Ostsektor ruft Oberbürgermeister Ernst Reuter (von den Russen in seinem Amt nicht anerkannt) zu einer Gegendemonstration im Westteil der Stadt auf. Etwa fünfhunderttausend Berliner folgen seinem Aufruf und strömen am 9. September 1948 zum Platz der Republik. Reuter hält eine flammende Rede: »Wenn es könnte, stände auch das Volk von Leipzig, Dresden und Chemnitz und den anderen Städten der Ostzone auf seinen Plätzen und würde seine Stimme erheben. Wir werden den Tag der Freiheit erleben! Dann werden die deutschen Züge auch wieder nach Berlin und Stettin fahren, und wir werden auf unseren zertrümmerten und verkümmerten Bahnhöfen wieder das Zweitgleis aufmontieren.« Und dann der mittlerweile historische Aufruf: »Ihr Völker der Welt, schaut auf diese Stadt!«

Aufbrausender Jubel, Sprechchöre. »Freiheit! Freiheit! Freiheit!« Demonstranten ziehen zum nahe gelegenen russischen Ehrenmal, bewerfen es mit Steinen, Ost-Berliner Polizisten schießen auf in den Sowjetsektor zurückkehrende Demonstranten. Waghalsige Protestler klettern auf das Brandenburger Tor, binden die Sowjetfahne von der Quadriga ab, werfen sie runter, andere zertreten das rote Hammer-und-Sichel-Symbol.

Jahre später schickt mich der Chef – es ist inzwischen der besonders nette Generalkonsul Eyvind Bratt – wieder raus, um die Lage im Ostsektor zu erkunden. Es ist der 17. Juni 1953. Ich bin morgens früher als gewohnt ins Büro gekommen. Am Vortag haben im Ostsektor streikende Bauarbeiter für die Rücknahme einer kurz zuvor verfügten Arbeitsnormerhöhung und für bessere Lebensmittelversorgung demonstriert. Zwölftausend erregte Menschen sind vor das »Haus der Ministerien«, den Sitz der Ostdeutschen Regierung in der Leipziger Straße (heute Amtssitz des Bundesfinanzministers) gezogen, haben in Sprechchören den Rücktritt des Ulbricht-Regimes gefordert und für den nächsten Tag, den 17. Juni, einen Generalstreik angekündigt. Also für heute.

Ich nehme meinen Wagen und fahre in den Ostteil der Stadt. Ein Demonstrationszug von etwa tausend aufgeregten Menschen bewegt sich auf dem immer noch vom Krieg schwer zerstörten Boulevard Unter den Linden auf mich zu. In Sprechchören fordern sie »Freie Wahlen«, »Keine Nationalarmee«. Schräg vor der sowjetischen Botschaft stehen drei Lkws mit aufgesessenen russischen Soldaten. Deren Blicke eiskalt, abweisend. Das heißt, bei einigen macht sich leichtes Erstaunen bemerkbar. Eine derartige Auflehnung gegen die Staatsgewalt haben sie in ihrem jungen Leben noch nie erlebt.

Demos auch in der Leipziger Straße, der Friedrichstraße, der Markgrafenstraße und Krausenstraße. Mehrere Ketten Ost-Berliner Volkspolizisten haben das Haus der Ministerien abgeriegelt. Man hat aus den Ereignissen des Vortages gelernt. Trotzdem fliegen Steine, Scheiben klirren, aufgebrachte Arbeiter schreien mit zorngeröteten Gesichtern: »Kommt doch raus, wenn ihr Mut habt!« Aber auch: »Schließt euch an, demonstriert mit uns!«

Es ist inzwischen halb elf vormittags. Überall im Ostsektor stehen die Leute vor Hauseingängen und Geschäften, diskutieren leidenschaftlich, verfolgen noch ungläubig die Dinge, die sich vor ihnen abspielen. Ecke Prenzlauer Allee, Dimitroffstraße neue Menschenmassen. Auf den Baustellen der Stalinallee, der Renommierzeile des SED-Regimes, ruht die Arbeit komplett. Inzwischen regnet es in Strömen. Doch falls die kommunistischen Machthaber glauben, den Menschen würde die Lust am Demonstrieren vergehen, haben sie sich geirrt. Neue Kolonnen marschieren in Richtung Regierungssitz. Auf dem Marx-Engels-Platz besetzen Arbeiter demonstrativ die sonst bei offiziellen Anlässen den SED-Bonzen vorbehaltene Ehrentribüne. Auf dem Potsdamer Platz stehen die staatlichen Einkaufskioske (HO) und Propaganda-Lokale in Flammen. Die Auseinandersetzung spitzt sich gegen Mittag zu. Um 13 Uhr verhängen die Sowjets in 167 der 217 DDR-Landkreise das Kriegsrecht. zwanzigtausend Sowjetarmisten und achttausend Volkspolizisten sind im Einsatz.

Ein mit vier russischen Soldaten besetzter Jeep fährt Unter den Linden entlang, Richtung sowjetische Botschaft. Ecke Charlottenstraße muss er langsam fahren. Nur widerwillig geben die demonstrierenden Arbeiter die Fahrbahn frei. Laute Rufe: »Iwan raus!«, »Pfui, Pfui!« Die Soldaten blicken mit starren Gesichtern voraus. Angst steckt ihnen in den Knochen. Sie haben Befehl, sich zurückzuhalten. Später rollt Verstärkung heran, ausgerüstet mit Sturmgepäck, voller Bewaffnung und einer Feldküche. Um das Haus der Ministerien an der Leipziger Straße sind schwere Sowjet-Panzer aufgefahren. In einem hocken Oberst Kotzuba und Kapitän Scheskin, beide aus dem Stab des für die Sowjetische Besatzungszone zuständigen Hochkommissars Moskaus, Wladimir S. Semjonow. Kapitän Scheskin spricht fließend Deutsch, fungiert im sowjetischen Hauptquartier als Dolmetscher. Die beiden sollen darauf achten, dass nicht zu scharf durchgegriffen wird.

Denn: Die Russen sind zu dieser Zeit für ein wiedervereintes Deutschland – nach ihren Vorstellungen. Im Jahr zuvor hatte der bald darauf verstorbene Herrscher im Kreml, Josef Stalin, den Deutschen ein sensationelles Angebot unterbreitet: Wiedervereinigung, plus Abzug aller Besatzungstruppen in Ost und West, eigene nationale Streitkräfte, Festlegung der Grenzen gemäß Potsdamer Viermächteabkommen, freie Betätigung für politische Parteien und Organisationen, gleiche Rechte für ehemalige Wehrmachtsangehörige und Nationalsozialisten (!) – ausgenommen gerichtlich Verurteilte.

Aber die Bonner Regierung, genauer gesagt, deren erster Kanzler Konrad Adenauer (CDU), argwöhnte, die Russen wollten ein Gesamtdeutschland nur neutralisieren, um es dann ganz zu kassieren. Adenauer will erst die Bindung der Bundesrepublik an den Westen, etwa durch den Schutz gewährenden Beitritt zur NATO.

Jetzt, am 17. Juni 1953, wird erst einmal doch geschossen – Ecke Krausen-/Charlottenstraße versuchen die russischen Besatzungen der T34-Panzer mit Feuerstößen aus Maschinengewehren, sich die wütende Menge vom Leib zu halten. Vor dem Haus der Ministerien und weiter in Richtung Potsdamer Platz fahren sie langsam zwischen die Demonstranten, um sie zu zerstreuen. Ein Bombardement von Ziegel- und Pflastersteinen ist die Reaktion. Ein Arbeiter springt todesmutig auf einen Panzer, reißt die Antenne ab. Zwei andere Demonstranten steigen auf das Brandenburger Tor und zerren, wie schon einmal früher, die rote Fahne runter – ungeachtet der Tatsache, dass am 1. Mai 1950 bei einer gleichen Aktion ein Mensch den Schüssen von Volkspolizisten zum Opfer gefallen war.

Der Funke des Volksaufstands ist längst auf das übrige Ostdeutschland übergesprungen. Es gibt Tote, Verwundete, Brandstiftungen. Transparente auf Autobahnbrücken und Bahnhöfen verkünden: »Räumt euren Mist in Bonn jetzt aus – in Pankow säubern wir das Haus«. Ein Plakat zeigt Adenauer und Ulbricht am Galgen, darunter »Einheit macht stark«.

Für Berlin verhängt der sowjetische Stadtkommandant um 13 Uhr den Ausnahmezustand. Für mich wird es jetzt brenzlig. Also, so schnell wie möglich zurück in den Westteil der Stadt. Auf dem Weg dorthin lassen mich demonstrierende Arbeiter hochleben. Da ich einen amerikanischen Wagen fahre, einen Chevrolet Fleetmaster, der wie alle Fahrzeuge des schwedischen Generalkonsulats ein amerikanisches Nummernschild hat, halten sie mich für einen Amerikaner, der als Sympathisant zu ihnen in den Ostsektor gekommen ist.

Am Kudamm sitzen derweil die Wessis und genießen gleichgültig ihren Nachmittagskaffee, während im Osten Menschen ihr Leben für die Freiheit riskieren. Ich bin aufgewühlt, muss mich in der Havel abkühlen. Auf der Gatower Badewiese im britischen Sektor sitzt ein schönes Mädchen. Sie ist an meinen aufregenden Erlebnissen aber wenig interessiert. Ich schwimme zur anderen Flussseite zur Halbinsel Schildhorn und zurück. Ich verstehe die Welt nicht mehr. Hier tiefster Friede, dort blutige Revolte.

Später begreife ich: Die »Fifties«, die Nachkriegsjahre in Berlin, sind ein Auf und Ab. Einerseits amüsiere ich mich wie nie zuvor. Andererseits trifft mich gleich zu Beginn des Jahrzehnts ein schwerer Schicksalsschlag: Meine geliebte Mutter stirbt. Völlig unerwartet.

Mutters plötzlicher Tod

Nichts ahnend sitze ich an meinem Schreibtisch im Generalkonsulat. Es ist Dienstag, der 20. Februar 1951. Da klingelt das Telefon. Am anderen Ende Bruder Engelbert. Er sagt nur drei Worte: »Mutti ist tot!«

Völlig unlogisch frage ich: »Ist das dein Ernst?«

»Leider ja.« Dann stockt Engelbert die Stimme. Ich versuche, ihn zu trösten: »Ich komme nach Hause.«

Unsere Mutter war am Vortag nach Leipzig zu ihrer Schwester Nora gereist, um dort bei der Beerdigung ihres Schwagers Willi Schwarze dabei zu sein. An der Bestattung nahm sie noch teil, aber am nächsten Tag, als sie aus dem Bett aufsteht, fällt sie wie vom Blitz getroffen um. Das Herz hat zu schlagen aufgehört.

Ich gehe einen Stock tiefer, melde mich beim Generalkonsul ab. Er ist bestürzt und spricht mir sein Beileid aus. »Gehen Sie nach Hause und kommen Sie zurück, wenn Sie Ihre Mutter beerdigt haben.«

Vier Tage später tragen wir Mutter zu Grabe. Sie wird auf dem mit schönen alten Bäumen bepflanzten Friedhof in Lichterfelde-Süd, unweit unserer letzten Wohnung, beerdigt. Während mein Bruder und ich, Tante Nora und wenige Freunde hinter dem Sarg zur Grabstelle schreiten, lasse ich gedanklich das Leben von Mutter Revue passieren: Wohlbehütet aufgewachsen in einem thüringischen Elternhaus, glückliche Jungmädchenzeit, viele Verehrer, aber erst mit 35 Jahren unseren

Vater geheiratet, »endlich Ernst gemacht«, wie sie ihrer französischen Freundin Mary Knief schrieb. Zwei Söhne geboren, abwechslungsreiches Leben in der Metropole Berlin, enge Freundinnen, aber Geld immer knapp. Kleider schneiderte sie sich selbst, viele Wochen ist sie allein, während unser Vater unterwegs ist, um Geld zu verdienen und seine Broschüre gegen die Nazis unters Volk zu bringen. Dann in ständiger Angst um ihn. Nicht unbegründet. Schließlich nach nur acht Ehejahren die Ermordung durch die Gestapo. Der Kampf mit den Nazis um eine Entschädigung. Ausbruch des Zweiten Weltkriegs, die Wohnung durch Ausbombung verloren, bei Kriegsende im Dachgeschoss eines Lokomotivführers wohnend. Groteskerweise wird die Entschädigungspension des Nazi-Regimes nach Kriegsende nicht weitergezahlt. Sie zieht zurück nach Berlin, erlebt dort Blockade und das karge Leben der Nachkriegszeit: Gemüse auf dem Balkon angepflanzt, Strom zum Kochen und Waschen nur ein paar Stunden nachts, das vorgekochte Essen für den nächsten Tag nimmt sie zugedeckt ins Bett, damit es warm bleibt. Männer interessieren sich für sie – ein Direktor der Berliner Borsig-Werke, ein Arzt und Pharmaproduzent aus dem Hessischen, ein Freund aus früheren Zeiten, einst Inhaber einer Pension in Niederschlesien, wo wir gelegentlich Ferien machten. Er besuchte uns nach dem Krieg in Berlin – nunmehr mittellos – und machte ihr den Hof. Ich aber war damals gegen die Verbindung: »Noch einen Dritten ernähren, kommt nicht in Frage.« Jetzt habe ich ein furchtbar schlechtes Gewissen, kann den Sarg nur schemenhaft wahrnehmen, während ich eine Rose auf das Grab fallen lasse. Warum habe ich mich so hartherzig verhalten?

Nach Mutters Tod ziehen Engelbert und ich um nach Weinmeisterhöhe, ein Berliner Ortsteil im äußersten Westen, an der Grenze zu Brandenburg, wunderschön auf einer Düne am Ufer der Havel gelegen. Im Höhenweg 11, so unsere neue Adresse, haben wir endlich Zentralheizung, im Gegensatz zu der mit Mutter bewohnten Wohnung in Steglitz, wo im Winter jedes Zimmer mit einem Ofen beheizt werden musste. Zusätzlich zu meiner Arbeit im Generalkonsulat genieße ich die Freiheit, für andere Medien zu schreiben – »Nordwestdeutscher Rundfunk«, »Sender Freies Berlin«, »Westdeutscher Rundfunk«, »Tagesspiegel«, »Neue Zürcher Zeitung« und andere Blätter. Vor allem aber bin ich parallel Redakteur beim RIAS, in der sogenannten Zonenredaktion. In der Sendung »Werktag der Zone« wenden wir uns in erster Linie an Berufstätige und mittelständische Unternehmer im Osten, warnen vor Betriebsprüfungen, Stasi-Schnüffeleien und so weiter.

»Vor uns liegt ein Bericht des Ministeriums für Maschinenbau vom 26. vorigen Monats. Er beschäftigt sich mit dem Zurückbleiben des Exportprogramms auf den sowjetsozialen Werften (...).« Viele dieser Sendungen beginnen mit den Worten »Vor uns liegt ein Bericht«: Solche Berichte bekomme ich von Mitarbeitern in Betrieben und Ministerien, die sich bei mir heimlich melden, mit denen ich mich in der Stadt treffe. Aber nicht im RIAS, denn das Gebäude wird von Stasi-Agenten beobachtet.

Bisweilen erteile ich aufgrund interner Informationen Ratschläge, zum Beispiel: »Für Steuerschulden aus den Jahren 1951 und früher darf kein Strafverfahren nach der Abgabenordnung oder nach Paragraph 7 der Einkommenssteuerverordnung eingeleitet werden.« Gelegentlich kann ich Warnungen senden: »In diesen Tagen kamen im Rathaus von Wittstock an der Dosse der SED-Kreissekretär, der Chef der Kreispolizei, der Leiter der örtlichen Kriminalpolizei, der Vorsteher der Unterabteilung für Finanzen im Finanzamt und ein Volkspolizeioffizier zusammen. Der SED-Kreissekretär gab folgende Weisung aus: ›In den nächsten Tagen müssen alle privaten Fuhrunternehmer von Wittstock und Umgebung verhaftet und enteignet werden. In vier Tagen muss die Aktion abgeschlossen sein. Die Feinde, von denen es kein Zurückweichen mehr gibt, sind die Fuhrunternehmer Bayer, Mosolf, Sukrow und Bethge‹.«

Der Spediteur Bethge wird nicht nur durch meine RIAS-Sendung gewarnt (die er vielleicht auch gar nicht mitbekam, weil er den Sender nicht eingeschaltet hatte), sondern ebenso von einem der Teilnehmer besagter Besprechung im SED-Kreissekretariat. Er schreibt Bethge einen Brief, schließt: »Um Ihnen dies alles zu sagen, habe ich mit meiner Familie mein Heim in Wittstock verlassen und hoffe, den Westen zu erreichen.« Wie viel Mut und Verzweiflung sprechen aus solchen Zeilen.

Beim RIAS sind wir Redakteure gehalten, uns Decknamen zuzulegen. Meiner lautet – unter Benutzung des zweiten Teils meines Familiennamens – Michael Cormons, nicht sehr originell. RIAS-Chefredakteur Müllerburg legt mir sogar nahe, meinen Wohnsitz in Weinmeisterhöhe aufzugeben: »Vor dem Krieg gehörte dieser Ortsteil zu Brandenburg, wurde erst bei Aufteilung der Besatzungsgebiete den Briten zugeschlagen. Es ist nicht ausgeschlossen, dass die Russen eines Nachts sich diesen Teil wieder zurückholen werden. Dann sitzen Sie in der Falle.« Ich bleibe trotzdem dort wohnen.

Eines Tages besucht mich ein Schulfreund aus Napola-Zeiten, Arnold Kirchner. Er lebt jetzt in Halle, hat eine Elektro-Rundfunkwerkstatt eingerichtet. Die örtliche SED betreibt ihr Büro über seiner Werkstatt und hat in seiner Abwesenheit die gesamte Fassade rot angestrichen sowie mit übergroßer weißer Aufschrift versehen: »Sozialistische Einheitspartei Deutschlands – Stadtteilleitung Zentrum« – genau dort, wo der Firmenname seines Ladens hingehört hätte, wo er die ersten Neonbuchstaben Halles prangen lassen wollte. Seine Aufforderung an die Genossen, den alten, rechtmäßigen Zustand der zu seinem Mietobjekt gehörigen Fassade wiederherzustellen, wurde mit Rausschmiss und Drohungen beantwortet. Als Kirchner sich bei mir meldet, ist er nach Berlin gekommen, um sich Farbe für die Wiederherstellung der Fassade seines Geschäftes zu besorgen.

Ein paar Tage später schreibt mir seine Frau: »Arno ist verhaftet, Paragraph 4 des Gesetztes zum Schutze der Demokratie.« Dieser Paragraph des DDR-Strafgesetzbuches lautet: »Wer die Embleme einer der vier antifaschistischen Blockparteien

Erster fahrbarer Untersatz: eine Lambretta, Berlin, Anfang der Fünfzigerjahre

beschimpft, beschmutzt, beschädigt oder entfernt, wird mit Gefängnis bis zu vier Jahren bestraft.«

Ein Jahr später steht Arnold Kirchner übernächtigt vor meiner Wohnungstür in Berlin: »Ich bin stiften gegangen. Kannst du Addi und Hartmut benachrichtigen?« Das sind seine Frau und sein Sohn. Im RIAS erzähle ich vom Besuch meines Schulfreundes. Mein Kollege Reinhardt Bischoff, leitender Redakteur der Sendung »Werktag der Zone«, spitzt die Ohren: »Aus Halle kommt der? Da kennt er doch bestimmt

Leute aus den Leuna- und Bunawerken. Dort läuft zurzeit eine Betriebskollektiv-Vertragskampagne zur Normenerhöhung. Vielleicht hat er Hintergrundinformationen?« Kirchner berichtet nicht nur über diesen Vorgang, sondern schreibt fortan als freier Mitarbeiter, später sogar als fest angestellter RIAS-Redakteur Werksberichte über die großen Industrien der DDR und über Gewerkschaftsfragen.

Eines Tages besucht ihn wieder einmal seine Mutter, um Wäsche und Hausrat zu bringen. Diesmal will sie sich aber nicht in seinem möblierten Zimmer mit ihm treffen, sondern endlich einmal sehen, wo er arbeitet. Ein schrecklicher Fehler! Vermutlich wird sie beim Betreten des RIAS-Gebäudes von Spionen der Stasi beobachtet. Wenige Tage später werden sie, ihr Bruder, ihre Schwägerin und ihre Schwiegertochter vom sowjetischen Geheimdienst (NKWD) verhaftet und im berüchtigten »Roten Ochsen« von Halle eingesperrt. Kurz darauf erreicht Kirchner ein Brief ohne Absender mit der kurzen Nachricht: »Wenn Sie etwas für Ihre Familie und den Frieden tun wollen, dann wissen Sie jetzt, wohin Sie sich zu wenden haben.« Mit diesem Zettel geht Kirchner zum amerikanischen Direktor des RIAS, Mr. Ewing, und fragt ihn, ob man aus dem Treffen mit den Leuten eine Sendung machen könnte? Zum Beispiel durch Einsatz eines versteckten Mikrofons. »Da wird eine alte Frau, die nichts mit Politik zu tun hat, eingesperrt, weil sie ihrem Sohn einen Koffer mit Wäsche bringt. Dieses Thema muss doch wirken.«

Am nächsten Morgen betritt Mr. Ewing, sichtlich verlegen, Kirchners Büro und sagt: »Ich muss Sie leider bitten, Ihren Schreibtisch zu räumen. Sie müssten ja die Regelung kennen: Wer nahe Angehörige in sowjetischer Haft hat, darf bei uns nicht im Hause arbeiten. Aber ich verspreche Ihnen: Ich sorge dafür, dass Sie als freier Mitarbeiter mindestens so viel verdienen wie jetzt.«

Ausgelassen tanzend auf der Hochzeitsfeier von Bruder Engelbert, Berlin, März 1959

Trotz solcher Schicksalsschläge vergessen wir, das heißt Bruder Engelbert, meine Wenigkeit und unsere Freunde, nicht das Feiern. Wir haben Gäste vom Generalkonsulat, Tänzerinnen vom Ballett der Stockholmer Oper, und manchmal ist es einfach nur ein Umtrunk unter Freunden. Dabei geht es mehr als gelassen zu. Einer dieser Freunde, Gerhard (»Hunne«) Ludwig, beschreibt in einem Brief an Dritte das Ausklingen eines solchen Abends in unserem Haus in Weinmeisterhöhe:

»Maini verfügt, höchst ungewöhnlich, über einen ›Chevrolet‹. Damit treten wir in tiefer Nacht die Rückreise an. Insgesamt ein Fahrer mit sechs Mann. Alle Scheiben runter, sonst hätten die Augen getränt vom süßlich-würzigen Duft der sich in Umsetzung befindlichen, feinen Destillate. Einer fing an zu singen, und dann hörten wir nicht mehr auf. Das Repertoire an vaterländischen Liedern war beachtlich. Wir hatten der Berliner Nacht gegenüber ein ausgeprägt starkes Mitteilungsbedürfnis. Alle sollten sie teilhaben, die an der Gatower Chaussee, die an der Heerstraße, am Kaiserdamm und an der Schlossstraße in Steglitz. Jeder wurde von Maini nach Hause gebracht und lautstark verabschiedet. Und was Wunder, kein Ordnungshüter hielt uns an, keiner stellte dumme Fragen, ob lizenziert zum Fahren oder so. Dieses gewaltige Auto mit amerikanischer Zulassung repräsentierte die Macht der Besatzung. Es bot Schutz.«

Ich gehe dreimal die Woche tanzen, besuche die »Badewanne« in der Nürnberger Straße, das »Dorett« am Kurfürstendamm und die »Neger Bar« (hieß damals wirklich so) in der Bürgerstraße. Der schwedische Diplomat Carl de Geer schreibt mir eines Tages aus Stockholm und bittet mich, sich einer seiner Kolleginnen, die nach Berlin versetzt wird, anzunehmen: »I think it would be especially nice, if you could introduce her to some members of the nice set of German young people that are your friends in Berlin. As you understand we still have many pleasant memories from our time together with you and your friends.«

Inzwischen offiziell als Pressereferent des schwedischen Konsulats fungierend, erhalte ich interessante Einladungen des Regierenden Bürgermeisters von Berlin, Ernst Reuter. Ich sitze bei Abendessen zusammen mit politischen Persönlichkeiten, wie dem stellvertretenden Präsidenten des Abgeordnetenhauses, Franz Amrehn, dem Senatsdirektor und Leiter des Presseamtes des Senats von Berlin, Hirschfeld, dem Chef des Protokolls beim amerikanischen Hohen Kommissar für Deutschland,

Roudakoff, und dem Bundestagsabgeordneten Willy Brandt. Reuter erlebe ich in kleiner Runde bei einem Abendessen meines Chefs, fungiere nach dem Essen, als man sich zurückzieht und bei Cognac und Zigarre diskutiert, als Note Taker. Ich erlebe erstmals Bundeskanzler Konrad Adenauer im Berliner Sportpalast, wo er auf einer Wahlkundgebung der Berliner CDU spricht. Für mich ein nicht minder beeindruckender Mann als Reuter. Vor allem genieße ich mit meinem Bruder unsere neue Bleibe auf der Weinmeisterhöhe. Der weite Blick geht hinüber zum Grunewald und nach Schwanenwerder.

Die Arbeit für den RIAS ist interessant und manchmal sogar lustig. Zum Beispiel wenn mein Kollege Matthias Walden (tatsächlicher Name Otto Freiherr von Sass) seine Späße treibt: Nach der Redaktionskonferenz am Vormittag verschwindet er in die Stadt, um sich mit seiner Frau zum Essen zu treffen, während wir an unseren Schreibtischen sitzen, um das jedem aufgetragene Thema in die Schreibmaschine zu hämmern. Nicht immer kommen die Gedanken gleich, nicht immer sitzt jeder Satz. Kurzum, für die meisten ist es Schwerstarbeit. Nicht für Walden. Er kehrt zurück, setzt sich an die Maschine, schreibt, ohne Pause zu machen, seinen Kommentar, den er dann auch noch im Tonstudio selbst spricht. Dann juckt es ihn, uns zu necken, zu stören. Einfach aus Daffke. Nach mir schleudert er einmal eine leere Coca-Cola-Flasche. Wenn ich keinen Auftrag in der Redaktionskonferenz aufgedrückt bekomme, schleiche ich mich zu den Proben des RIAS-Tanzorchesters mit Hänschen Rosenthal, beobachte, wie er seinen Luftsprung mit dem Ausruf »Spitze« übt.

In dieser geordneten und unterhaltsamen Welt trifft mich wieder einmal unerwartet ein Schicksalsschlag: Der RIAS kündigt mir aus »Sicherheitsgründen«. Mein Dienst beim schwedischen Generalkonsulat entspreche nicht den Sicherheitsregularien. Damit nicht genug, auch das schwedische Generalkonsulat beendet zum 1. März 1955 die Zusammenarbeit. Offizielle Begründung: »Notwendige Sparmaßnahmen«. Hintenherum erfahre ich, auch in diesem Fall spielen angeblich Sicherheitsbedenken eine Rolle: Weil ich beim RIAS beschäftigt bin, könnte ich für die Amerikaner spionieren.

Ich muss mich nun gehörig anstrengen, um eine neue Tätigkeit zu finden, und mich gewaltig einschränken, weil ich unter anderem auch nicht mehr steuerfreies Benzin beziehen kann. Denn dank der für Diplomaten reservierten Gutscheine hatte ich bisher pro Liter sage und schreibe 16 Pfennige bezahlt. Damit ist es vorbei. Immerhin bekomme ich von den Kollegen des Generalkonsulats zum Abschied zwei schöne, alte silberne Kerzenleuchter geschenkt. So edel werde ich in den folgenden Jahrzehnten von meinen diversen Arbeitgebern nicht mehr verabschiedet.

Aber sich als freier Mitarbeiter durchzuschlagen ist in diesen Zeiten nicht eben leicht. Immer wieder kommt es vor, dass meine Beiträge oder Themenangebote von den Redaktionen abgelehnt werden. Schließlich wende ich mich an Axel Springer und Rudolf Augstein und bitte beide um eine Audienz, weil ich mich als Angehöriger des schwedischen Generalkonsulats in Berlin verabschieden möchte. Mein noch auf Konsulatsbogen verfasster Brief soll den Eindruck erwecken, dass ich ein Diplomat bin. Tatsächlich bekomme ich daraufhin bei beiden Herren einen Termin. Aber wie werden sie reagieren, wenn ich ihnen mitteilen muss, dass ich einen Job als Journalist suche? Mit klopfendem Herzen reise ich nach Hamburg.

Auf Arbeitssuche: Frechheit siegt

Der Paternoster, dieser altmodische Fahrstuhl ohne Türen im Dauer-Rund-Umlauf, bringt mich in den zwölften Stock des Springer-Hochhauses in Hamburg. Statt mich auf meinen Gesprächspartner, den Großverleger Axel Springer, zu konzentrieren, denke ich nur daran, rechtzeitig aus dem Fahrstuhl zu springen – damit mich das Ungeheuer nicht kopfüber wieder zum Erdgeschoss befördert. Aber ich schaffe den Sprung, fast schon elegant, und stehe einer adrett gekleideten Sekretärin gegenüber, die mich mit dem geschäftsmäßigen Lächeln einer Empfangsdame begrüßt:

»Graf Nayhauß?«

»So ist es.«

»Herr Springer wartet schon auf Sie. Ich darf vorausgehen.«

»Ich bitte darum.«

Dann betrete ich das Allerheiligste: das Arbeitszimmer von Axel Cäsar Springer, dem so wichtige Blätter gehören wie »BILD«, »Hörzu«, »Hamburger Abendblatt«, »Die Welt«. Allein die Größe des Raumes ist respektheischend, faszinierend der Rundumblick durch raumhohe Fenster mit Sicht über Hamburg. Heller Teppichboden verstärkt den Eindruck. Wände und Decke sind aus edlem Holz. So auch der Schreibtisch des Verlegers. Rechts und links stehen zwei kleine Abstellsockel, auf denen Zeitungen und Bücher liegen. Das Ganze erinnert eher an die Fürstenstube in einem Tiroler Jagdschloss als an ein hanseatisches Handelskontor. Axel Springer erhebt sich von einem hohen sesselartigen Schreibtischstuhl und kommt mir entgegen. »Guten Tag, Graf Nayhauß, seien Sie in unserer schönen Hansestadt willkommen. Wo wollen Sie sitzen?« Er deutet auf zwei Stühle vor seinem Schreibtisch. Ich registriere seinen tadellos geschnittenen, hellgrauen Westenanzug, den er vermutlich wie alle seine Anzüge in der Londoner Savile Row maßschneidern ließ. Das weiße Einstecktuch lässig gefaltet. Wir nehmen Platz, sein Blick ist prüfend. »Sie wollen nun unser schönes Deutschland verlassen, lieber Graf?«

Nun muss ich Farbe bekennen. »Herr Springer, ich habe in der Tat sieben Jahre im schwedischen Generalkonsulat gearbeitet, bin aber weder Diplomat noch Schwede, sondern deutscher Journalist und nun nach meiner Verabschiedung aus schwedischen Diensten auf der Suche nach einem Job.« So, das ist nun raus.

Er lupft kurz vor Erstaunen die Augenbrauen, lacht dann laut. »Das haben Sie aber geschickt eingefädelt, um einen

Gesprächstermin bei mir zu bekommen. Erzählen Sie doch einmal, was Sie bei den Schweden in Berlin gemacht haben.«

»Neben der täglichen Presseauswertung und einem Pressevortrag morgens beim Generalkonsul habe ich politische und wirtschaftliche Berichte für das Außenministerium in Stockholm geschrieben.«

»Können Sie mir ein paar Beispiele nennen?«

Ich nenne zwei, drei, er hört aufmerksam zu und gibt mir das Gefühl, ein interessanter Gesprächspartner zu sein. Schließlich fragt er. »Kennen Sie Willy Brandt? Was halten Sie von ihm?«

Ich erzähle von unserer langjährigen Bekanntschaft, dass ich ihn schon traf, als er noch norwegische Majorsuniform trug, dass ich ihn auch zutiefst deprimiert erlebte, weil er für sich keine Zukunft sah. »Aber er hat eine beachtliche Ausstrahlung. Insofern glaube ich, dass mit ihm in Bonn noch zu rechnen ist.« Springer nickt, greift zum Telefon, gibt seiner Sekretärin Anweisung: »Rufen Sie bitte Otto Siemer an, er möge Graf Nayhauß, der eine Tätigkeit als Journalist in unserem Haus sucht, anhören und überlegen, ob er etwas für ihn tun kann.« Dann steht er auf, zeigt ein verbindliches Lächeln. »Hoffen wir, dass es klappt. Alles Gute, und melden Sie sich gelegentlich mal.« Kräftiger Händedruck. Dann begleitet er mich, ganz Gentleman, zur Tür, öffnet sie und wartet, bis ich den Fahrstuhl erreicht habe.

Der mir nun nicht mehr ganz so unheimliche Paternoster bringt mich in die fünfte Etage, wo das »Hamburger Abendblatt« seine Redaktion hat und der genannte Otto Siemer seit drei Jahren als Chefredakteur das Blatt macht. Siemer erwartet mich schon, die Tür zu seinem Büro steht offen, er erhebt sich. »Nehmen Sie Platz, Graf. Welcher Jahrgang sind Sie?«

»1926.«

»Dann waren Sie auch noch im Krieg? Bei welcher Waffengattung haben Sie gedient?«

»Ich war Marinehelfer bei einer 10,5-Batterie im Raum von Kiel.« Der Einsatz bei der Flak scheint ihn nicht sonderlich zu beeindrucken, kein Wunder, für einen Mann wie ihn zählt natürlich nur ein richtiger Seelord.

»Der Verleger hat mir schon gesagt, worum es geht. Ich schlage vor, dass Sie mir einen kurzen Lebenslauf schicken und ein paar Artikel, die Sie geschrieben haben.«

»Ich war nicht nur beim schwedischen Generalkonsulat tätig, sondern auch fünf Jahre RIAS-Redakteur, außerdem freier Mitarbeiter verschiedener Zeitungen, darunter der Berliner ›Tagesspiegel‹. Volontiert habe ich bei den ›Nachrichten für Außenhandel‹.«

»Umso besser. Es war mir einen Ehre, lassen Sie von sich hören.« Damit bin ich entlassen, habe aber nicht das Gefühl, dass er wirklich an mir interessiert ist.

Anderntags fahre ich zum Hamburger Pressehaus, Speersort 1, in dem sowohl »Stern« als auch »Der Spiegel« ihre Redaktionen haben. Ich bin beim Herausgeber des Nachrichtenmagazins, Rudolf Augstein, angemeldet, werde in ein Besucherzimmer gebeten. Neugierig schau ich mich um: An den Wänden ein paar gerahmte »Spiegel«-Titel. Darunter einer, der FDP-Vizekanzler Franz Blücher mit der Unterzeile zeigt: »Ist die FDP überflüssig?« Dann ein Cover mit dem Hollywood-Star Grace Kelly und schließlich das Porträt eines Schimpansen mit dem Titel »Die Clowns sind abgemeldet«. Während ich noch über eine mögliche Verbindung zwischen dem Affen und dem FDP-Politiker nachdenke, öffnet sich die Tür, und ein kräftiger Mittvierziger betritt das Zimmer.

»Mein Name ist Horst Mahnke. Sie sind Graf Nayhauß, nicht wahr?«

»Ja, der bin ich«, entgegne ich und schiebe gleich nach: »Ich bin zwar fast sieben Jahre Pressereferent beim schwedischen Generalkonsulat gewesen, aber nun dort nicht mehr im Dienst. Ich bin weder Schwede noch Berufsdiplomat, sondern Journalist, habe 1947 bei den ›Nachrichten für Außenhandel‹ volontiert und danach neben meiner Konsulatstätigkeit für verschiedene Medien gearbeitet, zum Beispiel für den RIAS in der Sendung ›Werktag der Zone‹. Und nun suche ich einen Job.«

Mahnke will ebenso wie Springer wissen, zu welchen Themen ich im Einzelnen geschrieben habe. Ich zähle sie auf, bis er mich unterbricht: »Wenn Sie mich bitte einen Augenblick entschuldigen.«

Ohne meine Antwort abzuwarten, verlässt er hastig den Raum. Wie mir später zugetragen wird, eilt er zu Augstein und berichtet: »Das ist gar kein schwedischer Diplomat. Das ist ein Journalist, der einen Job sucht und einige Zeit bei den Schweden als Pressereferent gearbeitet hat.« Augstein schaut amüsiert: »Dann lass ihn mal einen Probeartikel über ein ostdeutsches Thema schreiben. Wenn der gut ist, können wir den Grafen ja nehmen.«

Mahnke kehrt zu mir zurück, unterbreitet besagten Vorschlag. »Schicken Sie mir ein Manuskript zu einem beliebigen Thema so bald wie möglich, und dann werden Sie von uns hören.« Das klingt schon verheißungsvoller als das Angebot des Chefredakteurs vom »Hamburger Abendblatt«, denke ich.

Nach Berlin zurückgekehrt, schicke ich einen siebzehnseitigen Bericht über die »Militärischen Einheiten der ostdeutschen Volkspolizei« – mit genauer Schilderung der Ausbildung, Stationierung und Bewaffnung –, so detailliert, wie kein Nachrichtendienst ihn besser hätte verfassen können. Alle Angaben hierfür bekam ich während meiner Zeit im schwedischen Generalkonsulat von West-Berliner Quellen zugesteckt, darunter vom sogenannten Ostbüro der SPD.

Wenig später ruft mich Mahnke in Berlin an: »Sie können bei uns am 15. Februar anfangen. Auf gute Zusammenarbeit.«

Ich vollführe einen Freudentanz, umarme meinen Bruder: »Was machen wir nun mit dir? Egal, es kommt wieder Geld in die Kasse.« Ich bin gespannt auf das neue vor mir liegende Leben als Korrespondent eines so bedeutenden Blattes in der zwar noch provisorischen Hauptstadt Bonn, aber dort spielt die Musik. Außerdem beginnt altersmäßig ein neuer Lebensabschnitt – die persönlichen Dreißigerjahre. Die Trennung von Berlin fällt mir nicht schwer. Ich bin schon zu lange dort, manches ist festgefahren.

Zunächst geht es für knapp drei Monate nach Hamburg in die »Spiegel«-Redaktion zwecks Einarbeitung. Dort sind alle sehr kollegial zu mir. Ich teile das Zimmer mit einem älteren Kollegen namens Hans Schmelz, klein, knarrende Stimme, Fallschirmjägeroffizier im Zweiten Weltkrieg, wegen besonderer Tapferkeit mit dem Deutschen Kreuz in Gold ausgezeichnet. Wir sitzen in einem winzigen, aber hell getünchten Raum mit viel Sonne, blicken über die Dächer von Hamburg. Das Rathaus und das Wahrzeichen der Hansestadt, der Michel, sind zum Greifen nah. Links im Hintergrund der Hafen. Am meisten beeindruckt mich die Ruhe, die in der Redaktion herrscht. Bereits zwischen 17:00 und 17:30 Uhr ist Feierabend.

Eines Tages meldet sich ein Besucher am Empfang. Er hätte gern einen Redakteur gesprochen. »Worum geht es denn?« Bundeskanzler Adenauer sei im Begriff, während seines anstehenden Osterurlaubs in eine Spionagefalle zu geraten. Die Empfangsdame telefoniert rum, aber keiner will den Besucher anhören. Man hält ihn für einen Spinner. Nur, der Mann lässt sich nicht abwimmeln. Schließlich entscheidet Hans Schmelz: »Den kann sich ja mal unser Neuer anschauen.«

Also gehe ich brav nach vorn zum Empfang und ziehe mich mit dem Besucher, der einen überraschend ordentlichen Eindruck macht, in eine Ecke zurück. Er nennt seinen Namen und legt los: »Ich war während des Zweiten Weltkriegs bei der deutschen Spionageabwehr in der Schweiz. Die Privatvilla, die für den Kanzler in Porza oberhalb des Lago di Lugano angemietet wurde, gehört einem gewissen Nino Rezzonico. Sein Haus war die Hochburg des schweizerischen Faschismus. Nicht nur das: Rezzonico war auch für Nachrichtendienste tätig. Seine Villa bietet beste Abhörmöglichkeiten über Warmluftschächte, die durch alle Zimmer verlaufen. Der Vermieter hat sich bereits vor Jahr und Tag für die Anschaffung eines Relais-Übertragungssenders interessiert. Ich kann nur davor warnen«, schließt der Informant, »dass der Kanzler dort Urlaub macht.«

Ich bedanke mich: »Das reicht für heute. Wenn Sie mir bitte noch Ihre Adresse hinterlassen für eventuelle Nachfragen.«

»Aber gern.«

Schnurstracks gehe ich zurück zum Kollegen Schmelz. »Der Besucher war bei der deutschen Spionageabwehr in der Schweiz. Die Story hat Hand und Fuß.«

»Recherchieren Sie noch etwas und schreiben Sie alles auf, dann drucken wir die Geschichte im nächsten Heft.«

So geschieht es, mit der Konsequenz, dass der 80-jährige Bundeskanzler Konrad Adenauer seine angemietete Urlaubsvilla nach nur zwei Ferientagen aufgeben und in ein Hotel umziehen muss. Für den alten Herrn nicht besonders lustig, für mich ein Mordseinstand beim »Spiegel«.

Die Bundesregierung geniert sich, diese Quartierspanne zuzugeben. Es ist daraufhin Sache eines Regierungssprechers, gegenüber der Presse, die meinen Artikel aufgreift, Ausreden zu erfinden. Die undankbare Aufgabe fällt dem dritten Mann in der Hierarchie des Presseamtes, dem Abteilungsleiter für Inland, Harald Oldag, zu – ob seines stets zur Schau getragenen hilflosen Lächelns »das Bundeslächeln« genannt. Den Fragen nach dem plötzlichen Quartierswechsel des urlaubenden Kanzlers weicht er aus: »Damit bin ich überfragt.« Je öfter er sich überfragt zeigt, desto lauter wird es in der Pressekonferenz. Hat er dagegen mal eine Antwort parat: »Wenn Sie mich so fragen – der Herr Bundeskanzler ist lediglich aus Temperatur- und Klimagründen ausgezogen«, quittieren dies die respektlosen Korrespondenten mit Applaus oder lauten »Ah«-Rufen. Die Regierungspressekonferenz gerät zur Lachnummer.

Ich habe eine wichtige Lektion gelernt: Gehe jedem Hinweis für eine Story nach, möge er im ersten Augenblick auch noch so ungalublich scheinen.

Und nun ab nach Bonn.

Von Berlin nach Bonn

Zwei Koffer und zwei Adressen

Neunundzwanzig bin ich inzwischen, reichlich kess, und fahre ein viel zu auffälliges Auto, immer noch den Chevrolet Fleetmaster. Mit diesem Amischlitten treffe ich an einem wunderschönen Maitag des Jahres 1956 in Bonn ein, um meine Tätigkeit als »Spiegel«-Korrespondent aufzunehmen. Ursprünglich wollte mich das Nachrichtenmagazin in Düsseldorf stationieren, weil ich Wirtschaftsjournalist bin. Aber der damalige Chefredakteur Hans Detlev Becker entschied: »Wenn wir uns schon einen Grafen leisten, dann für Bonn.«

Mein Gepäck besteht aus zwei Koffern und zwei Kontaktadressen. Eine Anschrift ist die meines Schulfreundes Rüdiger Freiherr von Wechmar, »Dodel«, so nannten wir ihn als Schüler. Er hat es zum deutschen Büroleiter der amerikanischen Nachrichtenagentur »United Press« gebracht, raucht Pfeife und trägt bei besonderen Anlässen einen dunklen Herrenhut mit rundum hochgebogener Krempe, wie erstmals vom englischen König Eduard VII. bei einer Kur in Homburg gezeigt, weshalb die Kopfbedeckung »Homburg« heißt.

»Willkommen in der provisorischen Hauptstadt«, sagt Wechmar mit unüberhörbarer Ironie, wobei er das »provisorisch« betont. Als geborene, mithin waschechte Berliner, dort auch zur Schule gegangen, blicken wir beide mit dem Dünkel echter Hauptstädter auf das Bonner Provisorium herab. Nun sitzen wir uns im Bundeshaus-Restaurant gegenüber. Die Ober tragen Smoking, und es duftet nach rheinischem Sauerbraten mit Reibekuchen. »Du hast hier bereits vor deinem Eintreffen für mächtigen Wirbel gesorgt«, sagt er schmunzelnd. »Gratuliere zu diesem Einstand.«

Vor meinem Chevrolet Fleetmaster,
Berlin, 1951

Meine Abhör-Geschichte, die den Bundeskanzler zwang, seine angemietete Urlaubsvilla im schweizerischen Tessin nach nur zwei Ferientagen aufzugeben und in ein Hotel umzuziehen, sowie deren Nachspiel in der eigens einberufenen Regierungspressekonferenz hatten mir in Bonn den Boden bereitet.

»Du hast dich bei den Oberen schon so richtig beliebt gemacht«, berichtet »Dodel« Wechmar.

Während wir weiterplaudern, schaue ich mich im Restaurant um. Den einen oder anderen mir bis dahin nur von Fotos bekannten Politiker erkenne ich. Aber mein besonderes Interesse weckt ein etwas älterer Kollege. »Ist das nicht Franz Hange, der durch eine obskure Agenturmeldung die Abstimmung zugunsten Bonns als künftige provisorische Hauptstadt beeinflusst haben soll, so dass Frankfurt als Mitbewerber aus dem Rennen war?«

Aus Wechmars Pfeife puffen zwei kleine bläuliche Wölkchen. »Genau das ist er. Und neben ihm sitzt seine damalige SPD-Braut, Elfriede Moritz, die mitgedreht hat.«

Menschenskinder, denke ich, was ist dagegen mein Mini-Scoop mit der Vertreibung des Kanzlers aus seiner Urlaubsvilla?

»Mitgedreht« hatten, wie ich später erfahre, noch andere Journalisten. Aber der Reihe nach.

Als 1949 der Vorläufer des Bundestags, die verfassungsgebende Versammlung, genannt der Parlamentarische Rat, vor Abschluss seiner Arbeit stand, musste auch darüber abgestimmt werden, wo Regierung und Parlament künftig ihren Sitz haben sollten. Die ehemalige Reichshauptstadt Berlin kam nicht in Frage, weil sie unter Kontrolle der vier Siegermächte stand, mithin auch der Sowjets. Und diese waren nicht bereit, den Teilstaat Westdeutschland anzuerkennen, geschweige denn, dass Berlin seine Hauptstadt sei. Nachdem auch Kassel und Stuttgart ausgeschieden waren, konzentrierte sich die Wahl auf Bonn oder Frankfurt. Für die Stadt am Main warb unter anderen der Frankfurter SPD-Stadtrat Fritz Fray, gleichzeitig Bonner Korrespondent von Radio Frankfurt. Diese merkwürdige Doppelfunktion war keine Ausnahme. Für Bonn machte sich dessen stellvertretender FDP-Bürgermeister, Otto Schumacher-Hellmold, stark, zugleich Hörfunkkorrespondent für den Nordwestdeutschen Rundfunk (NWDR), damals noch der Zusammenschluss von NDR und WDR. Fray, körperlich ein Riese, versuchte die Mitglieder des Parlamentarischen Rates, aber auch die Bonner Journalisten nicht nur mit sachlichen Argumenten für Frankfurt zu gewinnen – vorhandene Infrastruktur, Sitz der Nationalversammlung 1848 –, sondern auch mit Mengen erlesener Weine aus hessischen Staatsgütern, die er persönlich herankarrte und die es ihm ermöglichten, zu fröhlichen Gelagen einzuladen. Er besaß überdies die für Journalisten beneidenswerte Fähigkeit, auch nach reichlichem Alkoholgenuss aus dem Stand und ohne Versprecher Rundfunkkommentare aus einer Telefonzelle des Bundeshaus-Restaurants abzugeben. Und zwar mit dröhnender Stimme.

Schumacher-Hellmold, der Werber für Bonn – von zierlichem Wuchs und wohlerzogenem Auftreten –, besaß wiederum den enormen Vorteil, dass er als einziger Journalist sein Büro im Bundeshaus haben durfte, also in ständigem Kontakt zu den

Mitgliedern des Parlamentarischen Rates war und mit nicht wenigen sehr schnell persönliche Beziehungen, gar Freundschaften unterhielt.

Das Bundeshaus war Anfang der Dreißigerjahre von der preußischen Bauverwaltung als Pädagogische Akademie für 350 katholische Volksschullehrer errichtet worden, hatte im Zweiten Weltkrieg als Lazarett und nach der Kapitulation als Briefzensurstelle der Besatzungsmacht gedient. Nun war es Sitz des Parlamentarischen Rates, der dort im September 1948 seine erste Sitzung abhielt. Die einstige Turnhalle war zur Wandelhalle umfunktioniert, ein Plenarsaal dahinter angebaut worden. Im Zimmer 84 hatte Schumacher-Hellmold sein Büro, das er sich mit seiner Sekretärin teilte. Es blieb täglich 15 Stunden geöffnet. So lange wurde damals gearbeitet.

Als sich im Mai 1949 der Tag der Abstimmung über die Hauptstadtfrage näherte, schien eine Mehrheit der 65 Ratsmitglieder für Frankfurt stimmen zu wollen. Ausschlaggebend war unter anderem ein Telegramm, das der Bamberger FDP-Abgeordnete Thomas Dehler, nach dem das Haus der vormals Bonner und jetzt Berliner FDP-Zentrale benannt ist, erhielt. Darin wurde er nach einem Beschluss seines bayerischen Landesverbandes aufgefordert, für Frankfurt zu stimmen – aus einem simplen Grund: Bayern liegt näher an Frankfurt als an Bonn.

Der NWDR-Korrespondent Schumacher-Hellmold erhielt Kenntnis vom Inhalt des Telegramms. Eine Beschäftigte der Telegrafie im Hause verriet ihm den Text. Der Pressemann eilte zu dem ihm aus zahlreichen Gesprächen bekannten Präsidenten des Parlamentarischen Rates, dem späteren ersten Kanzler der Bundesrepublik Deutschland, Konrad Adenauer (CDU), der Bonn als provisorische Hauptstadt favorisierte; nicht zuletzt, weil er im nahe gelegenen Rhöndorf, am Hang des Siebengebirges mit einem wunderschönen Blick auf den Rhein, ein Haus besaß. Adenauer beauftragte den herbeigeeilten Journalisten daraufhin, Thomas Dehler »umzudrehen«. Schumacher-Hellmold wusste aus früheren Begegnungen, dass Dehler bis zum

Erhalt des Telegramms Bonn als neue Hauptstadt bevorzugte. Nun, in Dehlers Büro, wollte er es genau wissen. »Folgen Sie dieser telegrafischen Anweisung? Sie sind als Abgeordneter nur sich selbst und Ihrem Gewissen verantwortlich.« Nachdem Dehler zunächst völlig baff war, dass der Journalist über Existenz und Inhalt des Telegramms Bescheid wusste, erwiderte er nach längerem Schweigen: »Nein, dieses Telegramm beeinflusst meine Entscheidung nicht. Diese liegt fest, so wie Sie sie kennen.« Hocherfreut meldete Schumacher-Hellmold das Gesprächsergebnis Konrad Adenauer.

Aber noch war die Schlacht um Bonn nicht gewonnen. Da war noch der bereits erwähnte Kollege Franz Hange vom Deutschen Pressedienst (dpd), dem Vorläufer der späteren Deutschen Presse-Agentur (dpa), der im Grabenkampf um die Hauptstadtentscheidung auf seine Weise kämpfte. Wenige Stunden vor der Abstimmung tippte er auf seinem Fernschreiber eine Meldung: Der damalige SPD-Vorsitzende Kurt Schumacher habe auf einer vorangegangenen Sitzung des Parteivorstandes verkündet, fiele die Wahl auf Frankfurt, würde das einen Sieg für die Sozialdemokraten ganz Deutschlands bedeuten. Hange, strammer CDU-Anhänger, wegen seiner ebenfalls engen Kontakte zu Adenauer auch »Hangenauer« genannt, schrieb seine Meldung aber nur auf »Warteklinke«. Das heißt, ähnlich wie bei einer Schreibmaschine, erschien bei dieser Technik das Geschriebene zunächst nur zur eigenen Kontrolle auf dem Papier, das über eine Walze läuft. Erst mit zusätzlichem Tastendruck hätte der Text wie bei einem Fernschreiber an andere Telex-Empfänger abgeschickt werden können. Den aber unterließ Hange in diesem Fall. Auch seine Freundin und spätere Ehefrau, Elfriede Moritz, die bei einer anderen Agentur, der Deutschen Nachrichtenagentur (DENA), beschäftigt war, tippte besagte Nachricht auf »Warteklinke«. Wie sich hinterher herausstellte, hatte Schumacher zur Hauptstadtfrage auf besagter Vorstandssitzung gar nicht gesprochen. Nichtsdestotrotz erreichte die nicht gesendete Meldung wenige Stunden vor der entscheidenden Abstimmung im Parlamentarischen Rat wie zufällig die in Sitzung befindliche CDU/CSU-Fraktion. Angeblich habe sie Adenauer persönlich mitgebracht, was dieser später bestritt.

Unbestritten ist dagegen die – wahrscheinlich beabsichtigte – Wirkung der bewussten Meldung. Unionsabgeordnete aus Bayern und Hessen, die bereit gewesen waren, für Frankfurt zu stimmen, fühlten sich nun provoziert und stimmten kurz darauf für Bonn, um den »Sozis« eins auszuwischen. Das endgültige Ergebnis der dramatischen Abstimmung: 33 Abgeordnete votierten für Bonn, 29 für Frankfurt, einer enthielt sich seiner Stimme, die Vertreter der Kommunistischen Partei blieben der Abstimmung fern.

Am 3. November 1949 bestätigte der inzwischen gewählte erste Deutsche Bundestag mit 200 Ja-Stimmen gegen 176 Nein-Stimmen, bei drei Enthaltungen und elf ungültigen Stimmen, die Vorentscheidung des Parlamentarischen Rates vom Mai. Bonn war endgültig zur provisorischen Hauptstadt der neuen Bundesrepublik Deutschland avanciert. Zu einem Provisorium von Dauer?

»Ich fürchte, wir werden uns hier auf einige Jährchen einrichten müssen«, reißt mich Wechmar aus meinen Gedanken. Dann weiht er mich in die Arbeit eines Korrespondenten ein. »Du musst Mitglied der Bundespressekonferenz werden, damit du Zugang zu den dreimal wöchentlich abgehaltenen Pressekonferenzen mit den Regierungssprechern bekommst. Tritt auch in den Presseclub ein. Aber vor allem bau dir möglichst schnell ein Netz von Informanten auf.«

»Und wie mache ich das?«

»Halte dich während der Sitzungswochen möglichst oft in der Lobby des Parlaments auf. So lernst du Abgeordnete kennen. An wichtigen Debattentagen sogar Minister, und wenn du Schwein hast, begegnest du auch dem Alten.« Ich weiß, damit ist Konrad Adenauer gemeint. Aber sicherlich würde er über eine Begegnung mit mir, der ich ihn aus seinem Feriendomizil vertrieben hatte, nicht sonderlich erbaut sein.

»Ach, weißt du«, sagt Wechmar, als hätte er meine Gedanken erraten, »hier ist sich niemand auf ewig gram.« Nach einer Pause fügt er verschmitzt hinzu: »Ausnahmen bestätigen die Regel.« Er winkt den Ober herbei.

»Herr Baron wünschen?« Wechmar zahlt unseren Kaffee. »Das nächste Mal bist du dran.«

Beim Hinausgehen erlaubte ich mir die Bemerkung: »Die Bedienung redete dich mit ›Herr Baron‹ an. Hier herrschen ja noch Umgangsformen wie in der k.u.k.-Monarchie.«

Er lacht. »Kann in unserem Job manchmal ganz hilfreich sein.«

Wie hilfreich, sollte ich zwei Jahre später erfahren, als der Bundesinnenminister, er heißt Gerhard Schröder und gehört der CDU an, aufgrund eines von mir verfassten »Spiegel«-Artikels den Generalbundesanwalt zu einem Ermittlungsverfahren wegen Landesverrats gegen mich anstiftet. Als er hierfür weitere Befürworter unter seinen Ministerkollegen sucht, bekommt er von dem aus Bayern stammenden Finanzminister Fritz Schäffer, 1945 Mitbegründer der CSU, eine Abfuhr: »Ein Graf begeht keinen Landesverrat.«

Wechmar und ich verlassen also das Bundeshaus, durchqueren vorher die Wandelhalle des Parlaments und treten auf die Straße. Mit einer Mischung aus Bewunderung und Neid registriere ich, dass mein Freund laufend gegrüßt wird. »Wer war denn das?«, frage ich, als wieder einer rief: »Grüß Gott, Herr von Wechmar!«

»Keine Ahnung.«

»Und warum grüßt er dich?«

»Weil er weiß, dass ich für eine große Nachrichtenagentur arbeite, und mich darum automatisch für wichtig hält.«

Wir grinsen uns an. Die Sonne wärmt auf angenehme Weise, wiewohl es erst der 7. Mai ist – zufällig der Geburtstag meines Vaters. »Hier ist es wärmer als in Berlin«, stelle ich fest.

»Das ist der Vorteil von Bonn. Vierzehn Tage eher Frühling, vierzehn Tage länger Sommer.«

Während wir über die Straße zu den gegenüberliegenden Baracken, in denen die Presse untergebracht ist, schlendern, kreuzt weiter unten in Richtung Kanzleramt ein Schäfer mit seiner Herde die Straße. Wechmar merkt mein Erstaunen. »Jetzt siehst du, warum Bonn das Bundesdorf heißt.«

Wir haben unsere Büros in derselben Baracke, Pressehaus VI. »United Press« in den Zimmern 27 bis 29, der »Spiegel« im Raum 35. »Übrigens«, sagt er, bevor wir uns trennen und auf knarrenden Dielen unseren Arbeitsplätzen zustreben: »Wenn dir mal partout kein Thema einfällt, dann leg dein Ohr an die Wand zum Nachbarbüro. Da kriegst du jedes Telefonat der Konkurrenz mit. Auf einen guten Start, alter Junge!«

Was ich nicht im Geringsten ahne: Ein »Spiegel«-Korrespondent bekommt oft Informationen gesteckt. So werde ich wegen eines Artikels bundesweit bekannt, habe aber auch ein Verfahren wegen Landesverrats am Hals.

Ich werde zum »Landesverräter«

Es beginnt, wie so oft im Leben, mit einer relativ harmlosen Geschichte, einem von mir verfassten »Spiegel«-Artikel, dessen Tragweite ich nicht im Geringsten erahne. Ich beschreibe eine Adventsfeier, die Angehörige des Kölner Bundesamtes für Verfassungsschutz inszenierten. Als zu vorgerückter Stunde die Fröhlichkeit zu erlahmen droht, verfallen einige nimmersatte Schwelger auf die Idee, der Festfreude neuen Auftrieb zu geben und den amtsinternen Adventsabend in einem Vergnügungsetablissement des Kölner Gastwirts und Stiefvaters der Schauspielerin Romy Schneider, Hans Herbert Blatzheim, fortzusetzen – in dem nicht ganz feinen Nachtlokal »Hamburg ahoi«, Slogan: »Jede Nacht Karneval mit Marsmenschen bei starkem Seegang und höllischem Sturm.«

Zu den vergnügungssüchtigen Verfassungsschützern gehören der für die Beschaffung kommunistischen Informationsmaterials verantwortliche Gruppenleiter sowie ein Referent namens Scoula nebst dessen Braut, einer Frau Leupold, die in der Dienststelle als V-Mann-Führerin tätig ist. Zum bevorzugten Gesprächsthema der »Hamburg ahoi«-Runde werden sehr bald Betriebsinterna. Ein personeller Umbau hatte unter anderem einen Regierungsdirektor, Dr. Nollau, auf den Stuhl des Leiters der »Abteilung Beschaffung und Auswertung« befördert und zum unmittelbaren Vorgesetzten der zur nächtlichen Stunde Versammelten gemacht. Nollaus Führungsmethoden sind umstritten und oft Anlass zu heftigem Streit in den Reihen seiner Untergebenen. So auch in dieser Nacht im »Hamburg ahoi«. Mit einer bei Nachrichtendienstlern nicht gerade üblichen Unbekümmertheit streitet die fröhliche Runde lauthals über Recht und Zweckmäßigkeit der Nollau'schen Dienstmethoden. Lässt schon das lärmende Verhalten der Verfassungsschützer die übrigen Gäste und auch das Barpersonal aufhorchen, so erst recht der Geheimdienstler-Jargon, dessen sich der Kreis ungeniert bedient. Von »Tippern«, »Türdrückern« und «Beschaffern« sowie ungünstig angelegten »Beschatter-Heimen« ist die Rede. Selbst unbefangenen Zuhörern wird schnell klar, dass hier der Alkohol einer Korona von Leuten die Zunge gelöst hat, die sich sonst nur unter dem Siegel der Verschwiegenheit und mit Decknamen versehen in der Öffentlichkeit bewegen.

Ist es nun das Thema an sich oder das Lärmen der Zecher? Der Geschäftsführer des Etablissements sieht sich wiederholt genötigt, die Gesellschaft zur Ruhe zu ermahnen. Aber alle Beschwichtigungsversuche fruchten nichts. Im Gegenteil, die Repräsentanten der Verfassungsordnung demonstrieren, dass sie über mannigfache Möglichkeiten verfügen, Amtszwistigkeiten auszutragen. Einer von ihnen springt plötzlich auf und verabreicht dem Referenten Scoula eine schallende Ohrfeige. Der wiederum schlägt seinem Vorgesetzten, dem Leiter der Gruppe Beschaffung, kräftig aufs Haupt, mit dem Erfolg, dass sich dieser auf den Angreifer stürzt. Der allgemeine Aufruhr wird durch das schrille Heulen der Scoula-Braut und V-Frau Leupold komplettiert. Die Leupold ist es auch, die in die Nachtclubgarderobe ans Telefon eilt und keinen Geringeren als den Präsidenten des Bundesamtes für Verfassungsschutz, Hubert Schrübbers, sowie den Abteilungsleiter Dr. Nollau aus dem Schlaf klingelt, um die alarmierende Nachricht vom dem grimmigen Schlagwechsel im »Hamburg ahoi« zu vermelden. Schrübbers und Nollau geben Befehl, die »Adventsfeier« unverzüglich abzubrechen und die Beteiligten nach Hause zu schicken. Anderntags solle man sich zum Rapport melden. Sicherheitshalber schicken die Verfassungsschutzoberen drei Mann zum Nachtlokal, um die Ruhestörer abzufangen und sicherzustellen, dass auf der Straße nicht neue Raufereien ausbrechen.

Am Tag darauf liest der Verfassungsschutzpräsident Schrübbers den Beteiligten persönlich die Leviten. Er kreidet ihnen vor allem an, dass sie eine Faustregel des Altvaters der deutschen Geheimdienstler, des ehemaligen Abwehrchefs unter Hitler, Admiral Wilhelm Canaris, gröblich verletzt hätten. Der habe es sich zum Prinzip gemacht, interne Gelage Punkt zehn Uhr abends mit dem Hinweis abzubrechen: »Nach zehn Uhr wird nur noch dummes Zeug geredet.« Der Dienstälteste unter den Raufbolden wird daraufhin zur Außenstelle des Verfassungsschutzes nach Kassel strafversetzt. Außerdem erlässt Schrübbers eine mündliche Dienstanweisung, die in der Tradition deutschen Beamtentums ohne Beispiel ist. Er verfügt, dass erstens die Angehörigen des Verfassungsschutzes nicht mehr gruppenweise Wirtshäuser, Trinkstuben und Gaststätten aufsuchen sollen, dass sich zweitens die Bediensteten des Amtes grundsätzlich nicht öffentlich betrinken dürfen und dass drittens im Falle der Zuwiderhandlung der jeweils Dienstälteste unter den Anwesenden die Verantwortung für alle Konsequenzen trage.

Der Fall war mir »gesteckt« worden, und ich hatte ihn im »Spiegel« mit allen Einzelheiten genüsslich beschrieben – eine amüsante Geschichte, wie ich dachte. Aber der damalige Innenminister Gerhard Schröder (CDU) findet das Ganze gar nicht lustig und ist – typisch für die Reaktion der Bonner Behörden in solchen Fällen – in erster Linie darauf erpicht, meine Informationsquelle zu erfahren. Zu diesem Zweck holt er den ganz dicken Knüppel aus dem Sack und drängt den Generalbundesanwalt, gegen mich ein Ermittlungsverfahren wegen Landesverrats einzuleiten. Der vorgeschobene Vorwurf: Ich hätte die Namen der Beteiligten nicht veröffentlichen dürfen. Das Ermittlungsverfahren kommt tatsächlich in Gang. Aber der Schuss wird für den Innenminister zum »Rohrkrepierer«. Was mir nie wieder in den nächsten über fünfzig Jahren journalistischer Tätigkeit vergönnt ist, tritt in diesem Fall ein: Die gesamte deutsche Presse stellt sich auf meine Seite. »Neuer Anschlag auf die Pressefreiheit?«, überschreibt die »Stuttgarter Zeitung« ihren Zweispalter. Überschrift der »Westdeutschen Allgemeinen«: »Wegen Genauigkeit des Verrats verdächtigt«. In der »Süddeutschen Zeitung«: »Verfassungsschützer betrunken – Journalist angezeigt«. Die »Morgenpost«: »Man wundert sich in Bonn darüber, dass nächtliche Ohrfeigengefechte der Kölner Geheimnisträger sozusagen mit dem roten Stempel ›Geheime Bundessache‹ versehen werden sollen.« Die Bundespressekonferenz, die sich sofort des Falles annimmt, wird zum Komödientheater. Der erste Frager will von den Vertretern der Regierung wissen: »Ist die Einleitung des Landesverratsverfahrens gegen den ›Spiegel‹-Redakteur Graf Nayhauß auf Veranlassung eines Bundesministeriums erfolgt, und wenn ja, von welchem?«

Der Sprecher des Justizministeriums, Oberregierungsrat Hans Thier: »Ich bedaure, darauf keine Antwort geben zu können.«

»Gibt es irgendeine Vertraulichkeit, wenn ein Bundesministerium ein Strafverfahren einleitet?«

Thier: »Nein.«

»Warum sind Sie dann nicht in der Lage mitzuteilen, ob ein Bundesministerium ein Strafverfahren einleitet?«

»Das hat doch kein Bundesministerium eingeleitet, sondern ein derartiges Strafverfahren ist eine Angelegenheit des Legalitätsprinzips. Wenn der Oberbundesanwalt festzustellen glaubt, dass es sich um den Tatbestand eines Landesverrats handelt, so hat er die Pflicht, von sich aus ein Verfahren einzuleiten. Das ist das Legalitätsprinzip der Staatsanwaltschaft.«

Der nächste Journalist fragt: »Es wäre vielleicht gerade vor diesem Kreis gut, wenn Sie wenigstens sagen können, welche Äußerungen einer mehr oder weniger trunkenen Kneipen-Gesellschaft als Landesverrat gelten könnten?«

Der Sprecher des Justizministeriums: »Ich glaube nicht, dass Äußerungen betrunkener Leute zu dem Verfahren wegen Landesverrat geführt haben.«

»Sondern?«

»Es tut mir leid, ich kann dazu nicht mehr sagen.«

Unruhe kommt im Saal der Pressekonferenz auf. Der nächste Fragesteller: »Ich bin der Meinung, wenn ein Kollege aus diesem Kreis mit derart schwerwiegenden Anschuldigungen zu einer mehrstündigen Vernehmung geholt wird, wenn vor allem die Frage gestellt wird: ›Wer ist Ihre Quelle?‹ – das ist schon sonderbar –, dann hätten wir in diesem Kreis allen Grund, etwas darüber zu erfahren. Denn das kann ja morgen jedem anderen passieren, wenn er in der Kneipe sitzt.« Lautes Gelächter.

Jetzt schaltet sich Adenauers Regierungssprecher Felix von Eckardt ein: »Ich weiß nicht, was alles möglich ist, was einem in der Kneipe passieren kann. Aber ich möchte Ihnen dazu sagen, dass ich über den Vorgang nicht informiert bin, außer dass ich in der Zeitung darüber gelesen habe. Der Generalbundesanwalt unterhält ja eine eigene Pressestelle, soweit mir bekannt ist, und von dieser Stelle aus müsste man sich äußern.«

Mit dieser Auskunft wollen sich die Journalisten verständlicherweise nicht zufriedengeben. Einer hakt nach: »Wenn die Veröffentlichung im ›Spiegel‹ auf Material beruht, das in einer Kneipe von Angehörigen des Verfassungsschutzamtes ausgeplaudert worden ist, dann müsste sich doch das Landesverratsverfahren vor allem auf die Angehörigen des Verfassungsschutzes erstrecken. Wie kommt es, dass man davon nichts hört?«

Nun ist wieder der Justizsprecher, Hans Thier, an der Reihe: »Ich würde das Innenministerium fragen, was es beabsichtigt, gegen seine eigenen Leute zu unternehmen.«

Der Korrespondent einer großen Tageszeitung: »Ist es nicht so, dass der Vorwurf, der gegen den Redakteur des ›Spiegel‹ erhoben wird, sich darauf gründet, dass er eine bestimmte Amtstätigkeit bestimmter Personen öffentlich bekannt gemacht hat? Ist es aber nicht auch so, dass die betreffenden Personen selbst durch ihre sehr laut geführte Unterhaltung in dem Lokal zu erkennen gaben, was für eine Amtstätigkeit sie innehaben, so dass das eigentlich rechtlich gesehen der gleiche Fall ist, nur dass die einen das vor der Öffentlichkeit im Lokal sagten, der andere aber im ›Spiegel‹ geschrieben hat?«

Regierungssprecher: »Aber bedenken Sie die Höhe der Auflage.«

Frage: »Wäre es nicht möglich, dass von der Bundesregierung eine amtliche Erklärung zu dem Fall abgegeben werden könnte? Es ist etwas mühsam, wenn wir durch hochnotpeinliche Fragen herauswürgen müssen und herauszubringen suchen, was mit unserem Kollegen vor und hinter den Kulissen eigentlich gespielt wird. Wäre das nicht ein faires Verfahren?«

Der Regierungssprecher nach einem Stoßseufzer: »Ich werde mich sofort darum bemühen.«

Nach nur zwei Jahren Bonner Tätigkeit bin ich plötzlich bundesweit bekannt, ja fast »berühmt«. »Spiegel«-Herausgeber Rudolf Augstein schreibt einen Kommentar in seinem Blatt: »Dass von den in der Bundesrepublik tätigen Journalisten ein Angehöriger des ›Spiegels‹ das erste Ermittlungsverfahren wegen Landesverrats auf sich ziehen würde, hatten wir wohl immer vermutet. Auf die Idee, dass eine Prügelei unter Verfassungsschützern Gegenstand eines gegen uns gerichteten Verfahrens sein würde, konnten selbst die einfallsreichsten Propheten nicht verfallen. Mainhardt Graf von Nayhauß-Cormons, in Bonn für den ›Spiegel‹ beschäftigt und, wie man sieht, tätig, heißt der Glückliche, der sich so ungewohnter Aufmerksamkeit seitens des für Bonn zuständigen Ermittlungsrichters beim Bundesgerichtshof erfreut – und das, obwohl der Bundesjustizminister Schäffer dem Vorgesetzten des Verfassungsschutzes, seinem Kabinettskollegen Schröder, geraten hat, keine Anzeige in Karlsruhe zu erstatten.

Nayhauß, 32 Jahre jung, ist Spross einer alten schlesischen Adelsfamilie. Sein direkter Namensvorfahr war nach der Verteidigung von Wien 1698 in den Reichsgrafenstand erhoben worden. Der Preuße Friedrich erwarb nebst Schlesien auch die Treue derer von Nayhauß, die ihren katholischen Glauben freilich immer hochhielten. Der Großvater des Bonner Landesverräters war Mitbegründer der Zentrum Partei und von 1874 bis 1884 Mitglied des deutschen Reichstages, Kaiser Wilhelm I. übernahm die Patenschaft für den ältesten Sohn.

Obwohl der Zusammenhalt unter uns Journalisten in der Bundesrepublik beklagenswert ist, hat sich diesmal die gesamte deutsche Presse vor ihren Kollegen gestellt. Wo immer in Bonn ein schreiender Missstand an die Öffentlichkeit kommt, sucht man nicht den Missstand zu beseitigen, sondern den Informanten. Leider, ich muss betonen leider, scheint sich die oberste Strafverfolgungsbehörde der Bundesrepublik von diesem Spiel nicht frei zu halten. Graf Nayhauß hat mir ehrenwörtlich versichert, und wir drucken es ohne Rücksicht auf die Folgen, der Ermittlungsrichter habe ihm für den Fall Straffreiheit in Aussicht gestellt, dass er den Namen des Verfassungsschutzbeamten, von dem er die Information habe, preisgebe.

Der Generalbundesanwalt hat es bislang verstanden, das Ansehen seiner Behörde von dem Sbirren (Polizeidiener, Scherge, Geheimagent) der Bonner Ämter freizuhalten. Will er mit diesem Ruf brechen? Wenn der oberste Chef der Anklage erst der verlängerte Arm eines ambitionösen Innenministers wird, ist der Grundpfeiler, auf dem die Rechtsstaatlichkeit in der

Bundesrepublik beruht, zerborsten. Man erfährt weiter, dass die Bundesanwaltschaft gegen Nayhauß außerdem wegen des Verdachts ›aktiver Bestechung‹ ermittelt. Er soll dem Informanten 150 Mark gegeben haben. Nun, es hat niemand etwas bekommen, weder vom Grafen noch von uns – im Gegensatz zu einem bekannten Bundesminister, der jahrelang monatlich Beträge von 200 Mark, auch nicht von uns, kassiert hat. Naiverweise hat der Ermittlungsrichter den Grafen Nayhauß während der dreistündigen Vernehmung sogar gebeten, er möge sich freiwillig mit einer Hausdurchsuchung einverstanden erklären, damit man eventuelle Informanten- und Honorarlisten ausfindig machen könne.

Wir wollen festhalten: Ohne den ›Spiegel‹-Artikel wüsste Minister Schröder bis heute nichts von den Zuständen in seinem Verfassungsschutz. Der Amtschef Schrübbers hat es nicht für nötig gehalten, dem Minister die Prügelei zu melden. Erst nach dem ›Spiegel‹-Artikel ist ein Disziplinarverfahren gegen einen einzigen Teilnehmer der Prügelrunde eingeleitet worden.«

Weil Rudolf Augstein nicht nur ein guter, sondern auch ein mutiger Journalist ist, veröffentlicht er den Artikel in der gleichen Ausgabe ein weiteres Mal mit der Begründung: »Da dieser inkriminierte Artikel in liebenswürdiger Form die nackte Wahrheit ist und niemandes Ehre angreift (und da er überaus lustig zu lesen ist).«

Das erste Mal begegne ich Rudolf Augstein auf dem Bonner Presseball. Er und »Spiegel«-Chefredakteur Hans Detlev Becker tragen Frack mit gestärkter Hemdbrust und erwarten das auch von ihren neuen Bonner Korrespondenten.

Als das nächste Verfahren wegen angeblichen Landesverrats gegen »Spiegel«-Redakteure angezettelt wird und 1962 als »Spiegel-Affäre« in die Geschichte eingeht, kommt Augstein in Untersuchungshaft. Wieder frei – inzwischen sind wir per du –, sagt er: »Deinetwegen haben sie mich länger behalten. Sie glaubten, ich wüsste die echten Namen deiner Informanten, die du auf deinen Bewirtungsabrechnungen mit Decknamen angabst.« Er lacht, statt mir gram zu sein.

Wie war Augstein als Mensch?

Als junger Mann versuchte er, mir die Freundin auszuspannen. Es waren weniger Christas feurige Augen als ihre ansteckende Fröhlichkeit. Sie fuhr mit ihm, dem Millionär, auf dem Busoberdeck, erste Reihe, durch Berlin. Augstein war im Grunde einsam. Und genügsam. Für sein nicht aufwändiges Haus am Meer bei St. Tropez reichte ihm ein gebrauchtes Zodiac-Schlauchboot, für 5000 Mark gekauft vom Kölner Friseur Heinz Merges. Mit dieser »Gummigurke« haben er und sein Freund Horst Ehmke später einen Scheich samt Geliebter vor dem Ertrinken gerettet.

Ex-Offiziere der Waffen-SS für die Bundeswehr

Mein Chef im Bonner »Spiegel«-Büro ist Claus Jacobi, ein Kollege mit umwerfendem Charme. Wo er auftaucht, verbreitet er gute Laune, Frauen drehen sich nach ihm um. Er trägt wie Trevor Howard alias Major Calleway im »Dritten Mann« einen hellbraunen Dufflecoat, an seiner Seite stets ein Golden Retriever. Wir sind sehr bald ein eingespieltes Team. Nichts kann uns stoppen, nicht einmal dicker Nebel auf der Köln-Bonner Autobahn unterwegs zu einer Einladung. »Jaco«, wie er im Freundeskreis genannt wird, fährt voran und spaltet mit rudernden Armbewegungen die Dunstwand vor uns, ich folge im Schritttempo mit meinem Ami-Schlitten.

Der schreibende Jaco ist von bewundernswerter Perfektion und Selbstsicherheit. An Redaktionsschluss-Abenden beantragt er Aufschub (»Ich muss für die Story noch einen wichtigen Informanten treffen«), geht in Wirklichkeit mit seiner Frau gut essen und ins Kino. Vorher, E-Mails gibt es noch nicht, bestellt er den Anruf des Stenographen aus der Hamburger Zentrale für sieben Uhr früh, um dann pünktlich zur vereinbarten Morgenstunde seine Geschichte druckreif zu diktieren – wie stets beneidenswert formuliert und voller Insides.

Dass wir so gut harmonieren, hängt auch damit zusammen, dass wir nahezu gleichaltrig sind. So kommt fast automatisch eines Tages zwischen uns das Thema zur Sprache, wie man das Kriegsende erlebt hat. Er berichtet: »Ich war Seekadett, kam in den letzten Kriegswochen zum Erdeinsatz bei der Verteidigung im Nordwesten Berlins.« Dann erwischte ihn die Kugel eines russischen Angreifers. Nach überwundenem Schreck raffte sich Jacobi auf, wankte zurück, dachte: Das war's, Krieg aus. Er irrte. Im Zurückgehen erwischte ihn eine weitere Kugel von hinten, Lungenschuss. Nun war er endgültig außer Gefecht.

Jacobi: »Und wo waren Sie eingesetzt?«

»Ich bin bei der Luftlandeoperation der Alliierten in Arnheim verwundet worden.« Schiebe zögernd nach: »Ich war bei der Waffen-SS.«

»Da sind Sie hier in guter Gesellschaft«, sagt Jaco amüsiert.

»Wie meinen Sie das?«, frage ich ungläubig.

»Haben Sie das nicht mitbekommen? Beim Aufbau der Bundeswehr im vergangenen Jahr wurden zirka 250 Offiziere der Waffen-SS übernommen. Lediglich zwei Bedingungen: Keiner durfte einen höheren Dienstgrad gehabt haben als SS-Hauptsturmführer (Hauptmann), und jeder musste sich zweitens einem Personalgutachterausschuss zur Befragung stellen. Der überprüfte, ob die Herren frei von nationalsozialistischer Gesinnung und überhaupt als Vorgesetzte geeignet waren.« Nachdem Jacobi sich an meinem Erstaunen ergötzt hat, fügt er hinzu: »Rufen Sie doch in der Personalabteilung im Verteidigungsministerium den Hauptmann Lothar Domröse an. Der verrät Ihnen vielleicht Genaueres.«

Domröse ist mir kein Unbekannter. Gleich nach meinem Start in Bonn suchte ich ihn auf, um mich im Namen meines Halbbruders Hubertus zu erkundigen, wie es mit dessen Antrag auf Übernahme in die Bundeswehr stünde. Er war bei Kriegsende aktiver Major in der Wehrmacht. Domröse eröffnete mir zu meinem Erstaunen: »Ihnen kann ich es ja sagen: Ihr Bruder hat keine Chance, übernommen zu werden, weil er von seiner Frau geschieden ist.«

Ach so, denke ich jetzt, Geschiedene werden nicht akzeptiert, aber ehemalige Offiziere der Waffen-SS schon.

Dass die Zugehörigkeit zur Waffen-SS inzwischen keinen Makel darstellt, ist mir bekannt. Bundeskanzler Konrad Adenauer erklärte vor einem CDU-Freundeskreis in Hannover am 3. August 1953: »Meine Damen und Herren, die Ehre des deutschen Soldaten ist lange wiederhergestellt, ich entschuldige damit in keiner Weise, im Gegenteil, die Gräuel, die die SS begangen hat. Sie sind ein Schandfleck gewesen für das deutsche Volk. Aber was die Waffen-SS angeht, so liegt der Fall völlig anders. Ich weiß das aus eigener Erfahrung, weil ein Sohn von mir nur durch Zufall dem Schicksal entgangen ist, zur Waffen-SS eingezogen zu werden, obgleich er die Nationalsozialistische Partei gehasst hat, wie nur einer hassen kann. Oft sind die Leute zur Waffen-SS eingezogen worden, ob sie wollten oder nicht. Sie wurden eingezogen, wie andere Soldaten auch eingezogen worden sind. Und wir müssen, und das muss auch das deutsche Volk und die deutsche öffentliche Meinung, unterscheiden zwischen der SS und der Waffen-SS. Die Waffen-SS hat nur den Namen gemeinsam mit der SS, aber im Übrigen waren es Soldaten wie andere Soldaten auch.«

So war die allgemein vorherrschende Meinung in den 1950er Jahren. Dennoch lässt mir die Sache mit den ehemaligen Offizieren der Waffen-SS, die für den Aufbau der Bundeswehr gebraucht wurden, keine Ruhe.

Ich recherchiere auf eigene Faust. Besagter Hauptmann Domröse aus der Personalabteilung, später im Generalsrang, bestätigt den Sachverhalt: »Stimmt, nur die genaue Zahl weiß ich nicht mehr.«

Wie gesagt, auch Claus Jacobi findet im Mai 1956 die ehemalige Zugehörigkeit zur Waffen-SS nicht außergewöhnlich: »Mehrere unserer Kollegen waren in der Waffen-SS. Der Büroleiter von Franz Josef Strauß zum Beispiel war Untersturmführer in der Waffen-SS.« Er nennt weitere Beispiele.

Besagter Personalgutachterausschuss, der die einstigen SS-Offiziere unter die Lupe nahm, war eigens durch ein Bundesgesetz vom 23. Juli 1955 eingesetzt worden. Er hatte 38 Mitglieder, die allesamt Vertrauenspersonen der einzelnen Bundestagsfraktionen waren und die der Bundespräsident auf Vorschlag der Bundesregierung benannte. Teils waren es ehemalige Wehrmachtsoffiziere, teils Vertreter aus Wissenschaft, Publizistik und Verwaltung, darunter auch einige der Widerständler vom 20. Juli 1944; dem Ausschuss gehörten jedoch keine Abgeordneten des Parlaments an. Geprüft werden sollte nicht nur die persönliche Eignung der Bewerber, sondern vor allem, dass sie nichts mehr mit dem Nationalsozialismus und den Idealen der Waffen-SS am Hut hätten. Dabei wusste der Gutachterausschuss zu unterscheiden zwischen der eigentlichen Waffen-SS und anderen SS-Organisationen wie den SS-Totenkopf-Verbänden, der SS-Verfügungstruppe und den SS-Polizeieinheiten. Solche Bewerber wurden grundsätzlich abgelehnt.

Als 1969 der kriegsversehrte, blinde CDU-Abgeordnete Hans Wissebach aus Hessen in den Bundestag einzieht und fast zwei Jahrzehnte dem Parlament angehört, gibt er im Öffentlichen Bundestagshandbuch an, dass er Unterscharfführer (Unteroffizier) der Waffen-SS war. Was er nicht erwähnte, aber auf Anfrage, ohne zu zögern, bestätigte: »Unterscharführer in der SS-Leibstandarte Adolf Hitler.« In der Öffentlichkeit gab es darüber keine Aufregung. Auch die Medien hielten es nicht für besonders erwähnenswert. Der Tatbestand wurde einfach zur Kenntnis genommen – anders als 2013, als bekannt wurde, dass der 2008 verstorbene Fernsehstar Horst Tappert einst Mitglied der Waffen-SS war.

Nächtliche Treffen mit meinem Informanten

Es ist Nacht. Ich taste mich vorsichtig durch den Garten eines unscheinbaren Wohnhauses. Geräuschlos öffnet sich eine Terrassentür. Im matten Licht eines bürgerlichen Wohnzimmers winkt mich jemand verschwörerisch herein. Keine nachgestellte James-Bond-Szene, nein, jahrelang der Kontakt zu meinem wichtigsten Informanten. Was er mir über Missetaten des Bundesverfassungsschutzes steckt – unter anderem geheime Abschiebung von Flüchtlingen zurück ins Herkunftsland, um für den Westen zu spionieren –, ist top secret.

Warum plaudert so ein Mann? Weil er nicht mit ansehen kann, wie solche hanebüchenen Rechtsübergriffe behördenintern geduldet werden, sich widersetzende Kollegen gar ihren Posten verlieren. Darum schlägt er Alarm über die Presse, genauer gesagt über mich. Fließt dabei Geld? Klares Nein! Einzige Bedingung seinerseits: absoluter Quellenschutz. Weil nicht einmal der Generalbundesanwalt den Namen von mir erfährt, bleibt besagter Mann bis zu seiner Pensionierung mein Top-Informant.

Wir müssen natürlich mit äußerster Vorsicht vorgehen, damit seine Identität gewahrt bleibt. Er ist ein kleiner, untersetzter Beamter mit freundlichen braunen Augen und einem steten Schmunzeln im Gesicht. Er sitzt nicht, wie der damalige Innenminister Schröder vermutete, im Kölner Bundesamt für Verfassungsschutz, sondern in Schröders Ministerium. Wir treffen uns unter konspirativen Bedingungen – meistens in der Dunkelheit, auf jeden Fall außerhalb des Ministeriums –, unterlassen jeden telefonischen Kontakt aus Sorge, abgehört und erwischt zu werden.

Was Jahre später in Washington im Zusammenhang mit der berühmten Watergate-Affäre für die Journalisten der »Washington Post« die geheime Quelle »deep throat« war, ist für mich besagter Tippgeber aus dem Innenministerium. Er bewohnt auf der rechten Rheinseite in einer Siedlung, die Anfang der fünfziger Jahre erbaut worden war, eine Vier-Zimmer-Wohnung in einem Mehrfamilienhaus. Sie liegt im Erdgeschoss. Wenn ich ihn sprechen muss, suche ich ihn ohne vorherige telefonische Anmeldung in seiner Wohnung auf. Ich tue dies mit größtmöglicher Vorsicht. Das heißt, ich komme immer nur nach Anbruch der Dunkelheit, stelle meinen Wagen mehrere Blocks vor seiner Straße ab, kontrolliere erst zu Fuß die Umgebung seines Hauses auf verdächtige Personen. Da seine Wohnung zudem Zugang durch einen Garten von einer zweiten Straße her hat, sind die Bedingungen für Geheimtreffen ideal. Ist die Luft rein, schleiche ich durch den Garten, steige auf die Terrasse, klopfe an die Balkontür und werde sofort eingelassen.

Bemerkenswerterweise haben an diesem »Räuber und Gendarm«-Spiel nicht nur mein Informant und ich Spaß, sondern auch seine Frau und die beiden halbwüchsigen Söhne, die in der Regel bei meinem Auftauchen längst in ihren doppelstöckigen Betten liegen. Sie wollen aber auf jeden Fall den geheimnisvollen »Spiegel«-Reporter erleben und kommen voller Neugier immer für einige Minuten aus der Falle.

Mit Hilfe ihres Vaters bin ich über jeden neuen, gegen mich gerichteten Schritt des Innenministers unterrichtet. Sogar, dass Gerhard Schröder die Rechtmäßigkeit meines Grafentitels bezweifelt und eine Untersuchung durch seine Beamten einleiten lässt, erfahre ich über meinen Informanten. Knapp vier Wochen nach Erscheinen des ersten Artikels über das Trinkgelage der Verfassungsschützer wird im »Spiegel« ein zweiter Beitrag von mir veröffentlicht. Seine Wirkung ist für den Minister und seine Verfassungsschützer noch verheerender, weil es sich in diesem Fall um die Aufdeckung sehr ernstzunehmender politischer Vergehen handelt. Der Artikel erscheint unter der Rubrik »Geheimdienste« und trägt die Überschrift »Eine Frau schrie«.

Es begann damit, dass sich der damals vierzigjährige Doktor der Philosophie, Boris Cebotarev, gemeinsam mit seiner zwei Jahre älteren Frau Irene, einer promovierten Medizinerin, im Flüchtlingsaufnahmelager Berlin-Marienfelde meldeten.

Das Ehepaar lebte bis dahin in der ehemaligen Tschechoslowakei – sie als praktizierende Ärztin, er als Journalist. Beide waren russischer Abstammung, jedoch während der zwanziger Jahre mit ihren Familien aus der Sowjetunion emigriert.

Als die Kommunisten nach dem Zweiten Weltkrieg in der CSSR die Macht an sich rissen, dauerte es nicht lange, bis die Cebotarevs, die ihre demokratische Gesinnung nur schlecht verbergen konnten, in Scherereien mit der Partei und den Sicherheitsbehörden gerieten. Eines Tages wurden sie eingesperrt und erst wieder mit der Verpflichtung freigelassen, nach Westdeutschland zu gehen, um dort Spitzeldienste zu leisten. In West-Berlin, wohin sie von den tschechischen Behörden durch die Sowjetzone geschleust worden waren, baten sie im Notaufnahmelager Marienfelde unter Hinweis auf ihre Spitzelverpflichtung, die sie nicht auszuführen gedachten, um politisches Asyl. Bereits nach drei Tagen wurden sie als »Herr und Frau Adler« (für den Fall, dass das Flugzeug, welches sie nach Westdeutschland bringen sollte, in der Zone notlanden müsste) nach Frankfurt geflogen und dort einer Spionageeinheit der amerikanischen Armee übergeben.

Boris und Irene Cebotarev wurden nachrichtendienstlich verhört, und als keine weiteren Auskünfte aus ihnen herauszuholen waren, rückten die Amerikaner mit einem Anliegen heraus: Die beiden sollten in die Tschechoslowakei zurückkehren und fortan für den amerikanischen Geheimdienst spionieren. Weil die Cebotarevs dieses Ansinnen zurückwiesen, wurden sie von den Amerikanern kurzerhand für Wochen in Oberursel in Einzelhaft gesteckt. Man wusste es zu arrangieren, dass Boris Cebotarev bisweilen die gellenden Schreie einer Frau zu hören bekam, mit dem Hinweis, dass diese schrecklichen Laute die seiner eigenen Frau seien. Ob es nicht doch besser sei zu kollaborieren?

Weil auch derartige Druckmittel nicht wirkten, dachte sich die Gewahrsamsmacht eine neue Methode aus, um die Eheleute doch noch für Spionagezwecke zu benutzen. Es sei am besten, die beiden einfach in Richtung Tschechoslowakei in Marsch zu setzen, und zwar auf dem gleichen Weg, auf dem sie in den Westen gekommen waren: über die sowjetische Besatzungszone Deutschlands. Diese Aufgabe, die Cebotarevs über die Grenze zu bugsieren, wollte man jedoch besser deutschen Helfern überlassen.

Die Amerikaner wandten sich daraufhin an das Bundesamt für Verfassungsschutz in Köln. Ihr Ersuchen landete bei einem Regierungsdirektor Richard Gercken, im Amt kurz »Onkel Richard« genannt. Der wandte sich an den Leiter einer sogenannten Bundesnachrichtenstelle in Hannover, an einen Herrn Odewald. Man kannte sich aus gemeinsamen Erlebnissen während der NS-Zeit. Gercken arbeitete damals für die Spionageabwehr in Holland, Odewald für dieselbe Organisation in der Tschechoslowakei. Nun, in der neuen deutschen Demokratie, stand dieser Odewald nicht nur besagter Bundesnachrichtenstelle vor, wohlgemerkt einem Ableger des Bundesamtes für Verfassungsschutz, sondern war zugleich Chef des Referates IV G (Gegenspionage) im niedersächsischen Landesamt für Verfassungsschutz. Diese zweite Funktion räumte ihm ein gewisses Weisungsrecht gegenüber den örtlichen Polizeibehörden ein, was für das Vorhaben eine wichtige Voraussetzung war.

Zwar bestimmt das Bundesverfassungsschutzgesetz ausdrücklich auch heute noch, dass dem Verfassungsschutz »polizeiliche Befugnisse« nicht zustehen und dass der Verfassungsschutz einer polizeilichen Dienststelle nicht angegliedert werden darf. Die Verfassungsschützer in Köln und Hannover wissen jedoch diesen Sperrriegel, der einen Geheimdienst mit eigener Exekutive à la Gestapo verhindern soll, zu knacken. Längst sind seinerzeit in den meisten Bundesländern den örtlichen Verfassungsschutzbehörden Kriminalbeamte zum ständigen Einsatz überstellt, so dass die Verfassungsschützer im Stillen polizeiliche Befugnisse ausüben können. Also gibt der Verfassungsschützer Odewald auf eigene Faust und ohne Kenntnis des niedersächsischen Landesamtes für Verfassungsschutz einem bei der politischen Polizei in Hannover beschäftigten Kriminalkommissar Schaffelder telefonische Order, sich mit einem Dienstwagen des niedersächsischen Innenministeriums unverzüglich nach Kelkheim bei Frankfurt zu begeben, wo er sich bei einem Amerikaner namens David Perkins melden solle. Dort seien zwei tschechoslowakische Staatsangehörige in Empfang zu nehmen, welche die Absicht hätten, in die ostdeutsche Sowjetzone überzusiedeln, und zwar auf dem Weg über Helmstedt. Unbequemen Fragen des Kriminalkommissars nach näheren Einzelheiten weiß Odewald aus dem Weg zu gehen. Es sei alles in Ordnung, bedeutet er, zudem würden die Amerikaner für alle Kosten aufkommen.

Schaffelder macht sich auf den Weg. Bei Mr. Perkins trifft er auf Boris und Irene Cebotarev, mit denen sich der Amerikaner auf Tschechisch unterhält. Der Zufall will, dass auch Kommissar Schaffelder, der früher einige Zeit in Königsgrätz verbrachte, dieser Sprache mächtig ist. So versteht er auch die Bedeutung jener Worte, mit denen David Perkins ihn den Cebotarevs vorstellt: »Das ist der Herr von den deutschen Behörden, der Ihre Einbürgerung besorgen wird.«

Dem Kripobeamten kommen erste Zweifel, ob die Cebotarevs wirklich nach Ostdeutschland wollen. Er lädt die Eheleute erst einmal in seinen Dienstwagen und fährt los. Als man sich nach langer nächtlicher Autofahrt dem Grenzübergang Helmstedt nähert, wird Frau Dr. Cebotarev von innerer Unruhe gepackt. »Wo fahren wir denn bloß hin?«

Bis dahin hatte der Kriminalbeamte mit den beiden kein einziges Wort gewechselt. Nun hält er es für angebracht, Fragen zu stellen. Die Geschichte seiner Mitfahrer ist schnell erzählt, und als der Kommissar fragt, warum die beiden nach all dem Leid in die Sowjetzone zurückwollen, entgegnet Irene Cebotarev irritiert: »Wieso Ostzone? Da wollen wir doch um Gottes willen nicht hin.«

Schaffelder ruft vom Grenzübergangspunkt Helmstedt aus den Verfassungsschützer Odewald an, der sich in einem Helmstedter Hotel einquartiert hat, um die illegale Operation aus der Nähe zu verfolgen. Der Kommissar teilt mit, das Ehepaar Cebotarev weigere sich strikt, auch nur das Auto zu verlassen, geschweige denn nach Ostdeutschland zu wechseln. Was nun geschehen solle?

Odewald: »Stellen Sie sich nicht so an! Fahren Sie doch einfach mit dem hinteren Teil des Wagens über die Grenzlinie auf der Brücke. Die ostdeutschen Volkspolizisten werden die dann schon rauszerren. Oder alternativ: Schmeißen Sie doch einfach die Koffer über die Grenze, dann laufen die Cebotarevs hinterher.«

Schaffelder ist für solche Methoden nicht zu gewinnen. Ein mutiger Beamter beweist Charakterstärke. Als er, wie vereinbart, ein zweites Mal Odewald anruft, bekommt er zu hören: »Fahren Sie mit dem Ehepaar zum Helmstedter Bahnhof, und zwar unter dem Vorwand, die Deportation sei abgeblasen, und sie würden per Bahn in ein westliches Quartier gebracht.« Tatsächlich aber soll Schaffelder mit dem Ehepaar den Interzonenzug in Richtung Osten besteigen, beim Anfahren im letzten Moment abspringen und die Cebotarevs ihrem Schicksal überlassen.

Schaffelder weigert sich erneut, solche kriminellen Handlangerdienste zu leisten. Stattdessen beschließt er, den Fall Cebotarev auf eigenen Faust zu lösen, und bringt die beiden Tschechen mit dem Wagen nach Nürnberg, wo er sie bei der Bundesstelle für die Anerkennung ausländischer Flüchtlinge abliefert. Dort erhalten Boris und Irene Cebotarev nach einigem Hin und Her ihre Anerkennung als politische Flüchtlinge und eine Aufenthaltserlaubnis für die Bundesrepublik.

Als ich nun diesen skandalösen Fall mit allen Einzelheiten im »Spiegel« schildere, läuft Innenminister Gerhard Schröder Amok: Mich erreicht ein zweites Ermittlungsverfahren wegen Landesverrats. Rudolf Augstein hält in einem Leitartikel dagegen: »Ohne den ›Spiegel‹ wüsste der Minister nicht, dass seine gar nicht mit Exekutivgewalt ausgestatteten Beamten unerwünschte Ausländer ohne Gerichtsurteil in die Staaten der Unfreiheit abschieben, wie es mit dem Ehepaar Cebotarev versucht wurde.«

Augstein weiter: »Verfassungsschutzpräsident Schrübbers soll nach Erscheinen des Cebotarev-Artikels im ›Spiegel‹ geäußert haben, noch so eine Geschichte, und er könne Stock und Hut nehmen. In der Tat, in der Tat. Gegen die schuldigen Beamten läuft auch hier kein Straf- und Disziplinarverfahren. Aber dem Grafen Nayhauß, der die Aufklärung des Falles übernommen hatte, ist ein Ermittlungsverfahren schon angekündigt worden. Unter welchem Recht leben wir?«

Die Reaktion der Presse und der Politik ist unerwartet und erfreulich: Alle stellen sich schützend vor mich. Jedoch, wie so oft in Bonn, gehen beide Skandale, die so viel Staub aufwirbeln, wie das Hornberger Schießen aus: Knapp ein Jahr später stellt der Generalbundesanwalt beim Bundesgerichtshof die Ermittlungsverfahren gegen mich ein, mein Informant wird gottlob nicht entdeckt. Aber beim Verfassungsschutz ändert sich nichts. Keine Disziplinarverfahren, nichts.

Das lässt meinen Informanten nicht ruhen. Er ist nämlich nicht nur ein Mann, der an der Offenlegung von Missständen besagte Freude hat – er ist vor allem ein aufrechter Demokrat, der die verrotteten Zustände beim Verfassungsschutz nicht einfach auf sich beruhen lassen will. Statt in Deckung zu gehen (was ich ihm nicht verübelt hätte), trifft er sich mit mir weiter konspirativ, um mit meinen publizistischen Möglichkeiten nunmehr die große Enthüllungsstory über den Verfassungsschutz zu veröffentlichen – ohne Rücksicht auf Personen und deren Ansehen.

Ich habe inzwischen – gelockt von einem höheren Gehalt – zum Leidwesen Rudolf Augsteins den Arbeitgeber gewechselt und bin zum ersten festangestellten Bonner Korrespondenten des »Stern« avanciert. Gleichzeitig hat »Stern«-Chefredakteur Henri Nannen aus der »Spiegel«-Zentrale den Chef des Deutschland-Ressorts, Hans-Dieter Jaene, abgeworben. Wir beide, Jaene von Hamburg aus, ich als Bonner Vertreter des Magazins, sollen fortan politische Geschichten in das Blatt heben, und mein Einstand soll eine noch größere Enthüllungsgeschichte über den Verfassungsschutz werden. Der dann tatsächlich publizierte, mehrseitige, bebilderte Artikel erscheint unter der provozierenden Überschrift: »Wer schützt uns vorm Verfassungsschutz?«. Er ist nur zehn Tage nach Einstellung des letzten Ermittlungsverfahrens wegen angeblichen Landesverrats gegen mich auf dem Markt. Die Verfassungsschützer im Kölner Bundesamt müssen das als eine besondere Dreistigkeit empfinden.

Der »Stern«-Artikel ist eine schonungslose Abrechnung. Darin heißt es zum Beispiel: »Die gesetzlichen Vorkehrungen gegen einen Missbrauch des Verfassungsschutzes sind heute nur noch eine Fassade. Dahinter verbirgt sich eine Organisation, die sich inzwischen zu einer politischen Polizei, mehr noch, zu einem regelrechten Geheimdienst mit all seinen negativen Begleiterscheinungen gemausert hat. Unter Missachtung des Gesetzes haben die Verfassungsschutzfunktionäre in Köln den ihnen vom Parlament gesteckten Rahmen gesprengt und sich in Bereiche vorgerobbt, aus denen man sie aus gutem Grund heraushalten wollte.«

Dann nenne ich Beispiele: Aus der Sowjetunion heimkehrende deutsche Kriegsgefangene wurden mit nachrichtendienstlichem »Spielmaterial« versehen und zu Spionageeinsätzen verpflichtet. Eine Sekretärin aus dem Wirtschaftsministerium, an die sich ein sowjetischer Agent herangemacht hatte, meldete dies ihrem Vorgesetzten, der diesen Fall an den Verfassungsschutz weiterreichte. Sie bekam Order, die Beziehung nicht abzubrechen, damit der Verfassungsschutz den Agenten beschatten könnte. Drei Jahre später wurde die Frau festgenommen und »wegen landesverräterischer Beziehungen« zu acht Monaten Gefängnis verurteilt. Aus dem Ministerium flog sie raus.

In meinem Artikel schreibe ich ferner: »Verfassungsschutzpräsident Schrübbers nimmt es stillschweigend hin, wenn sein Vorgesetzter, Innenminister Schröder, von Zeit zu Zeit den Etat der Verfassungsschützer anzapft, um anderswo im Haushalt des Innenministeriums oder sogar des Bundeskanzleramtes Löcher zu stopfen.« Zugegeben, das sind starke Vorwürfe, aber alle Aussagen sind dank meines Topinformanten belegt. Schröder reagiert prompt und stellt Strafantrag wegen Beleidigung. Zuvor aber versucht er die Auslieferung des »Stern« zu verhindern. Obwohl es bereits Sonnabendmittag und die »Stern«-Ausgabe mit dem brisanten Artikel längst gedruckt ist, erscheint auf dem Hamburger Landgericht Verfassungsschutzpräsident Schrübbers, begleitet von einem Anwalt und mit einer Vollmacht seines Ministers. Er beantragt eine Einstweilige Verfügung, die dem »Stern« den Vertrieb des Heftes untersagen soll. Noch auf dem Gerichtsflur formuliert der oberste Verfassungsschützer handschriftlich eine Eidesstattliche Erklärung, die meine Behauptungen widerlegen soll.

Obwohl Gerichte an Sonnabenden nicht zu tagen pflegen, gelingt es, wegen der vermeintlich staatstragenden Bedeutung, drei ansonsten mit Pressefällen nicht befasste Richter zusammenzurufen, die sich ad hoc zur Zivilkammer 3 konstituieren, wobei kein Geringerer als der Hamburgische Landgerichtspräsident als Beisitzer fungiert. »Wegen besonderer Dringlichkeit ohne mündliche Verhandlung« wird der Gerichtsbeschluss erlassen, die Auslieferung des »Stern«-Heftes zu untersagen. Er muss nun nur noch den Verantwortlichen des »Stern« zugestellt werden. Leichter gedacht als getan. Der eine Herausgeber, Gerd Bucerius, weilt in seinem Schweizer Feriendomizil Lenzerheide. Der andere, Richard Gruner, schippert auf einem großen Schiff über den Atlantik. Bleibt noch als empfangsberechtigte Person Chefredakteur Nannen. Der jedoch hat von der gerichtlichen Aktion natürlich Wind bekommen und sich, begleitet vor mir, versteckt.

Als geheimer Unterschlupf dient uns – es ist wie billigstes Kino – die Hamburger Etagenwohnung der Bucerius-Sekretärin. Da wir uns auch dort nicht hundertprozentig vor einem Zusteller des Gerichts sicher wähnen, hocken wir uns bei zugezogenen Vorhängen und einer auf den Fußboden gestellten Tischlampe auf den Teppich. Dabei droht eine zusätzliche Komplikation: Jeden Augenblick könnte der Lover besagter Sekretärin aufkreuzen, und das ist ausgerechnet der sozialdemokratische Vizepräsident des Deutschen Bundestags, Carlo Schmid.

Glücklicherweise kommt weder der Amtsbote noch der Geliebte. So bleibt der Beschluss des Hamburger Landgerichts unwirksam. Die gesamte Auflage des »Stern« mit weit über einer Million Exemplaren ist längst unterwegs und am folgenden Montag an Deutschlands Kiosken. Zwar ist inzwischen in Rundfunk und Presse das Verbot gemeldet worden. Aber der Bundesinnenminister kann nicht an jeder Verkaufsstelle einen Polizisten aufstellen, der das Verbot überwacht hätte. Den Händlern wird der »Stern« aus den Händen gerissen.

Die Medien stehen wieder einmal auf unserer Seite. Sogar die »Frankfurter Allgemeine Zeitung« stellt fest: »Diese Zeitung steht nicht in dem Verdacht, sich unüberlegt zum Ehrenschützer der deutschen Illustrierten aufwerfen zu wollen. Bei der ministeriellen und verfassungschutzamtlichen Aktion gegen ein ärgerlich oft genanntes Bilderblatt geht es aber ausnahmsweise einmal nicht um gynäkologische Enthüllungen im Zusammenhang mit dem Pfauenthron oder um Fräulein Romy Schneiders jüngsten Ballflirt und ihres Daddys Dementis, sondern um die Frage, wie die Illustrierte sie stellt: ›Wer schützt uns vorm Verfassungsschutz?‹ Und dies ist eine Frage, die man öffentlich aufwerfen muss. Sie ist nicht mehr dadurch aus der Welt zu schaffen, dass man die Illustrierte aus den Kiosken räumt.«

»Stern«-Chefredakteur Henri Nannen beruhigt seine Leser: »Keine Sorge, dass wir uns verbrennen könnten! Gegen die Einstweilige Verfügung haben wir inzwischen Widerspruch eingelegt, und das angekündigte Strafverfahren wird uns die erwünschte Gelegenheit geben, den Wahrheitsbeweis für unsere Darstellung anzutreten. Es wäre nicht das erste Mal, wenn dabei der Ankläger zum Angeklagten würde.«

Wenn ein Bundesminister, zudem noch der des Inneren, und eine gewichtige Redaktion aneinander geraten, ist das wie bei zwei großen Hunden, die sich verkeilen, zunächst nicht zu trennen sind, sondern sich nur noch heftiger ineinander verbeißen. Schröder zerrt mich wieder vor die Staatsanwaltschaft. Diesmal nicht in Karlsruhe, sondern vor den Leitenden Oberstaatsanwalt beim Landgericht Hamburg. Der Minister hat gelernt, dass er mit einem neuerlichen Landesverratsverfahren bei der Bundesanwaltschaft keine Erfolgsaussichten hätte. Daher versucht er es dieses Mal in Hamburg wegen »Beleidigung, §§ 145ff. StGB«. Drei Stunden werde ich daraufhin von der Hamburger Oberstaatsanwaltschaft vernommen. Diesmal ist es jedoch ein mir wohlgesinnter Jurist, der das Ganze zu Recht für Affentheater hält.

Aber Henri Nannen ist im Siegesrausch nicht zu halten. In einem Leitartikel hängt er dem Innenminister eine andere Affäre an, die sich bereits fünf Jahre zuvor zugetragen hatte. Nannen erinnert, »dass bei Nacht und Nebel die Polizei an Haustüren klopfte, die Bewohner verhaftete, und dass am nächsten Tag ein Beauftragter des Bundesinnenministers, Dr. Gerhard Schröder, die Verhafteten in voller Öffentlichkeit als ›Spione des sowjetischen Nachrichtendienstes‹ bezeichnete. Das alles geschah, ohne dass gegen die Beschuldigten auch nur die Spur eines stichhaltigen Beweises gegeben war – wenn man davon absieht, dass die so genannten Verfassungsschützer wieder einmal weiße Mäuse gesehen hatten.«

Es hatte sich sehr bald herausgestellt, dass die Festgenommenen völlig unschuldig waren. Nur, das Ganze war unter dem Vorgänger Gerhard Schröders geschehen. Eine hochnotpeinliche Verwechslung. Nannen zögert nicht, sich im nächsten »Stern«-Heft zu entschuldigen: »Der Vorwurf, dass auf diese Weise Unschuldige diffamiert wurden, besteht zu Recht, aber die Adresse war falsch: die hier geschilderte Affäre ereignete sich nicht unter dem Innenminister Dr. Schröder, sondern unter seinem Amtsvorgänger Dr. Robert Lehr.«

Dazu muss man wissen, dass einer der Besitzer des »Stern«, der CDU-Bundestagsabgeordnete Gerd Bucerius, schon über den Verfassungsschutz-Artikel und den damit verbundenen Gerichtsbeschluss einer Beschlagnahme des Blattes nicht sonderlich erfreut war. Er verfügt deshalb nun, dass künftig alle Beiträge politischen Inhalts, bevor sie in Druck gehen, ihm zur Einsicht vorzulegen sind. Das betrifft, weil im Blatt noch wenig Politik gemacht wird, ausschließlich die Beiträge von Henri Nannen und seinem Bonner Korrespondenten, mir.

Nannen denkt zunächst gar nicht daran, sich einen Maulkorb anlegen zu lassen. Es kommt zu einer grotesken Szene. Bucerius befindet sich noch in Lenzerheide und beauftragt seine Frau, den »Lieber ›Stern‹-Leser«-Brief des Chefredakteurs für die nächste Ausgabe auf politisch riskante Stellen zu überprüfen. Frau Bucerius erscheint zu diesem Zweck im Sekretariat der Chefredaktion. Als die Sekretärin Nannen meldet, draußen stehe die Gattin des Verlegers, um seinen Text gegenzulesen, platzt ihm der Kragen. Er schreit, und zwar so laut, dass Frau Bucerius es durch die Tür hören kann: »Die Ziege kriegt mein Manuskript nicht zu sehen!« Weinend berichtet Frau Bucerius noch aus dem Vorzimmer telefonisch ihrem Mann von der Weigerung Nannens.

Es bleibt jedenfalls bei Nannens starrer Haltung, und der Beitrag geht so, wie von ihm formuliert, ins Blatt. Dabei passiert jedoch der verheerende Fehler mit der Verwechslung der verantwortlichen Minister. Ein Schnitzer, wie ihn Bucerius durch seine Vorkontrolle hatte verhindern wollen. Henri Nannen wird daraufhin gefeuert.

Ich werde nach Hamburg beordert, um meinem Chefredakteur mit Rat zur Seite zu stehen – letztendlich bin ich ja der Verursacher der Geschichte, die zu seinem Rausschmiss führte. Die Situation, die ich in Hamburg vorfinde, ist theaterreif. Zu Nannen ins Zimmer dürfen, abgesehen von seiner Sekretärin, nur der damalige »Stern«-Redakteur und Berater Pit Severin und ich. Als ich den großen Raum im Hamburger Pressehaus am

Speersort betrete, sind die Vorhänge zugezogen. Nannen liegt mit geschlossenen Augen und auf der Brust gefalteten Händen wie aufgebahrt auf einem schwarzen, mit schmalen goldschimmernden Fäden stoffbezogenen Sofa. »Was soll nun bloß aus mir werden?«, fragt er mit matter Stimme. Meine Gefühle schwanken zwischen Bestürzung und Lachreiz. Da ruht er nun, der große Mann des deutschen Pressewesens, vor dem sich seine Redakteure wegen seiner cholerischen Anfälle fürchten, den sie aber gleichermaßen ob seiner genialen Art, ein Blatt zu machen, bewundern. Ich entgegne: »Herr Nannen, ich mache mich anheischig, Sie jederzeit zu vermitteln.« Und in einem Anfall von Übermut füge ich hinzu: »gegen zehn Prozent Provision«.

»Nayhauß, das ist mir völlig egal. Nur machen Sie etwas.«

Tags darauf stelle ich Verbindung zu einem anderen einflussreichen deutschen Verleger her. Aber kaum kommt diese Initiative Gerd Bucerius zu Ohren, erwirkt er eine Einstweilige Verfügung, die Henri Nannen vorerst jede Tätigkeit in einem Konkurrenz-Verlag untersagt. Das reine Tollhaus! Schließlich beruhigen sich die Streithähne, die Kündigung Nannens wird zurückgenommen, mein Traum, ohne große Mühe einen Batzen Geld einzuheimsen, zerplatzt.

Immerhin schreibt mir der Leitende Oberstaatsanwalt beim Landgericht Hamburg drei Jahre später: »Betr.: Ermittlungsverfahren gegen Sie und andere wegen Beleidigung. Hiermit setze ich Sie davon in Kenntnis, dass dieses oben angeführte Verfahren – durch Verfügung 12.02.1961 (und 02.01.1962) – *eingestellt* worden ist (§ 170 Abs. II StPO).«

Nach der Erfahrung, dass sich in Bonn kaum jemand auf ewig gram ist, gibt mir eines Tages auch Gerhard Schröder wieder die Hand.

Irgendwann vergesse ich die Affäre, bis ich ausgerechnet in Paris 1988, im Amtssitz des französischen Staatspräsidenten, dem Élysée-Palast, an meine dramatischen Auseinandersetzungen mit dem Innenminister und dem Verfassungsschutz erinnert werde. Kanzler Helmut Kohl und Außenminister Hans-

Dietrich Genscher halten sich in der französischen Hauptstadt anlässlich des 25. Jahrestages des Vertrages über die deutsch-französische Zusammenarbeit auf. Im Élysée-Palast findet ein festlicher Empfang mit vielen wichtigen Leuten und dem üblichen Prunk statt – mit Dienern in Fräcken, die auf silbernen Tabletts Champagner anbieten. Während ich gerade den Glanz des französischen Staates genieße, tritt plötzlich ein deutscher Offizier an mich heran. Er trägt die hellgraue Uniform des Heeres, macht eine knappe Verbeugung, sagt: »Sie werden sich vielleicht meiner nicht mehr erinnern, Graf Nayhauß. Mein Name ist Volker Fritze.« Da trifft mich die Erinnerung wie ein Blitz. Es ist einer der beiden Söhne meines geheimen Informanten, die, schon in Schlafanzügen, kurz ins Wohnzimmer durften, wenn ich ihren Vater heimlich besuchte. Der Sohn hat es inzwischen zu einem Offizier der Bundeswehr gebracht. Nicht nur das. Der Sohn dieses Offiziers, also der Enkel meines Informanten, eröffnet im September 2013 eine Bonner Anwaltskanzlei und lädt mich ein. Ein schönes Beispiel, wie aus beruflichen Kontakten bleibende freundschaftliche Bindungen entstehen können.

Die Familie meines Informanten ist es auch, die mir heute nach fünfundfünfzig Jahren (!) eisernen Schweigens, das nicht einmal der Generalbundesanwalt zu knacken vermochte, für dieses Buch erlaubt, den Namen meines Informanten zu nennen: Es war der Oberregierungsrat aus der Zentral-Abteilung im Bundesinnenministerium, Wolfgang Fritze, leider 1987 verstorben.

Ihm bleibe ich zu ewigem Dank verpflichtet.

In einem Tollhaus: Arbeiten für Nannen und Bucerius

Gerd Bucerius eilt durch das Bundeshaus-Restaurant. Er ist nämlich nicht nur Verleger von »Stern« und »Zeit«, sondern auch christlich-demokratischer Abgeordneter des Hohen Hauses. Kein Hinterbänkler, nein, gleichzeitig Beauftragter der

Bundesregierung für die Berliner Wirtschaft. Er ist auch Vorsitzender von Untersuchungsausschüssen, zum Beispiel zur Frage, wie es kommen konnte, dass der Präsident des Bundesamtes für Verfassungsschutz, Otto John, in den Osten entschwand, war er desertiert oder wurde er entführt?

Jetzt aber, wie gesagt, eilt Bucerius durch das Bundeshaus-Restaurant, sieht mich, seinen Bonner »Stern«-Korrespondenten, bleibt an meinem Tisch ruckartig stehen – sein Haar ist leicht zerzaust – und sagt: »Ich bin ruiniert! Der nächste ›Stern‹ hat auf dem Titel eine nackte Frauenbrust.«

Damals ein Grund zur Aufregung, aber natürlich kein Grund, um Insolvenz zu befürchten. Da gibt es ganz andere Probleme. Seine Frau, meistens in Hamburg, schreibt ihm: »Weißt Du, mein Herz, ich muss es Dir einfach noch einmal sagen. Ich war in Bonn manchmal so alle, ich hätte mich in den Rhein schmeißen können – die Aufregung am laufenden Band, das war einfach zu viel, und immer geht es mit dem Zähne-Aufeinanderbeißen nicht.«

Wie kam es überhaupt dazu, dass »Butzi«, wie er unter Freunden genannt wird, Herausgeber von zwei bedeutenden politischen Blättern wurde?

Nach Kriegsende durften Publikationen nur mit Genehmigung der Besatzungsmächte erscheinen. Die Geschichte der »Zeit« beginnt im Sommer 1945, als sich drei gelernte Presseleute in Hamburg gleichzeitig, doch zunächst unabhängig voneinander, mit dem Gedanken tragen, eine überlokale Tageszeitung und eine seriöse politische Wochenzeitung herauszubringen.

Da ist zunächst der Korvettenkapitän außer Diensten Ewald Schmidt di Simoni, der bereits im August 1945 aus der Kriegsgefangenschaft entlassen wurde. Schmidt hatte lange vor dem Krieg etliche Jahre im Verlag der »Frankfurter Illustrierten« als Vertriebsleiter fungiert. Nach 1933 ist er – Marineoffizier im Ersten Weltkrieg – in der Wehrmacht untergetaucht, was ihm vonnöten scheint, weil seine Frau – nach NS-Jargon – Halbjüdin ist. Bei Ende des Zweiten Weltkriegs wird Schmidt Mitglied einer Waffenstillstandskommission der Kriegsmarine zu Buxtehude an der Niederelbe. Dort fällt er den Briten angenehm auf und wird einem Oberst Garland vom englischen Pressehauptquartier in Hamburg empfohlen. Dieser Oberst ist auf der Suche nach verlässlichen Zeitungsgründern. Für Schmidt installiert er gleich zwei Büros, eins im Hamburger Pressehaus, das zweite im Hause des Verlags Broschek, jenes Verlags, der seinen Ruhm einst mit dem alten »Hamburger Fremdenblatt« begründete.

Hier bei Broschek stößt Schmidt auf den von englischen Besatzern bestellten Treuhänder des Verlages, Dr. Lovis Hans Lorenz. Die beiden finden heraus, dass sie an einem ähnlichen Zeitungsprojekt basteln. Lorenz ist aus Berlin gekommen, wo er es als Chefredakteur der Scherl-Illustrierten »Die Woche« so lange ausgehalten hatte, bis Reichspropagandaminister Joseph Goebbels das Blatt einstellte. Seine neuen Zeitungspläne hat er wiederum nicht alleine geschmiedet. Sein Kompagnon ist ein Richard Tüngel. Der soll nun als Dritter im Bunde der Zeitungsgründer fungieren. Tüngel war Architekt und hatte früher als Baurat dem hamburgischen Staat gedient. Als er jedoch im Frühjahr 1933 dem Gleichschaltungsverfahren der Baubehörde gar zu offensichtlich widerstrebt und die neuen Herren im Hamburger Rathaus ihn dafür kurzerhand auf die Straße setzen, findet Tüngel sein Auskommen mit dem Schreiben von Zeitungsartikeln.

Die Vorarbeiten der drei – Lorenz, Schmidt und Tüngel – für die projektierte Tageszeitung, die den etwas anrüchigen Hugenberg-Kopf »Der Tag« tragen sollte, sind bereits bis zur Probenummer gediehen, als Presse-Controler Oberst Garland befiehlt, das Blatt müsse »Die Welt« heißen, und Herausgeber werde die Besatzungsmacht selber sein. Lorenz, Schmidt und Tüngel ziehen sich daraufhin zurück und konzentrieren ihre Bemühungen nun auf ein Wochenblatt-Projekt.

Just zu diesem Zeitpunkt findet sich ein vierter ambitionierter Zeitungsgründer ein: der Rechtsanwalt Dr. Gerd Bucerius. Richard Tüngel hatte Bucerius während des Krieges in Berlin kennengelernt. Jetzt regt er bei Lorenz und Schmidt an, diesen Mann als »erfahrenen Anwalt mit kaufmännischer Geschicklichkeit« in den Kreis der künftigen Wochenblatt-Lizenznehmer aufzunehmen. Bucerius hatte bis dahin zwar keine irgendwie gearteten Verlagskenntnisse. Dennoch hatte er es bereits fertiggebracht, Dr. Lorenz als Treuhänder aus dem Hamburger Pressehaus ins Verlagshaus Broschek abzudrängen. Und zwar mittels flotter englischer Sprachkenntnisse, die den Garland anlässlich einer Visite im Pressehaus so nachhaltig beeindruckten, dass der Dolmetscher Bucerius statt des Verlegers Lorenz auf der Stelle zum Pressehaus-Custodian avancierte.

Anfang Februar 1946 war es schließlich so weit, dass die Engländer alle vier Antragssteller zu Lizenzträgern ernannten – Lorenz als Hauptlizenzträger –, die daraufhin am 14. Februar die Firma »Zeit-Verlag E. Schmidt & Co.« als offene Handelsgesellschaft gründeten.

Es war dann der Steuerberater des Verlages, der den Lizenzträgern riet, wegen des damit verbundenen steuerlichen Vorteils die offene Handelsgesellschaft in eine Gesellschaft mit beschränkter Haftung umzuwandeln, was mit Vertrag vom 19. September 1946 geschah. Lorenz, Schmidt, Tüngel und Bucerius wurden Gesellschafter zu gleichen Anteilen – je ein Viertel – von nominell 7500 Mark und zugleich Geschäftsführer mit einem Monatsgehalt von 1500 Reichsmark.

Eine damals weit verbreitete Ansicht ist, dass die von den Alliierten vergebene Lizenz für eine Publikation quasi eine Lizenz zum Gelddrucken sei. Dass dem jedoch nicht so war, beweist der weitere Fortgang der Geschichte. Finanzielle Engpässe führen immer wieder zu existenzbedrohlichen Situationen. Insbesondere Gerd Bucerius lässt kaum etwas unversucht, um Unterstützung oder Vorschüsse auf versprochene Anzeigen einzuwerben – wobei ihm auch seine Frau, Getrud Anna Bucerius, tatkräftig zur Hand geht. In einem Brief an keinen Geringeren als Bundeswirtschaftsminister Ludwig Erhard schreibt sie: »Bucerius geht durch eine trübe ›seelische‹ Phase. Die Wege fallen ihm schwer, und er kommt sich wie ein Bettler vor. Man kann für andere oder für Freunde gar unendlich viel mehr tun als für sich. Der Weg nach Augsburg, zu Herrn Vogel, steht ihm besonders hart bevor. Lieber Professor, ich muss allen Mut und Kraft haben, auch Demütigungen über mich ergehen zu lassen, aber wenn ich Bucerius nicht damit vorangehe, schaffen wir es einfach nicht, und wir müssen! Die Bitten an Sie darf ich doch tun? – Ohne sie als Demütigung aufzufassen? Könnten Sie es wohl noch einrichten, an Herrn Vogel in Augsburg ein Fernschreiben zu richten, um meinen Mann morgen bei ihm anzumelden? Und ihn vielleicht nochmals um eine Unterstützung in dem Sinne Ihres Schreibens zu bitten?«

Und Wirtschaftsminister Erhard ist in der Tat ein äußerst gefälliger Mann. Er hilft nicht nur im Herbst 1951 aus, auch in den folgenden Jahren kann Bucerius auf seine Unterstützung zählen. So heißt es in einem Brief vom 12. März 1955:

»Lieber Herr Bucerius, ich erinnere mich in der Tat sehr gut, dass ich im Herbst 1950, besonders anlässlich der Industrie-Ausstellung in Berlin, verschiedene befreundete Herren der Wirtschaft gebeten habe, Ihnen zum Zwecke der Überwindung von Schwierigkeiten bei der ›Zeit‹ finanziell zur Seite zu stehen. Selbstverständlich gilt meine Hilfeleistung Ihnen und nicht Ihren Partnern, die ich ja gar nicht kenne. Denn es gehört ja auch nicht zu den Aufgaben eines Wirtschaftsministers, für Zeitungen und Zeitschriften zu intervenieren.«

Aber die finanziellen Schwierigkeiten nehmen kein Ende. Dass sich die »Zeit« überhaupt am Leben halten kann, verdankt sie den laufenden Zuschüssen der Illustrierten »Stern«, damals noch der »Der Stern«, von Henri Nannen nach Kriegsende mit britischer Lizenz gegründet. Im Frühjahr 1949 – wiewohl selbst klamm – kommen Bucerius und Co. auf die Idee, die Henri-Nannen-GmbH mit gepumptem Geld zu kaufen. Für Finanzjongleure kein Problem. Bucerius wendet sich an den Zigaretten-Magnaten Philipp Reemtsma. Und das große Geschäft gelingt. Philipp Reemtsma leiht 200 000 Mark, und der »Zeit«-

Verlag ersteht am 14. Mai 1949 fünfzig Prozent der Nannen-Anteile, so dass dem »Stern«-Chefredakteur Nannen nur noch 37,5 Anteilsprozente verbleiben, 12,5 Prozent hält der »Stern«-Drucker Richard Gruner. Damit wird der »Stern« zur lukrativen Basis des »Zeit«-Unternehmens. Darüber hinaus kassiert der »Zeit«-Verlag vom »Stern« seit Mai 1949 eine Agenturprovision für Vertrieb und Anzeigenverwaltung in Höhe von zuerst sechs, dann vier, dann wieder sechs Prozent des Gesamtumsatzes.

Wie eng die Verzahnung zwischen Politik und Privatwirtschaft in diesen Zeiten ist, aus heutiger Sicht unvorstellbar, beweist folgender Vorgang: Als im April vom Bundeswirtschaftsministerium für in Aussicht gestellte Anzeigen ein zugesagter Vorschuss von 100 000 Mark nicht eintrifft, setzt sich Frau Bucerius noch am selben Abend unter ständigen Weinkrämpfen ans Telefon und ruft Bundeskanzler Adenauer zu Hause in Rhöndorf höchstpersönlich an – um Hilfe bittend. Adenauer wiederum leitet den Hilferuf an den Kölner Bankier Dr. Robert Pferdmenges weiter. Dr. Pferdmenges, auch CDU-Bundestagsabgeordneter, zeitweilig Alterspräsident des Parlaments, mit dem Gerd Bucerius im Bundeshaus Büro und Sekretärin teilt, verspricht ein Darlehen von 20 000 Mark, macht allerdings zur Bedingung, dass sein Parteifreund Bucerius dafür eine persönliche Haftung bestätigt. Pferdmenges verlangt zusätzlich für seine 20 000 Mark noch eine weitere Gegenleistung: »Die politische Richtung, die (Bucerius) vertritt, ist auch ungefähr die meine. Wenn ich gefragt werde, wie ich mich dafür stark machen konnte, ihm auf seinen persönlichen Kredit hin einen Betrag von 20 000 Mark zu besorgen, so muss ich bemerken, dass das in meiner Bankierslaufbahn nichts Außergewöhnliches gewesen ist. Ich lege auch Wert darauf, dass die politische Linie, die (Bucerius) vertrat und die auch die Meine war, weiterhin in der ›Zeit‹ publizistisch vertreten wurde.«

Es ist bekannt, dass der Bankier Dr. Pferdmenges ein sparsamer Mann ist. Dennoch wäre es einigermaßen ungewöhnlich, wenn er tatsächlich für 20 000 Mark – eine Anzeigenseite in der »Zeit« kostete damals 8000 Mark – dem Blatt die politische Unabhängigkeit »sichern« beziehungsweise hätte abkaufen wollen. Trotzdem muss Bucerius in der Bundestagsitzung vom 9. März 1953 diesen Deal verteidigen: »Ich bin Verleger der ›Zeit‹. Redakteure, Herr Bundeskanzler, sind nach der guten Sitte freier Länder vom Verleger unabhängig.«

Das Protokoll der Sitzung bemerkt an dieser Stelle: »Beifall in der Mitte – Lachen bei den Abgeordneten der Kommunistischen Partei Deutschlands – Abgeordneter Renner: ›Jetzt sind wir in der Märchenstunde angekommen.‹«

Bucerius' Eigenwilligkeit führt auch immer wieder zu internen Verwerfungen. Im November 1954 macht er seinem Chefredakteur, Mitgesellschafter und Mitgründer Tüngel eine slapstickreife Szene: Er stampft mit weiten Schritten vor Tüngels Schreibtisch auf und ab, hämmert seine Fäuste gegen die Stirn, verzieht das Gesicht zur Grimasse und trompetet im schrillen Ton: »Sie müssen weg von diesem Schreibtisch! Ich stelle die ›Zeit‹ ein.«

Tüngel kontert in gleicher Lautstärke: »Und ich stelle Sie vor Gericht.«

Mit einem derart ungestümen Verleger habe ich es also als Bonner Leiter des »Stern«-Büros zu tun, vor allem, weil er jedes Mal meine Beiträge vorher lesen will, ehe sie an die »Stern«-Redaktion gehen. Als ich bei einem dazu notwendigen Telefonat nur seine Haushälterin erreiche, die wiederum fragt, in welcher Angelegenheit ich den »Herrn Doktor«. sprechen möchte, entgegne ich: »Sagen Sie ihm, ich will meine Schularbeiten vorlegen.« Darüber gerät Bucerius so in Rage, dass er sich bei »Stern«-Chefredakteur Nannen beschwert: »Was bildet sich dieser Nayhauß eigentlich ein?«

Gelegentlich erübrigt sich die Vorlage meines Manuskriptes beim Verleger – nämlich dann, wenn der Rhein über die Ufer tritt. Bucerius wohnt nämlich rechtsrheinisch im Ortsteil Beuel.

Er selbst kann dann nur per Bötchen aus dem Haus und zurück. Telefon und andere Einrichtungen sind außer Funktion. Andererseits ist er sogar gelegentlich stolz auf mich. Zum Beispiel, wenn ich für den »Stern« einen Scoop lande wie den folgenden, von Nannen als große Serie ins Blatt gestellt.

Der Verteidigungsminister öffnet mir seinen Panzerschrank

Am späten Abend des 28. September 1958 rasseln im Landeskriminalamt Kiel und im Nachrichtenraum des Wehrbereichskommandos I, ebenfalls in Kiel, die Fernschreiber: Es bestehe »dringender Verdacht, dass Kapitänleutnant Horst Lessmann* von der 1. Marinefliegergruppe Jagel, Schleswig Holstein, in Verbindung mit sowjetzonalem Nachrichtendienst steht. (...) ersuchen um sofortige Überwachung, bei Fluchtverdacht Festnahme (...) ASBw BONN.«

ASBw – damit ist das Amt für Sicherheit der Bundeswehr gemeint, die im Bundesverteidigungsministerium gelegene Zentrale des »Militärischen Abschirmdienstes« (MAD).

Die Nachricht löst einen Schock aus – und ist der Anfang einer filmreifen Geschichte, die für mich zum Aufhänger einer Aufsehen erregenden Reportage wird. Dass ein deutscher Offizier für die Sowjets spioniert – das geht über die Vorstellungskraft der Benachrichtigten, die alle noch in der Wehrmacht gedient haben. Konteradmiral Bernhard Rogge (später Inspekteur der Marine), der Befehlshaber des Wehrbereichs I, informiert den Kommandeur des NATO-Flugplatzes Jagel telefonisch. Zunächst geschieht jedoch vier Tage lang gar nichts, man will den vermeintlichen Spion auf frischer Tat ertappen. Aber dann, am fünften Tag, dem 3. Oktober, entschließen sich die Behörden, den Kapitänleutnant zu verhaften. Der aber scheint

* Name geändert

Lunte gerochen zu haben. Jedenfalls packt er seine Koffer, wirft sie hastig in seinen Ford 17M und verlässt fluchtartig mit seiner Braut, einer schottischen Schönheitskönigin, die Unterkunft, das bei Schleswig in idyllischer Umgebung gelegene Hotel »Waldschlösschen«.

Eine wilde, lebensgefährliche, geradezu irrsinnige Fahrt über Schlaglöcher und Baustellen beginnt. Das Tempo wird bestimmt von einem, der nichts mehr zu verlieren hat. Hinter ihm her rasen seine Beschatter, Kripobeamte. Die Scheinwerfer im Rückspiegel fallen abrupt zurück, wenn es durch Haarnadelkurven und Dörfer geht. Sie holen auf, wenn das Asphaltband der Straße geradeaus läuft. Der Kapitänleutnant rast wie von einer unsichtbaren schützenden Hand begleitet. Er schleudert um Zentimeter an aus der Dunkelheit wachsenden Chausseebäumen vorbei, er wischt haarscharf zwischen Autos hindurch, die in schneller Fahrt seinen Weg kreuzen. Aber plötzlich leuchtet eine Warnlampe am Armaturenbrett auf. Er hat nur noch fünf Liter Benzin im Tank.

Direkt neben dem Südbahnhof am Stadtrand von Neumünster liegt eine Esso-Tankstelle. Der Lehrling Wilfried Thrun, ganze 16 Jahre alt, hat Abenddienst. Eigentlich will er ins Kino, das um halb neun beginnt. Es ist gerade halb neun, als er Bremsen quietschen hört. Er schaut auf und sieht durch die Scheibe des Verkaufsraums den 17M über den Bahnübergang schlittern. Unmittelbar hinter ihm sinken die Schranken, das Dach des Wagens scheint nur um Zentimeter unter ihnen hindurchgehuscht zu sein. Der Fahrer reißt das Steuer rum, hält auf die Tankstelle zu, bremst zwischen Zapfsäule und Verkaufsraum.

»Volltanken«, ruft er und springt aus dem Auto. Die Haare hängen ihm wirr ins Gesicht, er ist ohne Kopfbedeckung, aber der Tankstellenlehrling erkennt an der Uniform, dass er einen Marineoffizier vor sich hat. Er flitzt zum Tankverschluss, schraubt auf und setzt die Zapfsäule in Betrieb.

Horst Lessmann läuft wie ein Tiger hin und her, schaut zurück zur Straße, versucht die Autos zu erkennen, die auf der anderen Seite der Bahnschranke warten müssen. Lehrling Thrun sieht das nur aus den Augenwinkeln. Was ist bloß mit dem los? Er läuft um den Wagen herum, will Öl und Wasser nachsehen. »Würden Sie bitte die Kühlerhaubenverriegelung öffnen, Herr KaLeu?« Als Junge weiß er, dass er einen Kapitänleutnant vor sich hat, zu erkennen an den zwei goldgelben Ärmelstreifen mit einem schmalen dazwischen – und ebenso weiß er, dass die Abkürzung für diesen Dienstgrad salopp »KaLeu« lautet.

Der Offizier reagiert nicht, starrt weiter zum Bahnübergang. Die Schranke hat sich geöffnet, und die wartende Kolonne setzt sich in Bewegung. Der Kapitänleutnant scheint etwas in die Knie gegangen zu sein und beobachtet durch die Seitenscheiben seines Wagens die vorbeifahrenden Autos, darunter ein schwarzer Opel Kapitän, der über den Bahnübergang jagt, an der Tankstelle vorbei – nein, jäh reißt der Fahrer den Opel herum, kommt auf die Tankstelle zugeschossen und bleibt mit quietschenden Reifen vor dem 17M stehen.

Donnerwetter, haben's die alle eilig heute, denkt der Lehrling noch. Dann haut es ihn beinahe um. Denn gleich drei Männer auf einmal springen aus dem schwarzen Opel, und einer von ihnen hält eine Pistole in der Hand. Er sieht den Fahrer, der einen dunkelgrünen Ledermantel trägt und einen braunen Schlapphut, auf den Kapitänleutnant zugehen, der wiederum mit hängenden Schultern dasteht. Dann legt der Schlapphutträger dem Kapitänleutnant die Hand auf die Schulter und sagt: »Machen Sie keine Schwierigkeiten, Herr Lessmann. Sie sind verhaftet. Haben Sie eine Waffe dabei?«

Ein anderer der Zivilisten steht seitlich neben dem Kapitänleutnant, die Pistole auf ihn gerichtet. Im Hintergrund wartet der dritte, ebenfalls eine Pistole in der Hand. Der grüne Ledermantel fragt nach einem Telefon und der Vorwahl für Kiel.

»0431«, sagt der Lehrling aus dem Kopf. Er hört zu, was am Telefon gesprochen wird.

»Wir haben ihn in Neumünster festgenommen. (…) Ja, ist in Ordnung. (…) Wie?«

Der Fremde horcht in den Apparat, dann sieht er Lehrling Wilfried an und fragt: »Wo sind wir hier genau? Wie ist die Adresse der Tankstelle?«

»Esso Station am Südbahnhof, Altonaer Straße.«

Der Mann wiederholt, legt auf, sagt »Danke« und zahlt den Sprit, den Lessmann getankt hat. »Aber bitte eine Quittung.«

Draußen haben die beiden anderen Kripobeamten den Kapitänleutnant längst in ihren Opel verfrachtet. Dann setzt sich einer in den Ford des Festgenommenen, mit dem schottischen Mädchen auf dem Beifahrersitz, und beide Wagen verschwinden in der Nacht. Zurück bleibt der immer noch geschockte Tankstellenlehrling Wilfried Thrun. Er ist der einzige Augenzeuge der spektakulären Verhaftung des ersten Bundeswehroffiziers, der bei Spionage für den Osten ertappt wurde.

Dass ich diese Szenen haargenau beschreiben kann, ist eine Geschichte für sich – the story behind the story. Als ich von der Spionageaffäre erfahre, kontaktiere ich Verteidigungsminister Franz Josef Strauß (CSU), um Einzelheiten zu erfahren. Er ist mit einundvierzig Jahren nicht nur das jüngste Kabinettsmitglied, sondern auch der jüngste Befehlshaber in der deutschen Wehrgeschichte. Laut »Spiegel« hat er sich »mit der Unbeirrbarkeit eines Sturmgeschützes in das Verteidigungsministerium hineingeschossen und hineingewalzt«. In München geboren, verkörpert er mit seinem starken bayrischen Akzent und der kräftigen, untersetzten Figur den Typ eines echten Bayern. Hinzu kommt eine schonungslose, direkte Ausdrucksweise. Zehn Jahre nach Kriegsende klopft er Sprüche wie: »Wir Deutschen haben zwar den Krieg verloren, aber nicht gleich den Verstand.«

Er kommt aus einfachen Verhältnissen. Sein Vater und Mutter Walburga führen eine Metzgerei. Franz Josef ist ihr einziger Sohn und soll eigentlich das elterliche Geschäft übernehmen. Lehrer und Geistliche erkennen jedoch sehr bald die schnelle Auffassungsgabe und hohe Intelligenz des Schülers und überreden die Eltern, ihm eine höhere Schulbildung zukommen zu lassen. Er studiert in München Geschichte, Latein, Germanistik, Griechisch, Archäologie und Volkswirtschaft, legt das Staatsexamen für das höhere Lehramt ab.

Im Zweiten Weltkrieg, den er von Beginn bis zur Kapitulation, mithin sechs Jahre lang mitmacht, avanciert er zum Oberleutnant der Heeresflak, erwirbt das Eiserne Kreuz Zweiter Klasse, das Verwundeten-Abzeichen in Schwarz und das Sturmabzeichen. Weil er sich im Russlandfeldzug beide Füße erfroren hat, versieht er die letzten Kriegsjahre als Lehroffizier und Abteilungsadjudant an der Falk-Schule Altenstein bei Schongau in Bayern seinen Dienst.

In die Politik ist er über ein Landratsamt für die CSU gelangt und wird zunächst Sonderminister im Kabinett Adenauer und dann, nach einer Zwischenstation als für Atomfragen zuständiger Minister, 1956 – im Jahr meines journalistischen Starts in Bonn – zum Verteidigungsminister ernannt. Noch im ersten Bundestagswahlkampf 1949 hatte er die vom Zeitgeist diktierte Anschauung vertreten: »Wer noch einmal ein Gewehr in die Hand nehmen will, dem soll die Hand abfallen.«

Sehr bald entdeckt er aber seine heimliche Liebe zu allem Militärischen. Mit ungewöhnlicher Tatkraft und Energie versetzt er der Bundeswehr, die sich immer noch in der Aufbauphase befindet, einen kräftigen Schub. Bis dahin hatte es keine verbindliche Wehrkonzeption gegeben. Der Plan einer Europäischen Verteidigungsgemeinschaft (EVG) scheiterte an den Franzosen. Die Amerikaner jedoch drängen auf einen deutschen Verteidigungsbeitrag mit der Warnung, der Dritte Weltkricg stünde bevor. Aber wie die Deutschen militärisch einbinden, ohne dass deren Wiederaufrüstung eine Gefahr für den Westen darstellt? Daraufhin wird die Bundesrepublik im Herbst 1954 in die NATO aufgenommen, wiewohl es noch keine Bundeswehr gibt. Der damalige NATO-Generalsekretär, der Brite Baron Hastings Lionel Ismay, bringt die Beweggründe der

Westmächte auf den Punkt: »To keep the Russians out, the Americans in and the Germans down.«

Nun muss die Bundeswehr aus dem Boden gestampft werden. Die Regierung verspricht blauäugig, aus dem Nichts innerhalb von drei Jahren zwölf Heeresdivisionen aufzustellen, dazu Luftwaffe und Marine, insgesamt eine Streitmacht von 500 000 Mann (heute zirka 100 000).

Zunächst stehen nur Freiwillige zur Verfügung. Erst am 21. Juli 1956 wird die Allgemeine Wehrpflicht eingeführt. Die ersten Einheiten kampieren in Baracken, der Bau neuer Kasernen stockt, moderne Waffen stehen nicht ausreichend zur Verfügung. Zudem muss eine demokratische Gesinnung in der Truppe eingeführt werden. In den neuen deutschen Streitkräften sollen nicht mehr »Kommissköppe« den Ton angeben, sondern »Staatsbürger in Uniform«. Statt Befehlsempfang ohne Widerspruch ist Teamgeist angesagt, soll es menschlich zugehen. Der Begriff der »Inneren Führung« entsteht. Aber das alles muss erst einmal in die Praxis umgesetzt werden.

Mitten in diese schwierige Aufbauphase platzt die Spionageaffäre des Marinefliegers Kapitänleutnant Horst Lessmann. Ich besuche Strauß ein halbes Jahr nach den von mir aufgedeckten diversen Verfassungsschutz-Affären. Da der verantwortliche Innenminister ihm auf dem Wege zu höheren Weihen – zum Beispiel zur Kanzlerschaft – im Wege steht, genieße ich automatisch das Wohlwollen des Verteidigungsministers. Der Gesprächstermin findet im Ministerbüro der mitten in Bonn gelegenen Ermekeil-Kaserne statt. Sein persönlicher Referent, Oberstleutnant Dr. Rolf Acker, führt mich in das Zimmer seines Chefs und zieht sich nach der Begrüßung zurück.

Ministerzimmer sind in jenen Jahren noch von auffallender Schlichtheit. Strauß und ich nehmen auf einer Sitzgruppe Platz, die aus drei einfachen Clubsesseln auf spitzen Füßen, einem ebenso einfachen Sofa ohne Armlehnen und einem länglichen, hölzernen Couchtisch besteht.

»Nun, Euer Ehren, womit kann ich dienen?«, beginnt Strauß das Gespräch auf seine typische Art – charmant, aber süffisant auf meinen adligen Namen anspielend.

»Es geht um den hopsgenommenen Marineflieger Horst Lessmann.«

»Jo mei, dös hat uns grad' noch gfehlt.« Nicht dass ihm das Thema unangenehm gewesen wäre, aber dieser Skandal verursacht bei den westlichen Verteidigungsministern Irritationen. Strauß hat den Satz kaum zu Ende gesprochen, da wuchtet er seinen massigen Körper aus dem Sessel und wechselt zum Schreibtisch, von dem er einen grauen Schnellhefter mit einem unübersehbaren »Geheim«-Vermerk nimmt.

Während er zurück zur Sitzgruppe geht, sagt er: »Schaun's dös mal an. Dös is a deutsch-deutsches Drama.« Dann wechselt er ins Hochdeutsch. »Ich muss kurz zu einer Besprechung in einen anderen Raum. Sie können hier sitzen bleiben und sich Notizen machen.« Daraufhin verlässt er sein Büro. Ein merkwürdiges Gefühl überkommt mich: ich allein im Ministerbüro, vor mir eine Geheimakte des Militärischen Abschirmdienstes.

Ich schlage den Schnellhefter auf, beginne zu lesen. Was ich erfahre, liest sich wie ein Kriminalroman: »Horst Lessmann stammt aus Weimar in Thüringen, wo seine Eltern ein Fotogeschäft betreiben. Eine amerikanische Militärmaschine hat ihn 1950 aus West-Berlin rausgeflogen, nachdem er dorthin geflüchtet war. Horst Lessmann muss wohl besondere Gründe zur Flucht gehabt haben, denn mit ihren Militärmaschinen fliegen die Amerikaner nur Flüchtlinge aus Berlin heraus, die für sie gearbeitet haben. Er kommt 1951 schon zur Labour Service Unit ›B‹ (Bremerhaven). Das ist ein amerikanisches Minen-Such- und Räumkommando mit deutschen Besatzungen. Er wird sehr bald Wachoffizier auf dem Minenräumboot R 135 unter Kapitänleutnant Wenig, aber nicht, weil er, wie er behauptet, im Krieg schon Leutnant gewesen sei. Er war bei Kriegsende Fahnenjunker-Feldwebel.«

Weiter im Geheimbericht des MAD: »1956, im Frühjahr, wird Lessmanns Flottille von der Bundesmarine übernommen. Lessman wird vom Referat VM (Vorbeugende Maßnahmen) im Amt Blank (Vorläufer des Bundesverteidigungsministeriums) überprüft. Die Prüfer stoßen sich daran, dass er noch Angehörige in der Sowjetzone hat. Aber die Amerikaner empfehlen ihn wärmstens. So wird er als Leutnant zur See in die Bundesmarine übernommen, kommt unmittelbar darauf eine Zeitlang nach Amerika, wird dort als Seeflieger ausgebildet und geht später einige Monate zum Training an geheimen U-Boot-Jagdgeräten nach England. Dort lernt er eine junge Schottin namens June Gilbert kennen und bringt sie mit zurück nach Deutschland, wo er auf dem Marineflieger-Horst Jagel stationiert wird. Vorher war Horst Lessmann mit einer Verkäuferin aus einem amerikanischen PX Laden in Bremerhaven verheiratet, hat sich scheiden lassen und eine ganze Anzahl von Frauenbekanntschaften gehabt. Er war Stammgast in der ›Roxy-Bar‹ in Bremerhaven, in der er gewöhnlich 50 bis 60 Mark bei einem Besuch ausgab. Inzwischen zum Kapitänleutnant befördert, lebte er über seine Verhältnisse.«

Während ich weiterlese – der persönliche Referent des Ministers schaut nur einmal kurz herein –, wird mir klar, dass der gestrauchelte Horst Lessmann ein typisches deutsches Nachkriegsschicksal verkörpert, das darum verdient, in aller Breite geschildert zu werden. Die MAD-Akte ist daumendick, dort heißt es weiter:

»Im Jahre 1949 heiratet die älteste Tochter Hanni des Fotohändlers Lessmann in Weimar den Versicherungskaufmann Werner Förster aus Buttelstedt. Als die Versicherungen in der Sowjetzone verstaatlicht werden, wird Förster Angestellter bei der Kreispolizeibehörde in Weimar. Er muss eine Reihe von Fragebögen ausfüllen, und unter anderem Auskunft geben über die Familie seiner Frau. Hanni Förster, geborene Lessmann, geschiedene Marnitz, ist die älteste Schwester von

Karin, Siegfried und Horst Lessmann. Karin und Siegfried leben noch im elterlichen Haus. Den Wohnort seines Schwagers Horst Lessmann gibt er im Fragebogen mit Westdeutschland an.

Der ausgefüllte Fragebogen geht an die Abteilung I des Ministeriums für Staatssicherheit, Bezirksverwaltung Erfurt. Die Abteilung I ist zuständig für Volkspolizei und Volksarmee. Sie reicht den Fragebogen weiter zur Abteilung XVI M-Postzensur. Von nun an wird die Post des Leutnants der Bundesmarine, Horst Lessmann, unauffällig gelesen, bevor sie in die Hände seiner Familie gelangt. Eine Aktennotiz mit beigehefteten Briefkopien geht nach einiger Zeit von der Postzensurabteilung an die Hauptabteilung II – Aktive Spionage.«

Kurz darauf wird der Vater des Leutnants Lessmann verhaftet. Die Volkspolizisten, die in das Fotogeschäft kommen, beschlagnahmen die Geschäftsbücher. Sie geben als Grund für die Festnahme an: Verdacht eines Wirtschaftsvergehens.

»Es ist also so weit«, seufzt Herr Lessmann senior, als er mit den Beamten das Haus verlässt. Schon lange hat er damit gerechnet, dass sein Betrieb unter irgendeinem Vorwand verstaatlicht werden würde. Den kommunistischen Machthabern ist jede private Initiative verhasst. »Hoffentlich«, denkt er, »lassen sie es bei der Enteignung und brummen mir nicht noch Gefängnis auf.«

Dann geht alles sehr schnell. Er wird noch in der Nacht aus dem Untersuchungsgefängnis geholt und in einem klapprigen BMW nach Erfurt gefahren. Erfurt ist die Hauptstadt des gleichnamigen Zonenbezirks, zu dem Weimar gehört. Ein paar verkniffene Gesichter starren Lessmann senior an. Der heimliche Triumph, einen großen Fang gemacht zu haben, leuchtet ihnen aus den Augen.

»Sie haben einen Sohn namens Horst?« Von Wirtschaftsverbrechen ist nicht mehr die Rede.

Lessmann wird unsicher, ist vorbereitet, über sein Geschäft zu sprechen – nicht aber über seinen ältesten Sohn.

»Ihr Sohn betreibt aktive Kriegsvorbereitungen gegen die DDR?«

Lessmann versucht zu lachen. »Wie kommen Sie darauf?«

Ein Knüppel saust von hinten auf seinen unbedeckten Kopf nieder. Herr Lessmann sinkt von seinem Stuhl.

Er erwacht schließlich in einer Zelle, von kaltem Wasser überschüttet.

»Haben Sie es sich überlegt, Herr Lessmann?«

Der alte Herr wird wieder in das Vernehmungszimmer geschleppt. Er sieht alles doppelt. Ein Nerv muss von dem Schlag getroffen sein. Aber er kann noch hören.

»Ihr Sohn ist zum Kapitänleutnant zur See befördert worden?«

So geht es fort. Pausenlos kommen Fragen. Die Vernehmer wechseln sich ab. Sie binden ihn am Stuhl fest, wenn er umzusinken droht. Sie verhören ihn sechsunddreißig Stunden hintereinander.

»Geben Sie zu, dass Sie in Weimar spionieren.«

Die Anklagen werden immer maßloser. Er – Lessmann senior – soll ein Spion sein, nur weil sein Sohn Horst im westdeutschen Bremerhaven Offizier geworden ist? Er soll Sabotage betrieben haben, weil ein Mitglied seiner Familie vom einen Deutschland in das andere Deutschland hinübergewechselt ist? Sie locken, sie drohen, sie knüppeln den alten Mann nieder. Sie wenden jede Form der Infamie an, die ihnen erlaubt ist. Und es ist ihnen so gut wie alles erlaubt. Sechs Monate hält der Fotohändler Lessmann durch. Bis tief in das Jahr 1953 hinein. Dann verhaften sie seine Tochter und geben ihm zu verstehen, dass sie im Nebenzimmer vergewaltigt werden wird, wenn er nicht …

Sie schlagen ihm schließlich alle Zähne aus, bis er unterschreibt: »Ich, Emil Lessmann, bin der Vater des Kapitänleutnants zur See Horst Lessmann, von der faschistischen

Kriegsmarine in Westdeutschland. Als Bürger der Deutschen Demokratischen Republik weiß ich, dass mein Sohn im Lager der Kriegsbrandstifter steht. Ich verpflichte mich, dafür zu sorgen, dass mein Sohn …«

Er versteht gar nicht mehr, was er da eigentlich unterzeichnet. Es ist viel die Rede von »Atomrüstung« und »Faschismus«. Schließlich glaubt er, mit seiner Unterschrift Mitglied der SED geworden und mit einem »blauen Auge« davongekommen zu sein. Oder richtiger: mit dem Verlust seiner Zähne. Dann aber, zu Hause angekommen, begreift er, dass er Mitarbeiter der Hauptabteilung II des Ministeriums für Staatssicherheit, Bezirksverwaltung Erfurt, geworden ist – also jener Hauptabteilung II, die für aktive Spionage oder, wie es im sowjetzonalen Amtsdeutsch heißt, für »Erkundung in Berlin und der Bundesrepublik« zuständig ist.

Ich weiß nicht, wie lange ich im Amtszimmer des Verteidigungsministers sitze und lese. Irgendwann geht die Tür auf, Franz Josef Strauß stürmt herein. »Haben Sie alles gelesen?«

»Leider nicht alles, dazu war die Zeit zu kurz. Aber das geht einem doch sehr nahe, wenn man das hier alles liest.«

Strauß ist um seinen Schreibtisch gegangen und dahinter stehen geblieben. Ich stehe auf, weil mir klar ist, dass ich seine Zuvorkommenheit nicht überstrapazieren darf. Plötzlich sagt er: »Ich mache Ihnen einen Vorschlag. Diese Akte ist ja noch längst nicht alles. Die Vernehmungen durch den Generalbundesanwalt laufen weiter. Ich bekomme aus Karlsruhe laufend Abschriften. Wenn Sie wollen, können Sie Ihre Lesestunden hier fortsetzen.« Er blickt mich prüfend an, als wolle er sich noch einmal vergewissern, ob er sich auf mich verlassen könne, meine Informationsquelle nicht preiszugeben. »Nur, das muss unter uns bleiben. Und damit das möglichst wenige in meinem Hause mitbekommen, schlage ich vor, dass Sie sich jeweils sonntagvormittags hier in meinem Büro mit Oberstleutnant Dr. Acker treffen. Ich gebe ihm Erlaubnis, dass Sie Einblick in die Akten nehmen dürfen und sich Notizen machen können. Nur noch einmal: Sie dürfen nie sagen, von wem Sie diese Informationen haben.«

Ich sage irgendetwas von »ist doch Ehrensache«, reiche ihm, vielleicht eine Spur zu überschwänglich, die Hand und verlasse die Ermekeil-Kaserne. Noch am selben Tag fliege ich nach Hamburg und erstattete »Stern«-Chefredakteur Henri Nannen Bericht. Er ist genauso elektrisiert wie ich. »Wir machen daraus eine große Serie«, ruft er begeistert. »Wenn Sie einverstanden sind, setzen wir dafür einen unserer besten Schreiber ein.«

Das finde ich ertmal gar nicht so gut. »Und das wäre?«

»Will Tremper.«

Tremper ist freier Autor, kein politischer Journalist, aber ein genialer Schreiber. Zwei Jahre zuvor ist er mit der »Stern«-Serie »Deutschland, Deine Sternchen« berühmt geworden (drei Jahre später dreht er seinen ersten Kinofilm: »Flucht nach Berlin« – das Schicksal eines Flüchtlings aus Ostdeutschland). Nannen: »Ich stelle mir das so vor: Sie halten den Kontakt zu Strauß, fliegen, nachdem Sie sonntags im Ministerium die neusten Informationen beschafft haben, montags früh nach Hamburg und setzen sich mit Tremper zusammen. Wir reservieren für ihn ein Hotel, dann sind Sie beide vor der neugierigen Konkurrenz besser abgeschirmt. Bis wir die Serie gestartet haben, darf natürlich keiner etwas davon erfahren.«

»Ach so, da kommt mir noch eine Idee«, schiebt Nannen nach. »Damit das Ganze sich noch spannender liest, lassen wir den Artikel ohne Nennung Ihrer beider Namen laufen. Der Titel wird lauten: ›Die Affäre Lessmann – ein Deutscher zwischen Ost und West, von (…)‹.« Er macht eine Pause. »Dann setzen wir statt des Autorennamens drei Sterne ein.« Dabei grinst Nannen verschwörerisch.

Am 18. November 1958 erscheint der erste Artikel. Will Tremper langt kräftig zu, lässt seinen Anonymus im Vorspann mit einem Paukenschlag drohen: »Ich werde die Wahrheit sagen. Auch wenn einige Herren in Bonn und Berlin der Schlag treffen sollte, wenn sie dies hier lesen. Es wird Zeit, dass ab und zu einer den Mund aufmacht und redet, wenn die Herren auf gut bezahlten Posten allzu tief schlafen. Ich habe geschworen, dass ich meine Kraft dem Wohle des deutschen Volkes widmen, seinen Nutzen mehren, Schaden von ihm wenden, das Grundgesetz und die Gesetze des Bundes wahren und verteidigen, meine Pflichten gewissenhaft erfüllen und Gerechtigkeit gegen jedermann üben werde. So wahr mir Gott helfe.«

Nun haben weder Tremper noch Nayhauß und schon gar nicht Nannen geschworen, ihre Kraft dem Wohl des deutschen Volkes zu widmen. Aber bei großzügiger Auslegung könnte sich die Redaktion damit rechtfertigen, dass als Hauptinformant kein Geringerer als der Bundesminister der Verteidigung hier zu Wort kommt.

Wie aber ist der bis dahin größter Spionage-Fall in der Bundesrepublik überhaupt ans Tageslicht gekommen? Durch einen jungen Mann bei der Bezirksverwaltung Erfurt des Staatssicherheitsdienstes namens Feldwebel Schubert, der nach West-Berlin geflohen war und dort bei der politischen Polizei auspackte. Tremper beschreibt anhand der MAD-Informationen, die ich am folgenden Montag aus dem Panzerschrank von Strauß mitbringe, die Story des Überläufers.

»Überstürzen Sie sich nicht, Herr Schubert«, sagt einer der West-Berliner Vernehmungsbeamten. »Fangen wir ganz von vorn an, wie Sie zum Staatsicherheitsdienst gekommen sind. Wollen Sie einen Kaffee? Eine Zigarette?«

Die Unterhaltung beginnt, und es sieht noch stundenlang so aus, als hätte dieser Feldwebel Schubert nicht allzu viel zu erzählen. Nichts jedenfalls, was die Beamten nicht schon wüssten. Der Feldwebel sieht bald seine sämtlichen Felle wegschwimmen. Mitten in der Unterhaltung, die so dahinplätschert, öffnet sich die Tür. Ein Mann steckt den Kopf herein, groß, mit lockigem Haar.

»Na?« Die Beamten nicken, blinzeln ihm zu. Der Mann an der Tür nickt ebenfalls, schließt die Tür. Auch Schubert hat nach der Tür geschaut. Jetzt wendet er sich aufgeregt an die beiden Beamten.

»War das nicht Hauptkommissar Marquardt?«

Und da reißen die Beamten zum ersten Mal die Augen auf: »Woher wissen Sie das?«

Es stellt sich heraus, dass man auf der Gegenseite, bei der Stasi im Osten, die Beamten von der Abteilung I des West-Berliner Polizeipräsidiums natürlich ganz gut kennt: durch Berichte von Spitzeln und Fotos, die heimlich gemacht werden. Schubert bekommt noch eine Zigarette, noch einen Kaffee, noch eine Zigarette, erzählt stundenlang. Angestellte der Polizeipressestelle schleppen einen Band der Tageszeitung »Die Welt« nach dem anderen herbei. Und auf einem kleinen Bild auf der Frontseite der Ausgabe vom 22. März 1956, das eine Gruppe von Soldaten in Pensacola, Florida, zeigt, identifiziert Schubert einen Marineoffizier. Noch am selben Tag, dem 27. August 1958, verständigen die Polizeibeamten der Abteilung I das Landesamt für Verfassungsschutz. Ein Fernschreiben geht außerdem an das Landeskriminalamt in Wiesbaden, Hessen.

Warum nach Hessen? Weil die Berliner Kriminalisten glauben, dass Mannheim in Hessen liegt. In Mannheim, so hat der Stasi-Überläufer Schubert erklärt, wohne eine Schwester jenes noch unbekannten Marineoffiziers, und die heiße »Förster«.

Als ich das Material für diese Geschichte nach Hamburg ins Hotel Bellevue an der Alster bringe – dort hat man Will Tremper einquartiert, dort schreibt er, unterstützt von einer Mengc Kaffee und vielen Zigaretten, Folge um Folge –, ist seine erste Reaktion: »Was hat denn dieser Lessmann in Florida gemacht? Das müssen wir jetzt unbedingt herausfinden. Wenn ihm sogar die Amis auf den Leim gegangen sind, hat er wahrscheinlich eine Menge an Geheimnissen in Erfahrung bringen können.«

Am nächsten Sonntag winkt mich der Pförtner in der Ermekeil-Kaserne durch. Im Ministervorzimmer wartet schon Oberstleutnant Acker. Ich frage ihn: »Haben Sie und Ihre Leute denn inzwischen erfahren, was Horst Lessmann während seiner Ausbildung in den Vereinigten Staaten angestellt hat?«

»Auch darüber gibt es einen Bericht.«

Acker geht an den großen, mannshohen Panzerschrank, zieht mit sicherem Griff eine Akte heraus. Ich setze mich hin und lese wieder Einzelheiten, die so spannend sind wie aus einem James-Bond-Thriller. Aber das noch zu schildern, sprengt den Rahmen dieses Buches. Es soll ja keine »Lessmann-Biografie« werden. Übrigens, im wirklichen Leben heißt der geschnappte Marineflieger ganz anders. Aber der Generalbundesanwalt hat mich gebeten, den richtigen Familiennamen wie den seiner in die Spionageaffäre verwickelten Angehörigen nicht zu nennen: »Sie haben ihre Strafe abgebüßt und versuchen, ein neues Leben zu führen.«

Der Kapitänleutnant wird aus der Bundeswehr ausgestoßen und am 30. Januar 1960 vom Bundesgerichtshof »wegen Landesverrats und militärischen Geheimnisbruchs und schwerer Bestechlichkeit« zu fünf Jahren Zuchthaus verurteilt. Sein Schwager Werner Förster erhält »wegen verräterischer Beziehungen« drei Jahre Gefängnis, seine Schwester Hanni kommt mit einem Jahr und sechs Monaten Gefängnis davon. Sie sind Opfer der Teilung Deutschlands und des menschenverachtenden Systems der »Deutschen Demokratischen Republik«. Aber das bewahrt sie nicht vor den Strafen. Es fällt schwer, das zu verstehen.

Tschüss! Ich geh' auf Weltreise

»Spiegel«-Herausgeber Rudolf Augstein sitzt zur Mittagszeit, umgeben von Redakteuren seines Nachrichtenmagazins, in der Hamburger Bierkneipe »Fiete Melzer«. Das schlichte Lokal in der Nähe des Pressehauses Am Speersort 1 ist ein Hangout von »Spiegel«- und »Stern«-Redakteuren. Da geht die Tür auf, und »Stern«-Chefredakteur Henri Nannen tritt ein.

Augstein: »Na Heinrich, warum schaust du so miesepetrig drein?«

Augstein liebt es, den Boss der größten deutschen Illustrierten mit Millionenauflage zu triezen, indem er ihn nicht mit dem flott klingenden »Henri« anspricht, sondern mit dem biederen »Heinrich«.

Nannen ist nicht zum Scherzen aufgelegt: »Der Nayhauß will mich schon wieder erpressen. Will mehr Geld, sonst …«

Augstein: »… geht er auf Weltreise. Hat er bei mir auch mal versucht. Darauf brauchst du nicht einzugehen. Macht er doch nicht.«

So lehnt Henri Nannen meine Forderung nach einer Gehaltserhöhung ab, obwohl ich ihm in zwei Jahren mehrere die Auflage des Blattes steigernde Exklusivgeschichten lieferte. Außerdem, meine Dienste waren vielfältiger Art. Ich brachte Nannen in meinem Haus am Rodderberg, hoch über dem Rhein, Blick auf das Siebengebirge, mit wichtigen Politikern zusammen. Nannen nach einem solchen mehrstündigen Treffen mit Verteidigungsminister Franz Josef Strauß: »Nun, wie war ich?« – wobei er in meinem Wohnzimmer hin und her stolzierte. Spätestens seit dieser Erfahrung weiß ich, dass Journalisten nicht frei von Eitelkeit sind.

Zu meiner Aufgabe als Hauptstadt-Korrespondent gehörte auch, dass ich den »Stern«-Chef zu einer Abendeinladung der in Bonn lebenden, besonders attraktiven Schauspielerin Wera Frydtberg, bekannt durch ihre Rolle in dem Film »Ich denke oft an Piroschka«, zu begleiten hatte. Mit speziellem Auftrag: Nannen glaubte, bei der Diva »landen« zu können. Er war aber gleichzeitig in Sorge, ob er wegen seines Herzleidens ein Liebesabenteuer gefahrlos überstehen könnte, und gab mir darum Order: »Nayhauß, Sie bleiben in meiner Nähe, rufen sofort einen Arzt, wenn mir etwas passiert.«

Trotz solcher vielfältigen Dienste lehnt Nannen meine Gehaltsforderung ab – in der von Augstein bestärkten Annahme, ich würde meine Ankündigung nicht wahrmachen. Nun bin ich gefordert. Ohne Gesichtsverlust komme ich aus der Situation nur raus, indem ich mein schon seit Längerem gehegtes Vorhaben realisiere: Nach Verantwortung für Mutter und Bruder seit meinem 19. Lebensjahr und Verzicht auf ein Studium wollte ich mich endlich einmal aus der Tretmühle täglicher Verpflichtungen befreien, einfach reisen, mal nichts tun. Dank meines Junggesellen-Status und sparsamen Umgangs mit meinen Honoraren haben sich 20 000 D-Mark auf meinem Konto angesammelt. Das muss für die Realisierung meines Traums reichen.

Ich kündige also beim »Stern«, lege dem Schreiben den Schlüssel für meinen Dienstwagen bei. Nannen ist, wie mir berichtet wird, erschrocken, versucht mich umzustimmen (»Lassen Sie uns noch einmal reden«). Sogar Augstein schaltet sich ein, duzt mich plötzlich, gibt zu bedenken: »Maini, du hast so hervorragende Kontakte zu den Bonner Politikern. Diese Verbindungen gehen verloren, wenn du abhaust. Gib diesen Fundus nicht auf.«

Ich bleibe bei meinem Entschluss und gehe tatsächlich auf große Fahrt – für über drei Jahre. Das Abenteuer beginnt am 3. Juni 1960 um 8:25 Uhr: mit der Bahn von Köln über Ostende und Dover nach London Victoria Station.

Ich habe mein Reisebudget eingeteilt, will meine Ausgaben auf monatlich 500 D-Mark beschränken, davon je zur Hälfte für Unterkunft und tägliche Ausgaben, Reisekosten extra. In London freilich kann ich meine Reisekasse schonen, indem ich bei Freunden unterkomme – die ersten Tage bei einem Kollegen aus Bonner Zeiten, Friedhelm Kemna, später bei den Freunden meiner Eltern aus Berliner Zeiten, Richard und Hella Brandenburg, deutsche Juden, die rechtzeitig vor den Nazis fliehen konnten. Sie gehen nach meiner Ankunft für längere Zeit nach Deutschland auf Urlaub und überlassen mir großzügig ihre Wohnung. Hella Brandenburg ist neben der französischen Freundin meiner Mutter, Mary Knief, die Einzige, der sie sich nach der Ermordung meines Vaters anvertraute. Die Brandenburgs wissen auch um meine militärische Vergangenheit, stoßen sich aber nicht daran, im Gegenteil, ein paar Jahre später werden sie meinen Bruder und mich als ihre Alleinerben einsetzen.

Ich treffe in London auf weitere Bekannte, darunter den englischen Starjournalisten Sefton Delmer, jenen Mann, der 1933 beim Reichstagsbrand zusammen mit Hitler, Göring und anderen Nazi-Größen das brennende Parlament betreten durfte. Zu meiner »Spiegel«-Zeit besuchte er mich in Bonn, war immer für eine Story gut. Als ich jetzt von ihm in seinen Club (»No Ladys«) eingeladen werde, treffe ich etwas verfrüht in den hochherrschaftlich eingerichteten Clubräumen ein. Dem Butler versuche ich mich etwas umständlich zu erklären – natürlich auf Englisch: »Sie werden nicht wissen, wer ich bin, aber ...«

Da unterbricht er mich: »Ich werde das für Sie herausfinden, Sir.« Ich füge dann verdattert hinzu, dass ich mit Herrn Delmer verabredet sei und daher die heiligen Clubräume betrete. Delmer trifft schließlich ein – schwitzend und kurz an Atem. »Mein Doktor ist mit mir aber zufrieden.« Ergo haut er sich beim Essen den Bauch voll. Mit blutrot bekleckertem Hemd, Spuren des Erdbeerdesserts, sieht er aus, als befänden wir uns noch im Krieg und er, der Engländer, verspeise bei Candle Light und Silberplates einen Deutschen. Später wechseln wir in den »Embassy Club«. Zu uns gesellt sich ein zweites Paar. Delmer flüstert mir ins Ohr: »Der hat mir meine erste Frau abspenstig gemacht.« Trotzdem vertragen sich die Herren. An einem anderen Tag bin ich Hausgast bei Delmer auf seinem Bauernhof, der »Valley Farm« in Lamarsh, Provinz Suffolk, ein Erlebnis besonderer Art. Es gibt Lammrippchen, wobei man die abgenagten Knochen über die Schulter nach hinten wirft. Zwei riesige Hunde stürzen sich auf die Reste. Ein lustiger Abend mit viel Gin und wenig Tonic.

Auch zur deutschen Botschaft nehme ich Kontakt auf und kann hier nebenbei dem Presseattaché Dr. Hübener meine zurückgelassene Bonner Wohnung vermieten, denn er wird an den Rhein versetzt. Ansonsten erlebe ich all die Sehenswürdigkeiten, die London zu bieten hat, wofür man normalerweise bei Dienstreisen keine Zeit hat: unter anderem die Schlösser der britischen Krone, allen voran den Buckingham-Palast, dann Windsor Castle, übrigens das größte und älteste durchgängig bewohnte Schloss der Welt, und schließlich den im äußersten Südwesten Londons am linken Ufer der Themse gelegenen Hampton Court. Dieser erscheint mir allerdings wie eine Mischung von Kreml und Spandauer Gefängnis. Ich erlebe die prickelnde Atmosphäre von Piccadilly Circus, besuche Theaterstücke, darunter »Irma La Douce«. Ich besichtige Speaker's Corner im Hyde Park, stelle fest, dass nicht alles geistreich ist, was dort diskutiert wird. Ein Mann steht auf einem Bierkasten und sagt ohne Unterbrechung, ohne Abwechslung immer nur: »Chinese armies, chinese armies, chinese ….«

Die Zeit vergeht im Fluge. Nach drei Monaten wechsle ich den Standort, reise nach Paris, wohne in der Rue Daguerre, im nicht ganz feinen 14. Arrondissement. Der Name meiner Absteige »Le Home Fleuri«. Zimmerpreis 7,50 Francs pro Nacht. Die Wirtin ist dick, sieht eher polnisch als französisch aus. Mein Zimmer ist im ersten Stock – in der »Fürstenetage«. Bett und Schrank füllen den Raum, trübe elektrische Birnen in kitschigen Wandschalen, die Blümchentapete verschossen, am Waschbecken ein Avis: »Es ist absolut untersagt, in den Zimmern zu kochen oder Wäsche zu waschen. Bei Verstoß Geldstrafe und Haftbarmachung für angerichtete Schäden.«

Das Fenster zur Straßenseite zeigt vis-à-vis das Musikgeschäft »Paris Accordeon«. Meine Zimmertür – außen ohne Klinke, innen ein wuchtiges Schloss mit langem Steckschlüssel – ist oben verzogen, lässt die Geräusche vom Treppenhaus rein: bis Mitternacht das Heraufstolpern fluchender Heimkehrer, nachts das Spülgeräusch der im Zwischengeschoss gelegenen Gemeinschaftstoilette. Und ab fünf Uhr dreißig das drastische Bummern des Wirts an den Türen der zu weckenden Gäste. Der Fußboden unter dem Waschbecken in meinem Zimmer knarrt, ein Linoleumpflaster verdeckt eine Schadstelle. Ein Drahtpapierkorb, ein wackliger Tisch, zwei Stühle und ein Schrank, lediglich mit Fächern ohne Hänger ausgestattet, komplettieren die Möblierung. In einer Ecke, von der Decke bis zum Fußboden, fünf nackte Wasserrohre. Kein Bild, kein sonstiger Wandschmuck. Dunkelrot die Vorhänge, ebenso der Bezug, der tagsüber das breite, durchgelegene Bett verdeckt. Ich finde meine Behausung aufregend abenteuerlich.

Auf der Rue nebenan ein Frisiersalon. Baldachin am Eingang, drinnen als Dekoration ein Sarg. Jawohl, ein Sarg. Vorbeikommende werfen teils einen neugierigen, teils einen erschrockenen Blick auf denselben. Auf der Straße patrouilliert Polizei in Doppelstreife, quer über der Brust Maschinenpistolen. Ganz astrein ist die Gegend offensichtlich nicht. Um mich diesem Milieu anzupassen und nicht gleich als Tourist erkannt zu werden, den man ausnehmen kann, kaufe ich mir eine schwarze Lederjacke. Ein Kollege aus Berliner RIAS-Zeiten, inzwischen nach Paris versetzt, rät: »Wenn Sie in eine Demonstration geraten und französische Polizei rückt an, nichts wie weg! Kommen Sie nicht auf die Idee, einen Presseausweis hochzuhalten, in der Annahme, man ließe Sie in Ruhe. Dann kriegen Sie mit dem Stock erst recht eine übergebraten.«

Besucher aus Deutschland verstehen nicht, wie ich so leben kann – schon gar nicht, wenn sie das »Le Home Fleuri« zu sehen bekommen. Ich dafür freue mich, wenn ich mir in ihren Luxushotels ein Bad genehmigen kann. Gelegentlich bin ich im »Cheval d'Or Club«, einem Jazz-Keller am Montparnasse. Wirkt eher wie ein Weinkeller. Gewölbte Decke, Tanz in zwei Räumen, längsseits Bänke. An der Stirnseite ein jugendliches Sextett, das die Musik macht. Spärliche Beleuchtung. Gäste hauptsächlich Halbstarke, ein paar Touristen, ein gammeliger Marokkaner, der eine Blonde erwischt hat. Eitel wie ein Pfau spreizt er sich vor ihr. Zwischen den Tänzen dreht er Solo-Figuren. Die Halbstarken tanzen wechselweise mit ihren Stammmädchen. Im anderen Saal zwei Bürschchen, die mangels Damen alleine Jitterbug tanzen.

Will ich in Ruhe lesen, zum Beispiel den »Spiegel«, den ich mir in alter Verbundenheit leiste, ziehe ich mich in der Nähe meines Hotels auf einen Friedhof zurück. Was ich erfahre, erscheint mir so unendlich weit entfernt – wie Nachrichten von einer anderen Welt. Ich besuche das Schloss Versailles und nehme Französisch-Unterricht in der »Alliance Francaise«. Ende Dezember wechsle ich erneut meinen Standort und tausche Paris mit dem Tiroler Gebirgsort Kühtai.

Dort verbrachte ich im »Jagdschloss«-Hotel des Grafen Karl zu Stolberg-Stolberg regelmäßig meine Winterurlaube. Diesen Luxus kann ich mir jetzt nicht leisten, steige stattdessen einen Ort tiefer im Tal in einem Bauernhaus ab und werde dort den ganzen Winter verbringen. Zum Skilaufen zieht es mich aber jeden Morgen ins 2020 Meter hoch gelegene Kühtai.

Es verkehrt ein lustiges Völkchen im »Jagdschloss«. Gigi, eine Hamburgerin, trägt ein flottes Tiroler Hütchen, mein Kölner Freund, der Spediteur Ewald Schneider, reitet zur allgemeinen Gaudi auf einem Ziegenbock über die Hotelterrasse. Die Prinzessin Irene Bentheim lässt sich am Fenster im seidenen Nachthemd fotografieren. Bei Barmann Poldi bestellt man Obstler oder Gin-Tonic – »aber bitte nicht zu viel Tonic«. Und Schlossherr Graf Stolberg registriert schmunzelnd, wer mit wem …

Wenn ich morgens eintreffe, auf der hinteren Stoßstange eines Milchtransporters, nehmen die Schönen des Hauses ihr erstes Sonnenbad auf der Terrasse und verschieben das anstrengende Skilaufen auf später. Das ist die Chance, meine vom Bauernhof mitgebrachte Brotzeit bei einer der Damen gegen eine warme Mittagsmahlzeit im Speisesaal des »Jagdschlosses« einzutauschen. Mithin führt mich mein nächster Gang zum Oberkellner, dem ich vermelde: »Heute speise ich statt Frau Bühring-Uhle.« Oder: »Zeigen Sie mir bitte den Platz von Prinzessin Bentheim.«

Irgendwann geht's dann doch auf die Piste, und da erweisen sich die Damen wieder als meine Wohltäter: Außer Sichtweite werfen sie das Kissen des Sessellifts auf den Hang, wo ich auf Skiern wartend stehe und die Polster auflese. Denn: Für zwei bekomme ich eine Freifahrt mit dem Lift, was wieder meine Reisekasse schont. Das geht so lange gut, bis der Liftbesitzer dahinterkommt und ich Liftverbot erhalte.

Die Gäste des »Jagdschlosses« müssen nach dem Kurzurlaub eines »Normalos« nach Hause, ich, der »Weltenbummler«, Ski heil, bleibe den ganzen Winter. Im Frühjahr ist dann allerdings auch für mich Schluss. Ich kehre noch einmal kurz nach Paris zurück, um mein restliches Gepäck einzusammeln, das ich im »Le Home Fleuri« deponiert habe. Freunde geben noch für mich eine wilde Abschiedsparty. Die Dame, mit der ich mich den ganzen Abend beschäftige, hat gegen Morgen keine Zeit mehr, sich vollständig anzuziehen. Strümpfe und Strumpfhalter stopft sie in die Handtasche und läuft so auf die Straße, um ein Taxi herbeizuwinken. Lüsterne Männerblicke folgen ihr.

Dann Aufbruch an die Cote d'Azur, dort finde ich bei französischen Freunden in Haut-de-Cagne Unterschlupf. Im Badezimmer werden auf einem Kocher Mandeln gebrannt und dann am Strand verkauft. Das tun wir natürlich ohne Gewerbeschein. Eines Tages kommt Polizei, um fliegenden Händlern, auch uns, Strafzettel zu verpassen. Wir retten uns zur Gaudi der Strandbesucher ins Wasser, balancieren unsere Tabletts mit den gebrannten Mandeln auf dem Kopf. Dorthin wollen uns die Polizisten nicht verfolgen.

Als es Herbst wird, zieht es mich noch weiter in den Süden – nach Torremolinos in Spanien. Ein ehemaliger Klassenkamerad hat eine Einheimische geheiratet. Zunächst lebe ich in einem gemieteten Haus auf dem Weg zum Strand. Es kostet mich immerhin die Hälfte meines monatlichen Budgets. Später finde ich bei einer Deutschen namens Hildegard Kornitzer preiswerteren Unterschlupf. Sie hat ehemalige Hühnerställe in Mini-Bungalows für bescheidene Ansprüche umgebaut.

Ich unternehme einen Abstecher nach Nordafrika, nach Tanger, Casablanca, Marrakesch, Fes. Eine Kontaktadresse, die man mir noch in Bonn zusteckte, ist die des deutschen Konsuls Juan Hoffmann in Málaga – eigentlich Hans Hoffmann. Er ist eine herausragende Persönlichkeit. Deutsche Abstammung, aber in Spanien aufgewachsen, war während des Zweiten Weltkriegs Dolmetscher des spanischen Generals Munoz Grandes, Kommandeur der Spanischen Freiwilligen Division, die auf deutscher Seite an der Ostfront kämpfte. Seit dieser Zeit verfügt er über hervorragende Kontakte zur spanischen Politik. Wenn Franz Josef Strauß oder Willy Brandt Näheres über Vorgänge in Spanien erfahren wollen, verzichten sie auf unseren Botschafter, kontaktieren stattdessen Juan Hoffmann. Er besitzt neben seinem Büro eine herrliche Privatanlage mit eigenem Gästehaus, wo schon Strauß und Brandt gewohnt haben. Zwei deutsche Schäferhunde bewachen den jeweiligen Gast, weichen ihm nicht von der Seite – auch mir nicht, als ich für einige Tage bei Hoffmann wohnen darf.

Inzwischen bin ich ein halbes Jahr in Spanien. Wir schreiben 1962. Es wird Zeit, meinem Vagabundenleben ein neues Ziel zu setzen: Nordamerika. Das Visum ist beim amerikanischen Konsulat in Sevilla schnell besorgt. Am 1. Juni gehe ich in Algeciras, gegenüber von Gibraltar, an Bord des amerikanischen Kreuzfahrtschiffs »Independence«.

Die Überfahrt dauert sieben Tage, ist ein Erlebnis für sich. Der Blick über die Weite des Meeres, das Kreischen der Möwen, die das große Schiff zunächst umkreisen, das Faulenzen in Deckchairs, üppige Mahlzeiten. Als ich den Steward bitte, meinen Teller nicht so voll zu machen, »Save the food«, entgegnet er: »Sir, bevor wir in New York anlegen, müssen alle Lebensmittel verbraucht sein.« Ich schaue ihn ungläubig an. Er: »That's regulations.«

Bevor wir in New York anlegen, entern US-Emigration-Officers das Schiff, beginnen mit der Prüfung der Pässe, damit keine Zeit beim Ausschiffen verloren geht. Der für mich zuständige Beamte stutzt, als er meinen Pass aufschlägt und die Personalangaben liest. Mit dem Finger zeigt er auf meine acht Vornamen Mainhardt Maria Stani Julius-Cäsar Eduard Franciscus Hubertus. »Sind das alles Vornamen?«

»Yes sir.«

»Und sind das Ihre Familiennamen, Nayhauß-Cormons?«

»Yes sir.«

»Aber was ist das hier in der Mitte? Graf von?«

»Das sind Titel, Sir.«

Nun sehe ich, wie es in seinem Gesicht arbeitet. Plötzlich kommt ihm eine Erleuchtung: »Ist das so etwas wie Graf Zeppelin?«

»Genau so, Sir.«

Er ist stolz, auf diese Namensverbindung gekommen zu sein, fragt mich großzügig: »Wie viele Monate Aufenthalt wollen Sie haben?«

»Das überlasse ich Ihnen.«

Er gibt mir sechs Monate.

Dann nähern wir uns New York: Wolkenkratzer, die Freiheitsstatue, Brooklyn Bridge tauchen auf. Dazu strahlender Sonnenschein. Was für ein Erlebnis! Meine erste Begegnung mit Amerika, und gleich New York. Ich finde eine Unterkunft in einem Studentenheim, was meinem Budget entspricht. Gleich am Ankunftstag habe ich eine Verabredung zum Mittagessen mit dem New Yorker Korrespondenten des Springer-Auslandsdienstes. Am späten Nachmittag bin ich verabredet mit Dr. Manfred Bauer vom German Information Center, nicht ahnend, dass er in meinem Leben noch einmal eine ganz wichtige Rolle spielen wird.

Zunächst aber bietet er mir an – wir kennen uns noch aus Bonner Zeiten, wo er im Bundespresseamt Dienst tat –, dass ich bei ihm, seiner Frau Brigitte und dem knapp einjährigen Töchterchen Mieke wohnen darf. Dafür revanchiere ich mich gelegentlich als Babysitter. Ich verlasse die Studentenherberge, lebe wieder auf gehobenem Niveau. Meistens ziehen der Hausherr und ich abends durch die »hot spots«, aber gelegentlich übernehme ich meine Babysitterpflichten, wobei es schon mal passiert, dass ich zusammen mit Mieke im Kinderställchen einschlafe – sehr zur Belustigung der heimkehrenden Eltern.

Tagsüber toure ich durch die City, schaue fasziniert an den zum blauen Himmel aufsteigenden Wolkenkratzern hoch, rieche den Geruch gerösteter Kastanien, welche Straßenhändler anbieten. Dazu der Lärm der Großstadt, das Hupen der Autos, das Jaulen der Polizeisirenen, das fremdsprachige Gewirr der vorbeihastenden Menschen. Time is money. Ich lass mich von den Fahrstühlen auf die Aussichtsplattform des Empire State Building hochschießen, stehe staunend mit offenem Mund vor dem Madison Square Garden, fahre mit Bussen oder Subway zur Börse, erlebe am 14. Juni eine Ticker-Tap-Parade.

Ich werde zu einem Empfang für Franz Josef Strauß ins »Waldorf Astoria« eingeladen. Er erblickt mich, eilt strahlend auf mich zu: »Mein Gott, wir haben uns so lange nicht gesehen. Wie ist es Ihnen inzwischen ergangen? Von Konsul Juan Hoffmann habe ich ja gehört, dass Sie auch in Spanien waren. Erzählen Sie mal.« Umstehende schauen überrascht auf uns, fragen sich, was wir da zu bereden haben.

Ich unternehme per Greyhound-Bus Ausflüge zu den Niagara-Fällen an der Grenze zu Kanada beziehungsweise Richtung Süden nach Washington, Nashville/Tennessee und Georgia. Meine Reisekasse, wiewohl sparsam gelebt, nähert sich einem bedrohlichen Ende. Bruder Engelbert, inzwischen Prokurist bei der Ruhrkohle in Essen, bietet mir rührenderweise an: »Wenn dein Geld ausgeht, bediene dich meines Kontos.«

Ich will nämlich unbedingt noch für ein paar Monate nach Mexiko und nehme deshalb erst einmal dankbar das Angebot an, den New Yorker Korrespondenten des Springer-Auslandsdienstes (SAD) für den Monat Juli zu vertreten. Das füllt meine Reisekasse mit 850 Dollar, zum damaligen Umrechnungskurs rund 3400 Mark, auf. Zudem darf ich während dieser Zeit gratis seine Wohnung benutzen. Die Location des Arbeitsplatzes ist super, mitten in Manhattan, am Rockefeller Plaza, ebenfalls eine Sehenswürdigkeit. Dort im Room 521 habe ich Sekretärin und

Schreibtisch. Hart allerdings kommt es mir an, dass ich spätestens um drei Uhr nachts meine Berichte nach Hamburg durchgeben muss, damit sie um neun Uhr deutscher Zeit den Redakteuren in der Zentrale per Telex vorliegen.

Plötzlich, beim Studium der Lokalzeitungen, stoße ich auf ein Novum: Es werden für »Drive Away Cars« Fahrer gesucht. Manfred Bauer klärt mich auf, was gemeint ist: »Gebrauchtwarenhändler suchen Fahrer, die besonders gut erhaltene Limousinen vom Osten der USA an die Westküste fahren, wo die Wagen höhere Preise erzielen, die sie sich mit dortigen Händlern teilen.« Der Fahrer solcher Überführungen bekommt zwar dafür keine Bezahlung, sondern lediglich Geld fürs Benzin, und muss auf einer vom Auftraggeber genau vorgeschriebenen Route bleiben sowie innerhalb von sieben Tagen die Strecke bewältigen. Sein Vorteil: Er reist gratis quer durch die Staaten. Als ich auf eine derartige Anzeige reagiere, mich vorstelle, entgegnet der Autohändler: »If you are German, then you are my man.«

»Wie meinen Sie das?«

»Hier gibt es ganz linke Hunde, die setzen eine alte Oma auf den Beifahrersitz, schnallen sie nicht an, geben Vollgas und machen dann eine Vollbremsung, damit die alte Dame durch die Windschutzscheibe fliegt und sie die Versicherung für die Tote kassieren.«

»Ist nicht Ihr Ernst?«

»Habe ich alles schon erlebt. Deutsche tun so etwas nicht.«

Ich muss ihn lediglich zum Beweis meiner Fahrkünste einmal um den Block fahren. Dann setzt er den Vertrag auf. Und zwar soll ich den Wagen in Sacramento abgeben, etwa hundertfünfzig Kilometer vor San Francisco. Es ist eine schneeweiße, riesige Chevrolet-Limousine, fast ein Angeber-Auto. Mit roten Lederpolstern und zwei riesigen Antennen am Heck. Es ist in Detroit, wo ich den Wagen zu übernehmen habe.

Vorher statte ich aber meinem ehemaligen Schulfreund Kurt Baier, der dorthin ausgewandert ist, einen Besuch ab. »Kurtchen« war jener Schüler, der zwei Jahre nach meiner Einschulung auf die Napola in Spandau kam, und zwar als Sohn deutscher Umsiedler aus Bessarabien. Weil er schon damals einen Rucksack trug, was noch nicht Mode war, hatte er schon am ersten Tag den Spitznamen »Panje« bekommen. Es war ein Pfundskamerad, intellektuell uns allen überlegen, darum schied er noch vor dem Abitur, ehe wir zum Flakeinsatz bei der Kriegsmarine kamen, freiwillig aus: »Hier kann ich nichts mehr lernen.« Nach dem Krieg studierte er in Berlin Medizin, wanderte als Frauen-Facharzt nach Amerika aus. Wir schrieben uns regelmäßig. Unvergessen sein erster Brief aus der »Neuen Welt«: »Hier kommt sogar die Putzfrau mit eigenem Auto« – für uns Zurückgebliebene im zum Teil noch ausgebombten Deutschland unglaublich. Jetzt, als ich Kurt besuche und ihm abends beim Gläschen Wein gegenübersitze, schüttet er mir sein Herz aus: »Weihnachten und an Festtagen kriege ich regelmäßig Heimweh. Trotz aller materiellen Vorteile zieht es mich wieder heimwärts.«

Interessant, was er als niedergelassener Frauenarzt über das weibliche Element in den Staaten berichtet: »Man findet bildhübsche Mädchen in allen Berufsgruppen, und die meisten sind zu haben, ob ledig oder verheiratet. Sex spielt in allen Altersstufen und Schichten eine unglaubliche Rolle. Ich habe manchmal das Gefühl, sie kommen zu mir nur in die Praxis, um sexuell befriedigt zu werden, und haben, weil ich Arzt bin, keinerlei Schuldgefühle gegenüber ihren Ehepartnern.«

Es ist der denkbar ungünstigste Moment, als ich in Detroit den weißen Chevrolet übernehme und quer durch die USA nach Sacramento überführen soll. Es droht nämlich der Dritte Weltkrieg. In Berlin wurde im Jahr zuvor die Mauer hochgezogen, die brutal Ost- und West-Berliner trennt. Am Checkpoint Charlie in Stadtmitte standen Panzer der US-Streitkräfte den Russen gegenüber. Jetzt im Oktober 1962 haben die Russen auf Kuba Raketen, Iljuschin-Bomber und über vierzigtausend sowjetische Soldaten stationiert. Der amerikanische Präsident

Während der Überführung eines Chevrolets von Detroit nach Sacramento, 1962

John F. Kennedy empfindet dies als eine Bedrohung seines Landes. Die Abschussbasen auf Kuba sind nur 150 Kilometer von der Südspitze Floridas entfernt – mit einer Reichweite von bis zu 2000 Kilometer. Im Weißen Haus werden Pläne für einen militärischen Gegenschlag geprüft und diskutiert, umso mehr, als am 27. Oktober ein amerikanisches Aufklärungsflugzeug vom Typ U-2 über Kuba abgeschossen wird.

Ich steuere meinen Wagen auf die Interstate-Route 80, die quer durch Amerika führt. Fast dreitausendachthundert Kilometer bis Sacramento liegen vor mir. Ich habe das Autoradio eingeschaltet, um auf dem Laufenden zu bleiben, was sich zwischen Moskau und Washington abspielt. Zu allem Überfluss muss ich auf halber Strecke die Stadt Omaha passieren, wo das mit Atomwaffen ausgerüstete Strategische Bomberkommando sein Hauptquartier hat. Just als ich mitten in der Stadt eine Baustelle passiere, bricht zwar nicht der Dritte Weltkrieg aus, aber es gibt einen lauten Knall, und ein schweres Stromkabel fällt auf meinen Kühler. Ich stoppe, springe aus dem Wagen, beschimpfe den nächsten Bauarbeiter. Der nimmt seelenruhig das Kabel aus schwarzem Gummi von meiner Kühlerhaube, spuckt auf seinen Daumen, rubbelt die dunkle Spur, die das Kabel hinterlassen hat, weg und sagt grinsend: »Stop blowing your top.« Pluster dich nicht so auf.

Ich gebe Gas, bin froh, dass der Wagen keinen Schaden genommen hat und ich die im Moment gefährdetste Stadt der USA hinter mir lasse. Weiter geht's westwärts auf der Interstate 80 durch Nebraska. Erklimme mit dem Wagen die Rocky Mountains, ein Felsengebirge, das sich über 4500 Kilometer von Kanada bis in den Süden der Staaten erstreckt. Höchste Erhebung der Mount Elbert, 4399 Meter hoch. Südlich von Salt Lake City verlasse ich verbotenerweise die mit dem Autohändler vereinbarte direkte Route, biege ab gen Süden, fahre im Bundesstaat Utah auf Nebenstraßen durch die Wüste von Great Salt Lake. Was ich jetzt erlebe, ist echtes Abenteuer. Ich durchfahre verlassene Goldgräber-Orte, zum Beispiel Golden Hill-Ghost Town, mit komplett leeren Häusern. Vor einer ehemaligen Spielhölle ein im Sand umgekippter Spielautomat. Keine einzige Menschenseele zu sehen, nicht einmal ein streunender Hund, kein Vogel in der Luft. Unheimlich.

Hinter der Grenze zum Bundesstaat Nevada komme ich wieder in belebte Gegenden. Hier ereilt mich beim Weiterfahren eine unangenehme Komplikation: eine Hämorride. Auf der lässt sich schlecht durch Amerika reiten, die Schmerzen werden rasend, so dass ich dringend ärztliche Hilfe brauche. Aber in diesen Orten, die kaum mehr als dreitausend Einwohner haben, gibt es, wenn überhaupt, höchstens eine ärztliche Hilfsstation. Eine solche finde ich schließlich. Weil es mir einerseits peinlich ist, mein Leiden zu erklären, ich es andererseits vor Schmerzen nicht mehr aushalte, komme ich auf eine skurrile Idee: Da die Zeitungen voll sind über die Möglichkeit, dass die Russen erneut den Westmächten drohen, die West-Berliner Sektoren mit militärischer Gewalt zu vereinnahmen, meine ich auf besonderes

Mitleid hoffen zu können, wenn ich mich als Bürger dieser Frontstadt ausgebe.

Ich trete also an die Rezeption heran, wo eine junge hübsche Amerikanerin sitzt, und rufe mit übertriebener Lautstärke, so laut, dass sich ein älteres wartendes Ehepaar erschrickt: »I am a Berliner, and got Hemorroides.« Die Rezeptionistin springt auf und verschwindet. Nach wenigen Minuten kommt sie in Begleitung eines Arztes zurück, der sich noch mit der Serviette den Mund abwischt, weil sie ihn direkt vom Abendessen geholt hat. Entsprechend sauer ist er, bugsiert mich sofort in einen Operationsraum und – ich nehme an aus Rache – operiert mich ohne Betäubung. Ich habe Mühe, meine Schmerzen nicht herauszubrüllen, reiße mich aber zusammen. Als er fertig ist, sagt er zudem: »Sie können hier nicht bleiben, wir haben keine Krankenbetten. Aber im nächstbesten Motel wird sich sicher ein Zimmer für Sie finden. Kommen Sie morgen zur Nachuntersuchung wieder.«

In der Tat, ich bekomme in einem Motel ein bescheidenes, nicht gerade freundliches Zimmer, entkleide mich, falle dank einer Schlaftablette in Tiefschlaf. Drei Tage verharre ich als Frischoperierter in dieser Unterkunft. Ich fühle mich einsam und verloren. Zum ersten Mal kann ich meinem Ausbruch aus dem Routineleben in Deutschland nichts Positives abgewinnen. Ach, wäre ich jetzt zu Hause in meinem Bett oder in der Uniklinik auf dem Bonner Venusberg.

Der Autohändler, für den ich den Wagen nach Kalifornien überführe und dem ich von meinem Missgeschick berichte, hat Nachsicht mit mir: »Jetzt werden Sie erst einmal gesund. Dann kommen Sie eben später in Sacramento an.« Als ich einigermaßen wieder sitzen und laufen kann, schwinge ich mich in den weißen »Chevy« und fahre auf möglichst direktem Weg nach Sacramento. Dort angekommen, halte ich an der nächsten Tankstelle, mache auch einen Ölcheck und bekomme nach Öffnen der Motorhaube einen Mordsschreck: Der gesamte Motorblock ist mit Wüstenstaub überzogen, so als sei er in einen

Sandhaufen gefallen – ein verräterisches Zeichen, dass ich mich nicht an die vorgeschriebene Highway-Route gehalten habe, denn die ist asphaltiert. Ich schlage flugs die Motorhaube zu, fahre zu der Adresse, wo ich den Wagen abliefern muss, habe es ungemein eilig, dort wieder rauszukommen, ehe der Wagen inspiziert wird. Ich nehme den nächsten Greyhound-Bus, der mich nach San Francisco bringt.

Nun also San Francisco, das Zuhause der Hippies, die Heimat von »Flower Power«, mit der berühmten Golden Gate Bridge im Sonnenlicht. Ich atme die salzige Meeresluft, bin »high« wie bei meiner ersten Begegnung mit New York. Wieder betätige ich mich als »Nest Hopper«. In San Francisco wohne ich zunächst bei einem Attaché des deutschen Generalkonsulats, den ich noch von Bonn her kenne. Er zeigt mir die Sehenswürdigkeiten dieser schönen Stadt am Pazifik. In der Bucht von San Francisco die Insel Alcatraz mit dem Gefängnistrakt für zweihundertfünfzig Schwerverbrecher. Wer nicht spurt, kommt vierzehn Tage in eine Einzelzelle, entweder jede Nacht mit konstanter Beleuchtung oder jeden Tag bei Dunkelheit. Ich benutze die legendären Cable Cars, schlendere durch Chinatown und Fisherman's Wharf, das renommierte Hafenviertel, und bestaune im Vorort Sausalito die »Houseboat Community«.

Vorher hatte ich aus amerikanischen Zeitungen von der Polizeiaktion gegen den »Spiegel« erfahren, dass Augstein und mehrere Redakteure wegen eines Artikels über die eingeschränkte Einsatzfähigkeit der deutschen Bundeswehr – Überschrift »Bedingt abwehrbereit« – inhaftiert wurden, mit der Beschuldigung, Landesverrat begangen zu haben. Ich schicke meinem ehemaligen »Spiegel«-Kollegen Claus Jacobi, der zu den Inhaftierten gehört, eine Ansichtskarte vom Alcatraz. Schreibe: »Wish you were here.« Das findet er gar nicht komisch, wie er mir nach seiner Freilassung versichert.

Inzwischen ist es Mitte November, ich fahre mit öffentlichen Verkehrsmitteln gen Süden nach Los Angeles, besuche die Tochter meines älteren Halbbruders Hubertus, Tatjana, die als Teenager nach Amerika auswanderte, nun dort verheiratet ist. Ihr wohlhabender Schwiegervater, Daniel P. Bryant, unter anderem im Aufsichtsrat der Bank of America, ordnet gleich beim Begrüßungsdinner an, dass seine Frau Noel für die Dauer meines Aufenthaltes ihren Wagen an mich abtreten muss. Sie tut das ohne Murren, und so kann ich die schöne Umgebung per Auto erkunden.

Nach sechs Monaten Amerikaaufenthalt besteige ich an der amerikanisch-mexikanischen Grenze in Nogales/Arizona einen Expresszug nach Mexiko City. Aus Sparsamkeitsgründen löse ich ein Ticket für die dritte Klasse. Hätte ich gewusst, wie es da zugeht, hätte ich mir trotz knapper Kasse etwas Besseres geleistet. Denn der Waggon ist voll mit mexikanischen Saisonarbeitern auf der Heimfahrt. Gekocht wird auf Camping-Kochern im Gang, wenn überhaupt dort noch wegen der erworbenen Waschmaschinen, Kühlschränke, Fernseher etc. Platz ist. Da gelegentlich Steigungen im Schritttempo zu überwinden sind, was von aufspringenden Gangstern schon mal dazu benutzt wird, zu plündern, ist der Zug von bewaffneten Soldaten begleitet.

In Mexico City halte ich mich nur kurz auf und reise weiter an die pazifische Küste zum berühmten Badeort Acapulco. Ich wohne bei einer mexikanischen Familie, habe mein eigenes Zimmer und finde morgens gelegentlich im Schuh unterm Bett einen weißen Skorpion. Ich werde von Einheimischen nachts zu verbotenen Hahnenkämpfen mitgenommen, ich erlebe die faszinierende Mariachi-Musik, ich besuche die legendären Klippenspringer, die sich todesmutig von hohen Felsen ins Meer stürzen, ich treffe einen Bekannten aus Berliner Zeiten, Teddy Stauffer mit seiner Big Band. Aber die meiste Zeit liege ich am Strand und genieße das faule Leben. Das Wissen meiner Wirtsleute um Deutschland hält sich in Grenzen. Auf meine Frage, wo es liegt, deuten sie auf die nächste Hügelkette: »Dahinter.« Was sie von Deutschland wissen? Daraufhin nennen sie »Volkswagen, Rommel und Hitler«. Ich begrüße das neue Jahr, 1963, mit viel Tequila.

Irgendwann wird es Zeit, die Heimreise anzutreten. Vorher besuche ich noch die berühmten Maya-Tempel in Yucatan am Golf von Mexiko. In Chichén Itzá besteige ich die 91 Stufen zum Tempel des Kukulkán, die einst zu Ehren des gottähnlichen Herrschers der Maya errichtet wurde. Beeindruckend zudem der antike Ballspielplatz von Chichén Itzá – an die 150 Meter lang, über 35 Meter breit. Auf ihm wurde ein grausames Spiel ausgetragen: Ein Ball aus Kautschuk musste durch einen hoch angebrachten Ring befördert werden – aber nur mit Hilfe von Knien, Hüften, Ellenbogen oder Schultern. Verlierern wurde das Herz bei lebendigem Leib rausgerissen. Mit schauderhaftem Gefühl steige ich die Pyramidenstufen wieder hinab, froh, zu jener Zeit nicht unter den Maya gelebt zu haben. Ganz komme ich von dieser Kultstätte nicht los. Drei Jahrzehnte später kehre ich nach Chichén Itzá zurück – mit Helmut Kohl.

Jetzt jedoch geht es erst einmal quer über den Golf von Mexiko nach Florida, wo ich ein deutsches Passagierschiff besteige, das mich nach Bremerhaven bringt. Dort nehme ich – nun nix mehr Abenteuer – einen ganz gewöhnlichen Zug der Deutschen Bundesbahn nach Bonn-Hauptbahnhof. Was ich nach meiner Ankunft sehe und rieche, kommt mir alt und piefig vor. Hier soll ich mich wieder einleben und arbeiten? Vorausgesetzt, ich finde überhaupt einen neuen Job.

Ich muss erst ein Kölsch trinken, betrete noch mit meinem Koffer – längst ist es nur noch einer – die nächstbeste Kneipe und stoße auf Kollegen von der Journaille, darunter der Bonner Korrespondent der »BZ« aus dem Ullstein-Verlag, Hermann Bolesch, Spitzname »Hobby«. Großes Hallo! Bolesch: »Nayhauß, du warst aber lange weg.«

»Genau drei Jahre und dreißig Tage.«

Allgemeines Staunen und Raunen in der Runde.

»Und wie ist es dir in der Zwischenzeit ergangen?«, frage ich zurück. »Ist Margot noch auf dich sauer?«

Alle wissen, was gemeint ist. Keine Liebesaffäre, nein, sondern »Hobby« Bolesch hatte einmal über Margot Mende, die

Ehefrau des FDP-Bundesvorsitzenden Erich Mende, geschrieben: Sie wecke ihren Mann jeden Morgen mit dem Ausruf »Erich, aufstehen, Karriere machen«. Das war natürlich frei erfunden, und Bolesch schickte ihr nach der Veröffentlichung einen Blumenstrauß nebst Entschuldigungsbrief (»wir beide wissen ja, dass das nicht stimmt«). Gleichwohl, diese Unterstellung wurden die Mendes nie mehr los. Das Gerücht saß fest wie Kaugummi an der Schuhsohle. Typisch für das Leben unter der Bonner Käseglocke.

Ich trinke mein Kölsch aus, mache mich auf den endgültigen Heimweg nach zigtausend Reisekilometern. Im Rausgehen höre ich, wie hinter meinem Rücken einer der Kollegen Bolesch fragt: »Sag mal, Nayhauß war drei Jahre und dreißig Tage weg? Hat er gesessen?«

Auf der Achterbahn des Lebens

Artikel mit »Sprengwirkung« gewünscht

Einen neuen Job finde ich schneller als gedacht – bei der Münchner Illustrierten »Quick«, die mich als Büroleiter in Bonn installiert. Es gibt vier Illustrierte in Deutschland zu dieser Zeit: den »Stern« mit einer Auflage von 1,8 Millionen Exemplaren, gefolgt von »Quick«, Auflage 1,7 Millionen, dann die »Bunte-Illustrierte«, Auflage 1,6 Millionen, und schließlich die »Neue Illustrierte«, Auflage 1,5 Millionen. Die »Quick« mit 5,4 Millionen Lesern hat sich als eine ernstzunehmende Konkurrenz für Henri Nannen und seinen »Stern« entwickelt. Das ist wiederum das Verdienst des »Quick«-Chefredakteurs Karl-Heinz Hagen und seines Stellvertreters Günter Prinz, beide gewiefte Blattmacher: Hagen, zuvor Chefredakteur der »Bild«-Zeitung und vorher der »BZ«, Berlin, Günter Prinz, einst Polizeireporter in Berlin. Beide haben die Jahre zuvor meine Scoops bei »Spiegel« und »Stern« verfolgt. Ähnliches soll ich ihnen nun auch liefern, bin mithin als »Aufreißer« großer Geschichten engagiert. »Ein, zwei solche Knaller im Jahr, und Sie können in der übrigen Zeit die Kleinarbeit einem Vertreter überlassen«, versichert mir Hagen.

Man mietet für mich in Bundeshaus-Nähe vom führenden Bonner Architekten Wilhelm Denninger ein nagelneues Büro mit ebenso neuen weißen Möbeln und roten Vorhängen. In diesen Räumen findet zum Beispiel die von mir erdachte Aktion »Rufen Sie den Minister an« statt, die darin besteht, dass Kabinettsmitglieder in dieses Büro kommen, um »Quick«-Lesern telefonisch Rede und Antwort zu stehen – später nichts Außergewöhnliches, aber in dieser Zeit ein Novum, dass ein Minister sich in das Büro eines Journalisten begibt. Jede Aktion wurde

Übergabe einer »Quick«-Umfrage an Bundeskanzler Ludwig Erhard, 1964 (im Hintergrund mein Stellvertreter Wolfgang Riedel)

vorher im Blatt angekündigt, etwa: »Müssen wir mehr Steuern zahlen? Werden die Mieten höher? Wird das Leben teurer? Fragen über Fragen. ›Quick‹-Leser bekommen die Antwort aus erster Quelle.« Dann der Hinweis, am Soundsovielten könne man zum Beispiel mit dem Wohnungsbauminister telefonieren. »Wählen Sie zwischen siebzehn und neunzehn Uhr die Bonner Nummern 27029 oder 27020.«

Vor einer weißen Jalousetten-Wand mit einem riesengroßen Q und einem weißen Telefon beantworten die Kabinettsmitglieder Anruferfragen. Alle Minister machen mit, auch Vize-Kanzler Erich Mende.

Über diese Aktion vergesse ich jedoch nicht den eigentlichen Auftrag meines Chefredakteurs. Eine erste »große« Geschichte bahnt sich bei einem Essen an. Hauptgast ist Vize-Admiral Hellmuth Heye, Wehrbeauftragter des Deutschen Bundestages, außerdem dabei mein Chefredakteur. Heye hatte ich bereits als »Spiegel«-Korrespondent bei meinem Start in

Bonn kennengelernt. Bei norwegischem Lachs, gefüllter Ente und Gin-Tonic, dem Lieblingsgetränk des Admirals, verkündet dieser während des Essens eher beiläufig: »Ich werde demnächst was schreiben.« Vorher hatte er uns ausführlich von seinen Sorgen um die innere Entwicklung der Bundeswehr berichtet. Mein Chefredakteur fasst sofort nach: »Schreiben? Das können Sie bei mir machen.« Heye nimmt einen kräftigen Schluck Gin-Tonic, wischt sich mit der Serviette über den Mund – alles offensichtlich, um Zeit zum Nachdenken zu gewinnen, sagt schließlich: »Einverstanden.«

In den folgenden Wochen kommt der Wehrbeauftragte wiederholt abends zu mir ins Haus, begleitet von seinem Sohn, Friedrich-Wilhelm Heye, Inhaber einer Werbeagentur und eines Kalenderverlages. Aus München fliegen der politische Redakteur der »Quick«, Horst Fust, und seine Sekretärin ein. Im Erdgeschoss des Hauses, in meinem Arbeitszimmer, diktiert der Wehrbeauftragte seine Sorgen auf Tonbänder. Sie werden postwendend abgeschrieben, vom Admiral korrigiert und schließlich von Fust und mir zu drei längeren Artikeln in journalistische Form gebracht, die als Serie hintereinander erscheinen sollen. Nicht immer ist der Admiral mit unserer Fassung einverstanden – manches ist ihm zu verkürzt und damit zu scharf geraten, anderes will er aus Sorge um die möglichen Reaktionen gestrichen haben. Sein Sohn fungiert als Schiedsrichter. Es wird jedes Mal spät, in einem Fall geht bereits die Sonne auf, als Horst Fust und ich den Admiral Heye in meinem hellen Fiat-Cabriolet nach Hause in die Breslauer Straße fahren. Total übermüdet, aber aufgekratzt singen wir lauthals im offenen Wagen. Wer uns zu dieser frühen Morgenstunde sieht, muss glauben, er träume: Der achtundsechzigjährige Wehrbeauftragte des Deutschen Bundestags in einem Cabriolet, wegen seiner hellblauen Farbe im Freundeskreis »Nuttenschaukel« genannt, ein Lied schmetternd – das darf nicht wahr sein. Es ist aber wahr.

Die Sätze, die der Admiral mit unserer Hilfe zu Papier bringt, haben enorme Sprengwirkung. Aber man muss Heye verstehen: Er fürchtet, dass sich die Bundeswehr zum Staat im Staate entwickelt, dass eine Armee heranwächst, mit den Waffen von morgen, erzogen im Geiste von gestern. Gewiss, man kann darüber streiten, ob er seine Sorgen ausgerechnet in einer Illustrierten publizieren muss.

Heye in der »Quick«: »In diesen Tagen habe ich beim Parlament meinen Jahresbericht vorgelegt. Aber ich habe nicht das Recht, zu diesem Bericht vor dem Parlament persönlich Stellung zu nehmen. Deshalb wähle ich das Forum dieser Illustrierten. Hier mache ich von meinem Recht und von meiner Pflicht als Staatsbürger Gebrauch, zu den mir bedrohlich erscheinenden Entwicklungen in der Bundeswehr Stellung zu nehmen.«

»Wenn wir das Ruder nicht jetzt herumwerfen, entwickelt sich die Bundeswehr zu einer Truppe, wie wir sie nicht gewollt haben. Der Trend zum Staat im Staate ist unverkennbar. In der Bundeswehr wird immer noch nach veralteten Methoden erzogen und gedrillt. Dabei kann der Soldatentyp von heute nur der mitdenkende Soldat sein. Die modernen Waffen erfordern das. Ich war beim Amtsantritt der Überzeugung, die Entwicklung der Bundeswehr in diesem Sinne beeinflussen zu können. Heute muss ich bekennen, dass dies reines Wunschdenken war.«

Der Bericht ist gespickt mit Beispielen, die belegen, dass sich in der Bundeswehr ein gefährlicher Geist entwickelt, dass der Untergebene zum Untertan gemacht wird: ein Zugführer, der während eines Marsches einem jungen Soldaten ins Gesäß tritt; ein Kompaniechef, der Soldaten als »Arschlöcher« beschimpft; eine Einheit, in der am freien Sonntag die Soldaten zum Mittagessen in der Kaserne sein müssen; ein junger Offizier, der die Entschuldigung gegenüber einem Gefreiten mit der Begründung verweigert: »Uns hat man auf der Heeres-Offiziersschule erklärt, ein Vorgesetzter entschuldigt sich nicht bei seinen Untergebenen«; ein Oberleutnant, der aus »pädagogischen Gründen« drei Gefreite auf einen 100 Kilometer langen Nachtmarsch mit schwerem Gepäck schickt; sechzehn Soldaten, die vom stellvertretenden Kompaniechef telegrafisch aus dem

Urlaub gerufen werden – zu dem einzigen Zweck, ihr auf dem Schrank abgelegtes Sturmgepäck im Schrank zu verstauen.

Heye: »Was heißt Innere Führung? Sie bedeutet nicht nur, dass der Offizier oder Unteroffizier gerecht und fürsorglich handelt. Sie bedeutet vor allem, dass der Vorgesetzte den Untergebenen nicht als Untertan, sondern als gleichberechtigten Staatsbürger respektiert. Er ist Bürger in Uniform.«

All diese Beispiele stehen auch in dem für das Parlament bestimmten Bericht. Am 4. Juni 1964 liefert er diesen beim Bundestagspräsidenten Eugen Gerstenmaier ab, am 21. Juni erscheint er in »Quick«. Zuvor ist der Admiral nach München gereist, um sich in der Redaktion das Layout anzusehen. Was er sieht, lässt ihn zunächst erschrecken. »Was ist denn das?«

Chefredakteur Karl-Heinz Hagen und Stellvertreter Günter Prinz haben zum ersten Mal in der Nachkriegspressegeschichte die nationalen Farben Schwarz-Rot-Gold zur Dekoration eines Artikels benutzt. In voller Breite sind sie über die Aufmacherdoppelseite gelegt. Dort, wo die Flagge rot ist, steht in großen Buchstaben: »In Sorge um die Bundeswehr.« Ich gebe zu, auch ich bin ob dieser bombastischen Aufmachung erschrocken, halte aber aufkeimende Bedenken zurück, zumal auch der Admiral keinen prinzipiellen Einwand hat, geschweige denn seine Autorenschaft zurückzieht.

Die Wirkung des Artikels in der Öffentlichkeit ist enorm. »Spiegel« schreibt über eine »vom Admiral geworfene Wasserbombe«. Der Bundesverteidigungsminister, Kai-Uwe von Hassel, rechnet bei der nächsten öffentlichen Rede mit dem Wehrbeauftragten ab. Heye habe »der Bundesrepublik und ihrer Bundeswehr schweren Schaden zugefügt, das Gespenst einer reaktionären Armee an die Wand gemalt«. Er, der Verteidigungsminister, müsse »in schärfster Form derartige Verallgemeinerungen zurückweisen«.

Der Verlag der »Quick« hat vor Erscheinen des Artikels durch eine Werbekampagne besonderer Art die Erwartungen noch angeheizt: zweitausend Bundesprominente, darunter sämtliche Minister, Staatssekretäre und Abgeordnete, sind in einem Werberundschreiben auf die bevorstehende Veröffentlichung der Serie aufmerksam gemacht worden. Auch Bundestagspräsident Gerstenmaier kritisiert weniger den Inhalt der Heye-Schelte als die Form der Veröffentlichung: »Ich bin altmodisch. Ich habe was gegen Illustrierte.«

Der Verteidigungsminister bittet Bundeskanzler Ludwig Erhard, für die Bundeswehr öffentlich Partei zu ergreifen. Doch der Kanzler lehnt eine beabsichtigte Rundfunk- und Fernsehansprache zur Affäre ab. Die Reaktion in der Truppe selbst ist gespalten. Ein hoher Offizier telegrafiert Heye: »Die offizielle Reaktion bestätigt die Berechtigung Ihrer Aktion.« Bei Traditionalisten löst der Artikel Empörung aus. »Nestbeschmutzer« ist noch die mildeste Form der Kritik. Der Verteidigungsminister verbietet kurzerhand allen Bundeswehrangehörigen, öffentlich zu Heyes Ausführungen in der »Quick« Stellung zu nehmen. Ein Maulkorb-Erlass.

Eine Woche vergeht, und die zweite Folge der Artikelserie erscheint. Heye schreibt: »Am schlimmsten ist die Unfähigkeit vieler Vorgesetzter, die Soldaten zu überzeugen. Wir brauchen nicht den uniformierten Schrumpfkopf. Wir brauchen den selbständigen, denkenden Mann. Unsere Ausbilder erwarten immer noch, dass ein Mann, den sie einmal in ihrer Einheit hatten, auch später noch als Zivilist die Hacken zusammenschlägt und sagt: ›Zu Befehl, Herr Hauptmann!‹ Das ist Herrenmenschen-Denken.«

Die heftige Kritik, der Heye nun schon etwas über eine Woche ausgesetzt ist, zeigt Wirkung. Der alte Seebär ist plötzlich der rauen See nicht mehr gewachsen. Am Sonntag vor Erscheinen der dritten Folge klingelt es in aller Frühe bei mir zu Hause. Noch in der Haustür verlangt Heye von mir, dass in der letzten Folge mehrere Sätze, die Verteidigungsminister von Hassel betreffen, gestrichen werden müssten. Ich mache dem müde und angeschlagen aussehenden Wehrbeauftragten klar, dass die langen Druckzeiten eine Änderung nicht mehr zuließen, dass wahrscheinlich die Erstauflage schon im Druck sei. Auch die von mir benachrichtigte Redaktion lehnt sein Ansinnen ab.

Heye, achtundsechzigjährig, zuckerkrank, schläft jetzt höchstens drei Stunden pro Nacht. »Wenn ich mich doch nur einmal richtig ausschlafen könnte«, klagt er. Es scheint nicht ausgeschlossen, dass er sich etwas antut. Jeden Abend fahre ich zu ihm, damit er nicht in seiner Wohnung allein ist, gehe erst, wenn er sich zur Ruhe gelegt hat.

Um Heye ein wenig aufzurichten, arrangiere ich bei mir zu Hause ein Essen mit zwei Bundestagsabgeordneten, die ihm von Beginn an zur Seite standen: Fritz Rudolf Schultz (FDP) und Karl Wienand (SPD). Die Paella steht bereits auf dem Herd. Der Admiral verspätet sich. Wir werden unruhig. Schließlich trifft Heye ein. Sein Gesicht ist von bedrohlicher Blässe. Er räuspert sich kurz, dann: »Ich komme direkt vom Bundestagspräsidenten. Ich habe eben meinen Rücktritt erklärt. Ich halte das gesundheitlich nicht mehr durch.«

Wienand, Kriegsversehrter mit Holzbein, humpelt auf ihn zu. »Sie haben einen Vogel!«

Schultz, Ritterkreuzträger wie Heye, muss sich zunächst einmal von der Überraschung erholen, bringt dann nur ein »Ja, ja, ja« heraus.

Als der dritte Artikel der Serie erscheint, lesen die Bundesbürger: »Für die Bundeswehr ist es fünf Minuten vor zwölf. Es ist noch nicht zu spät für eine Umkehr. (...) Alle guten Kräfte müssen jetzt zusammenstehen für diesen Kampf. Die Gleichgültigen müssen aufgerüttelt, die Gegner des neuen Weges in ihre Schranken gewiesen werden.«

Meine persönlichen, nächtelangen Versuche, den Admiral moralisch aufzurichten, scheitern. Aber ich kann ihn sogar zu einem vierten »Quick«-Artikel überreden. Die Redaktion, nicht zimperlich, macht daraus zum dritten Mal eine Titelgeschichte mit der Überschrift: »Hier spricht Admiral Heye.« Den Namen des Admirals druckt sie in sieben Zentimeter hohen Buchstaben und setzte schräg darüber wieder die Nationalfarben. Gleichzeitig fragt »Quick« im Untertitel: »Was wird nun aus der Bundeswehr?«

Der Admiral klagt aufs Neue an, unterstellt sogar: »Würde in einigen Einheiten ein anderer Geist, ein nicht so rüder Ton herrschen, hätte mancher Soldat den Freitod nicht gesucht.«

Als der Artikel erscheint, gibt es bereits einen neuen Wehrbeauftragten, Matthias Hogen. Heye zieht nach Mittelheim im Rheingau, wo er 1970, fünfundsiebzigjährig, stirbt.

Habe ich, hat die »Quick« ihn auf dem Gewissen? Der Gedanke plagt mich kurz. Nein, der Admiral war ein erwachsener Mann, der durch viele Stürme des Lebens ging. Er musste wissen, was er tat, und er war beraten von Mitarbeitern und nicht zuletzt von seinem erwachsenen Sohn, auch Ex-Marineoffizier wie der Vater.

Gewissensbisse hatte ich da schon eher wegen eines anderen Vorfalls. Diese Geschichte begann nicht mit einem feinen Lachsessen, sondern mit einem Anruf. Die Stimme des Mannes am anderen Ende der Telefonleitung klang verzweifelt: »Wenn Sie das über mich schreiben, bringe ich mich um.« Ich erschrak. Hatte er wirklich gesagt, dann »bringe ich mich um«? Ja, er hatte diese Drohung ausgesprochen, kein Zweifel. Und dann hatte er einfach aufgelegt. Was war passiert?

Es geschah in meinem zweiten Bonner Jahr als »Spiegel«-Korrespondent: Ein Kleinverleger hatte sich in einem Rechtsstreit mit dem Presseamt verheddert. Es ging um zugeschanzte Druckaufträge in sechsstelligem Wert und nicht weitergeleitete Zahlungen an die von ihm beauftragten Druckereien. Sogar der Schwager des Chefs des Bundespresseamtes war in die Affäre verwickelt. Die Sache stank. Ich bekam davon Wind, recherchierte und rief besagten Verleger an. Und dann fiel nach einem langen Telefonat der schockierende Satz: »Wenn Sie das über mich schreiben, bringe ich mich um.«

Verwirrt fragte ich meine Kollegen im Bonner »Spiegel«-Büro um Rat. Wir diskutierten lange. War das nur ein Bluff, um das Erscheinen des Artikels zu verhindern? Bringt man sich wegen einer solchen Geschichte um? Schließlich sagte einer: »Leute, die so etwas ankündigen, machen es nicht wahr.« Außerdem: »Spätestens ab dreißig ist jeder für sich selbst verantwortlich.«

Ich schrieb den Artikel, er wurde gedruckt – und der Mann nahm sich tatsächlich das Leben.

Die »Heckenschützen-Affäre«

»Seit dem Sozialisten-Verfolger Otto von Bismarck hat kein Adliger die deutschen Sozialdemokraten derart nervös gemacht wie in den letzten Wochen Mainhardt Graf von Nayhauß-Cormons, Bonner Korrespondent der Illustrierten ›Quick‹«, schreibt im Februar 1966 der »Spiegel«. Weiter heißt es: »SPD-Chef Willy Brandt selbst hat die Ermittlungen nach Nayhauß-Kontakten angeordnet. Als Untersuchungsrichter bestellte Brandt am 6. Januar Gerhard Jahn; ihm räumte er das eigene Vorsitzer-Zimmer in der Bonner SPD-Baracke und das Recht ein, jeden Partei-Angestellten zum Verhör zu zitieren. Brandts Auftrag an Jahn: Wo sitzen im SPD-Vorstand Heckenschützen?«

Was war passiert?

Dazu »Quick«-Chefredakteur Karl-Heinz Hagen in einem Brief an seine Leser: »Ende des vorigen Jahres wurde dem Bonner »Quick«-Korrespondenten, Mainhardt Graf Nayhauß, von einer Gruppe unzufriedener Sozialdemokraten ein Manuskript angeboten. Es enthielt unter anderem schwere Vorwürfe gegen den stellvertretenden SPD-Vorsitzenden Herbert Wehner. Nayhauß rief mich an und fragte, ob Interesse bestünde?

Das Interesse war mäßig. Die Unzufriedenen führten da Klage über Wehners parteiinterne Amtsführung. Sie stellten auch einige unbewiesene Behauptungen auf, die sich auf Herbert Wehners Vergangenheit bezogen. Denn er war ja einmal Kommunist – und das wird in Deutschland offenbar nie vergeben. Nazi darf man gewesen sein.

Vor allem aber und immer wieder waren die Unzufriedenen empört über Wehners diktatorisches Auftreten und die Form seiner Alleinherrschaft. Er scheint sich in der SPD-Baracke genauso aufzuführen wie du in der ›Quick‹-Redaktion, meinte Nayhauß.

Ich habe dann das Manuskript gelesen und wieder gelesen. Es war wirklich kräftiger Tobak. Wir haben in der Redaktion viele Gespräche darüber geführt, und in der Zwischenzeit habe ich den Grafen Nayhauß gebeten, eine Reihe von Fragen, die sich aus dem Manuskript ergaben, Herbert Wehner vorzulegen. Das ist nämlich bei der ›Quick‹ so üblich. Im Gegensatz zu einer Vielzahl deutscher Blätter pflegen wir niemanden ›anzuschießen‹, ohne ihn selbst gehört zu haben.

Wehner ist es bei diesem Gespräch nicht leicht gefallen, beherrscht und ruhig zu bleiben. Er ist ein Mann, der sicherlich sein Leben lang das Beste von ganzem Herzen gewollt hat; dass er trotzdem oft das Falsche gedacht und dass er deshalb das Falsche gesagt und getan hat – das steht auf einem anderen Blatt«, so Hagen.

Erstaunlicherweise berichtet der »Spiegel« über dieses Gespräch: »Ungeachtet seines wehmütigen Gefühls des Überdrusses empfing Wehner am 5. Januar in seinem Abgeordneten-Büro im Bonner Bundeshaus den ›Quick‹-Korrespondenten Graf Nayhauß. Vom Grafen erfuhr der SPD-Vize nun auch offiziell, was ihm zuvor der CSU-Politiker Guttenberg schon mitgeteilt hatte. Eine Clique in der eigenen Partei hat quer geschossen. Zur Vervollständigung seiner Informationen stellte Nayhauß zwanzig Fragen in einer Art, die Wehner als arrogant und aggressiv empfand. Wehner zum ›Spiegel‹: Dennoch habe ich jede Frage beantwortet, auch die nach unserem Zusammenwirken mit dem Verfassungsschutz. Eine große Partei muss mit den Sicherheitsorganen zusammenarbeiten. Wir haben uns gegen kommunistische Infiltration zu schützen.

Am Abend desselben Tages, während der Gratulationstour zum 90. Geburtstag Konrad Adenauers, berichtet Wehner seinem Parteichef Brandt, aus den Fragen von Nayhauß habe er entnehmen müssen, dass es in der SPD Verleumder gäbe. Brandt: ›Das will ich jetzt genau wissen‹.«

So also kam es zu Jahns Untersuchungsauftrag. Hagen weiter in seinem Brief an die »Quick«-Leser: »Wir hätten uns und Wehner dieses Gespräch ersparen können; denn in der Zwischenzeit kam ich zu dem Beschluss: ›Quick‹ bringt diesen Artikel nicht. Damit hätte die Geschichte eigentlich zu Ende sein müssen. Ich hatte die ganze Angelegenheit beinahe schon vergessen, da meldeten sich die Herren Informanten wieder. Sie waren empört, weil ich den Artikel nicht gebracht – und weil ich kein Honorar gezahlt hätte. Sie wollten Geld sehen. Mich hat das, gelinde gesagt, ein wenig überrascht. In allen vorangegangenen Gesprächen waren die Herren als eine Gruppe von Idealisten aufgetreten, denen es um die Sache ging, um ihre liebe, alte SPD. Jetzt ging es plötzlich um Geld.

Ich fragte, was sie haben wollten. Sie verlangten 10 000 Mark. ›Quick‹ zahlte den Idealisten 8000 – und ich schloss den Artikel fort, damit dachte ich, sei der Fall endgültig erledigt. Nichts war erledigt. In Bonn begannen allerlei Gerüchte zu kursieren. Die Gruppe, die uns den Artikel verkauft hatte, wollte ihr Material offenbar unter allen Umständen veröffentlicht wissen. Nach ein paar Wochen rief mich ein Mitarbeiter des Bonner Büros der ›Süddeutschen Zeitung‹ an. Er hatte eine erstaunlich genaue Kenntnis längerer Abschnitte des 26 Seiten umfassenden Manuskriptes. Er wollte von mir wissen, warum ich das Werk nicht veröffentlicht hätte – und ob es zuträfe, dass die Veröffentlichung in ›Quick› nach einer Intervention der CSU-Politiker Franz Josef Strauß und Baron Guttenberg unterblieben sei?

Ich glaubte, ihn beruhigen zu können: Ja, wir hätten den Artikel; aber wir würden ihn nicht drucken, weil ich keine Veranlassung sähe, Herbert Wehner auf solche Art anzuschießen. Seine Haltung den Kommunisten gegenüber sei eindeutig – die Autoren des fraglichen Artikels dürften jedoch wesentlich weiter links stehen als ihr stellvertretender Parteivorsitzender. Solche Kräfte zu unterstützten, sei nicht die Aufgabe der ›Quick‹ und entspräche ganz gewiss nicht meiner eigenen politischen Überzeugung. Was die Intervention beträfe: Es hätten keine solchen Versuche stattgefunden – und sie wären auch völlig zwecklos gewesen.

Der Artikel in der ›Süddeutschen Zeitung‹ erschien, und von Stund an stand für einige Tage das Telefon bei mir nicht still. Ich wiederholte monoton das, was ich in der ›Süddeutschen‹ gesagt hatte – und erlebte eine Überraschung. Es erschienen viele Dutzend Artikel. Ich las Äußerungen aus meinem Munde, die ich nie getan – Erklärungen, die ich nie abgegeben hatte.

Dann folgten die Leitartikel und Kommentare. Wenige blieben vernünftig und sachlich. Die meisten waren böse und unfair. Wie hätte es auch anders sein können. Eine Illustrierte, die Verantwortungsbewusstsein besitzt? Ein Illustrierten-Chefredakteur, der einen politischen Standort hat? So etwas durfte es doch nicht geben! [...] Und während nun die ›Quick‹ und ihr Chefredakteur nach dem Motto: Immer feste druff! fröhlich bombardiert wurden, gingen die Autoren des Artikels auf die Suche nach einem anderen Blatt, das bereit wäre, ihr ›Opus‹ zu veröffentlichen. Sie fanden eins – ›Die Zeit‹, eine Wochenschrift in Hamburg. Die druckte das.

Ein bisschen mulmig muss den Idealisten doch gewesen sein. Sie ließen nämlich bei mir anfragen, ob sie sich auch weiterhin auf meine Diskretion verlassen könnten; oder ob ich nun vielleicht gar ihre Namen veröffentlichen würde. Die Herren können beruhigt sein. Es gehört zu den Gesetzen unseres Berufes, den Namen eines Informanten nie und unter keinen Umständen preiszugeben. Da sie aber fortfahren, tölpelhaft und überemsig mit ihren Geschichten hausieren zu gehen, werden sie nicht nur Geld, sondern auch die Quittung bekommen. Und die Lehre aus der Geschichte? [...] Idealisten, die kassieren gehen. Moralisten, die Moral predigen und selbst nicht danach handeln. Edelleute – alle miteinander. Ihr Karl-Heinz Hagen.«

Soweit der Brief. Merkwürdiges geschieht parallel: Mein per Post an die Redaktion geschicktes Manuskript der aufbegehrenden Sozialdemokraten war dort eingegangen mit dem Vermerk: »Wegen mangelhafter Verpackung postalisch neu verpackt. Deshalb verspätete Zustellung.« Kurz darauf meldet sich in der Chefredaktion ein Mensch, der sich als Beamter des Bundesamtes für Verfassungsschutz in Köln ausgibt. Es sei ihm bekannt, dass der »Quick« ein Manuskript gegen Wehner vorliege. »Freundschaftlich« wolle er empfehlen, im Falle einer Veröffentlichung auf die Erwähnung einiger Namen zu verzichten. Die Redaktion könnte sonst den Tatbestand des Geheimnisverrats erfüllen. Mit einem Prozess vor dem Bundesgerichtshof müsse man dann rechnen.

Das Thema wollte kein Ende nehmen. Nicht nur, dass die »Zeit« in über zehn Spalten die Anklageschrift der »Heckenschützen« veröffentlichte, die »Frankfurter Allgemeine Zeitung« druckte sogar die Namen der »Heckenschützen-Verdächtigten«: »Der Parteivorstand hält mit den Namen nach wie vor zurück. Doch scheint sich sein Verdacht hauptsächlich auf Carl Guggomos, den Chef vom Dienst beim ›Vorwärts‹, sowie auf Ekkehard Wiemers, einen politischen Redakteur, dessen Bruder Adalbert Wiemers, einen freien Grafiker und Mitarbeiter des ›Vorwärts‹, und den ehemaligen Kulturpolitiker der ›Vorwärts‹-Redaktion, Alexander von Cube, zu konzentrieren.«

Als die »Heckenschützen-Affäre« noch nicht ganz zu Ende ist, starte ich zu einer meiner interessantesten Auslandsreisen: mit Konrad Adenauer nach Israel.

Mit Konrad Adenauer ins Heilige Land

Als sich unsere Maschine am 2. Mai 1966 nach mehrstündigem Flug zu später Abendstunde Tel Aviv nähert, löscht der Pilot die Beleuchtung in der Kabine. Unter uns erstrahlen, wie ein glitzernder Teppich aus »Tausendundeiner Nacht«, die

Im Gespräch mit Konrad Adenauer und dem Bundesminister für Gesamtdeutsche Fragen, Ernst Lemmer, 1962

Millionen Lichter der großen Stadt. Mit sehr bewegter Stimme sagt der neunzigjährige Altkanzler, seit drei Jahren nicht mehr im Amt, was er in diesem Moment fühlt: »Dass ich das noch erleben kann. Das ist einer der schönsten Tage meines Lebens!«

Noch ein weiteres Mal werde ich Zeuge einer solchen bei Adenauer völlig ungewohnten Gefühlsregung. Das ist, als wir wenige Tage später in das Heilige Land kommen. Zu Nazareth, in der Verkündungskirche, wo nach der religiösen Überlieferung der Engel der Jungfrau Maria die Empfängnis des Gottessohnes verkündete, muss Konrad Adenauer bei den letzten Schritten zum Altar, wo er beten will, gestützt werden. So überwältigt ist er. Geht doch in diesem Augenblick ein Kindheitswunsch in Erfüllung. Und wieder offenbart der alte Mann, was er empfindet: »Ich bin dankbar und bewegt, an dem Ort zu sein, wo Christus gelebt hat. Wenn man wie ich aus einem Leben der Politik kommt, wie dankbar ist man dann, wenn man in meinem Alter die Gnade dieser Reise erleben kann.« Gerührt wende ich mich ab. Ich spüre jene Verlegenheit, die einen überkommt, wenn ein Mitmensch plötzlich seine innersten Gefühle offenbart. Das ist nicht mehr jener harte Berufspolitiker, den ich als Journalist in Bonn zehn Jahre lang aus nächster Nähe beobachten konnte. Das ist nicht mehr der Adenauer, dem in der politischen Auseinandersetzung jedes Mittel recht zu sein schien.

Der politische Kampf hatte Adenauer gehärtet. Aber er hat sein Herz bewahrt vor der eisigen Kälte der bloßen Zweckmäßigkeit, der nüchternen Überlegung, der gefühllosen politischen Schachzüge. Er ist ein Mensch mit allen Menschlichkeiten. So rücksichtslos er mit politischen Gegnern umspringen kann, so rücksichtsvoll ist er privat. Als ich ihn während unserer Israel-Reise nach einer Mittagspause zusammen mit seiner langjährigen Sekretärin Hannelore Siegel zu einer neuen Besichtigungstour abholen will, finden wir in einem Zimmer des »Hilton«-Hotels einen auf dem Sofa ausgestreckten Adenauer. Mit einem Regenmantel notdürftig zugedeckt, weil ihm offensichtlich kalt war. Trotzdem ist er später gut gelaunt. Er freut sich auf die Sehenswürdigkeiten, die seine israelischen Gastgeber ihm am Nachmittag zeigen wollen. Jedoch mit der komplizierten Schalttechnik der Klimaanlage seines Hotelzimmers ist der frierende Altkanzler nicht fertig geworden, und das Zimmermädchen hatte die Bettdecke fortgeräumt. Aber statt das Hotelpersonal zu bemühen oder gar seine Sekretärin, hat sich Adenauer, der neben Churchill und de Gaulle schon längst einen Platz in der Geschichte hat, still seinen Regenmantel als Ersatzdecke aus dem Koffer gekramt.

In seinem Rhöndorfer Haus am Rhein lässt Adenauer selten einen Besucher in das oberste Stockwerk. Denn dort verwahrt er die in einem langen Leben gesammelten Kunstschätze, darunter einen Rubens. Adenauer will nicht, dass sich das herumspricht. Scherzhaft sagt er: »Das zieht nur Diebe oder die Steuer an« – ein Kanzler, der stets auf Zucht und Ordnung hielt und der seine Mitarbeiter am festen Zügel führte, den aber der Gedanke reizt, der Steuer ein Schnippchen zu schlagen. Welch ein allzu menschlicher Zug.

Den Staatsmann Konrad Adenauer kennt längst die ganze Welt. Den Menschen Konrad Adenauer kennen nur wenige. Zu den wenigen gehöre jetzt ich. Nur, in knapp einem Jahr wird Adenauer nicht mehr leben. Am 19. April 1967 schließt er für immer die Augen. Über die Todesursache gibt es unterschiedliche Aussagen. Das letzte ärztliche Bulletin spricht von »Störung der Herzmuskeldurchblutung mit nachfolgenden Blutkreislaufstörungen«. Andere sprechen schlichtweg von »Herzinfarkt«. Der Bonner Professor Paul Martini wurde immer dann zu Rate gezogen, wenn Adenauers Hausärztin, Frau Dr. Bebber-Buch, mit ihrem Latein am Ende war. Martini über den Lebenswillen des »Alten«: »Der entzieht sich jeder naturwissenschaftlich-medizinischen Erklärung.«

Unbestritten bleibt: Adenauer litt fast sein ganzes Leben an chronischer Bronchitis. Die Empfindlichkeit seiner »oberen Luftwege«, wie es in den ärztlichen Bulletins immer wieder verharmlosend hieß, hatte bereits den jugendlichen Adenauer vor dem Militärdienst bewahrt, aber andererseits dazu geführt, dass die Lebensversicherung es ablehnte, ihn aufzunehmen.

Auch im letzten Winter, also 1966/67, machte sich verstärkter Hustenreiz bemerkbar. An seinem 91. Geburtstag, am 5. Januar, gestand er: »Es geht mir nicht besonders. Das Herz will nicht mehr so recht.« Am Ostermontag verließ er zur Heiligen Messe zum letzten Mal sein Haus in Rhöndorf, zwölf Kilometer stromaufwärts von Bonn. Mit vor den Mund gepresstem Taschentuch kämpfte er mühsam gegen üblen Hustenreiz.

Am 6. April zwang die Krankheit den greisen Patriarchen ins Bett. Sein Schlafzimmer im ersten Stock wurde erst zur Krankenstube und – was man natürlich an jenem Tag noch verdrängte – auch zum Sterbezimmer. Seine Hausärztin hatte vier ärztliche Kapazitäten hinzugezogen: Prof. Heymer von der Bonner Universitätsklinik, den Herzspezialisten Prof. Schaede sowie die Dozenten Dr. Hilger und Dr. Gerhards.

Es kam schließlich der Moment, von dem ab der Patient vorwiegend dahindämmerte. Als er einmal bei klarem Bewusstsein war und seine um das Bett versammelten erwachsenen Kinder und die Tränen in deren Augen sah, sagte er: »Kein Grund zum Weinen.« Es waren seine letzten Worte. Bereits wenige Stunden später – der Todeskampf war kurz – schied der erste Nachkriegskanzler Deutschlands um 13 Uhr 21 aus dem Leben. Es ist Mittwoch, der 19. April 1967. Das politische Bonn hält den Atem an, fast die ganze Welt kondoliert.

Die Beileidtelegramme kommen aus jedem Erdflecken, Präsidenten und Regierungschefs drücken telegrafisch ihr Mitgefühl aus – von der Elfenbeinküste ebenso wie aus Jamaika, Malaysia und Ruanda. Die wirklich Großen eilen persönlich zu den Trauerfeierlichkeiten nach Bonn und Köln – Adenauers Geburtsstadt, wo der Verstorbene zu Lebzeiten, bis die Nazis ihn absetzten, fast fünfzehn Jahre das Amt des Oberbürgermeisters bekleidet hatte.

Das Ereignis stellt das Protokoll vor seine bis dahin größte Aufgabe, die Feierlichkeiten erstrecken sich über vier Tage. Delegationen aus 54 Staaten, vierzehn internationale Organisationen – zum Beispiel die NATO – und vier Kirchenverbände entsenden Vertreter. Zum Auftakt der Trauerfeierlichkeiten wird der Leichnam, eskortiert von Männern des Bundesgrenzschutzes, von Rhöndorf ins Bonner Kanzleramt überführt. Der Leichenzug nimmt denselben Weg, den Adenauer auf der Fahrt zu seinem Büro fast täglich zu benutzen pflegte – mittels der Rheinfähre Königswinter-Mehlem. Der Leichnam wird im Kanzleramt aufgebahrt, wo die Bonner Bevölkerung in den nächsten eineinhalb Tagen Abschied nehmen kann.

In der darauf folgenden Nacht wird der Tote nach Köln in den über siebenhundert Jahre alten Dom überführt. Stabsoffiziere der Bundeswehr stellen die Totenwache. Nun nehmen die Kölner einen Tag lang Abschied von ihrem ehemaligen »OB«.

Schließlich am vierten Tag, es ist Dienstag, der 25. April, der Höhepunkt der Beisetzungsfeierlichkeiten: zunächst Staatsakt im Bundestag mit fast zweitausend Trauergästen. Ich sitze auf der Pressetribüne. Meine Gedanken gehen zurück: Adenauer pflegte durch die mittlere Tür den Plenarsaal zu betreten. In kerzengerader Haltung, mal links, mal rechts mit leichtem Nicken grüßend, um schließlich nicht auf der Regierungsbank, sondern in der ersten Reihe der Abgeordnetenbänke Platz zu nehmen. Meine Betroffenheit mischt sich mit Gewissensbissen. Wie oft hatte man sich als junger Pressespund über den »Alten« lustig gemacht, hatte sich mit List die unkorrigierten Protokolle seiner Parlamentsbeiträge besorgt und mit Häme geschrieben, dass er in einer fünfundvierzigminütigen Rede sechsundfünfzig Mal »meine Damen und Herren« sagte. Nun ist es zu spät, etwas zu schreiben, was ihn vielleicht erfreut hätte.

Adenauers Platz im Parlament bleibt an diesem Tag frei, geschmückt mit einem Nelkenstrauß. Auf der rechten Seite sitzt der amerikanische Präsident Lyndon B. Johnson im Cut mit Zylinder. Dann Bundespräsident Heinrich Lübke, der französische Staatspräsident Charles de Gaulle, Bundeskanzler Kurt Georg Kiesinger, ein halbes Jahr zuvor zum Nachfolger des glücklosen Ludwig Erhard gewählt, sowie Adenauers ältester Sohn Konrad, dem Vater zum Verwechseln ähnlich; dann weitere Familienmitglieder, gefasst, würdevoll in ihrer Haltung.

Auf der anderen Seite des leeren Stuhls Bundestagspräsident Gerstenmaier, dann der zweitälteste Sohn des Verstorbenen, Max Adenauer, und seine Frau. In der zweiten Reihe die Regierungschefs fast aller europäischen Nationen, in der vierten Reihe – der Kanzler hätte diese Zurücksetzung moniert – der 84-jährige David Ben-Gurion aus Israel, der Adenauer ein Freund war, mit dem er die so überaus schwierige Aussöhnung mit dem Staat der Juden nach den Jahren nationalsozialistischer Grausamkeit eingeleitet hatte. Im Fernsehen verfolgen Millionen Menschen in aller Welt die Zeremonie.

Vivaldis »Sinfonie h-Moll für Streicher« erklingt, die meisten Anwesenden haben den Blick gesenkt. Nachdem die Musik verhallt ist, die Traueransprachen von Bundespräsident Lübke:

»Konrad Adenauer hat unseren Weg zurück in die Gemeinschaft der freien Völker vorgezeichnet und geebnet«, von Bundestagspräsident Gerstenmaier und Bundeskanzler Kiesinger: »Fast übermächtig, so musste ich es empfinden, bewegte ihn in dieser letzten Frist die Sorge um die Zukunft, die Einigung Europas.« Dann ein Empfang beim Bundespräsidenten für die ausländischen Staatsgäste, und schon drängen Protokollbeamte mit wichtiger Miene zum Aufbruch. Mit Blaulicht und Polizeieskorten über vorher abgesperrte Straßen, vorbei an neugierigen Menschen, rast die Prominenz zum Kölner Dom.

Bis zum frühen Dienstagmorgen waren die Kölner Bürger in einer Prozession, die manchmal bis an das Rheinufer reichte, an dem Katafalk vorbeigezogen, hatten Stunden des Wartens in Kauf genommen, um schließlich für Sekunden einen Blick auf den Sarg werfen zu können. Dann, seit 12 Uhr mittags, hat sich der Dom mit etwa achttausend Ehrengästen aus aller Welt gefüllt. Die Feierlichkeit ist ergreifend. Von draußen klingt das Läuten der Glocken. Fünfzehn Obristen stehen bereit, um auf samtenen Ordenskissen die 49 Orden des Kanzlers hinter dem Sarg herzutragen – darunter das Christuskreuz des Vatikans, die höchste Auszeichnung, die der Papst zu vergeben hat. Nur ein einziger Deutscher erhielt vor Adenauer diese Auszeichnung: Otto von Bismarck für die Beendigung des Kulturkampfes.

Der Kölner Erzbischof, Kardinal Frings, würdigt den Verstorbenen: »Vieles, was das Zweite Vatikanische Konzil erst ins helle Licht rückte, hat Adenauer vorhergesehen und vorweggenommen. Er wartete nicht auf Weisungen von irgendwoher, sondern selbständig trug er die Verantwortung, und wenn er den Weg ganz allein und einsam gehen musste. Er ging ihn geleitet von seinem Gewissen.«

Während die Domglocken wieder mit schwerem Klang läuten, wird der Verstorbene auf seinen letzten Weg entlassen. Tausende säumen den Weg zum Rhein, zu dem sich jetzt der Trauerzug in feierlicher Prozession bewegt. An der Anlegestelle in Höhe des Doms hat das Schnellboot »Condor« festgemacht.

Unter Trommelwirbel wird der Sarg an Bord gebracht, das Wachbataillon präsentiert das Gewehr. Die Nationalhymne erklingt, ein Trompetensignal erschallt. Feldhaubitzen schießen auf der anderen Stromseite Salut – höchste militärische Ehren für einen Mann, der selbst nie Soldat war, der in derart bescheidenen Verhältnissen aufwuchs, dass er als Kind zeitweilig das Bett mit einem seiner drei Brüder teilen musste. Welch erstaunlicher Lebensweg, der nun zu Ende ging.

Dann »Leinen los!«, die »Condor« gleitet in die Mitte des Rheins, gefolgt von anderen Booten, darunter das Rheinschiff »Deutschland« mit den Angehörigen. Der Konvoi nimmt Fahrt auf, über die Boote donnern zwölf Starfighter des Jagdgeschwaders »Boelcke«, die Schiffe verschwinden langsam im Licht der Nachmittagssonne. Jeglicher Verkehr zu Lande und zu Wasser ruht. Von überall her läuten die Kirchenglocken. Die Spalier stehenden Menschen verharren stumm, nur wenige winken zaghaft, Kinder blicken fragend zu ihren Eltern hoch – ein Volk nimmt Abschied von seinem Vater.

Stromaufwärts, auf dem Friedhof von Rhöndorf, findet ein großer Staatsmann, in fast dörflicher Abgeschiedenheit, seine letzte Ruhestätte. In Anwesenheit nur noch der Familie und weniger Freunde wird der schlichte Sarg – gezimmert vom Honnefer Schreinermeister Jakob Walkembach, der Konrad Adenauer vor Jahren noch den Kanzlerschreibtisch maßgefertigt hatte – ins Grab gesenkt. Es liegt in der letzten Reihe.

Haiti Chéri: »Neger im Winter wollen wir nicht«

So interessant das Leben als politischer Journalist in Bonn ist, ich sehne mich von Zeit zu Zeit nach Abenteuern – auch nach meiner über dreijährigen Auszeit oder gerade deswegen. So frage ich eines Tages »Quick«-Chefredakteur Karl-Heinz Hagen: »Kannst du mich mal nach Haiti schicken? Ich möchte Papa Doc interviewen.«

»Bist du lebensmüde? Dieser Menschenschlächter schnippt einmal mit den Fingern, und seine gefürchteten Schlägertrupps machen dich platt.«

Diese Warnung war nicht ganz unberechtigt. François Duvalier, genannt »Papa Doc«, war seit 1957 Präsident von Haiti, hatte die nachfolgende »Wahl« 1961 ohne eine einzige Gegenstimme »gewonnen« und sich das Land mittels einer eigenen Miliz buchstäblich einverleibt. Deren Terrorregime fielen bis zum Tod des Diktators, 1971, mehrere Zehntausend Menschen zum Opfer.

Ich erwidere, mehr naiv als furchtlos: »Da gibt es doch noch einen deutschen Gesandten, in dessen Schutz ich mich flüchten kann.« Hagen lacht hell auf: »Der hat sich gerade verbeten, dass wir ihm regelmäßig die ›Quick‹ zukommen lassen. Gratis!«

Für einen Moment bin ich sprachlos. Aber eben nur für einen Moment. »Ich möchte es trotzdem wagen.«

»Wenn du unbedingt willst, dann man zu. Flieg voraus, und wir schicken später einen Fotografen. Good luck!«

Ich fliege über New York, wo mir ein aus Haiti geflüchteter Anwalt als Kontaktadresse für mein erhofftes Interview genannt wird. Schließlich auf Haiti, dem Inselstaat in der Karibik, gelandet, kontaktiere ich nach einigen Tagen auch unseren diplomatischen Vertreter, Dr. Franz Malsy-Mink, Chef der deutschen Gesandtschaft. Er bietet mir einen Drink an, schaut über sein mit Rum-Punsch gefülltes Glas und sagt mit unverhohlener Ironie: »So, so, Präsident Duvalier wollen Sie sprechen. Na dann viel Glück, Graf Nayhauß.«

Der deutsche Diplomat hat Grund zu solcherlei Skepsis. Er wartet selber seit Wochen auf eine erbetene Audienz, und sein Kollege, der neue Botschafter Guatemalas, seit zwei Monaten in Haiti, konnte sein Beglaubigungsschreiben dem Präsidenten immer noch nicht überreichen.

Dr. med. François Duvalier, selbst bestallter »Präsident auf Lebenszeit« (»President á vie«) regiert eigenwillig und zurückgezogen. Nur selten verlässt er seine Arbeits- und Wohnräume, die sich im rechten Flügel des schneeweißen Präsidentenpalastes mitten in der Hauptstadt Port-au-Prince befinden. Die Besucher, die zu ihm vordringen, sind wenige Auserwählte.

Die Abschirmung ist perfekt. Rings um den Palast sind Maschinengewehre, sogar Panzerabwehrkanonen und Tanks in Dauerstellung gebracht. Das Innere des riesigen Gebäudekomplexes beschützen mehrere Kompanien Soldaten sowie zusätzliche Milizeinheiten. Dennoch, trotz aller Unkenrufe und hermetischer Abriegelung empfängt François Duvalier mich und meinen inzwischen angereisten Fotografen, Guido Mangold, am letzten Tag meines sechswöchigen Aufenthaltes. Wir sind für sechzehn Uhr bestellt. Die Hauptportale des Palastes sind verriegelt, von Soldaten in Khakiuniformen bewacht. Wir werden darum durch einen kleinen Seiteneingang eingeschleust. Ein Vertrauter Duvaliers hat uns zuvor in einem Innenstadt-Café abgeholt. Wir müssen eine Wachstube passieren, werden durch einen muffigen Bereitschaftsraum, in dem sich dienstfreie Soldaten auf doppelstöckigen Betten räkeln, eskortiert. Schließlich erreichen wir im ersten Stock eine verhangene Glastür. Unser Begleiter gibt Klopfzeichen. Die Türgardine wird beiseitegeschoben, ein schwarzer Soldatenkopf und ein Gewehr tauchen auf. Wir werden kritisch und abweisend gemustert. Erst nachdem der Wachposten unseren Begleiter erkennt, öffnete er die Tür. Aber immer noch zögernd.

Nunmehr müssen wir einen langen Flur abschreiten. Links mehrere Flügeltüren, rechts eine kolonnadenförmige Konstruktion, die den Blick in den Innenhof des Palastes freigibt. Auch dort überall Militärposten. Das Ende des Flurs ist durch einen quergestellten Schreibtisch blockiert. Dahinter sitzen beziehungsweise stehen gleich vier Offiziere der Palastwache in makellosen Uniformen. Am Koppel tragen sie schwere Armeecolts. Hinter sich, griffbereit, Maschinenpistolen und Schnellfeuergewehre, etwas despektierlich deponiert, die Waffen einfach in Töpfe mit Zierpflanzen gesteckt, die eine Büste des schwarzhäutigen Generals und späteren Königs, Christophe Henry I.

von Haiti, schmücken. Auf dem Schreibtisch unter einer Glasplatte ein nicht zu übersehender Hinweis: »Besucher dürfen seine Exzellenz, den Präsidenten, nicht bewaffnet aufsuchen.« Wir werden gebeten, in einem großen gelben Saal zu warten. Mit uns eine buntscheckige Gesellschaft in der Hoffnung, ebenfalls zum Staatsoberhaupt vorgelassen zu werden: zwei Herren in strengschwarzen Anzügen, einer fächert sich mit einem Strohhut, Modell Kreissäge, Luft zu, daneben eine hochhackige dunkelhäutige Dame, die sich später als Vorsteherin eines katholischen Mädcheninternats zu erkennen gibt; alsdann warten da der haitianische Wirtschaftsminister, der Außenminister, ein amerikanischer Geschäftsmann und schließlich ein Mensch, der in seinem Aufzug völlig fehl am Platze zu sein scheint, denn er trägt sein dunkelblau-gestreiftes Sporthemd salopp über der Hose und verdeckt seine Augen hinter einer großen Sonnenbrille. Aber das ist eine Lässigkeit, die sich die Mitglieder der Sicherheitspolizei Duvaliers selbst im Palast herausnehmen. Nach zweieinhalb Stunden(!) Wartezeit werden wir aufgerufen.

Wir umkurven auf dem Flur den Schreibtisch mit den vier Wachoffizieren und sind im Begriff, durch die unmittelbar links dahinter offen stehende Tür des Präsidentenzimmers zu treten, da springen die Leibwächter plötzlich auf, halten uns zurück. Ob wir bewaffnet seien? »Quick«-Fotograf Mangold wirkt in der Tat verdächtig. Er hat die Marotte, seine vier Leicas nebst Zubehör in einem militärgrünen amerikanischen Sturmgepäck herumzuschleppen. Also fängt Mangold umständlich an, auf dem Fußboden vor der geöffneten Tür zum Staatschef auszupacken. Ich lüfte mein Jackett, um zu beweisen, dass ich weder unter der Achsel noch am Gürtel und schon gar nicht in der Gesäßtasche eine Pistole verberge. Die Verzögerung unseres Einmarsches dauert ungebührlich lange, wirkt plötzlich auch auf die Offizierswache peinlich. Mit einem hastigen »Ça va! ça va!« wird Mangold angetrieben, seine Fotoausrüstung schnell wieder einzupacken, und flugs bugsiert man uns über die Türschwelle ins Allerheiligste.

Das Arbeitszimmer des Diktators ist mittelgroß. An der Stirnseite gibt eine geöffnete Balkontür den Blick auf den Vorplatz des Palais frei. Der Raum ist für einen Mann, von dem man sich zuflüstert, dass er sein Amt missbrauche, um Millionen Dollars für sich ins Ausland zu schaffen, bescheiden eingerichtet. Ein paar Fahnen und Bilder an den Wänden, zwei, drei Bücherschränke, ein roter Teppich und eine Sitzgarnitur für Besucher. Rechts von der Balkontür, quer zur Zimmerecke, steht ein halbrunder, mit Papieren und Büchern beladener Schreibtisch. Dahinter, tief in einem grünen Ledersessel versunken, bei der mäßigen Zimmerbeleuchtung zunächst gar nicht richtig wahrnehmbar, der gefürchtetste Mann Haitis: François Duvalier.

Im tropischen Klima dieses wunderschönen Inselstaates wirken die männlichen Bewohner allgemein jünger, als sie tatsächlich sind. Nicht so Duvalier. Der sechzehnstündige Arbeitstag, den er sich auferlegt (»Ich opfere mich für die Nation«), und seine Zuckerkrankheit mögen die Ursache sein. Der Präsident ist von relativ kleiner Statur. Wenn er aufsteht, was er im Verlauf des folgenden Gesprächs einige Male tut, wirkt er leicht gebeugt, spricht leise, zögernd, ja fast in Zeitlupe.

Duvalier ist wie 90 Prozent aller Haitianer – wie man damals noch ohne zu zögern sagte – Neger (neun Prozent Mulatten, ein Prozent Weiße). Das Auffälligste an seinem Äußeren sind das weiße, kurz geschorene Haar und eine Hornbrille. Der Präsident trägt an diesem Abend einen dunkelgrauen Anzug, dazu eine schwarze Krawatte mit einer Ziernadel. Es ist schwer vorstellbar, dass dieser Mann dic Vcrkörperung eines Regimes sein soll, das Tausende Menschen massakriert und weitere Tausende heimatlos gemacht hat. Der Mann, dem wir nun gegenübersitzen, wirkt vielmehr wie ein gutmütiger, etwas betulicher Landarzt, der Duvalier ja auch einmal war.

Aber schon zu Beginn unseres Gesprächs gibt er zu erkennen, dass er bezüglich der Geschehnisse unter seiner nunmehr neunjährigen Herrschaft frei von Gewissensbissen ist. Er belehrt mich: »Es ist doch das Ziel jeder Revolution, also auch der

Im Gespräch mit dem haitianischen Präsidenten François Duvalier, 1966

meinen, die Macht zu bekommen und zu behalten. Sicherlich, einige Leute können das nicht ganz verstehen, und sie versuchen den Führer der Revolution davon abzuhalten, sein Ziel zu erreichen. Aber das sind die gleichen Leute, die bei uns die armen Menschen, die Masse, niederhalten wollen.«

Der Präsident möchte im gleichen Atemzug glauben machen, dass er sich von Anbeginn seiner Diktatur zum Ziel gesetzt habe, die Lebenslage eben dieser Armen erträglicher zu gestalten. Nach all dem, was wir in Wochen sahen und erfuhren, wirkt diese Behauptung nicht gerade überzeugend.

Immer noch sind fast 90 Prozent der Bevölkerung des Lesens und Schreibens unkundig. Jeder fünfte Säugling stirbt im ersten Lebensjahr. Die durchschnittliche Lebenserwartung des Haitianers liegt bei 42 Jahren. Eine unzureichende Ernährung und katastrophale sanitäre Verhältnisse sind die Ursachen. Nur sechs Prozent der Bevölkerung können Trinkwasser aus einem ordentlichen Leitungsnetz beziehen. Der Rest, besser gesagt, die erdrückende Mehrheit, schöpft Wasser aus Tümpeln, lehmigen Flüssen und Abwässern. Malaria und Tuberkulose nehmen ständig zu. Dagegen gibt es im ganzen Land nur rund 300 Ärzte, also auf 15 000 Einwohner einen (in der Bundesrepublik zur gleichen Zeit betreut ein Arzt durchschnittlich 750 Menschen). Nur jeder fünfzehnte Mann ist in der glücklichen Lage, einen Lohn oder ein Gehalt zu empfangen; aber das nicht immer das ganze Jahr über. Ein Plantagenarbeiter verdient im günstigsten Fall umgerechnet 15 Mark brutto die Woche, ein Diener in einem Haushalt 25 Mark.

In leichtem Tonfall und im matten Licht eines links hinter ihm stehenden Leuchtglobus fährt Duvalier fort, seine Politik zu rechtfertigen: »Von der breiten Masse meiner Anhänger können Fehler gemacht werden. Aber dann hat der Führer, also ich, die Verantwortung, ihnen von Zeit zu Zeit den richtigen Weg zu zeigen.«

Der Präsident ist gewillt, behauptet er jedenfalls, seine mit Blauhemden uniformierte Miliz an die Kandare zu nehmen. Das sind jene 20 000 sogenannten Freiwilligen der Nationalen Sicherheitspolizei (Volontaires de la sécurié Nationale), die – ähnlich wie Hitlers SA-Schlägerkolonnen in der Weimarer Zeit – sich bislang das Recht herausnahmen, jeden Haitianer zu verhöhnen, zu foltern, zu töten oder einfach verschwinden zu lassen, weshalb sie auch in der Bevölkerung nur »Tontons Macoutes« (Onkel mit dem Sack) heißen. An sie dachte mein Chefredakteur, als er mich von der Reise abhalten wollte. Auch mit der Unsitte soll aufgeräumt werden, dass die Anhänger Duvaliers der Bevölkerung Geldtribute abverlangen. Als zum Beispiel unlängst beim deutschen Ehrenkonsul in Cap Haitien nachts zwei Duvalieristen einfielen und – vergebens – Geld forderten, wanderten sie wenig später ins Gefängnis, weil die Geschichte Duvalier zu Ohren kam. Vor ein paar Jahren sah das anders aus. Da wurde derselbe Konsul zusammen mit anderen wohlhabenden Bürgern ganz offiziell in die Zentrale der duvalieristischen Bewegung nach Port-au-Prince bestellt und kurzerhand zur »freiwilligen« Zahlung von umgerechnet 64 000 Mark verdonnert.

Ich bekomme den Eindruck, Duvalier muss sehr fest im Sattel sitzen, wenn er sich erlauben kann, seine Revolutionskumpane zur Ordnung anzuhalten und sie ihrer Pfründe zu berauben. Und so möchte ich von ihm wissen, ob er die gefürchteten »Tontons Macoutes« denn auch tatsächlich fest in der Hand habe. Die Reaktion des Diktators ist bezeichnend. Es ist das erste Mal während unseres Interviews, dass der Präsident lebhaft und laut wird. Sehr bestimmt kommt die Antwort: »Ich bin ihr einziger Boss.« Mit einem senkrecht durch die Luft geführten Handkantenschlag verleiht er dieser Feststellung Nachdruck, ganz so, als wolle er den Sturz eines Fallbeils demonstrieren. Anarchie im eigenen Land könnte seine Position erschüttern. »Ich bin über alles in diesem Land informiert«, sagt er. Wenig später möchte er uns seine Frau vorstellen und befiehlt einem der Wachoffiziere, Madame zu holen. Der kommt kurz darauf zurück, salutiert und meldet: »Madame Duvalier ist mit einigen Offizieren ausgegangen.« Der Präsident schaut verdutzt drein. Ich wage die Bemerkung, die sich kein Haitianer erlauben würde, ohne sein Leben zu riskieren: »Sie behaupten, über alles in Haiti informiert zu sein, wissen aber nicht einmal, dass Ihre Frau verschwunden ist?« Er stutzt zunächst ob meiner Unbotmäßigkeit, Mangold und ich sind gefasst, rausgeschmissen zu werden, da geht ein Lächeln über sein schwarzes Gesicht: »C'est la vie.«

Wir unterhalten uns jetzt bereits eine Stunde. Draußen ist es dunkel geworden. Durch die geöffnete Balkontür kann man auf dem Platz vor dem Palais die hellen Kleider der Spaziergänger erkennen. Noch vor zwei Jahren mieden die Menschen abends die Straße. Aus Angst vor Duvaliers Schergen. Mangold und ich sind mit dem Wagen viele Hundert Kilometer durchs Land gefahren. Auch in der Nacht. Zwar geschah es bisweilen, dass plötzlich im Scheinwerferlicht unseres Volkswagens ein verwegen aussehender »Tonton Macoute« mit schussbereitem Gewehr auftauchte, uns den Weg versperrte: »Restez!« Stopp! Oder es passierte, dass uns aus dem Busch heraus ein Militärposten mit der Trillerpfeife signalisierte, zu stoppen. Indes, sobald wir ihm Namen und Fahrtziel aufgeschrieben hatten, durften wir unbelästigt passieren.

Jetzt sitze ich vor dem uneingeschränkten Beherrscher von viereinhalb Millionen Haitianern und höre den leicht in sich zusammengesunkenen Präsidenten mit dem Habitus eines Landarztes davon erzählen, dass er immer noch so gern Rezepte für Verwandte und Bekannte ausstelle. »Und dann wollen diese Leute das Rezept nicht in die Apotheke tragen, weil es ja ein historisches Dokument ist.«

Während er von solcherlei Nettigkeiten eines bürgerlichen Lebens spricht, muss ich an eine ganz bestimmte Szene denken. Sie spielte sich vier Wochen zuvor auf dem Flugplatz der Hauptstadt ab. Die Mittagsmaschine nach New York ist startklar. Aber die bereits abgefertigten Passagiere dürfen noch nicht an Bord. Irgendetwas Besonderes liegt in der Luft. Längs der Anfahrt zum Flughafen sind Militär und Sicherheitspolizei mit Maschinengewehren und einem Panzer in Stellung gegangen. Plötzlich fegt mit schrillem Sirenengeheul eine Autokolonne auf das Rollfeld, kommt an der Rückseite des Abfertigungsgebäudes zum Stehen. Aus verschiedenen Fahrzeugen springen Soldaten und bringen Maschinenpistolen in Anschlag. Nach einige Sekunden entsteigt dem mittleren Wagen der Kolonne ein Mann, der in der Hand einen schussbereiten Revolver hält: François Duvalier. Er ist erschienen, um eine seiner Töchter, die im Begriff ist, nach Madrid zu fliegen, zu verabschieden.

Ich spreche Duvalier auf dieses Erlebnis an, will von ihm wissen, wer seine potenziellen Feinde seien und wo er sie vermute. Diesmal lacht mein Gegenüber. Aber dieses Lachen hat nichts Gemütliches, nichts Verbindliches an sich. Es klingt etwas drohend, gewissermaßen stellvertretend für den nicht ausgesprochenen Gedanken: »Da schnüffelt ihr also hinter mir her.« Schließlich bequemt er sich zu der Feststellung: »Dann sind wir also alte Bekannte.« Weil das nun keine Antwort auf meine Frage ist, bohre ich noch einmal nach, erhalte jedoch wieder eine ausweichende Auskunft: »In jedem Teil dieser

Welt, in jedem Land, hat jede Regierung, hat jeder Präsident Feinde.«

In diesen Tagen aber ist er gerade im Begriff, sich mit einer starken gegnerischen Macht zu arrangieren. Das ist wohlgemerkt nicht die Opposition im eigenen Land. Die hat er längst kaltgemacht. Die benachbarte Dominikanische Republik – der einzige Staat, mit dem Haiti eine gemeinsame Grenze hat – ist zwar geschichtlich ein traditioneller Gegner. Aber dieser Nachbar hat gegenwärtig mit sich selbst genug zu tun. So verbleibt von den in Frage kommenden Feinden des Diktators nur noch ein Gegner. Das ist allerdings ein wirklich ernstzunehmender: die Vereinigten Staaten von Amerika.

Schon einmal in der jüngeren Geschichte, nämlich 1915, schickten die Amerikaner ihre raubeinigen Marineinfanteristen nach Haiti, um politische Unruhen im Keime zu ersticken. Erst nach 19 Jahren zog die Besatzungsmacht wieder ab. Duvalier muss immer gegenwärtig sein, dass sich diese Intervention wiederholt, wenn neue, größere Unruhen auf Haiti Anlass zum Eingreifen böten. So sucht er den Ausgleich mit Washington. Denn als ich ihn frage, ob die amerikanische Regierung ihn dafür belohnen werde, dass er dem krassen innenpolitischen Terror auf Haiti ein Ende bereitete, antwortet er zuversichtlich: »Ja, ich denke schon.«

Mehr zu sagen, ist Duvalier im Augenblick nicht bereit. Er fügt noch hinzu: »Das ist top secret!« Und um den Grad der Geheimhaltung zu demonstrieren, hält er den erhobenen Zeigefinger seiner rechten Hand vor die geschlossenen Lippen.

François Duvalier hat Burgfrieden mit den Amerikanern, der Kirche, kurzum mit allen nötig. Nicht zuletzt aus wirtschaftlichen Gründen. Als Mangold und ich auf Haiti sind, ist die Wirtschaft in einem katastrophalen Zustand. Riesige Luxushotels sind von beklemmender Leere. Touristen, vor allem die Amerikaner, bleiben aus. Die einzige Eisenbahnlinie stellte den Personenverkehr ein. 73 Prozent des Straßennetzes sind nicht ganzjährig befahrbar. Nur 348 Kilometer sind überhaupt asphaltiert, besser gesagt, waren asphaltiert. Inzwischen reiht sich Schlagloch an Schlagloch. Mehrmals am Tage und am Abend müssen die Bewohner der Hauptstadt Stromsperren in Kauf nehmen. Das letzte Telefonbuch wurde vor zehn Jahren gedruckt. Ein neues ist nicht mehr vonnöten. Seit dem Abzug der amerikanischen Besatzungsmacht im Jahre 1934 ist am Telefonnetz praktisch nichts mehr gemacht worden.

Aus eigener Kraft kann Duvalier sein Land aus dem großen Schlagloch, das er aufgerissen hat, nicht mehr herausbringen. Er gibt das selbst zu: »Wir brauchen mehr Investitionsgelder aus dem Ausland.« Jetzt verstehe ich, warum wir ein Interview bekommen haben.

Mangold und ich verabschieden uns, wollen das Zimmer verlassen. Indes, die Tür zum Flur lässt sich nicht öffnen. Unser Begleiter flüstert uns zu: »Das geht nicht.« Wir müssen warten, bis der Präsident vom Schreibtisch aus mittels eines Knopfdrucks der Offizierswache ein Klingelzeichen gibt. So groß ist seine Furcht vor Anschlägen. Dann wird wieder jenes Sicherheitsspiel abgespult, das wir während unseres zweistündigen Gesprächs mehrmals beobachten konnten. Auf das Klingelzeichen des Präsidenten hin klopft es von draußen an der Tür. Nun betätigt der Präsident ein zweites Mal die Klingel. Erst jetzt darf der Wachoffizier eintreten. Mit laut zusammenschlagenden Hacken nimmt er den Befehl Duvaliers, uns hinauszugeleiten, entgegen. Während der Präsident spricht, wagt der Offizier die zum militärischen Gruß erhobene Hand nicht runterzunehmen, fühlt sich erst befugt wegzutreten, wenn ihn der Präsident mit der leichten Andeutung einer militärischen Ehrenbezeugung entlässt.

Am nächsten Tag fliegt Mangold zurück nach München, ich darf noch bleiben. Vor seinem Abflug genehmigen wir uns eine Flasche Schampus – auf Redaktionskosten. Wir sind richtig high. Uns gelang mit dem Interview nicht nur ein Scoop für »Quick«, die Story ließe sich vom Verlag weltweit an andere Medien verkaufen. Keiner hatte in letzter Zeit »Papa Doc« interviewen dürfen. »Quick« hat sich unsere Reise einiges kosten lassen: Ich war sage und schreibe sechs Wochen zum Recherchieren auf Haiti, der Fotograf zwei Wochen. Großzügige Arbeitsbedingungen, wie sie heute infolge Kostendrucks und sinkender Auflagen unvorstellbar sind.

Die Redaktion ist sogar einverstanden – nicht zuletzt als Dank für den Erfolg mit dem Duvalier-Interview –, dass ich in der Region einen längeren Urlaub anhänge. Von Haiti fliege ich am 5. März nach Kingston auf Jamaika. Dort – sicher vor »Papa Docs« Tontons Macoutes – bringe ich im Hotel die Duvalier-Geschichte zu Papier, schicke sie per Telex nach München. Gott sei Dank rechtzeitig, denn tags darauf wird in mein Zimmer eingebrochen, Koffer nebst Inhalt gestohlen.

Alsdann fliege ich nach Caracas und nach knapp einer Woche von dort aus nach Trinidad, eine weitere Insel im karibischen Meer. Dort ist es wider Erwarten nicht so schön. Der Strand ist vom Hotel weit entfernt. Also mache ich noch einmal Stellungswechsel, und zwar auf die Nachbarinsel Tobago. Dort finde ich in einer winzigen Bucht mit idyllischem Sandstrand und wunderschönen Riffs einen Bungalow direkt am Strand mit Ruderboot. Die meiste Zeit bin ich mit Tauchermaske und Harpune in herrlich klarem Wasser, nicht ohne mir für das Abendmahl jeweils einen Fisch zu schießen. Ich lebe abgeschieden am Rande eines 1200 Seelen zählenden Dorfes, immerhin mit einem Einkaufsladen. Die letzten Tage meines Urlaubs verbringe ich noch einmal auf dem südamerikanischen Kontinent, in British Guayana.

Auch die schönste Zeit hat einmal ein Ende. Ostern 1966 fliege ich heimwärts. Zurück in München erlebe ich jedoch eine böse Überraschung, die meiner Jubelstimmung nach fast dreimonatiger Abwesenheit einen kräftigen Dämpfer versetzt: Chefredakteur Karl-Heinz Hagen und sein Stellvertreter Günter Prinz, die erfolgreichen Blattmacher, sind plötzlich von Bord gegangen, weil sie mit den Verlegern Meinungsverschiedenheiten bekamen. Die Eigentümer wollten den Redaktionsetat von 12 auf 9,6 Millionen Mark pro Jahr kürzen, außerdem mehr Seiten pro Heft nicht genehmigen. Zusätzlich verlangten sie künftig einen weniger regierungsfreundlichen Kurs der »Quick«, Aktionen wie die von Nayhauß gestartete Aktion »Rufen Sie den Minister an« hätten nicht das erhoffte Mehr an Anzeigen von der Industrie erbracht.

Hagen und Prinz, die in drei Jahren die Auflage der »Quick« um 330 000 Exemplare hochgepuscht hatten, waren nicht bereit, die Forderungen ihrer Verleger zu akzeptieren. Sie wechseln kurzerhand zu Axel Springer. In der »Quick«-Redaktion herrscht daraufhin tiefe Verunsicherung. Was wird aus dem Blatt? Gibt es Entlassungen?

Für unsere als Sensation gedachte Reportage interessiert sich keiner. Darüber vergehen Monate, inzwischen ist es Anfang Dezember 1966. Ich raffe eines Tages das Manuskript und die Exklusivfotos von Diktator Duvalier zusammen und gehe zum Kollegen, der kommissarisch die Redaktion leitet: »Können wir nicht endlich diese Reportage veröffentlichen? Sie wäre eine Sensation.«

Er sitzt am Schreibtisch, wirft keinen Blick auf meinen Text, sondern studiert die Bilder, schaut schließlich zu mir hoch, schüttelt den Kopf und sagt – ich denke, es haut mich um: »Neger im Winter wollen wir nicht.«

Bundeskanzler Helmut Schmidt gestand einmal: »Wenn die Leute wüssten, mit wie viel Dämlichkeit regiert wird.« Das gilt auch für Redaktionen. Wenn die Leser wüssten …

Ich gehe wieder einmal auf Jobsuche. Vorher habe ich noch Riesenglück: Ich treffe die Frau meines Lebens.

Ich heirate mit vierzig

Ein Sonntag im Juli des Jahres 1966. Heiß, Bonner Treibhausklima. Ich sitze an meinem Schreibtisch, als das Telefon läutet. Am Apparat Manfred Bauer, jener Mitarbeiter des German Information-Centers in New York, bei dem ich während meiner sogenannten Weltreise vorübergehend wohnen durfte und Babysitter spielte. Er ist inzwischen zurückversetzt an das Bundespresseamt. »Wie geht's, Maini?«, fragt er.

»Alles ok. Ich war gerade ein halbes Jahr unterwegs und muss mich erst wieder einleben.«

»In Bonn gibt es neuerdings ein hübsches Mädchen – Sabine Beierlein. Du müsstest sie aus New York kennen.«

»Nein, kann mich nicht erinnern.«

»Wie dem auch sei, sie ist neu hier als VIP-Lufthansa-Betreuerin am Bonner Flughafen. Sitzt heute am Sonntag in einem kleinen Hotel in Bonn und langweilt sich. Warum rufst du sie nicht einmal an?«

Was ich prompt tue. Ich biete ihr an, statt in dem heißen Hotelzimmer unter dem Dach den Sonntag bei mir draußen zu verbringen. »Hier im Garten herrscht eine leichte Brise, und Sie haben einen wunderschönen Blick auf den Rhein und das Siebengebirge.«

»Ja, und wie komme ich zu Ihnen?«

»Sie nehmen vom Bonner Hauptbahnhof die Straßenbahn Richtung Godesberg und fahren bis zur Endstation. Dort hole ich Sie ab.«

Sie zögert einen Moment, findet meinen Vorschlag, die öffentlichen Verkehrsmittel zu nutzen, eigentlich eine Zumutung. Aber den Sonntag in ihrem tristen Hotelzimmer zu bleiben, findet sie letztendlich noch schlimmer.

»Ok, ich nehme die nächste Bahn.«

Ich rechne mir aus, wann sie an der Endhaltestelle eintreffen wird, und fahre zu gegebener Zeit los. Als die Bahn eintrifft und sich leert, bleibt eine junge Frau übrig, die sich auf eine

Wartebank an der Haltestelle setzt, zusammen mit Schaffner und Fahrer rechts und links, um die sie ihre Arme legt. Ich denke, wenn sie das wirklich ist, kann sie mir gestohlen bleiben, drehe um und fahre nach Hause. Kaum angekommen, klingelt das Telefon. »Hier Sabine Beierlein, Sie wollten mich doch an der Haltestelle abholen?!«

»Da war ich auch, habe Sie aber nicht gesehen, wo stehen Sie denn?« Sie nennt eine Station viel früher als besagte Endhaltestelle. »Bleiben Sie dort, ich hole Sie jetzt ab.«

Tatsächlich, da steht sie, in einem Minirock, so kurz, dass gelangweilte Bewohner der umliegenden Häuser neugierig aus den Fenstern schauen. »Entschuldigen Sie vielmals, aber ich habe Sie an der Endhaltestelle erwartet, und dies ist nur die letzte Haltestelle in Godesberg.«

Ich reiße den Wagenschlag meines hellblauen Cabriolets auf, dann fahren wir zu mir nach Hause. Sie erzählt von ihrer sechsjährigen Tätigkeit für die Lufthansa als Bodenstewardess und VIP-Betreuerin am New Yorker Flughafen. Ich berichte von meiner Arbeit. Habe inzwischen Kaffee aufgebrüht und Kuchen aus dem Kühlschrank geholt. Die Zeit vergeht, ich bewundere ihre schlanke Figur, das dunkelbraune Haar und die schönen Augen. Der Abend nähert sich. Ich schlage vor, in das Bonner Prominentenlokal »Weinhaus Maternus« zum Essen zu fahren, und mache sie dort mit der Wirtin Ria Maternus bekannt. Wir sitzen im Schatten des auf der Rückseite liegenden Gärtchens mit Springbrunnen und genießen rheinische Kost.

Was mit dem angebrochenen Abend tun? Ich denke, wenn man wie Sabine aus New York kommt, ist vielleicht das Richtige der amerikanische Botschaftsclub am Rhein. Also auf und dorthin. Als Journalist habe ich dort Zutritt. Es wird getrunken und getanzt. Ich bin mächtig stolz, ihr dieses Ambiente bieten zu können, nicht ahnend, dass sie es unglaublich spießig findet. Irgendwann fahre ich sie zurück ins Hotel, verspreche, ihr bei der bevorstehenden Wohnungssuche zu helfen. Vorerst biete ich ihr aber an, die nächste Woche mein Haus zu nutzen, weil ich auf Dienstreise gehe. Sie: »Darf ich eine Freundin mitbringen?«

»Aber natürlich.«

Vor meiner Abreise verteile ich im Haus kleine Zettel mit dem Hinweis, was wo zu finden ist. Besagte Freundin: »So etwas macht nur ein Schwuler.«

Nach meiner Rückkehr bleiben wir in Kontakt. Ich schicke ihr wiederholt Blumensträuße an den Flughafen, was Missgunst der Kolleginnen auslöst, die sie zudem glauben machen wollen, ich sei geschieden und Vater von drei Kindern. Das ist eine Verwechslung mit meinem älteren Halbbruder Hubertus, der inzwischen in Düsseldorf als Geschiedener lebt. Aber so sind die Menschen: Tratschen, ohne auf die Richtigkeit dessen, was sie verbreiten, zu achten. Gelegentlich hole ich sie nach Dienstschluss am Flughafen mit meinem Sportwagen ab, wobei ihr am meisten imponiert, wie schnell ich einen Reifen wechseln kann, was leider wegen der mangelnden Qualität der damaligen Pneus mehrmals der Fall ist.

Bei einem Empfang des indonesischen Botschafters am Nationalfeiertag bringe ich meine neue, attraktive Freundin mit. Irgendwann nähert sich uns der Leiter des Bonner Verbindungsbüros von Rheinstahl, Siegfried Westphal. Da er es in seinem ersten Berufsleben bis zum General der Kavallerie gebracht hatte, klickt er leicht die Hacken zusammen und schnarrt mit einer knappen Verbeugung in Richtung auf die Dame an meiner Seite: »Bitte mich der Frau Gemahlin vorzustellen.«

»Bedaure General, das ist nicht meine Frau.«

»Dann, mein lieber Nayhauß, wird es höchste Zeit.«

Das löst in mir eine Art Automatismus aus, denn ich habe mich längst in Sabine verliebt. Nach dem Empfang lade ich sie wieder ins »Weinhaus Maternus« ein. Irgendwann nach der Vorspeise frage ich: »Was hältst du davon, wenn wir heiraten würden?«

Sabine ist überrascht, sie sagt weder Ja noch Nein. Sei es, dass ich über meine Kühnheit selber erschrocken bin, sei es, dass ich sie durch meine Forschheit nicht verlieren will, füge ich hinzu: »Du kannst es dir ein Jahr lang überlegen – ich weiß, wir kennen uns sehr kurz.«

Sabine lässt es auf eine so lange Wartezeit aber nicht ankommen, sondern gibt mir bereits nach einer Woche ihr Ja-Wort. Wir gehen kurz darauf wieder ins »Maternus«, sitzen am selben Tisch, und als sich Wirtin Ria im Verlauf des Abends zu uns setzt, platze ich mit der Neuigkeit raus: »Sabine wird heiraten.«

Ria: »Aber nicht dich.«

Dann geht alles sehr schnell. Antrittsbesuch in Erlangen bei Sabines Vater und – nach Scheidung – seiner zweiten Frau Margarita, die in Argentinien aufwuchs. Kritisch werde ich begutachtet – das ist also der Mann, der Sabine für immer entführen will. Ist er nicht zu alt? Der Großvater, angesehener Direktor bei Siemens, fragt: »Wie wollen Sie meine Enkelin denn im Alter ernähren?« Undenkbar für ihn, da ich immer wieder für neue Redaktionen gearbeitet habe.

Am 7. Oktober findet die standesamtliche Trauung statt, tags darauf die kirchliche in der Neustätter Kirche zu Erlangen. Die Trauung nimmt Pfarrer Wolfgang Jokisch vor, ein Studentenpfarrer. Wegen meiner Konfessionslosigkeit war es schwierig, überhaupt einen Geistlichen für diesen wichtigen Akt zu finden. Sabine sieht in ihrem in New York erstandenen weißen Hochzeitskleid aus schwerer Seide, an Hals und Ärmeln Perlenstickerei, umwerfend bezaubernd aus. Dazu der Brautstrauß aus rosa Rosen und weißen Freesien.

Neben Dutzenden von Briefen 123 telegrafische Glückwünsche. Zum Beispiel: »Zur Hochzeit übermitteln wir Ihnen beiden unsere herzliche Gratulation mit allen guten Wünschen für den gemeinsamen Lebensweg. Rut und Willy Brandt.«

»Lieber Graf Nayhauß! Zu Ihrer Vermählung meine herzlichen Glückwünsche. Ich bin sicher, dass Sie die richtige Wahl getroffen haben, und darum weder an Haaren noch an Zähnen Einbuße erleiden werden. Darum viel Glück für Ihren neuen Lebensabschnitt. Helmut Schmidt, MdB.«

Der Bruder des amerikanischen Präsidenten, Ted Kennedy: »My best wishes and Congratulations to both of you. Please be sure to get in touch with me if you are ever in the United States. Joan (seine Frau) joins me in sending our hearties good wishes.«

Das lustigste Telegramm kommt von meinen Chefs bei »Quick«: »Lieber Graf! Du wolltest von mir einen guten Rat für die Ehe haben. Ich kann Dir keinen besseren geben, als den, den mein Freund Jim Gordon bekam, der in Dayton/Ohio heiratete: ›Marriage-Licence? Better get yourself a Fishing-Licence – costs just one buck and makes you more fun.‹ In diesem Sinne mit allen guten Wünschen – Deine treuen Freunde Karl-Heinz Hagen und Günter Prinz.«

Prinz zusätzlich in einem separaten Brief: »Ich sehe die Szene noch vor mir: Wir beide in einem Vorgartencafé in Athen nach einem gemeinsam geführten Interview mit dem deutschen Botschafter und seiner Frau. Du fragtest: ›Meinst Du, ich soll heiraten?‹ Meine Antwort: ›Selbstverständlich!‹ Darauf tranken wir einen Schluck Wein und flogen nach Hause.«

Bedauerlicherweise ist Sabines leibliche Mutter, Ilse, die erste Frau ihres Vaters, bei der Hochzeitsfeier nicht dabei. Sie heiratete in zweiter Ehe einen Cousin, was zu Schwierigkeiten in der Familie führte. Erst später, bei den Taufen unserer Töchter, feiert sie mit uns – ebenso wie Sabines Halbbruder Thomas, mit dem wir bis heute in engem Kontakt stehen.

Einige Tage später gehen wir auf Hochzeitsreise, Start in Frankfurt, Ziel San Francisco. Von dort aus geht es quer durch die Karibik. Wir hatten uns vorgenommen, jeder zeigt dem anderen die Insel, die er von früheren Besuchen kennt. Den Luxus dieser Reise können wir uns überhaupt nur leisten, weil Sabine als Lufthansa-Angestellte Anspruch auf verbilligte Flüge hat. Voraussetzung: Wir reisen »Stand By«, was mich in Anbetracht der Ungewissheit nervös macht, ob noch Platz auf der jeweiligen Maschine ist. Sabine ist mit diesem System seit über fünf Jahren von New York aus in viele Länder gereist und ist daher völlig gelassen. Von Barbados, der ersten Station, geht es

Hochzeitstag, rechts und links meine Schwiegereltern,
7. Oktober 1966

nach Tobago. Weiter nach Trinidad und Puerto Rico. Dann zurück über New York, Washington und schließlich am 25. November nach Bonn.

Die Begeisterung über diese Hochzeitsreise ist geteilt: Während Sabine gewohnt ist, in Hotels erster Klasse abzusteigen, bin ich von meinem vorangegangenen Vagabundenleben auf der dreijährigen Auszeit mit einfachsten Quartieren zufrieden. Auf Tobago, in jenem Bungalow in der einsamen Bucht, hatten wir Scharen von Ameisen im Zimmer. Hinzu kam, dass es Strippen regnete und alles klatschnass wurde; außerdem war der Strand voller Krabben, was bisweilen gespenstisch aussah.

Sei's drum, in Bonn beginnt nun wieder das normale Leben. Ich starte bei einem neuen Arbeitgeber, der »Bunten«. Das heißt, der Anfang verzögert sich. Statt Beiträge aus Bonn zu liefern, bin ich erst einmal in einen Rechtsstreit mit meinem neuen Arbeitgeber verwickelt.

Die Burdas: Wehe, man widerspricht

Das Auffallendste in seinem Gesicht ist der tiefe Schmiss auf der linken Wange. Senator Dr. Franz Burda, Inhaber des gleichnamigen Verlags, herausragende Persönlichkeit der Gründergeneration nach dem Zweiten Weltkrieg, empfängt mich in seinem Jagdhaus im Schwarzwald. »Seien Sie willkommen, Graf.« Der Mittagstisch ist gedeckt, die Bedienung steht mit geöffneter Weinflasche parat, anwesend auch noch Verlagsleiter Rüdiger Hurrle. Bevor wir essen, will der Verleger mir durch das Fenster die schöne Landschaft zeigen. Plötzlich verengt sich sein Blick, er greift zu einem auf dem Fensterbrett liegenden Fernglas, setzt es kurz an, reicht es mir: »Schau'n Sie mal, drüben am Waldrand steht ein Bock.«

Auch ich sehe durch das Glas das Wild. Sein rotbraunes Fell glänzt in der Sonne. Als ich genug gesehen habe, will ich das Fernglas an den Verlagsleiter weiterreichen. Da entreißt es mir sein Chef, stellt es zurück auf die Fensterbank. »Der versteht davon sowieso nichts.« Der Verlagsmensch errötet, kuscht aber. Wir nehmen schließlich Platz – ohne Burdas Mitarbeiter, der sich verdrückt hat.

Kurz zuvor hatte ich mit der »Bunten« einen Jahresvertrag abgeschlossen. Nach dem Weggang von Karl-Heinz Hagen und Günter Prinz bei der »Quick« war dort für mich kein Bleiben. Nun sollte ich mit dem Gründer und Chefredakteur der »Bunten« ein erstes Themengespräch führen. »Mir schwebt vor«, sagt

Dr. Franz Burda, während er die Spätzlesuppe löffelt, »dass Sie eine wöchentliche Kolumne über Bonner Politik und Gesellschaft schreiben und sich für weitere Themen zur Verfügung halten.«

Mir ist klar, der Verleger hat nicht nur Interesse, die Konkurrenzblätter »Stern« und »Quick« zu überholen, sondern auch in Bonn unter den Politikern mehr Beachtung zu finden. Peu à peu hat er das bereits durch Abendveranstaltungen in der provisorischen Hauptstadt geschafft. Nicht nur Politiker waren gern gesehene Gäste, auch das Diplomatische Corps. Die ausgesprochen lustigen Feste fanden in dem ihm gehörenden Hotel »Arera« statt. Nach dem Essen und dem Genuss edler badischer Weine wurde zu vorgerückter Stunde viel gesungen. Dazu mussten seine drei Söhne Franz, Frieder und Hubert auf die Bühne und folkloristische Lieder vortragen. Sie taten das gequält, verlegen, aber fügten sich dem Machtwort ihres strengen Herrn Vaters. Begleitet wurden sie unter anderem von einem Botschaftsrat der britischen Botschaft namens Lance Pope, verheiratet mit einer Österreicherin und daher der deutschen Sprache und Lieder mächtig. Er spielte gekonnt Akkordeon, unter anderem deutsche Märsche.

Die Stimmung im Saal erreichte jedes Mal den Höhepunkt, wenn der Engländer, Akkordeon spielend, im Paradeschritt quer über die Bühne marschierte, dabei singend: »Denn wir fahren gegen Engeland«. Dass ausgerechnet ein ehemaliger Kriegsgegner sich zu diesem deutschen Lanzerlied hinreißen ließ, brachte den Saal jedes Mal vor Begeisterung zum Kochen.

Jetzt beim Mittagessen im Schwarzwald wechselt Senator Burda plötzlich über zu einem familiären Problem, das ihn bedrückt. Den jüngsten Sohn Hubert, den er für unfähig hält, eine führende Rolle im Verlag zu übernehmen, hat er quasi in die Emigration nach New York abgeschoben. »Da tut er nichts, lebt von meinem Geld und zudem mit einer geschiedenen Frau.« Der starke Mann sieht plötzlich sehr traurig aus. Ich fühle mich verpflichtet, Tröstendes, beziehungsweise überhaupt etwas zu sagen: »Herr Senator, Sie müssen aber auch bedenken, es ist nicht leicht, unter einem starken Vater, wie Sie es sind, aufzuwachsen.« Er murmelt ein paar unverständliche Worte und beendet sehr bald unsere Mahlzeit. Als es Zeit ist, zu gehen, verabschiede ich mich: »Auf gute Zusammenarbeit.« Er: »Ja, auf gute Zusammenarbeit.« Beschwingt fahre ich zurück nach Bonn, berichte meiner Sabine von dem, wie ich meine, erfolgreichen Gespräch.

Am nächsten Morgen klingelt der Telegrammbote. Erstaunt registriere ich anhand des Absenders, dass die Nachricht von meinem neuen Verleger kommt. Ich öffne das Telegramm, denke im nächsten Moment, mich trifft der Schlag. Da schreibt der Mann, mit dem ich mich noch am Vortag bei gutem Essen und Trinken so angenehm unterhalten hatte: »Lieber Graf Nayhauß, nach unserem gestrigen Gespräch ist mir klargeworden, dass wir doch nicht zusammenpassen. Bitte machen Sie mir einen Vorschlag, wie wir unseren Vertrag anständig vorzeitig beenden können.«

Ich nehme mir zum ersten Mal in meinem Leben einen Anwalt – keinen gewöhnlichen, sondern den Bruder des »Spiegel«-Herausgebers, Dr. Josef Augstein. Er findet das Verhalten Burdas ebenfalls unmöglich, setzt ein Fernschreiben nach Offenburg auf, besteht auf Erfüllung des Vertrags. Jetzt lerne ich nebenbei, dass Anwälte eine vertrackte Situation oft nur noch schlimmer machen. Augsteins Argumentation in besagtem Fernschreiben stimmt hinten und vorne nicht, so dass er, als ich es gelesen habe, ein zweites Telex nachjagt, in dem er das erste für ungültig erklärt.

Die Anwälte Burdas kontern zunächst, müssen allerdings letztlich einsehen, dass der Vertrag ohne meine Einwilligung nicht einfach aufzulösen ist. So tritt er mit Datum vom 1. Dezember 1966 in Kraft. Nachtragend ist der Senator nicht. Ich bekomme zum ersten Mal in meiner journalistischen Tätigkeit eine Kolumne, und zwar gleich eine ganzseitige mit meinem Foto und dem Hinweis: »Der Verfasser dieses Beitrages vertritt unabhängig von der Redaktion in eigener Verantwortung seine Meinung. Die ›Bunte Illustrierte‹ stellt seine Ansichten ihren Lesern zur Diskussion.«

Ich schreibe quasi quer Beet über alle erdenklichen Themen: über unsere Amerika-Politik, über Ostpolitik, Verbraucherverhalten, Benzinpreise, schreibe über meine Erinnerung an den plötzlich verstorbenen Altbundeskanzler Konrad Adenauer. In einer Kolumne werfe ich die Frage auf: »Sind unsere Mitbürger gut aufgehoben in der DDR?« Dabei verweise ich auf einen amerikanischen Forscher, der in einem neuen Buch die These vertritt, die Bürger im Osten unseres Landes würden sich langsam mit den verbesserten Verhältnissen in der DDR zufriedengeben. Für die daraufhin eingehenden Leserbriefe macht die »Bunte« eineinhalb Seiten frei.

Der Verleger kann mit meiner Arbeit zufrieden sein. Als das Vertragsjahr sich dem Ende nähert, gibt er gleichwohl zu verstehen, dass er eine Verlängerung nicht wünscht. Dennoch sind wir uns nicht spinnefeind. Noch während unserer anwaltlichen Auseinandersetzung schickt er telegrafisch: »Beste Glückwünsche zur Vermählung und alles Gute für Ihren weiteren gemeinsamen Lebensweg. Senator E. H. Dr. Franz Burda und Familie.«

Zum Ende unserer Zusammenarbeit sorge ich noch einmal für Aufsehen. Ich enthülle einen Skandal in der Bundeswehr und berichte, dass über die Hälfte der Munition nicht verwendungsfähig ist – dies mit Einzelheiten belegt und aus zuverlässiger Quelle im Verteidigungsministerium. Ich reise nach Offenburg, um das Manuskript dem Senator persönlich vorzulegen. Das Thema hatte ich vorher avisiert. Wir sitzen uns an seinem Schreibtisch gegenüber. Im Hintergrund auf einem großen Tisch hat der Leiter der Fotoredaktion entsprechende Bilder zur Illustration des Artikels ausgelegt. Burda liest das Manuskript, wiegt ab und zu den Kopf, lächelt, leckt sich über die Lippen und sagt: »Das ist eine Supergeschichte.« Er greift in einen Zettelkasten, macht eine kurze Notiz, faltet den Zettel und überreicht ihn mir. Dann steht er auf, um mit mir gemeinsam die ausgewählten Fotos zu begutachten. Ich gehe um den Schreibtisch und folge ihm. Auf halbem Weg dreht er sich plötzlich um und faucht, jawohl, faucht mich an: »Nun lesen Sie doch mal, was ich Ihnen aufgeschrieben habe.« Verdattert entfalte ich den Zettel und lese zu meinem Erstaunen: »Graf Nayhauß ein Sonderhonorar von 5000 DM anweisen. F. Burda.«

So konnte er eben sein, der »Bunte«-Verleger und Chefredakteur Senator Franz Burda: erst einen rausschmeißen, dann mit einem großzügigen Sonderhonorar beschenken.

Als sein Sohn Hubert, der einst Geschmähte, Ende der achtziger Jahre als alleiniger Gesellschafter und Vorstandsvorsitzender die Burda-Holding übernimmt – sein Vater war gestorben –, halte ich Kontakt zur »Bunten« und lerne auf diese Weise den Junior kennen. Die Geschichte, dass ich einst meinen ersten Vertrag mit der »Bunten« verlor, weil ich mich für ihn bei seinem Vater einsetzte, beeindruckt ihn nicht sonderlich, amüsiert ihn eher. Dennoch entsteht im Laufe der Jahre eine freundschaftliche Beziehung, was auch damit zusammenhängt, dass meine Frau, nachdem unsere Kinder aus dem Gröbsten raus sind, in den Journalismus wechselt und unter anderem für die »Bunte« große Reportagen sowie Reiseberichte mit Kanzler und Bundespräsident schreibt. Wir werden zu seinen Festen, zum Beispiel zur Bambi-Verleihung, eingeladen (»Komm, Maini, setz dich zu mir«), und ich erhalte gelegentlich kurze Notizen, in denen er mir mitteilt, wie gern er mich in den Publikationen, für die ich schreibe, liest. Als ich ihn 2005 im Nachgang zu einer Veranstaltung in München anspreche, »Hubert, wie wäre es, wenn ich in der ›Bunten‹ eine Kolumne bekäme?«, entgegnet er zunächst: »Ich habe mich aus Personalangelegenheiten längst zurückgezogen. Aber ich will mal sehen, was sich machen lässt.« Stunden später meldet sich telefonisch »Bunte«-Chefredakteurin Patricia Riekel, säuselt: »Es war schon immer mein Traum, dass Sie für mich Kolumnen schreiben.«

Wir werden uns schnell einig, ich schreibe für die nächsten sechs Jahre wöchentlich »Berlin vertraulich – die Graf-Nayhauß-Kolumne«. Die Themen sind vielfältig, lauten mal »Karl-Theodor zu Guttenberg – Einen Tag unterwegs mit dem neuen Megastar im Kabinett«, mal texte ich über das Verhalten von Politikern: »Michael Glos ist nicht der Einzige, der sich mit Ordnungshütern angelegt hat«, oder ich schreibe Jahresrückblicke, wie »Glück kommt und geht in der Politik meist unverhofft. Es gab überraschende Aufsteiger und einige überraschende Absteiger«.

Das Heft mit der ersten Kolumne, Überschrift: »Joschka und seine alten Freunde«, überreicht mir Hubert Burda persönlich vor Beginn einer Veranstaltung im Berliner Hotel »Adlon«. Mein Freund und Kollege, früherer Chefredakteur mehrerer Springer-Blätter, Peter Bachér, ist zufällig dabei und sagt: »Darauf kannst du dir aber etwas einbilden.« Die erste Kolumne ist zudem reichlich bebildert, zeigt mich auf einem Foto mit Kanzler Kohl, auf einem anderen mit Kanzler Schröder, auf einem dritten mit meiner Frau und Tochter Tamara. Dazu eine Ankündigung der Redaktion: »Graf Nayhauß, 78, berichtet seit 1956 als politischer Top-Korrespondent – erst aus Bonn, dann aus Berlin. Für ›Bunte‹ wird der Offizierssohn von jetzt an jede Woche aus der Hauptstadt berichten.« Mehr Vorschusslorbeer geht kaum.

In den folgenden sechs Jahren gewinnt die Kolumne eine breite Leserschaft. Das verdeutlichen die Zuschriften zu meinem 85. Geburtstag. So schreibt der Bundespräsident, die Anrede handschriftlich mit dunkler Tinte: »Sehr geehrter Graf Nayhauß! Zu Ihrem Geburtstag gratuliere ich Ihnen ganz herzlich. Sie werden für journalistisches und publizistisches Schaffen geschätzt, und oft sind es gerade die kleinen Schwächen oder auch Stärken der von Ihnen scharfsinnig beobachteten Menschen, die Ihre Leser so interessieren: In jedem Fall sind Ihre Beiträge erhellend.« Post auch vom Oberbürgermeister der Stadt Bonn, Jürgen Nimptsch. Ein ehemaliger Chefredakteur: »Es war immer ein Vergnügen, mit Dir zu arbeiten. Ich bewundere noch heute Deinen Fleiß und die Sorgfalt, mit der Du

Deine Recherchen betreibst. Und bitte gräme Dich nicht, dass Deine Beiträge nicht mehr ganz so begehrt sind wie früher. Die Chefredakteure heutzutage sind mehrheitlich Idioten.« Der ARD-Hörfunk strahlte ein längeres Geburtstagsinterview aus, fragt: »Gibt es heute Politiker vom Kaliber wie früher?« Meine Antwort: »Nein!«

Ich fasse diese und andere Reaktionen zu einer Kolumne zusammen und schicke sie wie üblich an den stellvertretenden Chefredakteur Sebastian Graf von Bassewitz. Weil die »Bunte« zuvor durch nicht ganz sauber durchgeführte Beschattungsaktionen gegen zwei Bundespolitiker in Verruf geraten war, sogar daraufhin zwei Redakteure feuerte, schrieb ich ihm separat, der Abdruck der Kolumne täte nicht nur mir gut, der Bundespräsident gratuliere schließlich dem Kolumnisten der »Bunten«. »Eine Imageaufbesserung, die nach den beiden Schnüffelaffären willkommen sein sollte.« Als ich das noch einmal am Telefon wiederhole, rastet er total aus: »Schnüffelaffären? Jetzt hauen Sie in dieselbe Kerbe wie unsere Gegner. Das lass ich nicht durchgehen. Betrachten Sie unsere Zusammenarbeit hiermit als beendet.«

Es trifft mich wie ein Keulenschlag. Derselbe Kollege hatte mir bei anderer Gelegenheit geschrieben, wie sehr er die Zusammenarbeit mit mir schätze. Ich hole tief Luft, muss erst einmal ein paar Schritte im Freien gehen. Dabei kommt mir mein Freund Hubert in den Sinn, den ich einst vor seinem Vater verteidigte. Ich schreibe ihm: »Lieber Hubert! Wir haben lange voneinander nichts gehört. Umso bedauerlicher, dass ich Dich heute in einer persönlichen Angelegenheit um Unterstützung bitten muss.« Dann schildere ich den Vorgang und bitte ihn, »zu meinen Gunsten zu intervenieren, damit die Aufkündigung der Kolumne rückgängig gemacht wird«.

Und wie reagierte der vermeintliche Freund Hubert Burda? Mit keinem Wort. Seitdem weiß ich, dass Freunde immer weniger Freund sind, je höher sie an Macht und Ansehen gewinnen. Eine bittere Lektion.

Da nimmt es nicht wunder, dass sich auch »Bunte«-Chefredakteurin Riekel in Schweigen hüllt, obwohl sie einst davon träumte, »dass Sie für mich Kolumnen schreiben«. Auf eine Mail von mir: »Was halten Sie von einem klärenden Gespräch, wofür ich jederzeit nach München käme?«, nur der Anruf einer Sekretärin: »Frau Riekel wird Sie in den nächsten Tagen anrufen.« Darauf warte ich noch heute.

Interview mit einem Todgeweihten

Ein heißer Sommertag, eine Dame geht mit ihrer dreizehnjährigen Tochter Praxedis die Bonner Zittelmannstraße entlang. Das Kind nimmt die Hand der Mutter. »Ist es wahr, dass Papa sehr krank ist?«

»Ja.«

»Hat es etwas mit seinen Muskeln zu tun?«

»Ja.«

»Wird Papa eines Tages im Rollstuhl sitzen müssen?«

»Ja, mein Kind.«

»Dann wollen wir ihn beide schieben.«

»Papa«, das ist der CSU-Bundestagsabgeordnete Karl-Theodor Freiherr von und zu Guttenberg – nicht der zum Verteidigungsminister aufgestiegene und dann durch eine Plagiatsaffäre jäh abgestürzte Jungstar unserer Tage, sondern dessen Großvater. Dieser ist nicht nur Bundestagsabgeordneter, sondern war Parlamentarischer Staatssekretär im Bundeskanzleramt unter dem Kanzler der ersten großen Koalition Kurt Georg Kiesinger. Seit zwei Jahren plagt Guttenberg ein Leiden, das er sich nicht erklären kann und dessen Auswirkung ihm die meisten seiner deutschen Ärzte verschweigen. Erst in der weltberühmten Mayo-Clinic im US-Staat Minnesota konfrontierten ihn die amerikanischen Ärzte mit der Wahrheit: »There is no therapy, you have just to live with it.« Zu Deutsch, es gibt keine Behandlungsmöglichkeiten, Sie müssen damit leben. Zweieinhalb Jahre haben ihm die amerikanischen Ärzte noch gegeben. Das war im Sommer 1969. Die Krankheit ist sehr selten und gilt als nicht heilbar. Das Rückenmark wird von einem schleichenden Degenerationsprozess befallen, die Nerven versagen und geben den Muskeln keine Impulse mehr, die Muskeln gehorchen nicht mehr, sie verlieren ihre Kraft.

Zwei Jahre sind schon verstrichen, als ich Guttenberg besuche. Er hat die Hoffnung nicht aufgegeben. »Zur Kreatur gehören eben Angst und Hoffnung.« Er nagt an seiner Meerschaumpfeife, die ihm der Arzt verboten hat. Ich müsste jetzt wahrscheinlich etwas Tröstliches sagen. Aber pathetische Worte passen hier nicht hin. Nicht zu diesem Mann, nicht in dieses Haus. Ich habe Guttenberg in seinem fränkischen Schloss aufgesucht und sitze ihm nun in einem kleinen Turmzimmer gegenüber. Seine Augen sind gerötet, das Atmen fällt ihm schwer. Von Zeit zu Zeit holt er tief Luft. Schon dieses Durchatmen strengt ihn an. Dennoch lächelt er – ein wenig verlegen, wie ein Spitzensportler, der sich dafür entschuldigen will, dass er mangels Trainings unter seiner Bestzeit geblieben ist. »Ich bin«, sagt er und macht eine Pause, um Luft zu holen, »ich bin inzwischen davon abgekommen, mir darüber Gedanken zu machen, wie lange das noch weitergehen soll.«

Er versucht Zeit zu gewinnen, macht jeden Tag eineinhalb Stunden Gymnastik, verbunden mit einer Massage. Die gesunden Muskeln sollen gekräftigt werden. Er hofft, so den Abbauprozess zu verlangsamen: »Vielleicht ist die Prognose der Ärzte, die ich in Amerika bekam, nicht ganz richtig. Niemand kann in ein Rückenmark hineinschauen. Vielleicht geht diese Sache wieder zurück. Oder man erfindet ein Heilmittel.«

Er spricht diese vage Hoffnung beinahe beiläufig aus, mehr zu sich selbst als für das Ohr des Besuchers. In Gedanken versunken stößt er seinen Verlobungsring gegen den breiten goldenen Ehering, den er am selben Finger trägt. Nebenan in dem großen Salon mit einem riesigen Wandteppich legen seine Frau und die Tochter Patiencen. Er fährt fort: »Ich habe mein ganzes

Leben der Politik gewidmet. Dabei ist es mir immer um eine einzige Sache gegangen, um die Freiheit meines Volkes.« Er schaut mich mit seinen blauen Augen prüfend an, ob ich ihn begreife. Ein Mann in seiner Situation müsste doch nun eigentlich von der Familie, von den Kindern sprechen oder vom Leben, das nun um jeden Preis gelebt werden muss. Er ist erst neunundvierzig Jahre alt.

Aber ein Mann wie er, dessen Geschlecht seit mehr als achthundert Jahren in Franken die Geschichte mitgeprägt hat, lebt in einer Vorstellungswelt, die bestimmt ist von Begriffen wie Pflichtgefühl, Heimatliebe, Tradition.

Die Freiheit ist seiner Meinung nach in Gefahr. Willy Brandt als neuer Kanzler hat in Moskau den Gewaltverzichts-Vertrag unterschrieben. Guttenberg: »Das dient nicht dem Frieden. Es gefährdet ihn. Das ist wie 1938, als Hitler mit England das Münchner Abkommen schloss und sich ins Fäustchen lachte. Die Russen und Walter Ulbricht werden uns genauso den Gewaltverzichts-Vertrag als Schwäche auslegen. Drei Mann haben bei uns praktisch diesen Vertrag im Alleingang gemacht und dann einfach das Kabinett festgenagelt.« Er meint Willy Brandt, Horst Ehmke und Egon Bahr.

Während er so mit mir spricht, reibt sich Guttenberg den rechten Unterschenkel. Seine Muskeln vibrieren. Er wippt mit den übereinandergeschlagenen Beinen. »Ich bin nach wie vor davon überzeugt, dass sich die große Mehrheit der Menschen dort drüben in der DDR nichts sehnlicher wünscht, als in einem freien, geeinten Deutschland zu leben. Ich bestreite, dass die Leute ihren inneren Frieden mit der kommunistischen Fremdherrschaft gemacht haben. Ulbricht weiß genau, warum er die Mauer quer durch Berlin gebaut hat.«

Er blickt aus dem Fenster. Die Hügel des Frankenwaldes gehen über in die Höhenzüge des Thüringer Waldes. Von hier aus sind es bis zur Grenze, die quer durch Deutschland läuft, nur vierzig Kilometer. Man könnte fragen, woher er so genau wissen will, wie die Menschen in der DDR fühlen? Man könnte ihm vorhalten, dass die Regierungspolitik seiner Partei in zwanzig Jahren nicht die Wiedervereinigung zustande gebracht hat, dass nun ein anderer Weg versucht werden muss. Über die Richtigkeit seiner Thesen lässt sich streiten. Unbestritten ist, dass Guttenberg aus tiefster Überzeugung spricht, dass er so glaubwürdig ist, wie ein Mann nur sein kann, der nichts mehr zu verlieren hat.

Die Glocke im Turm schlägt sechs Uhr. Karl-Theodor von und zu Guttenberg versucht sich aus seinem Armstuhl zu stemmen. Er schafft es mit einiger Kraftanstrengung, aber seine Frau muss ihn stützen. Beide verlassen das Turmzimmer, um im Speisesaal zu Abend zu essen.

Das Schloss Guttenberg wurde vor fast fünfhundert Jahren erbaut. Es ist eigentlich eine Schlossburg, die über dem kleinen Dorf thront, das den Namen des Schlossherrn trägt. Die zwölf Meter hohe Schildmauer erinnert an Belagerungen. Dreimal brannte die Schlossburg nieder, zuletzt 1908. In der Waffenhalle und im Treppenhaus lassen dunkle Ritterrüstungen und gekreuzte Lanzen die beherrschende Rolle der Familie in dieser fränkischen Landschaft ahnen. Im großen Saal blicken von den hohen Wänden die Ölbilder aller Guttenbergs und ihrer Frauen aus den letzten vierhundert Jahren, darunter das Gemälde eines Fürstbischoffs von Würzburg. Kriege und Fehden dezimierten dieses fränkische Rittergeschlecht. Der Vater und der ältere Bruder des Bundestagsabgeordneten fielen im Zweiten Weltkrieg. Den Onkel richteten die Nazis nach dem Attentat auf Hitler vom 20. Juli 1944 hin. Den Schwiegervater, den Prinzen und Herzog von Arenberg, sperrten sie ein. Er selbst wurde als achtzehnjähriger Fahnenjunker wegen »staatsgefährdender Äußerungen« vor ein Kriegsgericht gestellt. Er hatte sich geweigert, an Erschießungen von Juden und Polen teilzunehmen.

Der Diener Georg Krause, seit fünfundzwanzig Jahren im Dienst der Familie, serviert mit weißen Handschuhen das Abendbrot. Während wir essen, gleitet der Blick des Hausherrn nach draußen. Die untergehende Sonne gibt den Baumwipfeln rote Farbe. Der Tag war herrlich. »Heute hätte man Rebhühner schießen können«, sagt Guttenberg. Seine Augen wirken schwermütig, die Jagd war immer eine große Leidenschaft. Im letzten Jahr, als die Krankheit noch nicht so weit fortgeschritten war, als er noch nicht so recht glauben mochte, was die Ärzte ihm prophezeiten, hat er sich mit dem Wagen auf die Jagd fahren lassen. Aber selbst das hat nun keinen Sinn mehr. Seine Hände zittern, können die Flinte nicht mehr zielsicher halten.

Das Abendessen ist beendet, die Familienmitglieder bekreuzigen sich. Sie machen das nicht flüchtig, jeder verharrt für einen Moment im Gebet. Erst dann erheben sie sich. Im Salon tritt Tochter Praxedis hinter den Sessel ihres Vaters, zärtlich krault sie ihm das Haar. Die Guttenbergs haben vier Kinder, ein fünftes ist bald nach der Geburt gestorben. Guttenbergs Frau, Rosa Sophie, ist eine geborene Prinzessin und Herzogin von Arenberg. Ihre Familie zählt zu den ältesten katholischen Fürstenhäusern des ehemaligen Römischen Reiches Deutscher Nationen. 1942 während des Zweiten Weltkrieges traf sie ihren späteren Mann, als er sich auf Fronturlaub in München aufhielt. Er erinnert sich: »Wir sahen uns dreimal nur, dann haben wir uns verlobt.«

Er muss wieder eine Pause machen und tief atmen. »Wir waren uns in unserer Ehe immer eins.« Wie mag seiner Frau heute zumute sein? Als hätte er meine Gedanken erraten, sagt er: »In meiner jetzigen Lage muss man sich aneinander festhalten.« Seine Frau sagt später, als sie mich zum Wagen im Schlosshof bringt: »Das ist ein Schlag, den wir beide verdauen müssen.«

Wenn Guttenberg im Bundestag sprach – früher aggressiv und mit schneidender Stimme, in den beiden letzten Jahren ohne jede Schärfe, dafür mahnend –, hatte er jedes Mal die Aufmerksamkeit des ganzen Hohen Hauses.

Im Augenblick bedrückt ihn, dass er künftig im Plenum nicht mehr reden wird. Er kann nicht lange stehen. Den Gedanken, vor dem Parlament eventuell sitzend zu sprechen, weist er zurück: »Es muss alles seine Ordnung haben. Im Plenum wird nun einmal am Rednerpult stehend gesprochen.« Er findet auch den Gedanken unerträglich, künftig im Rollstuhl durch das Parlament gefahren zu werden. Erst Jahrzehnte später gibt es Wolfgang Schäuble, der keine Hemmungen hat, sich im Rollstuhl zu zeigen und von dort aus Parlamentsreden zu halten.

Bedrückt fahre ich nach diesem Besuch zurück. Übrigens nicht nach Bonn, sondern nach München, wo meine Frau und ich jetzt wohnen. Dort sitzt die neue Redaktion, für die ich nach dem Ausscheiden bei Burda arbeite.

Privates und berufliches Glück

Umzug nach München

Der berühmte Schauspieler Curd Jürgens und ich schreiben in derselben Zeitschrift: in »Jasmin«. Wie das? Glück und Förderer muss man haben, um voranzukommen. Tüchtigkeit und Können allein reichen nicht. Auf der Suche nach einem neuen Arbeitgeber stoße ich wieder auf meine früheren Chefs bei der »Quick«, Karl-Heinz Hagen und Günter Prinz. Nach ihrem Abgang bei der Illustrierten heuerten sie beim Springer-Verlag an – mit dem Auftrag, zwei neue Zeitschriften zu konzipieren: »Eltern« und »Jasmin«. Ich wurde für »Jasmin« engagiert unter der Bedingung, dass ich mit Frau, Hund und Möbeln nach München übersiedle, wo die Redaktion in der Neherstraße hren Sitz hat – mit Blick auf ein öffentliches Freibad, das zu nutzen wir Redakteure aber kaum Gelegenheit haben.

»Jasmin« ist angelegt als Zeitschrift »Für das Leben zu zweit« (so auch der Untertitel) mit der Überlegung, Anzeigen sowohl für Herren- als auch für Damenartikel zu bekommen. Im Editorial der ersten Ausgabe, die nach einem halben Jahr intensivster Vorbereitung am 18. März 1968 erscheint, heißt es: »›Emma Peel und ihr Leben zu zweit‹ ist die beste Geschichte in der neuen Zeitschrift ›Jasmin‹. Das meinten alle, die daran gearbeitet hatten. Reporter und Fotografen, die jungen Mädchen an der Schreibmaschine – und natürlich der Autor. Ein paar Redakteure dagegen stimmten für den Bericht des Schauspielers Curd Jürgens von seiner Operation: ›Was denkt ein Mann auf der Grenze zwischen Tod und Leben?‹ Der Beitrag ›Der Dieb in meinem Bett‹ hat die Damen empört, die Herren nachdenklich gestimmt. Einmütig war das Urteil über das ›Lexikon der Erotik‹: Jeder las, jeder war fasziniert. Die es erarbeitet hatten, bemühten sich, bescheidene Gesichter zu machen.«

Curd Jürgens ist einer der Ersten, denen von dem berühmten amerikanischen Herzchirurgen Michael DeBakey ein Herz-Bypass mittels eines Stents installiert wurde. Jürgens berichtet: »Der Arzt hatte ein etwa fünf Zentimeter langes Kunststoffröhrchen in meine Arterie eingesetzt und damit eine Verbindung zwischen meiner linken Halsschlagader und der linken Arm-Arterie geschaffen. Schon 36 Stunden nach der Operation musste ich im Korridor spazieren gehen. Hundert Stunden nach der Operation musste ich im Turmsaal auf einem Übungsfahrrad fahren. Und fünf Tage nach der Operation habe ich im Meer in den Wellen von Acapulco gebadet. Zwei Wochen später habe ich meinen Film ›Karate Killer‹ in Hollywood begonnen, wie es Dr. DeBakey vorausgesagt hatte.«

Weitere Themen der 226 Seiten umfassenden Erstausgabe:

»Der Unterschied zwischen Männern und Ehemännern«.
»Präsident Lyndon B. Johnson, der einsame Mann und sein Freund« (gemeint sein Enkel).
»Warum sich alle Männer eine Sohn wünschen«.
»Margot Mende, Frau des FDP-Vorsitzenden: Der Tag, der unser Leben veränderte«.
»Die geheimen Wünsche der verheirateten Männer«.
»Was Ehemänner von Heiratsschwindlern lernen können«.

Der Erfolg des neuen, 14-tägig erscheinenden Magazins ist überwältigend. »Jasmin«-Schöpfer Karl-Heinz Hagen: »Die erste Ausgabe ist praktisch ausverkauft. Das nächste Mal drucken wir 1,2 Millionen Exemplare.« Die Startauflage betrug 900 000 Exemplare. Der Springer-Verlag hatte etwa zehn Millionen Mark für die Werbung eingesetzt. Der »Spiegel« spricht von: »Springers Gipfelstürmer«. Nach drei Monaten liegt die Auflage bei drei Millionen Exemplaren. Während heutzutage Chefredakteure immer wieder vom Verlag die Seitenzahl gekürzt bekommen, um Geld für Papier zu sparen, und die Blätter mit Anzeigen vollgepflastert werden, haben sich Hagen und Prinz, in der Branche die »Turbo-Brothers« genannt, in ihren Verträgen mit Springer ausbedungen, dass ihr Blatt nur zu einem Drittel mit Anzeigen belegt werden darf. Außerdem: Während heute die Medien nach frühkapitalistischem Muster strukturiert sind und das Schicksal der Journalisten in den Händen von Verlegern und Verlagsleitern liegt, die in erster Linie nach Renditen schielen, sind es bei »Jasmin« Journalisten, die ihre Tätigkeit entscheidend mitbestimmen – bis in Details. Als Karl-Heinz Hagen eines Tages erfährt, dass ich mangels Kasse drauf und dran bin, mit meiner Frau Sabine auf den gewohnten Winterurlaub im »Jagdschloss« Kühtai/Tirol zu verzichten, befiehlt er: »Du nimmst deinen Urlaub wie gehabt, buchst auch im selben Hotel und schickst mir die Rechnung.« Hätte ein Verlagsleiter gewagt, das zu beanstanden, hätte er diesen erst einmal zur Besprechung kurz vor Mitternacht ins Büro bestellt und abgekanzelt.

Sabine und ich müssen die ersten zwei Monate in der Pension Biederstein am Englischen Garten wohnen, weil das in Aussicht gestellte Haus in der Schwabinger Mottlstraße noch nicht frei ist. Es gehört dem zur selben Zeit als SPD-Staatssekretär im Bonner Wirtschaftministerium verpflichteten Klaus von Dohnanyi. Für uns eine etwas unglückliche Situation, denn Sabine erwartet Tatjana, unser erstes Kind, das schließlich mit vierzehntägiger Verspätung am 5. Mai 1968 auf die Welt kommt. Die Geburt findet unter ärztlicher Leitung von Dr. Beatrice Thyssen-von Riedel statt, bis heute unsere Freundin. Ihre Zwillingsschwester Ruth Klotz und deren Mann gehörten zu Sabines New Yorker Freundeskreis.

Das Arbeiten in der »Jasmin«-Redaktion verlangt eine gewisse Umstellung: Man kommt lässig am späten Vormittag ins Büro, geht wenig später mit Kollegen oder potenziellen Informanten in das nahe gelegene Gourmet-Restaurant »Käfer« essen, arbeitet dafür bis in den späten Abend hinein. Immer wieder ruft mich Sabine in der Redaktion an: »Wann kommst du endlich nach Hause?«

»Nach der Tagesschau.«

Gegen 21 Uhr wieder Sabine: »Wo bleibst du?«

»Ich warte noch auf Seiten vom Layout, um die Bildunterschriften zu schreiben.«

Anruf gegen 22 Uhr. Die liebste Ehefrau mit weinerlicher Stimme: »Nun ist das Essen angebrannt, brauchst überhaupt nicht mehr zu kommen.«

Trotzdem haben wir alles in allem eine schöne Zeit mit alten und neuen Freunden, unter Letzteren »Eltern«-Chefredakteur Peter Bachér und seine leider früh verstorbene Rosi. Mit ihm verbindet uns noch heute eine herzliche Freundschaft. Zu den neuen Freunden zählt auch Axel Springer jr. (Sohn des Verlegers), der im Begriff ist, sich als Pressefotograf unter dem Pseudonym Sven Simon einen Namen zu machen. Er begleitet mich auf diversen Reportagen. Unter Sabines alten Bekannten aus New Yorker Zeiten ist auch ihre damals engste Freundin Angela von Morgen, die in München den Prinzen Ferfried von Hohenzollern heiratet. Sabine und ich sind zu der grandiosen Hochzeit im September 1968 auf Schloss Sigmaringen, dem Stammsitz der Hohenzollern, eingeladen. Die Gästeliste liest sich wie ein »Who is Who« des deutschen Adels: zehn Fürsten und Fürstinnen, vier Herzöge und ebenso viele Herzoginnen, 44 Prinzen mit ihren Prinzessinnen, 41 Grafen und Gräfinnen, elf Barone nebst Gattinnen. Die Braut trägt eine Krone aus Gold, besetzt mit 450 Brillanten. Sie ist Teil des Hohenzollernschatzes, muss daher nach der Trauung wieder zurückgegeben werden. Aber das Platin-Armband mit Saphiren und Rubinen, das Angela trägt, darf sie behalten – es ist das Hochzeitsgeschenk des Bräutigams. Angela, die später in zweiter Ehe den Schauspieler Fritz Wepper heiratet, ist uns ebenfalls bis heute verbunden, wurde überdies Patentante unserer Tochter Tatjana.

Inzwischen haben wir unsere Schwabinger Jugendstil-Villa bezogen: acht Zimmer, Salon und Bibliothek mit Kamin, Sauna im Souterrain, Pool im Garten. Wir führen ein gastliches Haus, werden selbst viel eingeladen und treffen auch in München auf Bonner Politiker. Bei einem Einkaufsbummel durch die Münchner Innenstadt begegnen wir zum Beispiel FDP-Chef Walter Scheel, aus Bonner Zeiten ein alter Bekannter. Neu an seiner Seite eine ihn etwas überragende Dame, kurze wuschelige, aschblonde Haare mit kleinen Silbersträhnchen, auffallend schmales Gesicht, an ihrer Hand ein kleines Mädchen, das auf den Namen Cornelia hört. »Frau Dr. Mildred Wirtz«, sagt Scheel und deutet mit einer galanten Handbewegung auf die Dame. Nach ein paar ausgetauschten Höflichkeiten (»ein Wetter heute, da sollte man an den Tegernsee fahren«) beschließen wir, gemeinsam beim »Haxnbauer« zu speisen. Wir verzehren Riesenportionen knusprigen Spanferkelbratens. Wenig später sehen wir Walter Scheel und besagte Dame wieder bei einem Sommerfest des Malers Herbert Schneider am Ammersee. Er, damals verwitwet: »Das ist die Frau, die ich heiraten werde. Aber noch nicht weitererzählen.«

Die Verbindung des prominenten Politikers mit der Röntgenärztin lässt sich nicht lange geheim halten. Die Medien wollen Fotos. Da Scheel in München keine eigene Bleibe hat und die von Dr. Mildred Wirtz nicht viel hergibt, werden Aufnahmen für »Jasmin« in unserem Haus gemacht – die beiden schäkern auf unserem Sofa.

Ein Jahr später die Hochzeit. Für ihn der Versuch, ein zweites Glück zu finden, ohne jenes Glück zu verraten, das er in der 25-jährigen Ehe mit seiner ersten Frau hatte, die an Krebs starb. Ein Wagnis. Außerdem, in Bonn wechselt die FDP als traditioneller Mehrheitsbeschaffer der Christdemokraten zu einer Regierungskoalition mit der SPD unter Bundeskanzler Willy Brandt, und Walter Scheel wird Vizekanzler und Außenminister. Durch den für Mildred Scheel unvermeidlichen Umzug nach Bonn verliert sie ihren Münchner Freundeskreis. Als ich ihr diese Möglichkeit lange vorher andeute, ist sie zutiefst erschrocken. »Und was soll ich dann machen?«

Im Gespräch mit Walter Scheel,
Anfang der Siebzigerjahre

»Frau Außenminister spielen.«

»Das kann ich nicht.«

Bis es so weit ist, besucht sie uns in Schwabing oft, verfolgt zum Beispiel am Fernseher den Auftritt ihres künftigen Gatten auf dem Bundesparteitag der Freien Demokraten. Sie gibt meiner Frau Ratschläge bei der Pflege unserer kleinen Tochter. Meine Frau weiht sie im Gegenzug in die Geheimnisse der Bonner Gesellschaft und deren bevorzugtes Restaurant, das »Weinhaus Maternus«, ein. Mildred Scheel und die Wirtin Ria Maternus werden später engste Freundinnen.

Ich bin viel unterwegs, um Prominente zu interviewen, beziehungsweise Home Stories zu erstellen. Bei Letzterem erschließt sich mir zum ersten Mal die Bedeutung solcher Hausbesuche für die Beschreibung einer Persönlichkeit: Wie ist er/sie eingerichtet? Welche Bilder hängen an der Wand? Was steht in den Bücherregalen? Wie ist der Umgang mit Ehepartner und Kindern? Abgesehen von dem unmittelbaren Nutzen für die Story entstehen oft auf Jahre hinaus bleibende zwischenmenschliche Beziehungen zwischen Journalist und Politiker. Noch heute erinnern sich die längst erwachsenen Kinder des Alterspräsidenten im Deutschen Bundestag, Heinz Riesenhuber, an meinen Besuch vor Jahrzehnten in ihrem Elternhaus in Frankfurt/Hoechst, wo ich sie zu Beginn eines gemeinsamen Essens mit dem Tischspruch erheiterte: »Alle Leute sollen leben, die uns was zu essen geben. Alle Leute werden verhau'n, die uns was vom Essen klau'n. Alle Mann ran!«

In erster Linie sind es also die Bonner Politiker, die ich von meiner bisherigen Zeit in der provisorischen Hauptstadt am Rhein kenne. Hinzu kommen jetzt die Adligen mit bedeutenden Namen. Dabei mache ich eine erstaunliche Feststellung: Der Hochadel hat sich nach dem verheerenden Weltkrieg trotz Verlustes von Amt und Landbesitz mit der neuen Situation arrangiert. Einer von ihnen ist Prinz Louis Ferdinand von Preußen, dem ich einen Besuch auf seinem Besitz in einem Ortsteil von Bremen abstatte.

Besuch bei einem Beinah-Kaiser: Prinz Louis Ferdinand von Preußen

Wenn der Schrankenwärter im bremischen Oberneuland, einer am nordöstlichen Stadtrand gelegenen Gemeinde, den einsamen Reiter erspäht, der sich fast täglich am frühen Morgen dem Bahndamm nähert, nimmt er Haltung an, drückt das Kinn auf den geöffneten Hemdkragen und führt die rechte Hand zum militärischen Gruß an die Schläfe. Der Herr auf dem braunen Wallach, der zu dieser Jahreszeit zum Schutz gegen die Morgenfrische eine schwarze Pelzmütze trägt, erwidert die militärische Ehrenbezeichnung mit einer saloppen Handbewegung.

Entgegenkommende Autofahrer, in dieser Stunde bereits zur Arbeit nach Bremen unterwegs, nehmen den Fuß vom Gaspedal und grüßen ebenfalls. Der Herr zu Pferde neigt sich dann weit herab. »Kaiserliche Hoheit«, sagen die Menschen in dieser Gegend, wenn sie mit dem Reiter ein paar Worte wechseln. Sie sagen es ohne Verlegenheit und so selbstverständlich, als hätte es in Deutschland nie eine Revolution und nie ein Ende der Monarchie gegeben. »Ich freue mich immer, wenn Leute mich erkennen und mir einen guten Tag wünschen«, sagt Prinz Louis Ferdinand von Preußen, Enkel des letzten deutschen Kaisers, Chef des Hauses Hohenzollern und stiller Anwärter auf den verlorenen Thron des Deutschen Kaisers und Königs von Preußen.

An einem Sonntagvormittag, nach dem Ausritt, sitze ich ihm im Salon seines Hauses im Bremer Vorort Borgfeld gegenüber. »Wenn man kaltgestellt worden ist, neigt man leicht dazu, das dem Schicksal zu verübeln. Aber ich sage meinen Freunden immer: Seht, die Leute haben mich nicht vergessen.« Das Gesicht des Prinzen ist vom täglichen Ausritt gebräunt, was ihn jünger erscheinen lässt, als er ist: 62 Jahre. Louis Ferdinand trägt einen dunkelblauen Zweireiher, hellblaues Hemd, eine fast schwarze Krawatte und knöchelkurze Socken. Er holt bisweilen hörbar tief Luft, wie es Menschen tun, die sich von einem Druckgefühl in der Gegend des Herzens befreien wollen. »Ich könnte zufrieden sein. Aber seitdem meine Frau nicht mehr lebt, ist das Leben nur der halbe Spaß. Der Minister Scheel in Bonn hat einmal gesagt: Wenn einem die Frau wegstirbt, ist das wie die Amputation einer eigenen Hälfte. Da hat er völlig Recht, als halber Mensch kann man nicht leben.« Fast dreißig Jahre war Louis Ferdinand mit der russischen Großfürstin Kira Kirillowna verheiratet. Sieben Kinder, vier Söhne und drei Töchter, gingen aus dieser Ehe hervor. »Meine Frau hatte immer ein sehr gesundes Urteil. Jetzt muss ich so viel allein entscheiden. Ich frage mich zum Beispiel, ob es richtig war, unsere jüngere Tochter Xenia nach bestandenem Abitur nicht studieren, sondern rhythmische Gymnastik lernen zu lassen.«

Draußen im Garten steht ein Schaukelgerüst. Die Farbe ist abgeblättert, die Seilhaken sind rostig. Die Schaukel ist unbenutzt. Alle sieben Kinder sind aus dem Haus. Prinz Friedrich Wilhelm, zu dieser Zeit 31, studiert in Erlangen Geschichte; Prinz Michael (»Micky«), 30, ist Geschäftsführer einer amerikanischen Investmentfirma in Frankfurt; Prinzessin Marie-Cécile, 28, heiratete Friedrich-August Herzog von Oldenburg; Prinzessin Kira (»Kiralein«), 27, studiert Sprachen in Erlangen; Prinz Louis Ferdinand (»Lulu«), 26, absolviert eine Banklehre in Hamburg; Prinz Christian Sigismund, 24, studiert Betriebswissenschaft in Berlin; die 20-jährige Xenia ging als letztes Kind aus dem Haus – nach Coburg in die Medau-Schule.

Ich sage: »Wenn der Name Louis Ferdinand fällt, sagen die Leute meistens: Ach, der Arme. Immer hat er Ärger mit den Söhnen.«

Der Prinz streckt seine Beine aus und betrachtet die Spitzen seiner Schuhe. »Diese Dinge, die da passierten, sind alltäglich. Bei Herrn Müller oder Schulze würde keiner davon viel Aufhebens machen. Nur wir werden mit einer besonderen Elle gemessen. Dann tut man plötzlich so, als säßen wir noch auf dem Thron.«

»Ihr ältester Sohn, Prinz Friedrich, und Ihr zweitältester, Prinz Michael, haben bürgerliche Mädchen geheiratet und wurden daraufhin von der Erbfolge ausgeschlossen. Ihr Jüngster, Prinz Christian, ist diesem väterlichen Bannstrahl nur entgangen, weil er das Mädchen, das kürzlich sein Kind zur Welt gebracht hat, nicht heiratete.«

»Ich bin als Vater dazu da, meinen Söhnen zu helfen. Ich liebe sie. Was mich traurig stimmt, sind diese Presse-Berichte, in denen ich zu einem Haustyrann umfunktioniert werde.«

»Sie haben keinen Druck ausgeübt?«

»Wir haben in unserer Familie Verträge, die meine Söhne anerkannt und unterschrieben haben, als sie 21 wurden. Mit der Unterschrift brauchten sie sich aber nicht zu verpflichten, kein bürgerliches Mädchen zu heiraten. Wer Chef des Hauses werden will, der muss allerdings ein Mädchen aus fürstlichem oder hochadligem Haus heiraten.«

»Sind Sie dagegen, dass Ihre Söhne Bürgerliche heiraten?«

»Hören Sie«, erwidert der Prinz, »sie sollen Damen heiraten. Damen finden sie auch in Arbeiterfamilien. Aber die

Prinz Louis Ferdinand von Preußen
in seinem Arbeitszimmer auf dem Wümmehof, Bremen,
1970

Chancen für eine gute Ehe sind besser, wenn die Mädchen aus der gleichen Sphäre kommen.«

Prinz Louis Ferdinand reibt seine große, kräftige Nase. Er tut das häufig, wenn er sich in Schwung geredet hat. Etwas unvermittelt dann: »Trinken Sie einen Sherry mit?« Er blickt auf seine goldene Uhr mit dem braunen Krokosarmband und fügt fast entschuldigend hinzu: »Ich glaube, das dürfen wir uns um diese Tageszeit schon erlauben. Meine Frau trank immer einen

Sherry. Abends allerdings lieber einen Martini. Ich habe ihn immer sehr dry gemixt.« Er lacht, ich sehe zum ersten Mal die schmale Lücke zwischen seinen Schneidezähnen. »Meine Jungens sind vielleicht auch ein bisschen erblich belastet. In meiner Familie gab es zu allen Zeiten Frauengeschichten. Würden sich meine Söhne nicht für Mädchen interessieren, würde man sicherlich gleich sagen, sie seien schwul.«

Auch der Vater Louis Ferdinands, Kronprinz Wilhelm, genoss das Leben in Gesellschaft schöner Frauen, die von seinem Raubvogelprofil und seiner Husarenuniform fasziniert waren. Und lange sah es so aus, als müsste sein Sohn, Louis Ferdinand, also der Mann, der jetzt vor mir sitzt, von der Liste der Thronerben gestrichen werden. Denn gegen Ende der zwanziger Jahre verliebte sich Louis Ferdinand in die französische Schauspielerin Lilly Damita, folgte ihr nach Hollywood und wollte mit ihr nach Mexiko durchbrennen, um sie ohne Formalitäten heiraten zu können.

Es gelang ausgerechnet dem amerikanischen Autoindustriellen Henry Ford und nicht dem Kaiser oder dem Kronprinzen, diese Ehe zu verhindern. Henry Ford telegrafierte: »rate ihnen nach buenos aires zu gehen Stopp sie können dort in unserer filiale arbeiten Stopp kommen sie zurück in die staaten in ein oder zwei jahren wann sie wollen stopp sie sind noch sehr jung alles gute henry ford.« Neun Jahre später heiratete Louis Ferdinand die Großfürstin Kira. Den Entschluss, sie zu seiner Frau zu machen, fasste er Weihnachten auf Schloss Cecilienhof in Potsdam: »Als Kira gerade oben auf einer Leiter stand und zu uns herabsah, fing sie einen Blick von mir auf. Es war nicht so dramatisch, dass sie wankte und von der Leiter fiel, um in meinen Armen zu landen. Aber dieser Blick war doch entscheidend gewesen.«

Sein Leben lang war Prinz Louis Ferdinand ein zärtlicher, ein romantischer Mann. Jeden Tag brachte er seiner Frau frische Blumen. Noch jetzt, zweieinhalb Jahre nach ihrem Tod, schmückt er ihr Schlafzimmer mit dunkelroten Rosen.

Vier Dinge beschäftigen diesen Mann, lassen ihn bisweilen nachts aufwachen und grübeln: das Andenken an seine Frau, die Zukunft seiner Söhne, die Wiedervereinigung Deutschlands in einem geeinten Europa und die Frage, ob die Monarchie in Deutschland noch einmal eine Chance bekommt.

Als wir uns eine Woche nach dem Gespräch in Bremen auf der Stammburg der Hohenzollern in Hechingen, eine Autostunde südlich von Stuttgart, treffen, frage ich ihn, ob die Deutschen eines Tages wieder einen Kaiser haben werden. Wir sitzen am Frühstückstisch, in einem kleinen runden Zimmer, das früher einmal die Pförtnerloge war, heute aber dem Chef des Hauses als Wohnzimmer dient, weil es im Gegensatz zu den großen Schlosssälen beheizbar ist. Der Prinz malt mit dem Teelöffel kleine Kreuze auf das weiße Tischtuch: »Ich halte es nicht für unmöglich, dass wir wieder eine Monarchie bekommen. Denn begeisterte Republikaner sind die Deutschen doch nicht. Oder finden Sie das?«

Ich denke an die tiefe Verbeugung, mit der ihn ein Gepäckträger auf dem Berliner Flughafen begrüßte; ich denke an den Schaffner im Schlafwagen Bremen – Stuttgart, der sich am Morgen bei »Seiner Kaiserlichen Hoheit« entschuldigte, weil er ihn beim Einsteigen am Abend nicht gleich erkannt hatte; ich erinnere mich an die strahlenden Augen des Inhabers und des Personals vom »Landhaus Borgfeld«, einem Restaurant in Bremen, weil sich Prinz Louis Ferdinand mit Handschlag verabschiedete; und da war schließlich die Umfrage der »Bild«-Zeitung, wen die Deutschen am liebsten als Bundespräsidenten sehen würden: Louis Ferdinand bekam die meisten Stimmen. Mehr als der amtierende Gustav Heinemann. Ist es ein Wunder, dass sich der Kaiser-Enkel Hoffnung auf ein Comeback seines Hauses macht?

»Eine echte Chance«, sagt er, und er spricht es aus wie einer, der dieses Planspiel schon tausendmal durchdacht hat, »eine echte Chance haben wir natürlich nur im Fall einer Wiedervereinigung. Wenn eine neue Nationalversammlung zusammentritt, wird es auch eine neue Verfassung geben. Und warum sollen sich die Deutschen dann nicht im Rahmen eines Volksentscheids einen Kaiser wünschen?«

Wie man inzwischen weiß, kam es anders.

Von der Wand des kleinen Zimmers, in dem wir sitzen, blickt Friedrich der Große aus einem Goldrahmen herunter. Prinz Louis Ferdinand legt sein Wurstbrot aus der Hand. »Wenn ich Kaiser wäre, würde ich wie mein Vetter, der König von Dänemark, eine ganz bürgerliche Hofhaltung haben. Das heißt, ich würde mehr Bürgerliche an den Hof – oder wie Sie es nennen wollen – holen und würde mehr Bürgerliche mit Orden bedenken. Ich finde es richtig, dass in England die Beatles einen Orden bekommen haben, denn sie haben eine außerordentliche Leistung vollbracht. Ihre Musik ist Kunst. Ich würde überhaupt mehr für die Kunst tun. Und für die alten Leute.«

Ich warte darauf, dass er von Bonn redet. Schließlich sagt er: »Ich habe das letzte Mal SPD gewählt.« Ich versuche mir vorzustellen, wie der Kaiser diese Botschaft aufgenommen hätte: Sein Enkel ein Sozi? Als hätte er meine Gedanken erraten, sagt der Prinz: » Großpapa war immer sozial. Das Ausnahmegesetz gegen die Sozialdemokraten hat ja Bismarck erlassen.«

Später gehen wir durch die Burg. Die Kälte des Winters sitzt noch im Gemäuer, wird vor Mai nicht weichen. Mit kleinen Schritten, die nicht zu seiner 1,85 Meter großen und 92 Kilo schweren Figur passen, trippelt der Prinz voran. Da ist der sogenannte Grafensaal, dessen Ausstattung noch heute Erinnerungen an fürstliche und königliche Repräsentanz wachruft: gotische Decken aus Gold, glänzende Säulen aus italienischem Marmor, zentnerschwere Kronleuchter mit weißen Kerzen. Auf dem antiken Schreibtisch im Königszimmer liegt das Besucherbuch. Als Erster hat sich Kaiser Wilhelm eingetragen, als vorläufig letzter Klaus Schütz, Regierender Bürgermeister von Berlin.

Im Zentrum von Bremen unterhält Louis Ferdinand ein Büro. Es nennt sich Generalverwaltung des vormals Regierenden Preußischen Königshauses. In dieses begibt sich der Prinz täglich, um seinen Pflichten nachzukommen. Er hat dort einen kleinen Stab von Mitarbeitern: den Freiherrn von Gehrsdorff, seinen Hausminister »en miniature«, zwei Finanzberater, zwei Sekretärinnen und einen Chauffeur. In einem roten Schnellhefter, auf dem mit Bleistift geschrieben steht »Post für SKH« (Seine Kaiserliche Hoheit), liegt Korrespondenz bereit.

Seine Vorfahren, die deutschen Kaiser und preußischen Könige, mussten Kabinettsbeschlüsse und Gesetze gegenzeichnen, Beförderungsurkunden unterschreiben und die Berichte der Botschafter und Gesandten lesen. In der Postmappe des Kaiser-Enkels befinden sich dagegen die neueste Ausgabe des Deutschen Adelsblattes, eine Einladung der Eisenbahnfreunde Hameln e.V. (»Hiermit laden wir Sie zum Tonfilm-Abend am Freitag, dem 20. Februar 1970, im Kronprinzenwagen ein«), in der Mappe liegt ferner die letzte Ausgabe der Betriebszeitschrift des Springer-Verlages, »Aktuell«, eine Postkarte der Freiwilligen Feuerwehr Fürth-Unterfarnbach, die anlässlich ihres hundertjährigen Jubiläums »Euer kaiserlichen Hoheit herzliche Grüße entbietet«, ferner das Vereinsblatt der Königlichen Stuart-Gesellschaft, »Royal View Point«, und schließlich viele Einladungen und Autogrammwünsche, vor allem junger Menschen: »Ich bin Untertertianerin und interessiere mich sehr für die Königshäuser in Europa und besonders für das deutsche Kaiserhaus.« »Ich bin eine 21-jährige Moselanerin aus dem historischen Weinort Alken und liebe die Preußenfamilie sehr.« »Als Anhänger des Hauses Hohenzollern würde ich mich sehr freuen, ein Photo Ihrer kaiserlichen Hoheit mit persönlicher Unterschrift zu besitzen. Ich bin ein 16-jähriger Realschüler.«

Auf dem Terminkalender Seiner Kaiserlichen Hoheit stehen ein Abschiedsbesuch des Befehlshabers im Wehrbereich II, Generalmajor Karl Kleyser, ein Gespräch mit dem Verleger des Prinzen und eine Unterrichtsstunde in Kompositionslehre bei Kapellmeister Koschnick.

Wichtigste Aufgabe des Chefs des Hauses ist die Vermögensverwaltung. Die Familie besaß bis zum Ende des letzten Krieges

300 000 Morgen Grundbesitz, sieben Schlösser, eine Burg und eine Fülle von Industriebeteiligungen. »Heute«, sagt Prinz Louis Ferdinand, »haben wir noch etwa fünf Prozent dieses Vermögens. Alles andere ging in Mittel- und Ostdeutschland verloren. Im Zuge des Lastenausgleichs haben wir etwa drei Millionen Mark bekommen. Unser Geld ist jetzt in Wertpapieren angelegt, und wir versuchen, eine möglichst hohe Rendite herauszuquetschen. Denn davon müssen wir an etwa 100 ehemalige Bedienstete Pensionen und an rund 30 Mitglieder der Familie Apanagen zahlen.«

Die Apanagen sind nicht groß. Der jüngste Sohn, Prinz Christian, erhält zum Beispiel monatlich 500 Mark. Ein Prinz der Sigmaringer Hohenzollern-Linie, deren Besitz erhalten blieb, kommt dagegen auf 5500 Mark im Monat. Abends setzt sich Louis Ferdinand an den schwarzen Flügel, der im Salon seines Bremer Hauses steht. In der rechten Hand einen grünen Bleistift, der über das aufgeschlagene Notenpapier gleitet, mit der linken Hand Töne anschlagend, komponiert der Kaiser-Enkel im Schein einer schwarzen Bürolampe Lieder. Neben dem Reiten und der Sportfliegerei (er hat seit 40 Jahren einen Pilotenschein) ist das Komponieren sein Hobby. Vier Notenbücher mit Kompositionen von Louis Ferdinand wurden bisher verlegt. Die Stücke sind, wie der Komponist, stark gefühlsbetont, sehr harmonisch. Jedes halbe Jahr erhält Seine Kaiserliche Hoheit von der GEMA eine Tantieme – im ersten Halbjahr 1969 genau 187 Mark und 21 Pfennig. Das Glockenspiel von Potsdam, das der Prinz zu einem Choral erweiterte, dient zum Beispiel zur musikalischen Untermalung des fröhlichen Sexfilms der jungen Welle, »Quartett im Bett«.

In den Abendstunden wird dem Prinzen die Einsamkeit seines Witwerdaseins bewusst. Früher saß seine Frau in ihrem kleinen Zimmer und malte Aquarelle. Oder er vernahm in dem etwas hellhörigen Haus ihre Schritte aus dem oberen Stockwerk. Sie war immer für ihn da. Heute ist es leer in dem Haus. Wenn der Prinz am Flügel sitzt und nach rechts schaut, sieht er über dem Kamin ein Ölbild: seine Frau. Es wurde im Frühjahr 1944 gemalt, als sie den dritten Sohn erwartete. »Da war zunächst einmal der Kindersegen, der unsere Ehe gefestigt hat. Dann kam hinzu, dass wir uns immer gegenseitig respektiert haben und im Lauf der Zeit zu einer seelischen Einheit zusammenwuchsen.«

Der Prinz macht eine Pause. Er betrachtet seine linke Hand, an der er neben dem Ehering seiner Frau einen breiten Goldring mit einem kleinen schwarzen Saphir trägt, den sie ihm vor nunmehr 32 Jahren zu Verlobung schenkte. »Es sind tausend Kleinigkeiten, die eine gute Ehe ausmachen. Dinge, die nachher zur Selbstverständlichkeit werden. Zum Beispiel: Wenn der eine nicht so gut aufgelegt ist, lässt ihn der andere in Ruhe.« Ich frage Prinz Louis Ferdinand, ob er eines Tages wieder heiraten werde. »Ich kann mir das nicht vorstellen. Dazu war meine Ehe zu harmonisch, zu sehr ein Ganzes.«

Die Kinder sind geteilter Meinung, ob ihr Vater noch einmal heiraten soll. Louis Ferdinand jr., der drittälteste Sohn, der später einmal Chef des Hauses werden soll: »Ich bin durchaus dafür, dass mein Papa wieder heiratet. Am besten eine Frau Mitte dreißig. Aber meine Schwestern sind dagegen. Vater und ich haben kürzlich abends über diese Frage gesprochen. Aber wie kann er sicher sein, nicht nur wegen seines Namens geheiratet zu werden? Das ist auch ein Problem.«

Einer meiner nächsten Interviewpartner ist ein Prinz, dessen Besitz größer ist als zwei Bundesländer.

Johannes von Thurn und Taxis: Prinz Schabernack

Er ist Prinz und wird mit »Durchlaucht« angeredet. Er ist Junggeselle, Schlossbewohner und Herr über den größten privaten Grundbesitz in Deutschland, als ich ihn besuche. Wenn man seine Farm in Brasilien mit einbezieht, gehört ihm ein Gebiet, das etwas größer ist als die Bundesländer Berlin und Bremen zusammen. Wenn Prinz Johannes von Thurn und Taxis morgens im Südflügel seines Regensburger Schlosses auf einem langen Flur unter würdevollen Ahnenbildern dem fürstlichen Uhrenaufzieher begegnet, einem Mann, der nichts anderes zu tun hat, als die zweitausend Uhren im Schloss in Gang zu halten, wechselt er mit seinem Bediensteten jedes Mal ein paar höfliche Worte. Auch dann, wenn er nicht dazu aufgelegt ist. Wenn der Prinz am Abend im Münchner Nachtclub »P1« einem Standesgenossen begegnet, zum Beispiel dem Grafen »Goli« Hohenberg, lässt er diese Höflichkeit vermissen. Aus purem Jux gießt er dem Grafen das Eiswasser des Sektkübels in die Hose.

Am Morgen danach steht derselbe Prinz von Thurn und Taxis in makelloser Haltung unter einem Kronleuchter seines Schlosses und begrüßt die Bischöfe von Regensburg, Salzburg und Wien mit glaubwürdiger Herzlichkeit. Und wieder einen Tag später kann man ihn im Münchner Ungerer-Bad, einer öffentlichen Badeanstalt, dabei beobachten, wie er mit Jugendlichen herumalbert. Es gibt Leute, vorwiegend in München, die sagen: Dieser Prinz ist ein adliger Playboy mit schlechten Manieren. Es gibt aber auch Leute, vorwiegend in Regensburg, die sagen: Das fürstliche Geschlecht der Thurn und Taxis kann sich keinen tüchtigeren Prinzen wünschen als Johannes Baptista de Jesus Maria Louis Miguel Friedrich Bonifazius Lamoral von Thurn und Taxis.

»Wie sind so extrem unterschiedliche Urteile über Sie möglich?«, frage ich ihn, als wir uns zum Gespräch gegenübersitzen.

»Um Prinz zu sein«, sagt er und lässt das Eis in seinem Martini-Cocktailglas klirren, »muss man auch Schauspieler sein.« Er macht eine Pause, fügt hinzu: »Wie der Bundeskanzler und jeder Minister auch. Aber ich habe nur wenige Leute getroffen, die das ganze Repertoire beherrschen. Bei den meisten Frauen habe ich übrigens sehr schnell die Grenzen erkannt. Begleiterin für einen Ballabend – dafür reichte es bei vielen. Aber bei welcher hätte es für das ganze Leben gereicht?«

Was immer Prinz Johannes über die Aufgaben eines Edelmannes seines Kalibers sagt, eine Aufgabe erfüllt er mit Glanz:

die des Unternehmers. Wenn er morgens an seinem Schreibtisch im Schloss St. Emmeram zu Regensburg Platz genommen hat – links ein graues Telefon mit 25 Tasten zur Direktwahl seiner wichtigsten Gesprächspartner –, warten 3655 Bedienstete auf seine Entscheidungen. Denn zum Imperium der Thurn und Taxis, dessen »Generalverwaltung« Prinz Johannes obliegt, gehören: zehn Schlösser, elf Güter, zehn Forstämter, fünf Bankhäuser, sechs Brauereien, acht gewerbliche Betriebe, eine 60 000 Hektar große Farm in Brasilien und ein 6028 Hektar großer Forstbesitz in Kanada. »Ich müsste«, sagt der Prinz, »zugleich ein guter Land- und Forstwirt, ein ausgefuchster Bankier, ein erstklassiger Juwelier, ein erstklassiger Antiquitätenspezialist und Restaurateur, ein geschickter Edelmetallingenieur, ein geprüfter Galvaniseur, ein erfahrener Brauer und vor allem ein guter Vermögensverwalter sein. Das ist natürlich unmöglich. Aber ich habe die Herausforderung, die mit dieser Aufgabe verbunden ist, angenommen, und es macht mir Spaß.« Er ist stolz auf seine Leistungen, vor allem darauf, dass es ihm im Gegensatz zu anderen adligen Großgrundbesitzern nicht nur gelungen ist, den Besitz zu erhalten, sondern auch noch zu mehren. Dazu ein Standesgenosse, der im Osten Deutschlands durch die kommunistische Bodenreform alles verlor: »Thurn und Taxis kann froh sein, dass die Russen nicht vom Westen kamen.«

Die Lage der anderen sieht er so: »Achtzig Prozent der Adligen, die heute noch über Land- und Forstbesitz verfügen, werden in den nächsten fünf Jahren pleite machen, weil sie nicht die Zeichen der Zeit verstanden haben. Sie sind immer noch der Ansicht, Geld sei eine anrüchige Sache, die man besser Hilfskräften überlässt, während man selbst auf die Jagd geht. Jetzt rufen dauernd Standesgenossen an, um sich von mir beraten zu lassen – meistens ist es schon zu spät.«

In seinem breitflächigen Gesicht, das von schwarzen Koteletten eingerahmt ist, spiegelt sich Schadenfreude. Sein Lächeln wird hintergründig, seine Augen sind plötzlich sehr klein. So haben ihn wohl jene in Erinnerung, die ihn fürchten. »Man

Prinz Johannes von Thurn und Taxis vor seinem Schloss in Regensburg, 1970

darf sich nie überraschen lassen. Weder von Ereignissen noch von seinen Mitmenschen. An jedem Tag, an dem wir aufstehen, hat praktisch in der Welt eine Revolution stattgefunden. Wenn ich nicht jeden Tag meine Ziele überdenke, werde ich überrollt.« Er spricht wie ein Manager der Stahlindustrie. Aber er ist natürlich ein Feudalherr – mindestens dann, wenn er sich in Brasilien auf seiner Farm aufhält, am Mato Grosso, wo der Urwald am tiefsten ist. Dort reitet er mit umgeschnalltem Revolver, »denn da herrschen noch Sitten«. Gewiss! Ein Fremder, der beim Durchqueren der Weiden trotz wiederholter Verwarnungen das Viehgatter nicht geschlossen hatte, wurde vom Verwalter erschossen.

Wenn Prinz Johannes in Regensburg in der historischen Atmosphäre des Schlosses seine Lebensphilosophie ausbreitet, spricht er immer wieder von dem »Überraschungseffekt«, den es zu nutzen gelte, und von der »Urwald-Überlebenstaktik«, die er nicht nur am Mato Grosso befolge, sondern auch auf heimatlichem, zivilisiertem Boden. Und er erzählt gleich zwei Geschichten, die seine These bestätigen.

»Als ich beim Verleger Axel Springer eingeladen war, blockierten Studenten das Eingangsportal des Verlagshauses. Sie wollten mich nicht durchlassen, sondern mit mir kommunistische Ideologien diskutieren, in der Annahme, ich würde kneifen. ›Na schön‹, habe ich gesagt und sie gefragt: ›Wenn ihr so gut Bescheid wisst, dann sagt mir einmal, was hier im Umkreis von fünf Metern das Beste am Kommunismus ist.‹ Da haben sie natürlich keine Antwort gewusst, bis ich sie aufklärte: ›Diese Zigarre in meiner Hand ist das Beste an eurem Kommunismus, denn sie ist aus Kuba.‹ Da haben sie mich johlend durchgelassen.«

Beim Ball der Sporthilfe in Frankfurt wollten ihn Demonstranten verhauen. »Da bin ich einfach durch sie durchmarschiert, und auf den Zwischenruf, ›Wer bist du, und warum trägst du einen Smoking?‹, habe ich geantwortet: ›Weil ich reich bin!‹ Über so viel Unverfrorenheit waren sie platt und haben mich laufen lassen. Dafür haben sie dem Präsidenten des Bundesverbandes der Industrie Keile gegeben.«

Den Schlüssel für seine Fähigkeit, immer wachsam zu sein und andere Menschen an die Wand zu spielen, findet man vielleicht in der Jugend des Prinzen. Am 5. Juni 1926 auf Schloss Höfling bei Regensburg geboren, wuchs Johannes in der Hitler-Zeit auf. »Ich war einer der wenigen, die nicht zur Hitler-Jugend gehörten. Dafür habe ich auf dem Schulhof viel Schläge einstecken müssen, was wohl ganz gut war, sonst wäre ich sicherlich als verwöhnter Jüngling aufgewachsen.«

Sein Vater (»ihm verdanke ich viel«) hatte ihn oft zu trösten versucht: »Der Heilige Sebastian ist von vielen Pfeilen durchbohrt worden und hat sich für Christus geopfert. Da kannst du auch diese Schläge einstecken.« Der Vater war es auch, der den Sohn Höflichkeit und Hilfsbereitschaft gegenüber einfachen Menschen lehrte. »Ich bekam damals im Monat 10 Reichsmark Taschengeld, wovon ich immer etwas für bedürftige Familien abgeben musste. Wenn mein Vater und ich in der Nazi-Zeit auf der Straße einer Frau mit Juden-Stern begegneten, ermahnte er mich: ›Sag ihr Guten Tag, denn das bist du deiner Position als Prinz schuldig.‹«

In der achten Klasse musste der Prinz das Regensburger Gymnasium verlassen. Offizielle Begründung: Seine Leistungen, vor allem im Englischen, hätten nicht ausgereicht. »Dabei war ich in Englisch besser als der Klassenlehrer.« Das war 1944, als nach dem misslungenen Attentat auf Hitler am 20. Juli sein Vater von der Gestapo eingesperrt wurde. Sein Großvater wiederum, Fürst Albert von Thurn und Taxis, hatte 1932 den vielzitierten Ausspruch getan: »Hitler? Kenn' ich nicht, hat sich noch nicht bei mir eingeschrieben.«

Die anerzogene Höflichkeit gegenüber einfachen Menschen hat sich Prinz Johannes bis zum heutigen Tag bewahrt: »Ich kann im Nu mit einem Menschen befreundet sein, der in einem Bierlokal, zum Beispiel im Münchner Augustiner-Keller, am Nebentisch sitzt und fröhlich ist.« Umso fassungsloser sind viele Leute darüber, wie er mit seinesgleichen umspringt oder mit solchen, die sich dafür halten. Als er an einem schönen Sommertag mit seiner Freundin, der Baronin Renate von Holzschuher, auf dem Bootssteg seines Schlosses Garatshausen am Starnberger See lag, glitt der Münchner Finanzier Münemann mit seiner Luxusjacht vorbei. Frau Münemann rief über das Wasser die gut gemeinte Einladung: »Prinz Johannes, kommen Sie doch an Bord.« Prinz Johannes rief zurück: »Danke, wir haben hier auch ein Abort.« Aber bei der Jubiläumsfeier der Berliner Handelsgesellschaft setzte er sich demonstrativ neben Münemann, der von den anderen Gästen geschnitten wurde.

Als der griechische Generalkonsul und Mercedes-Generalvertreter Dimitri Pappas anlässlich der Salzburger Festspiele für den Dirigenten Herbert von Karajan einen Empfang gab, fragte ein Journalist Prinz Johannes: »Warum rauchen Sie von all den reichen Leuten hier die größte Zigarre?« Antwort: »Damit ich kleineren Leuten wie Ihnen größere Löcher in die scheußlichen Anzüge brennen kann.« Und als ihm Heidi Schoeller, die Frau eines anderen Münchner Finanziers, Wolfgang Schoeller, bei einem Cocktail im Hause des Prinzen Ferfried von Hohenzollern im eleganten Ken-Scott-Hosenanzug begegnete, kränkte er sie mit der Bemerkung: »Was haben Sie denn da an? Einen Tarnanzug zum Taubenschießen?«

Prinz Johannes erklärt mir seine Rolle als Enfant terrible der Gesellschaft so: »Ich hasse jede Form von Dünkel, und was sich in der Gesellschaft abspielt, ist sehr dünkelhaft.« Spricht hier ein Menschenverächter? Vielleicht. Aber man sollte nicht vergessen, dass Hochmut oft erst von Kriecherei und Anbiederung provoziert wird. Der Prinz ist natürlich nicht frei von Snobismus. Er trinkt Champagner (Marke Krug) nur aus dem Wein- oder Whisky-Glas, denn »dann ist das Glas nicht so schnell leer«. Er trägt meistens eine Nelke im Revers seiner maßgeschneiderten Anzüge, die alle in Höhe der linken Taille eine kleine Geldtasche mit Klappe haben. Er raucht Havanna-Zigarren Marke Romeo & Juliet, trägt Hemden mit englischem Kragen und silberner Kragennadel. »Reich ist man meiner Meinung nach nur, wenn man nicht weiß, wie reich man ist.« Und über das eigene Vermögen spricht man nicht, »denn das ist so, als zeige man sich gegenseitig das Glied«.

Reich ist das Geschlecht der Thurn und Taxis schon seit fast 500 Jahren, wie er mir erzählt. Am Anfang ihres Reichtums stand eine Idee: Ahnherr Franz von Taxis setzte sich 1505 dafür ein, zwischen den Niederlanden, Deutschland, Frankreich und Spanien eine ständige Postverbindung mit Kutschen und Boten zu Pferd einzurichten. Für die Übermittlung eines Briefes von Innsbruck nach Brüssel brauchten seine Kuriere im Sommer damals nur fünfeinhalb Tage. Eine respektable Leistung. Für das Postprivileg zahlte der Vorfahre jährlich 12 000 Livre (in heutiger Währung 9000 Euro) an König Philipp I. von Kastilien. Dennoch war die Post ein Riesengeschäft für ihn, und die Thurn und Taxis'schen Postboten durften das königliche Wappen und Waffen tragen. Die Vorfahren wurden schließlich für ihre hervorragenden Dienste mehrmals geadelt. 1695 stiegen sie in den Stand der Reichsfürsten auf.

Das Amt des Generalpostmeisters wurde erblich: Es konnte vom Vater auf den Sohn übertragen werden. So zogen die Thurn und Taxis von Brüssel nach Frankfurt, ließen sich schließlich in Regensburg nieder, wo sie erhebliche Pracht entfalteten. Ab 1784 vertraten sie – wie es damals hieß – als Prinzipalkommissäre den Kaiser im Reichstag. Erst ab 1806 zerbröckelte das Postimperium, weil auch das Deutsche Reich unter Napoleons Einfluss zerbröckelte; die einzelnen Länder verstaatlichten die Post. Die Thurn und Taxis wurden aber für ihre Verluste durch Würden, Güter und Geldbeträge entschädigt. Bis zu Beginn des Zweiten Weltkrieges besaßen sie in Deutschland, Ungarn, Jugoslawien und im Gebiet der Tschechoslowakei 123 765 Hektar Land – ein Gebiet so groß wie das halbe Saarland. Davon blieben 1945 rund 30 000 Hektar.

Die Familie investierte darüber hinaus in das Brauerei-Geschäft, in die Pforzheimer Edelmetallindustrie und in brasilianisches und kanadisches Land. Der Besitz in Brasilien kostete eine halbe Million Mark, die Forstwirtschaft in Kanada sieben Millionen.

»Wenn wir aus der Geschichte einen Nutzen gezogen haben«, sagt Prinz Johannes, während ich auf die Uhr schaue, weil wir uns jetzt bereits stundenlang unterhalten, »dann ist es die Erfahrung, dass ein geographisch gestreutes Vermögen die einzige annähernd risikofreie Anlage ist«.

»Träumen Sie dem Post-Imperium nach?«

»Ich habe dem Bundespostminister oft gesagt, die Post würde ich nicht zurückhaben wollen – außer vielleicht Telefon- und Fernschreibnetz.«

»Was halten Sie von Mitbestimmung in Unternehmen?«

»Ich bin dagegen, dass Leute mitzuentscheiden haben, die nicht zum Betrieb gehören und daher nicht die Risiken eines Arbeitsplatzverlustes tragen. Darum sollte auch ein Betriebsrat, der bei uns noch nicht besteht, nur aus Firmen-Angehörigen bestehen.«

»Was halten Sie von der Forderung, das Vermögen in Deutschland neu zu verteilen?«

»Wenn durch eine drastische Erhöhung der Vermögens- und Erbschaftssteuer den Unternehmern kaum etwas vom Ertrag übrig bleibt, geht ein wesentlicher unternehmerischer Anreiz verloren. Damit ist die Sicherheit vieler Arbeitsplätze in Frage gestellt. Ich habe bezüglich solcher Pläne meine Zweifel. In den kommunistischen Ländern hat man zwar durch eine Vermögensumschichtung eine neue besitzende Klasse geschaffen. Aber die will ihre Datschas und ihren Kaviar auch nicht teilen.«

»Was halten Sie von der Unruhe in der heutigen Jugend?«

»Die Geschichte lehrt uns, dass die jungen Menschen zu allen Zeiten rastlos waren. Es muss nicht gleich alles ermöglicht werden, was sich zum Beispiel die APO wünscht. Studentische Demonstrationen lösen leider die Forderung nach einem starken Mann von rechts aus – eine Entwicklung, die uns unheimlich sein müsste. Berechtigte Forderungen sollten allerdings nach Anhören aller Seiten überprüft und von der Regierung eventuell berücksichtigt werden.« Er sagt das mit der Souveränität eines Mannes, der weiß, dass seine Familie die älteste Kombination deutschen Unternehmertums und deutschen Hochadels ist, und er lässt den Stolz eines Grandseigneurs einfließen, dessen Mutter eine Prinzessin aus dem ehemaligen portugiesischen Königshaus ist und dessen Großmutter die Erzherzogin Margarete von Österreich und königliche Prinzessin von Ungarn war.

Wenn sein Onkel, der 9. Fürst von Thurn und Taxis, und er heute ein Fest oder ein Jagdessen geben, können sie bis zu 280 Gäste mit eigenem Geschirr bewirten und von eigenem Personal bedienen lassen. Was den normalen Sterblichen verboten ist, dem Fürstenhaus ist es erlaubt: Die Thurn und Taxis bahren ihre Toten zu Hause auf, im Keller des Schlosses in der Familiengruft. Nachdem im vergangenen Jahr die Fürstin gestorben war, ließ Prinz Johannes sie in die Schlosskapelle bringen. Den Einwand des Pfarrers, Aufbahrungen habe der Papst verboten, wies er mit der Begründung zurück: »Wir haben die älteren Rechte in der Kirche.«

Prinz Johannes ist bewusst, dass diese seine Welt nicht mehr so recht in unsere Zeit passt. Sein Vater spricht noch heute mit ihm in der dritten Person (»hat er das schon gelesen?«). Wenn er am Wochenende nach Schwabing ausweicht, ist ihm, als sei er über die Mauern von Peking geklettert und habe sich davongemacht, die moderne Welt zu entdecken. »Ich weiß, dass ich für historische Dinge eintreten muss, die ich nicht mehr ganz vertreten kann. Das Schloss mit allem Drum und Dran ist eine Bühne, auf der ich meine Rolle zu spielen habe.«

Er schaut auf das Ölgemälde Ludwigs XV. »Einer meiner Vorfahren«, sagt er beiläufig und greift das Thema wieder auf: »Aber diese Aufgabe hier ist Teil meines Standesbewusstseins, das ich nun einmal habe. Wir waren vor den Fuggern und den Welsern in diesem Land.« Eigentlich hätte sein Cousin, Prinz Gabriel, der einzige Sohn des Fürsten, die Rolle des Nachfolgers übernehmen müssen; aber er ist 1942 bei Stalingrad gefallen. Damit ist Prinz Johannes, solange sein Onkel lebt, nur Vorerbe des Vermögens. Aber er ist schon als Chef der Gesamtverwaltung tätig. Wenn das riesige Vermögen ihm nicht zufiele, hätte er dann gern ein anderes Leben geführt? Prinz Johannes von Thurn und Taxis zupft an seinem Kavalierstaschentuch, das immer etwas zu weit aus der Brusttasche herausragt: »Dann würde ich gern in Amerika leben, mit einem anderen Namen, aber mit denselben Möglichkeiten.« Sprich: Geld.

Gustav Heinemann: Ein ungewöhnlicher Bundespräsident

Der Mann, der durch eine Gartenpforte die Adenauerallee in Bonn betritt, sagt – mehr zu sich selbst, aber gemeint ist der Bundesgrenzschutz-Posten neben der Pforte –: »Ich hau' mal ab, geh' zum Haareschneiden.«

Den Posten trifft fast der Schlag. Denn der Mann, der jetzt Richtung Bundestag trippelt, wo es den Friseur Willi Münch gibt, ist der erst vor kurzem gewählte dritte Bundespräsident der Bundesrepublik Deutschland. Und der trollt sich einfach davon, ohne Bodyguards, ohne Dienstwagen? Immerhin hat er sich – was der Posten nicht weiß – bei seinem Amtschef, Staatssekretär Dietrich Spangenberg, abgemeldet.

Normalerweise sieht das so aus, wenn die Nummer 1 im Staat ihren Amtssitz verlässt: Vorweg ein Polizei-Porsche, der dem Mercedes 600 des Präsidenten freie Bahn schafft – mit Blaulicht, Kelle und per Lautsprecher, durch den vorausfahrende Verkehrsteilnehmer aufgefordert werden: »Fahren Sie rechts ran und halten Sie an!« Heinemann, der diesen Aufwand für total übertrieben hält, nennt den Porsche ironisch »Gassenhauer«. Im Präsidenten-Mercedes sitzt neben dem Fahrer ein Kripo-Beamter. Dem Wagen folgt ein zweiter Mercedes mit mehreren Leibwächtern.

Als ich den Präsidenten zu einem verabredeten Interview während eines Rundgangs durch den Park der Villa Hammerschmidt begleite – vorbei an langen Blumenbeeten mit feuerroten Petunien, vorbei an einem Goldfischteich und einem Springbrunnen, dessen Wasser aus Sparsamkeitsgründen abgedreht ist – und ihn schließlich frage: »Wie fühlen Sie sich im neuen Amt?«, antwortet er nicht gekünstelt staatsmännisch, wie das andere Bonner Politiker an sich haben, sondern schlicht und einfach: »Mann, hier können Sie Dinge erleben!«

Ihm leuchtet zum Beispiel nicht ein, dass er einen tüchtigen Beamten, dem er irgendwo bei einem Antrittsbesuch in den

Bundesländern begegnete, nicht einfach mit der unkonventionellen Aufforderung einladen kann: »Wenn Sie in Bonn sind, besuchen Sie mich doch einmal.« Die Beamtenordnung verlangt, dass der so Geehrte erst die Genehmigung seines Ministers einholt. Heinemann, leichte Zornesröte im Gesicht: »Wenn ich den Herrn sehen will, geht das niemanden etwas an.«

Ähnlich wie 30 Jahre später, als die Kohl-Regierungszeit aufhört, ist auch jetzt die Republik im Umbruch. Die Adenauer-Ära geht nach Jahren christdemokratischer Vorherrschaft zu Ende. Es formiert sich eine Außerparlamentarische Opposition (APO), zu der linke Studentenorganisationen, allen voran der Sozialistische Deutsche Studentenbund, Teile der Gewerkschaftsbewegung, Wehrdienstverweigerer und bekannte Künstler gehören. Das kapitalistische Gesellschaftssystem wird grundsätzlich in Frage gestellt, bekämpft. Es richten sich Proteste gegen die geplante Verabschiedung von Notstandsgesetzen und gegen das »Meinungsmonopol«, wie den Springer-Konzern. Und gegen »Konsum-Terror«.

Die FDP versucht, sich von ihrem langjährigen Partner in der Regierung vorsichtig zu lösen, um sich der SPD zu nähern und um damit das drohende Mehrheitswahlrecht, das sie aus dem Parlament verbannt hätte, endgültig zu beseitigen. Da war die Unterstützung des sozialdemokratischen Kandidaten Heinemann bei der kurz zuvor erfolgten Bundespräsidentenwahl das geeignete Signal.

Heinemann, Jahrgang 1899, in Schwelm an der Ruhr als Sohn eines Direktors der Krankenkasse der Krupp-Werke geboren, hatte Rechtswissenschaften und Volkswirtschaft studiert, danach promoviert und war dann Mitglied eines Anwaltsbüros in Essen und nebenbei Vorstandsmitglied von Rhein-Stahl. Kurzum, er war im Gegensatz zu vielen Politikern beruflich unabhängig, als er in die Politik einstieg. Nach dem Krieg war er zunächst als ehrenamtlicher Oberbürgermeister von Essen, dann als Justizminister von Nordrhein-Westfalen tätig. Als 1949 die erste Bundesregierung gebildet wurde, beurlaubte ihn seine

Firma, damit er der erste Innenminister der Republik werden konnte. Aber bereits ein Jahr später kam er mit Kanzler Adenauer wegen der Wehrpolitik über Kreuz, schied im Zorn aus Kabinett und CDU aus. Die Rheinischen Stahlwerke wollten ihn daraufhin nicht wieder haben. Heinemann gründete seine eigene Partei, die »Gesamtdeutsche Volkspartei« (GVP). Sie fiel bereits bei den nächsten Bundestagswahlen 1953 durch und kam nicht ins Parlament. Aber vier Jahre später saß Heinemann dennoch im Bundestag. Diesmal als Abgeordneter der SPD, der er sich angeschlossen hatte. Im Dezember 1966, als die Sozialdemokraten eine Große Koalition mit der CDU bildeten, wurde er Bundesjustizminister. Fürwahr eine Karriere wie auf der Achterbahn. Damit nicht genug: Nur zwei Jahre danach nominierten ihn die Sozialdemokraten zum Kandidaten für das Bundespräsidentenamt.

Ich hatte ihn wenige Wochen vor seiner Wahl zum Bundespräsidenten in seiner Essener 15-Zimmer-Villa für eine größere Reportage mit meinem Fotografen Winfried Rabanus besucht. Das Haus hatte er von den Rheinischen Stahlwerken gemietet. Die vielen Zimmer wirkten zunächst ein wenig pompös. Ich hatte bis dahin keinen Politiker erlebt, der privat in einem so großen Haus wohnte. Dennoch war Heinemann kein Mann ohne Bodenhaftung. Im Gegenteil, er war von schnodderiger Kumpelhaftigkeit, wiewohl Akademiker mit doppeltem Doktor (Dr. rer. pol. und Dr. jur.). Als Parlamentarier war er berühmt für geschliffene Reden. Jedoch sprach er im Alltagsleben, wie ihm der Schnabel gewachsen war. Als er bei unserem Gespräch beispielsweise zum Ausdruck bringen will, dass man den Einfluss der Kirche in Deutschland nicht überschätzen solle, sagt er: »Hier laufen die Kirchen mit einem viel zu großen Hut herum, der rutscht ja über die Ohren.« Als er mir seinen zweijährigen Enkelsohn Oliver – er selbst hat vier Kinder – vorstellt, das Kind aber von einer Grippe noch nicht ganz genesen ist, klingt das so: »Jetzt kommt gleich eine matte Fliege rein.« Und wenn er seinen früheren Chef in der Wirtschaft, den General-

Gustav Heinemann in der Essener Vorortbahn, 1969

direktor der Rheinischen Stahlwerke, Jakob Hassbacher, beschreibt, dann formuliert er drastisch: »Der hat'n Kopp, so kahl wie 'ne Billardkugel.«

Heinemann war damals schon 42 Jahre mit seiner Frau Hilda verheiratet, eine Ehe, die bis zu seinem Tod im Jahre 1976 von Bestand war. Bezeichnend für diesen aus dem üblichen Rahmen fallenden Bundespräsidenten war auch, wie er einst seiner Frau den Heiratsantrag machte. Kennengelernt hatten sich beide als Studenten an der Marburger Universität auf einem Adventstee. Sie war die Tochter eines Bremer Kaufmanns und seiner Schweizer Frau. Die beiden Studenten trafen sich in der Folge häufiger. Nur, Heinemann befand sich in einer Situation, in die viele Männer geraten, wenn sie die Frau ihres Lebens treffen: Die Angebetete hatte bereits einen Verehrer. Hilda war mit diesem Herrn zwar nicht verlobt, aber sie trug immerhin eine Art Freundschaftsring. Heinemann tolerierte diesen Zustand eine Weile, machte dann aber eines Tages kurzen Prozess. »Ich nahm ihr einfach den Ring ab.« Frau Heinemann: »Von diesem Moment an war klar, dass wir heiraten würden.«

Aus der Art, wie ein Mann seinen Chauffeur behandelt, kann man Rückschlüsse auf den Charakter des Herrn ziehen. Heinemann, der als Bundesjustizminister noch mit 69 Jahren so oft wie möglich morgens schwamm, ließ sich zu diesem Zweck in eine öffentliche Schwimmhalle in Bonn-Bad Godesberg fahren. Dabei kam es ihm nie in den Sinn, seinen Fahrer vor dem Schwimmbad warten zu lassen. »Der Mann hat doch genauso Spaß am Schwimmen wie ich.« Also schwimmen der Herr Minister und sein Chauffeur morgens gemeinsam ihre Runden.

Weil er überdies seinem Fahrer nicht zumuten wollte, montags früh besonders zeitig in Bonn aufzustehen, um den Chef in Essen abholen zu müssen, nahm Heinemann stets den 8.06-Uhr-Zug nach Bonn. Die 20 Minuten von seinem Haus zum Essener Hauptbahnhof ging er zu Fuß – so wie jetzt, als Präsident, zum Friseur.

Als ich ihn an einem heißen Augustnachmittag besuche, finde ich ihn wütend vor: »Am liebsten hätte ich gerade meinen Schreibtisch kurz und klein geschlagen. Stellen Sie sich vor: Für unseren nächsten Antrittsbesuch auf der Rundreise durch die Bundesländer sollte das Programm für meine Frau schon um acht Uhr beginnen. Meine Frau ist doch kein junges Mädchen!« Nein, sie ist bereits 72. Heinemann macht eine Pause, nimmt einen Schluck Johannisbeersaft. »Ich habe jetzt entschieden: Wenn wir verreisen und irgendwo Besuch machen, dann nichts vor neun Uhr morgens und nichts nach elf Uhr abends. Und mittags zwei Stunden Pause. Das sind immerhin noch zwölf

Stunden. Was im Programm in zwölf Stunden nicht unterzubringen ist, gehört auf den Mond geschossen.«

Hilda Heinemann sitzt während des Gesprächs bei uns und schweigt. Ihre blauen Augen, die sich bisweilen wegen der Anstrengungen des Amtes leicht röten, sind an diesem Tag ausgeruht. Wenn man ihr begegnet, sind es vor allem diese Augen, die Warmherzigkeit ausstrahlen. Sie trägt ein ärmelfreies weißes Sommerkleid, ihre linke Hand schmückt ein Ring mit zwei Brillanten, ihren Hals eine einreihige Perlenkette. Was trotz der Fürsorge ihres Gatten auf sie zukommt, ist nicht ohne. Allein im ersten Monat ihrer Amtszeit reist sie 5377 Kilometer. Sie macht mit ihrem Mann Antrittsbesuche in Berlin, München und Hamburg, besucht die Bayreuther Festspiele, fährt nach Süddeutschland und nach Holland zum Möbeleinkauf, gibt zehn Interviews, muss fünf große Empfänge durchstehen und nimmt an vier offiziellen Essen teil. Jeden Tag in Bonn bringt sie volle zwei Stunden mit der Bearbeitung der Post zu. Wenn sie auf Schloss Brühl an einem heißen Sommerabend anlässlich eines großen Empfangs 2000 Hände schütteln muss, nimmt sie vorher vorsichtshalber die Ringe von ihrer Hand. Aber die rechte schmerzte bereits nach dem hundertsten Gruß. Noch ist sie jedoch, als ich die Heinemanns besuche, von dem Schauspiel, das sie umgibt, angetan.

»Ich spüre die Zuneigung, die mir entgegenkommt, und ich möchte auch so gern, dass die Leute merken, hier kommt eine, die sich ihnen zugehörig fühlt.«

Noch durchschaut sie nicht den Jahrmarkt der Eitelkeiten, sieht nicht, dass viele nur auf Empfänge kommen, um zu imponieren: die Frauen, um sich gegenseitig in ihren neuen Garderoben zu prüfen, die Männer, um sich zu beweisen, dass sie in Bonn noch dazugehören.

Es ist eine Sache, First Lady zu werden, jedoch es ist eine andere, mit der neuen Rolle fertigzuwerden. Diese Erfahrung machen alle Ehefrauen unserer Bundespräsidenten. Es sind oft Nebensächlichkeiten, die plötzlich zum Problem werden.

Wohin mit der Handtasche? Soll man sich mit oder ohne Brille fotografieren lassen? Wie sich gegenüber jenen Politikern verhalten, die den eigenen Mann im Bundestag beschimpften oder gar bis zur Wahl zum Staatsoberhaupt bekämpften? Was Gustav und Hilda Heinemann so sympathisch macht, ist die Natürlichkeit, die sie sich trotz des hohen Amtes bewahren.

Als mein Fotograf und ich uns nach dem Interview, das länger als geplant dauerte, verabschieden wollen, sagt der Bundespräsident: »Bleiben Sie doch noch. Gleich kommt ein Bonner Herrenausstatter mit neuen Anzügen, die ich anprobieren soll. Da können Sie ja mitentscheiden, was mir besonders steht – oder nicht.« So geschehen. Undenkbar, dass ich bei Joachim Gauck dabei sein darf, wenn er in eine neue Hose steigt.

Heinemann, anders als seine beiden Vorgänger Theodor Heuss und Heinrich Lübke, verzichtet auf eine zweite Amtszeit. Er begründet den Entschluss mit seinem Alter von inzwischen 74 Jahren. Er verzichtet überdies auf den ihm beim Abschied zustehenden Großen Zapfenstreich der Bundeswehr und lädt stattdessen zu einer Schiffspartie auf dem Rhein ein. Sein Nachfolger wird Walter Scheel. Nicht ganz so bescheiden.

Willy Brandt: Anfang und Ende einer langen Bekanntschaft

Kurt Weber, Hausmeister in der Villa des Bundeskanzlers, blickt auf die Uhr. Dann öffnet er die Tür zum privaten Arbeitszimmer des Bundeskanzlers, knipst das Licht an und geht durch den kleinen Raum mit den schrägen Wänden. Vor einer hellbraunen Tür aus Naturholz macht er halt, klopft und ruft mit leicht rheinischem Tonfall: »Juten Morgen, Herr Bundeskanzler.« Es gibt keine Zimmer im Haus, die Weber so gut kennt wie die beiden Privaträume des Kanzlers. Noch vor einem Jahr wohnte der Hausmeister hier selbst mit seiner Frau. Dann bekam er einen Bungalow im Park, und der Kanzler zog in die

Hausmeisterwohnung unter das Dach. »Komische Welt«, sagt sich Weber manchmal.

Es ist Dienstag, halb acht Uhr morgens. Der Himmel über Bonn ist verhangen, es ist nasskalt. Für einen Mann wie Willy Brandt, der morgens schwer auf Touren kommt, keine gute Starthilfe. Er zieht einen dunkelblauen Bademantel an und schlüpft in seine Hausschuhe. Er muss aufpassen, dass er sich nicht stößt. Der Raum ist nicht viel größer als eine Schiffskajüte. Draußen auf dem Weg zum Swimmingpool mit dem blauweißen Zeltdach fröstelt er ein wenig. Als er das Zelt öffnet, bläst ihm heiße Luft entgegen. Das Wasser hat 26 Grad Temperatur. Wegen des Dampfes ist das Ende des Beckens kaum zu erkennen. Brandt wundert sich manchmal darüber, dass die Kinder es immer so warm haben wollen. Im Haus hat das Mädchen Sets auf den Mahagonitisch gelegt, Tee, Wurst, Käse und Marmelade aufgetragen. Weber hat die Zeitungen auf den Tisch gelegt. »Essen Sie was mit?«, fragt Brandt meinen Fotografen und mich.

Vor dem Haus sind der schwarze Mercedes 300 SEL des Kanzlers und der Begleitwagen der Sicherungsgruppe vorgefahren. Die Motoren laufen. Über die eingeschaltete Freisprechanlage fragt eine anonyme Stimme: »Asta 2, bitte melden. Seid ihr schon abgefahren?«

»Nein, aber der Chef kommt gleich.«

Der Kanzler der Bundesrepublik ist morgens schnell fertig, an diesem Tag ein wenig zu schnell. Bei der Rasur hat er sich geschnitten. Seine Laune wird erst besser, als ihm im Esszimmer der Papagei »Rocco« ein »Guten Morgen« entgegenkrächzt. Brandts versteinertes Gesicht hellt sich auf. Er erwidert Roccos Gruß und schnalzt dabei mit der Zunge.

Bevor Willy Brandt das Haus verlässt, geht er in das Zimmer seiner Frau. Dabei fällt sein Blick auf die Tür zum Zimmer seines neunjährigen Sohnes Matthias (der Jahrzehnte später einer der bekanntesten Schauspieler Deutschlands ist). Drei Zettel, von Kinderhand geschrieben, kleben an dieser Tür:

»Vorsicht Tretminen – Lebensgefahr!«, »Rauchen verboten!«, »Bitte nicht an die Tür lehnen«.

Vor dem Haus gibt Brandt den drei Kriminalbeamten, dem Fahrer und dem Hausmeister kurz die Hand und murmelt ein »Guten Morgen«. Er gehört nicht zu denen, die sich zuerst grüßen lassen. Zurückgelehnt in die hellbraunen Polster des Wagens, überfliegt der Kanzler den Nachrichtenspiegel des Bundespresseamtes, den der Fahrer mitgebracht hat. Im dichten Berufsverkehr nehmen die Leute vom Regierungschef kaum Notiz. »War das eine Freundin von Ihnen, Bauhaus?«, fragt der Kanzler den neben dem Fahrer sitzenden Kriminalbeamten, der sich nach einer Passantin umgeschaut hat. »Nein, die war eine ehemalige Sekretärin von Erhard.« Der Chauffeur grinst. Hausdorfstraße, Ecke Reuterstraße winkt Brandt einer jungen Dame in einem Fiat 850 zu. Sie winkt zurück. »Das ist Theachen, meine Sekretärin im Parteihaus«, sagt er. Als Theachen etwas gewagt die Fahrspur wechselt, sagt Bundeskanzler Brandt: »Die ist auch schon mal besser gefahren.«

Im Amt geht der Kanzler direkt in sein Arbeitszimmer, nicht erst ins Sekretariat. Mit einem Blick, der Skepsis und Unruhe verrät, versucht er in Sekundenschnelle zu erfassen, ob ihn unangenehme Nachrichten erwarten. Dicke Tränensäcke lassen sein Gesicht voller als gewohnt erscheinen. Von den Augen läuft auf jeder Seite eine tiefe Falte über die Wangen bis in die Nähe der Mundwinkel. »Vor zehn Jahren«, sagt einer seiner engsten Mitarbeiter, »sah er jünger aus, als er war.« Das kann man heute nicht mehr behaupten. Er ist ein Mann, der seit 1960 einer permanenten Überbeanspruchung unterliegt.

Brandt geht hinüber ins Sekretariat, wo er seine beiden Sekretärinnen, Gerda Landerer und Marga Lenzen, mit Handschlag begrüßt. Frau Landerer, eine resolute Sechzigerin, die das Vorzimmer etwas eigenwillig regiert, war schon im Außenministerium Brandts Sekretärin. Sie nimmt es nicht tragisch, dass ihr Chef ein neues Kleid oder eine frische Frisur zwar bemerkt, aber nichts Anerkennendes dazu sagt. Mit schnellen Schritten ist der

Kanzler an der nächsten Tür, öffnet sie und steht im Kleinen Kabinettssaal. Jeden Dienstag und Donnerstag findet hier die »Kanzler-Lage« statt. Mit seinen engsten Mitarbeitern – Kanzleramtsminister Ehmke, den Staatssekretären Bahr, Katharina Focke, Frank vom Bundespräsidialamt und den Regierungssprechern Ahlers und von Wechmar – werden aktuelle Fragen besprochen und entschieden. Die meisten Herren bleiben sitzen, als der Kanzler den Saal betritt. Nur Ehmke und Frank, die ihre Plätze neben dem Regierungschef haben, erheben sich flüchtig und reichen dem Chef die Hand. Freiherr von Wechmar beginnt mit einer Presseübersicht. »Herr Bundeskanzler, die beherrschenden Themen sind heute der Tarifkonflikt in der Metallindustrie, die Besoldungsforderungen des Beamtenbundes, eine neue Voraussage der Konjunkturforschungsinstitute, die Minister Schillers Meinung bestätigen, dass der Boom nachlässt. Weiter wären erwähnenswert eine Meldung vom bevorstehenden Zusammentreffen Gromykos mit Nixon und ein sehr interessanter Bericht in der ›Süddeutschen Zeitung‹ aus Washington, wonach die Amerikaner einen neuen Vorschlag für den europäischen Verteidigungsbeitrag planen.« Der Kanzler hat sich einen Zigarillo angezündet. Als Wechmar noch einmal die Wirtschaftsprognose erwähnt und von einer Fußnote spricht, in der von einer eventuellen Aufwertung der D-Mark 1971 gesprochen wird, beweist der Kanzler Sachkunde. Er sagt: »Das ist Giersch.« Er meint den Kieler Professor Herbert Giersch. Minister Ehmke will wissen, wann Nixon Gromyko trifft. Dann wird der Chef des Bundesnachrichtendienstes, General Wessel, hereingebeten. Ein Marineoffizier trägt eine große Landkarte. Der BND-Chef gibt eine Übersicht über die Lage in den Ostblockstaaten.

Die »Kanzler-Lage« dauert eine Stunde, dann geht Brandt zurück in sein Arbeitszimmer. Staatssekretär Egon Bahr folgt ihm. Am Abend zuvor hatte Brandt zwei verschlossene Briefumschläge seines Staatssekretärs mit nach Hause genommen. Sie trugen den Vermerk »Nur persönlich öffnen!«. Es geht um den Moskauer Vertrag und um die Viermächte-Gespräche in

Berlin. In der Öffentlichkeit gibt sich der Kanzler gelassen. »Warum soll etwas in Wochen klappen, was vorher in Jahren nicht zustande gekommen ist?« In der Abgeschiedenheit seines Arbeitszimmers beschäftigt ihn die schleppende Entwicklung natürlich. Das gilt auch für die Löhne und die Preise. Nachdem Bahr gegangen ist, greift er zum Telefonhörer: »Stellen Sie einmal fest, ob Herr Wehner in Bonn ist. Aber verbinden Sie nicht. Ich hätte ihn gern am Nachmittag gesprochen.« Nach zwanzig Minuten summt das Telefon, das links von Brandts Schreibtisch auf einer kleinen Ablage steht. Am Apparat ist der SPD-Fraktionsvorsitzende Herbert Wehner. Brandt, der bis dahin kerzengerade gesessen hat, rutscht tief in seinen Schreibtischsessel. »Hättest du heute Nachmittag Zeit?«, fragt er. »Ach, du bist noch in Hessen. Können wir dann morgen versuchen zusammenzukommen?« Brandt hält den Hörer vom Ohr etwas angewinkelt. Wehner dröhnt auch am Telefon. Der Kanzler erwähnt Staatssekretär Bahr: »Egon sieht heute einen von der andern Fakultät.« Und nach einer Pause: »Ich habe einen aufschlussreichen Brief aus Warschau bekommen. Lass uns darüber morgen sprechen. Dank dir schön. Wiederschaun.«

Die Sekretärin legt eine Unterschriftenmappe auf den Schreibtisch. »Hier ist eine Aufstellung der Geschenke, die Ihnen der türkische Präsident gemacht hat. Falls Sie sich bedanken wollen. Außerdem hat Herr Günter Grass angerufen. Er ist Donnerstag und Freitag in Bonn. Ob Sie für ihn Zeit hätten?« Brandt murmelt etwas Unverständliches. Er greift in die linke Innentasche seines dunkelblauen Anzugs und holt einen weißen DIN-A5-Bogen heraus: den Terminplan für den heutigen Tag. Er wird ihm jeweils am Abend vorher von seiner Sekretärin zugesteckt. Wichtige Mitarbeiter erhalten eine Kopie, auch Hausmeister Weber. Für heute Vormittag sind vier Besucher angesagt: der Chefredakteur von »Eltern« zum Interview; Leo Bauer, ein Vertrauter Brandts aus dem Parteiapparat, zu einem Meinungsaustausch, denn Bauer fliegt am nächsten Tag in die USA; der scheidende Richter am Europäischen Gerichtshof in Luxemburg, Dr. Walter Strauß, und der türkische Staatspräsident General Cevdet Sunay. Der Kanzler hat noch etwas Zeit. Er beginnt einen Stoß Bücher zu signieren. »Willy Brandt, Anatomie einer Veränderung« von Hermann Schreiber und Sven Simon (Sohn des Verlegers Axel Springer). Der Kanzler unterschreibt mit einem schwarzen Filzstift. Wenn er Akten bearbeitet, benutzt er einen grünen. Wer Grün sieht, weiß sofort, dass der Vermerk vom Regierungschef persönlich stammt. Dann liest Brandt die Post, darunter zwei Protestschreiben des Deutschen Beamtenbundes zur Besoldungsfrage. Brandt schreibt ein paar Zeilen auf einen Zettel und heftet ihn den Briefen bei. Diese Zettelwirtschaft ist für ihn typisch. Er hat immer einen großen braunen Notizblock bei sich. Überhaupt zieht er es vor, die meisten Dinge schriftlich zu erledigen. Er telefoniert wenig, innerhalb des Hauses fast überhaupt nicht. An diesem Vormittag ist sein Gespräch mit Wehner das einzige Telefonat. Am Nachmittag telefoniert er mit Außenminister Scheel, mit Verkehrs- und Postminister Leber – und mit seiner Frau. Mehr nicht. In dem großen Arbeitszimmer mit den alten venezianischen Gemälden herrscht die meiste Zeit absolute Ruhe. Es gibt wohl keinen Mächtigen in Politik oder Wirtschaft, in dessen Büro eine so kreative Stille herrscht. Im Fall Brandts ist sie das Verdienst seiner Mitarbeiter. Sie haben strikte Order, ihren Chef vor den vielen unnötigen Störungen abzuschirmen. Der Kanzler soll Zeit haben: zum Denken, zum Entscheiden.

Einige Entscheidungen nimmt ihm Horst Ehmke ab. Auch Erhard hatte einen Bundesminister im Bundeskanzleramt als Entscheidungsgehilfen. Aber anders als Ehmke war der damalige Minister, Dr. Westrick, keine wirkliche Hilfe. Durch eine Nebentür, für die nur er einen Schlüssel besaß, kam Westrick mit jeder Nichtigkeit zu Erhard. Was Brandt vorgelegt wird, entscheidet er relativ schnell, nicht eben spontan, aber nach kurzer, intensiver Überlegung.

Als ihm sein zweiter Referent, Dr. Wolf-Dietrich Schilling, an diesem Vormittag den ersten Besucher meldet, geht der Bundeskanzler dem eintretenden Chefredakteur der Zeitschrift »Eltern« und der ihn begleitenden Bonner Journalistin Heli Ihlefeld entgegen. Die Begrüßung ist salopp: »Wie geht's?« Im Gespräch gibt sich der Regierungschef locker, lässt in der linken Hand die Brille kreisen und flicht gelegentlich in der Konversation einen Scherz ein: »Unser Außenminister hat beim Fußball Deutschland-Türkei ganz schön gezittert, weil es ihm peinlich gewesen wäre, wenn die Deutschen gewonnen hätten. Wo doch gerade der türkische Präsident bei uns auf Staatsbesuch weilt.« Er nimmt manchem Besucher durch seinen Charme die Befangenheit. Später, als er und seine Frau ein Essen zu Ehren des türkischen Präsidenten geben, begrüßt er die Damen der türkischen Gäste mit so überschwänglicher Herzlichkeit, als seien sie alte Bekannte. Er verabschiedet seine Besucher nicht an der Tür seines Arbeitszimmers, sondern macht sich die Mühe, jeden Gast über einen kleinen Korridor zurück ins Wartezimmer zu begleiten, wo er manchem in den Mantel hilft. So viel Höflichkeit verwirrt die meisten. Schon an der Tür des Arbeitszimmers stehen sie vor der Frage: Sollen sie dem Regierungschef Vortritt lassen oder ihr Vorrecht als Gast wahrnehmen? Weil sich die wenigsten schnell entschließen können, geht Willy Brandt schließlich voran. Brandts Höflichkeit ist ein elementarer Wesenszug. Schon früher, als Regierender Bürgermeister von Berlin und dann als Außenminister, hat er sich sogar in hektischen Zeiten stets Zeit genommen, Mitarbeitern und Bekannten für irgendwelche Aufmerksamkeiten handschriftlich zu danken. Zu den bemerkenswertesten Eigenschaften dieses Mannes gehört auch sein ausgeprägter Ordnungssinn. Sein Schreibtisch ist stets aufgeräumt. Papiere, die er nicht unmittelbar braucht, legt er sofort in den Schubladen ab. Wenn er einen Besucher verabschiedet hat, räumt er manchmal das Silbertablett mit den Rauchwaren eigenhändig weg, weil ihn die angebrochenen Zigarettenschachteln stören.

Im Sommer vorigen Jahres war Brandt nicht bei bester Gesundheit. Es fiel ihm schwer, beim Rauchen einer Zigarette das Zittern seiner Hand zu unterdrücken. An einem Sonntagmorgen, als ihm der einzige freie Tag nach vielen strapaziösen Wochen mit neuen Terminen zunichtegemacht werden sollte, brach es aus ihm heraus: »Kinder, wenn ihr so mit mir weitermacht, werf' ich alles hin.« Inzwischen hat Brandt sich gefangen. Sein Arzt, der Bonner Professor Adalbert Schaede, kontrolliert regelmäßig seinen Gesundheitszustand. Dank des geschickten Managements seiner Mitarbeiter hat der Bundeskanzler weniger auswärtige Verpflichtungen als seinerzeit der Außenminister Brandt. Er kann sich heute mehr auf seine Aufgabe konzentrieren. Wenn man seinen Terminkalender für einen Zeitraum von vier Wochen analysiert – was ich getan habe –, ergibt sich folgender Vergleich: Als Kanzler war Brandt – die Sonntage eingeschlossen – an 14 Abenden zu Hause (wo er freilich gearbeitet hat). Als Außenminister war er nur an sechs Abenden zu Hause. Als Kanzler saß er elf Stunden im Flugzeug, als Außenminister 20 Stunden. Als Kanzler brauchte er nur 59 Stunden für Parteiarbeit zu investieren, als Außenminister 80. Dafür verbrauchte er 152 Stunden mit kontinuierlicher Arbeit im Kanzleramt. Das Außenministerium sah ihn nur 42 Stunden.

Dennoch: Die Verantwortung zehrt an seinen Kräften. Als er an diesem Nachmittag den türkischen Präsidenten verabschiedet und in sein Arbeitszimmer zurückkehrt, ist sein Gesicht von den Anstrengungen des Vormittags (und vom Tischwein) gerötet. Er empfindet die Ruhe, die ihn umgibt, als wohltuend. Von draußen dringen nur leise Geräusche ins Zimmer – von der Konrad-Adenauer-Allee das ferne Rauschen des Verkehrs, aus dem Park das Kratzen einer Harke auf Kieselsteinen, von oben ab und zu, wenn der Verwaltungsangestellte Peter Reuschenbach (der über dem Kanzlerzimmer sein Büro hat) aufsteht, das Scharren eines zurückgeschobenen Stuhls. Am frühen Nachmittag formuliert der Kanzler eine Rede für die Gründungssitzung der Deutschen Sportkonferenz. Mit seiner kleinen, schwer leserlichen Schrift schreibt er auf weißem Papier den Einleitungssatz: »Der Deutschen Sportkonferenz, die heute zu ihrer konstituierenden Sitzung zusammentritt, wünsche ich für ihre Arbeit ein gutes Gelingen.« Ihm liegt zwar ein Redeentwurf vor, er beschäftigt Leute, die seine Reden entwerfen. Aber als alter Journalist liebt er es, vor allem den Anfang und den Schluss der Entwürfe umzuschreiben.

In den Vorzimmern herrscht währenddessen Aktivität. Ein Mann ruft an. Er habe mit CDU-Leuten um ein paar Flaschen Sekt gewettet, dass jeder den Bundeskanzler telefonisch sprechen könne. Die Wette verliert er. Dann ruft ein Protokollbeamter an. Für das Dinner beim türkischen Botschafter müsse der Herr Bundeskanzler Punkt zehn vor acht eintreffen. Fünf vor acht komme der Herr Bundespräsident. Die Antwort: »Das lehnen wir ab. Wir sind sieben Minuten vor acht dort.« Eine Fernschreibermeldung wird hereingereicht: Die Franzosen haben den Diskontsatz gesenkt. Dann kommt Frau Landerer herein: »Nun muss der Chef aber langsam weg. Er muss sich umziehen, und der Wagen ist auch noch zu waschen.«

Zuvor bespricht er noch einmal die Termine für die nächsten Tage mit seinem Bürochef, Ministerialrat Dr. Reinhard Wilke, und mit Frau Landerer. Seine Stimme wird jetzt lauter. Er drängt auf Tempo. »Den Termin mit Wehner können wir festlegen: Entweder morgen Nachmittag von 17 Uhr bis 18.30 Uhr oder morgen Mittag, nein, zu Mittag essen mit mir, das ist nicht so praktisch.« Der Kanzler verlässt jetzt das Amt. Es ist zwanzig vor sieben. Zu Hause hat er eine halbe Stunde Zeit, um sich für das Dinner umzuziehen. Anders als Adenauer oder Lübke besorgt er das ohne Diener. Auch wenn er verreist, legt er Anzüge, Schuhe und Wäsche selbst zurecht (Hausmeister Weber oder ein Kriminalbeamter besorgen das Packen).

Drei Minuten vor acht betreten Willy und Rut Brandt strahlend die türkische Botschaft. Aber den Abend genießen sie nicht wirklich. Entgegen seinen früheren Gewohnheiten, Feste zu feiern, wie sie fallen, nutzt Willy Brandt die Gelegenheit zum frühen Aufbruch. Bundespräsident Heinemann verabschiedet sich kurz nach halb elf. Herr und Frau Brandt schließen sich an. Als sie zu Hause auf dem Venusberg eintreffen, sitzen ihre Söhne Peter (22) und Lars (19) mit einem Freund vor dem Fernseher. Der umstrittene Streifen »Obszönität als Gesellschaftskritik?« läuft. Willy Brandt: »Ich habe für Pornographie keine Antenne und kein Verständnis.« Es ist inzwischen eine halbe Stunde vor Mitternacht, als der Kanzler seiner Familie gute Nacht wünscht und in sein kleines Arbeitszimmer geht. Er zieht einen Morgenrock an und setzt sich hinter den Schreibtisch, der aus englischen Schiffskisten gezimmert ist. Er greift zu einem Informationsbrief, der den Vermerk trägt: »Nur zur persönlichen Unterrichtung«. Er liest: »Eskalation im Kampf um die CDU-Führung. Hinter dem Wahlkampfgetöse spielt sich immer unverhüllter ein erbitterter Kampf um die Kiesinger-Nachfolge als CDU-Vorsitzender und damit als möglicher Kanzler-Kandidat ab. Nicht erst in diesem Stadium können letzte Versuche des glücklosen Schwaben Kurt Georg Kiesinger, doch noch einmal an der Spitze bleiben zu können, als erledigt abgetan werden.« Diese Nachricht berührt ihn nicht mehr. Er ist zu müde.

»Haben Sie jetzt alles für das Porträt?«, fragt er mich. »Sonst fliegen Sie einfach demnächst mit mir und meiner Frau nach Washington.«

Ein größeres Angebot kann ich mir nicht denken. »Danke, Herr Bundeskanzler, gerne.«

Es ist ein Uhr nachts, als wir uns verabschieden und Brandt endlich ins Bett geht. Seine schwarze Lesebrille hat er auf das Bord gelegt, neben die Biographie Nahum Goldmanns, des Präsidenten des jüdischen Weltkongresses. Brandt löscht das Licht und dreht sich auf die Seite. Durch das leicht geöffnete Fenster ist das Rauschen der Kiefern zu hören. Draußen geht ein Sprühregen nieder.

Als ich am nächsten Tag in der »Jasmin«-Redaktion von der Einladung berichte, das Kanzlerpaar nach Washington zu begleiten, mäkeln die Kollegen: »Schon wieder eine Brandt-Story?« Schließlich empfiehlt Chefredakteur Günter Prinz mit dem richtigen Spürsinn für Themen: »Maini, dann konzentriere

Willy Brandt mit seiner Ehefrau Rut in der Bonner Amtsvilla, 1969

dich auf Rut Brandt. Das werden wir schön bebildern. Wir geben dir einen Fotografen mit.« Das aber bedeutet, dass ich mich zum ersten Mal in meiner journalistischen Karriere auch über Mode äußern muss. Aber das hat ja unsereins mit Politikern gemein: Wir beschäftigen uns gelegentlich mit Dingen, von denen wir keine Ahnung haben.

Gleich am ersten Tag in Washington erlebe ich, wie charmant und selbstsicher der Auftritt der Kanzlergattin über die Bühne geht. Unter den Kristall-Lüstern des John-Quincy-Adams-Saales im amerikanischen Außenministerium stehen die

Ehefrauen einflussreicher Männer in Washington. Über den Rand ihrer Champagnergläser schauen sie neugierig auf die Dame in ihrer Mitte, der zu Ehren die Gattin des amerikanischen Vizepräsidenten zum Mittagessen gebeten hat: Rut Brandt. Sie trägt ein knielanges, schickes Kleid aus weiß-braunem Crêpe mit halsnahem Kragen und bauschigen Ärmeln. Der weite Faltenrock verstärkt vorteilhaft die beschwingte, jugendliche Ausstrahlung, die von ihr ausgeht. Die meisten der vierundzwanzig Ladys sehen die Frau des deutschen Bundeskanzlers zum ersten Mal. Nach Fräuleinwunder, Kessler-Zwillingen und Elke Sommer sind sie erneut gehalten, ihre Vorstellung von der deutschen Frau zu ändern. Hatten frühere Kanzlergattinnen bisher als CDU-Muttis die Gattung deutscher Politikerfrauen repräsentiert, so zeigt sich jetzt den Amerikanerinnen eine Dame, die – würde sie in Washington leben – vermutlich bald von amerikanischen Modejournalen zu den zehn bestangezogenen Frauen der Welt gezählt werden würde.

Für meinen Fotografen und mich ergibt sich ein unerwartetes Problem. Der Kanzler und seine Frau sind im Blair House, dem Gästehaus des amerikanischen Präsidenten, schräg gegenüber vom Weißen Haus, untergebracht. Journalisten, selbst amerikanische, haben grundsätzlich keinen Zutritt. Doch der Kanzler, seine Frau oder der mitgereiste Regierungssprecher Connie Ahlers, ehemaliger Kollege aus »Spiegel«-Zeiten – wer genau auf die Idee kommt, weiß ich nicht mehr –, lassen sich etwas einfallen: Mein Fotograf und ich bekommen Anstecknadeln des Bundeskriminalamtes, gelten fortan als Leibwächter der Brandts und haben mithin freien Zugang zum Blair House.

Am Abend beim Diner im Weißen Haus erleben die Gäste eine Frau, die nicht nur in ihrer rosafarbenen Abendtoilette hinreißend schön aussieht, sondern die auch einiges von der Kunst des Flirts versteht – eines Flirts, der etwas von der Frische einer Menthol-Zigarette hat, aber auch etwas von Ironie. Zu Präsident Richard Nixon sagt sie: »Wenn Sie wüssten, wie gut ich mich mit Ihnen letzte Nacht im Bett unterhalten habe.« Der Präsident glaubt, sich verhört zu haben. Sein Gesicht verrät Zweifel, vielleicht auch Wunschdenken.

»Last night?«

»Ja«, fügt Frau Brandt hinzu, »als ich nicht schlafen konnte, habe ich mir zurechtgelegt, was ich Ihnen heute in meinem besten Englisch sagen könnte und wie ich auf Ihre Antworten reagieren würde. Aber jetzt kann ich vor Müdigkeit weder Deutsch noch Norwegisch, geschweige denn Englisch sprechen.« Nixon ist amüsiert und beeindruckt.

Nach der Empfangszeremonie stellt die Zeitung »Washington Star« fest: »Mrs. Nixon trug ein weißes Wollkleid mit einem Rocksaum, der gerade unterhalb des Knies abschloss. Frau Brandts weißer Wollmantel war viele Zentimeter länger, aber nicht so lang wie jene Mäntel, die Madame Pompidou bei ihrem letzten Besuch trug. Drei Mäntel, ein Abendkleid, drei Komplets und drei Kleider – alle erst vor kurzen entworfen – hat Rut Brandt mit nach Amerika genommen. Sie war für ihren Auftritt in Washington modisch besser gerüstet als je eine deutsche Kanzler-Gattin zuvor.«

Am zweiten Abend geht es im Weißen Haus heiter zu. Die schwarze Sängerin Pearl Bailey, Star des Musicals »Hello Dolly«, nimmt einen Sessel, den ihr Präsident Nixon eigentlich nur als Sitzgelegenheit auf die Bühne getragen hatte, als Souvenir mit. Und weil ihr dieses Andenken nicht genügt, schnappt sie sich noch einen Blumenkübel, mit der Folge, dass ihr der amerikanische Präsident einen zweiten hinter die Bühne trägt. Rut Brandt schätzt solche Situationskomik. Sie hat Humor. Und dies ist ein weiteres Geheimnis ihres Erfolges im Umgang mit Menschen, auch im Zusammenleben mit ihrem Mann.

Meine über vier Jahrzehnte währende enge Bekanntschaft mit Willy Brandt findet im September 1991 ein jähes Ende. Mit Datum vom 29. August des gleichen Jahres hatte ich ihm ein Fax folgenden Inhalts geschickt:

»Sehr geehrter, lieber Herr Brandt! Die Redaktion hat mir die unangenehme, aber zumutbare Aufgabe übertragen, Sie auf das seit Wochen in Bonn kursierende Gerücht anzusprechen (zum Beispiel auf der Sommerparty im Ollenhauer-Haus zu hören), wonach Ihre Ehe mit Frau Seebacher in die Brüche gegangen sei. Es wird auch schon für Sie ein ›Nachfolger‹ genannt: Professor Michael Stürmer. Das kann natürlich alles kompletter Unsinn sein. Aber als Sie vor Jahr und Tag im Begriff waren, sich von Ihrer Frau Rut zu trennen, und ich davon ebenfalls gerüchteweise hörte, war meine spontane Reaktion – nicht zuletzt weil ich Sie beide seit 1947 kannte: Niemals!

Ich – und viele andere – wurden eines anderen belehrt. Spätestens seit damals habe ich es mir zur journalistischen Pflicht gemacht, jedes Gerücht auf Wahrheitsgehalt zu überprüfen, vorausgesetzt ein Redaktionsinteresse liegt vor. Wenn Sie Stellung nehmen wollen …

Mit freundlichen Grüßen, Ihr Mainhardt Nayhauß«

Zu meiner Überraschung antwortet Brandt postwendend, ebenfalls per Fax:

»Lieber Graf Nayhauß, an der Geschichte ist wirklich nichts dran. Uns geht es gut, und die Gerüchteschmiede wird daran nichts ändern.«

Ich antworte: »Vielen Dank für Ihre schnelle, klare und erfreuliche Antwort. Es geht doch nichts über eine ordentliche Recherche. Bitte empfehlen Sie mich Ihrer Frau, mit besten Grüßen.«

Damit war die Geschichte für mich praktisch »gestorben«. Knapp vier Wochen später erreicht mich das Gerücht, Loki Schmidt läge mit Lungenkrebs in einer Hamburger Klinik. Ich bin betroffen und fange an herumzutelefonieren, bekomme jedoch ein klares Dementi. Also, wie so oft, handelt es sich lediglich um ein Produkt der Bonner Gerüchteküche. Das bringt mich auf die Idee, anhand von drei Beispielen darüber zu berichten, wie in Bonn getratscht wird. Dabei erinnere ich mich der Geschichte über Willy Brandts angeblich zu Bruch gehende dritte Ehe (vor seiner Ehe mit Rut war er mit einer Carlota Thorkildsen verheiratet). Zusammen mit einem Gerücht neueren Datums über Kanzler Kohl schreibe ich am 24. September 1991 folgende Kolumne: »Brandt, Schmidt, Kohl und die Enten von Bonn«.

»Bonn ist eine ständige Gerüchteküche. Jüngstes Gerücht: Brigitte Brandt-Seebacher lässt sich von ›Willy‹ scheiden. Einen Neuen habe sie auch schon – nämlich Geschichtsprofessor Michael Stürmer, zeitweilig Kohls Berater. Wo Rauch ist, könne ein Feuer sein. Also Stürmer angerufen, der schließt erst einmal die Tür zum Vorzimmer, um alsdann energisch zu protestieren: Wenn Sie solchen Unsinn verbreiten, werde ich juristische Schritte unternehmen. Daraufhin den SPD-Ehrenvorsitzenden per Fax um Stellungnahme gebeten. Brandt: ›Lieber Graf Nayhauß, an der Geschichte ist wirklich nichts dran. Uns geht es gut und die Gerüchteschmiede wird daran nichts ändern.‹

Schon flattert das nächste Gerücht heran: Loki Schmidt liegt in der Klinik Groß-Hansdorf bei Hamburg. Lungenkrebs! Das Dementi aus Helmut Schmidts Büro überzeugt nicht. Lokis Dauerverehrer, den Hamburger Industriellen Kurt Körber, angerufen. Dem stockt für einen Moment der Atem: ›Ich ruf Sie zurück.‹ Zwei Minuten später: ›Loki ist mopsfidel und arbeitet. Alles kalter Kaffee.‹

Natürlich gibt's zurzeit auch ein Gerücht über Kanzler Kohl: Seine Frau habe sich am Tegernsee ein Haus gekauft. In unmittelbarer Nachbarschaft der Bauunternehmerin Christine Esswein (befreundet mit den Kohls) sowie des Ex-DDR-Devisenbeschaffers Schalck-Golodkowski. Kohl und der Stasi-Oberst demnächst im Gespräch über dem Gartenzaun?

Hannelore Kohl, wie aus der Pistole geschossen: ›Falsch! Mir wurden schon früher Häuser angedichtet – im Allgäu, an der Nordsee. Wäre ja prima, wenn ich die hätte. Die würde ich direkt verkaufen.‹

Diesmal drei Gerüchte, drei Enten, manchmal aber ist ein Gerücht der Zipfel zur Wahrheit.«

Die Kolumne hat unerwartete Folgen. Willy Brandt ist tief beleidigt, fühlt sich gefoppt, nimmt an, dass meine Anfrage bei ihm von vornherein als Recherche für die dann erschienene Kolumne gedacht war. Was aber gar nicht der Fall war. Sie reifte erst durch das Gerücht über Loki Schmidt zu einer Geschichte. Nun aber sagt Brandt, der auf einem Jubiläums-Festakt des Hauses Springer die Hauptrede halten sollte, in einem Brief an den Vorstandsvorsitzenden, Günter Wille, ab.

»Sehr geehrter Herr Wille,
ich bitte um Verständnis dafür, dass ich an der Veranstaltung am kommenden Donnerstag nicht teilnehmen möchte. Es dürfte im beiderseitigen Interesse liegen, dass Peinlichkeiten vermieden werden. Wie die Dinge liegen, könnte ich nicht auf Bemerkungen darüber verzichten, wie Zeitungen Ihres Verlages meinen, mit meinem Privatleben umgehen zu können.

Nachdem es im Verlauf einer guten Woche weder der Chefredaktion von ›Bild‹ noch dem Verlag eingefallen ist, sich bei meiner Frau und mir zu entschuldigen, gebietet mir die Selbstachtung, so zu entscheiden, wie ich es hier mitteile. Ich wäre sonst gerne gekommen und hatte mir auch überlegt, was ich aus diesem Anlass sagen sollte. Da ich nicht sicher sein kann, dass Ihnen der mir beschwerende Vorgang präsent ist, will ich ihn hier darstellen:

Am 28. August fragte Herr von Nayhauß – per Fax aus Frankreich – bei mir an, ob ich mich zu dem Gerücht äußern wolle, meine Ehe sei in die Brüche gegangen und es wäre auch schon ein Nachfolger für mich genannt.

Am 29. August antwortete ich Herrn von Nayhauß: ›An der Geschichte ist wirklich nichts dran. Uns geht es gut und die Gerüchteschmiede, zu der im Besonderen eine Dame der ›Bild‹-Redaktion gehört, wird daran nichts ändern.‹ Herr von Nayhauß bedankte sich für die ›schnelle, klare und erfreuliche Antwort‹. Das hinderte ihn nicht daran, das ›Gerücht‹ am 24. September in ›Bild‹ zu kolportieren, dabei – ohne Rückfrage – auch mein Fax vom 29.08. zu zitieren, allerdings den Zwischensatz über ›eine Dame der ›Bild‹-Redaktion‹ wegzulassen und an den Schluss zu setzen: ›Manchmal aber ist ein Gerücht der Zipfel zur Wahrheit.‹ Ich höre, dass die Geschichte inzwischen auch von der ›BZ‹ übernommen wurde.

Sie werden verstehen, sehr geehrter Herr Wille, dass ich nicht gesonnen bin, unwidersprochen so mit meiner Frau und mir umgehen zu lassen. Man muss ja nicht auch noch den Kakao trinken, durch den man gezogen wird.«

Damit habe ich es mir mit Willy Brandt ein für alle Mal verscherzt.

Erich Mende: Von Politikern, Freunden, Orden

Er liegt seit Wochen mit starken Magenblutungen schwerkrank danieder. Ohne zu klagen, würdevoll, diszipliniert. »Danke, danke«, erwidert er jede Handreichung der ihn im Bonner Marien-Hospital pflegenden Ordensschwestern. Dann kommt der Tod. Unmerklich. Stilles Ende eines bewegten Lebens.

Erich Mende, geboren 1916 in Schlesien, war im Zweiten Weltkrieg mit 28 Jahren Major, Ritterkreuzträger und Regimentsführer und seit 1949 FDP-Bundestagsabgeordneter der ersten Stunde. Zwar oft verspottet ob seiner markig-preußischen Haltung, nahm er einen raschen Aufstieg zum Fraktionsvorsitzenden und Parteichef und fuhr 1961 mit 12,8 Prozent das bis dahin für die FDP beste Bundestagswahlergebnis ein – erst 2009 unter Westerwelle mit 14,6 Prozent überboten, danach verspielt, unter fünf Prozent abgesackt. Höhepunkt in Mendes

Karriere: 1963 Minister und Vizekanzler in einer CDU/CSU/FDP-Regierung.

Als die Liberalen in eine SPD/FDP-Regierung wechseln, ist die FDP ist nicht länger Mendes politische Heimat. Er schließt sich 1970 der CDU an, scheidet 1980 aus dem Bundestag aus. Was bleibt, sind Familie, höchste Orden, fünf Bücher, persönliche Freundschaften. Er ist jedermann mit seinen enormen Erfahrungen und einem untrüglichen Gedächtnis zu Diensten. Auch mir.

»Lieber Erich! Bitte nicht aufgeben. Wir möchten Dich wiedersehen«, schreibe ich ihm drei Tage vor seinem Tod. Nach einer Operation im Wissen um seinen Zustand will er jedoch nur noch eines: in Würde sterben. Gott erfüllt ihm diesen letzten Wunsch.

An einem Freitag im Mai 1998 findet im Plenarsaal des Bundestags ein Trauerstaatsakt statt. Es sprechen die Bundestagspräsidentin Rita Süssmuth sowie die Bundesminister Klaus Kinkel und Gerhard Stoltenberg. Ich sitze auf der Pressetribüne. Mein Blick gilt der Familie Mende unter den Trauernden. Plötzlich fällt mir eine unschöne Szene ein: Tochter Manuela Mende war als Siebenjährige auf dem Schulhof von einem Mitschüler verhauen und getreten worden. Begründung: »Du bist eine Mende!« Nach Hause zurückgekehrt, fragt Manuela daraufhin ihre Eltern: »Kann ich nicht anders heißen?« Kinder hoher Politiker werden oft für die Taten ihrer Väter oder Mütter haftbar gemacht, von Schulkameraden gehänselt. Auch die Söhne Helmut Kohls, Walter und Peter. Was für ein hartherziger Irrsinn.

Zwischen den Mendes und der Familie Nayhauß besteht seit langem eine herzliche Verbindung. So schrieb Erich Mende eines Tages unserer Tochter Tamara per Hand einen zweiseitigen Brief: »Es war die größte Überraschung meines 71. Geburtstages, als Du mit einer selbstgebackenen Torte in Begleitung des Danziger Besuchers erschienen bist – vielen herzlichen Dank!« Der Besucher war der polnische Journalist Grzegorz Kurkiewicz, der bei uns vorübergehend wohnte und den Vizekanzler gerne gesprochen hätte. So nahm ihn unsere Tochter einfach mit. Mende weiter in seinem Brief an Tamara: »Gelöst und harmonisch war das Gespräch, obgleich der interessante Besucher 1939 vor unserer Division von Krakau bis Lemberg fliehen musste. Ich wiederum kam als Genesender in Krakau Ende September 1939 an. Hab herzlichen Dank für den guten Geist, den Du mitgebracht hast, liebe Tamara! Mit lieben herzlichen Wünschen an Mutti, Vati und Tatjana, und auch von Margot. Dein Jubilar von 71, Erich Mende.«

Ein halbes Jahr vor seinem Tod schreibt Mende mir einen Brief: »Lieber Maini, beim Aufräumen des Schreibtisches finde ich den beiliegenden Brief. Er ist ein Musterexemplar der Heuchelei und bürokratischer Engstirnigkeit. Darum schicke ich ihn zur Sammlung kurioser Ausreden.«

Bei besagtem Brief handelt es sich um ein Schreiben des Chefs der Staatskanzlei des Landes Nordrhein-Westfalen folgenden Inhalts: »Sehr geehrter Herr Minister, Herr Ministerpräsident Dr. h.c. Rau hat mich gebeten, Ihnen für Ihre Anregung zur Auszeichnung von Graf von Nayhauß-Cormons mit dem Großen Verdienstkreuz der Bundesrepublik Deutschland im Wege der Höherstufung zu danken. […]. Nach dem Ergebnis des Prüfungsverfahrens bieten sie jedoch derzeit keine Möglichkeit zur Auszeichnung mit einer höheren Ordensstufe. Die Verdienste von Graf von Nayhauß-Cormons sind mit der im Jahre 1987 erfolgten Verleihung des Verdienstkreuzes 1. Klasse schon angemessen gewürdigt worden. Sie gehen nicht über das Verdienstspektrum dieser Ordensstufe hinaus. […] Mit freundlichen Grüßen, Rüdiger Frohn«.

Sollen sich Journalisten überhaupt dekorieren lassen? Droht da nicht Gefahr, »eingewickelt« zu werden? Und wofür die Ehrung?

In meinem Fall konnte ich Übergriffe des Staates, Ungerechtigkeiten gegenüber Mitbürgern aufdecken, Betroffenen zu ihrem Recht verhelfen – unter anderen dem an anderer Stelle erwähnten Polizei-Kriminalkommissar aus Hannover, der sich weigerte, politische Flüchtlinge aus dem Osten gegen ihren Willen auf Weisung des Verfassungsschutzes zurückzuschicken, um für die Amerikaner zu spionieren. In einem anderen Fall konnte ich mit einer Kolumne die aus Kostengründen drohende Schließung des historisch bedeutsamen Flüchtlingsdurchgangslagers im niedersächsischen Friedland verhindern – infolge der nach Deutschland strömenden Flüchtlinge aus aller Welt inzwischen wieder voll besetzt.

Bei der Verleihung des Bayerischen Verdienstordens an meinen langjährigen, inzwischen leider verstorbenen Freund und Kollegen Paul Limbach, Jahrzehnte für »Quick« und »Focus« aktiv, begründete Bundesminister Peter Ramsauer die Auszeichnung: »Sie haben als politischer Journalist, Autor und Verlagsfachmann wesentliche Beiträge zum Aufbau der Demokratie in der Bundesrepublik geleistet, Politik und Gesellschaft zusammengeführt [...].«

Derartige Leistungen, die so mancher Medienvertreter erbracht hat und erbringt, offiziell und öffentlich anzuerkennen, halte ich für richtig – wenngleich immer die Frage bleibt, ob solche »Staatsnähe« dem Journalismus ansteht.

Und wie verhält es sich bei Politikern zum Thema Orden? Helmut Kohl wird im September 1998 am Ende seiner 16-jährigen Kanzlerschaft von Bundespräsident Roman Herzog ausgezeichnet: »Ich verleihe Ihnen heute in Anbetracht Ihrer Verdienste um unser Land das Großkreuz des Verdienstordens der Bundesrepublik Deutschland in besonderer Ausführung. Sie sind der zweite Träger dieses Ordens. Vor Ihnen ist dieses Großkreuz, welches ein Lorbeerkranz ziert, nur Konrad Adenauer verliehen worden. Mit der heutigen Auszeichnung wird der Bogen vom ersten Bundeskanzler unseres Landes zu Ihnen, Herr Bundeskanzler, geschlagen.« Kohl trägt in der Öffentlichkeit täglich die Auszeichnung, hat eigens für jeden Anzug die Anstecknadel mit der Miniaturausführung am Revers.

Hans-Dietrich Genscher besitzt einen Sack voller Orden, trägt aber keinen. Horst Ehmke nimmt erst keine an: »Sie erinnern mich an Krieger eines Indianerstammes, die sich mit den Vorhäuten besiegter Gegner schmücken.« Ex-Regierungssprecher Klaus Bölling, Träger des Großen Bundesverdienstkreuzes, wies seine Frau Ulla an, dies im Falle seines Ablebens nicht auf der Traueranzeige zu vermerken. Als wir uns unlängst auf dem Weg zum Geburtstagsessen für den 90-jährigen Kollegen Peter Scholl-Latour in einem Berliner Fahrstuhl begegneten und ich zur Feier des Tages mein Bundesverdienstkreuz trug, flachste er: »Ah, Maini mit großer Ordensspange.«

Ich erwiderte: »Als Pressebengel muss man sich gelegentlich aufschmücken, um ernst genommen zu werden.« Das war natürlich nur eine Retourkutsche. Aber: Bei internationalen Konferenzen verhalf mir des Öfteren der Hinweis auf das Schwarz-Rot-Goldene Bundesverdienstkreuz am Anzug und die Behauptung »Deutsche Delegation« zum Zutritt in für Presse nicht zugelassene Räumlichkeiten.

Schließlich gibt es eine Sonderkategorie von Menschen in ihrem Verhältnis zu Orden, unter ihnen der frühere »Spiegel«-Herausgeber Rudolf Augstein, zunächst ein Gegner solcher Auszeichnungen – bis ihm das Große Bundesverdienstkreuz verliehen wurde und er es annahm: »Ich bin ein Feind von Orden – nur, dies war früher meine Meinung.«

Im Allgemeinen verhält es sich mit Orden wie mit Granaten: Sie schlagen im Hinterland ein und treffen meist die Falschen.

Schon wieder ein Wechsel – und ein Aufsteiger aus Rheinland-Pfalz

Nur knapp drei Monate nach Erscheinen des ersten »Jasmin«-Heftes und seines enormen Verkaufserfolgs werden wir von seinem Eigner, Axel Cäsar Springer, verkauft. Zugegeben, er handelt nicht ganz freiwillig. An mehreren Fronten braut sich ein Orkan gegen Deutschlands mächtigsten Pressezaren zusammen. Nach einem Attentat auf den Anführer der Studentenrevolte, Rudi Dutschke, kommt es in Hamburg, Berlin und München zu zahlreichen, auch gewalttätigen Demonstrationen gegen Objekte des Springerkonzerns. »Enteignet Springer!«, hallt es durch die Straßen.

In Bonn empfiehlt zudem eine vom Innenminister eingesetzte Untersuchungskommission zur Verhinderung von Pressemonopolen verschärfte Kontrolle des Springer-Trusts mit seinen über 19 Zeitungen und Zeitschriften. Mag sein, dass der Verleger seinen Feinden durch einen freiwilligen Verzicht auf Teile seines Imperiums zuvorkommen will. So verkauft er alle seine in München angesiedelten Zeitschriften: »Jasmin«, »Eltern«, »Bravo«, »Twen«. Dagegen behält er seine einflussreichen Tages- und Sonntagszeitungen, darunter »Bild« und »Die Welt«.

Vorangegangen war ein krimireifer Poker zwischen potenziellen Bietern. Zeitweise schien der Verlag Gruner + Jahr das Rennen zu machen. Der Sohn unseres Verlegers, der als Fotograf für »Jasmin« und »Eltern« gute Leistungen brachte, war gleichermaßen überrascht und enttäuscht über die Verkaufsabsichten seines alten Herrn und meldete sich sarkastisch am Telefon: »Hier Axel Gruner junior.« Der Chefredakteur von »Eltern« erfuhr die Nachricht zu Hause im Garten von einer Nachbarin, die es im Radio gehört hatte: »Herr Bachér, Sie sind verkauft worden.« In den Redaktionen fühlten sich Mitarbeiter »wie Heringe im Fass zu Engros-Preisen verkauft«.

Letztlich gewann den Poker ein Außenseiter: der bis dahin weitgehend unbekannte Stuttgarter Druckereiunternehmer Hans Weitpert, dem auch einige kleinere Verlage gehörten. Den Kauf des Springer-Zeitschriftenpakets konnte er indes nicht mit eigenen Mitteln stemmen, sondern musste ihn sich von der Commerzbank vorfinanzieren lassen. Aber er fuhr einen kaffeebraunen Mercedes 600, einen hellblauen Maserati und einen weißen Mercedes. Immerhin hatte er Manieren und machte in der »Jasmin«-Redaktion einen Antrittsbesuch, ging von Zimmer zu Zimmer, stellte sich auch bei mir vor: »Jeden Morgen einen grünen Apfel essen. Das ist wichtig, hält gesund.«

Die Unsicherheit über die Zukunft von »Jasmin« dauerte aber an. Verleger Weitpert hatte sich finanziell mit dem 73-Millionen-Kauf übernommen. Auch die Hereinnahme eines Teilhabers mit zehn Prozent, des versierten Verlagskaufmanns Ernst Naumann, konnte daran nichts ändern. Wir wurden deshalb – wiederum nach längerem Feilschen – im September 1969 erneut verkauft: an den Hamburger Medienkonzern Bauer (»Neue Revue«, »TV Hören und Sehen« u.a.). Unser redaktioneller Leitwolf Karl-Heinz Hagen – »Ich habe eigentlich keine Lust mehr auf die Branche« – kehrt daraufhin zunächst zu Springer zurück, um Neues zu konzipieren, scheidet dort aber Ende 1971 gänzlich aus. In logischer Konsequenz geht auch Kopilot Günter Prinz von Bord und übernimmt im August 1971 die Chefredaktion der »Bild«-Zeitung.

Und was wird aus mir? Ich bekomme ein Angebot von »Eltern«-Chefredakteur Peter Bachér, der in Hamburg die »Bild am Sonntag« übernimmt. Zusammen mit Axel Springer jr. und unserem bisherigen Chef vom Dienst, Kurt Kühne, soll ich ihm zur »BamS« folgen. Mein Hinweis, ich stünde noch länger bei »Jasmin« unter Vertrag, erwidern er und der Verlegersohn großmundig: »Kein Sorge, da brechen wir dich raus.«

Doch als es ernst wird, meine Frau Sabine sich mit dem Weggang aus München schweren Herzens abgefunden hat, unsere Möbel bereits auf dem Weg in die Hansestadt rollen, ist »Jasmin« nicht bereit, auf mich zu verzichten, droht sogar mit rechtlichen Schritten. Plötzlich will »Bild am Sonntag« dann doch nicht das Risiko eines Prozesses eingehen – für mich eine bleibende Lehre über berufliche Versprechen. Da fällt mir ein Kompromiss ein: »Ich gehe weder nach Hamburg, noch bleibe ich in München – sondern arbeite für beide Arbeitgeber von Bonn aus. Und zwar in einem Büro bei mir im Haus.«

So geschieht es dann. Sabine ist geschockt, als ich ihr die neue Lage erkläre. Die Hauptstadt am Rhein findet sie inzwischen im Vergleich zu München und Hamburg spießig. Außerdem muss dort unser zwischenzeitlich vermietetes Haus erst einmal von innen total renoviert werden. Wir finden währenddessen mit unserer dreijährigen Tochter Tatjana für mehrere Wochen bei Freunden Unterschlupf. Aber vorher reise ich noch von München aus für eine Reportage zu einem Politiker, der unbedingt Bundeskanzler werden will. Nicht nur das. Seine Frau besitzt eine Pistole und versteht damit auch zu schießen: Helmut und Hannelore Kohl.

Als ich die Kohls 1970 besuche, ist er Deutschlands jüngster (40), schwerster (214 Pfund) und größter (193 cm) Ministerpräsident. Und zwar von Rheinland-Pfalz. Wie jeder Mann, der populär und überlastet ist, sucht er Ruhe zum Nachdenken, wann immer er sie finden kann. Manchmal am Wochenende: Dann stapft er mit schnellen Schritten durch ein sumpfiges Gelände am Rand von Ludwigshafen, trifft dort nur selten Leute. Bei seinen Wanderungen durch dieses Moor beschäftigt er sich mit vielen Fragen, auch mit jener, die sich damals die Leute stellen, die über Kohl sprechen: Wird er der nächste Kanzler in Bonn? Dabei denkt er auch an die Vereinsamung, die das Amt eines Kanzlers der Bundesrepublik Deutschland mit sich bringt.

»Schon jetzt«, sagt Helmut Kohl, als ich ihm in seinem modernen Büro in der Mainzer Staatskanzlei gegenübersitze, »schon jetzt als Ministerpräsident spüre ich so etwas wie Eiseskälte, merke, dass viele Mitbürger, selbst gute Freunde, nicht mehr genau die Wahrheit sagen. Schon jetzt spüre ich förmlich, was sie überlegen: Will Kohl das nun so oder so hören, verträgt er überhaupt eine andere Meinung als seine eigene?«

Kohl sitzt in einem hellbraunen Ledersessel. Er trägt ein hellblaues Hemd, hat bequeme Sportschuhe an. Im Weinglas ist ein 69er Grünhäuser-Herrenberg-Spätlese. Aus einer Stereoanlage klingt klassische Musik, leicht verjazzt. Ab und zu begrüßt er Anrufer mit einem »Na, Meister, wie geht's?«. Hier im Rheinland ist er unangefochten. Er regiert 3,6 Millionen Menschen.

Sein Land reicht im Westen bis Trier, im Norden an die Stadtgrenze von Bonn, im Osten bis Mainz und erstreckt sich südlich bis zur französischen Grenze in Höhe von Karlsruhe. In Rheinland-Pfalz macht ihm keiner seinen Thron streitig. Warum will er überhaupt Kanzler werden?

Kohl, Sohn eines Beamten, ist damals, wie gesagt, vierzig Jahre alt – ein junger Landesvater. Aber auf allen Stationen seines Lebens war er nach kurzer Anlaufzeit Erster: mit 17 einer der Gründer der Jungen Union in Ludwigshafen; mit 23 Vorstandsmitglied der CDU Pfalz; mit 33 CDU-Fraktionsvorsitzender im Landtag; mit 35 CDU-Landesvorsitzender Rheinland-Pfalz; mit 39 Ministerpräsident. »Wenn ich etwas anpacke, will ich es selbst machen und auch Erster sein.«

Nach einer Pause: »Ein Politiker, der sich das Amt des Bundeskanzlers zutraut, und das tue ich, geht dem Reiz dieses Amtes auch nicht aus dem Weg.« Er zieht zweimal an seiner Pfeife, verbreitet einen Duft von Navy Cut und schickt so etwas wie eine Entschuldigung für seine offenherzig gezeigten Ambitionen nach: »Es ist in Deutschland eine Art Gesellschaftsspiel, abzustreiten, dass man etwas Bestimmtes erreichen will. Wer öffentlich zugibt, dass er Macht will, um zu gestalten oder dieses Land zu verändern, wird schief angesehen. Aber daraus mache ich mir nichts.«

Seine Direktheit ist ungewohnt. Fragt man Kohls Konkurrenten aus der CDU, ob sie Bundeskanzler werden wollen, damals zum Beispiel Rainer Barzel, hört man eine gewundene Antwort: »Dies ist bei uns in einer demokratischen Partei Ergebnis geheimer Wahlen, welche die Fraktion vornehmen wird, wenn die Stunde dazu geschlagen hat.« Helmut Kohls Frau Hannelore verfolgt das Machtstreben ihres Mannes mit gewissen Beklemmungen. Dabei ist sie nicht unbedingt ein hausbackener Typ. Sie wirkt jünger, als sie ist. Mit Vorliebe trägt sie Hosenanzüge, sie spricht fließend Französisch und Englisch.

Von mir gefragt, was seine Frau von den Bonner Plänen hält, sagt Helmut Kohl: »Sie tut nichts, um das zu fördern.« Sie ergänzt: »Ich möchte aber klipp und klar feststellen, dass ich mich dem Wunsch meines Mannes auch nicht entgegenstelle.« Hannelore Kohl, geborene Renner, Tochter eines pfälzischen Oberingenieurs, war 15 Jahre alt, als sie ihrem späteren Mann begegnete. Der Oberschüler Kohl war damals 18. »An den Tag, an dem ich ihm das erste Mal begegnete, kann ich mich nicht mehr erinnern, aber an die Zeit, die dann folgt, genau«, erzählt sie. Es war wohl eine schöne Zeit damals, voller Aufregungen und zärtlicher Ungewissheit, ob jeder in der Zuneigung zum anderen wirklich die Verbindung aufrecht halten werde. Er nämlich studierte in Frankfurt und Heidelberg Geschichte, promovierte zum Dr. phil. Sie besuchte die Sprachenschule in Germersheim (Pfalz) und ging für eine Weile nach Paris. Die Liebe überstand die Trennung. 1960 heiratete Dr. Helmut Kohl das Fräulein Hannelore Renner.

In der Ehe gibt es Gemeinsamkeiten und Gegensätze. »Wir haben die gleiche Witterung, wenn es um die Beurteilung von Menschen geht«, sagt sie mir.

»Aber sie ist wesentlich konservativer bei der Bewertung von Zeiterscheinungen, zum Beispiel in ihrem Urteil über die Unruhe unter den Studenten«, sagt er.

Sie ergänzt: »Ich halte es mit den preußischen Tugenden. Die Jungen sollen erst mal etwas beweisen und sich nicht für den Nabel der Welt halten.«

Obwohl bei Kriegsende erst zwölf, sind ihre Ansichten mitgeprägt von den schrecklichen Ereignissen jener Zeit. Während der Flucht aus dem Osten wurden sie und ihre Mutter dreimal von russischen Kampfverbänden überholt, die Tochter vergewaltigt.

»Wir sind beide Tiernarren«, sagt Helmut Kohl, »und wir haben beide denselben Weingeschmack.«

»Das heißt«, korrigiert sie, »nur in den obersten Lagen. In den mittleren scheidet sich unser Geschmack.«

Wenn es ums Essen geht, passen sie schlecht zusammen – sie mag leichte Kost, er isst alles gern, was dick macht. Am liebsten hausgemachte Wurst mit Bratkartoffeln bei einem Schlachtfest. »Mir geht's gut«, stellt Helmut Kohl fest und streicht sich über den Ansatz eines Doppelkinns. »Ich habe wirklich Freude am Leben. Wenn ich morgens aufstehe, habe ich den Tag gern vor mir.« Diese Lebensfreude ist Teil seines Wesens. Ähnlich wie bei der CSU der urige Franz Josef Strauß scheint der stämmige Helmut Kohl Kraft aus dem heimatlichen Boden zu schöpfen. Ich frage ihn nach seinem Erfolgsrezept. »Es kommt darauf an, dass man seine Chance erkennt und sie nicht verpasst. Wenn ein Zug langsam abfährt und man noch aufspringen kann, ist es möglich, dass man sich das Bein bricht. Andererseits weiß man, dass für lange Zeit kein zweiter Zug kommt.«

Für ihn fuhr der entscheidende Zug 1963 ab. Kohl sprang auf. Damals hatten ihn Parteifreunde für den Posten des CDU-Fraktionsvorsitzenden im Landtag von Rheinland-Pfalz vorgeschlagen. Kohl, mit 33 Jahren eigentlich zu jung für dieses Amt, nahm an und wurde gewählt. »Wenn man vorankommen will, muss man von einer Gruppe gleichgesinnter Kameraden getragen sein. Ich weiß noch, als damals das Ergebnis ausgezählt wurde, hieb einer meiner Freunde bei der entscheidenden Stimme mit seiner Armprothese auf die Bank und rief: ›Mir hättn's!‹«

Helmut Kohl ist damals noch nicht der Mann, der die vergisst, die ihn auf den Schild hoben. Einige dieser Königsmacher sitzen in seiner Regierung. Die abrupte Trennung von jenen, die ihm halfen, nach oben zu kommen, erfolgt erst später. Kohl als rheinland-pfälzischer Ministerpräsident paart Pflichtgefühl mit Lässigkeit. Wenn er morgens kurz nach sieben Uhr von seinem Fahrer Eckie Seeber in Ludwigshafen abgeholt wird – er auf dem Beifahrersitz –, liest er im Wagen zunächst die »Rheinpfalz« (im Büro dann »Süddeutsche«, »Die Welt« und »FAZ«). »Wenn der Wagen auf die Autobahn hochrumpelt«, erzählt Kohl, »schiebe ich entweder eine Musikkassette in das Bandgerät, oder ich stelle den Liegesitz zurück und schlafe die 90 Kilometer bis Mainz.«

Wenn er über den Flur der Staatskanzlei geht, kann es passieren, dass er ein paar Mitarbeiter trifft, die mit einer Sekretärin einen Kognak trinken. Dann verschwinden die Untergebenen nicht in Panik, im Gegenteil: Der Ministerpräsident gesellt sich für einen Augenblick zu ihnen. Wenn Freunde oder Mitarbeiter abends über die Mainzer Theodor-Heuss-Brücke fahren und im Arbeitszimmer des Ministerpräsidenten noch Licht sehen, fallen sie einfach ein, oft nur, um ein Glas Wein zusammen zu trinken und ihn gleich wieder allein zu lassen.

Das ist eine Seite Helmut Kohls. Die andere: Er arbeitet bis zu 16 Stunden am Tag, will immer einen aufgeräumten Schreibtisch hinterlassen. Ein Drittel seiner Post beantwortet er selbst. Meistens sofort nach dem Lesen. Auch seinen Terminkalender legt er selber fest. »Ich mag nicht andere fragen, um zu erfahren, was als Nächstes auf mich zukommt.«

Das Delegieren von Arbeit ist nicht seine Stärke. Er hat Reformen verwirklicht, auch unpopuläre. Gegen den Widerstand der katholischen Kirche setzte der Katholik Kohl durch, dass es in Rheinland-Pfalz keine staatlichen Schulen mehr gibt, die nur katholischen oder evangelischen Kindern offenstehen. Weiter schuf Kohl (als erster Länderchef in der Bundesrepublik) eine Verwaltungsreform: Er verringerte die Zahl der Regierungsbezirke, Landratsämter und Gemeindeverwaltungen. Mit jedem geschlossenen Landratsamt spart er jährlich 500 000 bis 800 000 ein – damals noch D-Mark. Unter bestimmten Voraussetzungen will Kohl damals auch Enteignungen von Grund und Boden billigen.

Als sich Kohl dem Journalisten Günter Gaus zu einem Fernseh-Interview stellt, erhält er die beste Publikumswertung, die in Deutschland je eine politische Sendung erzielt: plus acht. Da können nur der Top-Entertainer Kulenkampff, Professor Grzimek und die Münchner Lach- und Schießgesellschaft mithalten. Aber reicht das für den Kanzlerjob in Bonn?

Als ich Kohl nach einer Stunde verlasse, bin ich guten Mutes, fast beschwingt, einen neuen Kontakt zu einem wichtigen

Mann der deutschen Politik geknüpft zu haben. Das sollte sich allerdings schneller ändern als gedacht.

Anderntags sind mein Fotograf, der Münchner Rolf Hayo, und ich bei den Kohls zu Hause in Ludwigshafen verabredet. Sie wohnen noch nicht in Oggersheim, bauen dort gerade in der Marbacher Straße einen Bungalow. Nach dem Gespräch in der Staatskanzlei soll es nun ergänzend eine Homestory geben. Das Kohl'sche Wohnzimmer sagt sehr viel über den Hausherren aus: An der Wand eine drei Zentner schwere Ofenplatte aus der Eifel und ein altes niederländisches Bild. Anders als in seinem Büro in der Staatskanzlei, wo auf seinem Schreibtisch ein Foto Konrad Adenauers steht, sieht man bei ihm zu Hause keine Politikerfotos. Das Haus ist längst zu klein für die mehrköpfige Familie, und darum animieren Helmut und Hannelore Kohl uns, sie zur Baustelle ihres künftigen Heims in Oggersheim, Marbacher Straße, zu begleiten. Dort lassen sie sich mit den ausgebreiteten Bauplänen an der Baustelle fotografieren. Geplant sind elf Zimmer, dazu Sauna und Hobbyraum.

Später machen wir einen Spaziergang durch den »Bruch« von Oggersheim – ein mit Sträuchern und Gras bewachsenes Sumpfgelände. Helmut und Hannelore Kohl kommen fröhlich daher mit ihren Söhnen Walter, damals sieben, und Peter, fünf. Mit dabei auch der zehnjährige Schäferhund Igo, über den Hannelore Kohl sagt: »Er ist der Einzige in der Familie, der pariert.«

Dann muss das Familienoberhaupt noch einmal zur Staatskanzlei. Der Fotograf und ich bleiben mit Hannelore Kohl zurück, lassen uns ein bisschen aus ihrem Leben, aus ihrer Rolle als Frau des rheinland-pfälzischen Ministerpräsidenten, berichten. Da ist es fast selbstverständlich, dass wir die Frage nach Hobbys stellen. Wir erfahren: Sie fährt ihren Peugeot 404 wie einen Sportwagen, würde gern den Pilotenschein machen. Dann offenbart sie eine ausgesprochen männliche Leidenschaft: Sie schießt regelmäßig mit ihrer Pistole, einer Walther PPK 7,65. Wir bitten sie, für ein Foto mit der Waffe zu posieren. Ohne zu zögern, holt sie die Pistole, legt an mit ausgestrecktem Arm und

Mit Hannelore und Helmut Kohl in ihrem Haus in Oggersheim, 1971

visiert ein imaginäres Ziel mit dem rechten Auge über Kimme und Korn an. Was sie nicht weiß, wir in dem Moment auch noch nicht: Es wird das über eine Doppelseite ausgebreitete Aufmacherfoto in »Jasmin«.

Die Reaktion der Öffentlichkeit ist enorm und in der Mehrzahl bösartig. Das Wort »Flintenweib« ist noch das harmloseste Echo. Helmut Kohl ist stinksauer, als er das Heft mit diesem ungewöhnlichen Foto seiner Frau in den Händen hält. »Da hast du dich von diesen Halunken reinlegen lassen«, schimpft er. Überflüssig zu erwähnen, dass Rolf Hayo und ich nach unserer kurzen Bekanntschaft mit Kohl nun bei ihm unten durch sind. Aber noch ist er ja nicht Kanzler, der Schaden mithin begrenzt, denke ich – und konzentriere mich zunächst auf den Umzug nach Bonn.

Begegnungen am Rodderberg

In Bonn gibt es mehr Partys, Empfänge und Cocktails als in anderen deutschen Städten. Aber in Bonn geht man nicht aus, um sich zu amüsieren. In Bonn geht man aus, um Beziehungen zu pflegen, Kontakte zu knüpfen, um die eigene Beförderung zu beschleunigen, die Karriere gegen Rückschläge zu sichern. Man kann sich der Bonner Gesellschaft nicht durch Charme, Witz, Bildung oder einfach nur durch Herkunft als lohnender Gast empfehlen. Vizekanzler Erich Mende (FDP): »Was in Bonn allein zählt, sind Macht und Einfluss. Wer beides nicht mehr hat, ist nicht mehr dabei, und das ist hart, es ist gnadenlos.«

Luise Erhard, Frau des ehemaligen Bundeskanzlers Ludwig Erhard, wird schonungslos mit dieser Wirklichkeit konfrontiert. Der Rücktritt ihres Mannes ist beschlossen, aber noch nicht vollzogen, als Frau Erhard einen Empfang in dem Bad Godesberger Schlösschen »Redoute« besucht. Sie steht sehr lange allein in einer Ecke. Niemand kümmert sich mehr um die Frau, deren Mann bald Macht und Einfluss verliert. Mit dem Tag, an dem eine Persönlichkeit aus dem Amt scheidet, wird auch ihr Name aus den offiziellen Einladungslisten gestrichen. Es zählt nicht mehr, wie sympathisch oder interessant der Gestürzte persönlich war. In Bonn ist einfach nicht genug Platz, als dass es sich ein Gastgeber leisten könnte, einen netten, aber unwichtigen Freund zu bewirten. Die Wichtigsten haben schon kaum Platz in Räumen und Sälen.

Sabine und ich stellen fest: Wichtig in Bonn (und später in Berlin) ist, in der Einladungskartei des Auswärtigen Amtes geführt zu sein – etwa 5000 Namen sind ständig darin verzeichnet. Aus den Namen in dieser Kartei werden Gästelisten für die Staatsempfänge des Bundespräsidenten, für die offiziellen Einladungen des Bundeskanzlers und des Außenministers zusammengestellt. Darum ist es die Krönung einer gesellschaftlichen Karriere, in dieser Kartei geführt zu werden. Einladungen zu einem Bonner Cocktailempfang, einem Essen oder einem Diplomatentee müssen auf Karton gedruckt sein und mindestens 14 Tage vor der Veranstaltung die gewünschten Gäste erreichen. Zum Neujahrsempfang des Bundespräsidenten wird zwei Monate im Voraus eingeladen.

Ein Gastgeber kann sicher sein, dass die Zusage eines Ministers automatisch die Zusage eines ausländischen Botschafters garantiert. Kundige Bonner – ebenfalls inzwischen die Berliner – lassen darum bei ihren künftigen Gästen Wochen vor dem Empfang durchblicken, dass eine besonders prominente Persönlichkeit anwesend sein wird.

Je höher das Amt eines Menschen, desto häufiger wird er Einladungen ablehnen, weil ihm die Zeit fehlt. Der CDU/CSU-Fraktionschef zu Bonner Zeiten, Rainer Barzel, zu dem wir in einem freundschaftlichen Verhältnis standen, räumte ein: »Wir gehen nur noch zu den Cocktails der großen Botschaften.« Bundespräsident und Bundeskanzler(in) sind die Personen in Bonn (Berlin), die die meisten Absagen erteilen. Sie erscheinen beispielsweise auf keinem der Cocktailempfänge, die jede der 93 in Bonn ansässigen ausländischen Botschaften und Missionen zum Nationalfeiertag ihres Landes gibt. Die Bundesregierung ist bei diesen Empfängen nur durch einen Minister vertreten, der meistens in einer Kabinettsitzung bestimmt wird. Ausnahme: Zum Bonner Jahresempfang des Vatikans ging der Bundeskanzler immer. Von Bundeskanzler Brandt – so er denn kam – erwartete Bonns Gesellschaft stets große Lockerheit. Er tanzte beim letzten Bundespresseball bis tief in die Nacht hinein und ließ sich auch durch sein hohes Amt nicht daran hindern, in öffentlichen Restaurants wie jeder andere Gast zu speisen.

Während der Gastgeber seine Party vorbereitete, ließen die Gäste Bonns Friseure und Schneider gut verdienen. Im Salon Michels ließ sich die weibliche Bonner Prominenz den Kopf waschen. An Tagen mit großen Staatsempfängen, wenn mindestens 500 Damen frisch frisiert sein wollten, war der Andrang in dem Salon mit seinen 20 Angestellten und 40 Plätzen nur noch mit dem Ansturm in Kaufhäusern beim Winterschlussverkauf zu vergleichen. Damen, die in Bonn über Dienstwagen und Chauffeur verfügten, bevorzugten deshalb die Künste des Friseurs Heinz Merges in Köln. Rut Brandt war dort Stammkundin – natürlich eine, die zu jeder Zeit ohne Voranmeldung bedient wurde. Als besonders elegant galten in Bonn die Damen Rut Brandt, die Frau des Staatssekretärs im Wissenschaftsministerium, Christa von Dohnanyi, Gabriele Henkel und die Frau des holländischen Botschafters De Beus sowie die Frau des CDU/CSU-Fraktionsvorsitzenden Rainer Barzel.

Es ist immer wieder zu beobachten, dass sich selbst höchste Würdenträger wie hungrige Wölfe auf Buffets stürzen, wahre Schlachten um Hummer, Kaviar und Pasteten schlagen. Diners, die an einer Tafel serviert werden, entsprechen da schon eher den Vorstellungen des Protokolls. Wo auch immer und aus welchem Anlass sich die Bonner Gesellschaft traf – sie sprach über Politik. Heilwig Ahlers, die Frau des Regierungssprechers Conrad Ahlers: »Es ist eine Unsitte der Politiker und Journalisten, über die Köpfe ihrer Damen hinwegzusprechen. Nur Diplomaten haben noch die Erziehung, ihre Tischdame zu unterhalten.«

Eine Einladung des Kanzlers oder gar des Bundespräsidenten zu bekommen ist immer noch eine höchst begehrenswerte Sache. Herren mit klingendem Namen oder dickem Bankkonto schreiben Bittbriefe, wenn es darum geht, bei einem großen Ereignis in Bonn/Berlin dabei zu sein. Aber es gehört ebenso zum »guten« Ton der sogenannten feinen Leute, an allem herumzumäkeln, wenn man erst einmal zum Kreis der Auserwählten gehört. In der Linken das Cocktailglas, die rechte Hand in der Hosentasche, wird kritisiert: »Das Buffet war wieder einmal unter aller Kritik.«

Zur vorgerückten Stunde werden Witze erzählt – zum Beispiel über den schwäbischen Zuchtbullen, der zur Veredelung arabischer Rinder von der Bundesregierung nach Tunesien geschickt wurde. Kanzler Brandt: »Also, er tat's und tat's nicht, bis wir unseren Entwicklungshelfer Eppler runterschickten. Der flüsterte dem Bullen etwas ins Ohr, und prompt wurde er aktiv.«

Frage aus dem Gästekreis: »Was hat ihm denn der Eppler gesagt?« Antwort des Kanzlers: »Du bist hier nicht als Berater.«

Solche Probleme hatten wir bei Einladungen in unserem Bonner Haus am Rodderberg nicht. Aber gelegentlich ein anderes. Inzwischen bin ich neben meiner journalistischen Tätigkeit zusätzlich Bonner Verlagsrepräsentant für Gruner + Jahr – mit dem hochtrabenden Titel eines »Chefredakteurs zur besonderen Verwendung«. Gruner + Jahr gehört bereits damals teilweise zum Bertelsmann-Konzern. Auch hier ist zunächst meine Aufgabe, für die Konzernspitze Kontakte zu knüpfen. Als Erstes wurde ein Abendessen mit Bertelsmann-Inhaber Reinhard Mohn, seinem Vorstandsvorsitzenden Manfred Fischer und Kanzleramtsminister Horst Ehmke (SPD) nebst seiner schönen Gemahlin Maria arrangiert. Meine Frau und ich waren vor allem auf den Bertelsmann-Patriarchen gespannt, den wir noch nicht kannten. Bertelsmann war zwar noch nicht, was das Unternehmen heute darstellt: weltweit der größte Verleger von Büchern und Zeitschriften – aber der dazu gehörende Buchclub hatte seinerzeit schon über fünf Millionen Mitglieder. All dies das Werk des Firmeneigners Reinhard Mohn.

Als es an besagtem Einladungsabend an unserer Haustür klingelt und ich öffne, steht vor mir ein bescheiden wirkender Herr in einem schlichten Regenmantel mit leicht abgewetzter Aktentasche. Er ist überdies mit einem Taxi vorgefahren – Reinhard Mohn. Als Nächster trifft sein Vorstandvorsitzender Fischer ein. Die Ehmkes lassen noch auf sich warten. Wir, die Gastgeber, haben nicht bedacht, dass unsere Einladung ausgerechnet auf Weiberfastnacht fällt, mit all dem närrischen Treiben, das für Nichtrheinländer nur schwer oder gar nicht verständlich ist.

Schließlich platzen die Ehmkes mit lautem »Alaaf!« herein, aufgekratzt, in voller Karnevalsstimmung – nach dem Motto: Wo hauen wir jetzt der Welt ein Loch in den Kopp? Sie waren vorher auf ein, zwei Karnevalsveranstaltungen gewesen. Maria Ehmke ist bunt kostümiert, ihr Mann, der Minister, erscheint prustend, lachend, mit abgeschnittenem Schlips und Lippenstiftspuren im Gesicht. Er umarmt und küsst meine Frau, die, sehr sexy, einen Pulli aus Silberlamé mit V-Ausschnitt trägt. »Hotte« Ehmke klebt ihr spontan einen herzförmigen, glänzendroten Sticker in den Ausschnitt. Ich schiele hinüber zu Mohn und Fischer, sehe zwei erstarrte Gesichter. So hat man sich in Gütersloh den Polit-Betrieb in Bonn nicht vorgestellt.

Es wird ein quälender Abend – allerdings nicht für die Ehmkes. Die fühlen sich pudelwohl, drehen immer mehr auf. Mohns und Fischers Mienen vereisen total, als Ehmke ihnen vorhält und dabei, wie es seine kumpelhafte Art schon immer war, mir nichts, dir nichts zum indirekten Du übergeht: »Ihr von der Wirtschaft haltet euch im Vergleich zu den Politikern für die Besseren. In Wirklichkeit sind die Wirtschaftsbosse alle Flaschen.« Als er die betretenen Gesichter von Mohn und Fischer registriert, schiebt er flugs nach: »Ihr beide natürlich ausgenommen.«

Nach diesem Abend lässt man mich aus Gütersloh wissen: bitte keine weiteren Kontaktvermittlungen zu Bonner Politikern. Schade, sie hatten nur eine Facette Ehmkes kennengelernt und einen völlig einseitigen Eindruck von einem hochintelligenten, an Kunst sehr interessierten Mann gewonnen.

Rückschauend bin ich überrascht, wer alles bei uns verkehrte. Schmidts Regierungssprecher Klaus Bölling genoss nach seiner Berufung das erste Sonntagsfrühstück in unserem Garten unter einer fast hundert Jahre alten Rotbuche. Als er knapp sieben Jahre später im Begriff ist, Chef der bundesdeutschen Vertretung in Ost-Berlin zu werden, verewigt sich seine Ehefrau Alexandra, Tochter des Münchner Brillenfabrikanten und BDI-Vorsitzenden Professor Rolf Rodenstock, mit dem Eintrag ins Gästebuch: »Alexandra Bölling (als künftige Missionsschwester).«

Im Haus am Rodderberg lernten sich Hans-Dietrich Genscher und der Münchner Medienzar Josef (»Jóska«) von Ferenczy kennen. Letzterer vertrat jahrelang als Inhaber der gleichnamigen Münchner Presseagentur meine Interessen und handelte traumhaft hohe Honorare aus. Und als Hans-Dietrich Genscher mir wegen einer Kolumne vorübergehend die Freundschaft aufkündigte, war es Ferenczy, der uns wieder zusammenbrachte. An unserem Esszimmertisch diskutierten hohe Politik so unterschiedliche Persönlichkeiten wie Walter Scheel, Norbert Blüm und Treuhandchef Detlev Rohwedder. Weiter unter unseren Gästen: Hans-Werner Graf Finck von Finckenstein, einst Kollege bei der »Welt«, dann wie andere Journalisten, darunter Egon Bahr, Hagen Graf Lambsdorff und Rüdiger von Wechmar, Übertritt in den diplomatischen Dienst. Finckenstein war zunächst deutscher Botschafter in Argentinien, dann erfolgte die Berufung als Protokollchef nach Bonn. Er wohnte, während wir urlaubten, bis zum Bezug seines Hauses bei uns und den Hasen der Kinder – und schrieb anschließend ins Gästebuch: »Drei Wochen durfte ich hier wohnen als Schutzpatron und Mümmelmann. Ich weiß nicht, wie es Euch zu lohnen. Habt Dank! So fängt man gerne an.«

Besonders liebe Gäste waren uns der FDP-Politiker Erich Mende und seine Frau Margot nebst ihrer Schwester Ingill Böhle und deren Mann Klaus, langjähriger Karikaturist der »Welt« und des »Bonner General-Anzeiger«.

An einem Abend stand Ted Kennedy, der Bruder des legendären amerikanischen Präsidenten J. F. Kennedy, am Plattenspieler in unserem Wohnzimmer, legte »Sail along silvery moon« auf und begann, mit seiner Tischdame Angela cheek-to-cheek zu tanzen. Sein Freund, Senator John Tunney aus Kalifornien, tat es ihm mit unserer Freundin Verena gleich. Ich nahm meine Frau in den Arm, und so tanzten wir zu sechst, in bester Stimmung, als seien wir in einem Nachtclub.

Wie kam ausgerechnet ein Kennedy zu uns nach Hause? Wie schon erwähnt, hatte meine Frau vor unserer Ehe sechs Jahre in New York gelebt und über ihre deutsche Freundin Angela von Morgen Edward (»Ted«) Kennedy kennengelernt. Als eines Tages in Bonn eine Konferenz der Nordatlantischen Versammlung stattfand – einer Vereinigung von Parlamentariern aus verschiedenen NATO-Staaten –, gehörten Kennedy und sein Senatoren-Freund zur amerikanischen Delegation. Was lag da näher, als an einem Abend das Wiedersehen in unserem Haus zu feiern? Ein Koch wurde engagiert, unser Haus- und Kindermädchen Marion servierte mit hochroten Wangen und war überglücklich, als sie ein Autogramm des prominenten Gastes in der Tasche ihrer weißen Schürze hatte.

Nicht zu vergessen die vielen persönlichen Freunde, darunter Ria Maternus, Inhaberin des gleichnamigen Restaurants, der Bonner Architekt Dirk Denninger und seine Frau Barbara, unser Hausarzt Erwin Barth mit seinem Freund Roland Alexander, Gräfin de Maistre aus Gymnich, Herry Rowedder (»Liberales Netzwerk«), aus Köln Ernst und Maren Friedlaender. Ebenfalls aus der Domstadt Starcoiffeur Heinz Merges mit seiner Frau Brigitte, einst als Topmodel auf den Titeln aller internationalen Modemagazine. Verena Freifrau Hiller von Gaertringen von der Lufthansa, die Botschafterpaare Klaus und Ingrid Werndl, Wolfgang und Barbara Göttelmann, Inge und Jochen Schoeller; Modehausbesitzer Erika und Jochen Waltzinger, Hermann und Helga Meyer-Scheben, die wir durch Rainer Barzel kennengelernt hatten. Auch bei ihnen gab es viele Jahre mit Barzels und Rehlingers ein traditionelles Weihnachtsessen. Ferner Christina Seeger zu Lichtenstein und Christiane aus Berlin.

Schließlich sind auch viele Kollegen von den Medien unsere Gäste. Axel Springer junior quartierte sich mit seinem Freund Volker Hintz, später »Stern«-Fotograf, fast zwei Monate in unserem Gästezimmer ein, als sie das Bonner Büro ihrer Fotoagentur »Sven Simon« eröffneten.

In die Zeit am Rodderberg fällt auch die Geburt unserer zweiten Tochter, Tamara. Es geschah in der heißesten Nacht des Jahres 1972. Tagsüber Temperaturen über 30 Grad, nachts kaum Abkühlung. »Ich glaube, es ist so weit«, sagte Sabine in der Nacht auf den 23. Juli, als die Wehen einsetzten. Schnell gaben wir unser vierjähriges Töchterchen Tatjana bei den in

Mit Ehefrau Sabine im Bonner Arbeitszimmer am Rodderberg, im Hintergrund das Siebengebirge, 1985

derselben Straße wohnenden Freunden Werner und Christine Volkmar ab, die allerdings bereits im Bett lagen. »Tati« wurde kurzerhand zwischen den beiden im Ehebett deponiert, und schwupp ging's hinauf zur Uniklinik auf dem Venusberg, wo Sabine bei Professor Plotz angemeldet war. Es war draußen schon hell, die Vögel zwitscherten. Ich, der bei der Geburt dabei sein durfte, erhielt einen weißen Arztkittel. Die Frauenärztin Dr. Karen Brökelmann überwachte die Entbindung. In Allerherrgottsfrühe kam »Tamärchen« auf die Welt. Gesund und an einem Sonntag – wie zuvor Tatjana. Zwei gesunde Sonntagskinder. Was gibt es Schöneres?

Wir hatten Tatjana versprochen, sie als Erste zu benachrichtigen. Sie hatte sich ein Schwesterchen gewünscht: »Blond und blaue Augen.«

»Ja«, rief Sabine ihr über Telefon zu, »sie ist blond und hat blaue Augen.«

Nur, wie das Leben so spielt, erlebten wir nicht nur schöne Stunden in unserem Haus am Rodderberg. Auch Leid stellte sich ein. Eines Morgens im Dezember, die Landschaft mit einer leichten Schneedecke überzogen, ich liege noch im Bett, ist Sabine bereits mit dem Wagen zu einem Zahnarzttermin aufgebrochen. Da klingelt es an der Haustür. Im Morgenmantel öffne ich, allenfalls den Telegrammboten erwartend. Stattdessen steht am offenen Gartentor der Fahrer des in der Nachbarschaft wohnenden Botschafters von Mali. Aufgeregt deutet er in Richtung Straße, ruft erregt, in gebrochenem Deutsch: »Da, da! Frau kommt! Da, da!« Mir ist nicht klar, was er will. Zögernden Schrittes trete ich aus dem Haus, gehe durch das Gartentor, blicke in die angedeutete Richtung und bin für Sekunden gelähmt vor Schreck. Taumelnd kommt mir meine Frau entgegen. Sie trägt an diesem Morgen einen weißen Courrèges-Lackledermantel. Gesicht und eben dieser Mantel sind blutbeschmiert. Sie schreit: »Ich bin blind! Ich bin blind!« Eine Szene wie aus einem Horrorfilm.

Sie war am Anfang unserer Straße auf einer unter der dünnen Schneedecke nicht erkennbaren Eisfläche mit ihrem VW Käfer ins Schleudern geraten, erst gegen einen Baum, danach gegen eine Mauer geprallt und hatte schließlich mit dem Gesicht – Anschnallgurt nicht angelegt – die damals noch nicht bruchsichere Frontscheibe durchschlagen. Das linke Augenlid war teilweise abgetrennt, hatte ihr die Sicht versperrt und sie glauben gemacht, sie sei nach dem Unfall blind. Gottlob war dem nicht so. Ohne Rücksicht auf andere Verkehrsteilnehmer, rote Ampeln ignorierend, rase ich mit ihr ins Krankenhaus, ins Godesberger Markus-Stift. Sie wird operiert und ist, Gott sei Dank, rechtzeitig vor Weihnachten wieder zu Haus. Und unserem erwarteten Baby ist nichts passiert – Sabine war im fünften Monat schwanger mit Tatjana.

Siebenunddreißig Jahre lebte ich in diesem Haus, zunächst als Junggeselle, dann davon achtundzwanzig mit Sabine. Wiewohl das Anwesen nur gemietet war, fühlten wir uns wie im eigenen Heim, zumal der Eigentümer sich nur, wenn überhaupt, alle paar Jahre sehen ließ. Umso größer das Entsetzen, als eines

Tages – der Besitzer und seine Frau waren zwischenzeitlich verstorben – ein Erbe Eigenbedarf anmeldete und wir ausziehen mussten. Nach längerem Suchen fanden und (diesmal) kauften wir ein Reihenhaus in Bundeshausnähe, im Rurweg 16, Stadtteil Kessenich, gleich hinter der Museumsmeile. Es hatte nicht die phantastische Aussicht, dafür entschädigte es uns durch den sehr geschmackvollen Innenausbau. Dennoch: Anfangs zog es uns, von Wehmut getrieben, gelegentlich zurück an den Rodderberg. Nur zum Schauen und Schwelgen in Erinnerungen. Damit ist es inzwischen vorbei. »Unser« Haus wurde abgerissen, die wunderschöne alte Rotbuche gefällt, auf dem Grundstück steht jetzt ein klotziger Neubau.

»Bonn vertraulich«

Neustart als Kolumnist und Kanzler-Watcher

Am Sitz von Regierung und Parlament wird nicht nur getafelt und getanzt, auch kräftig gearbeitet. Ich beginne meine Tätigkeit mit der wöchentlich erscheinenden Kolumne »Bonn vertraulich« in »Bild am Sonntag«. Die erste erscheint mit meinem Foto im September 1971 und nimmt eine ganze Seite ein. Sie ist, wie auch die künftigen Texte, eine Mischung aus Informationen und Unterhaltung – kurz Infotainment.

»Beim Kanzler gibt's nur Sprudel«, vermelde ich und schreibe weiter: »Seit Monaten sitzt Willy Brandt auf dem Trockenen. Soll heißen: Er trinkt keinen einzigen Tropfen Alkohol mehr. Wenn das Gesicht des Bundeskanzlers jetzt gerötet ist, zum Beispiel im Farbfernsehen in der Tagesschau, dann ist es die Konzentration, die ihm die Röte ins Gesicht treibt. Ehrlich! Die Enthaltsamkeit trägt nicht gerade zur Besserung der Laune ›Willys‹ bei. Auch seine Mitarbeiter bekommen keinen Alkohol. Wer zum Beispiel den Kanzler in seinem Sylter Urlaubsquartier besucht, muss mit Sprudel vorlieb nehmen. Aber der Leibarzt des Kanzlers, der Bonner Professor Adalbert Schaede, ist eisern. Sein Patient soll abnehmen, Kreislauf und Herz entlastet werden.« Weiter schreibe ich in meinem ersten »Bonn vertraulich«:

> »Wussten Sie schon, was das Profil eines Bundesministers wert ist? Sie werden es nicht glauben: eine Milliarde Mark! Der Mann, dessen Gesicht diesen hohen Taxwert hat, ist Bundesverkehrs- und Postminister Georg Leber. Bei dem Tauziehen über die Haushaltspläne der Regierung forderte der Minister eine Erhöhung der Mineralölsteuer um sechs Pfennig

je Liter Benzin. Drei Pfennig für den Ausbau ›seiner‹ Fernstraßen – macht insgesamt eine Milliarde –, drei Pfennig für den Nahverkehr in den Gemeinden – macht noch eine Milliarde.

Nun gibt es Gott sei Dank im Kabinett einen Mann, der den Pfennig ehrt. Wirtschafts- und Finanzminister Karl Schiller wollte das Benzin nur um drei Pfennig versteuern, und diese Milliarde nicht Leber, sondern den Gemeinden überlassen. Sein Argument: Lebers Fernstraßenpläne heizen unnötig die Konjunktur an. Recht hat er.

Aber dann kam ›Hotte‹ Ehmke, der Tausendkünstler aus dem Kanzleramt, und hielt dem Schiller vor: ›Karl, der Schorsch ist doch so ein verdienter Politiker, der auch bei den Leuten ankommt. Für sein Profil müssen wir etwas tun. Das sollte uns eine Milliarde wert sein.‹

So kann man auch Finanzpolitik machen. Profilsorgen hat übrigens ebenso ein anderer Politiker: der rheinland-pfälzische Ministerpräsident und Anwärter auf den CDU-Parteivorsitz Helmut Kohl. Bis vor kurzem wog er sage und schreibe 220 Pfund. Inzwischen hat sich Kohl, der als Nachtarbeiter bekannt ist, fünfzehn Pfund abgehungert. Und das kam so.

Unlängst begegnete er in der Sauna einem Freund. Der war auch so ein Dickerchen. Kohl zu seinem Freund: ›Mensch, bei Deinem Bauch sieht man ja nicht einmal mehr, ob Du Männlein oder Weiblein bist.‹ Antwort: ›Genau das habe ich mich auch gefragt, als ich Dich sah.‹

Zwei junge Herren mit bekanntem Namen hatten in diesem Sommer Ferienjobs angetreten: Lars Brandt (20), der zweitälteste Sohn des Bundeskanzlers, arbeitete als Zeitungsmann beim ›Kölner Stadt-Anzeiger‹. Sein Kommentar über die Journalisten: Alles dufte Jungs. Zumindest über die Bonner Journalisten urteilt sein Vater ganz anders: ›Die schreiben nur über Außenpolitik oder wenn es Krach gibt.‹

Detlef Ahlers, einziger Sohn des Staatssekretärs Conrad Ahlers, verdingte sich auf der Bonner Straßenbahn als Schaffner. Seine Erfahrung: ›Da gibt es Leute, die machen ein besonders freundliches Gesicht und bescheißen am meisten.‹ Antwort des Vaters: ›Das ist wie in den Behörden‹.«

Ich schreibe »Bonn vertraulich« zwar nur ein halbes Jahr, aber der Chefredakteur bescheinigt mir noch Jahre später: »Deine Kolumne war ein absoluter Knaller!« Muss es wohl gewesen sein, denn nun übernimmt »Welt am Sonntag« die Kolumne. Chefredakteur ist mein Freund aus »Spiegel«-Zeiten, Claus Jacobi. Das erste Jahr erscheint »Bonn vertraulich« unter dem Pseudonym »Daniel Holland«. Zum Beispiel enthülle ich die gegenseitigen Aversionen zwischen Bundespräsident Scheel (FDP) und dem auf Brandt folgenden Bundeskanzler Helmut Schmidt (SPD): »›Hat der Fuchs noch Zähne, geht er nicht ins Kloster‹, lautet ein bulgarisches Sprichwort. Auf Walter Scheel gemünzt heißt das: Solange er Bundespräsident ist, wird er immer wieder die Grenzen seiner Amtsbefugnis voll ausschöpfen wollen. Vor allem wenn der Bundeskanzler Helmut Schmidt heißt.

Scheel und Schmidt mochten sich schon nicht, als sie beide noch unter Willy Brandt Minister waren. Sie hatten zwar nie Krach miteinander, aber keiner hatte vom anderen eine besonders hohe Meinung. Für Schmidt war Walter Scheel eine rheinische Frohnatur, der preußisches Wesen fremd ist. Ein Mann, der sich aus der Fron des politischen Alltagsgeschäfts auf die Latifundien des Staatsoberhauptes davongemacht hat. Sich selbst sieht Schmidt dagegen so: ›Nur die Pflicht hält mich aufrecht.‹ Für Scheel war Helmut Schmidt zwar ein tüchtiger, aber im kleinbürgerlichen Denken verhafteter Mann, der sich trotz seiner Karriere gesellschaftlich nicht gemausert hat. Mildred Scheel pflegte die Nase über die Frau des Kanzlers zu kräuseln, weil ›Loki‹ ihre Kleider oft selbst schneiderte. Der Bundespräsident, dessen Residenz nur durch einen Zaun vom Kanzleramt getrennt ist, nennt seinen Nachbarn vorzugsweise den ›großen Meister von nebenan‹. So gesehen nimmt es nicht wunder, dass Präsident und Kanzler keinen privaten Umgang pflegen –

Exklusivinterview für »Bild am Sonntag«
mit Bundeskanzler Willy Brandt, Bonn, 1971
(rechts neben mir Redaktionskollege Diethelm Schröder
und Regierungssprecher Conrad Ahlers)

besonders nachteilig für Hobby-Schwimmer Schmidt, der seinen strapazierten Bandscheiben sicherlich liebend gern einmal im geheizten ›Indoor-Pool‹ des Bundespräsidenten im Park der Villa Hammerschmidt Linderung angedeihen lassen würde (der Kanzler-Bungalow hat nur ein winziges Schwimmbad im Freien). Aber bei Scheel will Schmidt nun einmal partout nicht baden gehen. So muss der Kanzler weiterhin stets bis zum Wochenende warten. Dann fliegt ihn ein Luftwaffen-Jet ins heimatliche Hamburg. Und dort kann er daheim in den eigenen Mini-Pool steigen.«

Von »Daniel Holland« werden auch Sicherheitspannen in der Regierungszentrale enthüllt: Unter Hinweis auf eine Anzeige im »Bonner General-Anzeiger« schrieb ich: »Das Bundeskanzleramt sucht zur Mitarbeit an seinen vielseitigen und interessanten Aufgaben Sekretärinnen und Stenotypistinnen. Wir bieten Ihnen: ein angenehmes Arbeitsklima, eine leistungsgerechte

Ich werde Queen Elizabeth II. von England während ihres dritten Staatsbesuchs in Deutschland 1992 vorgestellt (links Bundespräsident Richard von Weizsäcker).

Vergütung, Zuschuss zum Mittagessen, Trennungsgeld, gute Aufstiegsmöglichkeiten bei Bewährung. Wir würden uns freuen, Sie bald begrüßen zu können.« Dazu bemerke ich in meiner Kolumne: »Das Kanzleramt durfte sich auf diese Anzeige hin sehr bald freuen, die letzte Woche als mutmaßliche DDR-Agentin festgenommene Sekretärin Dagmar Kahlig-Scheffler ›begrüßen zu können‹. Wie immer, wenn das Kind in den Brunnen gefallen ist, wird in Bonn versucht, den Schaden zu bagatellisieren. Die 31-jährige, blonde, geschiedene Frau habe als Vorzimmerdame nur mit Europafragen zu tun gehabt, hieß es. Ein Blick auf den Organisationsplan des Kanzleramtes (im Amtsjargon ›Spinne‹ genannt) zeigt, dass das Referat, in dem Dagmar Kahlig-Scheffler beschäftigt war, nicht nur für ›Europäische Einigung‹, sondern auch für bilaterale Beziehungen zu ganz Westeuropa und Nordamerika zuständig ist. Mithin liegen dort im Panzerschrank Geheimunterlagen über den wichtigsten Verbündeten, die USA. Die Verdächtigte hat mehr gewusst, als ihre Dienststelle bereit ist, zuzugeben. Bei der Vernehmung durch die Bonner Sicherungsgruppe machte die Sekretärin Detailangaben über Geheimunterlagen zur Sicherheits- und Außenpolitik. Nicht von ungefähr ist der Kanzler empört, dass die ›DDR‹ nach der Festnahme Guillaumes eine Spionin in das Kanzleramt schleuste. Jedoch in puncto Sicherheit des Amtes gibt es noch viele Schwachstellen, die Schmidt in Rage bringen müssten. 116 Millionen Mark hat der Bau des neuen Kanzleramtes gekostet, darunter viele Millionen für Sicherheitsvorkehrungen. Aber jeder der vier aus Hamburg mitgebrachten Leibwächter Schmidts könnte ihm auf Anhieb sagen, wie man auf einen Schlag gleich eine Kompanie von Terroristen unbemerkt ins Kanzleramt schleust. Schmidt hat, nicht zuletzt aus Sicherheitsgründen, sein Büro in einem Extra-Bau des Kanzleramtes. Zu diesem Trakt hat nur ein begrenzter Kreis von Mitarbeitern mittels eines Sonderausweises Zugang. Die Karte wird in einen Schlitz neben der verschlossenen Tür gesteckt und elektronisch abgetastet. Sehr raffiniert. Andererseits gibt es einen Punkt im Haus, wo der Kanzler mit Hilfe eines Zielfernrohrs leicht ›wegzuputzen‹ ist – wie im Roman ›Der Schakal‹. Die neuralgische Stelle ist im Haus bekannt, aber nichts geschieht. Der Zweitwagen des Kanzlers wurde in den Osterferien während eines Hagelsturms (unverschuldet) zu Schrott gefahren. Gott sei Dank, kann man nur sagen. Im Gegensatz zu dem von Schmidt meist benutzten hellgrauen 3,5-Liter-Mercedes war er nicht gepanzert. Keiner der für die Sicherheit des Regierungschefs Verantwortlichen fand es für nötig, den Wagen vorher auszuwechseln. Das Kanzleramt wird an vielen Stellen Tag und Nacht mit Hilfe von Fernsehkameras bewacht. So auch der Flur von Schmidts Arbeitszimmer. An einer mindestens ebenso wichtigen Stelle wurde die eingeplante Kamera aus Kostengründen gestrichen. Die Bewacher sollten die Überwachung per Augenschein machen, was ihr Vorgesetzter abgelehnt hat. Seitdem ist die Flanke dort offen.«

Nach einem Jahr wird auf Weisung von Chefredakteur Claus Jacobi die Masche mit dem Pseudonym aufgegeben. Es fällt zunehmend schwer, Beschwerdeführer über die wahre Identität des Autors im Unklaren zu lassen. Da hilft auch keine Notlüge. Ich schreibe also fortan unter Klarnamen, auch reguläre Artikel. Zum Beispiel 1978 zusammen mit einem Redaktionskollegen beim ersten Deutschland-Besuch der Queen: »Die Deutschen, so dankte Elizabeth II. von England am Ende ihrer Staatsvisite in der Bundesrepublik, hätten sie mit offenen Armen empfangen. Das war das Understatement des Jahres. Die Deutschen hatten gejauchzt und geklatscht, mit Betttüchern gewunken, sich heiser gebrüllt und auf Zehen getreten. Fünf Tage war die Nation aus ihrem republikanischen Häuschen geraten. Im Jubeln kommen den Deutschen wenige gleich, im Jubel um die Queen wohl keiner.«

Zurück zum Schreiben unter Pseudonym kehre ich jedoch bei einem heißen Thema – es geht um Sprechschwierigkeiten des Kanzlers: Bundeskanzler Helmut Schmidt, damals 61, offenbart im Wahlkampf neuerdings ungewohnte Erinnerungslücken. Schlimmer noch: Der Mann, der einst wegen seines flinken Mundwerks Schmidt-Schnauze genannt wurde, hat jetzt gelegentlich Schwierigkeiten, sich zu artikulieren, verliert den Faden, fängt an zu stottern. So brachte er zum Beispiel das Wort »spektakulär« nicht über die Lippen. Seine Bemühungen klangen so: »Spektakol, äh, Spektakel oder Zirkus.« Als er über die Rotation der »Nürnberger Nachrichten« sprechen wollte, in deren Haus er dem Publikum Rede und Antwort stand, sagte er »Retation«. In Bremen ging er auf die geplante, aber immer wieder verschleppte Fusion des deutschen Luftfahrtkonzerns Messerschmitt-Bölkow-Blohm (MBB) mit einem Teil der deutsch-holländischen Unternehmensgruppe VFW-Fokker ein. Dabei sprach er allerdings von »Fokke-Bull VFW«. Viele Äußerungen des Kanzlers erinnern Bonner Beobachter an sein Verhalten im Jahre 1972, als er an einer Überfunktion der Schilddrüse litt. Einer der führenden deutschen Hormonforscher, Dr. Dr. Gerhard Venzmer, über die Zeichen einer Schilddrüsen-Überfunktion: »Bei solchen Menschen fällt dem Beobachter bald eine gewisse nervliche Übererregbarkeit auf. Unruhe, übersteigertes Temperament und überempfindliche psychische Reaktionen auf geringfügige Anlässe sind sehr bezeichnende Symptome.«

Ich bringe es bei »Welt am Sonntag« auf neun Jahre. Meine Tätigkeit für »Jasmin« habe ich nach 75 Porträts und Reportagen beendet. An eine »Jasmin«-Reportage erinnere ich mich besonders: Hausbesuch bei Hans-Dietrich Genscher.

Obwohl mit ihm verabredet, erschrickt Genscher, als er – noch im Schlafanzug – morgens um sechs Uhr, es ist stockdunkel, die Haustür öffnet, um Zeitungen reinzuholen, stattdessen mich und meinen Fotografen sieht, aber nicht erkennt. Er schlägt blitzschnell die Tür zu – in der Annahme, die zwei Gestalten in der Dunkelheit könnten Mitglieder der linksextremistischen, terroristischen Rote Armee Fraktion (RAF) sein, die Morde an Politikern und Entführungen begehen. Die RAF war ein gutes Jahr zuvor von politischen Wirrköpfen, darunter Andreas Baader, Gudrun Ensslin und Horst Mahler, gegründet worden. Genschers Reaktion bei unserem Eintreffen ist verständlich, denn er ist zu dieser Zeit Bundesinnenminister und für die Bekämpfung der RAF zuständig.

»Ich bin's, Herr Minister. Wir sind für heute verabredet.«

Er öffnet wieder die Haustür, lacht. »Entschuldigung, ich hab das völlig vergessen. Kommen Sie beide rein.«

Er führt uns in sein Arbeitszimmer: Bücher bis hoch an die dunkelbraune, getäfelte Decke, Schreibtischlampe mit rundem grünem Schirm, daneben ein Becher voll mit Stiften. »Machen Sie es sich bequem. Ich muss schnell noch ein Manuskript für Ihre Kollegen vom ›Hamburger Abendblatt‹ korrigieren. Sie können schon ein paar Aufnahmen machen.« Seltsam, denke ich, dieser leutselige Mann soll einer der mächtigsten Männer in der Bonner Regierung sein? Dieser Mann mit den weichen Zügen, den tiefen Augenschatten und dem leichten Doppelkinn? Keine Frage, er ist es. Ein Anruf von Genscher, und die Fahnder des Bundeskriminalamts werden einem Verdächtigen auf die Spur gesetzt. Ein Wink, und die Agenten des Verfassungsschutzes besorgen aus ihren Panzerschränken Unterlagen über Müller oder Meier. Eine Unterschrift, und dem Abhören eines privaten Telefons steht nichts im Weg. (Von den späteren Abhörpraktiken der Amerikaner weiß man noch nichts, aber von der Stasi.) Jetzt sitzt Genscher mir gegenüber: 44 Jahre alt, DDR-Flüchtling, von Beruf Rechtsanwalt und erst seit zwei Jahren Bundesinnenminister. Er nimmt diese Machtfülle nicht auf die leichte Schulter. Aber es juckt ihn nicht im Geringsten, ab und zu Furcht zu verbreiten. Als Oberschutzengel der Bundesrepublik ist Genscher Tag und Nacht im Einsatz. Zu Hause, in seinem kleinen Arbeitszimmer, es gibt noch keine Handys, steht neben dem Schreibtisch ein tragbares Funksprechgerät – das hat nicht mal der Bundeskanzler. Der Innenminister ist damit unabhängig vom öffentlichen Telefonnetz und kann sich im Großraum von Bonn, das heißt zwischen Aachen, Wuppertal und Koblenz, in den Funksprechverkehr des Bundeskriminalamts, der Sicherungsgruppe und des Grenzschutzes einschalten. Auch das sogenannte Lagezentrum in seinem Ministerium, wo sechs Offiziere des Bundesgrenzschutzes rund um die Uhr Bereitschaftsdienst tun, erreicht er im Handumdrehen. Flutkatastrophen, Anschläge auf Regierungsmitglieder, Schießereien mit der Baader-Meinhof-Gruppe, Flugzeugentführungen, Übergriffe an der DDR-Grenze – das sind Alarmmeldungen, die dem Innenminister sofort zur Entscheidung vorgelegt werden.

Gewöhnliche Zeitgenossen würden bei dieser Verantwortungslast morgens mit einem mulmigen Gefühl ins Büro gehen. Genscher nicht: »Ich habe kein Angstgefühl. Wenn ich aufwache, bin ich sofort da und frage mich, was geschafft werden muss.« Wenn man dazu noch weiß, dass der Minister an jedem Werktag um sechs Uhr früh aufsteht, um erst einmal eine Stunde am Schreibtisch zu arbeiten, fragt man sich: Woher so viel Schaffensfreude? »Als junger Mann«, sagt er, »habe ich dreieinhalb Jahre mit einer Lungentuberkulose in Krankenhäusern und Sanatorien gelegen. Das hat meine Lebensauffassung stark beeinflusst: Wenn man mal so auf der Nase gelegen hat und dann doch seine volle Arbeitskraft zurückbekommt, freut man sich über jeden Tag, an dem man sich bewegen kann.«

Im Krankenhaus, so vermutet Genscher heute, hat er sich angewöhnt, zu so unbotmäßig früher Stunde aufzustehen. Eine Angewohnheit, die zumindest für seine Frau Barbara lästig ist, denn sie muss dann auch aufstehen. Sie ist Genschers zweite Ehefrau und seit 1969 mit ihm verheiratet. Die erste Ehe, 1958 geschlossen, wurde 1966 geschieden. Aus ihr stammt die hübsche Tochter Martina. Seine jetzige Frau Barbara, 35, dunkelblond, attraktiv, Tochter eines heimatvertriebenen Landwirts, hat wenig Kontakt mit anderen Ministerfrauen. Sie und ihr Mann besuchen vielleicht den jährlichen Bonner Presseball, gehen gelegentlich auf Staatsempfänge, dagegen kaum auf Cocktails. Das Sommerfest des Bundeskanzlers schenkten sie sich zum Beispiel, weil der Minister es vorzog, sich ein Spiel des Hallenhandballmeisters Gummersbach anzusehen. Er hat's lieber gemütlich. Im Wohnzimmer stehen Zinkbecher auf der Anrichte, an den Wänden hängen Bilder und eine alte Karte von Halle, seiner Heimatstadt. Der Hausherr hat ein Bedürfnis nach häuslicher Harmonie. Als die beiden heirateten, war Hans-Dietrich Genscher noch nicht Minister. Er wurde es erst ein paar Monate später – und eigentlich nur durch Zufall. »Als wir 1969 die Regierung bildeten«, erinnert er sich, »wurde entschieden, dass die FDP das Innenministerium kriegt. Und da meinte die Fraktion, das müsse unbedingt ein Jurist leiten.« Genscher ist Jurist. Er wurde Innenminister. Und hatte damit den vorläufigen Höhepunkt einer Blitzkarriere erreicht. In die liberale Partei war er noch in Ostdeutschland eingetreten, mit achtzehn Jahren.

1956 kam er als 29-jähriger nach Bonn, begann als juristischer Assistent der FDP-Bundestagsfraktion. Später wurde er ihr Geschäftsführer, war aber, wohlgemerkt, noch kein Abgeordneter. Dieser Sprung glückte ihm erst 1965. Dennoch, Hansdampf in allen Gassen war er schon immer – dank seiner Fähigkeit, es sich mit keinem zu verderben und immer gut gelaunt zu sein. Im Übrigen zeichnet ihn eine gehörige Portion Fleiß aus. Ständig werden ihm zwei überdimensionale Aktentaschen vorausgetragen: »Ich halte das Aktenstudium für sehr wichtig, um zu wissen, was im Ministerium los ist«, erklärt er mir. Wenn das Kabinett unter Vorsitz des Bundeskanzlers mittwochs tagt und Themen behandelt werden, die Genschers Aufgabenbereich nicht berühren, arbeitet er am Kabinettstisch ungeniert Berge von Akten auf. Wenn er aber etwas sagt, hat das Hand und Fuß. Der Kanzler richtet sich dann in seinem Sessel auf und spitzt die Ohren. Überall dabei zu sein ist Genschers Erfolgsrezept. Wenn irgendwo in Deutschland ein Fluss über die Ufer tritt, ist er (als Dienstherr des Technischen Hilfswerks) in Gummistiefeln sofort zur Stelle. Wenn sich der Abflug des Bundeskanzlers wegen einer Bombendrohung verzögert, schwebt Genscher im Hubschrauber ein, um die Durchsuchung des Flugzeugs persönlich zu überwachen. Wenn beim Film oder im Sport ein wichtiger Preis zu überreichen ist – Genscher besorgt das. Wenn Bundespräsident Gustav Heinemann das Bundeskriminalamt in Wiesbaden besucht, begleitet Genscher ihn natürlich, fliegt aber sofort zurück, weil er die Rückfahrt im Präsidentenwagen für verlorene Zeit hält. Genschers Betriebsamkeit ist schier grenzenlos. Bevor er ins Bett geht, trägt er mit grünem Filzstift in seinen Kalender ein, was er am nächsten Tag zwischen den offiziellen Terminen noch erledigen will. Das liest sich dann so:

»Klären, ob Teilnahme am Fest der Sportpresse möglich.
Anliegen des Bausparkassenverbands prüfen.
Lieselotte Pulver zum Geburtstag gratulieren.
Urlaubsliste der Staatssekretäre anlegen lassen.
Prüfen, ob Ausländer bei Waffendelikten ausgewiesen werden können, wenn auf Strafverfolgung verzichtet wird.
Artikel für ›Vorwärts‹ schreiben. Sinnvoll? Wenn ja – was?«

Mit Hans-Dietrich Genscher, inzwischen Außenminister, im Arbeitszimmer seines Hauses in Bonn-Wachtberg, 1974

Der Dauerrotierer Genscher hat außerdem immer einen Zettel bei sich, auf dem genau verzeichnet ist, wenn sich seine engeren Mitarbeiter außerhalb des Ministeriums aufhalten und unter welcher Telefonnummer sie zu erreichen sind. Ist er selbst irgendwo bei einer Besprechung, lässt er von seinem Fahrer alle über Autotelefon eingehenden Anrufe speichern, um in einer Konferenzpause sofort zurückzurufen. Die Vorliebe des Ministers für Autotelefon, Funksprechgerät und Hubschrauber verrät seine heimliche Lust am Spiel mit der Technik. Aber alles Streben nach Perfektionismus schließt nicht aus, dass auch er gelegentlich mit seinen Terminen außer Tritt gerät. Das fuchst ihn mächtig, denn sein besonderer Stolz ist, immer pünktlich zu sein. Die Pflege seines Persönlichkeitsbildes ist ihm so wichtig wie anderen Leuten der Glanz ihres Autos. Auf meine Frage, wo es denn seiner Meinung nach bei ihm noch hapere, in welcher Beziehung er gern noch besser wäre, sagt er: »Ich würde gern im Fernsehen besser ankommen. Ich möchte nicht schöner sein, aber etwas telegener.«

Genscher kennt die Gefahr, die ihm droht, wenn ihm seine Umgebung nur noch nach dem Mund redet oder ihn zum Staatsmann hochstilisieren will. »Von Zeit zu Zeit prüfe ich kritisch«, sagt er, »ob das Amt, der Ministertitel, die Standarte am Mercedes für mich schon Statussymbol geworden und nicht mehr Mittel zum Zweck sind.« Regelmäßig ruft er einige Freunde an, die nichts mit Politik zu tun haben; von ihnen will er hören, was sie von seiner Arbeit halten. Auch das gehört zur Selbstkontrolle. Dass Genscher ein guter Minister wurde, ist für viele eine Überraschung. Nur ihn selbst überrascht das nicht. Er sagt: »Rechtsanwälte können alles.« Er ist heute glücklich, schränkt aber ein: »Ich wäre nicht unglücklich gewesen, wenn ich nicht Minister geworden wäre.« Nun, das sagen sie alle.

Er wird jetzt unruhig, müsste längst im Ministerium sein. »Machen Sie es gut«, verabschiedet er uns. Draußen ist es hell geworden. Wir haben alles, was wir brauchen. »Jasmin« macht daraus einen Bericht über fünf Seiten. Als persönliche Bereicherung empfinde ich, dass meine Frau und ich noch heute mit den Genschers befreundet sind, uns gegenseitig zum Essen einladen.

Ich muss nach der bedauernswerten Einstellung von »Jasmin« Gott sei Dank nicht über Beschäftigungsmangel klagen. Im Gegenteil. Ich bekomme einen Vertrag mit der »Wirtschaftswoche«, dem führenden Wirtschaftsmagazin Deutschlands. Chefredakteur ist wieder mein Freund und Kollege Claus Jacobi. Mit Datum vom 7. März 1974 schreibt er dem Bonner Korrespondenten des Blattes, Rudolf Wallraf, vorsorglich, um keinen Argwohn aufkommen zu lassen:

»Lieber Herr Wallraf,
ich möchte Ihnen als Erstem mitteilen, dass wir mit Nayhauß einen Mitarbeiter-Vertrag abgeschlossen haben. Er wird etwa zwei größere Beiträge im Monat für uns liefern. Zunächst ist an eine Serie über ›Die Herren von München‹ (Berlin, Hamburg, Düsseldorf, Frankfurt etc.) gedacht. Zuweilen wird er sich – wie im Fall Minister Eppler – sicher auch einmal auf Bonner Terrain tummeln, dann aber selbstverständlich stets nur nach Absprache mit Ihnen. Ich kenne den Grafen Nayhauß seit Jahren und bin sicher, dass Sie mit ihm gut zusammenarbeiten können. Er wird jetzt weder im Impressum erscheinen, noch soll er der Bonner Redaktion formal angehören. Falls unser Büro groß genug ist, wäre es trotzdem nett, wenn Sie ihm Unterkunft gewähren würden, falls er einmal, vom Bundeshaus kommend, telefonieren möchte oder ein Manuskript abzuschreiben hätte. Wenn Sie irgendwelche Schwierigkeiten sehen, lassen Sie es mich bitte wissen. Graf Nayhauß wird sich in den nächsten Tagen mit Ihnen in Verbindung setzen.«

In der Folge schreibe ich doch öfter, als dem Kollegen versichert wurde, nämlich im wöchentlichen Rhythmus Politiker-Porträts. So über den vom Unterhändler verschiedener Ostverträge zum neuen Bundesminister für Wirtschaftliche Zusammenarbeit gewandelten Egon Bahr:

»Obwohl der heute 53-jährige Politiker als engster Berater Willy Brandts galt, folglich mitverantwortlich für die schlappe Politik des damaligen Kanzlers war und darum mit dem Mann gehen musste, für den er sich notfalls hätte ›vierteilen‹ (so sein Parteifreund Horst Ehmke) lassen, gelang ihm sofort das Comeback. Egal, ob man Egon Bahr schätzt oder ihm nachsagt, er brauche keinen besonders langen Löffel, wenn er mit dem Teufel äße – eines anerkennen alle neidlos, die mit ihm jemals zusammengearbeitet haben, dass Bahr der beste

Analytiker und Formulierer im Kabinett ist. Selbst sein Vorgänger Erhard Eppler, weiß Gott ein Besserwisser, erkannte an: ›Jedes von ihm geschriebene Wort ist wie eingestanzt.‹

So gesehen, kann es nicht mehr überraschen, dass Helmut Schmidt ihn nach Epplers Rücktritt ins Kabinett aufnahm. An blitzgescheiten Mitarbeitern herrscht in dieser Runde nicht eben Überfluss. Für Schmidts Entschluss mag auch entscheidend gewesen sein, dass er einen ›go-in-between‹, einen ständigen Mittler zwischen sich und Willy Brandt, brauchte.

Bahrs Vater war Lehrer. Der Sohn wollte eigentlich Musiker werden. Als Hitler an die Macht kam, verlor Vater Bahr seine Stellung, weil er sich nicht von seiner halbjüdischen Frau scheiden lassen wollte. Egon Bahr durfte zwar noch in Berlin-Friedenau das Abitur machen (1940), die Zulassung zum Studium wurde ihm jedoch verweigert. Er ging zu Rheinmetall-Borsig in die Lehre. 1942 wurde er zur Luftwaffe eingezogen und brachte es zum Fahnenjunker-Unteroffizier. Aktenschnüffler stießen auf seine jüdische Großmutter. Prompt wurde Egon Bahr ›wegen Einschleichens in die Wehrmacht‹ aus der Luftwaffe ausgestoßen.«

Weil Bahr sich für das von mir geplante Porträt nicht sprechen lässt, warte ich den »Tag der offenen Tür« für alle Bundeseinrichtungen ab und falle unangemeldet bei ihm zu Hause ein – unter Hinweis auf den Aktionstag. Das finden er und seine Frau lustig und geben sich sprechbereit.

Auslöser für eine weitere Tätigkeit ist der Umzug der »Welt« von Hamburg nach Bonn. Es ist die ureigene Idee von Axel Springer, das Flaggschiff seines Hauses an den Sitz der Regierung zu verlegen. Wieder ist Jacobi Chefredakteur und hatte mich vor dem Umzug gebeten, mir Gedanken über neue Elemente für das Blatt zu machen. Ich machte ihm drei Vorschläge, einer davon lautete: Ihr solltet eine tägliche Spalte über die Aktivitäten des Kanzlers einführen, so wie das amerikanische

Nachrichtenmagazin »Time« mit der Rubrik »The Presidency«. Es wird nicht leicht sein, fügte ich hinzu. Man müsste dazu eigens einen Kollegen abstellen, der wenigstens alle öffentlichen Termine des Kanzler wahrnimmt – bis hin, dass er sich dienstags vor dem Fraktionssaal im Bundestag aufbaut, um die Ankunft Schmidts zu beobachten, wie seine Laune ist, welchen Anzug er trägt, mit wem er vor der Tür noch spricht, ob er während der Sitzung zum Telefonieren rauskommt, mit wem er dann vielleicht telefoniert und und und. »Am besten, Ihr nehmt dazu einen jungen Absolventen einer Journalistenschule, denn für mich ist der Zeitaufwand zu groß.« Jacobi fand die Idee gut.

Zu Pfingsten 1975 findet mit großem logistischen Aufwand der Umzug der Redaktion statt, der bis dahin aufwendigste Umzug in der deutschen Pressegeschichte. Wiewohl Jacobi mir versicherte, man würde nach so einem jungen Mitarbeiter Ausschau halten, war wahrscheinlich im Trubel der Umzugsvorbereitungen nichts dergleichen geschehen. Also werde ich am Pfingstsonnabend zu ihm in sein neues Bonner Büro gerufen. Als ich es betrete, hat er seine Füße auf dem Schreibtisch ausgestreckt, sein Gesicht hinter der letzten Ausgabe der »Welt« verschanzt. »Wie geht es dir?«

»Jaco, das interessiert dich doch im Moment gar nicht. Warum hast du mich hierher bestellt?«

Er lässt die Zeitung fallen, nimmt die Füße vom Tisch und blitzt mich aus seinen blauen Augen an. »Wir haben niemanden gefunden, der deine hervorragende Idee von einem täglichen Kanzlerbericht umsetzen könnte. Darum meine Bitte: Mach Du es einmal, wenigstens eine Woche.«

Ich atme tief durch, denn ich bin für andere Blätter beschäftigt, habe eigentlich keine überschüssige Zeit. Aber er ist ein Freund, dem man in einer solchen Situation nichts ausschlagen kann. »Also gut, ich mach's für eine Woche.« Aus dieser einen Woche wurden dann sechseinhalb Jahre.

Es gab unter den Kollegen Bewunderer, Neider und Skeptiker. Einer unter den gestandenen Kollegen, der Korrespondent des »Bonner General-Anzeiger«, Wolf Bell, prophezeit mir: »Das hältst du keine drei Wochen aus.«

Die »Welt« bringt eine Karikatur, die einen Leser mit aufgeschlagener Zeitung zeigt, dazu den Text: »So ändern sich die Zeiten: Früher wollte ein Schmidt alles über die Grafen wissen, und heute will ein Graf alles über die Schmidts wissen.«

Bei einem Zusammensein Bonner Journalisten mit Kanzler Schmidt im Presseclub nur acht Monate nach dem Start meiner Kolumne in der »Welt« will der Korrespondent des Südwestfunks, Wolfgang Wiedemeyer, von Schmidt wissen: »Wie finden Sie eigentlich das, was der Nayhauß täglich in der ›Welt‹ über Sie schreibt? Das muss Sie richtig freuen.« Schmidt, der ein feines Ohr für Ironie hat, tut so, als hätte er die Frage überhört. Weil aber Wiedemeyer nicht lockerließ, bequemt sich der Kanzler schließlich zu einer Antwort – und die ist typisch Schmidt: »Das meiste, was da verzapft wird, ist falsch. Der Rest ist von Bölling.« Also vom Regierungssprecher.

Andererseits erhält der Pressereferent im Kanzleramt, Ministerialrat Horst-Jürgen Winkel, die Auflage, mit mir nicht mehr zu sprechen. Anlass des Sprechverbotes: Winkel wird verdächtigt, mir zwei »Staatsgeheimnisse« verraten zu haben, nämlich dass Schmidt von dem renommierten Maler Oskar Kokoschka, der schon Konrad Adenauer porträtierte, gemalt werden soll, und dass der britische Botschafter in Bonn, Sir Oliver Wright, dem Kanzler einen Besuch abgestattet hatte. Tatsächlich schnappte den Hinweis auf das Kokoschka-Projekt meine Kollegin von der »Welt«-Redaktion, Birgit Lahann, während der Fahrt zur Arbeit aus dem Autoradio auf und steckte mir die Nachricht. Und der Besuch eines Botschafters beim Kanzler ist automatisch immer fällig, wenn sich der deutsche Regierungschef aufmacht, das Land zu besuchen, das der Diplomat in Bonn vertritt. Ich hatte drei Wochen vor Beginn der Reise zum britischen Premierminister Wilson ganz normal einen Diplomaten der Botschaft angerufen und aus reiner Routine nach einem eventuellen Termin seines Botschafters beim

Kanzler gefragt, den dieser nicht nur gern, sondern auch ausführlich bestätigte.

Also: Den geheimen Informanten im Kanzleramt, der mich laufend mit News »füttert«, gibt es nicht – jedenfalls bis dahin nicht. Dafür die Aversion Schmidts gegen meine ganz auf ihn gezielte, tägliche Berichterstattung. Bereits als die Kolumne gestartet wurde, hatte der Kanzler die Redaktion schriftlich wissen lassen, dass er von dem Vorhaben, ihn täglich zu beschreiben, nichts hielte, und spöttisch beigefügt: »Eine wirklich fulminante Idee haben Sie da zu Papier gebracht.« Er habe aber nicht vor, das Projekt auch noch zu unterstützen. Wo immer Schmidt mir in den ersten neun Monaten begegnete – zum Beispiel während seiner ersten China-Reise im Haus des deutschen Botschafters in Peking, oder aus anderem Anlass im New Yorker »Pierre«-Hotel (Schmidt: »Was machen Sie denn hier?«), antwortete er auf meine Fragen unwirsch. Der Grund: Er fühlte sich von mir unfair attackiert.

Aber das änderte sich eines Tages – getreu meiner Erfahrung im Umgang mit den Politikern: Niemand ist sich auf ewig gram.

Allein mit Helmut Schmidt am Brahmsee

Am Tag unserer Verabredung nieselt es. Der Himmel ist trist und zugezogen, erinnert mich an das Gesicht des SPD-Kanzlers, das er oft in Bonn zeigt. Langwedel, der Ort, wo das Anwesen des Kanzlers liegt, präsentiert sich so, dass ich es am liebsten in Langweile umgetauft hätte. Der sandige Weg zum Kanzler-Grundstück ist am Ende des Dorfes. Mit einer haushohen Hecke zur Linken. Vier aufgescheuchte Rebhühner laufen vor meinem Wagen zickzack. Auf der Anhöhe steht ein Mannschaftswagen des Bundesgrenzschutzes, daneben drei Grenzer in grünbraunen Tarnjacken und mit umgehängten Schnellfeuergewehren. Einer hatte sich Marscherleichterung zugebilligt und die Mütze abgenommen. Als ich mein Begehren vortrage, schaut der ohne Kopfbedeckung, ein junges Bürschchen, ungläubig drein. »Wirklich zum Kanzler, nicht zu Frau Schmidt?« Per Funksprechgerät nimmt er Kontakt zu einem unsichtbaren Gesprächsteilnehmer auf. Nach ein paar Sekunden quäkt die Gegenseite zurück: »Ist in Ordnung. Passieren lassen.«

Voll Neugier und mit einem Gefühl der Spannung fahre ich auf das Privatgrundstück von Helmut und Loki Schmidt. Der Weg wird so schmal, dass rechts und links Zweige an meinen Wagen patschen. Am Ende steht lächelnd Kriminalhauptmeister Ernst Otto Heuer, einer der vier ständigen Leibwächter des Kanzlers. Er trägt an diesem Nachmittag Gammellook, Windjacke und ausgebeulte Hosen, und führt mich weiter auf das Grundstück, bis wir vor einer Gruppe kleiner Häuschen, die auf beängstigend engem Platz stehen, Halt machen. Gleich rechts vom Wohnhaus, einer ehemaligen, mehrmals umgebauten Wehrmachtsbarracke, ein wenig erhöht, das Haus des Schmidt-Freundes und Wehrbeauftragten Wilhelm Berkhan, genannt »Scholle«. Links, etwas vorgezogen, befindet sich die Unterkunft für die Grenzschutzwache und die Leibwächter. Dazwischen eine dunkle Blockhütte: Schmidts Sauna. Außen ziert sie ein Schild mit der Aufschrift »Bundeskanzlerplatz«.

Der persönliche Referent Schmidts, ein alerter Mittdreißiger mit Vollbart namens Peter Walter, löst Heuer ab, führt mich zur Haustür. Er öffnet die unverschlossene Tür nach innen, im nächsten Moment schon stehe ich in einer kleinen, freundlichen Diele mit Fenster zum Garten. Vor dem Fenster steht die Kanzler-Gattin über eine Frauenzeitschrift gebeugt. Loki Schmidt trägt Jeans und Bluse. Bei der Begrüßung zeigt sie jenen Anflug von Schüchternheit, den sie nie abzulegen vermag. Sie bittet mich ins angrenzende Wohnzimmer, und während sie eine passende Vase für den mitgebrachten Sommerstrauß sucht, sehe ich mich um: niedriger Raum mit schmalen Deckenbalken, hier eine Wand mit aufgehängten Porzellantellern, dort ein kleines Bücherregal; ein Schachbrett mit aufgestellten Figuren, ein uraltes Radio, vor einem der Fenster ein schmaler Tisch, mit je einer Sitzbank an den Längsseiten; auf dem Fensterbrett zwei Ferngläser. Vor den Scheiben drei bunte, gerahmte Glasscherben mit Blumennamen. Am anderen Ende des Raumes eine offen stehende Tür zu einem weiteren Zimmer.

»Herr Schmidt, nun kommen Sie mal schön. Ihr Besuch ist da«, sagt Loki über die Schulter in Richtung auf diese Tür.

»Wer denn?«, kommt es von dort zurück, begleitet von einem Seufzer.

»Na, Herr Nayhauß.«

»Was, schon?«

Dann wird ein Stuhl zurückgeschoben, und kurz darauf erscheint der Hausherr im Türrahmen. Hellbrauner Cordanzug, die Jacke im braunen Trenker-Cord gearbeitet, offener Hemdkragen, an den Füßen bequeme Mokassins. Schmidts Gesicht hat von einem gerade erst an diesem Morgen beendeten Ostsee-Segeltörn zu Polens KP-Chef Gierek ungewohnte Frische. Der Haarschopf ist nicht – wie bei offiziellen Auftritten – sorgfältig gekämmt, sondern vom Arbeiten am Schreibtisch und wiederholtem Mit-der-Hand-Drüberfahren wuschelig. Das gibt dem Sechziger etwas leicht Jungenhaftes. Nach der Begrüßung setzen wir uns an den Tisch vor dem Fenster. Der Kanzler bietet etwas zu rauchen an: »Bedienen Sie sich.« Auf einem Zinkteller liegen mehrere Packungen, zuoberst seine Lieblingsmarke Reyno-Menthol. Er zündet sich eine Zigarette an und blickt durch die blanken Fensterscheiben auf den zwischen Bäumen und Buschwerk zu erkennenden See hinaus. Seine Augen, im Allgemeinen farblich schwer zu bestimmen, sind in diesem Moment graugrün.

Der Regen hat aufgehört, der See liegt grau und gekräuselt vor uns. »Sieh mal einer an, da ist ja sogar einer draußen«, sagt Schmidt mehr zu sich selbst als zu mir. Mein Blick folgt seinem linken Zeigefinger, an dessen Wurzel ich eine Narbe sehe. Mitten auf dem Brahmsee balanciert ein einsamer Windsurfer auf seinem weißen Brett. Ein Verrückter, denke ich. Bei diesem

Wetter! Als hätte er meine Gedanken erraten, sagt der Kanzler: »Nichts für mich.« Loki kommt herein, stellt Kaffee und Kekse auf den Tisch. Nur für mich, nicht für ihren Mann. An der Tülle der weißen Kanne ein Tropfenfänger. Ein derartiges Requisit hatte ich das letzte Mal an der Kaffeekanne meiner Mutter gesehen – vor über dreißig Jahren.

Als Mitbringsel habe ich das Buch »Ardennenschlacht« ausgesucht, geschrieben von dem amerikanischen Schriftsteller und Pulitzer-Preisträger John Toland. Schmidt hatte an dieser letzten deutschen Großoffensive, unter Einsatz von zweihundertfünfzigtausend Soldaten, im Winter 1944/1945 als Oberleutnant und Chef einer 3,7-cm-Flak-Batterie teilgenommen. Als ich das Präsent überreiche, reagiert er zunächst typisch schroff: »Was soll das?« Wer Schmidt kennt, nimmt solche Barschheit nicht zur Kenntnis. Denn erfahrungsgemäß wird der Kanzler im Verlauf der Unterhaltung konziliant, bisweilen sogar charmant. Nachdem er das Geschenkpapier entfernt und den Buchtitel gelesen hat, huscht ein Lächeln über sein Gesicht. »Komisch, erst gestern haben wir von dieser Ardennengeschichte gesprochen. Nicht wahr, Loki?« »Ja, in der Tat«, gibt sie aus dem Hintergrund zurück. Der Kanzler lässt den Daumen wie ein Kartenspieler über die Buchseiten gleiten. Frau Schmidt zieht sich zurück. Nun bin ich mit dem Kanzler, der sich die zweite Zigarette angezündet hat, allein und spüre das Außergewöhnliche der Situation. Egal, wie man zu ihm steht, ich sitze einem der mächtigsten Männer der Weltpolitik auf engstem Raum und ohne Zeugen gegenüber. Die Vertraulichkeit ist physisch spürbar.

Das Gespräch lässt sich besser an als erwartet. Aber es ist noch zu früh, um gezielte politische Fragen zu stellen. Ich lenke das Gespräch auf den Segeltörn, von dem er erst in der Nacht zuvor zurückgekehrt ist, auf der Segelyacht »Atalanta« seines Freundes, des Hamburger Bankiers Eric Warburg. »Hatten Sie gutes Segelwetter?« will ich wissen.

»Es war kalt, nass und vor allem nebelig. Außerdem wären wir fast gerammt worden.«

Im Gespräch mit Loki und Helmut Schmidt im Bonner Bundeskanzleramt, 1976

Gerammt? Habe ich richtig gehört? »Erzählen Sie mal«, sage ich, eine kleine Sensation witternd. Schmidt lächelt genüsslich, wohlwissend, dass er hier einen journalistischen Leckerbissen preisgibt, den er auch sehr gut für seine Memoiren gebrauchen könnte. »Es war ein nigerianischer Frachter, wie sich hinterher herausstellte. Er kam uns entgegen, wir hatten ihn rechtzeitig auf dem Radarschirm ausgemacht. Nur, wann immer wir unseren Kurs änderten, um den drohenden Zusammenstoß zu verhindern, änderte der auch seine Fahrtrichtung. Und zwar genau wieder auf uns. Wenn der Frachter auf uns aus gewesen wäre, hätte er nicht gezielter fahren können.«

»Ja, und dann?«

»Dann tauchte der Frachter plötzlich vor uns auf. Riesengroß, drohend. Als er an uns vorbeirauschte, war der Abstand nicht größer als von hier bis zu dem Baum da.« Der Kanzler zeigt durch das Fenster auf eine kleine Birke im Garten. Vom Fenster bis zum Baum sind es nur wenige Meter. »Auf dem Radarschirm unseres Begleitschiffes waren der Frachter und unser

Boot schon zu einem Punkt verschmolzen.« Er lacht. »Von da an haben wir die uns begleitende Bundesmarine vorausfahren lassen.«

Der Kanzler angelt sich aus dem Schälchen, das Loki für mich hingestellt hatte, ein Plätzchen, beißt ganz vorsichtig hinein, wie jemand, der Probleme mit den Zähnen hat. Von der Segeltour kommen wir auf den Besuch bei Edward Gierek. »Ich will Ihnen mal sagen, was ich an Gierek so schätze«, sagt Schmidt. »Der hat sich bei aller Macht, die er besitzt, menschlich nicht verändert. Der wird einmal, wenn er abtritt, wieder in die Bergarbeitergegend von Krakau zurückgehen, wo er einst herkam. So etwas imponiert mir. Vor allem, wenn ich an einige Potentaten im Ostblock denke.« Er nennt den Namen eines kleinen Gernegroß, der Orden mit Brillanten verzieren lässt.

»Ihr Urteil ist in Ost und West gefragt. Warum werfen Sie Ihr Prestige nicht im Nahostkonflikt in die Waagschale und reisen nach Israel?«

Seine Verbindlichkeit ist wie weggewischt. Er richtet sich auf. »Warum sollte ich das tun? Was könnte ich damit erreichen? Nichts! Im Gegenteil, der Schaden wäre hinterher nur noch größer.« Schmidt nimmt sich eine neue Zigarette, klopft damit mehrmals energisch auf die Packung, legt das weiße Stäbchen wieder auf den Tisch zurück und fährt, nunmehr mit lauter Stimme, fort: »Nennen Sie mir doch mal einen europäischen Regierungschef, der in diesem Jahr dort war. Da ist nämlich keiner hingefahren.« Er macht eine Pause und zündet die weggelegte Zigarette an. »Wo steht denn geschrieben, dass ich fahren muss?« Der rhetorischen Frage schickt er blauen, pfeifend ausgeblasenen Zigarettendunst hinterher.

Gegen eine baldige Schmidt-Reise sprach, dass der israelische Ministerpräsident Menachem Begin den Besitzanspruch seines Landes auf das besetzte Westjordanien durch neue Ansiedlungen verewigen und die geplante Autonomie für die Palästinenser nur unter dem Dach einer politischen wie militärischen Souveränität Israels zulassen wollte.

»Wenn einer die Courage hat, Begin schonungslos die Meinung zu sagen, dann doch wohl Sie«, werfe ich ein.

»Und dann steht das am nächsten Tag in der ›Jerusalem Post‹. Was meinen Sie, was dann los wäre? Nein, wir Deutsche sind in dieser heiklen Angelegenheit nicht dazu ausersehen, die Nase vorn zu haben.« Seine Verärgerung klingt nicht ganz überzeugend. Denn eigentlich müsste sich gerade der Staatsmann Schmidt herausgefordert fühlen.

Wir sitzen inzwischen eine gute Stunde zusammen. Außer der Baritonstimme des Kanzlers ist im Haus kein Laut zu vernehmen. Draußen biegen sich die Zweige im Wind. »Als wir uns hier einkauften, wuchsen weder Bäume noch Sträucher, und man musste die Häuser fest verankern, damit sie nicht wegflogen, wenn der Sturm über den See blies«, sagt Schmidt. »Was Sie jetzt sehen, haben wir alles selbst angepflanzt. Bis auf diesen Baum und den da, die haben sich selbst gepflanzt.« Ehe er den nächsten Satz, der ihm auf der Zunge liegt, aussprechen kann, tritt der bärtige Referent ein. »Herr und Frau Bahr sind angekommen.« Er meint den SPD-Bundesgeschäftsführer und seine Frau Dorothea.

Der Kanzler steht auf, geht mit steif gewordenen Knien in die Diele. Durch die offen stehende Tür dringt das unter Freunden übliche Begrüßungshallo zu mir. »Mensch, Egon, siehst du gut aus. Grüß dich, Thea. Fein, dass ihr da seid. Nehmt Platz, ich bin noch nicht fertig. Loki leistet euch Gesellschaft.«

Die Tür fällt ins Schloss, der Kanzler steht wieder im Raum. Er greift an seinen offenen Hemdkragen, der den Blick auf einen für seine sechzig Jahre erstaunlich straffen Hals freigibt. »Worüber möchten Sie jetzt reden?«

»Über den verkorksten Wahlkampf Ihrer Partei.«

Schmidt setzt sich auf seinen alten Platz mir gegenüber. »In unserer Partei gibt es überhaupt nur vier, die einen ordentlichen Wahlkampf führen könnten.« Er hebt seine linke Hand – eine erstaunlich kleine, aber kräftige, fleischige Hand –, beginnt an den Fingern abzuzählen: »Wischnewski, den ich darum auch zum stellvertretenden Parteivorsitzenden gewählt sehen will.« Zu dem aufrechten Daumen gesellt sich der Zeigefinger. »Herbert Wehner, der könnte das sehr gut, aber das kann man ihm aus gesundheitlichen Gründen nicht zumuten. Drittens«, zu Daumen und Mittelfinger schnellt der Mittelfinger, »unser Dicker in Hessen, Holger Börner.« Es entsteht eine Pause. Der Kanzler hat den vierten potenziellen Wahlkampfmanager vergessen. Aber im nächsten Moment fällt er ihm wieder ein. »Und ich könnte das natürlich auch machen.«

Der Genosse, der nun schon seit einiger Zeit in der Diele wartet, Egon Bahr, fehlt in Schmidts Aufzählung. Das ist kein Zufall. Denn Schmidt ist sich mit dem Parteivorsitzenden Willy Brandt einig, dass »Egon« für diesen Job nicht geeignet wäre, wiewohl er ihm andere Qualitäten bescheinigt. »Die Ostverträge hat er viel besser ausgehandelt, als das heute von einigen Leuten dargestellt wird.« Bahr hingegen tut so, als gäbe es nicht den geringsten Zweifel an seiner Wahlkampf-Zuständigkeit. Bevor er an den Brahmsee gefahren ist, hat er einem »Spiegel«-Redakteur erklärt: »Ich werde den Wahlkampf machen, ich denke nicht daran, mir meine Aufgaben einengen zu lassen.«

Der Kanzler schaut nach links oben, wo sich Zimmerwand und Decke treffen. »Es gibt keinen Besseren als Wischnewski für diese Aufgabe.« Sein Blick gleitet zurück und trifft sich mit meinem. »Der gäbe auch einen guten Kanzler ab.«

Von dieser Spekulation hatte ich schon früher in den Zeitungen gelesen, aber sie noch nie aus dem Mund des Königmachers gehört. »Und wo bleibt da Ihr Kronprinz Hans Apel?«

»Natürlich gehört er auch in die Reihe derer, die einmal mein Amt übernehmen könnten. Genauso wie Matthöfer, Vogel und Ehmke.«

Die beiden zuletzt genannten Namen überraschen mich. Schließlich ist Hans-Jochen Vogel, Bundesjustizminister, erst ein paar Jahre zuvor als Münchner Oberbürgermeister und bayrischer SPD-Landesvorsitzender in heftige Händel mit den Parteilinken verstrickt gewesen. Warum sollte ausgerechnet ein

Rechthaber einen guten Landesvater abgeben? Dass Schmidt ferner Horst Ehmke, den stellvertretenden Vorsitzenden der SPD-Bundestagsfraktion und ehemaligen Kanzleramtsminister unter Willy Brandt, zu den potenziellen Thronanwärtern zählt, überrascht mich insofern, als das Verhältnis der beiden Herren lange Zeit unterkühlt war. Horst Ehmke hatte die Querschüsse nicht vergessen, mit denen der einstige Finanzminister Helmut Schmidt Kanzler Brandt mürbe und rücktrittsreif geschossen hatte. Und nach Übernahme der Kanzlerschaft war für Schmidt dieser Ehmke ein Mitglied der Brandt-Truppe, das man sich besser vom Leibe hielt. Inzwischen hatte Schmidt seine Meinung über Ehmke offensichtlich geändert. »Unstetig, aber von einer ungeheuren Universalbegabung. Enorm, was dieser Mann im Kopf hat«, rundet der Kanzler ab.

Über dem Brahmsee ziehen wieder Regenwolken auf. »Ich halte überhaupt nichts vom Heranziehen eines Kronprinzen«, sagt Schmidt. »Denken wir doch einmal an Adenauer und Erhard. Ehe Erhard zum Kanzler gekürt wurde, hatte er als Kronprinz schon ausgespielt. Auch dass Brandt mir die Kronprinzenrolle zugedacht hatte, war falsch. Ich habe Willy nie wieder so angebrüllt wie damals, als er mich rief, um mir zu eröffnen, dass er zurücktrete und ich sein Nachfolger werden solle.«

Ausgerechnet Schmidt, der früher keinen Hehl daraus gemacht hatte, das Amt des Kanzlers anzustreben, sollte auf die Nachricht seiner Inthronisierung mit einem Wutanfall reagiert haben? Das klingt wenig glaubwürdig. Überliefert ist immerhin, dass Schmidt in jenen Mai-Tagen des Jahres 1974 ungewöhnlich gereizt war, als sich in Bonn unter spektakulären Umständen – Spionageaffäre Guillaume, Frauengeschichten um Brandt – der Kanzlerwechsel vollzog. Fotografen, die bei der Amtsübernahme ins Palais Schaumburg, den damaligen Sitz des Regierungschefs, eingelassen wurden, um erste Aufnahmen zu machen, beschimpfte er ohne jeden Grund.

Fünf Jahre später ist jene Episode für Schmidt nur noch ein leidenschaftslos erzähltes Erinnerungskapitel. »Wer nach mir aus meiner Partei Kanzler werden will, muss vorher Gelegenheit bekommen, ein größtmögliches Spektrum an Erfahrungen zu sammeln. Aber das ist leichter gesagt als getan.«

Schmidt sitzt, währende er so zu mir redet, zurückgelehnt, die rechte Hand in der Tasche der braunen Kordhose, die linke auf der Bank aufgestützt, die Beine übereinandergeschlagen. »Was hat es mich an Mühe gekostet, Apel«, er stockt, fährt im nächsten Moment mit gesteigertem Stimmaufwand fort, »und seiner Frau das Finanzministerium einzureden. Und erst das Verteidigungsministerium! Vogel wiederum wollte nicht aus seinem Wohnungsbauministerium weg. Jetzt ist er ein guter Justizminister.«

»In der Aufzählung Ihrer Nachfolger vermisse ich den gegenwärtigen Forschungsminister Hauff.«

»Gar keine Frage, der gehört auch dazu. Nur, das wäre dann der übernächste Wechsel. Die ich eben nannte, sind ja eine Generation älter, nicht wahr? Wie alt ist der Volker jetzt?«

»Gerade neununddreißig geworden.«

»Na bitte. Die anderen gehören noch zur Flakhelfer-Generation. Wie Genscher. An Volker Hauff denke ich natürlich, und damit er seinen Lernprozess vervollständigt, sähe ich ihn gern als Bundesgeschäftsführer unserer Partei.« Bei der Erwähnung dieses Postens fällt ihm der noch amtierende Bundesgeschäftsführer ein: »Bahr wartet ja immer noch.«

Schmidt stützt sich mit beiden Händen von der Tischplatte ab und stemmt den Körper etwas umständlich hoch, weil die Sitzbank eng am Tisch steht. »Fahren Sie heute noch nach Bonn zurück?«, fragt er mit ungewohnter Anteilnahme. Natürlich hat er den Flugplan nicht im Kopf, weil er seit Jahren für die Strecke Hamburg-Bonn eine Luftwaffenmaschine benutzt. »Nein, die Abendmaschine ist schon weg. Ich übernachte in Hamburg.«

Er kommt um den Tisch herum, drückt einmal kräftig sein Kreuz durch und atmet hörbar ein und aus. »Jetzt will ich Sie einmal etwas fragen.« Sein Gesicht bekommt lehrerhafte

Strenge. »Wie geht es Ihrer Zeitung und der ›Welt am Sonntag‹?« (Ich schreibe damals für die »Welt« die Kolumne »Berichte aus dem Kanzleramt«.) Das ist typisch Schmidt. Selten entlässt er Besucher, ohne sie nach Informationen angezapft zu haben. Ich sage, was ich weiß. Das ist nicht viel, da ich zu Hause arbeite und sich mein Kontakt zu den Redaktionen auf telefonische Themenvorschläge und die Festlegung von Ablieferungsterminen beschränkt. Er fragt mich nach der finanziellen Situation beider Blätter, korrigiert mich und nennt aktuellere Zahlen. Er scheint auf dem neuesten Stand zu sein.

Der Kanzler macht dann zwei Schritte in Richtung auf die Tür, hinter der Egon Bahr mit seiner Frau und Loki warten. Plötzlich schaut er mich vorwurfsvoll an und sagt unvermittelt: »Journalisten sind manchmal eine richtige Plage. Nicht einmal, wenn man vom Klo kommt, lasen sie einen in Ruhe. Und erst die Fernsehleute mit den Lampen.« Er kneift die Augen zusammen, als müsse er mir demonstrieren, wie das ist, wenn man in Tausend-Watt-Scheinwerfer zu blinzeln hat. »Neulich wäre ich fast die Treppe hinuntergefallen, weil ich völlig geblendet war. Eine richtige Plage, diese Journalisten.«

Ich erwidere: »Abgesehen davon, dass Presse und Fernsehen nun einmal Bestandteil unseres gesellschaftlichen Systems sind, bringt das der Verkaufsjournalismus mit sich. Blätter werden dazu gemacht, um verkauft zu werden, und der Konkurrenzkampf ist enorm.«

Der Kanzler bleibt bei seiner Meinung: »Eine richtige Plage.« Ich habe keine Lust, mit ihm ein Streitgespräch über das angebliche Fehlverhalten meiner Kollegen zu beginnen, zumal ich aus Erfahrung weiß, dass es oft die einzige verbleibende Möglichkeit war, ihm irgendwo aufzulauern – nicht gerade vor einer Toilette, aber zum Beispiel am Zeitungsstand eines Hotels –, um ein druckreifes Zitat zu ergattern. Darum gebe ich doch noch einmal Kontra: »Ein von Ihnen so geschätztes Blatt wie die ›Zeit‹ wäre schon lange mausetot, wäre es nicht über viele Jahre mit Zuschüssen vom damals noch im selben Verlag erscheinenden

›Stern‹ am Leben erhalten worden. Und Illustrierte gehören zu dem, was ich mit Verkaufsjournalismus meine.«

Das Beispiel mit der »Zeit«, deren Mitherausgeber er acht Jahre später werden sollte, leuchtet ihm ein. »Da haben Sie vielleicht auch wieder recht«, knurrt er, öffnet die Tür und lässt mir den Vortritt. Egon Bahr, der immer so wirkt, als säße der Kopf mit der langen spitzen Nase unmittelbar auf den Schultern, schaut mich überrascht an. Hinter meinem Rücken höre ich den Kanzler: »Ihr kennt euch doch.« Und ob, dachte ich. Vor fast dreißig Jahren hatten wir beide beim RIAS gearbeitet; ich in der politischen Redaktion, er als Bonner Korrespondent, dessen Berichte damals noch zu unser aller Amüsement mit der Ansage eingeleitet wurden: »Sie hören Egon Bahr, direkt aus Bonn« – ganz so, als läge die provisorische Bundeshauptstadt auf der anderen Seite der Erdkugel.

Der Kanzler nimmt einen hellbraunen Spazierstock, der in der Diele steht, und tritt, darauf gestützt, ins Freie. Es ist feucht und kühl. Vor der Haustür hängt eine mittelgroße, graue, gusseiserne Schiffsglocke. Mit dem Stock schlägt er dreimal kräftig dagegen. Er tut es mit dem Vergnügen eines Dompteurs, der einem erstaunten Zuschauer einen besonders gelungenen Dressurakt vorführen kann. Das scharfe Bäng-Bäng-Bäng der Glocke schmerzt noch in meinen Ohren, da stürzen aus der Wachstube zwei Sicherheitsbeamte und der persönliche Referent. Die Beamten bleiben in gebührendem Abstand im Hintergrund, nur Peter Walter tritt auf uns zu. »Peter, Graf Nayhauß möchte noch die anderen Räume und das Grundstück inspizieren. Führen Sie ihm alles ganz genau vor. Auch das Klo!« Er zeigt sein bekanntes Lächeln und ergötzt sich an seinem eigenen Witz. »Sie können ihn auch einen Blick auf meinen Schreibtisch werfen lassen. Aber nur durchs Fenster.« Dann fällt dem Kanzler noch etwas ein: »Staatssekretär Schüler war heute ein ungemein disziplinierter Besucher. Wann kam er eigentlich, und wann ist er wieder gegangen?« »Herr Schüler traf kurz nach zwölf ein und fuhr Viertel vor zwei wieder weg.«

Ich fühle mich angesprochen. Eine halbe Stunde war vereinbart gewesen, zwei Stunden bin ich geblieben. »Da war ich nicht so ganz diszipliniert.«

Der Kanzler lacht und berührt kurz meinen Arm. Eine ungewohnt vertrauliche Geste. »Nein, das war nicht auf Sie gemünzt.« Er reicht mir zum Abschied die Hand. »Kommen Sie gut nach Hause.« Dann macht er eine Kehrtwendung und stapft zur Haustür. Wie er da, gestützt auf den braunen Stock, zurückgeht, wirkt sein Schritt schwer und der ganze Mann um Jahre älter. Irgendwie kann ich mich aber auch des Gefühls nicht erwehren, dass dies ein studierter Abgang des Staatsschauspielers Helmut Schmidt ist.

Während der Heimfahrt denke ich, es ist hochinteressant, Chronist der Macht zu sein. Und die Personen zu erleben, die sie ausüben. Auch meine Frau sieht das so, zum Beispiel nach einer Begegnung mit Helmut und Loki Schmidt. Sie erinnert sich: »Es war auf Gran Canaria. Ich war Gast bei Starpianist Justus Frantz, um ihn für eine Zeitschrift zu interviewen, und sein Hausgast damals war Helmut Schmidt, bereits Bundeskanzler außer Diensten. Beim gemeinsamen Mittagessen um einen großen runden Tisch auf der Terrasse diskutierten die beiden über Musik. ›Justus, Sie sollten vorrangig Pianist bleiben, sich nicht verzetteln mit anderen Dingen‹, sagte Schmidt. Die Herren kennen sich seit über 20 Jahren, aber siezen sich noch. ›Wie kommt das?‹, fragte ich den Altbundeskanzler. Er blickte mir kurz in die Augen und entgegnete: ›In Hamburg duzt man nicht so schnell.‹ Loki Schmidt, die ich nach vielen Bonn-Jahren wiedersah, freute sich. Ihr Verhältnis zu Journalisten war immer sehr kollegial. ›Ich habe euch doch immer gut bedient, alles brav mitgemacht, obwohl ich manches Mal erschöpft war. Ich konnte Koffer in sieben Minuten packen. Das war mein Rekord.‹ Sie lachte verschmitzt. ›So wie heute war's bei uns noch nicht: Da flog keine Friseuse mit, und der Stab war klein.‹

Loki Schmidt ist bescheiden geblieben, sagte mir zum Abschied: ›Eigentlich gebe ich keine Interviews mehr. Aber wir haben uns so lange nicht gesehen, und ich hab's auch nur gemacht, weil wir uns doch schon so lange kennen.‹«

Die Schmidts machen politisch bewegte Zeiten durch. Er gewinnt zwar die Bundestagswahl 1980 gegen den CDU/CSU-Kanzlerkandidaten Franz Josef Strauß, aber dann stürzt er zwei Jahre später über ein Misstrauensvotum, das der aus Mainz in den Bundestag gewechselte Helmut Kohl als Oppositionsführer anstrengt und den Sozialdemokraten die FDP als Koalitionspartner abspenstig macht.

Und ich, den Kohl einst als »Halunke« beschimpfte, bekomme ein erstes Interview mit ihm.

Kanzlerwechsel

Zwölf Jahre nach unserer ersten Begegnung in Rheinland-Pfalz sitze ich Helmut Kohl wieder gegenüber. Diesmal in Bonn, im Arbeitszimmer des Kanzlers. Er sieht auf seine Armbanduhr: »In diesem Moment vor einer Woche wurde ich gewählt.« Er ist am Ziel seiner Wünsche. Über sein volles, leicht gerötetes Gesicht geht ein Lächeln. Es drückt Freude aus. Die Augen scheinen auf Pfälzisch zu sagen: »Mir hätten's!« Aber dann hat Kohl seine Gefühle sofort unter Kontrolle. Er tut, als sei es das Normalste, dass er am Freitag, den 1. Oktober 1982, mit 246 von 495 Stimmen zum 6. Kanzler der Bundesrepublik gewählt wurde.

»Um das Amt des Bundeskanzlers bewirbt man sich nicht, man wird gerufen, wird hineingestellt. Ich habe ja eine breite Ausbildung hinter mir. Nur, darüber wird nie geschrieben.«

Das stimmt zwar nicht. Aber er musste tatsächlich viel Häme über sich ergehen lassen. Sein Erzrivale, der bayerische Ministerpräsident und CSU-Vorsitzende Franz Josef Strauß, hatte ihn für »total unfähig« gehalten und erklärt, dass Kohl für das Kanzleramt »alles fehlt« und er »nie« Kanzler werden könne. Der »Spiegel« hatte für den Fall, dass es dem Pfälzer mittels des für den 1. Oktober vorgesehenen Misstrauensvotums nicht gelänge, den amtierenden SPD-Kanzler Helmut Schmidt zu stürzen, eine Titelgeschichte mit der Schlagzeile »Kohl gescheitert – Birne darf nicht Kanzler werden« geplant. »Birne« hatte es trotzdem geschafft. Bundespräsident Karl Carstens bei der Überreichung der Ernennungsurkunde nach vorgezogenen und gewonnenen Neuwahlen: »Von jetzt ab sind Sie's also hundertprozentig.«

Nun also sitze ich dem Sieger im Kanzleramt gegenüber. Er hat es sich für das Gespräch bequem gemacht. Seine Füße stecken diesmal in weichen Mokassins, Größe 45, schwarz, mit Messingschnallen. Er trägt knöchelkurze Socken, die er gelegentlich mit kräftigem Ruck hochzieht. Statt der Anzugjacke mit der Anstecknadel des Bundesverdienstkreuzes am Revers trägt Kohl über dem weißen Oberhemd eine aufgeknöpfte marineblaue Wolljacke. Die Brille liegt auf dem Schreibtisch. Ohne sie wirken die Augen auffallend groß und sanft. Sie sind tief braun, verengen sich, wenn die neue Nummer 1 in Erinnerungen kramt, scharf nachdenkt. »Ich war, das darf ich sagen, ein recht erfolgreicher Ministerpräsident in Rheinland-Pfalz. Die jetzige Aufgabe ist zwingend auf mich zugekommen, meine ich. Ich spüre natürlich den ungeheuren Erwartungszwang, die Hoffnung der Mitbürger.« Eine Szene ist ihm unvergesslich. Da hatte er im bayerischen Wahlkampf in der Nibelungenhalle zu Passau gesprochen. »Ich brauchte vom Halleneingang bis zum Rednerpult zehn Minuten – so viele Menschen wollten mir die Hand schütteln. Immer wieder riefen Männer und Frauen: ›Wir beten für Sie.‹«

Im Regal hinter seinem Kanzlerschreibtisch stehen abgewetzte schwarze und braune Lederbände, Goethes und Schillers sämtliche Werke, gedruckt in der ersten Hälfte des 19. Jahrhunderts. Kohl: »Da gab es eine Verehrerin, mit der ich von Zeit zu Zeit einen Briefwechsel führte. Ich hab sie nie gesehen. Sie war gelähmt. Eines Tages meldete sich ein Testamentsvollstrecker: Sie sei gestorben und hätte mir ihre wertvollen Bücher vererbt.« Im selben Regal liegt ein künstlerisch geformter Kopf aus Ton,

Mit Helmut Kohl in seinem Arbeitszimmer im Bonner Bundeskanzleramt, 1982

klein wie eine Pampelmuse. »Das Werk eines zu lebenslänglicher Haft Verurteilten, den ich als Ministerpräsident begnadigte.«

Bis auf einen runden Glastisch, den er näher ans Fenster rücken ließ, hat Kohl das Arbeitszimmer kaum verändert. Wie bei Schmidt stehen vor dem Palisander-Schreibtisch zwei Stühle für vortragende Mitarbeiter. Wehe, wenn der Chef richtig wütend wird! Da sitzt dann vielleicht sein neuer Büroleiter Wolfgang Burr, den er Verteidigungsminister Manfred Wörner abspenstig gemacht hat – was der Arme wahrscheinlich noch nicht weiß. Wenn Kohl zwanzig unterschriftsreife Briefe vorgelegt werden und im siebzehnten ein schlecht formulierter Satz steht, entdeckt er ihn auf Anhieb. Ein ehemaliger Mitarbeiter: »Dann ist er nicht mehr der gute Mensch aus Mainz, sondern vollzieht mit durchbohrendem Blick eine Hinrichtung. Der so Getadelte sieht dann zu, dass er so schnell wie möglich aus dem Zimmer kommt.« Anders geht Kohl mit Parteifreunden um, die vom politischen

Gewicht her Rivalen sein könnten. Er gibt ihnen Posten, schmeichelt ihnen. Zum Beispiel Rainer Barzel. Er macht ihn zum Innerdeutschen Minister, setzt ihn im Kabinett unmittelbar neben Vizekanzler Genscher und nicht dorthin, wo Schmidts Innerdeutscher Minister saß, am Ende des Tisches. Barzel darf sich mithin als drittwichtigster Mann im Kabinett fühlen.

Den hessischen CDU-Abgeordneten Alfred Dregger, einen anderen heimlichen Rivalen, bindet er in die Verantwortung ein, macht ihn zum Vorsitzenden der CDU/CSU-Fraktion. Stoltenberg, den viele statt Kohl gern als Kanzler gesehen hätten, gibt er das Finanzministerium (den undankbarsten Job). Kohl ergreift nichtsdestotrotz jede Gelegenheit, öffentlich den finanzpolitischen Sachverstand des Rivalen zu loben. Andererseits: Kohl hätte nie unter Stoltenberg gedient. »Wenn ich etwas anpacke, will ich auch Erster sein.« Wie ungehalten die neue Nummer 1 werden kann, erfuhr vor Jahren der CDU-Abgeordnete Philipp von Bismarck. Kohl wollte ihm im Wahlkreis zu mehr Stimmen verhelfen. Die Lautsprecheranlage versagte, die Leute lachten. Kohl war so wütend, dass er Bismarck keines Blickes mehr würdigte. Auch dann nicht, als der geknickte Parteifreund dem Sonderzug Kohls nachwinkte.

»Ich habe Probleme mit Schmidts Schreibtisch«, setzt er unser Gespräch fort, »weil meine Beine zu lang sind. Aber ich bekomme einen anderen. Diesen kann mein Vorgänger in sein neues Büro im Bundeshaus mitnehmen.« Er sagt es mit einem Anflug von Gönnerhaftigkeit. Dann erzählt der frischgebackene Kanzler von seinem Elternhaus, von seinem 1975 verstorbenen Vater, der Finanzbeamter war: »Er achtete darauf, dass bei uns der Teller leer gegessen wurde. Auch wenn Sachen auf den Tisch kamen, die ich nicht mochte.« Und dann über seine ebenfalls nicht mehr lebende Mutter: »Eine großartige Frau, die mit einem geringen Beamtengehalt die Familie erhalten und zusammengehalten hat.«

So ging es mit Familiengeschichten etwa eine Stunde. Es menschelte. Und das in einem Raum, wo man laufend politische

Entscheidungen zum Wohl eines ganzen Volkes erwartet. Plötzlich steht Juliane Weber, genannt »Jule«, im Raum, inzwischen seine Büroleiterin, die ich noch von meinem Besuch in der Mainzer Staatskanzlei in Erinnerung habe. »Colombo kommt!« Ich denke im ersten Moment an Peter Falk aus der gleichnamigen amerikanischen Krimiserie. Vorgefahren aber ist der italienische Außenminister Emilio Colombo. »Was, schon?«, ruft Kohl, springt auf, schlüpft in das Jackett, das ihm Juliane wie der Butler im Fernsehen hinhält, während ich den Rückzug antrete. Er ruft mir nach: »Wir müssen aber unser Gespräch fortsetzen.« Ich fühle mich geschmeichelt.

Der Ort unseres nächsten Treffens ist höchst ungewöhnlich. Wir verabreden uns zu einer Wanderung im Pfälzer Wald – an einem Wochenende, ohne Leibwächter. Mit dabei mein Freund und Kollege, der Heidelberger Fotograf Helmut R. Schulze, in dessen Wagen wir Kohl in Oggersheim abholen. Der Kanzler trägt einen hellgrauen Parka, kräftiges Schuhwerk, aber trotz des nasskalten Windes keine Mütze. »So etwas brauche ich nicht.«

Wir wandern, stapfen, klettern, rutschen durch den Pfälzer Wald. Er scheint jeden Weg zu kennen. Es riecht nach feuchtem Laub und frischem Harz. An einem Wiesengrund mit Forellenbach erinnert er sich: »Hier haben wir als Jungen gezeltet.« Die Todesschwadronen der RAF sind zwar noch unterwegs, aber Kohl spekuliert darauf, dass sie ihm nicht zutrauen, ohne Leibwächter das Haus zu verlassen. Ich hatte um ein Interview gebeten, er sagt zu, verbindet es aber mit einer Wanderung. Eine Stunde ist geplant, sechs werden es.

»Fragen Sie ruhig«, fordert Helmut Kohl auf. Sein Atem kräuselt sich in der kalten Luft zu kleinen Wolken.

»Sind Sie mit dem Verlauf des Wahlkampfes zufrieden?« Es steht wieder einer bevor.

»Ja. Unsere eigenen Leute sind motiviert. Das beobachte ich, wenn ich durch die Stadt fahre, der Wagen an einer roten Ampel halten muss, ich die Scheibe runterdrehe, Leute mir zuwinken und ich kurz mit ihnen rede. Da ist eine prima Stimmung. Aber

Gespräch mit Helmut Kohl während einer Wanderung durch den Pfälzer Wald, 1987

die Wahl ist erst am Wahlabend gewonnen.« Er bleibt stehen, bricht einen verdorrten Zweig ab. »Ich leite selbst unsere Wahlkampfkommission. Wir haben in den letzten sechs Wochen wöchentlich getagt, vier, fünf, sechs Stunden jedes Plakat, alle Werbemittel diskutiert. Das ist eine prima Zusammenarbeit.«

»Rechnen Sie mit vielen Wechselwählern?«

»Wir haben im Prinzip zwei Blöcke. Auf der einen Seite CDU/CSU/FDP, auf der anderen SPD und Grüne. Zwischen den Blöcken ist sehr wenig Wechsel, aber innerhalb wird es zu Verschiebungen kommen. Bei der Opposition für die Grünen zu Lasten der SPD. Beide Lager stehen sich zurzeit so 55 zu 45 Prozent gegenüber.«

»Können da Wahlversammlungen noch etwas bewirken?«

Der Kanzler springt über eine Pfütze. »Die Wahlversammlungen haben eine Wiedergeburt erlebt, das Fernsehen hat sie nicht kaputtgemacht. Es gibt mehr Menschen als früher, die, wenn sich Spitzenpolitiker ankünden, sagen: ›Den will ich mal aus der Nähe sehen.‹ Außerdem kommen viel mehr Ehepaare, auch junge Männer mit Freundinnen. Ich schaue beim Reden in die Gesichter und sehe plötzlich, wie Frauen ihre Männer zustimmend anstoßen. Beim Rausgehen erlebe ich es, dass Zuhörer zu mir kommen und sagen: ›Sie kriegen meine Stimme.‹ Eine gelungene Veranstaltung motiviert auch die eigenen Leute.«

Er blickt auf, ein älteres Ehepaar nähert sich, leichte Überraschung in deren Gesichtern, im tiefen Wald ausgerechnet auf den Kanzler zu stoßen. Der Mann ruft: »Dürfen wir Ihnen ein gutes 1987 wünschen?«

»Ja, danke. Wünsche ich Ihnen auch. Bleiben Sie gesund.« Als die Spaziergänger außer Hörweite sind, sagt Kohl: »Das erlebe ich häufiger.« Wir kommen an einem Ameisenhügel vorbei, der mit Mückendraht vor Frevlern gesichert ist. Der Kanzler schaut missbilligend: »Dass man sogar schon so etwas schützen muss.« Das ist das Stichwort zum Thema Umweltschutz.

»Werden die Umweltkatastrophen der letzten Monate die Union Stimmen kosten?«, frage ich.

»Nein. Das glaube ich nicht. Wir sind ja nicht für die Katastrophen verantwortlich, sondern haben auf allen Gebieten des Umweltschutzes Pioniergesetzte eingeführt. Das ist nur alles emotionalisiert. Dem muss man Rechnung tragen.«

»Was sagen Sie zur Zweitstimmen-Kampagne ihres SPD-Herausforderers, des Ministerpräsidenten von NRW, Johannes Rau?«

Kohl bleibt wieder stehen, schüttelt den Kopf. »Ich verstehe den ganzen SPD-Wahlkampf nicht. Auch dass sie sich jetzt darüber zanken, ob sie zu früh oder zu spät angefangen haben. Es ist bezeichnend für den Zustand der SPD, dass ihr nichts anderes mehr einfällt, als sich nur noch auf eine Zweitstimmen-Kampagne zu fixieren. Wie muss es einem Direktkandidaten der SPD zumute sein?« Sein Gesicht ist inzwischen vom Fußmarsch leicht gerötet, der Atem wird etwas schneller. Er klettert, »hier geht's lang«, einen Abhang hinunter.

»Hat die Kanzlerschaft Sie verändert?«

Die Frage scheint ihn zu überraschen. »Macht bedeutet natürlich auch Einsamkeit. Sie müssen ja sagen und denen, die etwas anderes wollen, nein sagen. Allerdings, das klare Nein ist viel hilfreicher als das Drumherumreden. Aber die Leute haben Anspruch darauf, dass man vorher sagt: Gut, ich prüfe das sorgfältig, denn unser Alltag ist mit vielen Regelungen und Sonderbestimmungen versehen.«

»War das auch die Situation, als Südafrikas Premierminister Botha Sie um Prüfung seiner U-Boot-Wünsche bat?«

»Hinter der U-Boot-Geschichte steckt nun wirklich nichts. Wir haben nach Südafrika nie Waffen geliefert. Ich war beim Waffenexport überhaupt viel restriktiver als die Regierung Schmidt. Das wird auch im Untersuchungsausschuss herauskommen. Als die Sache an mich herangetragen wurde, habe ich meinen Mitarbeitern Schreckenberger und Teltschik gesagt: Prüft den Sachverhalt. Nach der Überprüfung stellt sich heraus, dass eine Genehmigung nicht in Frage kommt. In jener Zeit war Ministerpräsident Botha bei mir. Aber er hat das Wort U-Boot überhaupt nicht ausgesprochen, sondern nur gesagt: Ich habe da noch ein Thema zu besprechen. Und weil ich wusste, worum es ging, antwortete ich: Herr Ministerpräsident, die Sache schaue ich mir selbst an. Das war der einzige Satz.«

Kohl biegt vom Weg ab, nähert sich einer Forellenzucht. »Fragen Sie aber erst, ob wir hier Aufnahmen machen dürfen«, weist er meinen Fotografen an.

Beim Weitermarsch kommt er auf die Frage zurück, ob er sich verändert habe. »Die letzten vier Jahre waren schwierig. Aber die mit Abstand schwierigsten meines politischen Lebens waren die Jahre, als ich Partei- und Fraktionsvorsitzender sowie Oppositionsführer war. Andererseits: Die Last des jetzigen Amtes prägt den Menschen schon. Die totale Anwesenheit, die einem abverlangt wird. Jeden Tag kann irgendetwas passieren, und man ist persönlich gefordert.«

»Geht man da morgens mit einem mulmigen Gefühl ins Büro?«

»Ja, manchmal schon. Eigenartig, es gibt Tage, da denkt man: Das wird ein ganz wüster Tag, und dann ist es nicht so. Wenn Sie denken: Der Himmel ist blau, zieht plötzlich ein schweres Unwetter auf, und der Blitz schlägt ein. Also etwas Ergebung in die Macht des Schicksals gehört schon dazu. Manches ist aber auch Routine.«

Wir stapfen weiter, erreichen eine Holzbank unter einem kahlen Baum, setzen uns. Er fährt sich mit dem Kamm durchs Haar. »Ich hab auch Glück gehabt mit meinen Mitarbeitern, die zu mir stehen, teilweise jahrzehntelang für mich arbeiten.«

»Ist Ihr Optimismus immer natürlich oder manchmal auch Zweckoptimismus?«

»Zweckoptimismus ist völlig falsch. Ich lebe gern, habe Freude an der Begegnung mit Menschen, was nicht ausschließt, dass ich manchmal allein sein möchte, darum lese ich gern. Mein Optimismus ist auch ein Stück Glaube. Und dann ist er eine große Hilfe bei meiner Arbeit.«

Wir gehen weiter, machen um einen umgestürzten Baum einen Bogen. »Man braucht als Politiker eine politische Nase, einen siebenten Sinn, man muss wittern, was in der Luft liegt. Dieses Gespür hat man oder man hat es nicht, das kann man nicht lernen.«

»Dieses Gespür müssen ja auch Ihre unmittelbaren Mitarbeiter besitzen. Wie konnte trotzdem die Sache mit dem Gorbatschow-Goebbels-Vergleich passieren?«

Kohl hatte Wochen zuvor in einem Interview mit dem amerikanischen Nachrichtenmagazin »Newsweek« den damals neuen Herrscher im Kreml, Michael Gorbatschow, mit NS-Propagandaminister und Volksverhetzer Joseph Goebbels verglichen.*

* »Gorbatschow ist ein moderner kommunistischer Führer, der sich auf Public Relations versteht. Goebbels, einer von jenen, die für die Verbrechen der Hitler-Ära verantwortlich waren, war auch ein Experte in Public Relation.«

»Das ist halt passiert.«

»Hat keiner gewarnt?«

»Das ist schlicht übersehen worden. So etwas kommt leider vor. Da gibt's nichts zu beschönigen. Nur muss man sich dann vor seine Leute stellen, wenn sie sonst eine prima Arbeit machen.« Wir gehen ein Stück schweigend.

»Warum lief es in den ersten Jahren der Kanzlerschaft nicht so gut?«

»Das war eine schwierige Zeit, und wir mussten unsere Erfahrungen sammeln.«

»Die Krisen waren nicht vorrauszuschnuppern?«

»Welche Krisen meinen Sie?«

»General Kießling, Spendenamnestie, Kohlekraftwerk Buschhaus ...«

»In der Sache Kießling hatte ich mir das sehr gut überlegt.« Seine Stimme klingt plötzlich leicht unwirsch. »Dass Fehler vom Verteidigungsministerium und auch vom zuständigen Minister Manfred Wörner gemacht wurden, ist unbestritten. Aber bei einer Güterabwägung konnte ich nach meinem Verständnis von Gerechtigkeit nicht erkennen, dass eine Entlassung von Manfred Wörner wegen der Kießling-Affäre angemessen gewesen wäre. Und dann kommt noch etwas hinzu: Treue und Loyalität gegenüber meinen Mitarbeitern – etwas, was man bei mir leicht unterschätzt.« Er klingt wieder versöhnlich, seine Stimme bekommt fast etwas Belustigendes. »Außerdem: Wenn alle Welt von mir verlangt, dass ich etwas tun soll, dann tue ich es deswegen noch lange nicht. Ich muss stets selbst davon überzeugt sein.« Kohl verharrt, eine Staffel amerikanischer Tiefflieger röhrt über uns hinweg. Er kommt auf meine Frage zurück. »In puncto Spendenamnestie – warten wir zwei, drei Jahre ab. Beim Thema Parteispenden ist ungeheuer viel geheuchelt worden. Wenn alle Verfahren abgeschlossen sind und die Urteile der höchsten Gerichte vorliegen, wird man erkennen, was nun richtig war.« Dass er sich hier etwas vormacht, weiß man inzwischen.

Er schaut für einen Moment einem Reh nach, das mit großen Sprüngen ins Unterholz flüchtet. »Wie oft kommen Unternehmer zu mir und sagen: ›Das muss man anordnen.‹ Entschuldigung, wenn ich in einer großen Firma Chef bin, muss ich zwar auch Überzeugungsarbeit leisten, kann aber einem leitenden Mitarbeiter seinen Vertrag verlängern, dem anderen nicht. Ich kann den Arbeiter zum Hilfsarbeiter machen, einem Mitarbeiter Prokura geben, ihn zum Direktor machen oder in den Vorstand holen. In der Politik müssen Sie versuchen, die Leute von der Richtigkeit Ihrer Vorstellung zu überzeugen. So etwas bedeutet große Mühe und braucht Zeit. Einfach anordnen geht nicht. Das erklärt auch unsere Schwierigkeiten.«

Er bleibt kurz stehen, entscheidet sich, über eine Wiese zu marschieren, und führt das Gespräch fort: »Da Sie von Krisen sprechen: Als wir das Katalysatorauto einführen wollten, erklärte der Chef eines großen Automobilkonzerns öffentlich, dass das schiefgehen wird und zur Massenarbeitslosigkeit führen würde. Und wie sieht inzwischen die Bilanz dieses Unternehmens aus? Hervorragend! In der Industrie findet jetzt ein Umdenken statt. Daran können Sie gleichzeitig sehen, wie schnell sich Meinungen ändern.«

Wieder schneiden ihm Tiefflieger das Wort ab. Er deutet mit dem Zeigefinger nach oben. »Das ist das, was die Amerikaner nur schwer begreifen, wenn ich ihnen sage, dass man unseren Verteidigungsbeitrag nicht nur mit D-Mark messen kann, sondern auch anerkennen muss, was die Bevölkerung an Belastungen aushält. Die flogen jetzt noch hoch. Wenn die unter Kampfbedingungen üben, wackeln die Tassen.«

Unser Weg führt zurück zum Auto. Beim Einsteigen sagt er: »Die nächste Legislaturperiode wird genauso schwierig wie die jetzige, nennen wir nur mal die großen Brocken.« Er zählt, als er auf dem Beifahrersitz Platz genommen hat, mit Hilfe der Finger auf: »Große Steuerreform, Dämpfung der Gesundheitskostenexplosion, Rentenreform und Abbau der Arbeitslosigkeit.«

»Ihr Tipp für den Wahlausgang?«

»Was uns betrifft, in etwa wie 1983: Zusammen mit der FDP 55,8 Prozent. Ein bisschen mehr, ein bisschen weniger.« Er liegt mit seiner Schätzung nicht schlecht. Es werden 53,4 Prozent. Und dann: »Genug von der Politik. Jetzt lade ich die Herren zu einer Tasse Kaffee ein.«

Weil das Café geschlossen hat, fahren wir weiter in Schulzes Wagen nach Diedesheim zu einem erstklassigen Abendessen.

Auf dem Weg dorthin kommt es zu einem komischen Zwischenfall. Auf einer wegen Bauarbeiten gesperrten, nur für Anlieger erlaubten Dorfdurchfahrt fährt Schulze trotzdem rumpelnd weiter. Das sieht aus dem Fenster eines anliegenden Hauses eine Frau mittleren Alters, fängt lauthals zu zetern an: »Unerhört! Habt ihr nicht das Verbotsschild gesehen?«

Der Bundeskanzler der Bundesrepublik Deutschland, der allein schon wegen seines Leibesumfangs Furcht einflößt, versucht auf dem Beifahrersitz unerkannt zu bleiben – klappt die Sonnenblende an der Windschutzscheibe runter und rutscht tief in seinen Sitz.

Nach einem gemütlichen Abendessen geht es noch am späten Abend zurück nach Bonn. Dort gibt es noch einen Wechsel zu vermelden.

Der Graf beim Boulevard

Ich wechsele wieder einmal und nehme ein Angebot der »Bild«-Zeitung an. Warum? Wegen des schnöden Mammons? Nicht nur. Das Honorar beträgt in der Tat ein Mehrfaches von dem, was ich bisher bei der »Welt« bekam. Aber mindestens ebenso wichtig sind die Millionen-Auflage und die Wirkung in der Öffentlichkeit. Die Bedeutung des Blattes erfahre ich bereits beim Schreiben meiner ersten Kolumne – allerdings auf enttäuschende Weise: Sie wird nicht gedruckt.

Anruf des stellvertretenden Chefredakteurs Horst Fust, mit dem ich schon zuvor bei anderen Blättern bestens zusammengearbeitet habe: »Prima Einstand, nur wir können das nicht drucken.«

»Warum zum Teufel nicht?«

»Bei unserer Millionenauflage wäre das für die SPD verheerend. Du kannst nicht mit einer Kolumne gleich alle drei Spitzen der Parteiführung umlegen. Bei einer anderen Zeitung wäre die Wirkung nicht so durchschlagend.«

Ich hatte von einem schäbigen Verhalten der SPD-Granden berichtet. Bei der Beerdigung ihres prominenten Mitgliedes, des langjährigen Regierungssprechers Conrad Ahlers, fehlten sie komplett. Parteichef Willy Brandt entschuldigte sich unter dem Vorwand einer dienstlichen Auslandsreise. In Wirklichkeit war er mit seiner damaligen Freundin, später seine zweite Ehefrau, Brigitte Seebacher, nach Südfrankreich entschwunden. SPD-Fraktionsvorsitzender Wehner, sogar Patenonkel des Ahlers-Sohnes, war mit der Ahlers-Familie verkracht, hatte nicht einmal kondoliert. Und SPD-Kanzler Helmut Schmidt begründete sein Fernbleiben: »Das ist Willys Sache.«

Auch bei anderen Gelegenheiten wurde mir die Bedeutung von »Bild« veranschaulicht. Als Kohl im Juli 1990 auf Gorbatschows Datscha im Kaukasus die Zustimmung Russlands zur Wiedervereinigung aushandelte, war ich von 150 zunächst nach Moskau angereisten deutschen Medienvertretern der einzige Tageszeitungsjournalist, der anschließend weiter mit in den Kaukasus fliegen durfte. Begründung des Regierungssprechers »Johnny« Klein: »Graf Nayhauß vertritt die ›Bild‹-Zeitung, mit 5,5 Millionen Auflage und annähernd 15 Millionen Lesern Westeuropas größte Tageszeitung.«

Anderes Beispiel: Ich bin mit meiner Frau bei Prinz Charles und Camilla in deren Londoner Residenz zum Dinner eingeladen. Ein Freund, zu dessen Ehren er das Essen gibt, hatte uns auf die Einladungsliste gesetzt. Ich trage Smoking, Sabine langes Kleid. Weiß behandschuhte Diener servieren vor dem Essen

Drinks. An den Wänden über und über Ahnengemälde. Dann His Royal Highness: angegrautes Haar, blaue Augen, kleiner als auf Fotos, nickt freundlich, stellt mir die Frage, die ich befürchtete: »Was machen Sie beruflich?«

»Journalist.«

»Welche Zeitung?«

»›Bild‹, größte Tageszeitung Europas.«

Jahre zuvor, als ich ihn für eine Illustrierten-Reportage durch Wales begleitete, zog er, als er den Presseausweis an meinem Jackett sah, seine bereits zum Shakehands ausgestreckte Hand abrupt mit der Bemerkung zurück: »No, not you.« Jetzt gibt er sich locker.

»Wie steht's um die Auflage?«, will er freundlich lächelnd wissen, beginnt ein Fachgespräch, fährt fort: »In England haben die Printmedien wahrscheinlich dieselben Probleme wie bei Ihnen – scharfe Konkurrenz durch Fernsehen und Internet.« Ich bin baff, ebenso Udo Jürgens, auch Gast an diesem Abend, bei uns stehend. Wir registrieren: »Bild« ist für Charles eine bekannte Größe.

Dass es überhaupt zu meinem Engagement bei »Bild« kam, hing wieder einmal mit alten Bekanntschaften zusammen. Eines Tages klingelte das Telefon. Am Apparat Günter Prinz, einst mein Chef bei »Quick« und »Jasmin«, inzwischen Chefredakteur der »Bild«-Zeitung: »So etwas wie von dir in der ›Welt‹ möchte ich auch haben.«

Wir wurden uns schnell einig, zumal Claus Jacobi, der mich zur »Welt« geholt hatte, von Bord gegangen war. Seine Nachfolger, Dr. Kremp und Hertz-Eichenrode, versuchten mich zwar bei einem Mittagessen im Bonner Hotel-Restaurant »Bristol« zum Bleiben zu überreden, aber ich war zum Wechsel bereits fest entschlossen.

Nach meinem Fiasko mit der ersten gelieferten, aber nicht gedruckten Kolumne, steht am 5. Januar 1981 das erste »Bonn vertraulich« in »Bild«. Überschrift: »Minister Hauff – für 150 000 Mark ein neues Büro.« Volker Hauff (SPD), mit 40 jüngstes Kabinettsmitglied bei Schmidt, hatte bei seinem Einstand als Verkehrsminister nicht nur das Arbeitszimmer für 15 000 Mark verschönert, sondern einen Sitzungssaal, ein Besucherzimmer und eine Teeküche anbauen lassen sowie mehrere Panzerschränke angeschafft. Gesamtkosten 370 000 Mark. Dabei sollte schon damals gespart werden. Ich schreibe in der Kolumne: »Oft verbirgt sich unter dem Namen der Sparsamkeit Verschwendung.« Den Tipp über diese Verschwendung bekam ich durch einen anonymen Anruf aus dem Ministerium.

Die heißeste Story nach Start der »Bild«-Kolumne liefere ich neun Monate später. Sie wird auf Seite 1 als Aufmacher platziert und trägt die knallige Überschrift: »Schmidts Herz stand viermal still.« Kanzler Helmut Schmidt war ins Koblenzer Bundeswehrkrankenhaus eingeliefert worden. Er litt seit Jahren an Herzbeschwerden mit vorübergehenden Ohnmachtsanfällen. So auch jetzt. Viermal setzten Herz und Atmung aus. Erst mittels elektrisch vorgenommener Reizung des Herzmuskels wurde Schmidt wieder ins Leben zurückgeholt. All das stand jetzt in »Bild«, während das Bundespresseamt die törichte Nachricht verbreitete, der Kanzler sei wegen einer »Infektion« eingeliefert worden. Mein Informant: einer der behandelnden Ärzte. Hat man Glück, kommt die Information von ganz »oben«.

Wieder ein Beispiel: Ich sitze im Reichstagsbüro des Kanzlers. Der heißt in diesem Fall Gerhard Schröder. Wir sprechen über die deutsch-amerikanischen Verhandlungen zur Errichtung einer Stiftung zwecks Entschädigung ehemaliger NS-Zwangsarbeiter. Plötzlich steht er auf. »Ich gebe Ihnen mal einen gerade eingegangenen Brief in dieser Sache von Clinton. Sie dürfen nur nicht daraus zitieren und mich nicht als Quelle nennen.« Er geht ins Vorzimmer und sagt: »Macht Graf Nayhauß mal eine Kopie.« Die Mitarbeiter erstarren, aber keiner traut sich zu sagen: »Herr Bundeskanzler, das dürfen wir doch nicht.«

In der Zwischenzeit habe ich einige ihn kritisierende Kolumnen geschrieben, unter anderem, dass es in seinem Amtszimmer keine deutsche Fahne gebe. Prompt ruft Schröder an –

morgens, ich liege noch im Bett. »Wo steht eigentlich bei Ihnen die Fahne? Am Schreibtisch oder neben dem Ehebett?«

Den Zorn Helmut Kohls ziehe ich mir einmal zu, weil ich nach der Wiedervereinigung vorzeitig den Kauf seiner Berliner 200-Quadratmeter-Wohnung veröffentliche. »Da kann ich nun nicht mehr einziehen. Wer steigt jetzt in meinen Vertrag ein?«, beschwert er sich lautstark am Telefon beim Chefredakteur (und nicht bei mir). Er bezieht die Wohnung dennoch. Natürlich verdanke ich Kohl manche Bevorzugung, darf während verschiedener Wahlkämpfe in seinem Wagen mitfahren und – als es noch kein Handy gab – sein Autotelefon zur Übermittlung meiner Berichte benutzen. Aber deswegen die Klappe halten? Auf solchen Kuhhandel lässt sich ein Journalist nicht ein.

»Abgestraft« durch Nichtmitnahme in der Kanzlermaschine bei Auslandsreisen werde ich gelegentlich von allen – von Schmidt über Kohl und Schröder bis zu Merkel. Dann fliegt man mit »Linie« voraus, steht grinsend auf dem Rollfeld an der Gangway, wenn die Kanzlermaschine landet. Kein Kanzler will es sich mit »Bild« verderben – mit der »Welt« eher schon. Das ist der Unterschied.

Stets präsent zu sein ist nicht unwichtig. Kohl gibt gern die Geschichte zum Besten, wie ich mich auf einer Moskaureise im Zuge seines Gefolges in den Kreml schmuggelte. Die Russen hatten dem deutschen Bundeskanzler mit viel Trara abverlangt, dass er zum Gespräch mit der Nummer 1 der Sowjetunion, damals Ex-Geheimdienstchef Andropow, außer seinem Dolmetscher nur einen weiteren Begleiter ins Zimmer des Gewaltigen mitnehmen dürfe. »Und dann«, erzählt Kohl, »trete ich ein, und wer steht schräg hinter Andropow? Der Maini.« Damit mein er mich, benutzt die Verniedlichung meines Vornamens Mainhardt – normalerweise Familienangehörigen und engsten Freunden vorbehalten.

Kohl nahm mich mit zum Dinner bei König Hussein von Jordanien. Dank Schröder lernte ich Fidel Castro und Muammar al-Gaddafi kennen. Schmidt führte mich bei Jimmy Carter ein. Theo Waigel schleuste mich zu Gorbatschow, vorbei an streng blickenden Wachen: »Das ist mein Staatssekretär.«

Als im Sommer 2010 in Berlin vor dem Brandenburger Tor Bürger aus ganz Deutschland mit Bundespräsident Christian Wulff an der »Tafel der Demokratie« teilnehmen, bittet mich mein ebenfalls geladener Schulfreund Arnold Kirchner, ein Foto von ihm und dem Präsidenten zu arrangieren. Ich gehe kurzerhand mit ihm zum Tisch des Präsidenten. Dessen Leibwächter sind kein Problem, sie sind »Bild«-Leser, kennen mich. Schwieriger ist es, das Staatsoberhaupt in seinem Gespräch mit den an der Tafel Sitzenden zu unterbrechen. Ein erster Versuch (»Herr Bundespräsident«) scheitert. Da hilft nur die zugegebener Weise respektlose Masche: Wulff kurz am Arm zu packen und den Freund mit seinem Anliegen vorzustellen: »Herr Bundespräsident, das ist Herr Kirchner, er möchte gern ein gemeinsames Foto mit Ihnen.« Der Präsident springt auf, strahlt in die Kamera – klick, die Aufnahme ist im Kasten. Im Weggehen höre ich, wie Wulff vor den erstaunten Gästen an seiner Tafel mein unbotmäßiges Auftreten entschuldigt: »Das war Graf Nayhauß. In seiner ›Bild‹-Kolumne genannt zu werden ist das Größte.« Gleichwertiges ist mir bei den Publikationen, für die ich früher schrieb, nicht zuteilgeworden.

Im Jahr 2000 helfe ich mit, »Bild-online« aufzubauen, schreibe überdies für dieses neue Medium. Und ich veranstalte Live-online-Chats zwischen Top-Politikern und »Bild«-Lesern. Ich schaffe es sogar, dass sie sich mit dem Bundespräsidenten austauschen können. Dazu muss ich allerdings unser Studio in den Amtssitz des Staatsoberhauptes verlegen – und den Direktor von t-online, Ebel, als Ko-Moderator mitnehmen.

Der Taxifahrer, der mich zum Schloss Bellevue fährt, sagt: »So, so, zum Bundespapa wollen Sie.« Dort angekommen, löse ich erst einmal aus Versehen in der Garderobe die Alarmanlage aus. Nächste Überraschung, Rau und seine Frau begrüßen mich mit: »Wir haben gestern Abend Ihre Tochter im Fernsehen gesehen.« Das heißt, auch die First Family sieht den RTL-Straßenfeger »Deutschland sucht den Superstar«, den Tochter Tamara montags in einer Nachsendung auf VOX mitmoderiert. Der Kuriositäten nicht genug. Der Präsident ist mein Gast, aber das in seinem Haus. Ich moderiere den Internet-Chat (Plauderstunde) mit dem Staatsoberhaupt, wozu er sein Arbeitszimmer zur Verfügung stellt. Eine Premiere, zumal das Ganze als Video läuft. Einen gemeinsamen Chat der beiden Internet-Portale t-online und bild.de gab es bisher nur einmal – mit Dieter Bohlen. Der Präsident erträgt die Reihenfolge mit Fassung.

Rau ist gut drauf, tippt in das Notebook von Ebel den Satz: Stanleys Expeditionszug quer durch Afrika wird von jedermann bewundert. »Was fällt Ihnen daran auf?« Wir schweigen bedeppert. Er: »Jeder Buchstabe des Alphabets kommt vor.« Dann der Chat. In der Warteschlange befinden sich weit über tausend Fragesteller (User), das gab es noch bei keinem Politiker-Chat. Nur 24 können wir abarbeiten. Irak-Krieg? Rau: »Deutschland sollte sich nicht beteiligen.« Wie darf man Sie anreden? »Sagen Sie ruhig ›Bruder Johannes‹.« Arbeitszeit wieder verlängern? »Hängt vom Einzelfall ab.« Dosenpfand? »Ich gestehe, wir haben zu Hause keine Dosen.« Fehlende Nationalfahne im Arbeitszimmer des Bundeskanzlers? »So? Na, das muss ich mir mal ansehen.« Die Berichterstattung über dessen Ehe? »Widerlich! Früher galt, dass über so was nicht berichtet wird.« Ihre persönliche Sicherheit? »Ich fühle mich nicht gefährdet. Aber vergiftetes Brot hat man mir auch schon mal geschickt.«

Dass sich der Bundespräsident zu dieser Aktion bereit erklärt, hängt natürlich auch mit der Bedeutung von »Bild« zusammen. Das gilt auch für eine andere Aktion, zu der zwar nicht Rau kommt, aber das halbe Kabinett und jede Menge sonstiger Prominenz. Für eine Nacht ist nämlich der Berliner Tiergarten in einen Märchenwald verzaubert: rosa angestrahlte Bäume, roter Teppich, überlebensgroß die Biene Maja, der Froschkönig, Vogel Strauß. Auch Filmproduzent »Atze« Brauner zeigt sich beeindruckt: »Was für eine herrliche Filmkulisse wäre das.« Es war aber das Ambiente für das erst große »Bild«-Sommerfest nach der Wiedervereinigung in der Hauptstadt mit über achthundert Gästen, ausgerichtet von Stephan Vogel, einem Freund und ehemaligen »Bild«-Kollegen, nunmehr Inhaber der Media-Agentur. Fortsetzung einer langen Bonner Tradition. Diesmal unter dem Motto: »Das Fest der großen Tiere« – gemeint nicht nur die vierbeinigen.

»Bild«-Chefredakteur Kai Diekmann begrüßt – noch ohne Bart – die Gäste, darunter Guido Westerwelle, Joschka Fischer, Boxer Axel Schulz, TV-Talkerin Sandra Maischberger, Berlins Regierenden Wowereit und und und. Ob Rot oder Grün, Schwarz oder Gelb, alle sind gern bei »Bild«. SPD-Generalsekretär Scholz (eine Festbesucherin: »Ist der klein!«) hat am »Polit-Nudel-Buffet« in der »Air-Bär Lounge« die Wahl zwischen Penne »Gerhard Schröder«, Ohrennudeln »Hans-Dietrich Genscher« und Taglierini »Helmut Kohl«. Scholz entscheidet sich für Letzteres nach der Devise: Die Schwarzen verspeisen wir gern.

Im Hauptzelt, gesponsert von der Telekom, präsentieren Rad-Sprinterkönig Erik Zabel und Innen- wie Sportminister Schily ein Rennrad, das »Bild«-Leser zugunsten »Ein Herz für Kinder« ersteigern können. Zabel: »So teuer wie ein Auto.«

Inmitten der sich amüsierenden Politpromis »Deutschland sucht den Superstar«, der Sieger der ersten Staffel, Alexander Klaws, mit dem noch unbeschädigten Wertgefühl eines 19-Jährigen. Am Wochenende beim Formel-1-Rennen auf dem Nürburgring sang er die Nationalhymne: »Da lief mir ein Schauer über den Rücken.«

Gegen drei Uhr früh fahren die Letzten heimwärts – in von VW gestellten Käfer-Cabriolets. Ein echtes Waldmäuschen trippelt über den roten Teppich in die Büsche. Im Tiergarten herrschte wieder Ruhe. Für die kleinen Tiere.

Mit Strauß auf Bootstour

Bayerns Ministerpräsident und CSU-Chef Franz Josef Strauß trägt dunkelblaue Shorts und ein hellblaues Freizeithemd. Der warme Fahrtwind zaust sein kurz geschnittenes, angegrautes Haar. Bonn und München scheinen unendlich weit weg. Ich habe ihn mit meinem Motorboot, Typ Fairline Carrera, an der Hafentankstelle von Les Isambres, Côte d'Azur, an Bord genommen und ihm das Steuer überlassen. Strauß, seit vielen Jahren selbst Freizeitkapitän, genießt es, mal ein anderes Schiff zu fahren. Bei einer dieser Bootstouren stellt er mir 1987, ein Jahr vor seinem Tod, seine Freundin Renate Piller vor. »Bitte keine Fotos, wo sie mit drauf ist«, sagt er etwas nervös.

»Abgemacht.«

Sie ist von sympathischer Zurückhaltung, der Bikini nicht zu sexy, aber auch nicht von gestern. Er betont die sportliche Figur. Mir fällt ihre Fürsorglichkeit auf. Sie achtet darauf, dass »Franz Josef« nicht zu viel Sonne abbekommt, dass er sich nach dem Schwimmen eine trockene Badehose anzieht. Er genießt es, bemuttert zu werden.

Das Fahrtziel hat er ausgesucht: »Club du Planteur«, ein Strandlokal bei St. Tropez mit vorzüglichen Muschelgerichten, zu dem man einen »Blanc de blanc« süffelt. Wir ankern ziemlich weit draußen. Er zieht es vor, zum Restaurant zu schwimmen: 45 Minuten hin, eine Dreiviertelstunde zurück. »Meine Familie hat mich verdorben«, spöttelt er, »früher bin ich vor zwei Stunden nicht aus dem Wasser gestiegen.«

Nach der Heimfahrt sitzen wir bei aufkommender Dämmerung auf der Terrasse seines hoch über dem Meer gelegenen Hauses. Am Horizont fließen Wasser und Himmel ineinander über. Es duftet nach Oleander und Pinien. Mir fällt zu Beginn des vereinbarten Interviews die Umstellung auf nüchterne Arbeit schwer, dem Vollblutpolitiker Strauß nicht die Spur. Schon aus den ersten Antworten ist ein für Kanzler Kohl bedrohliches Grollen herauszuhören.

Ich frage ihn: »In Bonn beginnt nach der Sommerpause wieder die politische Arbeit. Was würden Sie als Kanzler tun?«

Mit seiner Zustandsbeschreibung könnten auch die heute Handelnden gemeint sein: »Die Vorkommnisse der letzten Wochen machen ein Wort der Mahnung notwendig, dass sich die Minister um ihre Aufgaben kümmern sollen, statt mit mehr oder minder tauglichen Mitteln an untauglichen Objekten zu experimentieren. Das gilt besonders für den Arbeitsminister, der genug mit der Finanzierung der Rentenreform, der Sanierung des öffentlichen Gesundheitswesens, der versprochenen Änderung des Betriebsverfassungsgesetztes, dem Abbau der Arbeitslosigkeit und den Sozialproblemen der Stahl- und Kohlewirtschaft zu tun hätte.«

»Was wäre noch zu tun?«

»Dann ist vor allem die endgültige Entscheidung über die Finanzierung der Steuerreform fällig. Die Methode, ungelöste Probleme unter den Teppich zu kehren, erweist sich als schädlich.«

»Haben Sie diese Kritik am Führungsstil des Kanzlers ihm irgendwann einmal selbst gesagt?«

»Wir sind seit Übernahme der Regierung in einem Dauergespräch. Dabei ergeben sich nicht nur Meinungsverschiedenheiten, sondern auch Reibungsflächen.«

Ich fasse nach: »Helmut Kohl kündigte an, er müsste nach dem Urlaub mit einigen Kollegen ein ernstes Wort reden. Kann er Sie auch gemeint haben?«

»Mit ›Kollegen‹ kann er mich nicht gemeint haben, denn ich unterliege nicht seiner amtlichen noch seiner parteilichen Richtlinien-Kompetenz. Er kann auch nicht den Minister Zimmermann oder einen anderen Bundesminister der CSU gemeint haben. Doch dergleichen Ankündigungen haben wir schon öfter gehabt.«

Das Gespräch dauert bereits über eine halbe Stunde.

Eine letzte Frage: »Wer käme als politischer Nachfolger in Frage?«

Interview mit dem CSU-Vorsitzenden Franz Josef Strauß nach einer gemeinsamen Bootstour in dessen Feriensitz in Les Issambres, Frankreich, 1987

»Streibl, Tandler, Stoiber, Waigel sind hervorragende Politiker der politischen Generation nach mir.«

»Keiner hat Ihre Ausstrahlung.«

»Noch lange nicht. Aber ich biete ihnen ja die Chance. Jeder von ihnen kann Parteivorsitzender und Ministerpräsident werden. Aber nicht alle gleichzeitig.«

Ich bleibe nach dem Interview noch zum Abendessen. Geschickt überlässt Renate Piller der Strauß-Tochter Monika Hohlmeier die Rolle der Hausfrau. Der Ministerpräsident ist zu dieser Zeit seit drei Jahren Witwer. Mit seiner Frau Marianne war er siebenundzwanzig Jahre glücklich verheiratet, bis sie eines Tages zwischen Rottach-Egern und Kreuth mit einem von ihr gesteuerten Wagen von der Fahrbahn abkam und im völlig zertrümmerten Fahrzeug verstarb. Sie war die Tochter des Brauereibesitzers und Mitbegründers der CSU Max Zwicknagl und alles andere als ein Heimchen am Herd. Sie hatte Sprachexamen in Englisch und Französisch, erwarb den Grad einer Diplom-

Volkswirtin und vertrat feste Standpunkte. Sie wirkte im Hintergrund, der Einfluss auf ihren Mann war indes groß. Sabine und ich erleben das, als wir nach einer solcher Bootstour mit Strauß und anschließendem Interview einmal mit der ausgeschriebenen Fassung abends zur Durchsicht und Genehmigung in der Villa Strauß in Les Issambres erscheinen. Nach dem Abendessen, das vorzüglich war, mit sehr viel Wein, zieht sich der Ministerpräsident mit dem Manuskript zurück. Als er zurückkehrt und mir den Text überreicht, ist er bis zur Unkenntlichkeit umgeschrieben. Betroffen zeige ich die Seiten Marianne Strauß. Sie wirft einen prüfenden Blick auf das Geschriebene und entscheidet: »Es wird so gedruckt, wie Sie es aufgeschrieben haben. Punkt! Aus.«

In tiefer Nacht fahren Sabine und ich zurück in das nahe gelegene Port Grimaud, wo wir seit Mitte der siebziger Jahre eine Dreizimmerwohnung besitzen. Der Ort liegt am Ende der Bucht von St. Tropez, war früher ein Wiesen- und Sumpfgelände, bis der elsässische Architekt François Spoerry kam und auf diesem Gelände ein künstliches Lagunenstädtchen errichtete. Zunächst wurden Kanäle ausgebaggert und auf den verbleibenden Flächen Einzelhäuser sowie Appartements errichtet. Als die erste Tranche fertig war, wurde der Zugang zum Meer geöffnet, das Wasser strömte nun in die ausgebaggerten Kanäle. Ein ungewöhnliches Verfahren. Und ein riskantes, war doch unsicher, ob das Projekt florieren würde. Erste Häuser wurden daher besonders preiswert angeboten, für umgerechnet siebzigtausend D-Mark verkauft, sie haben heute einen Wert von über einer Million Euro.

Der besondere Charme Port Grimauds besteht darin, dass es keine der üblichen Betonburgen längs der Küste ist, sondern im provenzalischen Stil errichtet wurde und architektonisch zusammengewürfelt erscheint. Jedes Haus hat eine andere Farbe, Fenster und Fensterläden sind verschieden geschnitten. Einige Häuser sind nur zweistöckig, knapp zehn Meter breit, andere haben drei Stockwerke und normale Breite. Das einzig Gemeinsame: der Neigungswinkel der Dächer, 45 Grad, die, wie in der ganzen Provence, aus roten Dachpfannen bestehen.

Jede Straße hat einen Conçierge, der diese sauber hält und für Dienstleistungen in den Wohnungen zur Verfügung steht. Ebenso gibt es für jede Straße einen Gärtner, welcher die Grünanlagen wässert und im Frühjahr zurechtstutzt. Es gibt einen eigenen Strand und Wachpersonal, das Tag und Nacht Streife fährt und am Eingang der Anlage nur Personen mit Zugangsberechtigung durchlässt.

Ein Getto der Reichen? Mitnichten. Es gab zwar unter den wenigen Promis den Hollywoodstar Joan Collins. Im Übrigen sind die Eigentümer vorwiegend mittelständische Unternehmer und Freiberufler. Auch der ehemalige Bundesinnenminister Ernst Benda besaß dort bis zu seinem Tod Boot und Immobilie. Der CDU-Vorsitzende und zeitweilige Bundestagspräsident Rainer Barzel benutzte in unserer Straße die Wohnung seines Freundes Henri François-Ponçet. Vor unserem Haus warfen sich der heutige Fürst Albert II. von Monaco, damals noch Prinz, und ein Freund die Frisbeescheibe zu.

Die eigentliche Attraktion – inzwischen an die zweitausend Wohneinheiten – ist der Bootsliegeplatz vor dem Haus beziehungsweise der Wohnung. Das wiederum hat den Vorteil, dass man tagsüber mit dem Boot zum Schwimmen rausfahren oder längere Törns unternehmen kann. Wir kauften uns ein kleineres Motorboot mit Kabine, wechselten dann, wie das unter Bootseignern üblich ist, zu größeren Booten. Zum Schluss ist unseres eine »Gallert 9 Europa« von 10 Meter Länge mit drei Kabinen, einer Pantry mit Herd und Mikrowelle, Kühlschrank, Fernsehen, Bordtelefon, Fax und nautischer Ausrüstung wie Radar, Echolot, See-Navi, Generatoren zur Stromerzeugung und mit zwei starken Dieselmotoren. Wir erleben auf dem Boot mit unseren Kindern viele schöne Zeiten. Touren gehen bis nach Mallorca, mal die Rhone rauf, dann wiederum nach Korsika und Sardinien, am liebsten aber zu den vor Toulon gelegenen Inseln Port Cros und Porquerrolles.

Bevor wir uns in Port Grimaud einkauften, verbrachten wir einige Sommerferien bei langjährigen Freunden aus Essen, Hans und Gudrun Koenig, die im Nachbarort Ramatuelle ein schönes Landhaus mit Swimmingpool und Gästezimmern besaßen, ehe sie später nach Monaco übersiedelten. Bei Besichtigungsfahrten stießen wir auf Port Grimaud, das noch in großen Teilen im Aufbau begriffen war, wo sich aber wiederum Kölner Freunde, Heinz und Brigitte Merges, bereits eine Wohnung gekauft hatten. Wir sind so fasziniert von dem Ganzen, dass wir sie bitten, uns zu benachrichtigen, wenn eine Immobilie frei werden sollte. Das geschah Mitte der siebziger Jahre, und von einem auf den anderen Tag griffen wir zu. Eine Entscheidung, die wir nie bereuten, unsere Töchter ebenso wenig. Sie dürfen mit unserem Beiboot alleine durch die Kanäle schippern, um Zeitungen, Baguette oder anderes zu besorgen. In Bonn maulend, wenn sie einen Besorgungsgang machen sollen, fragen sie in Port Grimaud immer wieder: »Papi, brauchst du nicht noch etwas?« Später ist für sie das Nachtleben von St. Tropez die Attraktion – auch ein Grund, dass sie gerne mit den Eltern Ferien machen, was sonst nicht selbstverständlich ist. Als Teenie schlich sich Tamara mit Freundin auch schon mal heimlich ins Nachtleben. Als Twens brauchten sie solche Heimlichkeiten nicht mehr.

Ich fange in Port Grimaud sogar an zu kochen. Meine Spezialität: »Muscheln à la Gudrun«. Gudrun ist in diesem Fall unsere bereits erwähnte Freundin, durch die wir zu diesem Paradies an der Côte kamen. Sie wiederum hatte das Rezept von Madeleine, einer älteren, etwas dickleibigen aber immer freundlichen Fischfrau, die ihren Verkaufsstand auf dem kleinen kopfsteingepflasterten Place aux herbes hinter dem Café »Sénéquier«, dem Inplace von St. Tropez, hat. Das Wichtigste an dem Muschelgericht ist leider das Putzen dieser Schalentiere. Ich werde dabei nie den Verdacht los, dass meine Frau und Tochter Tatjana die Mahlzeit ebenso gut zubereiten könnten, aber, um ihre schönen Hände besorgt, mir die Arbeit überlas-

Mit dem damaligen Kanzleramtsminister Wolfgang Schäuble (r.) beim Skifahren in Lech, Österreich, 1984. Sechs Jahre später zwingen ihn die Folgen eines Attentats für den Rest seines Lebens in den Rollstuhl.

sen. Dafür schmeicheln sie: »Keiner kann's so gut wie Papi!« Und der glaubt das schließlich auch. Immerhin, das Muschelrezept findet unter meinem Namen Eingang in ein Kochbuch, das Kanzlergattin Hannelore Kohl veröffentlicht.

Gemeinsame Hobbys verbinden nicht nur allgemein Menschen, ohne Unterschied von Rang und Stand, auch Politiker und Journalisten. Seit ich mit Wolfgang Schäuble vor seiner

Behinderung in den österreichischen Alpen eine Abfahrt in dichtem Schneetreiben hinter mich brachte – er schmalspurig voran wie ein Skilehrer –, hat er jederzeit ein Ohr für mich. Mit Peter Struck teilte ich die Leidenschaft fürs Motorradfahren. Wir tauschten Tourenerlebnisse aus und fachsimpelten über neue Modelle. Noch wenige Monate vor seinem plötzlichen Tod erzählte ich ihm vom Verkauf meiner einst auf dem Bundespresseball gewonnen und über 30 Jahre gefahrenen BMW 500. Sein mitfühlender Kommentar: »Schade.« Und mit Franz Josef Strauß, wie schon beschrieben, verband mich die Lust an Bootsfahrten auf offenem Meer, wozu wir uns regelmäßig verabredeten.

Nach der Devise, alles ändert sich, trenne ich mich eines Tages von unserem Motorboot. Unterhalt und Wartung wurden mir zu viel. Zum Abschied widme ich dem Boot einen Artikel in der »Welt am Sonntag«. Überschrift: »Ein letztes Mal Kurs Camargue – Abschied von einem Familienmitglied mit 600 PS«. Wehmütig schildere ich darin, nach 14000 gemeinsamen Seemeilen, meinen letzten Törn mit der Sabrina, deren amtliches Flaggenzertifikat die Zulassungsnummer »000001« trug. Bei Autos hat der Bundespräsident die Eins. Mit einer Null davor. Bei Booten hatte ich die Eins – mit sogar fünf Nullen davor. Mein Artikel endet mit einem echten Seufzer: »Und von so einem ›bedeutenden‹, zudem noch schönen Boot will ich mich nun trennen? Ich fürchte schon den Moment, da der neue Eigner die Sabrina III entführt. Hundsgemein komme ich mir vor.«

Kanzlerreisen

Auf über 120 Kanzlerreisen bin ich dabei. Allein mit Helmut Kohl fliege ich elf Mal nach Washington. Eine Reise nach Australien und Neuseeland im Frühjahr 1997 ist die längste, die ins ägyptische Sharm el Sheikh zeitlich die kürzeste. Der Flug nach Nepal führt auf das »Dach der Welt«, der in den Kaukasus zum politisch wichtigsten Treffen. Mit Gerhard Schröder nach Afrika scheint zum gefährlichsten Trip zu werden. Aber der Reihe nach.

Die Sonne Australiens brennt heiß. Juliane Weber, Kohls Vorzimmer-Lady, hatte schon in Bonn die Parole ausgegeben: »Sonnencreme nicht vergessen!« Nun also am anderen Ende der Welt. Der Kanzler geht baden, die Fische flüchten, Mitarbeiter schnorcheln oder tauchen mit Sauerstoffflasche – am längsten Korallenriff der Erde, dem Great Barrier Reef, der Nordostspitze Australiens vorgelagert. Es ist ein Samstag im Mai 1997. Das offizielle Besuchsprogramm hat noch nicht begonnen. Mitgereiste Abgeordnete, hohe und niedere Ministerialbeamte, Wirtschaftsbosse, Journalisten, Bodyguards und Fliegersoldaten schielen einander mit verstohlenem Blick auf blasse Bäuche über weiten, bunten Badehosen. Keine Frage, wer den dicksten hat.

Ich schwimme zum Kanzler, der sich mit einigen wenigen am weitesten rausgewagt hat. Mit dem Wasser bis zum Hals wirkt er weniger Respekt heischend. »Das wäre was für Franz Josef Strauß gewesen«, rufe ich ihm zu.

»Wir sind oft zusammen geschwommen«, ruft er zurück, wischt sich ein paar Salzwasserspritzer aus dem Gesicht. Später, ich bin längst wieder angezogen, badet er immer noch in den Fluten des Südpazifik. Bis plötzlich sein Büroleiter Walter Neuer laut fordert: »Ein Handtuch für den Kanzler, aber schnell.«

Großzügig hat der Kanzler alle eingeladen, mit ihm in einem von der australischen Regierung gestellten und bezahlten (!) Ausflugsboot zum Riff hinauszufahren. Einzige Auflage: »Es wird nicht fotografiert.« Politiker in Badehose geben selten eine starke Nummer ab. Als der mitgereiste FDP-Abgeordnete Haussmann vor der Abfahrt zum Riff trotzdem einen Fotoapparat in die Hand nimmt, pfeift ihn der Kanzler an: »Tu das Ding weg!«

Während wir noch schwimmen, wird in Deutschland bereits von Agenturen ein Badehosenfoto des Kanzlers angeboten.

Der ebenfalls mitgereiste Chefredakteur der »Hamburger Morgenpost«, Mathias Döpfner, der es Jahre später zum Vorstandsvorsitzenden des Springer-Konzerns bringen wird, ist verunsichert, holt sich bei mir Rat: »Meine Redaktion setzt mich unter Druck. Sie will das Foto unbedingt bringen. Aber Kohl will das doch ausdrücklich nicht. Was macht Ihre Redaktion, die ›Bild‹-Zeitung?«

»Keine Ahnung. Aber ich kann in Hamburg anrufen und es herausfinden.«

»Das wäre nett. Vielen Dank.«

Am nächsten Tag erscheint das Foto vom deutschen Regierungschef in Badehose in fast allen deutschen Zeitungen, auch in Döpfners »Hamburger Morgenpost«. »Bild« breitet es sogar auf einer Viertelseite aus – geschossen übrigens von australischen Paparazzi bereits am Swimmingpool des Sheraton-Hotels in Port Douglas, wo der Kanzler residiert. Seine Mitarbeiter bekommen unmittelbar vor der Veröffentlichung Wind davon, reden heftig auf uns mitgereiste Journalisten, also auch auf Döpfner, ein, durch Anrufe in den Heimatredaktionen den Abdruck zu verhindern. Vergebens. Als die Delegation anderntags die Zeitungsausschnitte mit dem Badehosenfoto aus Deutschland zugefaxt bekommen, lautet das Urteil: »Eigentlich sieht der Chef doch ganz passabel aus.« Aber vorher große Aufregung.

Nach diesem Bade-Wochenende am Anfang der Australien-Visite beginnt in der Hauptstadt Canberra der zweitägige offizielle Besuch: Begrüßung durch Premierminister John Howard mit 19 Schuss Ehrensalut – normalerweise vorbehalten für Staatsoberhäupter, dann allerdings 21 Schuss –, anschließend politische Gespräche, Treffen mit dem Generalgouverneur des Commonwealth, dem Oppositionsführer und Wirtschaftsrepräsentanten, Festessen mit Ansprachen und Nationalhymnen im House of Parlament.

Erstaunlich, wie wenig man vorher – den Bundeskanzler einbezogen – von einem Land wie Australien wusste. Noch vor dem Begrüßungszeremoniell hatte Kohl am Grabmal des Unbe-

Mit Helmut Kohl, dessen Büroleiter Franz-Josef Bindert (stehend, li.) und Regierungssprecher Peter Boenisch (stehend, r.) u.a. in der Kanzlermaschine während der Japan-Indonesien-Indien-Reise, 1983 (Nayhauß: sitzend, 3. von links)

kannten Soldaten, in einem großen, unter freien Himmel gelegenen Innenhof, feierlich-ernst einen Kranz niedergelegt. Dabei fiel sein Blick auf übermannshohe, ringsum angebrachte Tafeln. Auf ihnen sind in schwarzen Lettern die Kriegsschauplätze verzeichnet – dreißig an der Zahl –, auf denen australische Soldaten ihr Leben ließen: von Flandern bis Kreta, von Palästina bis Burma, in China, Sudan, Vietnam, Korea, Europa. Insgesamt 102 601 Gefallene, davon über achttausend im Kampf gegen Hitler-Deutschland.

Ihre Namen rechts und links auf hohen schwarzen Metalltafeln in kleinen Messingbuchstaben verewigt: »Andrews, Hamilton, Habersberger …«. Kohl wirkt betroffen, deutet auf eine der Tafeln. »Von einem Bataillon fiel mehr als ein Drittel.« Auf einer Pressekonferenz richtet er eine Botschaft an das australische Volk: »Denken Sie bitte daran, dass der Sinn von einem vereinigten Europa auch der ist, dass Australier nie wieder in einen Krieg nach Europa ziehen müssen.«

Greifbare Ergebnisse bringt der Besuch nicht, sieht man von einem schnell abgeschlossenen Kultur-Vorabkommen und einer vereinbarten Forschungskooperation ab, von der eine ostdeutsche Firma profitieren soll.

Nach einem Zwischenaufenthalt in Sydney, der größten Stadt Australiens, fliegen wir nach Neuseeland, zu einem »Musterländle«. Der Kanzler staunt nicht schlecht: Womit sich seine Regierung seit Jahren herumplagt, Deutschland durch Reformen auf dem Arbeitsmarkt, im Gesundheitswesen, in der Verwaltung und bei der Besteuerung neuen Schwung zu verschaffen, haben seine Gastgeber 1997 längst bewerkstelligt. Die Steuersätze wurden halbiert, die Einkommensteuer auf 21 und 31 Prozent gesenkt, die Arbeitslosigkeit von 11,5 auf 6,4 Prozent abgebaut und Subventionen – auch für die Landwirtschaft – abgeschafft. Der Staatshaushalt schließt seit Jahren mit einem Überschuss ab. Eine Labour-Regierung leitete die Wende ein, der danach regierende konservative Ministerpräsident James Bolger setzte sie fort.

»Wir sollten voneinander lernen«, sagt Kohl nach der Landung, lässt aber offen, was die Neuseeländer von den Deutschen übernehmen könnten.

Am zweiten Tag seines Aufenthaltes fährt er mit seiner Delegation aufs Land, durch eine leicht wellige Landschaft mit riesigen Farmen und weitflächig grasenden Schafen, die das Produkt liefern, für das Neuseeland weltberühmt ist: Wolle. Ministerpräsident Bolger schenkt Kohl einen Anzugsstoff aus feinster neuseeländischer Wolle. Außerdem zeigt er ihm ein Weingut. Mit Kennerblick inspiziert der Kanzler die Weinstöcke und befindet nach einer Weinprobe: »Ausgesprochen schmackhaft.« Dann, so aufgeräumt ist seine Stimmung, stellt er sich mit den Journalisten zu einem Erinnerungsfoto auf. »Nun macht mal alle ein freundliches Gesicht.«

Zurück geht es mit Stopps in Hongkong und Kasachstan. Letzteres eigentlich nur zum Auftanken. Der Präsident dieser ehemaligen Sowjetrepublik kommt immerhin zu politischen

Gesprächen an den Flughafen von Almaty. Früher als vom Protokoll vorgesehen, hebt der Luftwaffen-Airbus »Konrad Adenauer« in Richtung Heimat ab. Kohl drängt es nach Hause. Nach sieben Stunden und zwanzig Minuten landet die Maschine planmäßig. Aber nicht in Bonn, sondern auf dem Stützpunkt der US Air Force in Ramstein, Pfalz. Von dort hat es der Kanzler näher zu seinem Bungalow in Oggersheim. Es ist Samstag. Er hat in elf Tagen fünf Länder besucht, zweimal den Äquator überflogen, 22 Mal das Hemd gewechselt und keine Lust auf sein Bonner Büro. Bevor er seinen vorgefahrenen Mercedes besteigt, wie gewohnt auf der Beifahrerseite, ruft er uns, die weiter nach Bonn fliegen, ein froh gestimmtes »Tschüs« zu.

»Sie waren ein besonders angenehmer Mitreisender«, sagt er bei der Verabschiedung zu mir. Ich bin baff. Noch mehr der mitgeflogene Hausfotograf aller Kanzler, Konrad R. Müller. »Da können Sie sich aber was drauf einbilden«, kommentiert er das ungewöhnliche Lob. Mag sein. Nur, nach Jahrzehnten im journalistischen Geschäft weiß ich, was von solchen Sprüchen zu halten ist. Jahre später, Kohl ist nicht mehr Kanzler, interviewt ihn der stellvertretende Chefredakteur eines großen deutschen Magazins in Berlin. Die Herren sitzen in Kohls Büro Unter den Linden, Ecke Wilhelmstraße. Als das Gespräch auf Journalisten generell kommt, sagt der Altkanzler: »Die meisten sind ja okay, man muss mit ihnen leben, aber dann gibt es einige Piranhas. Einer von denen sitzt dort drüben.« Dabei macht er mit seinem wuchtigen Schädel eine Bewegung zum Fenster. Auf der anderen Straßenseite habe ich zu jener Zeit mein Büro.

Kurz nach der Australien-Reise ruft mich mein Freund und Kollege Claus Jacobi, inzwischen Hausgeber der »Welt«, an: »Wir suchen einen neuen Chefredakteur. Fällt dir jemand ein?«

»Im Moment nicht, aber ich überlege und ruf' dich morgen zurück.«

Mir fällt ein Kollege ein, den ich auf der gerade absolvierten Reise kennenlernte – und sympathisch fand. Also rufe ich »Jaco«

anderntags zurück: »Ich weiß jemanden, aber er ist Chefredakteur von einem der SPD nahe stehenden Blatt.«

»Macht nichts. Wir verhängen keine Sippenhaft.«

Ich nenne ihm den Namen Mathias Döpfner, er verspricht, den Tipp weiterzugeben. Im Frühjahr 1998 übernimmt Döpfner die Chefredaktion der »Welt«.

Meine kürzeste Kanzlerreise führte mich für vier Stunden ans Rote Meer. Start kurz vor 5 Uhr früh vom Köln/Bonner Flughafen zum Anti-Terrorgipfel in Sharm el Sheikh, Ägypten. Zu dieser unchristlichen Zeit, nach nur knapp vier Stunden Schlaf, sieht auch der Kanzler nicht besonders frisch aus. Etwas blass, leicht verwuscheltes Haar, Hemd ohne Schlips. »Na, so fröhlich hier miteinander?«, zieht er uns mitfliegende Journalisten auf. »Vielleicht sollten wir uns öfters um diese Zeit treffen.« Seine Stimme klingt kratzig. Am Abend vorher hatte er auf einer Wahlkundgebung in Pforzheim im Freien bei minus 6 Grad und Schneetreiben gesprochen und war erst nach Mitternacht ins Bett gekommen. Das Gipfeltreffen schmeißt seine Termine über den Haufen. Die Konferenzidee kam von Clinton. Ägyptens Ministerpräsident Mubarak wurde als »Co-Sponsor« für ein plötzliches Treffen der Staats- und Regierungschefs von 30 Staaten an der Südspitze der Halbinsel Sinai gewonnen. Ziel: Peres und Arafat den Rücken zu stärken, vom Friedensprozess trotz damals bereits schrecklicher Bombenattentate nicht abzulassen und der israelischen Bevölkerung das deutliche Zeichen zu geben: Der Westen (plus Russland und Japan) hält zu euch. Genützt hat es, wie man heute weiß, absolut nichts.

Die Luftwaffenmaschine des Kanzlers muss 70 Minuten über Sharm el Sheikh Warteschleifen ziehen, der Flughafen mitten in der Wüste ist dem Ansturm der Prominenz nicht gewachsen. Auf der einen Seite das dunkelblaue Wasser des Roten Meeres, auf der anderen karges, gezacktes Gebirge. Der Tagungsort ist ein von Europäern bevorzugtes Urlaubsziel. Das Treffen findet daher im »Mövenpick« an einem riesigen, mit grünem Tuch bespannten Konferenztisch statt. Dem deutschen Regierungschef bringen die Teilnehmer den meisten Respekt entgegen. Er besitzt die besten Beziehungen zu allen Anwesenden. Seine Erklärung am Konferenztisch ist kurz, beginnt mit dem Satz: »Die Attentate sind eine Herausforderung an die Staatengemeinschaft.«

Beim Gruppenfoto steht er ganz gegen seine Gewohnheit bescheiden in der zweiten Reihe außen. Nicht vordrängen, nicht die Feinfühligkeit arabischer Teilnehmer verletzen. Syrien, Libyen, Libanon und der Iran fehlen bereits am Verhandlungstisch. Darum heißt das Treffen auch offiziell »Peacemakers Summit« – Friedensstifter-Gipfel. Und nicht Anti-Terrorgipfel. Am liebsten hätten es die Israelis gesehen, wenn Clinton und Kohl gemeinsam in Tel Aviv aufgetreten wären. Aber das hätte die Araber vergrätzt. Der Gipfel in Sharm el Sheikh ist der Kompromiss.

Am selben Abend landet der Kanzler schon wieder in Bonn, hat am nächsten Tag Wahlkampf mit Auftritten in Lörrach und Villingen – mit viel Hustensaft.

Das Geheimnis einer anderen Reise mit Kohl sind zehn mitgeführte Sauerstoffflaschen – wegen der dünnen Höhenluft, die uns in Tibet erwartete. Und ich – wir Journalisten waren vorausgeflogen – ziehe mir, wie immer ohne Kopfbedeckung, den ersten Sonnenstich meines Lebens zu. Der Flugplatz Gongar liegt etwa 4000 Meter hoch. Die Sonne brennt hier von einem wolkenlosen Himmel herab. Als Kohl landet, wird er vom Vorsitzenden der autonomen Regierung Tibets, Doje Cering, begrüßt. Dieser legt dem Kanzler und den Begleitern zur Begrüßung lange weiße Schals aus Rohseide um den Hals. Drei hübsche Tibeterinnen in Landestracht wollen dem Kanzler aus einer verzierten Kanne Chang anbieten: tibetisches Bier, vermischt mit Yak-Butter. Aber er bemerkt die Mädchen vor lauter Händeschütteln nicht. Eine Kolonne von 70 (!) Wagen bringt Kanzler und Begleitung in die zirka 100 Kilometer entfernte

Hauptstadt Lhasa. Soldaten haben die gesamte Straße abgesperrt. Auf der Fahrt sieht Kohl Yak-Rinder und ihm zuwinkende Bauern. Auf den schlichten Häusern aus Feldsteinen und Lehm wehen bunte Gebetsfahnen. Der Kanzler, von der kahlen Berglandschaft tief beeindruckt: »Eine völlig andere Welt.«

Die zehn Sauerstoffflaschen sind auf Anordnung von Kohls Leibarzt, dem Ludwigshafener Prof. Dr. Helmut Gillmann, mitgenommen worden. Außerdem ist im Hotel an jedem Bett eine Sauerstoffmaske installiert. Der Kanzler benutzt sie nicht, aber ein, zwei Kollegen setzt die Höhenluft derart zu, dass sie Tag und Nacht im Bett bleiben – mit aufgesetzter Sauerstoffmaske.

Wegen des Besuches in Tibet, das seit 1950 von China besetzt gehalten wird, gibt es kritische Fragen. Ein australischer Journalist: »Könnte Ihr Besuch nicht von der chinesischen Propaganda missbraucht werden?« Kohl: »Ich habe mich seit meiner Studienzeit mit Tibet beschäftigt und will mir ein eigenes Bild machen.«

Auf seinem Programm steht der Besuch des »Potala-Palastes«. Dort residierte bis zu seiner Flucht der Dalai Lama, der vom tibetischen Volk als Gott verehrt wird. Er lebt nach wie vor im Exil, inzwischen auch sein Nachfolger.

Tibetische Tubas und Trompeten tuten wie Nebelhörner vom Klosterdach, Pauken und Zimbeln tönen – Äbte und Mönche des Drepung-Klosters nahe der tibetischen Hauptstadt Lhasa begrüßen den Kanzler in roten Festtags-Kutten, vertreiben für den Besuch die bösen Geister. Das Drepung-Kloster war einst das größte und reichste Tibets, in dem sage und schreibe zehntausend Mönche lebten. Als ihr geistliches Oberhaupt, der Dalai Lama, 1959 vor den Chinesen floh, endete auch das Klosterleben. Bei Kohls Besuch gibt es wieder vierhundert Mönche.

»Steil ist der Weg ins Himmelreich«, sagt der mitgereiste Prälat Paul Bockelt vom Kommissariat der deutschen katholischen Bischöfe angesichts einer fast senkrechten Klostertreppe. Indes, Treppen und Höhe machen dem Kanzler nichts aus. Er schreitet beim Besichtigungsprogramm in Wanderschuhen geschwind bis auf 4000 Meter hoch, als sei er im Pfälzer Wald. Prof. Gillmann hat ihn am Abend zuvor fit gemacht: 500 Milligramm Aspirin und eine Tablette Diamox, ein Mittel gegen Höhenkrankheit.

Der Kanzler besichtigt die Studierstuben und die Küche der Mönche. Am Morgen hatte Kohl Tibets größtes Heiligtum, den Jokhang-Tempel in Lhasa, besucht. Zu seinen Ehren sprudelt Wasser aus dem Springbrunnen auf dem Tempelplatz. Die Mönche lassen sich beim Gebet nicht stören, Pilger werfen sich zu Boden.

Mit Frau Hannelore und Sohn Peter durchstreift der Kanzler den Bazar, ersteht für umgerechnet 25 Mark eine Kette mit einem Herzen aus Horn und einem Fisch links und rechts. Hannelore Kohl: »Ich bin Fisch.« Viele Einheimische danken dem Kanzler für seine Reise nach Tibet. Einer meint: »Ein Bild sagt mehr als tausend Worte.« Kohl am Ende des Tages: »Ein unersetzliches Erlebnis.«

Am zweiten Tag ist er muffelig. Vielleicht hat er zu viel Höhensonne abbekommen, denn er trägt keinen Hut. Sein Kopf ist gerötet. Beim ersten Programmpunkt, der Besichtigung des weltberühmten Potala-Palastes, duldet er keine Presse. Die Journalisten dürfen eine Stunde später folgen. Aber wie finden wir einen Kanzler in einem Palast mit über 1000 Zimmern? Dort, wo es von kleinen chinesischen Polizisten in Zivil nur so wimmelt: auf dem Dach. Kohl trägt diesmal einen hellbraunen Blouson, Hemd ohne Krawatte, leicht ausgebeulte Hosen und Wanderschuhe. Er klagt: »Ich habe ungeheuren Durst. Wenn mir jetzt der Graf Nayhauß, statt Artikel zu schreiben, ein Tsingtau-Bier beschaffen würde, ginge es mir besser.« Er ist also wieder besser gelaunt.

Vor dem Nachmittagsprogramm hatte ihm gegraut: Über 200 Kilometer Autofahrt, zum Teil auf Schotterpiste, bei glühender Hitze. Ziel: ein Kraftwerk, wo aus 172 Grad heißen Quellen Strom gewonnen wird und mit dem durchlaufenden Wasser in 4300 Meter Höhe Gewächshäuser betrieben werden. Auf gezielte Fragen: »Wie viele Menschen werden von hier mit Strom versorgt?«, bekommt der Kanzler die Auskunft: »6000.« Kohl verärgert: »Das kann nicht stimmen.« Tatsächlich wird die ganze Hauptstadt versorgt.

Auf der Rückfahrt lässt er die diesmal 60 Wagen lange Kolonne stoppen, um mit Frau Hannelore eine tibetanische Yak-Kuh mit zwei Kälbern aus der Nähe zu betrachten. Sein Pech: Die ebenfalls herausgesprungenen, beflissenen Begleiter verscheuchen ungewollt die Tiere.

Wieder ein Grund, sich zu ärgern.

Im Januar 2004 begleite ich Kohls Nachfolger Gerhard Schröder auf einer Afrika-Reise – die damals als gefährlich eingestuft wurde. In Kenia, einer Station der Reise durch vier Länder, hatten 1998 islamische Terroristen die amerikanische Botschaft in die Luft gejagt. Darum hat Schröder zum ersten Mal auf einer Auslandsreise zwei Sprengstoffspürhunde des Bundesgrenzschutzes dabei – »Justy« und »Jacko«, zwei deutsche Schäferhunde. Bei jedem Quartierwechsel schnüffeln sie die Kanzlersuite ab, bevor Schröder die Räumlichkeiten betritt.

Es ist seit Bestehen der Bundesrepublik erst die dritte Reise eines deutschen Bundeskanzlers nach Schwarzafrika. Bei der ersten, als Helmut Schmidt 1978 Nigeria und Sambia besuchte, schickte die deutsche Botschaft in Sambia ein Fernschreiben ans Auswärtige Amt: »Erbitten für eine bessere Versorgung des Bundeskanzlers einen Sack Mehl, drei Büchsen Kaffee Marke ›Gold-Mocca‹, drei Kästen Bier.« Es blieb nicht dabei. Insgesamt fünf Tonnen Lebensmittel und Getränke wurden zur Selbstversorgung der sechsundachtzigköpfigen Delegation mitgeführt. Außerdem für jede Mahlzeit neues Geschirr, weil man das Spülwasser in den Hotels nicht für keimfrei hielt.

Ganz andere Verhältnisse auf der Reise Schröders. Das Sheraton-Hotel in Äthiopiens Hauptstadt Addis Abeba, wo er die erste Nacht verbringt und Premierminister Meles Zenawi ihm zu Ehren ein Essen gibt, ist allererster Güte. Abgeholt hatte ihn zudem der Gastgeber nach der Landung in einem Cadillac. Ausländische Gäste brauchen mithin auf westlichen Komfort nicht zu verzichten. Andererseits lebt die Bevölkerung, als Schröder kommt, in tiefster Armut: 64,5 Prozent Analphabeten, auf 32 650 Einwohner ein Arzt, das durchschnittliche Pro-Kopf-Einkommen umgerechnet 83 Euro im Jahr.

Was will Schröder in einem solchen Land? Geld zu verschenken hat er bei der miesen Haushaltslage zu Hause nicht. Stattdessen will er Mut machen – Mut zur Selbsthilfe. Die vier Länder, die er besucht – neben Äthiopien, Kenia, Südafrika, Ghana –, machen erste Fortschritte in Richtung Demokratie und Menschenrechte. In Addis Abeba wurde 2002 die »Afrikanische Union« gegründet, ein Zusammenschluss mehrere Staaten, der ähnlich wie die EU funktionieren soll. Schröder in einer Rede vor diesem Gremium: »Auf diesem Weg will Deutschland, will Europa, den Völkern Afrikas ein ehrlicher Partner sein.«

Während der Kanzler bei sommerlich angenehmen Temperaturen durch Afrika tourt, werden daheim im winterlich-chaotischen Deutschland Witze über seinen Trip gemacht. Zum Beispiel im Radio mit einem fingierten Interview: »Herr Bundeskanzler, wie haben Sie sich auf Ihre Afrikareise vorbereitet?«

»Ich habe meinen Freund Roberto Blanco befragt.«

»Aber der ist doch Kubaner!«

»Macht nix. In der Politik gilt eh mehr Schein als Sein.«

Dabei vermeidet Schröder schon bei der Programmplanung alles, was nach Lustreise aussehen könnte. Keine Abstecher ins Innere der zu besuchenden Länder, schon gar nicht eine Safari. Das Äußerste, was er sich gestattet, ist ein Besuch des Nationalparks von Nairobi. Sein Afrika-Besuch sollte eine Mischung von Peace Keeping und Salestrip sein. Nichtsdestotrotz überschreibt die »Frankfurter Allgemeine Zeitung« einen Bericht ihres Korrespondenten Dr. Eckart Lohse: »Schröder auf Safari«. Regierungssprecher Anda beschwert sich bei Lohse: »Sogar Nayhauß hat geschrieben, dass das keine Safari ist.«

Mit Gerhard Schröder u.a. während eines Fluges zum G8-Wirtschaftsgipfel im kanadischen Kananaskis, 2002

Unter den Schröder begleitenden Vertretern der Wirtschaft waren vorwiegend Mittelständler, wie der Vorstandsvorsitzende und Mitinhaber der Daun & Cie. Aktiengesellschaft, Claas Daun, und die Geschäftsführende Gesellschafterin der Helmut Peiler Montanwärme GmbH, Renate Bischoff. Letztere hatte, wie auch einige andere, eine eigene An- und Abreise bevorzugt. Im Gegensatz zum Kanzler hatten sie nicht eine ganze Woche in ihren Firmen fehlen wollen. »Big shots«, wie Lufthansa-Chef Mayrhuber und der damalige Mercedes-Boss Schrempp, reisten ebenfalls auf eigene Faust an und stießen nur in Südafrika dazu.

Entwicklungshilfeministerin Heidemarie Wieczorek, ursprünglich mit eingeplant, sagte gänzlich ab, und zwar so kurzfristig, dass ihr Name noch in allen Programmen steht. Sie sei erkrankt, heißt es. Gemunkelt wird, sie wolle dem aufgebrachten Kanzler nicht begegnen, der sich über ihre Beteiligung an einer Demo gegen einen Umzug des Bundeskriminalamtes von Bonn nach Berlin und dabei lautstark vorgetragener Kritik an

Innenminister Schily geärgert hatte. Zu Juso-Zeiten machten die beiden noch gemeinsame Sache. Morgens brachte die »rote Heidi« Schröder mit dem Kampfruf in Schwung: »Aufstehen, Gerd, Konzerne knacken!«

Der Kanzler scheint während seiner Reise von der deutschen Innenpolitik völlig abgenabelt. Wann immer wir Journalisten, angeheizt durch Anrufe unserer Heimatredaktionen, ihn befragen wollen, zum Beispiel nach dem Schicksal des später gefeuerten Präsidenten der Bundesagentur für Arbeit, Gerster, oder dem ungeschickten Taktieren des Innenministers bei der Frage der Verlegung des Bundeskriminalamtes nach Berlin oder gar nach einer möglichen Kabinettsumbildung, blockt er mit flauen Entschuldigungen ab. Mal weil gerade sonntag ist, »und ich sonntags nicht arbeite«, mal weil er sich fern der Heimat angeblich nicht ausreichend informiert fühlt. Dabei hat er schon beim Frühstück am Hotel-Pool das Handy am Ohr und bekommt mehrmals am Tag die Nachrichtenlage über das Bundespresseamt zugefaxt. Wenn das nicht gereicht hätte – in seiner Delegation befindet sich Dr. Elke Ramlow, eine Internet-Redakteurin des Bundespresseamtes, die ihm nach Bedarf alle Nachrichten dieser Welt aus dem Internet abrufen könnte.

Schröder kommt bei den Afrikanern gut an. Er verspricht ein bisschen Geld, strahlt Vertrauen aus und beweist Witz. Nach Besuch des als Freigehege angelegten Nationalparks von Nairobi mit Blick auf Giraffen, Impalas und Büffel sagt er vor der Rückfahrt: »Ich hoffe, dass uns jetzt die Löwen zu unseren Autos begleiten.«

Er, der genüssliche Rotweintrinker, greift auf dieser Reise demonstrativ nur zu Wasser, zumal sich in Berlin das Gerücht hält, der Kanzler genehmige sich zu oft ein Gläschen. Bei den obligaten Toasts belässt er es bei einem höflichen Nippen am Glas. Aber kurz vor dem Zubettgehen zischt er doch noch ein Bierchen in der Hotelbar.

Gelegentlich behandeln die Afrikaner Schröder, als sei er der König von Deutschland. Bei seiner offiziellen Begrüßung am Präsidentensitz von Südafrika vollführte eine der ihm vorgestellten Damen, die Leiterin der Europaabteilung im Außenministerium, einen Hofknicks. Und als er während der letzten Station seiner Reise, in Ghana, auf dem Flughafen von Accra mit militärischen Zeremoniell verabschiedet wird, schießen die Ghanaer aus einem Geschütz Ehrensalut – eine Geste, die nach internationalem Protokoll Staatsoberhäuptern vorbehalten bleibt, und dann zu deren Ankunft.

Der kurze Bericht meiner Reise mit Schröder war an dieser Stelle natürlich ein Vorgriff. Denn im zeitlichen Ablauf meiner Lebensgeschichte folgt seine Kanzlerschaft erst einige Jahre später. Zunächst einmal darf Kanzler Kohl seinen vielleicht größten politischen Erfolg feiern.

Die Berliner Mauer fällt

Es ist wohl der größte Tross, mit dem ein Kanzler auf Auslandsreise geht. Am 9. November 1989, Punkt 13 Uhr, startet Helmut Kohl von Bonn aus mit zwei Luftwaffenmaschinen nach Warschau. Mit ihm 200 Begleiter. Dabei: fünf Bundesminister, 70 Sondergäste, darunter Krupp-Chef Beitz, Deutsche-Bank-Boss Herrhausen. Es geht vor allem um eine neue Annäherung Deutschlands an Polen. Aber dann wird das plötzlich zur Nebensächlichkeit.

Am Abend des Ankunftstages gibt der polnische Ministerpräsident Tadeusz Mazowiecki dem Kanzler im ehemaligen Palais des Fürsten Radziwill ein Gala-Essen. Danach, so hat es Kohl uns über hundert mitgereisten Journalisten versprochen, will er in unser Quartier, ins Hotel Marriott, kommen, um im vertraulichen Hintergrundgespräch – ohne Fernsehkameras, ohne Tonbandgeräte – zu berichten.

Just während er speist, fällt in Berlin die Mauer, umarmen sich im Freudentaumel Zigtausende aus Ost und West. Als Kohls in Bonn zurückgelassener »Horchposten«, Eduard Ackermann, die Sensation durchtelefoniert, »Herr Doktor Kohl, halten Sie sich fest, die DDR-Leute machen die Mauer auf«, will der Kanzler es nicht glauben. »Das gibt's doch nicht. Sind Sie wirklich sicher?«

Ackermann: »Das Fernsehen überträgt live aus Berlin. Ich kann es mit eigenen Augen sehen.« Kohl: »Das ist ja unfassbar.« Er will es noch immer nicht glauben, als er zu uns stößt, und poltert erst einmal los: »Was sollen die vielen Kameras? Ein Hintergrundgespräch war vereinbart, ohne Fernsehen und Fotografen.«

Wir überhören seine zornige Beschwerde, decken ihn mit Fragen ein: »Werden Sie nach Berlin zurückfliegen?«, »Haben Sie schon mit Bush und Gorbatschow telefoniert?«, »Was ist mit Maggie Thatcher?« Kohl trotzig: »Wir sind hier, um über meine Polenreise zu sprechen. 'Tschuldigung, ich kann das meinen Gastgebern nicht antun, einfach abzureisen.« Der Historiker Kohl scheint die historische Tragweite der Ereignisse nicht zu begreifen. Erst später, als er, noch im Hotel, mit Genscher konferiert, überhaupt mit Bonn mehrmals telefoniert, dämmert ihm, dass jetzt sein Platz in Deutschland sein muss. Er entschließt sich nach Stunden des Zögerns, seine Polenreise doch zu unterbrechen und nach Berlin zu fliegen.

In seinen Memoiren stellt er später die historischen Momente so dar: »Im Marriott-Hotel in Warschau traf ich die mitgereisten Journalisten, die mich mit Fragen überschütteten: ›Wie beurteilen Sie die Ereignisse in Berlin?‹ ›Wann kommt die Deutsche Einheit?‹ Tatsächlich werde in diesen Stunden Weltgeschichte geschrieben, erwiderte ich und sagte, ich hätte nie daran gezweifelt, dass die Einheit Deutschlands einmal Wirklichkeit werden würde. Dann zog ich mich mit meinen engsten Mitarbeitern zu einer kurzen Beratung im Hotel zurück. Hier sah ich die ersten Fernsehbilder aus Berlin. Sofort stand für mich fest, dass ich trotz der Wichtigkeit meines Polen-Besuchs zurück nach Deutschland musste.«

Satelliten-Telefon, Standleitungen, Besprechungen bis tief in die Nacht – im Jet nach Berlin, das Gepäck noch in Warschau, ist Helmut Kohl »full in action«. Sein Gesicht ist vor Erregung gerötet, der Windstoß der Weltgeschichte ereilt ihn. Seine Sensoren sind weit ausgefahren: Ackermann hier, Teltschik dort, Seiters am Telefon, Pressekonferenzen überschlagen sich.

Was macht der Kanzler jetzt, was als Nächstes? Telefoniert er mit Bush? Mitterrand? Gorbi? Oder gar mit Krenz? BDI-Präsident Tyll Necker, mit Kohl in Polen, voller Bewunderung: »Der Kanzler ist von einer Dynamik!« Nur schwer zügelt Kohl ein Triumphgefühl: »Das Ziel der Einheit wird von uns erreicht.«

»Helmut Kohl demnächst Kanzler aller Deutschen?«, schreibe ich in meiner »Bild«-Kolumne aus Warschau. Seine polnischen Gastgeber sehen wie er im Fernsehen die bewegenden Bilder. Die Berliner tanzend auf der Mauer, der Bundestag das Deutschland-Lied singend – angestimmt von drei Abgeordneten, darunter der Konditormeister Ernst Hinsken (CSU). »Und was singen wir jetzt?«, fragte schmunzelnd Polens Kommunisten-Chef Rakowski am Schluss des Gala-Essens zu Ehren des Kanzlers. Kohl hat seinen Leibarzt, den Ludwigshafener Professor Gillmann, wie auf fast allen Auslandsreisen sicherheitshalber dabei. Der diagnostiziert in diesen historischen Stunden: »Der Kanzler braucht keine Schonung. Der Erfolg trägt ihn.«

Kohls Anwesenheit am nächsten Tag ist zunächst in Berlin gewünscht, wo vom Balkon des Schöneberger Rathauses, dem Sitz der West-Berliner Stadtregierung, eine große Kundgebung mit den Spitzen der Politik erfolgen soll. Aber nach Berlin zu fliegen ist leichter gesagt als getan. Das Überfliegen des DDR-Hoheitsgebietes mit einer Maschine der Luftwaffe ohne vorherige Genehmigung verbietet sich, so dass zunächst nach Schweden geflogen wird. Dort müssen Kohl und sein Beraterstab in eine amerikanische Militärmaschine umsteigen, weil wiederum die Luftwaffe mit ihren Flugzeugen in Berlin nicht erwünscht ist.

In Berlin selbst »tanzen die Puppen«. Die Ost-Berliner strömen zu Tausenden in den Westen, sind in einem wahren Freudentaumel. Ein Ost-Berliner gibt die Meinung vieler wieder: »Ick fass mir pausenlos an Kopp. Ick fahr mit meiner Karre über'n Kurfürstendamm.«

Ebenso ergießt sich ein Menschenstrom aus West-Berlin in den östlichen Teil der Stadt, wohin man bisher nur mit einem Passierschein durfte. Am Schöneberger Rathaus trifft der Kanzler quasi in letzter Minute ein, muss sich auf die enge Balustrade, von wo aus die Reden zu den Berliner gehalten werden, quetschen. Er sieht dort Hans-Dietrich Genscher, Willy Brandt, Hans-Jochen Vogel, Walter Momper und andere. Aus nicht begreiflichen Gründen wird er mit einem ohrenbetäubenden Pfeifkonzert empfangen. Die Missfallensäußerungen geben nicht die Meinung der meisten Menschen dort unten vor dem Rathaus wieder, sie gehen von einer Gruppe Linker aus, die versucht, Kohl am Reden zu hindern. In dem heillosen Durcheinander wird Kohl eine Botschaft des sowjetischen Generalsekretärs Gorbatschow mitgeteilt. Dieser sei besorgt, besser gesagt, warne davor, dass aufgebrachte Menschen zum Sturm auf russische Einrichtungen ansetzen könnten. Kohl lässt ausrichten, er habe die Situation voll im Griff, die Sorge Gorbatschows sei unbegründet. Der erste Mann der Sowjetunion gibt daraufhin der DDR-Führung zu verstehen, dass die Russen, anders als am 17. Juli 1953 beim Aufstand der Arbeiter in der DDR, diesmal nicht mit Panzern eingreifen würden.

Als Kohl von der Rathausempore zu sprechen beginnt, wird er niedergeschrien und ausgepfiffen. Mit Mühe nur kann er verkünden: »Alle haben für diesen Tag gearbeitet, wir haben ihn herbeigesehnt. Wir alle stehen jetzt vor einer großen Bewährungsprobe. Wir haben in diesen Tagen von unseren Landsleuten drüben in der DDR, in Ost-Berlin, Leipzig und Dresden in vielen Städten, immer wieder eine Botschaft der Besonnenheit erfahren – eine Botschaft, die sagt, dass es in dieser glücklichen, aber auch schwierigen Stunde in der Geschichte unseres

Volkes wichtig ist, besonnen zu bleiben.« Speziell an die kommunistische Führung in der DDR gerichtet fährt er fort: »Verzichten Sie jetzt auf das Machtmonopol. Reihen Sie sich in jenen Reformgeist ein, der heute in Ungarn, in Polen die Zukunft dieser Völker sichert. Geben Sie den Weg frei für die Herrschaft des Volkes durch das Volk und für das Volk.« Alsdann an die Bevölkerung im anderen Teil Deutschlands gerichtet: »Ihr seid nicht alleine, wir stehen an eurer Seite. Wir sind und bleiben eine Nation, und wir gehören zusammen.«

Den Vormittag des nächsten Tages, des 11. November, einem Samstag, verbringt Kohl in Bonn. Am Nachmittag fliegt er zur Fortsetzung seines Polenbesuches wieder nach Warschau, wo ich und andere ihn begleitende Journalisten zurückgeblieben waren. Vor dort geht es mit Bussen weiter ins schlesische Kreisau und anschließend nach Auschwitz. Warum gerade Kreisau? Gut Kreisau in Niederschlesien war einst Sitz des Grafengeschlechts von Moltke, zuletzt Treffpunkt der Widerständler gegen Hitler.

Bei kaltem Ostwind stehen Deutsche und Polen dicht gedrängt auf dem Gutshof, um mit dem deutschen und dem polnischen Regierungschef einen Friedens-Gottesdienst zu feiern. Ich mitten unter ihnen. Transparente wogen hin und her, mit Aufschriften, wie »Helmut, du bist auch unser Kanzler«. Vor und nach dem Gottesdienst ruft die Menge immer wieder: »Helmut, Helmut!« Der Oppelner Bischof Nossol zelebriert eine Friedensmesse. Innerlich aufgewühlt trocknet sich Kohl mit einem Taschentuch die Tränen. Am Schluss der Messe umarmen sich als Friedensgeste Ministerpräsident Mazowiecki und der Kanzler vor einem großen weißen Kreuz auf der Empore eines Altars. Sie umarmen sich nicht nur, sie küssen einander die Wangen.

Kohl nach der Messe: »Ich blickte immer zum Schloss rüber und dachte, wenn jetzt ein Fenster aufginge und Moltke und die anderen dies erleben könnten, dann wüssten sie, dass ihr Widerstand nicht ganz umsonst war.« Und: »Diese eine Stunde war die ganze Polen-Reise wert.«

Am Nachmittag besucht er den Wallfahrtsort Tschenstochau. In der Marienkapelle des Pauliner-Klosters kniet er vor dem Gnadenbild der schwarzen Madonna. Anderntags geht die weite Reise nach Auschwitz, dem ehemaligen Vernichtungslager der Nazis. Mit gesenktem Haupt betritt er die inzwischen zur Gedenkstätte umgewandelte Örtlichkeit. Über ihm die zynische Inschrift »Arbeit macht frei«. Zum ersten Mal besucht er die Stätte, an der Millionen Menschen Opfer eines verbrecherischen Rassenwahns wurden – vergast, erschossen, erschlagen, verhungert, zu Tode gequält. Drinnen wandgroße Fotos, vorwiegend Frauen, Kinder und ältere Menschen. Ein SS-Arzt, der mit einer Handbewegung über Leben und Tod entscheidet. Berge von verblichenen Haaren, den Ermordeten abgeschnitten und für fünfzig Pfennig verkauft. Dunkle Todeszellen mit in die Wände geritzten Abschiedsbotschaften. Verbrennungsöfen, Reste von Gaskammern und der Galgen, an dem Lagerkommandant Höß aufgehängt wurde.

Kohls Gesicht ist versteinert. Der ehemalig Häftling Kasimir Smolen-Musen, inzwischen Direktor der Gedenkstätte, listet leidenschaftslos auf: »Pro Tag bis zu 30 000 Vergasungen, Verbrauch 20 000 Kilo Giftgas, mit dem Verbrennen kam die SS nicht schnell genug nach.« Die Wunden der Vergangenheit. Kohl legt zwei Kränze nieder, verharrt mit gefalteten Händen minutenlang. Dann beschleunigt er seinen Schritt, als wolle er dem grauenhaften Ort entfliehen. Zum Schluss schreibt er in das Besucherbuch: »Angehörigen vieler Völker – insbesondere der europäischen Juden – wurde in deutschem Namen unsagbares Leid zugefügt.«

Zurück in Warschau unterzeichnen er und Polens Ministerpräsident Mazowiecki eine 14 Seiten umfassende Erklärung, die von wirtschaftlicher und finanzieller Zusammenarbeit, Jugend- und Kulturaustausch und vielem mehr handelt. Aber das Wichtigste: Deutsche und Polen versprechen sich, durch Verständigung und Versöhnung die Wunden zu heilen und gemeinsam eine bessere Zukunft zu gestalten.

Zurück in Bonn, erlebt der Kanzler eine Überraschung: In seinem Arbeitszimmer stehen vor seinem Schreibtisch 50 langstielige rosa Rosen. Dazu auf einer Karte: »Liebe Grüße aus Berlin – Sehn Se, det is och Berlin. Ihre Frau Gedeke.« Das Pfeifkonzert, dem Helmut Kohl vorletzte Woche vor dem Schöneberger Rathaus ausgesetzt war, hatte eine Sympathiewelle ausgelöst. Nicht nur Blumen, auch Stöße von Briefen und Karten gehen immer noch im Kanzleramt ein. Johann G. schreibt: »Als Bürger Berlins bin ich zutiefst beschämt.« Erwin und Margarete W.: »Hiermit entschuldigen wir uns für die Missfallenskundgebungen.« Markus P. aus Bitburg: »Die Pfiffe haben Sie nicht verdient.« Ein FDP-Ortsvorsitzender aus Niedersachsen: »Meine Hochachtung, wie Sie die Pöbeleien pariert haben.« Erstaunlich viele DDR-Bürger schreiben.

Balsam auf seine Wunden. Einer, der auf der Kundgebung hinter Kohl stand: »Natürlich hat ihn das tief getroffen. Wer bliebe da unberührt?« Die Wunden sind inzwischen verheilt. Andererseits wird ihm klar, dass er vor der größten Herausforderung seines politischen Lebens steht: dem Zusammenführen des geteilten Deutschlands. Enorme Widerstände, innen- wie außenpolitisch, gilt es zu überwinden. Horst Teltschik in seinem Werk »329 Tage – Innenansichten der Einigung«, am 12. Tag nach dem Mauerfall: »Wir sind uns einig, dass schier Unglaubliches in Gang gekommen ist.« Kanzleramtschef Rudolf Seiters kommt von Gesprächen mit SED-Chef Krenz und DDR-Ministerpräsident Modrow zurück, gibt deren Ansichten wieder, wie es weitergehen soll: Die DDR müsse ein sozialistisches Land bleiben, ein souveräner Staat, die Wiedervereinigung stehe nicht auf der Tagesordnung. Noch besitzen die Herren das Machtmonopol – Polizei, Staatssicherheit, Streitkräfte. Auch im westlichen Ausland gibt es Vorbehalte gegen ein wiedervereinigtes Deutschland. Frankreichs François Mitterrand reist, als sei nichts geschehen, zu einem bereits früher vereinbarten Staatsbesuch nach Ost-Berlin. Erstaunlicherweise signalisieren dagegen die Russen durch das nach Bonn gereiste ZK-Mitglied

Nikolai Portugalow, dass Moskau mit einer wie immer gearteten Konföderation beider deutscher Staaten einverstanden sein könnte. Washington befürwortet als erster westlicher Partner eine Wiedervereinigung. Kohl weiß, er muss äußerst behutsam, stufenweise vorgehen. Es ist der 21. November. Am 23. November erklärt sich Teltschik bereit, unterstützt von einer Arbeitsgruppe, ein entsprechendes Konzept zu entwickeln. So entsteht der Zehn-Punkte-Plan zur deutschen Einheit – Kohl gab den Anstoß, aber Teltschik brachte ihn federführend zu Papier. Kohl rechnet mit fünf bis zehn Jahren (!), bis die Einheit vollendet ist, tatsächlich dauert es nur ein Jahr.

Und ich bekomme wieder eine Chance, bei einem historischen Ereignis dabei zu sein. Es ist eine der kürzesten Auslandsreisen Helmut Kohls. Aber es wurde seine wichtigste. Start Samstag, 14. Juli 1990, nachmittags, Köln/Bonner Flughafen. Ziel Moskau. Kohl hat diesmal auf die Begleitung von hochkarätigen Wirtschaftsbossen verzichtet. An Ministern sind nur Hans-Dietrich Genscher, Theo Waigel und der Regierungssprecher im Ministerrang, Hans (»Johnny«) Klein, dabei. Geflogen wird mit zwei Maschinen, weil allein schon die Medien einhundertzwanzig Köpfe zählen. Diesmal sind auch achtzehn ausländische Korrespondenten mit von der Partie – Amerikaner, Franzosen, Italiener, Japaner. Denn Entscheidendes bahnt sich an. In der DDR fanden die ersten geheimen Wahlen zur Volkskammer statt. Jetzt, auf dem Flug nach Moskau, verrät der Kanzler den Journalisten, dass er einen umfassenden Vertrag mit der Sowjetunion anstrebt. Er nennt es einen »Generalvertrag«, widerruft im nächsten Atemzug diese Bezeichnung, weil erst kurz zuvor ein Abkommen gleichen Namens von der gerade souverän gewordenen Bundesrepublik Deutschland mit den Alliierten abgeschlossen wurde. Unter anderem nennt er als hochgesteckte Ziele die NATO-Mitgliedschaft für ganz Deutschland und den Abzug sowjetischer Truppen, ebenfalls aus Gesamtdeutschland.

Vor der Landung, zieht er sich mit den drei Ministern noch einmal zurück, um die Verhandlungsposition abzustecken. Zu den von ihm aufgezählten Themen kommen eine von Moskau angestrebte Reduzierung der Bundeswehr hinzu sowie der Wunsch Bonns nach mehr Rechten und besseren Entwicklungsmöglichkeiten für die über die ganze Sowjetunion verstreut lebenden zwei Millionen Russlanddeutschen.

Es ist 22:35 Uhr Moskauer Zeit, als die Kanzlermaschine sanft und auf die Minute pünktlich in Moskau landet, genauer gesagt auf dem Regierungsflugplatz Wnukowo II. Kohl wird vom sowjetischen Außenminister Eduard Schewardnadse und einem Pulk ranghoher Sowjets empfangen. Vor dem Flughafengebäude wartet eine Kolonne von dreiundzwanzig schwarzen Limousinen. Dazu Gepäckwagen, Wagen der Fernmeldetechniker und natürlich für die zahlreichen Sicherheitskräfte. Moskau zeigt sich im nächtlichen Lichterglanz. Der Kanzler lässt auf einer Anhöhe halten, steigt aus und genießt den ungewohnten Anblick. Nicht wiederzuerkennen ist die Stadt. Ich erinnere mich, als Willy Brandt in den Siebzigerjahren zur Unterzeichnung des Vertrages über die Neureglung der deutsch-russischen Beziehungen dort landet, ist Moskau weitestgehend stockdunkel.

Kohl, Genscher und Waigel sind im Gästehaus der Regierung untergebracht, wir Journalisten im Hotel »Cosmos«. Obwohl erst vor gut einem Jahrzehnt erbaut, sieht es heruntergekommen aus. Die Räumlichkeiten liegen zum Teil im Dunkeln, offenbar ist die Beleuchtung ausgefallen. Für eine halbe Stunde nach Mitternacht ist vom sowjetischen Außenministerium ein »Briefing«, eine Vorausunterrichtung, angesetzt. Wir Journalisten sind pünktlich, die Herren vom sowjetischen Außenministerium nicht. Ein leitender Herr, der Gesandte Wsewolod Sowwa, kommt überhaupt nicht und lässt mitteilen, er müsse sich nach einer vorangegangenen Reise ausschlafen. Schließlich erscheinen die Herrschaften, um uns lapidar mitzuteilen, dass wir quasi keine Chance erhalten würden, auch nur in die Nähe von Kohl und Gorbatschow zu kommen. Entsprechend ist unsere Laune. Zusammen mit den in Moskau ständig arbeitenden

Kollegen sind wir rund einhundertfünfzig Pressevertreter, einschließlich Funk, Fernsehen und Fotografen.

Das eigentliche Problem für uns bahnt sich am nächsten Tag an, wenn Kohl und Gorbatschow nach Archys im Kaukasus fliegen, um dort die Verhandlungen fortzusetzen. Die Russen bestimmen barsch, dass russischer- und deutscherseits jeweils nur fünf Pressevertreter zugelassen sind. Bei uns sind das: Hans-Jürgen Höfer von der Deutschen Presse-Agentur, deren Nachrichten per Ticker an alle deutschsprachigen Medien gehen und aufgrund von Kooperationsverträgen auch von zahlreichen ausländischen Agenturen übernommen werden; Roberto Pfeil, Fotograf von Associated Press, deren Bilderdienst die Pressefotos per Funk weltweit verbreitet; Nayhauß von der »Bild«-Zeitung, Westeuropas größter Tageszeitung; und für das Fernsehen Gerd Ruge von der ARD und sein Kameramann Wolfgang Möcker.

Das große Glück, in diesen exklusiven Super-Pool eingeteilt zu werden, ist eine Sache. Nach Archys, dem Konferenzort, zu gelangen, eine andere. Es beginnt schon damit, dass die Pool-Mitglieder nicht, wie ursprünglich vorgesehen, in der Präsidentenmaschine mitfliegen dürfen.

Als ich mich auf dem Moskauer Flughafen in einer Iljuschin 62 mit Gorbatschows Leibwächtern und Kohls Koffern in Richtung Kaukasus wiederfinde, bin ich noch voller Hoffnung. Aber die zerrinnt bald, als ich erfahre, dass man uns verwehrt, nach einer Zwischenlandung mit einem Hubschrauber weiter nach Archys zu gelangen. Obwohl fest versprochen, lehnt das ein KGB-Mann trocken ab. Also: vierstündige Weiterfahrt mit einem ausgelutschten Kleinbus. Erst breite, asphaltierte, im Gebirge dann schmale, holprige Straßen. Vorbei an Orkanschäden, dann mitten durch Hagel und Sturm. Tanken an einer vorsintflutlichen Benzinpumpe. Verpflegung – Tomaten, gekochte Eier, Quarktaschen und eine Flasche Milch – besorgt der orts- und sprachkundige Kollege Ruge aus eigener Initiative. Unsere Unterkunft in Archys wird nach langem Hin und Her das Erholungsheim eines Elektrokombinats. Wir sind in Mehrbettzimmern untergebracht, in denen die Steckdosen herausgerissen sind und die Türen nicht abgeschlossen werden können.

Die Datscha Gorbatschows, wo die Verhandlungen stattfinden sollen, steht auf einem streng bewachten Gelände, zu dem noch Gästehäuser gehören. In diesen wohnen die deutschen Minister und die Delegation. Nur Kohl darf im selben Haus wie der erste Mann der Sowjetunion logieren. Die Zimmer in den Gästehäusern sind erstaunlich klein und bescheiden, wie in einem Berghotel preiswerter Kategorie – Garderobe, Bad, Schlafzimmer, mehr nicht.

Wir fünf deutschen Journalisten wähnen uns am Ziel unserer Wünsche, Kohl und Gorbatschow aus nächster Nähe zu erleben. Aber die sowjetischen Wachbeamten weisen uns brüsk zurück. Auch der Versuch, mich mit einem Koffer des Kanzlers, dessen Gepäck gerade per Hubschrauber und mit seinem Cheffahrer »Eckie« Seeber gelandet ist, einzuschmuggeln, gelingt nicht. Sie bleiben bei ihrem eiskalt gesprochenen »Niet!«.

Für abends ist ein Essen in Gorbatschows Datscha angesagt. Es ist kurz nach zwanzig Uhr, als zunächst Genscher, dann Waigel mit dem Rest der deutschen Delegation aus ihren Gästehäusern zur Datscha Gorbatschows herüberschlendern. Waigel ruft mir zu: »Graf Nayhauß, kommen Sie mit. Ich überreiche Gorbatschow eine silberne Franz-Josef-Strauß-Gedenkmünze.«

»Die lassen mich hier nicht rein, Herr Minister.«

»Ach was! Kommen Sie, Sie sind mein Staatssekretär.«

Mit grimmigem Blick, fest entschlossen, nähern wir uns der Postenkette am Eingang. Deren erneuter Versuch, mich nicht passieren zu lassen, scheitert an Waigels keinen Widerspruch duldendem Auftreten. »This is my State Secretary!« Er schiebt mich einfach an den Russen vorbei, und ich komme aus dem Staunen nicht raus. Die Landschaft ringsherum ist wunderschön, erinnert an das Allgäu. Gorbatschow trägt Freizeit-Look – schwarzen Pullover, mit einem aufgestickten Ski-Emblem, herausgeschlagenen Hemdkragen, grünliche Baumwollhose und beige Sportschuhe. Er kennt mich von seinem Bonn-Besuch im Jahr zuvor. Jetzt im Kaukasus deutet Gorbatschow auf meinen Schlips: »Den müssen Sie hier ablegen.«

»Wenn er Ihnen gefällt, schenke ich ihn Ihnen.« Es war eine Glasnost-Krawatte, wie sie Bush zum vorangegangenen amerikanisch-russischen Gipfel in Malta trug – mit Friedenstauben, amerikanischen und sowjetischen Fähnchen. Gorbatschow lacht. »Nein, spassibo (danke).« Über Genscher und Schewardnadse, die ebenfalls einen Schlips umhaben, frotzelt der Kanzler: »Die sollten zur Strafe nur noch Frack tragen.« Gorbatschow, alles andere als prüde, erzählt einen Männerwitz: Der Philosoph Kant, angeblich ein Homo, habe sich für eine Nacht mit einer Frau eingelassen und auf die Frage seiner Studenten »Na Meister, wie war es denn?« geantwortet: »Nichts Besonderes, nur ein paar kurze Bewegungen.«

Auch der Kanzler hat sich bequem angezogen: weißes Hemd mit offenem Hemdkragen, dunkle Gabardinehose, seine bekannte blaue Strickjacke. Nach dem Austausch von Freundlichkeiten der Delegationen kommt es zu dem berühmten Spaziergang im Park der Datscha. Beim Heraustreten sieht Gorbatschow die übrigen Journalisten – meine vier deutschen Kollegen und die fünf zugelassenen russischen Medienvertreter –, winkt sie auf das Grundstück, fordert sie auf, die Gruppe zu begleiten. Warum nicht gleich so, denke ich. Rechts und links vom Parkweg Fichten, Tannen und Kiefern, dazwischen hohes Gras. Das Rauschen eines Flusses, des Selentschuks, gibt eine fast romantische Geräuschkulisse ab. Das Flussbett ist etwa zwanzig Meter breit, das Wasser reißend. Es trägt den geschmolzenen Schnee von den hohen Bergen hinab ins Tal. Gorbatschow klettert die letzten Meter der Böschung zum Fluss hinab, streckt Kohl die Hand entgegen, um ihm beim Abstieg zu helfen. Jemand ruft auf Deutsch: »Wenn Sie jetzt ins Wasser fallen, gibt's die Schlagzeile: Gorbatschow gestürzt – riss Kohl mit.« Ein Dolmetscher übersetzt. Gorbatschow und die ganze Gruppe lachen herzhaft.

In Gorbatschows kaukasischer Datscha beschließen der sowjetische Staatspräsident und Helmut Kohl die deutsche Wiedervereinigung, 16. Juli 1990 (Nauhauß: hintere Reihe, 2. von links)

Auf dem Rückweg nehmen die beiden Staatsmänner und Hans-Dietrich Genscher auf einer hölzernen Sitzgruppe Platz. Der Tisch besteht aus einem abgesägten Baumstamm, um ihn herum sind vier weitere, einfach zugehauene Stämme als Stühle platziert. Daneben grobe Holzscheite, vermutlich um im Freien Feuer zu machen. Jetzt entsteht das Foto, das in die Geschichte eingeht: Gorbatschow und Kohl besiegeln die Deutsche Einheit. Tatsächlich ist bis zu dieser Aufnahme noch kaum Tacheles geredet worden. Immerhin, ich bin auf diesem Bild als einziger deutscher Journalist verewigt, weshalb ich später im Bonner Haus der Geschichte hänge.

Dann geht es zurück zur Datscha. Auch hier ist die Einrichtung schlicht, jedenfalls nicht so, wie man sich die Ferienresidenz des mächtigsten Mannes der Sowjetunion vorstellt. Neben einem ausgestopften Steinbock steht ein Schuhputzautomat des deutschen Fabrikats »Hardo«. Köche haben draußen auf einem großen Holzkohlegrill das Essen vorbereitet. Drinnen ist in einem Esszimmer für zwanzig Personen gedeckt. Am Essen nimmt auch Raissa Maximowna, Gorbatschows Ehefrau seit vierunddreißig Jahren, teil. Das Ehepaar ergänzt sich auf hervorragende Weise. Sie gehen liebevoll miteinander um, tauschen verstohlene Blicke aus, und wenn einem beim Erzählen einer Geschichte die Pointe abhandenkommt, hilft der andere nach.

Nach dem Essen ziehen sich Gorbatschow und Kohl mit ihren Dolmetschern zurück. Nun beginnen die eigentlichen Verhandlungen. Die übrigen Mitglieder der deutschen Delegation schlendern in das Billardzimmer, spielen dort ein kurzes Spiel mit einem der Russen. Als Kohl zurückkommt, ist es nach Mitternacht. Er: »Noch nie in meinem Leben habe ich so viel arbeiten müssen, aber ich war auch noch nie in meinem Leben so fröhlich.«

Dennoch steht für den nächsten Morgen noch eine Schlussrunde aus. Dabei gerät die Verhandlung für einen Moment an einen Gefrierpunkt. Es geht um die Bundeswehr in einem Gesamtdeutschland. Man hatte sich in Moskau bereits auf eine Stärke von 370 000 Soldaten geeinigt. Jetzt plötzlich sagt Gorbatschow: »350 000«. Die Miene des Kanzlers verfinstert sich. »Das lehne ich ab. Wir haben 370 000 gesagt. Die Verminderung der Bundeswehr und der Nationalen Volksarmee auf ganze 370 000 ist der größte konventionelle Abrüstungsschritt, den je ein moderner Staat in den letzten Jahren unternommen hat.«

Allgemeine Stille. Gorbatschow: »Na gut, 370 000«, fügt lächelnd hinzu: »Die Differenz von 20 000 übernehmen wir.« Nun allgemeines Aufatmen.

Rückblickend, nachdem durch Sparzwänge, Verzicht der Wehrpflicht und generelle Reform die Bundeswehr inzwischen auf 200 000 Soldaten und Soldatinnen geschrumpft ist, war dies ein überflüssiges Pokern und nicht frei von Komik. Aber so ist das im Leben. Vielleicht sah Staatsmann Gorbatschow die Entwicklung voraus, was es ihm leicht machte, nachzugeben?

Während also in der Datscha am zweiten Tag weiter verhandelt wird, gesellt sich zu uns wartenden Journalisten – inzwischen dürfen wir uns wie selbstverständlich auf dem Grundstück bewegen – Raissa Gorbatschow. Sie trägt ein hübsches weißes Kleid, weiße Handtasche, hat braune Augen, rotes kurzes Haar, ist viel kleiner, etwa 165 Zentimeter, als vermutet. Sofort richten sich die TV-Kameras auf die First Lady. Sie sagt lächelnd etwas auf Russisch. Die sowjetischen Kollegen stoppen wie auf Kommando. Nur der ARD-Mann dreht weiter. Was er nicht versteht: Raissa bittet, mit dem Fotografieren und der Filmerei aufzuhören. Weil er jedoch weiterarbeitet, geht sie auf ihn zu, drückt sanft, aber bestimmt das Kameraobjektiv nach unten, legt alsdann ihren Arm um ihn und ihren Kopf zärtlich an seine breite Schulter. Der Kollege errötet, gesteht hinterher: »Ich wusste nicht, wie mir geschah.« Ein herbeigeeilter Dolmetscher übersetzt ihre nächsten Worte: »Wenn ich nicht gefilmt werde, können wir uns doch viel besser unterhalten.« Dann erzählt sie uns Deutschen von der Schönheit der kaukasischen Berge und Wälder – bis ihr Mann auftaucht und sie entführt. Hand in Hand. Dass diese wunderbare, zudem schöne und einfühlsame Frau neun Jahre später nach mehreren Infarkten und einem Augenleiden in der Universitätsklinik von Münster an Leukämie stirbt, ist besonders tragisch.

Nach dem Mittagessen ist in Archys für beide Delegationen Aufbruch angesagt. Nächster Programmpunkt ist eine Pressekonferenz in einem Kurort namens Mineralnije Wodi (zu Deutsch Mineralwässer), 150 Kilometer Luftlinie entfernt. Mit dem Hubschrauber ist der Ort in einer knappen Dreiviertelstunde zu erreichen, per Wagen und bei dem Zustand kaukasischer Straßen braucht man jedoch mehrere Stunden. Gerd Ruge, sein Kameramann und der Kollege von der dpa machen sich schon am Vormittag auf den Weg, um die für 16:40 Uhr angesagte Pressekonferenz nicht zu verpassen. Ich habe spitzgekriegt, dass in einem der Hubschrauber, welche die Delegationen zum Ort der Pressekonferenz fliegen sollen, noch Platz frei ist, und bitte Regierungssprecher Klein, für AP-Fotograf Roberto Pfeil und mich einen Mitflug zu organisieren. Wir, die beiden Presseleute, die rund 18 Stunden in der Nähe von Kohl und Gorbatschow verbracht haben, stellen kein Sicherheitsrisiko dar. Also kein Problem. Klein trägt das Anliegen Wladimir Medwedjew, Gorbatschows Chefleibwächter im Range eines Generalmajors, in der festen Überzeugung vor, es sei eine technische, nur der formalen Zustimmung bedürftige Kleinigkeit. Doch weit gefehlt! Der an sich triviale Vorgang führt vor Augen, wie weit der Weg vom Entschluss zur Tat, von der Absicht, Entscheidungsprozesse zu demokratisieren, bis zu konkreten Veränderungen der Machtkonzentration an der Spitze der zentralen Hierarchie noch ist. Die erste Reaktion: »Leider nicht möglich, kein Platz.« Klein muss zweimal insistieren, schließlich dem Präsidenten selbst das Problem vortragen, der – nach einem entsprechenden Hinweis des Kanzlers – dann freilich sofort seine Mitarbeiter anweist, die Angelegenheit zu regeln. Und auf einmal gibt es kein Hindernis mehr. Wir können mitfliegen.

In Mineralnije Wodi hat die russische Führung ein Lungensanatorium für die Pressekonferenz ausgesucht. Kohl und Gorbatschow sitzen auf einer Bühne an einem fünf Meter breiten Konferenztisch. Kanzler und Präsident haben ihren Freizeitlook vor dem Abflug abgelegt, präsentieren sich jetzt vor der internationalen Presse in Anzügen mit Krawatten. Insgesamt sieben Stunden haben die beiden Männer konferiert. Gorbatschow eröffnet die Pressekonferenz: »Sie können auf interessante Nachrichten gefasst sein.« Dann erteilt er Helmut Kohl das Wort, nimmt einen Schluck Kaffee. Der Kanzler nach ein paar einleitenden Worten:

> »Ich kann heute mit Genugtuung und in Übereinstimmung mit Präsident Gorbatschow feststellen: Das vereinigte Deutschland wird die bisherige Bundesrepublik, die DDR und Berlin umfassen.
>
> Nach vollzogener Einigung werden Rechte und Verantwortlichkeiten der vier Mächte abgelöst und mithin Deutschlands volle Souveränität hergestellt.

Das souveräne vereinigte Deutschland kann NATO-Mitglied sein.

Mit der UdSSR wird es einen Vertrag über die Abwicklung des innerhalb von drei bis vier Jahren zu erfolgenden Truppenabzugs und einen Überleitungsvertrag über die Auswirkungen der Währungsumstellung in Deutschland schließen.

Bis zum endgültigen Abzug der sowjetischen Truppen werden die NATO-Strukturen nicht auf das Gebiet der heutigen DDR ausgedehnt, wohl aber würden dort sofort nach der Vereinigung die Artikel 5 und 6 des NATO-Vertrages gelten und eine Stationierung von Bundeswehrverbänden der territorialen Verteidigung möglich sein.

Für die verbleibende Stationierungszeit sowjetischer Streitkräfte sollten die Westmächte ersucht werden, ihre Truppen auf der Grundlage neuer vertraglicher Regelungen in Berlin zu belassen.

Noch in den laufenden Wiener Verhandlungen werde die Bundesregierung eine Verpflichtungserklärung abgeben, die Streitkräfte des vereinigten Deutschlands innerhalb von drei bis vier Jahren auf eine Gesamtstärke von 370 000 Mann zu verringern.

Auch das vereinte Deutschland werde auf Herstellung, Besitz und Verfügung von ABC-Waffen verzichten und Mitglied des Nichtverbreitungsvertrages bleiben.«

Gorbatschows Statement ist wesentlich kürzer. Er erinnert an das enge Vertrauensverhältnis zwischen ihm und Kohl und bittet den »stürmischen Prozess« in Mitteleuropa zu bedenken, der zu einer so schnellen Lösung zwingt: »Wir haben Realpolitik gemacht.«

Die ausländischen Korrespondenten tuscheln miteinander. Einer kommt nicht umhin festzustellen, dies sei eine Revision der Alliierten Beschlüsse von Jalta und Potsdam über die Aufteilung des besiegten Deutschlands.

In jedem Fall sind die schwersten Brocken auf dem Weg zur Wiedervereinigung beiseite geräumt. Es geht nun darum, die Westmächte – Washington, London, Paris – zu informieren und deren Zustimmung zu bekommen.

Als die deutsche Delegation aufbricht, zum Flughafen fährt und im Begriff ist, zurück nach Bonn zu fliegen, ist die Stunde des Abschieds gekommen: Kohl lädt Gorbatschow und seine Frau Raissa zu einem erneuten Besuch in Deutschland ein. Gorbatschow sagt zum Regierungssprecher: »Gospodin Klein, alles gut?« Der kann dank seiner in Russland aufgewachsenen Frau Ira antworten: »Da Gospodin Prezedatl.« (Ja, Herr Präsident). Kohl steigt die Stufen der Gangway hoch. Oben dreht er sich um und – entgegen seiner sonstigen Art, keine Gefühle zu zeigen – reckt zweimal beide Arme in die Luft, verschränkt über seinem Kopf die Hände zu einer Dankesgeste. Ein Sieger fliegt heim.

In 10 000 Meter Höhe, über der Weite Russlands, hebt er ein halbvolles Glas »Mumm«-Sekt, Spezial-Verschnitt und stößt mit uns an: »Prost, auf die Deutsche Einheit!« Was für ein Verhandlungserfolg.

»Ich will mein eigenes Licht nicht unter den Scheffel stellen«, sagt der Kanzler, »aber ohne George Bush, der ein Glücksfall für uns ist, weil er in Europa auf die Deutschen setzt, ohne Gorbatschow, der die Altlasten vom Tisch haben und mit uns eine neue Zukunft anstreben will, ohne die Menschen vor der Dresdner Frauenkirche, ohne die Reformbewegungen in Ungarn und Polen wäre all das nicht möglich gewesen.« Er trinkt den Rest im Glas mit einem Zug leer. »Und Fortune habe ich auch gehabt.«

»Haben Sie ausgeschlafen?«, fragt mich der Kanzler am nächsten Tag.

»Nein, mein Wecker war noch auf Moskauer Zeit gestellt, klingelte zwei Stunden zu früh.«

Darauf der Kanzler: »Ich kann ohne Wecker aufwachen. Pünktlich.«

Am 20. Juni 1991 wird im Ausweichquartier des Bundestags, im angrenzenden ehemaligen Wasserwerk, über die bewegende Frage der Nation abgestimmt: Wo soll der künftige Sitz von Regierung und Parlament sein? In Bonn oder Berlin?

Auf ein kleines Stück Plastik kommt es an – 4,3 cm hoch, 8 cm breit –, die Stimmkarte der Abgeordneten. Jeder hat mehrere: blaue für Ja, rote für Nein, weiße für Enthaltung. Aufgeprägt die persönliche Nummer, der Name und die Fraktion. Zum Beispiel: »12-138, Dr. Kohl, Helmut, CDU/CSU«.

Es ist eng bei uns Journalisten auf der Pressetribüne, denn wir müssen für 90 der insgesamt 662 Parlamentarier Platz machen. Für sie reichen unten im Saal nicht die Sitzgelegenheiten. So knüppelt sich auf der Empore alles: Abgeordnete, Fraktionsangestellte, Diplomaten, Ehrengäste, Journalisten, Muttis und Papis. Ich ergattere rechtzeitig ein Plätzchen.

Dann geht es los. Kanzler Kohl kommt zu spät, ist nervös, macht sich ständig Notizen, zerreißt sie wieder. Diepgen auf der Ministerpräsidentenbank schaut auf Kohl, denkt: Nimmt der endlich sein Herz in die Hand und legt ein flammendes Bekenntnis für Berlin ab? Parlamentspräsidentin Rita Süssmuth im kleinen Schwarzen mit lila Bluse präsidiert. Ein Berliner Abgeordneter verteilt weiße Rosen. De Maizière, der Mann aus der Ex-DDR, inzwischen Bundesminister für besondere Aufgaben, sucht seinen Platz. »Wer A sagt, muss auch Berlin sagen«, meint er.

Genscher ist noch bei der KSZE-Sitzung in Berlin. Seinetwegen soll die Abstimmung nicht vor 18 Uhr erfolgen. Blüm (pro Bonn) eröffnet die Schicksalsdebatte, macht auf Mitleid und spricht vom »großen Bruder Berlin«, der schon alles hat, und der »kleinen Schwester Bonn«, die doch wenigstens Regierung und Parlament behalten soll. Der Kanzler schüttelt sich ungeachtet der bedeutungsvollen Situation vor Lachen. Fünf Anträge werden vorgelegt: Ein Bonn-Antrag, ein Berlin-Antrag, ein Antrag des Abgeordneten Heiner Geißler, die PDS stellt einen Antrag, und schließlich der fünfte stammt von den SPD-Abgeordneten Conradi/Schily. Deren Antrag war eigentlich gegen den Geißlers gerichtet, der nur das Parlament nach Berlin verlegen, die Bundesregierung und die Ministerien jedoch in Bonn belassen wollte. Conradi und Schily sind, egal für welche Stadt die Entscheidung fallen würde, gegen die Trennung von Legislative und Exekutive. Conradi: »Wer das auf die Frage reduziert, ob ein paar Ministerialräte auf der Zeitschiene nach Bonn jetten oder uns ihre Meinung per Fax mitteilen, der hat das Wesen der parlamentarischen Demokratie nicht begriffen.«

Dann endlich bekommt die Debatte Niveau. Der Ost-Berliner Thierse (pro Berlin), Stellvertreter des SPD-Fraktionsvorsitzenden Vogel, mahnt eindringlich, Berlin nicht echte Hauptstadtfunktionen vorzuenthalten. »Das wäre eine Erniedrigung der Menschen im Osten. Den Parlamentssitz nach Berlin zu verlegen, wäre denn das eine solch unanständige Zumutung?«, fragt er erregt. Wer von den politisch Verantwortlichen sich vierzig Jahre immer feierlich zu Berlin bekannte, könne jetzt keine Kehrtwendung machen, ohne das Vertrauen in die Demokratie zu zerstören. Der Kanzler radiert in seinem Terminkalender, draußen fließt der Rhein träge im Regen.

Geißler, hellgrünes telegenes Outfit, wirbt für sein Halbe-Halbe-Modell – gemeint, Parlament nach Berlin, Bonn behält die Bundesregierung. Schily, gelichtete Ponyfrisur, killt kühl diesen Vorschlag.

Die Spaltung geht quer durch die Fraktionen. Nordrhein-Westfalens Ministerpräsident Rau wundert sich: »Da wird Leuten Beifall gezollt, für die hätte man früher keine Hand gerührt, und bei anderen, mit denen man lange zusammengearbeitet hat, denkt man: Das hätte der auch anders sagen können.«

Brandt mahnt, Waigel schwankt, Glotz stochert mit dem Finger. Wann aber springt der Kanzler in den Ring? Seiters und Schäuble bestärken ihn seit Wochen, für Berlin zu votieren.

Vorgestern hat er dreißig Berliner Stadtverordneten versprochen: »Ich mach's.«

Um 12.25 Uhr ist es so weit: Kohl redet, erst leise, sehr persönlich, dann umso eindringlicher: »Ich bin für Berlin. Ich war es als Siebzehnjähriger. Ich war es als Kanzler, als ich mit Reagan vor der Mauer stand, ich war es in der Nacht der Deutschen Einheit.« Seine großflächigen Hände umklammern die Platte des Rednerpultes. »Ich sage es auch heute ganz klar: Ich stimme für Berlin.« Beifall quer durch die Reihen. Bonns Oberbürgermeister Daniels in der Diplomatenloge erblasst, Diepgen fällt ein Stein vom Herzen, dem CSU-Abgeordneten Karl-Heinz Spilker schwant: »Mensch, das kippt ja noch für Berlin.«

Über hundert (!) Redner diskutieren ungeachtet der Fraktionsgrenzen. Weitere einhundert Beiträge werden zu Protokoll gegeben. Es ist der CDU/CSU-Fraktionsvorsitzende Wolfgang Schäuble, der schließlich mit einer eindrucksvollen Rede die Entscheidung für Berlin mitbewirkt. »Es geht heute nicht um Bonn oder Berlin, sondern es geht um unser aller Zukunft.« Kohl horcht gebannt. Nach fünfzehn Minuten ist Schäuble fertig, Beifall braust auf, Brandt kommt gratulieren. Ehmke (pro Bonn) rührt keine Hand.

Nach einem elfstündigen Debattenmarathon ist es endlich so weit. Punkt 21.47 Uhr verkündet die Bundestagspräsidentin das Abstimmungsergebnis. Die Spannung ist mit Händen zu greifen. Mit 338 gegen 320 Stimmen beschließt der Bundestag die Verlegung des Parlaments und der Regierung nach Berlin. Als Frau Süssmuth das Ergebnis verkündet, bricht ein ohrenbetäubender Jubel unter den Berlin-Befürwortern aus. Ich auf der Pressetribüne muss mir für Momente die Ohren zuhalten. Diepgen schlägt die Hände vor dem Gesicht zusammen, so überwältigt ist er von seinem Glück. Willy Brandt hat Tränen in den Augen. Nur zehn Stimmen zur anderen Seite, und der Sieg wäre zugunsten Bonns ausgefallen.

In den Gesichtern der unterlegenen Bonn-Befürworter spiegelt sich tiefe Enttäuschung wider. Vereinzelt auch Wut. Ich drängele mich so schnell wie möglich von der Pressetribüne zum Ausgang des Wasserwerkes, in der Hoffnung, von Kohl ein Zitat zu erhaschen. Tatsächlich treffe ich ihn dort, frage hastig, selbst aufgewühlt von dem geschichtsträchtigen Ereignis: »Warum haben Sie sich nicht schon früher so engagiert für Berlin eingesetzt?«

Sein gerötetes Gesicht verfinstert sich: »Hab' ich doch! Schon in der Fraktionssitzung in Berlin. Nur Ihre Zeitung druckt ja so etwas nicht.«

Das ist gleich zweimal falsch. Erstens: Die »Bild«-Schlagzeile vom 24. April 1991, schwarz-rot-gold umrandet, war mit 9,5 cm so groß, dass sie sogar Kohls sehbehinderter, für Medienkontakte zuständiger Eduard Ackermann ohne Lupe hätte lesen können. Sie lautete: »Dufte, Kanzler – Ja zu Berlin!«

Kohls Behauptung ist zweitens falsch, weil er sich nach diesem längst überfälligen Bekenntnis bei folgenden Sitzungen zum Berlin-Thema entweder überhaupt nicht zu Wort gemeldet oder, wie in der letzten Sitzung vor der Abstimmung, nur halbherzig geäußert hatte: »Ich bin denen unter uns nicht gram, die für Bonn stimmen.«

Dass er an diesem 20. Juni bei der entscheidenden Abstimmung im Wasserwerk doch noch für Berlin in die Bütt geht, geschieht wohl nur, weil ihm einige vorher kräftig zugesetzt hatten. Zum Beispiel Heiner Geißler: »Helmut, wenn du jetzt nicht springst und die Abstimmung verloren geht, droht in der CDU, vor allem in den neuen Bundesländern, nicht nur ein Aufstand. Es kann zur Spaltung kommen.«

Was die baldestmögliche Umsetzung des Beschlusses betrifft, bleibt Kohl sehr skeptisch. Der Umzug von Bonn und Berlin sei »vor zehn bis fünfzehn Jahren weder finanzierbar noch machbar«. Tatsächlich findet er in acht Jahren statt. So viel zu Kanzler-Prophezeiungen.

Viele Bonner erweisen sich nach der Hauptstadtentscheidung als schlechte Verlierer. Der Godesberger Bezirksvorsteher Norbert Hauser (CDU): »Es gibt Leute, denen ich ins Kreuz treten könnte. Der Bundeskanzler gehört dazu.« Mit Genscher brechen Freunde, weil er sich für Berlin einsetzte. Bonn-Aufkleber werden verteilt – nicht mit traditionellem Kussmund, sondern mit Totenkopf und der Aufschrift: »Was die Stasi nicht schaffte, der Kanzler vollbrachte.« Der »Bonner General-Anzeiger« behauptet gar, vor der Abstimmung seien Bonn-Befürworter massiv unter Druck gesetzt worden. Schäuble und Berlins Regierender Bürgermeister Diepgen hätten zum Beispiel bei einem abendlichen »Get-together« in der Berlin-Vertretung die CDU-Abgeordnete Karin Jeltsch in die Zange genommen. »Sie musste sich Zweifel an ihrer politischen Mündigkeit anhören und hatte keine Chance, ihre Einstellung für Bonn zu begründen.« Diepgen: »Ein Gespräch im Bierkeller, ja, aber nicht mit Bierernst. Eingeladen wurde außerdem zum Buffet-Empfang, um Berlin-Befürworter zu bestärken und Berlin-Zweifler zu überzeugen.« Frau Jeltsch kam freiwillig. Laut »General-Anzeiger« ist auch davon die Rede, »dass Geld geflossen sein soll«. Ein baden-württembergischer Abgeordneter sei mit der Aussicht auf Berliner Bauaufträge »geködert« worden.

Auch auf mich, den Berlin-Befürworter, richtet sich der Zorn, und die Anfeindungen machen sogar vor meiner Frau nicht halt. Während eines Empfanges tritt die Frau eines Zeitungskollegen – wir kennen uns seit über zwanzig Jahren – auf sie zu und giftet: »Ist dein Mann etwa immer noch für Berlin?« Keine Begrüßung, nur der Vorwurf.

Zum ersten Mal schreibt Sabine, nach unserer Hochzeit ebenfalls Journalistin, anstatt meiner in »Bild«: »Dass ich für das, was mein Mann Kritisches in seinen ›Bild‹-Kolumnen schreibt, verantwortlich gemacht werde, bin ich gewohnt. Selten werden ihm die Vorhaltungen gemacht. Auch dann nicht, wenn er in der Nähe ist. Ich dagegen werde richtig angegangen. Okay, man bekommt hier nach fünfundzwanzig Jahren ein dickes Fell. Beim Hauptstadtthema ist das anders. Die Auseinandersetzung wird immer unfairer. Es sind nicht irgendwelche Leute, die sich aufregen. Der Streit zerstört selbst den Freundeskreis. So überlegt ein Freund meines Mannes seit 33 Jahren, ob er sich mit ihm überhaupt noch an einen Tisch setzen kann. ›Es ist das Mieseste, was der Maini in seiner Bonner Zeit je geschrieben hat‹, beschwerte er sich bei mir wegen einer Pro-Berlin-Kolumne. Auf mein Argument, dass wir in einer Demokratie leben und jeder – Gott sei Dank – öffentlich seine Meinung äußern darf, ging er nicht ein. Stattdessen: ›Dich werde ich auch in Zukunft sehen, deinen Mann vorläufig nicht.‹ Sein zweitältester Sohn, Juniorpartner in der Firma, erklärte mir in einer Pause der Bonner Oper: ›Euer Haus betrete ich nur noch, wenn dein Mann verreist ist.‹ Wie unduldsam können Menschen werden? Übrigens: Keiner fragt mich, ob ich für Berlin oder Bonn bin. Auch das ist typisch. Als Ehefrau hat man hier keine eigene Meinung zu haben.«

Der Streit »Bonn oder Berlin?« ist bald kein Thema mehr. Zunächst einmal geht das politische Leben in Bonn weiter. Folglich auch das meine als »Kanzler-Watcher«.

Im folgenden Jahr, am 10. Oktober 1992, feiert Kohl als Kanzler sein zehntes Jubiläum. Dreimal wiedergewählt, Höhepunkt mit der Wiedervereinigung, Kanzler aller Deutschen, bekommt jährlich 30 000 Briefe, sogar Rosen von Verehrerinnen. Auf der Negativseite: Kießling-Affäre, Parteispendenfiasko, verschleppter Berlin-Umzug, Kosten der Wiedervereinigung unterschätzt, Prostataoperation. 23 Kilo zugenommen, nie mehr selbst ein Auto gesteuert. Sein Fahrer »Eckie« Seeber: »Als Selbstfahrer bekäme er auch bei einem nicht verschuldeten Unfall sofort negative Schlagzeilen.«

Auch die nächste Bundestagswahl (1994) gewinnt er, und ich erlaube mir in meiner »Bild«-Kolumne die Frage: »Wird Kohl berühmter als Bismarck?«

Vier Jahre später will er es noch einmal wissen und stürzt sich mit Schwung in den Wahlkampf. Und ich bin wieder dabei. Es sind unsere letzten gemeinsamen Erlebnisse als Kanzler und Kolumnist. Er gibt sich bis zuletzt siegesgewiss (»Entschuldigen Sie, ein Drittel aller Wähler haben sich doch noch nicht festgelegt, das ist meine Chance«). Andererseits: Wochen vorher ist seiner Frau Hannelore während eines Telefonats der Nebensatz herausgerutscht: »wenn Sie uns dann noch anrufen.« Sie meinte, nach dem 27. September 1998, dem Wahlsonntag.

Sechzehn Jahre sind eine sehr lange Zeit. Auch für den Kolumnisten, der ihn zu beschreiben hatte – immer auf der Hut, von ihm nicht vereinnahmt zu werden. Er konnte schmeicheln (»So fleißig wie Sie ist kein Journalist in Bonn«). Er regte sich aber auch über von mir veröffentlichte Vertraulichkeiten aus dem Kanzleramt gewaltig auf. »Nayhauß verfolgt mich«, beschwerte er sich lautstark bei meinem Chefredakteur.

Trotz aller Hoffnungen und Anstrengungen verliert Kohl die Wahl. Die CDU/CSU büßt 6,3 Prozent der entscheidenden Zweitstimmen ein, kommt lediglich auf 35,1 Prozent, die FDP auf 6,2. Es reicht nicht zur Regierungsbildung, stattdessen kommt es zur ersten Koalition von SPD (40,9) und Grünen (6,7) auf Bundesebene unter dem damaligen niedersächsischen Ministerpräsidenten Gerhard Schröder.

Warum entglitt Kohl die Macht? Zunächst: Er unterschätzte die Anziehungskraft Schröders auf die Medien. Als er schließlich selber gegen seine Gewohnheit Interviews am laufenden Band gab – sogar dem Societymagazin »Gala« (»Es ist schon mal passiert, dass Besuch früher ankam und ich keine Schuhe anhatte.«) –, war es zu spät. Kohls aufbrausende Art (»Ich weiß, ich kann ungerecht sein.«) vertrieb widerspruchsbereite Mitarbeiter. Es blieben zu viele Ja-Sager mit weichem Rückgrat. Einen seiner Minister fauchte er in Gegenwart eines anderen Kabinettsmitglieds an: »Muss ich dir erst in den Hintern treten, dass sich etwas in deinem Ministerium bewegt.«

Unbestritten sind seine historischen Verdienste um die Wiedervereinigung und den raschen Abzug der Russen aus Deutschland. Keine Frage. Aber er beging auch gravierende Fehler. Nur ein Beispiel: Den Regierungsumzug nach Berlin verschleppte er um neun Jahre. Die Wirtschaft wäre gefolgt, die neuen Bundesländer hätten davon profitiert, die Arbeitslosigkeit wäre dort nicht so hoch ausgefallen, Milliarden an Transferleistungen wären entfallen. Wäre er freiwillig gegangen – vor vier Jahren auf der Höhe seines Ruhmes –, Zuneigung von Freund und Feind wäre ihm zuteilgeworden.

Immerhin, er reagiert jetzt auf die verheerende Niederlage souverän und fair, wiewohl die Union über 2,5 Millionen Stimmen und fast 50 Bundestagssitze im Vergleich zur letzten Bundestagswahl verliert. Kohl versucht gar nicht erst, den Absturz zu relativieren. Dazu die »Münchner Abendzeitung«: »Das ist wirklich Stil. Hut ab!« Sogar der eigene Wahlkreis Ludwigshafen, von Kohl noch bei der letzten Wahl persönlich erobert, geht an die SPD-Frau Doris Barnett verloren.

Nach dem Machtwechsel ist für viele der vom Volk abgewählten Regierung nicht nur plötzlich der Dienstwagen mit Chauffeur futsch. Auch andere »goodies« – kleine Annehmlichkeiten, die das Leben erleichtern – müssen Rot/Grün geopfert werden. Kohl darf dank der Großzügigkeit seines Nachfolgers bis auf weiteres im Kanzlerbungalow zur Miete wohnen, aber auf Weinkeller und Spesenfonds (jährlich 300 000 DM) hat er keinen Zugriff mehr. Er darf seinen Diplomatenpass behalten, weil er jedem Abgeordneten zusteht. Aber seine Frau Hannelore muss ihn abgeben. Er steht Ehepartnern von Bundespräsident, Kanzler und Ministern zu, aber nicht denen von Abgeordneten. Dafür bekommen ihn jetzt Christa Lafontaine und Doris Schröder-Köpf. Kohl stehen zwar weiter Panzerlimousine, Abgeordnetenbüro und Leibwächter zu. Die Ermächtigung, Dokumente mit dem Vermerk »streng geheim« lesen zu dürfen, erlischt. Schlüssel für Panzerschränke sind abzugeben.

Von Bundespräsident Roman Herzog bekommt er, wie weiter vorn schon beschrieben, noch einen Orden für sein Lebenswerk. »Ich bitte Sie, auf den Teppich zu treten als Zeichen der Souveränität unseres Staates«, fordert er Kohl mit einem verschmitzten Lächeln auf. Die Sache mit dem Teppich ist eine dem Historiker Kohl wohlbekannte Anspielung an jene Anfangszeiten der Bundesrepublik, als der erste Kanzler, Konrad Adenauer, zu den Hohen Kommissaren der Besatzungsmächte auf den Petersberg bei Bonn einbestellt wurde, aber nicht den Teppich betreten durfte, auf dem sich die Sieger des Zweiten Weltkriegs postierten.

Am Nachmittag Gründungssitzung des neuen Parlaments. Auf dem 1. Rang Polit-Oldies wie Barzel, Stücklen, Weizsäcker. Mit Fotografen müssen sie sich die Sitzreihe teilen. So schnell vergänglich sind Macht und Ansehen. Dann der Gongschlag, der Alterspräsident, der PDS-Abgeordnete Gebhardt (70), eröffnet die Sitzung, macht seine Sache besser als befürchtet. Der Ost-Berliner Thierse (SPD) wird – und damit erstmals ein Ostdeutscher – zum Bundestagspräsidenten gewählt. Dann wird der neue Kanzler gewählt. Später, wenn er und seine Minister vereidigt sind, beginnt wahrhaftig ein neuer Zeitabschnitt: die Berliner Republik. Ich indes, der bisher über Schröder kaum zu berichten hatte, muss für das Schreiben meiner Kolumne schleunigst Kontakt zu ihm aufnehmen. Denn wie einer meiner »Bild«-Chefredakteure, Claus Larass, mir einmal als Richtschnur auf den Weg gab: »Kanzler ist immer wichtig!«

Schröder, Schily, Nayhauß: Nächtlicher Umtrunk zu dritt

Kurz nach seiner Wahl und Vereidigung im Oktober 1998 begegne ich Gerhard Schröder im Kanzleramt mehr zufällig, schlage vor: »Wir sollten uns vielleicht einmal unterhalten.«

»Absolut. Melden Sie sich.«

Weil ich den Eindruck vermeiden will, ich dränge mich ihm auf, lasse ich ein paar Wochen verstreichen. Prompt hält er mir bei der nächsten Begegnung vor: »Sie wollten sich doch melden.« Also rufe ich seine Sekretärin, Marianne Duden, an, jene Dame, die er auf wundersame Weise von Helmut Schmidt übernommen hatte, und bitte um einen Termin.

Nach wiederum einigen Wochen klingelt das Telefon. »Hier Duden. Ich finde einen Zettel vor, auf dem steht: ›Graf Nayhauß, 27. Januar, Palais Schaumburg, 20.00 Uhr.‹«

»Vielen Dank, Frau Duden. Wenn Sie vielleicht noch die Grenzschutzwache verständigen würden, damit man mich zur fraglichen Zeit mit dem Wagen passieren lässt.«

»Wird gemacht.«

Dass Gerhard Schröder mich nicht in seinem Büro empfängt, hat seine besondere Bewandtnis: Er will mir die Räume zeigen, die für ihn vom Bund eingerichtet sind, weil er den Kanzler-Bungalow nicht benutzen will. Dieser Amtswohnsitz, der ihm zusteht, ist selbst vier Monate nach dem Regierungswechsel immer noch von Helmut Kohl bewohnt. Ursprünglich wollten dort Schröder, sein Amtschef Hombach und Regierungssprecher Heye eine fröhliche »WG« etablieren. Aber als Schröders junge Frau Doris dort Hannelore Kohl einen Antrittsbesuch machte (Schröder: »Sie blieb dort gleich mehrere Stunden und bekam von Frau Kohl nützliche Tipps«), beschied sie ihren Mann: »Gerd, das kann man den Kohls nicht antun, sie aus dem Bungalow zu vertreiben. Sie haben es sich dort mit eigenen Möbeln, Büchern, Bildern richtig heimisch gemacht.«

»Gerd« sah das mit bemerkenswerter Großzügigkeit ein. Also brauchen Helmut und Hannelore Kohl bis zum Berlin-Umzug von Regierung und Parlament im nächsten Jahr nicht mehr die Tapeten zu wechseln. Darum begnügt sich der amtierende Regierungschef der drittgrößten Industrienation mit einer provisorischen Zweizimmerwohnung im angrenzenden Palais Schaumburg, dem früheren Kanzleramt. Und was das für eine Behausung ist, will mir Schröder vorführen.

Pünktlich fahre ich beim Kanzleramt vor. Der junge Grenzschutzposten am Eingang geht leicht in die Kniebeuge, um mich besser am Steuer meines Wagens in Augenschein zu nehmen. Er vergleicht mein Gesicht mit dem Bild auf dem Presseausweis, den ich ihm durch die heruntergekurbelte Autoscheibe gereicht habe. Dann gibt er den Ausweis zurück. »Herr Schröder hat sich etwas verspätet. Sie können aber schon zum Palais Schaumburg fahren, ein Kollege wird es Ihnen aufschließen.« Wohlgemerkt, er sagt nicht etwa: »Herr Bundeskanzler Schröder hat sich etwas verspätet«, nein, nur »Herr Schröder«. Nun ja, er trägt ja auch einen Ring am linken Ohr – Wandel der Zeit. Ich gebe Gas, fahre auf das Areal der Regierungszentrale.

Vor dem Palais Schaumburg taucht aus der Dunkelheit ein Zivilist auf, der sich als Mitglied des »Begleitkommandos« – die Umschreibung von Bodyguard im Amtsdeutsch – vorstellt und das Portal aufschließt. Nur für mich.

In dem schlossartigen Anwesen herrscht eine beklemmende Ruhe. Der »vom Begleitkommando« muss erst einmal die Lichtschalter suchen. Als die Halle in mattes Licht getaucht ist, nehme ich an einem Tisch mit Sitzgelegenheiten Platz und warte auf den neuen Bundeskanzler der Bundesrepublik Deutschland.

Es dauert etwa zehn Minuten, dann fährt der Kanzler vor. Er hat etwas Mühe, das Portal aufzuschließen, schafft es aber doch. Er kommt nicht allein. In seiner Begleitung zu meiner Überraschung der neue Bundesinnenminister Otto Schily. Kurze Begrüßung, dann geht es auf knarrenden, leicht abgetretenen Stiegen in den ersten Stock, wo Schröder kichernd im Vorbeigehen erst auf die Tür zum Büro eines Verwaltungsangestellten namens Hansen zeigt, dann als Nächstes auf eine Herrentoilette, als solche durch ein kleines Schild mit einem schwarzen Männchen gekennzeichnet. Am Ende des Flurs eine Quertür, die der Hausherr ebenfalls eigenhändig aufschließt und dabei lachend auf den giftgrünen Anstrich des Flures verweist. Wir drei benehmen uns wie Schüler, die sich heimlich in das Lehrerzimmer schleichen. Hinter der Flurabsperrung macht der Kanzler nach ein paar Schritten halt, dreht sich nach rechts, schließt zum dritten Mal eine Tür auf und knipst Licht an. Nun stehen wir im »Kanzler-Appartement«.

Wie ein Zimmervermieter macht Schröder eine weit ausholende Handbewegung. Schilys und mein Blick fallen auf die vom Bund gestellte Möblierung – eine Mischung von fünfziger Jahre und DDR-Staatsrat. Ich sage: »Es erinnert mich ein bisschen an Wandlitz – SED-Bonzenghetto.«

Schröder lacht: »Genau!«

Während er und der Innenminister sich ihrer Mäntel entledigen, habe ich Zeit, den etwa 30 qm großen Raum genauer in Augenschein zu nehmen. Ich sehe drei Kassettentüren aus hellbraunem Holz, hellbraun auch die Schränke, einen vielarmigen Deckenleuchter aus Messing, mausgrauen Teppich, drei dunkelgrüne Ledersessel, eine Art gläsernen Nierentisch, darauf ein Aschenbecher aus Chrom mit auf Knopfdruck rotierendem Deckel. Der Kanzler führt den Mechanismus lachend vor. Während sich der Deckel flink wie ein Kreisel dreht, fragt er mich: »Wo sonst gibt es so etwas heute noch?«

»In preiswerten Bahnhofhotels«, entgegne ich.

»Aber nur dort!«

Mit geradezu diebischer Freude zeigt er Schily und mir die anderen Räume, öffnet zunächst die Tür zu etwas, was offensichtlich ein Abstellraum war. Wir sehen ein, zwei Schreibtische, darauf umgekippte Stühle und ausgeleerte Schubladen. Der Kanzler: »Schröders Baustelle.« Wir brechen zu dritt in schallendes Gelächter aus. Dann macht er kehrt und eilt zur anderen Seite des Raums, stößt eine zweite Tür auf: »Hier das Schlafzimmer.« Als er unsere Scheu registriert, die Schlafstatt des Regierungschefs näher zu betrachten, winkt er uns grinsend heran: »Kommt nur, kommt nur.« Also sehen wir uns den privatesten Teil der Kanzlerwohnung an: Spärlich möbliert, dominierend ein ungewöhnlich breites Doppelbett, irgendwo auf einer Ablage ein sorgfältig gefalteter Schlafanzug. Einzige Zierde: ein großes, silbergerahmtes Foto von Ehefrau Doris.

Der Kanzler ist schon weiter geeilt, hat die Tür zum Badezimmer aufgerissen. »Und guckt euch dies mal an. Ist das nicht wirklich wie in einem Hotel der fünfziger Jahre?« Das Bad ist ringsherum tiefgrün gekachelt, glänzt ansonsten mit vielen Chromstangen und Beschlägen. Schröder: »Als ich diesen Raum zum ersten Mal sah, war das Waschbecken mit einer Platte abgedeckt und darauf Akten gestapelt.« Ein Lachen huscht über sein Gesicht.

Wir kehren schließlich ins Wohnzimmer zurück. Alles in allem ist das Kanzler-Appartement ganze siebzig Quadratmeter groß. Die Tristesse wird noch dadurch verstärkt, dass nirgendwo eine Blume steht. Einziger Lichtblick sind die großen Bilder des norddeutschen Malers Uwe Bremer an den Wänden. Gleich beim Eintreten hatte uns Schröder bedeutet: »Die Bilder sind selbstverständlich meine.« Dann sind da schließlich noch ein überdimensionaler moderner Fernseher und eine kleine, schicke Stereoanlage. Beides auch Schröders Privateigentum.

Bis Mitternacht sitzen wir zusammen, trinken zunächst einen portugiesischen Rotwein, den der Kanzler aus dem Abstellraum geholt hat, gehen später zu einem roten Italiener über, den er in einem Karton im Wohnzimmerschrank gelagert hat. »Wissen Sie, Herr Bundeskanzler, während ich hier Ihr Gast sein darf, gehen meine Gedanken zurück an frühere Erlebnisse, die ich in diesem Hause hatte. Zum Beispiel war ich Zeuge, als Helmut Kohl 1976 vor der Bundestagswahl Kanzler Helmut Schmidt einen Antrittsbesuch machte.«

Schröder lehnt sich vor, meine Geschichte scheint ihn zu interessieren. Während er genüsslich an seiner kubanischen Zigarre zieht, beschreibe ich die Szene: »Schmidt ließ seinen Herausforderer nicht, wie das bei anderen wichtigen Besuchern die Regel war, am Hauseingang des Palais Schaumburg durch einen seiner persönlichen Referenten in Empfang nehmen, sondern der älteste Pförtner des Hauses, ein Theodor Segschneider, musste das besorgen.«

Auch Schily, der sich inzwischen ebenfalls eine vom Kanzler spendierte Cohiba angezündet hat, wendet sich mir nun interessiert zu.

»Der Amtsdiener führte den Besucher in das im ersten Stock gelegene Wartezimmer, verschwand, und dann wurde es peinlich. Statt des Kanzlers sah sich Kohl einer Meute von grinsenden Fotografen gegenüber, die dort bereits versammelt waren, um die Begegnung im Bild festzuhalten. Etwas verunsichert fragte Kohl: ›Geht's hier zum Kanzler?‹, wobei er die rechte Hand auf die Klinke einer anderen Tür legt.«

Das Lächeln in Schröders Gesicht wird immer breiter. Bläuliche Wolken steigen von seiner Havanna auf. Ich fahre fort: »Tatsächlich lag hinter dieser Tür ein schmaler Korridor zum Arbeitszimmer Helmut Schmidts, genannt die Seufzerbrücke. Da die Bildberichter die Begegnung der beiden Kampfhähne nicht verpassen wollten, befahlen sie kurzerhand: ›Da dürfen Sie nicht rein. Das ist verboten.‹ Völlig verunsichert nahm Kohl die Hand von der Klinke, trat ein paar Schritte zurück und versuchte, die Wartezeit durch ein Gespräch mit den Fotografen – ›Welche Belichtungszeit nehmen Sie denn?‹ – zu überbrücken. Die ganze Zeit über hatte der Bürochef des Kanzlers, Klaus Dieter Leister, die Hilflosigkeit des CDU-Vorsitzenden und Kanzlerkandidaten mit einem gewissen Vergnügen durch eine leicht geöffnete dritte Tür verfolgt. Es dauerte geschlagene zehn Minuten, die Situation wurde für Kohl immer peinlicher, dann endlich ging jene Tür auf, die zum Allerheiligsten führte. Schmidt erschien – und nun gab es eine weitere Überraschung für Helmut Kohl – gefolgt von Hans-Dietrich Genscher. Schmidt schnarrte Kohl an: ›Was, Sie geben hier schon Interviews?‹ Dann kommandierte er – ganz der Herr im Haus – seinen Besucher für ein Foto zu dritt herum. ›Wir stellen den Kohl rechts hin, wo er hingehört.‹ Genscher lachte schallend. ›Das ist mein Platz, Herr Bundeskanzler.‹«

Schily schüttelt den Kopf. »Also, so eine Demütigung wäre nicht meine Sache. Gerade wenn man schon das Amt des Bundeskanzlers erreicht hat – was Kohl ja erst versuchte –, muss man doch eine bestimmte Großzügigkeit walten lassen. Wie ging es dann weiter?«

Ich: »Kohl schien fieberhaft zu überlegen, warum Schmidt zu einem vereinbarten Gespräch unter vier Augen noch Genscher hineingezogen hatte. Kohl jedenfalls fühlte sich aufs Kreuz gelegt. Unter diesen Umständen hätte er gern einen Zeugen seiner Couleur dabeigehabt. Aber auf der Stelle einfach kehrtzumachen, dazu fehlte ihm wohl der Mut. Vielleicht wäre er sich aber auch nur albern vorgekommen.«

Ich fahre mit meiner Geschichte fort: »Dieses Versäumnis spielt ein paar Wochen später bei der Verabschiedung eines Vertrages im Bundestag über die Normalisierung der Beziehung mit Polen eine Rolle. Schmidt behauptet während der Debatte, Kohl habe ihm und Genscher bei jenem Antrittsgespräch seine Unterstützung und die der Union für die Verabschiedung des Vertrags zugesagt. Kohl erregt: ›Daran ist kein Wort wahr.‹ Später warf Schmidt seinem Widersacher vor, ›ohne Zeugen‹ gekommen zu sein. Daraufhin Kohl: ›Zeugen braucht man nach meiner Erfahrung nur, wenn man sich mit Kommunisten unterhält.‹«

Es ist inzwischen nach Mitternacht, die Cohibas – auch ich bekam eine – sind zur Hälfte aufgeraucht, und mir ist schlecht. Außerdem habe ich das Gefühl, Schröder und Schily haben noch etwas zu besprechen, was nicht für meine Ohren bestimmt ist. Also verabschiede ich mich.

Der Kanzler begleitet mich bis an die Tür seines Appartements. »Machen Sie es gut, und gute Nacht.«

»Ich darf diese herrschaftliche Unterbringung in meiner nächsten Kolumne beschreiben?«

»Tun Sie, was Sie für richtig halten. Feuer frei!«

Unten in der Eingangshalle schreckt der Bodyguard hoch, als ich die knarrenden Stufen hinabsteige. Er schließt das Portal auf und entlässt mich in die dunkle Nacht.

Das Wohlwollen des neuen Kanzlers genieße ich natürlich nicht in alle Ewigkeit. Das bin ich gewohnt. Es bleibt im Laufe der Jahre nicht aus, dass ich vorübergehend von Mitreisen auf der Kanzlermaschine ausgeschlossen werde, weil der jeweilige Kanzler oder die Kanzlerin über die eine oder andere Kolumne verschnupft ist. So ärgerte sich auch Gerhard Schröder einmal, der mir in einem Fall vorwarf, ich hätte mich in seine familiären Angelegenheiten eingemischt. Ich hatte spekuliert, was er wohl beruflich machen würde, wenn er nicht mehr Kanzler sei, und sah seine Zukunft in New York, was sich rückschauend als falsch erwies. Gasprom liegt bekanntlich in Russland.

Bei seiner letzten Kanzlerreise – es geht im Juni 2005 nach Washington – darf ich wieder dabei sein. Aber gleich nach dem Start ein Rüffel von Schröder: »Müssen Sie sich wieder vordrängeln?« Dabei habe ich mich nur von hinten an seine Seite geschoben, um ihn trotz des Dröhnens der Airbus-Triebwerke verstehen zu können. Ein Kollege hat im Hinblick auf von Schröder geforderte Neuwahlen gefragt: »Und was passiert, wenn der Bundespräsident Nein sagt?« Schröder, wie ein Kutscher: »Brrr. Dazu kein Wort!«

Er düst jetzt für ein Zwei-Stundengespräch mit US-Präsident George W. Bush nach Washington. Acht Stunden hin, acht Stunden zurück. Eigentlich will er noch einen Abstecher in das kalifornische Silicon Valley machen, in das Herz der amerikanischen Computer- und Softwareindustrie. Aber zu Hause brennt wegen der beabsichtigten Neuwahlen die Hütte. Der Washington-Trip ist als Versöhnung nach der tiefen Verstimmung zwischen ihm und Bush wegen des Irakkrieges gedacht. Schröder hatte jede Unterstützung verweigert: »Deutschland beteiligt sich nicht an diesem Krieg.« Der Empfang nach der Landung auf dem Dulles International Airport ist entsprechend dürftig. Zur Begrüßung kein Vizepräsident, kein Minister, nicht einmal der Protokollchef des Weißen Hauses. Auch nicht dessen Stellvertreter, sondern die Stellvertreterin des Stellvertreters. Und schon gar nicht gibt es ein militärisches Empfangszeremoniell mit paradierenden Soldaten auf dem Rasen des Weißen Hauses und einem Galadiner am Abend mit Gästen der High Society – Ehrungen, die Schröders Vorgängern Brandt, Schmidt und Kohl zuteilwurden.

Zu zwei kleineren Freundschaftsgesten kommt es dann aber doch: Ein Mittagessen mit Bush nach dem vertraulichen

Mit Bundeskanzler Gerhard Schröder
bei der Vorstellung meines Buches »Denk ich zurück an Bonn«
im Berliner Hotel Adlon, 2000

Gespräch im Oval Office, dem Amtszimmer des Präsidenten. Und Schröder darf für den kurzen Aufenthalt das Gästehaus des Präsidenten, das »Blair House«, benutzen.

Fazit der Blitzreise, zu der auch eine Rede vor der amerikanischen Handelskammer und ein Treffen mit dem Vorsitzenden des Außenpolitischen Senatsausschuss, Richard Luger, zählen: Auf amerikanischer Seite bleibt die Sorge, Schröder könnte im kommenden Wahlkampf noch einmal die antiamerikanische Karte spielen. Deutscherseits kehrt man mit dem Gefühl heim, Amerika als Weltmacht werde in Zukunft mehr Rücksicht auf die Europäer nehmen. Bush: »Wir wollen ein starkes Europa, damit wir zusammen wichtige Ziele erreichen können.« Ob er Schröder zum Wahlkampf Glück wünsche, wird er von uns Journalisten gefragt. Bush ausweichend: »Es ist nicht sein erstes Rodeo.« Schröder schlagfertig: »In Hannover sagt man, Enten werden am Ende fett.«

Alles in allem kann ich mich über ihn nicht beklagen. Im Gegenteil: Im Berliner »Hotel Adlon« stellt er vor geladener Prominenz mein Buch »Denk ich zurück an Bonn« mit noblen Worten vor:

> »Da ist jemand, der über alle kritisch berichtet hat, der aber jedenfalls bewusst niemandem wehgetan hat, und der, das muss man, glaub ich, sagen, zu den großen Altmeistern des deutschen, sollte ich besser sagen des Bonner Journalismus gehört. Das, denk ich, ist Grund genug, und nur wer auf eine so lange Berufszeit und auf ein so großes Lebensalter zurückblicken kann, hat die Chance, dass ich noch mal Ähnliches mache. Sonst läuft nichts, was Buchvorstellungen angeht (…). Ich wünsche mir, und vielleicht können wir das alle sagen, meine sehr verehrten Damen und Herren, dass wir noch manche Kolumne von Graf Nayhauß zu lesen kriegen. Früher aus Bonn, jetzt natürlich aus Berlin. Für den einen zum Vergnügen, dem anderen gelegentlich zum Ärger. Von einem, wie ich finde, zwar politisch gelegentlich schwer irrenden, konservativen, aber doch sehr aufrichtigen Demokraten und wirklich guten Journalisten. Vielen Dank.«

Einmal rief ich ihn aus Südfrankreich an. Er beendete das Gespräch mit: »und weiterhin schönen Urlaub.«

»Ich bin nicht im Urlaub, ich arbeite von hier aus.«

»Tolle Idee. Vielleicht sollte ich die Bundesrepublik auch für längere Zeit aus dem sonnigen Süden regieren.«

Er kommt auch – keine Selbstverständlichkeit – zu einem Empfang in unsere Berliner Wohnung, die wir parallel zum Umzug der Regierung inzwischen am Pariser Platz gemietet haben, und ist über die besondere Lage bass erstaunt.

Heimkehr nach Berlin

Die Stadt ist eine Wucht

Gerhard Schröder steht in meiner neuen Berliner Wohnung am Pariser Platz. Komisch, denke ich, in vierzig Bonn-Jahren war nicht ein einziges Mal ein Kanzler bei mir zu Hause. Schröder geht auf die Terrasse, schaut auf die Kreuzung Unter den Linden Ecke Wilhelmstraße und beugt sich neugierig über die Brüstung. Er trägt Smoking, denn anschließend will er auf den Presseball. Das Schwarz des Tuchs harmoniert mit dem Schwarz seiner Haare, von denen alle Welt, meine Frau einbezogen, meint, sie seien gefärbt, wohingegen des Kanzlers Gattin schwört, dass dem nicht so ist.

Die Cohiba hatte er dankend abgelehnt. »Dazu braucht man Muße.« Stattdessen lässt er sich den Ausblick erklären. »Geradeaus sehen Sie den Ost-Berliner Fernsehturm, dort, wo die Blinksignale Flugzeuge warnen, links die Charité und unmittelbar dort drüben rechts Helmut Kohls Büro.« Bei der Erwähnung des Altkanzlers grinsen wir. Warum, weiß ich nicht.

Als Kohl am 2. Oktober 1982 Kanzler wurde, war Gerhard Schröder noch Juso-Bundesvorsitzender und Bundestagsabgeordneter. Es war ein Freitag, als der im Parlament abgewählte Helmut Schmidt mit eiserner Disziplin zum Nachfolger ging und ihm knapp gratulierte. Dieser Tag wird Schröder in ewiger Erinnerung bleiben, denn er zählt zu den Verehrern Helmut Schmidts. Dabei sind die beiden Männer grundverschieden. Schmidt neigte zu Selbstzweifeln und Pessimismus. Anders Schröder, der ein Optimist ist.

Über Schmidt gibt es eine herrliche Anekdote zu erzählen: Als Rau wieder einmal zum Ministerpräsidenten von Nordrhein-Westfalen gewählt worden war, er und die anderen Ministerpräsidenten sich zur ersten gemeinsamen Konferenz mit Bundeskanzler Schmidt trafen, kam dieser herein, nahm mit Ächzen auf seinem Stuhl Platz. »Dieses Land ist unregierbar«, stöhnte er. Johannes Rau erschrak. Aber im nächsten Moment beugte sich der Ministerpräsident von Rheinland-Pfalz, seinerzeit noch Bernhard Vogel, zu ihm, deutete auf den aschfahlen Kanzler und flüsterte: »Heute ist er guter Laune. Sonst sagt er immer, die Welt sei unregierbar.«

Nun gut, zwanzig Jahre später steht Schröder, wie gesagt, in meiner Berliner Wohnung und lässt sich im Wohnzimmer die Bilder an den Wänden erklären, schaut wohlwollend auf das helle Parkett, misst mit anerkennendem Blick die Deckenhöhe von drei Metern. »Wie sind Sie denn zu dieser Wohnung gekommen? Das ist ja eine phantastische Lage.«

Ja, wie bin ich zu dieser Wohnung gekommen? Am Anfang standen meine Frau und ich vor der Frage, ob wir den Umzug nach Berlin mitmachen sollten. Am liebsten wären wir natürlich sofort nach der Wiedervereinigung in unser beider Geburtsstadt Berlin zurückgezogen. Aber da waren ja noch der Kanzler, die Regierung und das Parlament – die Hauptobjekte meiner Kolumne. Solange sie den Schritt nicht nach Berlin vollzogen, mussten auch wir in Bonn bleiben. Mit Leidenschaft verfolgten wir das Tauziehen zwischen Berlin und Bonn um den Hauptstadt-Titel. Das Beharrungsvermögen Bonns erinnerte mich an die Situation der Berliner während des Krieges und unmittelbar danach. Viele hatten beim Einsetzen der Luftangriffe 1943 die wertvollsten Stücke ihrer Habe – Silber, Bilder und anderes – verlagert. Wer es in den Osten brachte, konnte es nach dem Einmarsch der Russen abschreiben. Wer es zur vorübergehenden Aufbewahrung zu Freunden oder Verwandten in den Westen schaffte, erlebte später auch oft eine böse Überraschung. Da man nicht unmittelbar nach dem Schweigen der Waffen alles zurückholen konnte, weil das Reisen durch die sowjetische Besatzungszone ein hohes Risiko bedeutete, einschließlich der Gefahr, die Familienschätze abgenommen zu bekommen, konnte die Rückschaffung erst Jahre später versucht werden. Und da konnte es passieren, dass besagte Freunde oder Verwandte sich plötzlich auf den Standpunkt stellten: »Moment mal, das hattet ihr uns doch geschenkt. Ihr hattet doch schon mit dem Leben abgeschlossen.« Es konnte auch sein, dass die Verwahrer gestorben waren und ihren Erben nicht gesagt hatten, dass diese Stücke nicht ihr Eigentum waren, sondern nur zur vorübergehenden Aufbewahrung im Hause lagerten.

So war es nun auch mit dem künftigen Hauptstadtsitz. Selbst als der Berlin-Beschluss durch das Parlament längst gefasst war, wollten mehr als einhundert der sechshundertzweiundsechzig Bundestagsabgeordneten, darunter der SPD-Abgeordnete Hans Martin Bury, aus Kostengründen den Umzug auf das Jahr 2010 verschieben. Der Oberstadtdirektor von Bonn ließ ein Flugblatt mit der Überschrift »Umzug ist Unfug« drucken. Andererseits gab es auch Umzugsvorreiter. Bundespräsident von Weizsäcker verlegte frühzeitig Büro und privaten Wohnsitz nach Berlin. Rudolf Scharping, 1994 Kanzlerkandidat der SPD, versprach, schon 1996 nach Berlin zu ziehen. Der Leiter des Bonner Hörfunkstudios der Deutschen Welle, Wolter Freiherr von Tiesenhausen, gab im Sommer 1997 anlässlich seines Wechsels nach Berlin eine Abschiedsparty. Motto: »Einer muss den Anfang machen.«

So wurde auch für mich das Thema Umzug immer dringender. Da traf es sich, dass mir der Umzugsbeauftragte der Bundesregierung, Bauminister Klaus Töpfer, zeigen wollte, wie weit die Vorbereitungen bereits gediehen waren. Wir verabredeten uns zu einem Treffen in Berlin. Ich erwartete Töpfer im Staatsratsgebäude am Schlossplatz, Honeckers ehemaligem Amtssitz. Damals noch typischer DDR-Geruch in allen Räumen. Mit wehendem Mantel, gebräunt vom Weihnachtsurlaub, stürmte Töpfer herein. »Seitdem der Kanzler sich entschieden hat« – er meinte noch Helmut Kohl –, »bis der Neubau für sein Amt am Spreebogen fertig ist, hier provisorisch einzuziehen, rollt der Zug.«

Töpfer und ich tourten in seinem Wagen fast drei Stunden durch Berlin-Mitte. Erster Stopp das künftige Auswärtige Amt, die ehemalige Reichsbank. Weiter ging's: Preußisches Herrenhaus, ein spätbarocker Palast, als Sitz des Bundesrates vorgesehen, mitten in der Sanierung. Töpfer: »Als ich das erste Mal hier war, lag noch der Kriegsschutt herum.« Auf der Baustelle des Reichstags schafften zweihundertfünfzig Arbeiter, davon fünfzig nachts. Generatoren summten, Rufe erschallten, bläuliches Schweißlicht flackerte. Der Baustellenleiter sagte: »Wir können bei bis zu minus fünf Grad Beton mischen.« Töpfers Prophezeiung »Das wird zum 23. Mai 1999 fertig« stellte sich als zuverlässig heraus. Wir besichtigten noch andere Gebäude, zum größten Teil bereits renoviert, beheizt, bezugsfertig und zu Fuß vom Reichstag erreichbar. Töpfer war mächtig stolz auf sein Werk. Nur mit der folgenden Frage irritierte ich ihn – und bewies nebenbei hellseherische Fähigkeiten: »Und wenn sich nach verlorener Bundestagswahl die Opposition ins gemachte Nest setzt?« Töpfer schluckte: »Das ist die einzige Bemerkung des heutigen Nachmittags, die mir nicht gefällt.«

Nach dieser Rundfahrt war mir einmal mehr klar, dass ich, wie schon in den letzten Jahren in Bonn, so nahe wie möglich am Parlament wohnen wollte, um es zu Fuß zu erreichen. Im Juni 1995 veröffentlichte der »Stern« auf Hochglanzpapier ein mehrseitiges, bebildertes Faltblatt. Der damalige Chefredakteur Werner Funk schrieb: »Wir wollen zeigen, wie Berlin, die deutsche Hauptstadt, in ihrem Kern aussehen wird. Gestützt auf den letzten Stand der Architekturplanungen, inszenieren wir in fünf Panoramen das Berlin des Jahres 2005 – damit Sie sehen, dass wir am Ende doch noch mit Stolz auf diese Stadt schauen können.« Wie mit einem Fischaugenobjektiv war der Pariser Platz auf vier Seiten abgebildet. Was ich sah, gefiel mir auf Anhieb.

Der damalige Berliner Senator für Stadtentwicklung und Umweltschutz, Dr. Volker Hassemer, verschaffte mir ein Verzeichnis der Grundstückseigentümer. Aus dem war ersichtlich, dass die wenigen dort geplanten Wohnungen unter anderem in

Objekten der Dresdner Bank zu finden sein würden. »Auf dich werden sie gerade noch gewartet haben«, mokierte sich meine Frau, als ich ihr von meinem Plan erzählte, dort etwas für uns anzumieten. Die Korrespondenz mit der Dresdner Bank und ihrem Immobiliendirektor Frank Westphal zog sich über ein ganzes Jahr hin, bis ich eines Tages den Bescheid erhielt, die wenigen Wohnungen, die man für die oberste Etage in der Zentrale am Pariser Platz eingeplant habe, wolle man für die Vorstandsmitglieder reservieren. Aber ein zweites Grundstück, Unter den Linden, Ecke Wilhelmstraße, habe man an die Straubinger Unternehmensgruppe Stoffel verkauft, und einer der Eigentümer, Ludwig Stoffel, »würde sich freuen«, mich künftig als Mieter zu haben. Dies war, wie sich schnell mit einem Telefonat nach Straubing feststellen ließ, keine bloße Höflichkeitsfloskel.

Kurz danach traf ich mich mit Ludwig Stoffel in der Halle des Münchner Flughafen-Hotels zu einem Gespräch. Wir waren uns auf Anhieb sympathisch, für den Einzug in sein Haus Unter den Linden, wo auch die Europäische Kommission und das Europäische Parlament ihre Deutschland-Vertretungen haben würden, eine wichtige Voraussetzung. Stoffel: »Ich möchte auf der Etage, auf der ich selbst eine Wohnung beziehen werde, nur Mieter haben, mit denen ich harmoniere und abends am Kamin bei guten Gesprächen auch mal ein Glas Wein trinken kann.« Stoffel, ein stets adrett gekleideter Herr, Markenzeichen damals, wie bei vielen Architekten, eine Fliege, und sein Bruder Manfred zählen zu jenen deutschen mittelständischen Unternehmern, die Großartiges leisten, jedoch damals den wenigsten bekannt sind. Als es darum ging, einen Mietvertrag mit mir zu schließen, wurden wir uns schnell einig. Zuvor, in dreißig Berlin-Jahren, hatte ich nie unter so nobler Adresse gewohnt: gegenüber vom Hotel Adlon – der Reichstag, das Presseamt, die wichtigsten Botschaften und Vertretungen der Bundesländer zu Fuß erreichbar.

Als ich 1956 von Berlin nach Bonn wechselte, wurden meine Möbel zum Schein als Umzugsgut nach Luxemburg deklariert und verplombt, um zu verhindern, dass die ostdeutschen Volkspolizisten die Ladung filzten oder gar beschlagnahmten. Als ehemaliger politischer RIAS-Redakteur war ich dem kommunistischen Regime ein Dorn im Auge. Aber Auslandsumzugsgut durften Ulbrichts Schnüffler nicht öffnen. Als im August 1999 die Möbel für meine neue Berliner Wohnung rollten, lief alles wie am Schnürchen. Nur beim Entladen meckerte eine Funkstreife: »Sie versperren den Radweg.« Ich dachte: Die Jungs werden sich noch wundern, wenn erst einmal die Begleitfahrzeuge der Politiker wie in Bonn ganze Bürgersteige blockieren.

Ich war in meinem Leben bis dahin zehnmal mit Sack und Pack umgezogen, aber nie war der Standortwechsel für mich so bequem ausgefallen wie dieses Mal. Frau und Tochter Tatjana waren vorausgefahren, hatten die Möbel in Empfang genommen, Bilder aufgehängt, die Küche eingerichtet, die Betten bezogen. Als ich eintraf, brauchte ich nur noch meinen Laptop auf den gläsernen Schreibtisch zu stellen. Der Blick von dort aus, wenn ich meine Kolumne schrieb, ging über den aufgeschlagenen Bildschirm zum Berliner Rathaus, zum Invalidendom, Gendarmenmarkt und zum Fernsehturm. Traumhaft schön!

Dennoch: Es war ein merkwürdiges Gefühl, nach 43-jähriger Abwesenheit, abgesehen von Stippvisiten, zurück in Berlin zu sein. Manches war noch vertraut – die Haveldüne in Weinmeisterhöhe, wo die letzte Wohnung lag, die »Penne« in Spandau, das Grab der Mutter in Lichterfelde-Süd –, anderes dagegen total ungewohnt: die Stadtautobahn, die brutal Bezirke durchschneidet, der Potsdamer Platz nicht mehr wiederzuerkennen; überhaupt, die vielen neuen, unbekannten Gesichter.

In Bonn kannte ich den Postboten, den immer fröhlichen Herrn Gierlich, mit dem man gelegentlich an der Tür ein Schwätzchen hielt. Wer mir in Berlin die Post in den Briefkasten steckt, weiß ich nicht, habe ich noch nie gesehen. In der Weltstadt lebt man anonym.

Zugegeben, aller Anfang ist schwer. Die Telekom braucht drei Tage, um den installierten ISDN-Anschluss »freizuschalten«, drei Wochen, um Telefonbücher zu liefern. Die Firma, die im Auftrag der Telekom die ISDN-Box installierte, hinterlässt keine Betriebsanleitung. »Das ist nicht unsere Aufgabe«, nölt eine Frauenstimme, als ich reklamiere. Der Bote vom privaten Paketdienst UPS entreißt mir während eines Disputs über die verspätete Anlieferung das Päckchen, schimpft: »Krieje ick jetzt 'ne Unterschrift oder nich?« Der Pressevertrieb, der mir in Bonn pünktlich morgens die Zeitung zustellte, bekommt das in Berlin zunächst nicht auf die Reihe, sei es, dass die Zeitungen zu spät angeliefert werden, sei es, dass sie in der Tiefgarage landen. Viel Schlaf bekomme ich zunächst auch nicht. Kurz nach sieben weckt mich das Quietschen eines Baukrans direkt vor meinem Schlafzimmer. Trete ich auf die Terrasse vor dem Wohnzimmer, zähle ich im Rundblick sage und schreibe dreißig Baukräne – in Berlin wird hart gearbeitet.

Es gibt Tage, meist montags, mit bis zu zwanzig Pressekonferenzen. In Berlin gibt es sogar sonntags Pressetermine. Da findet zum Beispiel vormittags die Eröffnung des Katholischen Zentrums in der Hannoverschen Straße mit Diskussion zum Thema »Berlin – auf dem Weg zur nachchristlichen Republik?« statt. Gegen Mittag hält die CDU gemeinsam mit Bertelsmann im Hotel »Royal Dorint« ein Sonntagsforum ab: »Die vernetzte Familie – Internet und TV im Fokus der Erziehung«. Angela Merkel, die auch keinen Sonntag kennt, sieht mich, meint: »Ihre Anwesenheit alarmiert mich.« An meinem Tisch zwei Damen der CDU-Fraktion. Die eine zunächst nicht wiederzuerkennen: Ex-Familienministerin Claudia Nolte. Statt Rüschenbluse grauer Rolli. Abends eine Pressekonferenz im Kanzleramt am Schlosspark. In der Eingangshalle drängen sich an die achtzig Journalisten, lagern selbst auf den Treppen. Nach einer Stunde werden wir hoch in den ersten Stock gelassen. Der Kanzler sieht nicht fröhlich aus. Kein Wunder, am Sonntag wäre er auch lieber bei Frau Doris.

Die Bonner Käseglocke? In Berlin hocken Politiker und Journalisten noch enger zusammen. Ich trete aus dem Haus, und wer rennt da gerade bei Rot über die Kreuzung? Der CDU-Abgeordnete Peter Hinze. »Aber, aber«, mahne ich. Er: »Wenn Sie das schreiben, rede ich kein Wort mehr mit Ihnen.«

Ein paar Kreuzungen weiter klingelt's hinter mir. Der SPD-Abgeordnete Uli Klose auf dem Fahrrad. »Hab' ich mir extra für Berlin gekauft«, sagt er. Wir halten an, um uns kurz auszutauschen. Er: »Über meine Partei will ich mich nicht äußern.« In der Jägerstraße – oder ist's die Französische? – ruft mir der CSU-Abgeordnete Klaus Rose ein fröhliches »Guten Morgen« zu. Im Supermarkt an der Wilhelmstraße treffe ich am Schnapsregal Franz Müntefering (damals SPD-Generalsekretär). Daheim im Briefkasten finde ich eine Visitenkarte »Mit herzlichen Grüßen« vom FDP-Abgeordneten Helmut Haussmann.

Auf der anderen Seite: Trete ich aus der Haustür, herrscht großstädtisches Treiben, fast wie in Manhattan. Brausender Verkehr, nervende Polizeisirenen, Menschen aus aller Herren Länder. Abends drehe ich gern noch eine Runde ums Brandenburger Tor, erfreue mich an der hell erleuchteten, gläsernen Kuppel des Reichstags, wo bis zur späten Stunde Besucher gleich Ameisen die Wendeltreppe bevölkern. Während der Sommermonate sitze ich auch auf besagter Terrasse meiner Wohnung, genieße das Spiel grüner Laserstrahlen am nächtlichen Himmel. Irgendwie komme ich immer zu spät ins Bett, obwohl mich viel zu früh der Kranführer von Philipp Holzmann weckt.

Gefeiert wird in Berlin auch, sogar ausgiebiger als in Bonn. Zum Beispiel das erste »Focus«-Fest in der Hauptstadt, organisiert von meinem Freund und ehemaligen »Bild«-Kollegen Stephan Vogel sowie seiner Frau Jutta. Motto: »Feiern, feiern, feiern!« Ort der Fete: das Berliner Rathaus. Bürgermeister Diepgen erkennt es kaum wieder. Gedämpftes Licht, schmeichelhaftes »Focus«-Rot, schafft gehobene Nightclub-Stimmung. Jeder der über tausend handverlesenen Gäste – darunter Thierse, Merkel, Glos, Deutsche-Bank-Chef Kopper, Objektkünstler Micus – bekommt beim Betreten von schmalgliedrigen Grazien in verführerischen »Wolford«-Schlauchkleidern eine Pocketkamera verehrt, beim Verlassen einen elektronischen Termin- und Adressverwalter. Kleine Geschenke erhalten bekanntlich die Freundschaft. Berühmte Köche der »Jeunes Restaurateurs d'Europe« stillen Gaumenlust, und »Focus«-Chefredakteur Helmut Markwort verspricht für die Zukunft: »Dies ist erst der Beginn.«

Über unsere eigene Einladung 2004 zum Tag der Deutschen Einheit am 3. Oktober schreibt »Die Welt«: »Vis à vis des Adlons fand sich eine illustre Runde in der Privatwohnung von Mainhardt Graf von Nayhauß Unter den Linden zusammen. Der Journalist und Autor hat gemeinsam mit seiner Ehefrau Sabine und dem Besitzer des Hauses, Investor Ludwig Stoffel, 26 Gäste zu einem gesetzten Dinner mit anschließendem Tanz bei kubanischer Musik geladen. Mitgastgeber Stoffel ist übrigens mit Giovanna Stefanel (»Stefanel Mode«) liiert (inzwischen verheiratet). Die Gäste von Graf Nayhauß, darunter der britische Botschafter Sir Paul Lever mit Ehefrau Patricia, Friede Springer, CSU-Politiker Michael Glos, Moderator Klaus Bresser mit Ehefrau Evelyn, ZDF-Kollege Wolfgang Herles sowie die Witwe des ermordeten Treuhand-Präsidenten, Hergard Rohwedder, hatten von der Terrasse einen einzigartigen Blick auf die Enthüllungs-Feierlichkeiten mit US-Präsident Bill Clinton, Ski-Legende Willy Bogner und der spanischen Opernsängerin Montserrat Caballé.«

Bei der Verleihung der von »Hörzu« gestifteten Goldenen Kamera im Konzerthaus am Gendarmenmarkt ist der Rote Teppich sieben Meter breit, einhundertzwanzig Meter lang. Selbst bei Staatsempfängen für Könige gab's das nicht in Bonn. Berlins feine Gesellschaft feiert eines ihrer beliebtesten Feste. Aber war das schon nach Zuzug von Regierung und Parlament die neue High Society – jener wünschenswerte Mix von Politik, Wirtschaft, Showbiz, Kunst und Adel? Leider nein. Obwohl eingeladen, kein Kanzler, kein Außenminister, überhaupt kein einziges Kabinettsmitglied, sieht man vom Kulturbeauftragten ab.

Von 669 Bundestagsabgeordneten nur zwei – Rudolf Seiters (CDU) und Elke Leonard (SPD). Auch Berlins ehemaliges Stadtoberhaupt Eberhard Diepgen ist anwesend. Aber der zählt zu den alten Knaben, die in Berlin schon immer dazugehörten.

Andererseits: Freunde und Kollegen, die sich seit Jahren nicht mehr meldeten, schauen plötzlich vorbei.

Berlin ist nicht nur eine »Wucht«, die Stadt haut einen völlig um. Sie ist aufregend, quirlig, interessant. Und voller Ereignisse. Ich bin stolz, in Berlin geboren zu sein. Ich erfreue mich am Wiederaufschwung dieser durch Krieg und Teilung geschundenen Stadt zu einer neuen Metropole. Nur, denk ich zurück an Bonn, wo ich immerhin mehr als die Hälfte meines Lebens verbrachte, bekomme ich gelegentlich Heimweh nach dem beschaulichen Städtchen am Rhein.

Jedoch zunächst habe ich ein ganz anderes Problem, ein wirkliches: Der Tod streckt seine Hand nach mir aus. Im Krieg war ich ihm mehrmals von der Schippe gesprungen. Aber nun?

Zungenkrebs: Verliere ich meine Stimme?

Dr. Kerry Olsen von der berühmten amerikanischen Mayo Clinic in Rochester, Minnesota, ist ein freundlicher Herr, aber von schonungsloser Direktheit: »Sie haben Zungenkrebs«, offenbart er mir. »Wenn Sie einverstanden sind, können wir morgen früh operieren.«

Ich gebe mir größte Mühe, meine Stimme nicht abrutschen zu lassen: »Ok.«

Am Morgen hatte er bereits eine Gewebeprobe entnommen. Es tat höllisch weh, obwohl die Zunge vorher betäubt worden war. Aber er ging besonders tief hinein, um sicher zu sein, was die weiße Schwellung, zwei mal zwei Zentimeter groß, an meiner linken Zungenseite bedeutete. Am Nachmittag hatte er bereits das Resultat und konfrontierte mich nun mit dem erschreckenden Ergebnis. In Deutschland war ich bei sechs verschiedenen

Ärzten gewesen – Zahnarzt, Kieferchirurg, HNO-Doktor, Hautarzt; und zwei Pathologen entnahmen ebenfalls eine Gewebeprobe. Vorausgegangen war, dass ich unter dem linken Zungenrand weiße Flecken hatte, die als Leukoplakie diagnostiziert wurden. Es war auch an eine Operation gedacht, aber damit hatte man keine Eile. Einer der Ärzte: »Das Ding würde ich mir mal wegmachen lassen.« Die Betonung lag auf »mal«.

Inzwischen weiß ich, bei dieser Krankheit, die in den meisten Fällen bösartig ist, zählt jeder Tag. Bei meinem Freund und Kollegen vom »Spiegel«, Jürgen Leinemann, den ein Zungengrund-Tumor erwischte, war das zu spät geschehen, so dass er nach sechseinhalb Jahren qualvollen Leidens, verbunden mit einem Luftröhrenschnitt, verstarb. Auf Drängen von Sabine und Tochter Tatjana flog ich rüber in die Mayo Clinic, wo ich schon früher aus anderen Anlässen Patient gewesen war. Nun, nach der Krebs-Diagnose und der bevorstehenden Operation, hatte ich begreiflicherweise eine schlechte Nacht. Was, wenn ich nach dem Eingriff die Fähigkeit zu sprechen verlieren würde? Nicht auszudenken. Ich hatte ein Formular mit entsprechendem Vermerk unterschreiben müssen, dass ich nach der Operation mein Sprechvermögen verlieren könnte.

Am nächsten Morgen also, kurz vor halb sieben, werde ich, schon unter lokaler Betäubung, auf einer Krankentrage in den Operationssaal geschoben. Zu Sabine, die mich bis dahin – mit sorgenvoller Miene – begleitet, drehe ich mich noch einmal um, rufe ihr zu: »Reg dich nicht auf. Ich komme wieder.« Dr. Olsen hatte mich in der Reihe zu operierender Patienten wegen der Dringlichkeit meines Falls vorgezogen. Es gehen ihm nun bei der mehr als dreistündigen Operation drei Assistenten zur Hand. Mir wird ein Tubus, ein Schlauch, in den Rachen eingeführt, durch den ich zuerst betäubt, anschließend mit Sauerstoff versorgt werde.

Um Sabine kümmert sich eine Krankenschwester, geleitet sie in einen Warteraum, wo andere den Operationsausgang ihrer Angehörigen abwarten. Die Krankenschwester verspricht ihr, sie über den Verlauf der Operation zu unterrichten. Weil Sabine hemmungslos weint, setzt sich jemand von den Wartenden zu ihr, legt seinen Arm um sie, fragt: »Darling, do you want a coffee?«

Mir wird nicht nur ein Stück Zunge genommen, es werden auch alle Lymphknoten links am Hals vorsorglich entfernt und ebenfalls zur Gewebeuntersuchung geschickt, wobei festgestellt wird, dass sie nicht von Metastasen befallen sind. Glück im Unglück. Nach der Operation werde ich auf eine Intensivstation geschoben, die in der Mayo Clinic aus einem kreisartigen Raum besteht – die Betten mit Frischoperierten nur durch seitliche Vorhänge voneinander getrennt. In der Mitte dieses runden Raumes ein Desk mit diensttuenden Ärzten und Schwestern. Ich kann zunächst nicht sprechen, gebe nur unverständliche Laute von mir. Aber Dr. Olsen hatte zuvor Sabine unterrichtet: »Alles ok, die Operation ist gut gelaufen, Ihr Mann wird auch wieder sprechen können.«

Bereits am fünften Tag nach der Operation treten Sabine und ich den Rückflug nach Deutschland an – ich mit einem dicken Verband um den Hals, wo die einundzwanzig Lymphknoten entfernt wurden, das Gesicht hässlich geschwollen. In Chicago, wo wir umsteigen müssen, warten wir zwischenzeitlich in der VIP-Lounge der Lufthansa. Der zufällig mit uns reisende ehemalige VW-Vorstandsvorsitzende Carl Hahn – ebenfalls langjähriger Besucher der Mayo Clinic – hilft Sabine. Sie legen mich auf eine Sitzbank, damit ich besser ausruhen kann. Dann die bedauerliche Nachricht: Der Lufthansaflug nach Köln/Bonn fällt wegen technischer Schwierigkeiten aus. Wir können wählen, über Dänemark nach Deutschland zu fliegen oder in Chicago zu übernachten. Ersteres ist für mich nach der schweren Operation zu anstrengend. Also bleiben Sabine und ich im Airport-Hotel von Chicago, während Carl Hahn über Dänemark weiterfliegt.

Zu Hause finde ich einen handgeschriebenen Brief der »Bild«-Chefredaktion vor:

»Lieber Graf Nayhauß, das ganze Team von ›Bild‹ wünscht Ihnen gute Besserung, und dass Sie bald wieder fit und munter sind. Wir werden Ihre Kolumne zwar schmerzlich vermissen, aber jetzt hat die Genesung Vorrang. Herzlichst Jörg Quoos«.

Warum überhaupt habe ich die Mayo Clinic aufgesucht? Den Tipp hatte ich vor Jahr und Tag von Senator Dr. Franz Burda bekommen. Er hatte sich dort selbst in grauer Vorzeit behandeln lassen. Ihm folgten andere Größen unseres Gewerbes, darunter der Verleger von Gruner + Jahr, Richard Gruner, sowie mein Freund und vielfacher Chefredakteur Claus Jacobi. Ferner Axel Cäsar Springer, der es 1969 neben der erstklassigen medizinischen Behandlung genoss, zwischen den ärztlichen Terminen in Rochester unerkannt herumzulaufen, während seine mit in die USA geflogenen Bodyguards sich privat vergnügen konnten. Später ließ sich auch sein Sohn, Axel Springer junior, dort behandeln und brachte eine amüsante Geschichte mit nach Hause, die für die Qualität der Ärzte in der Mayo Clinic sprechen soll. Als er sich einer Darmspiegelung (Rektoskopie) unterzog, kopfüber im Untersuchungsstuhl hing, den nach oben gestreckten Allerwertesten mit einem Tuch abgedeckt, das nur ein Loch über dem »Loch« aufließ, warf der Arzt einen kurzen Blick auf das »Einsatzgebiet« und stellte fest: »I think I know your father.«

Die Mayo Clinic, gegründet 1889, benannt nach ihrem Gründer, dem Arzt Dr. William Mayo, begann mit 27 Betten und einer Pferdekutsche als Krankenwagen. Heute gibt es allein hundertacht Operationsräume. Die Klinik ist mit rund einunddreißigtausend Beschäftigten der größte Arbeitgeber der Stadt – noch vor IBM. Passiert ein Kunstfehler, wird das auf der Internetseite der Klinik publik gemacht. Wo gibt es das sonst noch? Die Doktoren haben ein festes Gehalt und stellen selbst keine Honorarforderungen.

Vor der Operation hatte die Verwaltung telefonisch bei meiner Krankenversicherung in Deutschland angerufen, um sicherzustellen, dass ich tatsächlich dort versichert bin. Das hatte zur Folge, dass kurz nach der Operation – mir war noch schummrig im Kopf – ein Anruf der Krankenversicherung kam: »Machen Sie sich keine Sorgen, wir übernehmen das.« Tolle Fürsorge, während man sonst oft weniger Erfreuliches von Krankenkassen erfährt. Immerhin kostet die Operation an mir rund 42 000 Dollar.

In der Folge fliege ich zwölfmal zur Kontrolle (und einer Nachoperation) nach Rochester. Beim letzten Mal schlägt mir Dr. Olsen lachend auf die Schulter: »Sie können eine Party schmeißen, Sie haben den Krebs besiegt.«

Die Transatlantikflüge zur Nachkontrolle sind jedes Mal eine Strapaze, vor allem der nächtliche Rückflug in der Economy-Klasse (die Flüge zahlt die Krankenversicherung nicht) und häufig lange Wartezeiten beim Umsteigen in Amsterdam. Reisedauer bis zu sechzehn Stunden.

Gelegentlich verbinde ich diese »Ausflüge« auch mit dem Angenehmen. So leihe ich mir bei einem Aufenthalt in Amerika eine Harley Davidson, ohne es meiner Frau zu verraten. Sie hätte versucht, das zu verhindern. Darum muss ich Lederkombi und Sturzhelm an ihr vorbeischmuggeln. Was auch gelingt. Der Erste, dem auffällt, dass ich in einem Beutel den Sturzhelm als Handgepäck trage, ist der Sicherheitskontrolleur in Amsterdam: »Für diesen Flug brauchen Sie aber keinen Sturzhelm«, sagt er lachend.

Mit dem geliehenen Motorrad fahre ich nordwärts in Richtung kanadische Grenze. Dabei entdecke ich »Oberammergau« in den USA. Was ich dort erlebe und warum es dort überhaupt ein Oberammergau gibt, fasse ich in einer »Bild«-Kolumne zusammen: »Gudrun ist neun, heißt in Wirklichkeit Cindy. Ihre Muttersprache ist Englisch, aber auf die Frage, was sie gerade in Oberammergau mache, antwortet sie auf Deutsch: ›Ich wohne hier.‹ Oberammergau liegt in diesem Fall nicht in Bayern, sondern in einem Ferienlager für amerikanische Kids im US-Staat Minnesota. Dort lernen die kleinen Amis während eines mehrwöchigen Aufenthalts Deutsch. Warum ausgerechnet Deutsch? ›Weil Deutschland in den Augen vieler Amerikaner das mächtigste Land in Europa ist‹, klärt mich der Lagerleiter, Professor Daniel Hamilton, auf, als ich die Stätte besuche. Der Professor selbst lernte Deutsch bereits während seiner Kindheit in Rheinland-Pfalz, wo sein Vater mit der US Air Force stationiert war.

In diesem ›Oberammergau‹ sucht sich jedes Kind zwischen sieben und achtzehn Jahren beim Eintreffen einen deutschen Vornamen aus. Sein Dollar-Taschengeld muss es bei der Lagerbank in Euro umtauschen. Dafür kann es in der Kantine (›Cafe Einbeck‹) deutsche Produkte, wie Gummibärchen und Africola, kaufen. Zu essen gibt es typisch deutsche Gerichte, etwa schwäbische Maultaschen. Professor Hamilton: ›Wir zwingen die Kinder nicht, außerhalb des Unterrichts Deutsch zu sprechen.‹ Aber wer beim Fußballspiel ›Erzieher gegen Schüler‹ Englisch spricht, handelt sich einen Strafstoß ein.«

Bei meinen Aufenthalten erkunde ich auch die Meinung der Amerikaner zu politischen Themen – zum Beispiel über Deutschlands Weigerung unter Kanzler Schröder, die USA im Irak-Krieg zu unterstützen. In der Provinz denken viele anders als in den Hochburgen von Politik und Medien, also in Washington und Manhattan. Die grauhaarige Verkäuferin in der Einkaufspassage: »Oh, ich wusste gar nicht, dass die Deutschen nicht mitmachen wollen. Ich dachte, nur die Franzosen.« Dann mit einem schüchternen Lächeln: »Ich finde, in solchen Zeiten sollten wir doch zusammenhalten.« Der Taxifahrer, der mich vor dem Arzttermin zur Shopping Mall fährt, wanderte vor sieben Jahren aus Palästina ein: »Bush soll ein Killerkommando auf Saddam ansetzen, aber nicht das irakische Volk mit einem Krieg bestrafen.« Sein Kollege Gary Schumacker (Großeltern als Russlanddeutsche eingewandert): »Grundsätzlich stehe ich hinter meinem Präsidenten. In der Irak-Frage schwanke ich noch.« Und Bob, der stets fröhliche Gepäckträger im »Marriott«-Hotel: »Das muss jeder Einzelne, jedes Land für sich entscheiden.

Wenn die deutsche Regierung ›nein‹ sagt, werden wir weiterhin die Deutschen mögen.«

Und ich mag die Amerikaner. Dank ihrer Hilfe bin ich am Tod vorbeigeschrammt und frage mich noch heute, womit ich dieses Glück verdient habe. Ich frage mich das auch deshalb, weil meinen Brüdern ein solches Glück nicht zuteilwurde.

Der ältere, aus Vaters erster Ehe stammende Hubertus, verstarb mit 58 Jahren bei einem Autounfall. Mein jüngerer Bruder Engelbert – der sich als Vierzehnjähriger gegen Kriegsende so tapfer zurück nach Hause durchgeschlagen hatte – brach im Dezember 2005 aufgrund eines geplatzten Aneurysma, einer Gefäßerweiterung im Gehirn, zusammen. Er wurde ins Universitätsklinikum in Essen eingeliefert und dort operiert. Er war wochenlang ohne Bewusstsein, wurde mehrmals nachoperiert, erlitt mehrere Lungenentzündungen, wurde künstlich beatmet und ernährt. Bald wurde klar, im Überlebensfall würde er nie mehr laufen, sprechen, essen und trinken können, kurzum ein lebenslanger Pflegefall sein.

Vier Tage nach Weihnachten durften wir Engelbert auf der Intensivstation im Essener Klinikum besuchen. Wir, das sind seine Frau Lilian, seine erwachsenen Kinder Dirk und Daniela sowie Sabine und ich. Der Anblick war ein Schock: Engelbert ohne Bewusstsein, kahl geschorener Kopf, kreidebleich, angeschlossen an Kanülen und Beatmungsgerät. Lilian, in Tränen aufgelöst, lief aus dem Raum und schrie: »Das ist er nicht.« Aber er war es. Keine Reaktion – oder bildete ich mir doch eine geringe Reaktion ein, als ich meinen Finger behutsam in seine geschlossene Hand steckte? Die Ärzte lassen ihn noch in Narkose, wollen nach etwa drei Tagen entscheiden, ob sie Reaktionstests vornehmen können. Vorher können sie nicht sagen, ob er durchkommt und mit welchen bleibenden Schäden.

Vor seiner Erkrankung hatte er eine fünfseitige Patientenverfügung aufsetzen und von einem Notar beglaubigen lassen. Kernsätze: »Es soll auf Maßnahmen verzichtet werden, die nur noch eine Leidens- und Sterbeverlängerung bedeuten würden.

Eine Unterbringung in einer Anstalt, einem Heim, wünsche ich nicht.« Als meine Schwägerin gegenüber dem Arzt auf diese Patientenverfügung verweist, entgegnet dieser eiskalt: »Sie wollen Ihren Mann wohl gar nicht wiederhaben. Sie wollen ihn töten!«

Mein Fax mit der Bitte um Auskunft über Zustand und Zukunft meines Bruders bleibt unbeantwortet. In Gegenwart meiner Schwägerin ließ der Arzt es in den Papierkorb fallen. »So etwas lese ich gar nicht«, sprach der Herrgott in Weiß. Nach dreizehn Wochen unsäglichen Leidens verstarb mein Engelbert. Mit fünfundsiebzig Jahren.

Meine Gedanken gehen nach seinem Tod zurück in die Kindheit, die wir teilten, in die Zeit auf der Napola, die wir zusammen erlebten. Er war der Letzte, mit dem ich mich über unsere Mutter unterhalten und eventuell offene Fragen klären konnte. Er war drei Jahre alt, als wir unseren Vater verloren. Wir hatten uns nie ernstlich gestritten – mit einer Ausnahme: Als er sich einmal während der Hungersnot in den Nachkriegsjahren heimlich an unsere Essensvorräte schlich und dafür von mir eine Ohrfeige bekam. Wir wohnten zusammen, bis ich, berufsmäßig bedingt, Berlin in Richtung Bonn verlassen musste. Die Erinnerung an die schönen Zeiten wird überschattet von seinen letzten Tagen.

Familienfeste: Wenn Töchter heiraten

Wie so oft im Leben, kündigte sich ein wichtiges Ereignis völlig überraschend an, im Sommer 1995 mit dem Klingeln an unserer Haustür. Bettler, Schornsteinfeger oder die Zeugen Jehovas, denke ich. »Dominik« identifiziert sich der Klingler durch die Sprechanlage. »Komm rein«, antworte ich, völlig ahnungslos, drücke gleichzeitig auf den elektrischen Türöffner.

Da steht er nun, Dominik, mit vollem Namen Dominik Edler von Braun, großer Blumenstrauß, Krawatte zum frisch gebügelten Hemd, lächelnd. Mir schwant nichts Gutes, nichts Böses.

Tochter Tatjana heiratet Dominik Edler von Braun, 1995

Er: »Ich habe eine gute und eine schlechte Nachricht und eine Frage.« Plötzlich kommt mir das Lächeln in dem jugendlichen Gesicht merkwürdig vor. Den Strauß hält er in einem Anflug von Feierlichkeit vor der Brust.

»Schieß los.«

»Zuerst die gute Nachricht: Ich habe mein betriebswirtschaftliches Examen bestanden. Die schlechte: Ich habe noch keinen Job. Und die Frage« – das Lächeln überstrahlt nunmehr alles andere in seinem Gesicht: »Darf ich Tatjana heiraten?«

Leider kann ich mich in diesem Moment nicht im Spiegel sehen. Die Überraschung ist jedenfalls total. Mir fällt nichts Passenderes ein, als gegenzufragen: »Und was sagt die Braut dazu?«

»Sie ist einverstanden«, triumphiert Dominik.

Die kirchliche Trauung findet am Sonntag, den 31. Dezember 1995, in der Herz-Jesu-Kirche, Bonn-Bad Godesberg, statt. Begleitet von einem Trompetenstück des englischen Komponisten Henry Purcell führe ich unsere Tochter durch das Hauptportal zum Altar und übergebe sie dort Dominik mit den Worten: »Pass gut auf sie auf.«

Tatjana und Dominik kannten sich zu diesem Zeitpunkt schon lange, sie hatten dieselbe Schule in Godesberg besucht. Und auch zwischen den Familien des Brautpaares gab es viele Berührungspunkte, da sowohl Dominiks Vorfahren mütterlicherseits als auch Tatis Ahnen väterlicherseits der Habsburgermonarchie gedient hatten und hierfür geadelt worden waren. Dominiks Mutter Elisabeth ist eine geborene Erzherzogin von Österreich. Dominiks Vater, Friedrich Edler von Braun, war zeitweilig Diplomat an den deutschen Botschaften in Stockholm und Helsinki.

Da die Hochzeit Silvester stattfindet, gibt es um Mitternacht ein grandioses Feuerwerk – das Hochzeitsgeschenk unserer Freunde Ernst und Maren Friedlaender. Von Ausnahmen abgesehen, nämlich Horst und Maria Ehmke sowie Barbara Genscher, haben wir bewusst keine Politiker eingeladen. Es soll ein familiäres Fest bleiben.

Zahlreiche Glückwunschschreiben treffen ein, wobei viele Gratulanten – so etwa Hannelore Kohl – darauf hinweisen, worauf es vor allem ankomme: »die weniger guten Stunden mit Humor zu meistern«. Und Dominik und Tatjana meistern ihr Leben, sie schenken uns zudem drei wohlgeratene Enkelkinder – Charlie, Ludovico, Edina. Der Schwiegersohn ist nach verschiedenen erfolgreichen Firmenverkäufen Unternehmer und Lizenzpartner des US-amerikanischen Weltmarktführers für Business-Networking auf internationaler Ebene (BNI). Tatjana ist Innenarchitektin und Designerin – und hat sich auf Altbausanierungen spezialisiert.

Zehn Jahre später feiern wir die Hochzeit von Tatjanas Schwester Tamara. Brausende Orgeltöne erfüllen den über tausend Jahre alten Dom von Merseburg bei Halle. Wo schon Martin Luther predigte, führe ich unsere jüngere Tochter Tamara langsamen Schrittes zum Altar. Sie trägt ein Brautkleid aus elfenbeinfarbiger Duchesse-Seide mit Stehkragen und Schleier, Kummerbund und Trompetenärmeln. Der Organist spielt eine Sonate von Felix Mendelssohn Bartholdy. Vor dem Altar steht erwartungsvoll im Cut mit gelber Weste und höflichem Lächeln unser neuer Schwiegersohn, Alexander Graf von Kalckreuth. »Pass gut auf Tamara auf«, sage ich auch ihm, als ich die Tochter übergebe.

Die erhabene Stimmung wird für einen Moment durch ein unerwartetes Lachen unterbrochen: Dem ältesten Sohn von Tamaras Schwester, dem knapp zweijährigen Charlie, fällt die Rolle zu, das Kissen mit den Eheringen dem Bräutigam hinzuhalten. Der steckt den Ring auf den Finger seiner frisch Angetrauten, da kräht Charlie: »Danke sagen!« Natürlich hat man dem kleinen Jungen beigebracht, sich für Dinge, die man bekommt, zu bedanken …

Leider hat Alexanders Vater die Hochzeit nicht mehr miterleben können. Der Junge war erst fünf, als er seinen Vater, Jochen von Kalckreuth, verlor. Dieser, ein bekannter und routinierter Segelflieger, der über sein Hobby mehrere Bücher geschrieben hat, war am 4. Mai 1977 über den Alpen abgestürzt.

Es ist äußerst bedauerlich, dass er den Werdegang seines Sohnes nicht mehr erlebte. Nach dem Abitur in einem Internat in Schondorf am Ammersee studierte Alexander in Bonn und Berlin Jura und begann eine Laufbahn als Rechtsanwalt, spe-

Tochter Tamara mit Bräutigam
Alexander Graf von Kalckreuth, 2005

zialisiert auf Medienrecht und Markenschutz – zunächst als Partner einer Hamburger Anwaltskanzlei, dann in eigener Kanzlei mit Partner; heute ist er weiter zugelassener Rechtsanwalt, gleichzeitig Vorstandsvorsitzender der TARTECH eco industries AG, die in Deutschland und den USA Recycling-Anlagen errichtet und betreibt.

Unsere Tochter lernte er auf einem Ball des Roten Kreuzes in Berlin kennen und sehr bald lieben. Da war Tamara schon Journalistin mit beachtlichem Werdegang. In einem Zeitschriften-Interview bekannte sie, dass »mich der Reiz des Journalismus über meine Eltern viel stärker vereinnahmt hatte, als ich dachte. Obwohl es meiner Schwester und mir strikt verboten war, in unserem Bonner Haus nach oben in Vaters Büro zu gehen, ist sein Job natürlich nicht spurlos an uns vorübergegangen.« Tamara begann ihre journalistische Laufbahn beim RTL-Frühstücksfernsehen und bei ProSieben, wo sie auch volontierte, wechselte später zu RTL und ist heute erfolgreiche Freiberuflerin.

Plötzlich ein Anruf des Bundespräsidenten

An einem Mittwochvormittag im Januar 1993 klingelt bei mir das Telefon. »Der Herr Bundespräsident möchte Sie sprechen.« In diesem Fall Richard von Weizsäcker. Dass er mich anruft, hat es noch nie gegeben. Ich bin gespannt. Seine Stimme klingt gedämpft. »Ich habe eine traurige Mitteilung. Axel ist gestorben.« Ich weiß sofort, wen er meint – seinen engen Freund und Kriegskameraden Axel von dem Bussche, der einst dem Widerstandskreis um Oberst Graf von Stauffenberg angehörte.

In einer Luftwaffen-Maschine fliegen Weizsäcker und ich wenig später zur Trauerfeier ins Schwäbische, nach Lehrensteinsfeld. Sechs Offiziere der Bundeswehr flankieren den Sarg, ein siebter trägt das Ordenskissen, darauf in der Mitte das Ritterkreuz des Eisernen Kreuzes. Ein Trompeter der Bundeswehr bläst in den sonnigen Wintertag: »Ich hatt' einen Kameraden«. Die Bänder auf dem Kranz des Bundespräsidenten leuchten schwarz-rot-gold. Vor Trauer versagt Weizsäcker die Stimme. Gott der Herr hat Axel Freiherr von dem Bussche-Streithorst zu sich gerufen – einen wahren Helden, der nach dem Inferno der Hitler-Zeit stets von der Vorstellung geplagt war: »Unsere Schuld ist es, überlebt zu haben.« Nun ist diese Schuld getilgt.

Axel Bussche war für mich kein Unbekannter. In meinen frühen Bonner Jahren war er Gründer und Leiter des Deutschen Entwicklungsdienstes, des German Peace Corps. Und seit damals wusste ich, dass er ein wirklicher Held war. Ein Mann, der als Vierundzwanzigjähriger bereits Geschichte machte, der im Kriegsjahr 1943 als hochdekorierter Frontoffizier vom Widerstandskämpfer Oberst Graf von Stauffenberg dazu ausersehen war, sich bei der Vorführung einer neuen Einsatzuniform mit Hitler in die Luft zu sprengen. Ein Attentat, das dann daran scheiterte, dass das Musterexemplar der neuen Uniform bei einem vorangegangenen englischen Luftangriff auf Berlin zerstört worden war.

Jahrzehnte später treffe ich ihn bei einem Konzertabend in der Villa Hammerschmidt, dem Bonner Amtssitz des Bundespräsidenten. Etwa achtzig Gäste im Smoking oder Abendkleid, die atonale Musik ist nicht jedermanns Sache, aber die Gespräche sind interessant und das Essen vorzüglich. Gegen Ende der Veranstaltung flüstert mir Richard von Weizsäcker zu: »Bleiben Sie noch ein bisschen? Wir wollen in den Geburtstag von Axel hineinfeiern.«

Für eine Sekunde bin ich verwirrt: Axel? Es ist eine Bonner Eigenart, dass Insider bei der Unterhaltung über Dritte nur deren Vornamen nennen. Wenn Ehmke von »Oskar« spricht, ist Lafontaine gemeint. Und wenn »Irmchen« Schwaetzer von »Otto« erzählt, kann es sich nur um Otto Graf Lambsdorff handeln. Aber »Axel«? Dann plötzlich fällt der Groschen: Der Bundespräsident meint seinen an diesem Abend auch eingeladenen Kriegs- und Studienkameraden Axel Freiherr von dem Bussche-Streithorst. Der Freund war unübersehbar, nicht nur wegen seines Gardemaßes von 196 Zentimetern und seines spöttischen Blicks aus blitzblauen Augen. Unübersehbar war ebenso, dass er sich wegen eines fehlenden Beins auf Krücken fortbewegte und man beim Handschlag das Fehlen des Daumens spürte.

Nun in der Villa Hammerschmidt schlägt die Mitternachtsstunde, es beginnt der 20. April 1989, der Bundespräsident hebt sein Champagnerglas, verschmitzter Gesichtsausdruck über makellosem Smokinghemd: »Am 20. April haben ja zwei

Mit Bundespräsident Richard von Weizsäcker und Ehefrau Marianne während des Konzertabends in der Villa Hammerschmidt, 1989

bekannte Deutsche Geburtstag. Aber keine Sorge, wir wollen nicht auf Adolf anstoßen, sondern auf unseren Axel.« Allgemeines Schmunzeln unter den Gästen. Es folgen ein paar Reminiszenzen an gemeinsame Zeiten mit Bussche, die obligatorischen guten Wünsche für die Zukunft, und dann leeren wir auf Axels Wohl unsere Gläser.

Als der Gefeierte sein Glas abgesetzt hat, ruft er mir zu – und zeigt dabei auf einen links neben mir stehenden Herren: »Mit dem müssen Sie sich mal unterhalten. Das ist ein wahrer Zeitzeuge.« Dass ausgerechnet Bussche, selbst die Verkörperung des Zeitzeugen, mit diesem Attribut einen anderen schmückt, finde ich beinahe belustigend. Aber er hat nicht so ganz Unrecht. Neben mir steht Helmut von Gottberg, der mit Weizsäcker und Bussche im selben Regiment gedient hatte, dem traditionsreichen Preußischen Infanterie-Regiment 9 zu Potsdam. Gottberg, inzwischen längst pensionierter Oberregierungsrat, spielte bei der Verschwörung ebenfalls eine wichtige Rolle. Er besorgte die Zünder für den Sprengstoff, mit dem Hitler getötet werden sollte.

Ich beginne mich für die Lebensgeschichte dieser Männer, ihre Motive, ihren Lebenskreis und das Regiment, in dem sie dienten, zu interessieren. Ich besuche Bussche in der Nähe von Genf, wo er nach dem Tod seiner Frau Camilla und dem Auszug seiner erwachsenen Töchter in einem Haus auf dem Land allein lebt. Ich bleibe zwei Tage. Er bespricht viele Tonbänder. Am ersten Abend essen wir in der Küche. Statt mit Hilfe der Krücken bewegt er sich mit überraschender Geschicklichkeit in einem Rollstuhl. Er besteht darauf, alles selbst zu verrichten – das Decken des Tisches, die Zubereitung der Mahlzeit, sogar den Abwasch. Während er die Teller unter heißem Wasserstrahl mit einer Stielbürste säubert, schildert er völlig emotionslos, just matter of fact, wie er von Stauffenberg für das Attentat auf einen der größten Diktatoren und Menschenverächter dieses Jahrhunderts gewonnen wurde:

»Wir saßen allein in seinem Büro in Düppel, im äußersten Südwesten von Berlin, die Tür hatte man hinter mir geschlossen. Erst sprachen wir ein bisschen über seine Verwandtschaft, dann kam er direkt zur Sache. Man hätte einen besonderen Vorführtermin ausgewählt, an dem auch Himmler und Göring im Führerhauptquartier anwesend sein würden. Alle drei sollten auf einen Schlag umgebracht werden. Er berichtete über englischen Sprengstoff, den er hatte besorgen lassen. Schließlich sagte er: ›Also, ich muss mir jetzt die Haare schneiden lassen. Überlegen Sie sich das in der Zwischenzeit, und kommen Sie am Nachmittag wieder.‹

Ich kam nachmittags wieder und sagte: ›Da brauchen wir gar nicht mehr darüber zu reden, ich mach's.‹ Da hatte er schon mein Nachtschnellzug-Ticket mit der Schlafwagenkarte für die Strecke Berlin-Ostpreußen parat, wo Hitlers Hauptquartier lag.«

Ich bin beeindruckt, mit welcher Nüchternheit und Furchtlosigkeit ein solcher Plan besprochen wurde. Ein Mann sollte sein Leben – zugegebenerweise für eine Sache von geschichtlicher Tragweite, aber immerhin – opfern, und ihm wird als Bedenkzeit die Dauer eines Haarschnitts eingeräumt. Kein Zaudern, kein Wehklagen, nicht die Frage: Warum nicht ein anderer? Stattdessen die knappe Antwort: »Ich mach's.«

Bussche muss meine Gedanken erraten haben. Denn während er nun beginnt, die gespülten Teller abzutrocknen, sagt er: »Wissen Sie, draußen an der Front war man täglich bereit zu sterben. Mit dem Attentat hatte ich ja noch die einmalige Chance, etwas wirklich Großes zu leisten, Adolf mit ins Jenseits zu nehmen.« Mir fällt auf, dass er über die Widerstandspläne ohne theatralischen Hass auf Hitler, ohne ideologische Verbohrtheit berichtet. Anders als das im Nachhinein bei vielen selbsternannten Nazigegnern, die jene Zeit nie miterlebten, zur Unsitte geworden ist. Bussche sagt plötzlich zu mir: »Ich muss Ihnen etwas zeigen«, rollt für ein paar Minuten aus der Küche und kommt mit einem blauen Amtsbriefumschlag zurück. »Schauen Sie mal da rein.« Mit spottlustigem Blick reicht er mir das Kuvert, gespannt, wie ich reagieren werde. Ich ziehe eine goldgeränderte Visitenkarte aus dem Umschlag – stocke, als ich dem Namen lese. In vornehmer Prägeschrift steht geschrieben: »Adolf Hitler«. Ich schaue verdutzt zu ihm hinüber. Er grinst. »Da sind Sie baff, nicht wahr?«

»Ist die echt?«

»Glauben Sie, ich handle mit Fälschungen?«

»Aber wie in Teufelsnamen sind ausgerechnet Sie, der Hitler umbringen wollte, in den Besitz seiner Visitenkarte gekommen?«

»Ich lag Weihnachten 1944 wegen meiner Beinamputation in Berlin-Wannsee im Lazarett. Am Vierundzwanzigsten pochte es an der Tür, herein kam ein Soldat des Wachbataillons, machte eine militärische Ehrenbezeugung und fragte nach mir. Wir lagen zu viert in einem Zimmer. Ich rief: ›Hier!‹ Mit den Grüßen des Führers überreichte er mir daraufhin ein Paket, darin Kaffee, Zucker und Schokolade – Kostbarkeiten in Zeiten großer Kriegsnot und rationierter Lebensmittel. Der Soldat fuhr fort: ›Wir sind vor ein paar Tagen zusammengerufen worden, mussten eine Liste von 100 schwerstverwundeten Ritterkreuzträgern zusammenstellen, von denen jeder ein solches Paket bekommt.«

Bussche, jetzt fast ein halbes Jahrhundert danach, lacht über das ganze Gesicht. »Da beschenkt Adolf einen Mann, der ihn umbringen wollte. Ist das nicht komisch?« Dann würzt er die unglaubliche Geschichte mit einer weiteren Pointe. »Wochen später bin ich zu Hause in Thale nordöstlich am Harzgebirge auf Urlaub, sitze mit meinem Vater, er war hoch in den Sechzigern, in unserem sehr großen Esszimmer und sage: ›Papa, du wirst es nicht glauben. Ich habe übrigens von dem Adolf eine Visitenkarte.‹ Er: ›Die will ich sehen.‹ Ich zeige sie ihm, er guckt sie sich an, und was hat ein Mann seiner Generation zu Hitlers Visitenkarte zu sagen? ›Zu meiner Zeit hatten nur Blumenläden so goldene Karten.‹«

Bussche lacht dröhnend, ich lache mit, unser Lachen kommt von den Küchenkacheln als Echo zurück. Aus was für einem Holz muss ein Mann geschnitzt sein, der sich bei allem persönlichen Leid, das ihm und ganzen Völkern durch das NS-Regime zugefügt wurde, Sinn für solche Situationskomik bewahrt?

Ich bin entschlossen, ein Buch über diese Männer um Stauffenberg zu schreiben. Welche Rolle spielte Weizsäcker in diesem auf Widerstand gegen Hitler ausgerichteten Kameradenkreis? Kann man sich den Bundespräsidenten überhaupt im Schützengraben vorstellen? Wie wurden die Offiziere des Infanterie-Regiments 9 mit dem Gewissenskonflikt fertig, einerseits einen Fahneneid auf den »Führer« abgelegt zu haben, andererseits aber bereit zu sein, Hitler umzubringen?

Als ich dem Bundespräsidenten die ausgeschriebenen Tonbänder des Interviews mit zusätzlichen Fragen zuschicke, schreibt er auf eine Manuskriptseite mit grünem Filzstift: »Graf

Nayhauß, wenn Sie eine Geschichte so wahr wie möglich schreiben wollen, dann beeinflussen Sie Ihre Gesprächspartner nicht in Richtung auf größere Genauigkeit, als das Gedächtnis des Menschen dies nach 46 Jahren noch wissen kann. Der Genauigkeitsfimmel ist geradezu eine Quelle von Fehlern.

Also, so gut wie ich es noch weiß …«

Dann fallen ihm doch noch eine ganze Menge Einzelheiten ein. Das gilt auch für das Dutzend seiner damaligen Kameraden, die inzwischen über ganz Deutschland verstreut wohnen, so sie noch leben, in den verschiedensten Zivilberufen landeten, Architekt, Forstmann, Verwaltungsangestellter – und mit gesunder Skepsis gegenüber ihrer Soldatenzeit, dennoch mit großer innerer Anteilnahme mir Rede und Antwort stehen. Das Schicksal hatte sie in eine düstere Epoche gestellt, die sie sich nicht hatten aussuchen können – nachzulesen in meinem Buch »Zwischen Gehorsam und Gewissen – Richard von Weizsäcker und das Infanterie-Regiment 9«.

Wer austeilt, muss auch einstecken können

Im Jahr 2006 zählt mich eine 25-köpfige Jury von Top-Journalisten, darunter Friedrich Nowottny, ehemaliger Intendant des WDR, und Hajo Schumacher, Ex-Chefredakteur von »Max«, zu den Top-Ten-Online-Journalisten des Jahres. »Weil er sich im Internet neu erfunden hat. Seine Netzeitung-Kolumne ist Journalismus auf der Höhe der Zeit. In der Netzeitung hat er seit einiger Zeit das Internet für sich entdeckt und berichtet nun aus Berlin. Dass er mit achtzig Jahren jenseits der Pensionsgrenze liegt, stört ihn ebenso wenig wie die Umstellung auf ein neues Medium. Man muss mit der Zeit gehen.«

Vier Jahre später lese ich in einem Buch mit dem Titel »Die Meinungsmacher – Über die Verwahrlosung des Hauptstadtjournalismus« von Leif Kramp und Stephan Weichert folgende Passage: »So manchem Veteranen fiel es aber äußerst schwer zu verstehen, dass er nun auch für den Internetauftritt seiner Zeitung, Radio oder Fernsehstation Inhalte produzieren sollte. Als Bild- und Bunte-Kolumnist Mainhardt Graf von Nayhauß einen Ausflug in virtuellen Weiten unternahm und knapp zwei Monate lang im Auftrag der Netzeitung kolumnierte, schrieb er wie gewohnt in seinem heimischen Büro. Die Übersetzung ins Digitalische übernahmen die jungen Leute in der Redaktion.«

Diese Unterstellung ist insofern ärgerlich und schwer nachzuvollziehen, als beide Autoren mich zuvor in meinem Büro interviewt hatten. Stephan Weichert lehrt sogar an verschiedenen Ausbildungsstätten Journalismus. Beim Gespräch in meinem Büro klammerten sie das Thema Online-Journalismus völlig aus, hätten mich aber im Nachhinein jederzeit anrufen können, um Versäumtes nachzuholen.

Ich schalte meinen Schwiegersohn Alexander ein, Rechtsanwalt für Medienrecht und Markenschutz, der dem Verlag eine Unterlassungserklärung schickt, wonach dieser sich unter Strafandrohung verpflichten solle, die inkriminierende Aussage nicht weiter »zu verbreiten und/oder verbreiten zu lassen«. In seiner Begründung weist er darauf hin, dass die falsche Behauptung gleich in mehrfacher Hinsicht unwahr sei. Erstens hätte ich nicht nur für knapp zwei Monate einen »Ausflug« als Kolumnist der Netzeitung unternommen, sondern tatsächlich über einen Zeitraum von knapp drei Jahren (2005 bis 2008) für die Netzeitung geschrieben und im Zuge dessen rund 270 Beiträge verfasst. Zweitens seien meine Beiträge keineswegs »von jungen Kollegen in der Redaktion« ins »Digitalische« übersetzt, sondern von mir selbst am Computer geschrieben und per E-Mail übersandt worden. Und drittens hätte ich mich nicht erstmalig für die Netzeitung »in virtuelle Weiten« begeben, sondern würde schon seit 2002 für die Internetausgabe der »Bild«-Zeitung arbeiten.

Darüber hinaus wies mein Schwiegersohn in seinem Schreiben darauf hin, dass ich bereits zu einer Zeit Computer und moderne Übertragungstechniken für meine Arbeit nutzte, als dies in Journalistenkreisen noch die Ausnahme darstellte. Bereits in den siebziger Jahren war ich »im Netz«, noch bevor das World Wide Web für die Allgemeinheit zur Verfügung stand. Damals nutzte ich einen Vorläufer des modernen Internets, das GEO-Net, um Daten an meine Redaktion zu versenden. Ich kann sogar von mir behaupten, dass ich als erster Bonner Textjournalist auf Kanzlerreisen einen Laptop nutzte – damals für die Datenübertragung noch mit Akustik-Koppler.

Vor diesem Hintergrund hat mich die Feststellung der beiden Autoren dass ich nicht in der Lage sei, mit der elektronischen Entwicklung in meinem Beruf Schritt zu halten, schon geärgert. Nach dem Anwaltsschreiben haben sich Stephan Weichert und Leif Kamp dann allerdings persönlich bei mir entschuldigt, weshalb wir von einem Vorgehen gegen den Buchhandel absahen.

So viel zur Schlampigkeit, mit der Kollegen bisweilen recherchieren. Aber wer austeilt, muss auch einstecken können.

Ich bin seit längerem Diener vieler Herren, schreibe regelmäßig Kolumnen in »Bild« und »Bunte«, »Superillu«, »Netzeitung« und habe Auftritte im RTL-Frühstücksfernsehen sowie im Berliner Stadt-Radio Hundert,6 und in der Talkrunde des NDR. Irgendwann stören meinen Hauptarbeitgeber, die »Bild«-Zeitung, diese vielfachen Aktivitäten. Zunächst gibt es ein Hickhack über neue Vertragsregularien – man will mir die Mitarbeit bei der »Bunten« verbieten, übersieht dabei aber, dass man mir eben jene Kolumnentätigkeit für dieses Magazin bei einem früheren Vertrag ausdrücklich zusagte. Irgendwann lässt man meinen Presseagenten Josef von Ferenczy wissen, dass die Verhandlungen nicht mehr Sache der Redaktion, sondern nur noch des Verlags seien. Dennoch bestellt mich eines Tages Chefredakteur Diekmann nach Hamburg, um mir zu eröffnen, dass – »Bunte« hin, »Bunte« her – zwei sich im Inhalt ähnelnde Kolumnen nicht vertretbar seien, wir daher für »Bild« ein anderes Format als das bisherige »Berlin vertraulich« wählen müssten. Er selbst macht den Vorschlag, dass ich eine Art Tagebuch mit dem Titel »Meine Top Ten der Woche« schreibe. Ich willige ein. Warum nicht etwas Neues probieren?

Nach dem Gespräch fahre ich ohne Gram mit dem Zug zurück nach Berlin. Per Zufall sitzt mir der Redaktionskollege Hugo Müller-Vogg gegenüber, verschweigt mir aber, dass auch er ein Treffen mit Diekmann hatte und von diesem zum Nachfolger meiner Kolumne »Berlin vertraulich« gemacht wurde. Kein Sterbenswörtchen davon. So viel über die mangelnde Offenheit unter Kollegen.

Die Beendigung meiner seit fast zweieinhalb Jahrzehnten laufenden Kolumne – erst, wie gesagt, »Bonn vertraulich«, dann »Berlin vertraulich« – löst eine Welle von Interview-Anfragen bei mir aus. Das beste Gespräch führt die »taz Berlin« mit mir. Die Fragensteller sind die Kollegen Matthias Lohre und Ulrich Schulte:

Herr Nayhauß, Sie haben das politische Geschäft mal als »wunderbares Theater« bezeichnet. Wo stehen Sie bei diesem Bühnenstück?

Nun, ich stehe in der Kulisse und erlebe die Schauspieler aus nächster Nähe.

Sie sind 79 Jahre alt. Warum haben Sie dem Theater nicht längst Adieu gesagt?

Zum Menschsein gehört das sich Beschäftigen. Hingehen, beobachten, nach Hause kommen und schreiben, für mich bedeutet das Erfüllung, wie ein Maler sie beim Malen erlebt. Warum sollte ich also aufhören? […]

Die Währung von Politik ist Macht. Ist Macht zu haben wichtig für Sie?

Nein. Sie dürfen meine Position nicht überschätzen. Es steht in meiner Macht, Politiker zu ärgern. Es genügt schon, über einen empfindlichen Minister zu schreiben, er habe nach seiner Sitzung tiefe Augenringe gehabt. Das habe ich bei Karl Schiller erlebt, dem Wirtschaftsminister der Großen

Koalition Ende der 60er. Er hat es sehr übel genommen. Also Macht, um zu ärgern – ja. Macht, um einen Politiker zu beseitigen – nein.

Ihnen wird nachgesagt, Sie hätten als Erster über die überdimensionierte Klobrille im Kanzlerjet Helmut Kohls geschrieben. Stimmt das?

Nein, darüber hat der »Spiegel« als Erster geschrieben, in der Personalienspalte. Ich habe kein Wort über die Klobrille geschrieben, noch habe ich selbige vermessen. […]

Ärgerte Sie die Verdrehung?

Nein. Wenn ich andere ärgere, muss ich auch hinnehmen, dass die mich piesacken. Die Geschichte war gut erfunden. Allein die Vorstellung: Der kleine Nayhauß kniet mit einem Zollstock vor dem Klo, dann reißt der dicke Kanzler die Tür auf …

In Ihren Kolumnen beschreiben Sie Politik durch Details, Persönliches, Klatsch. Wie viel Distanz braucht ein Journalist?

Er soll dicht dran sein. Es spricht auch nichts dagegen, dass er sich von dem Politiker nach Hause einladen lässt. Aber wenn die Gelegenheit kommt, berechtigt kritisch zu schreiben oder Hintergründiges, darf man es nicht zurückhalten. […]

Mussten Sie für die »Bild«-Zeitung neu schreiben lernen?

Kurze Sätze. Dass Kleinigkeiten dem Leser den Eindruck vermitteln, man ist dicht dabei, habe ich schon beim »Spiegel« gelernt. Wichtig ist, dass es eine Story ist, also interessant, nah an Menschen geschrieben. […]

Stehen Sie hinter der journalistischen Machart der »Bild«-Zeitung?

Das müssten Sie konkretisieren.

Die »Bild«-Zeitung spitzt Geschichte so zu, dass Falsches dabei herauskommt. Sie schreibt Leute kaputt. Ohne jetzt bis Wallraff zurückzugehen – es gibt eine Webseite, www.bildblog.de, die täglich Fehler aufdeckt.

An meinen Kolumnen, für die ich stehe, wurde nichts geändert. Ich will nichts beschönigen, aber da müssen Sie mit der Chefredaktion sprechen. […]

Adorno sagte: »Es gibt kein richtiges Leben im falschen.« Können Sie sich, wenn Sie von »Bild« bezahlt werden, auf Ihre Autorenrolle zurückziehen?

Es gibt Gesetze in Deutschland, und von denen wird Gebrauch gemacht. Wer sich von »Bild« ungerecht behandelt fühlt, kann eine Gegendarstellung erwirken.

Das ist blauäugig. Privatleute haben gegen die Springer-Justizabteilung doch keine Chance.

Sagen wir: We agree, that we disagree. Ich kann hier nicht für »Bild« sprechen, ich sitze nicht in der Redaktion. Ich spreche nur für Nayhauß. […]

Welche Schlagzeile würden Sie gerne in fünf Jahren schreiben?

Das muss ich überlegen.

»Deutschland erlebt zweites Wirtschaftswunder«?

Das nehme ich.

So weit das Interview. Ich selbst darf mich im August 2005 in »Bild« mit einer letzten Kolumne bisherigen Stils verabschieden:

Tschüs »Berlin vertraulich!«

Abschied nehmen ist schmerzlich. So auch von meiner »Bild«-Kolumne »Berlin vertraulich«. Sie erschien zum ersten Mal am 5. Januar 1981, damals noch als »Bonn vertraulich«. Diese nun ist die letzte. Die Welt verändert sich, auch Zeitungen. Die Redaktion wünscht sich fortan jeden Freitag die Kolumne »Nayhauß: Top Ten« – eine Bewertung der wichtigsten Personen, Leistungen, Ereignisse, der größten Flops, Schrulligkeiten und Gerüchte aus der Hauptstadt.

Mein Kollege Hugo Müller-Vogg wird meinen bisherigen Part mit dem abgewandelten Titel »Berlin intern« über-

Mit US-Präsident Bill Clinton und Ulrich Wickert im Restaurant »Rolandsbogen« in Bonn, 1999

Mit König Hussein von Jordanien nach einem Abendessen für Bundeskanzler Helmut Kohl im Königspalast, 1995

Mit Erich Honecker während seines Besuchs in Bonn, 1987

> nehmen. Hals- und Beinbruch! Hinter mir liegen 4000 geschriebene Kolumnen. Zurückgelegte Flugkilometer über zwei Millionen. Sieht man von der Antarktis, dem Nordpol und der Südsee ab, brachte mich die Tätigkeit in alle Erdteile. Das Problem war nicht, genügend Ideen zu haben. Ein gutes Archiv, die Telefonnummern zu den wichtigsten Leuten, Augen und Ohren auf, und die Themen fliegen einem zu. Mühselig war, wenn man nach durchgefeierter Nacht (Hochzeit von Regierungssprecher Peter Boenisch auf Sylt) keine Lust hatte oder für die Textdurchgabe im Funkloch stand (Israel). Entschädigung für alle Mühsal sind die Begegnungen mit den Großen dieser Welt: Clinton beim Abendessen am Rolandsbogen über dem Rhein, Chirac auf einem Flug nach Ramstein, König Hussein in seinem Palast, Castro bei Schröder in Rio, Gorbatschow in seiner Datscha im Kaukasus, Kohl zu Haus in Oggersheim. Interviews mit allen sieben Kanzlern.

Die Wirkung der Kolumne war dank der vielen Millionen »Bild«-Leser überwältigend. Karl Heinz Gurski aus Düren sammelte sie nach Jahrgängen geordnet. »Sie sind für mich im wahrsten Sinne ein Stück Zeitgeschichte.« Bundestagsabgeordneter Ernst Hinsken (CSU): »Bei Ihnen in der Kolumne erwähnt zu werden, ist der Ritterschlag.« Dagegen Verteidigungsminister Struck: »Erst komme ich bei Ihnen nicht vor, jetzt soll ich zum von Ihnen moderierten Online-Chat kommen? Nein, danke.« Gutes wurde bewirkt: Die geplanten Zuschüsse für eine obskure RAF-Ausstellung wurden nach einer Veröffentlichung von mir gestrichen; die Schließung des für die Freiheit des Westens symbolträchtigen Aussiedlerlagers Friedland konnte verhindert werden. Mehrmals war »Berlin vertraulich« Thema in der Fragestunde des Bundestages. »Ja, ja«, sagte Bundespräsident von Weizsäcker einmal im Beisein von Beamten und Politikern, »was wir alles schon im Laufe des Lebens gemacht haben.« Pause, schelmischer Blick. »Nur Nayhauß macht immer noch dasselbe.« Nun auch nicht mehr.

»Pass auf dich auf und komm mir gesund wieder«, sagt meine Frau, als ich mich im Juni 2007 zum G8-Gipfel aufmache. Ich denke an Gerhard Schröder. Der hatte, als wir vor ein paar Jahren im Hexenkessel des G8-Gipfels von Genua zusammensaßen, gesagt: »Reinkommen ist leicht. Aber rauskommen schwer.«

So komme ich tatsächlich ohne Probleme mit meinem Wagen zum Ostseebad Kühlungsborn, wo – noch außerhalb des vielkritisierten, übermannshohen Absperrzauns – das Internationale Medienzentrum eingerichtet ist. Unterwegs sehe ich viele Polizisten, fast so zahlreich wie die Mohnblumen am Wegesrand. Aber angehalten oder gar kontrolliert werde ich kein einziges Mal. »Gerd« hatte wieder einmal Recht.

Das Medienzentrum, eine am Strand eigens errichtete moderne Containeranlage, ist so gigantisch wie alles auf diesem Spektakel, genannt G8: eintausendvierhundert Arbeitsplätze allein für die schreibende Presse. 500 Kilometer verlegte Kabel. Jeder Anschluss am Arbeitsplatz ist zusätzlich ausgerüstet für die Übermittlung unserer Berichte mittels W-LAN. An den Wänden riesige Monitore, auf denen man die wichtigsten Ereignisse verfolgen kann – zum Beispiel die vorgezogene Landung von US-Präsident Bush auf dem Flugplatz Laage bei Rostock, nebst dem Pfeifkonzert der Demonstranten.

Wir sind knapp viertausend Medienvertreter, die vom G8-Gipfel berichten. Das heißt, die wenigsten erleben die Staats- und Regierungschefs tatsächlich. Sie hocken vielmehr die ganze Zeit in Kühlungsborn vor besagten Bildschirmen. Ab und zu bekommen sie Pressemitteilungen auf den Tisch gelegt. Um zu Merkel, Bush und den anderen erlauchten Größen vorgelassen zu werden, braucht man zusätzlich zum elektronischen Akkreditierungsausweis mit Lichtbild eine »Poolkarte«. Nur die berechtigt, an bestimmten Programmpunkten als Zaungast teilzunehmen.

Ich ergattere einen solchen Sonderausweis, um dabei zu sein, wenn sich die Kanzlerin mit ihren sieben Gästen, plus EU-Kommissionspräsident Barroso, auf sattgrünem Rasen zum »Familienfoto« aufstellt. Das ist für kurz nach 12 Uhr vorgesehen. Dafür muss ich um 7 Uhr aufstehen und mich im Pressezentrum in Kühlungsborn rechtzeitig einem »Sicherheitscheck« unterziehen. Um letztendlich in das Heiligtum von Heiligendamm reinzukommen, besteige ich – eskortiert von Begleiterinnen des Bundespresseamtes oder der deutschen Sicherheit – eine putzige, Dampfwolken ausstoßende Schmalspurbahn, genannt »Molli«. Ab geht's. Beidseitig saftig grüne mecklenburgische Landschaft. Plötzlich taucht rechts der vielbeschriene, mannshohe Absperrzaun mit NATO-Stacheldraht auf. Sofort wird fotografiert, und ehe man sich versieht, rattert der Zug durch ein von der Polizei offengehaltenes Gittertor. Kein Demonstrant weit und breit. Fast eine Enttäuschung. Auf dem schnuckeligen Kleinbahnhof von Heiligendamm wird erst einmal eine Stunde »geparkt«, weil wir Journalisten von beflissenen Organisatoren viel zu früh herangeschafft worden sind. Schließlich geht es in das schneeweiße herrliche Areal der »Kempinski«-Hotelanlage von Heiligendamm, Konferenzstätte und Herberge für die acht Gipfelstürmer und ihre Höflinge.

Irgendwann ist es dann so weit: Merkel im lindgrünen Blazer, dazu schwarze Hose, eingerahmt von den acht VIPs, kommt auf uns zu. Artig bleiben die Herrschaften auf den vorher vom Protokoll im Rasen markierten Stellen stehen. Unmittelbar rechts und links der Kanzlerin die Ranghöchsten: Bush und Putin. Merkel beugt sich noch einmal vor, schaut prüfend zur Seite. »Sind Sie auch alle da?« EU-Kommissionspräsident Barroso ordnet flugs noch seine rote Krawatte, Italiens Romano Prodi behält seine rechte Hand in der Hosentasche. Der damalige Neuzugang, Nicolas Sarkozy, telefoniert schnell noch einmal per Handy – dann alle bitte lächeln. Eh man's begreift, ist die Fotosession beendet. Für drei Minuten echtes Erleben –

Im Gespräch mit Bundeskanzlerin Angela Merkel, 2007

nicht nur am Bildschirm im Pressezentrum – fünf Stunden Wartezeit und Anmarsch. Das heißt, das dicke Ende kommt erst noch. Inzwischen ist uns und »Molli«, der Bäderbahn, die Rückfahrtstrecke durch Demonstranten abgeschnitten. Wir nehmen den Umweg mit schaukelnden Barkassen der Bundesmarine. Ich denke: Seefahrt tut nicht not.

Was ich sonst noch mitkriege? Die strengsten Sicherheitsvorkehrungen gehen für den amerikanischen Präsidenten so weit, dass bei Vorfahrt der eigens aus Washington eingeflogenen Panzerlimousine deutsche Protokollbeamte die Wagentür nicht öffnen dürfen – nur der Secret Service. Die erstaunlichste Wandlung vom öffentlichkeitsscheuen Chemieprofessor zum charmanten Plauderer und »First Man« vollzieht Kanzlergatte Prof. Joachim Sauer. Beim Defilee vor dem ersten Abendessen der Staats- und Regierungschefs tauscht er sogar mit Cherie Blair, der Gattin des britischen Premierministers, Wangenküsse aus. Bestes Einvernehmen herrscht erstaunlicherweise zwischen dem russischen Präsidenten Putin und Frankreichs G8-Frischling Sarkozy. Nach ihrer Teilnahme am »Familienfoto« sondern sie sich vorübergehend freundschaftlich plaudernd von den anderen ab.

Um die anspruchsvollen Wünsche der acht »Chiefs« und ihrer Entourage zu erfüllen, haben »Kempinski«-Generalmanager Stephan Interthal und sein Direktor vor Ort, Martin Kolb, 270 Angestellte, darunter 60 Köche, aus ganz Deutschland nach Heiligendamm abkommandiert. Den raffiniertesten Trick, eine Demonstrantenblockade zu durchbrechen, hat der Korrespondent des Österreichischen Fernsehens (ORF), Heiko Schulze, drauf: »Wenn ihr mich jetzt nicht durchlasst, seid ihr heute Abend nicht im Fernsehen zu sehen.«

War das Gipfeltreffen der Acht ein Erfolg für die Kanzlerin? Ja und nein. Nach regelrechtem Feilschen gelang es ihr in punkto Klimaschutzpolitik, die Großen Acht – vor allem die USA – dahin zu bringen, dass sie ernsthaft (»seriously«) in Betracht ziehen, bis 2050 den Ausstoß der Treibhausgase zu halbieren. Bis 2050 ist noch lange hin, jedoch ein Anfang ist gemacht.

Auch ein Verdienst von Merkel: Bush und Putin sind nach dem Treffen in Heiligendamm wieder »on speaking terms«. Und schließlich: Die deutsche Bundeskanzlerin wird von den Medien zur »Miss World« ernannt.

Die Reise zum G8-Gipfel nach Heiligendamm ist die vorletzte, von der ich zudem nicht nur Texte an meine Redaktionen liefere, sondern auch als Pressefotograf tätig bin. Denn vor etlichen Jahren, noch unter der Regierung Helmut Kohl, machte sich eine Unsitte breit – nicht nur in Bonn, später ebenso in Berlin, auch im Ausland: Bei wichtigen politischen Veranstaltungen werden nur noch Fotografen und Fernsehteams zugelassen. Die schreibende Presse muss sich mit Pressekonferenzen begnügen oder, noch unergiebiger, mit »stake outs«, wie es im Amerikanischen heißt – mit knappen Erklärungen der Politiker, zu denen allenfalls ein, zwei Fragen gestellt werden dürfen. Dass auf diese Weise keine für den Leser sowohl informierenden wie gleichermaßen unterhaltenden Geschichten mit persönlichen Eindrücken entstehen können, ist den Politikern anscheinend gleichgültig. Sie drängen ins Fernsehen oder wollen wenigstens fotografiert werden. Dafür nehmen sie sogar in Kauf, ab und zu eine Kamera an den Kopf gestoßen zu bekommen.

Um nun nicht nur auf die offiziellen, inhaltsarmen Verlautbarungen angewiesen zu sein, begann ich, mich auf Auslandsreisen des Bundespräsidenten, des Kanzlers oder des einen und anderen Ministers als Fotograf auszugeben. Um wie ein »richtiger« Bildberichterstatter auszusehen und zum Beispiel im Oval Office des amerikanischen Präsidenten nicht nur mit einem Hobby-Fotoapparat aufzutauchen, was das Misstrauen des Secret Service ausgelöst hätte (»Who is this guy?«), legte ich mir eine komplette Ausrüstung mit mehreren Kameras und Objektiven zu – eine Entscheidung, die ich wegen der Schlepperei oftmals bereut habe.

Die Berufspressefotografen beäugten mich zunächst misstrauisch. Johannes Rau als Bundespräsident brach, als er mich 2002 in Tokio, wohin ich Bundeskanzler Schröder zum Endspiel der Fußballweltmeisterschaft begleitete, in den Ruf aus: »Jetzt fotografiert der Graf Nayhauß auch noch.«

Die Kollegen von der Bildpresse merkten aber bald, dass ich für sie keine Konkurrenz war, zumal ich weder für das Tagesgeschäft noch für Agenturen arbeitete. Sie halfen, gaben mir Tipps, schützten mich vor drängelnden ausländischen Kamera-Rambos, halfen auch mal mit einem Film aus, als noch nicht digital fotografiert wurde. Ich bin vielen zu Dank verpflichtet, darunter Julia Faßbender, der schönen Fotografin des Bundespresseamtes, Tim Brakemeier (dpa), Heinz Finck (ap) und Marc Darchinger, mit dessen in der Branche berühmtem Vater, dem inzwischen leider verstorbenen Jupp Darchinger, ich bereits vor Jahrzehnten politische Reportagen bestritt. Überhaupt, unter meinen Freunden waren schon immer Pressefotografen, zum Beispiel der Heidelberger Helmut R. Schulze und die Münchner Winfried Rabanus, Guido Mangold und Rolf Hayo.

Ich maße mir nicht an, zu behaupten, ein perfekter Fotokünstler geworden zu sein. Aber der eine oder andere Schnappschuss ist mir gelungen. Zu meinem eigenen Erstaunen entwickelte ich im Laufe der Jahre geradezu Jagdfieber. Auf der Afrikareise Schröders im Januar 2004 verschoss ich in sieben Tagen noch mit meinen analogen Kameras 30 Filme, machte mithin über 1000 Aufnahmen.

Es war oft harte körperliche Arbeit. Die Kameras zerrten an Schulter und Hals, hinzu kam oft das Gewicht des Laptops, denn das Schreiben meiner Kolumnen und Reportagen hatte stets Vorrang. Hart war das Geschäft auch wegen der Rangeleien mit ausrastenden Sicherheitsbeamten. Jelzins Chefleibwächter Alexander Korschakow trat mir ins Gesäß, weil ich seiner Meinung nach nicht schnell genug das Hotelzimmer im »Bayerischen Hof« verließ, wo ich mit anderen Fotografen und TV-Kamerateams für einen Bildtermin mit Helmut Kohl und Boris Jelzin vorgelassen worden war.

Auf seiner Südamerika-Reise im Februar 2002 kam Schröder lachend auf mich zu. »Sie waren ja in eine kleine Schlägerei verwickelt.«

»Und Sie haben mich herausgepaukt. Vielen Dank.«

Bei der Besichtigung des VW-Werkes in São Paulo hatten mir brasilianische Polizisten rücksichtslos die Sicht auf den Kanzler versperrt, während er mit Azubis sprach und ich die Gruppe fotografieren wollte. Das lässt man sich nicht bieten. So kam es zu einer kleinen Rangelei, in die der Kanzler zu meinen Gunsten eingriff (»Jetzt ist aber Schluss!«).

Seine eigenen Bodyguards, die er zu Beginn der Kanzlerschaft aus Hannover mitbrachte, mussten sich zunächst an mich gewöhnen. Auf seiner ersten Japanreise 1999 schmiss mich einer seiner Leibwächter aus einem Schrein heraus, den der Kanzler von einem Mönch erklärt bekam. Es war zugegebenerweise kein Pressetermin, ich hatte mich eingeschmuggelt. Aber auf Reisen sollten Sicherheit und mitfliegende Presse zusammenhalten. Durch den deutschen stellvertretenden Protokollchef, Busso von Alvensleben, ließ mich der Kanzler wieder reinholen, bestand demonstrativ darauf, dass ich mich neben ihn stellte, während besagter Mönch mit seinem Vortrag fortfuhr. Seinen Leibwächtern signalisierte Schröder, indem er mit dem Kopf auf mich deutete: »Der hat doch kein Messer in der Tasche.«

In den folgenden Jahren waren sie kooperativ, halfen mir durch manche Absperrung, traten gelegentlich sogar beiseite, damit ich besser zu meinen Aufnahmen kam. Dafür bin ich ihnen zu Dank verpflichtet.

Inzwischen habe ich vier Kanzler, verschiedene Bundespräsidenten und etliche Minister auf genau 126 Reisen begleitet, dabei über zwei Millionen Flugkilometer zurückgelegt. Das Schlimmste, das auf solchen Reisen passieren kann, ist, den Anschluss an die Delegation zu verpassen. Bei Kohls zweitem Israel-Besuch 1995 stand ich in der Wüste Negev, die zwei Hubschrauber des Kanzlers hoben ab, und man ließ mich einfach zurück. »Kein Platz«, beschied brüsk der Protokollchef. Zusätzliches Pech: Ich stand im Funkloch, konnte mein Handy nicht benutzen. Das zweite Mal verlor ich den Anschluss in Kenia, wo Kohl in einem Tierreservat bei den Massai übernachten sollte, die ihn begleitenden Journalisten aber zurück nach Nairobi geflogen wurden – unbeabsichtigt ohne mich.

Langweilig war es jedenfalls nie. Vor einem Moskau-Flug mit Willy Brandt gab es Bombenalarm. Im Kaukasus war ich Zeuge, als auf Gorbatschows Datscha die Wiedervereinigung perfekt gemacht wurde. Ich erlebte mehrere amerikanische Präsidenten, von Nixon bis George W. Bush. Ich stand im Kreml im Zimmer der Nummer 1, damals noch der Sowjetunion. Ich erlebte Staatsoberhäupter, die Schurken waren, und solche, die gütige Landesväter abgaben. Ich sah beim Scheich von Brunei unvorstellbaren Reichtum – Gold auf den Teppichen – und bei den »Müllmenschen« von Manila unbeschreibliche Armut, aber trotzdem waren sie von rührender Freundlichkeit gegenüber dem sie fotografierenden Fremden. Reisen mit der Macht bedeutet, dass sich Türen öffnen, die einem normalen Reisenden verschlossen bleiben. Nicht zu vergessen: Man wird gelegentlich Zeuge historischer Momente.

Eine allerletzte Reise kommt im Oktober 2007 auf mich zu: mit Angela Merkel nach Petersburg zum »Deutsch-Russischen Dialog«. Wir, die achtzehn sie begleitenden Journalisten, hocken mit der Regierungschefin in einem viel zu kleinen Konferenzabteil einer Luftwaffenmaschine. Einige sitzen auf dem Fußboden, ich mit Kanzlerin hauteng auf einem Sofa. Ihre kleinen, kräftigen Hände sind ohne jeden Ringschmuck, zur anspruchslosen Armbanduhr ein schlichtes, schwarzes Lederband, die dunkle Anzughose mit aufgesteppten Bügelfalten.

Sie besteht darauf, jedem ins Gesicht zu schauen. »Setzen Sie sich bitte, damit ich den Kollegen hinter Ihnen sehe.« Sie spricht flüssig, deutlich und sehr bestimmt, lächelt gelegentlich verschmitzt. Was mich aber fasziniert: Egal zu welchem Thema wir sie befragen – Georgien-Krieg, Finanzkrise, Irankonflikt, Krankenkassenbeiträge, Energiepreise –, sie hat die Fakten im Kopf und zu allem eine Antwort.

Im Herausgehen aus dem Besprechungsraum sagt der Regierungssprecher: »Übrigens, das ist die letzte Kanzlerreise mit Graf Nayhauß.« Hinter mir antwortet Angela Merkel, fast erschrocken: »Wieso denn?« Ich drehe mich zu ihr: »Nach über 120 Reisen mit diversen Kanzlern reicht das.«

Was ich ihr nicht sage, ist, dass die journalistische Ausbeute auf diesen Reisen immer kleiner geworden ist. Als wir in Petersburg auf dem Flughafen von Pulkowo landen, bekommen wir zwar noch am Fuße der Gangway jeder zwei Presseausweise mit Foto, in russischer Sprache zum Umhängen. Allerdings werden wir nicht zur Konferenzstätte gefahren, sondern sollen das Geschehen am Fernseher im Pressezentrum verfolgen. Und als wäre das nicht schon Zumutung genug: Zunächst lassen uns die russischen Sicherheitskräfte trotz unserer Presseausweise nicht einmal dort hinein. Nach einem halbstündigen Palaver zwischen ihnen und den uns begleitenden deutschen Verantwortlichen (von der Deutschen Botschaft in Moskau beziehungsweise dem Bundespresseamt in Berlin) werden wir schließlich unter missbilligenden Blicken der Russen eingelassen. Jeder von uns fragt sich sofort nach dem Sinn dieser Reise. Dann hätte man das Geschehen doch zu Hause am Fernseher verfolgen können.

Der Petersburger Dialog findet in der Universität der Stadt statt. Wir Journalisten werden in der Unimensa »gefangen« gehalten. Es gibt lediglich fünf Termine, zu denen die Bild-Presse zugelassen ist, aber nicht die schreibenden Medienvertreter.

Verärgert über diese Pressepolitik, vertrete ich mir in der Mittagspause die Füße, streife ein wenig durch die nähere Umgebung. Dabei begegne ich plötzlich dem deutschen Leiter des Deutsch-Russischen Dialogs, dem früheren, ersten frei gewählten DDR-Ministerpräsidenten Lothar de Maizière.

»Nayhauß, was machen Sie denn hier?«, begrüßt er mich.

»Ich bin mit der Kanzlerin eingeflogen.«

»Ach so, mit Frau Merkel, unsereins ist Ihnen wohl nicht fein genug.«

Ich antworte, meinen Zorn über den Umgang mit der Presse nur leicht unterdrückend: »Was heißt hier nicht fein genug? Wir, obwohl mit Presseausweisen ausgestattet, werden nicht ins Forum gelassen, wo der Dialog stattfindet.«

»Das kann doch nicht wahr sein. Ich werde der Sache nachgehen und Ihnen Bescheid geben.«

Grußlos trennen wir uns. Interessiert mich alles auch nicht mehr, zumal die Veranstaltung dann noch mit einem zweiten Ärgernis endet. Am Schluss des Dialogs findet eine sogenannte gemeinsame Begegnung mit der Presse statt. Ort ist das Verfassungsgericht von St. Petersburg. Zuvor hatten uns die deutschen Begleiter eingeschärft: »Sofort nach der Pressekonferenz raus zu den Bussen, damit wir, eskortiert von der Polizei, rechtzeitig zu unseren Flugzeugen kommen.«

Leichter gesagt als getan: Wieder stellt sich uns die russische Sicherheit in den Weg, hat Anweisung, niemanden aus dem Saal zu lassen, bevor nicht der russische Präsident und die deutsche Bundeskanzlerin abgefahren sind. Erst nach lautstarken Protesten werden wir schließlich freigelassen und erreichen gerade noch rechtzeitig den Abflug.

Der Rückflug verläuft problemlos – mit einer Einschränkung: Die Kanzlerin ist nicht wie beim Hinflug an Bord, kann uns also nichts über ihre Eindrücke und Gespräche berichten, sondern ist noch zu einem Abendessen, gegeben vom russischen Präsidenten Medwedew, auf ein Restaurantschiff eingeladen. Fast schon logisch, dass kein deutscher Pressevertreter dabei sein darf. Wir landen frustriert gegen 19 Uhr in Berlin-Tegel. Nach dieser Kanzlerreise steht für mich fest: Das war's nun wirklich.

Dabei bin ich fest überzeugt, dass die Kanzlerin von dieser hanebüchenen Betreuung der sie nach St. Petersburg begleitenden Journalisten nichts mitbekam. Sie und ich kennen uns, seit sie 1991 in Bonn als jüngste Bundesministerin, verantwortlich für Frauen und Jugend, antrat und ich beobachten konnte, wie Kohl vor Beginn einer Kabinettssitzung den Gipsverband ihres zuvor gebrochenen Beines signierte – nicht ohne eine ironische Bemerkung: »Wie geht's der Mecklenburgerin?«

»Schlecht, weil's Mecklenburg schlecht geht«, gab Merkel schlagfertig zurück. Kohl, auch nicht auf den Kopf gefallen: »Das kommt davon, dass die Ministerin hier rumsitzt.«

Zehn Jahre später begegne ich Merkel auf den Stufen eines provisorischen ZDF-Studios. Sie war gerade in der Essener Gruga-Halle mit überwältigender Mehrheit zur CDU-Vorsitzenden gewählt worden. »Herzlichen Glückwunsch und toi-toi-toi.«

»Danke.«

Sie strahlte über das ganze Gesicht. Im nächsten Moment fällt ihr auf, dass sie zwei Stufen über mir steht, man aber höflicher auf gleicher Augenhöhe miteinander spricht. »Ich komm' erst einmal zu Ihnen runter«, sagt sie.

»Was für ein Gefühl ist das nach diesem überwältigenden Wahlsieg mit 897 von 935 Stimmen?«, frage ich.

»Ein gutes. Ich bin zufrieden.«

Selbst im Triumph nimmt sie sich zurück. Sie hätte auch jubilieren können: Super! Toll! Nein, das ist nicht ihre Art. Noch nicht. Dann eilte sie zurück zum sogenannten Bunten Abend der Delegierten, in eine triste Messehalle mit kaltem Buffet und lahmer Musik. Ab jetzt hat sie mehr denn je Verpflichtungen. Wird sie es packen? Sie hat alle Chancen, vorausgesetzt, sie wird weniger empfindlich gegen Kritik.

Bei unserer vorletzten Begegnung beschwert sie sich: »Erst schreiben Sie, ich sei eine graue Maus, dann, ich wäre ein Tollpatsch, und schließlich: Ich hätte nichts im Kopp.« Ein dabeistehender Kollege: »Das beweist den Erfolg seiner Kolumne, wenn sich viele über ihn beschweren.« Angela Merkel: »Darum ärgert es mich ja.«

Fünf Jahre später hält sie in einem Berliner Weinlokal eine Rede zum 50. Geburtstag ihres Parteifreundes Friedbert Pflüger. Hinterher frage ich sie: »Kann ich das Manuskript haben?« »Kein Problem«, erwidert sie und drückt mir neun beschriebene Seiten in die Hand. »Können Sie behalten.« Ich denke, hoffentlich bleibt sie so unkompliziert, wenn sie erst einmal im Kanzleramt sitzt. Macht verändert den Menschen. Den einen langsam, den anderen schnell. Im Handumdrehen zum Beispiel Joschka Fischer, der bereits nach vier Wochen als Außenminister einen Wutanfall bekam, weil sein Dienstwagen nicht schnell genug vorfuhr.

Meine erste Auslandsreise mit Merkel ging in die USA, sie war mit 37 gerade Ministerin für Frauen und Jugend geworden. Wir begleiteten den Kanzler nach San Francisco, Los Angeles und Washington. »Angie« mit großen Augen zum ersten Mal in Amerika. Golden Gate Bridge, Cable Cars, knatternde Motorräder der California Highway Patrol. In Beverly Hills, auf den Hügeln der Reichen und Schönen, Cocktails mit Zsa Zsa Gabor, Ex-Präsident Reagan und anderen Promis. In Washington wird sie dem Präsidenten, Bush senior, von Kohl vorgestellt: »Meine jüngste Ministerin, zudem aus Ostdeutschland. Spricht nicht nur Englisch, auch Russisch.«

Ein paar Jährchen später sind wir gemeinsam in New York: UN-Sondergeneralversammlung zu Umweltproblemen. Merkel ist inzwischen Umweltministerin und Leiterin der deutschen

Delegation. 35 mitangereiste Beamte aus mehreren Bonner Ministerien unterstehen ihr. Kohl ist ungehalten, der Dolmetscher fehlt. Sie atmet tief durch, Stress hat sie allein genug. Das erste Interview bereits frühmorgens im Hotelzimmer, dann Arbeitsfrühstück mit fünf Bundestagsabgeordneten. Ganztägige UN-Sondersitzung, weitere Interviews, Pressekonferenz an der Seite des Kanzlers. Abendessen mit dem indischen Umweltminister. Ganz schön happig der Tag. Sie wirkt trotzdem gelassen.

Im Triumph nimmt sie sich immer noch zurück – auch als die Union sie zur Kanzlerkandidatin kürt. Kurz darauf ihr erstes Rededuell als CDU-Vorsitzende im Bundestag mit Schröder. Thema: Atomausstieg. Auf der Pressetribüne lästern die Kollegen: »Jetzt kommt die Jungfern-Rede«, betonen das Wort »Jungfer«. Eine Journalistin fährt dazwischen: »Typisch Männer! Wie könnt ihr so etwas sagen und auch noch so dreckig lachen?« Dabei ahnen wir auf der Pressebühne nicht, dass sie unter erschwerten Bedingungen antritt. Die Unterlagen zum Debattenthema befinden sich noch im Umzugskarton. Sie muss sich beim Reden auf ihr Gedächtnis verlassen. Trotzdem, sie besteht die Feuertaufe mit Bravour.

Warum erzähle ich von diesen Stationen? Nun, wer sich mit Fleiß und Zielstrebigkeit erst als Frauen- und Jugendministerin, dann als Umweltministerin behauptet, als Partei- und Fraktionsvorsitzende durchboxt, der hat gute Chancen, sich als Kanzlerkandidat zu bewähren. Vielleicht sogar als Kanzler, denke ich schon lange, bevor es so weit ist.

Und dann geschieht es: Nach vorgezogenen Neuwahlen wird sie am 22. November 2005 mit 397 der 611 gültigen Stimmen (Gegenstimmen 202, Enthaltungen 12 Stimmen) vom Bundestag zur Kanzlerin gewählt – als erste Frau in diesem Amt.

Zwischen ihrer Wahl und Vereidigung begegnen wir uns zufällig im unterirdischen Gängesystem des Bundestages. »Herzlichen Glückwunsch, toi-toi-toi«, sage ich erneut. Angela Merkel strahlt wieder übers ganze Gesicht. Zwei Leibwächter halten gebührend Abstand. Weil ich gerade über Handy mit meiner Frau telefoniere, sage ich kess: »Sie möchte Ihnen auch gratulieren.« Und zu meiner Frau: »Ich geb' dir mal die neue Bundeskanzlerin.« Der Titel, zumal in der weiblichen Form, geht mir noch etwas ungelenk über die Zunge.

Dann unterhalten sich die Damen kurz über mich. Merkel: »Ihr Mann steht immer am richtigen Platz.« Eine Anspielung darauf, dass ich sie vor wenigen Wochen fast an selber Stelle traf – beim Geldziehen am Postbankautomaten. Sabine entgegnet: »Und hoffentlich noch viele Jahre.«

Es ist der siebte Kanzlerwechsel, den ich erlebe. Erst in Bonn, jetzt in Berlin. Auch diesmal eine Mordsumstellung. Mit Kohl in Polen unterwegs, traten wir gemeinsam zur Pipi-Pause in den Wald. Schröder erlebte ich morgens nach einer Zwischenlandung in Sibirien mit verwuscheltem Haar im weißen Bademantel. Weder die eine noch die andere Situation ist mit »Angie« vorstellbar.

Unser Verhältnis ist freundlich, professionell und von gegenseitigem Respekt geprägt. Von der angeblich »grauen Maus«, die »nichts im Kopp« hätte, keine Spur. Im Gegenteil: Sie trägt inzwischen Jacketts in verschiedenen Farben, und im »Kopp« hat sie zu jedem Thema, das die Regierungsarbeit betrifft, die Fakten parat – insbesondere während der weltweiten Finanzkrise, die 2007 einsetzt. Sie weiß Bescheid über Pfandbriefmarkt, Termineinlagen, amerikanische Bilanzierungsregeln, außerbilanzielle Risiken, Rating-Agenturen, vorzeitige Bonuszahlungen oder mehrstufiges Garantiesystem. Ehrlich, ich wäre da überfordert.

Als sie nach einer dramatischen Krisensitzung an einem Sonntag vor Fernsehkameras die überraschende Staatsgarantie abgibt: »Wir sagen den Sparerinnen und Sparern, dass ihre Einlagen sicher sind«, weiß sie, wovon sie spricht – von einer Bürgschaft in sagenhafter Höhe von (zunächst) 568 Milliarden Euro und dem vorläufigen Aus für einen ausgeglichenen Bundeshaushalt.

Nicht zu vergessen: Die Kanzlerin arbeitet fast immer unter Zeitdruck, eine Krisensitzung jagt die andere. An ihrer Regierungserklärung im Bundestag »Zur Lage der Finanzmärkte« feilt sie noch auf der Regierungsbank bis zur letzten Minute. Eilt zwischendurch hinaus, kommt zurück, korrigiert weiter. Der neben ihr sitzende Finanzminister schielt neugierig auf ihr Manuskript. Was sie dann in 21 Minuten vorträgt, ist keine »Schweiß, Blut und Tränen-Rede«, wie es die Situation erfordert hätte, sondern ein undramatischer Vortrag: »Die Lage auf den internationalen Finanzmärkten ist ernst.«

Einmal, Jahre vor der Finanzkrise, treffen wir uns zufällig in der Cafeteria des Reichstags. »Wollen Sie sich nicht zu mir setzen?«, fordere ich sie auf. »Ich frage Sie auch nicht, ob Sie Parteivorsitzende werden wollen.«

Angela Merkel lächelt: »Nein, danke, ich bin bereits verabredet.«

Dennoch bleibt sie an meinem Tisch stehen. »Bild« hatte am selben Tag gefragt: »Braucht Frau Merkel eine neue Frisur?« und Vorschläge prominenter Figaros gezeigt. »Warum wird bei Frauen immer so viel Aufhebens wegen des Äußeren gemacht?«, fragt sie nun.

Ich antworte: »Das sind doch die Frauen selbst. Meine Frau fährt, wenn sie in Bonn ist, jede Woche extra nach Köln zum Friseur.«

Als mir ein Freund eines Tages die Doktorarbeit der Kanzlerin zuspielt – »Untersuchung des Mechanismus von Zerfallsreaktionen mit einfachem Bindungsbruch und Berechnung ihrer Geschwindigkeitskonstanzen auf der Grundlage quantenchemischer und statistischer Methoden« –, verstehe ich nur Bahnhof. Mir wird schlagartig klar, warum diese Frau beim Regieren mit den unterschiedlichsten hoch komplizierten, zudem sich ständig wechselnden Themen fertig wird – mit Finanzkrisen, Frauenquote, gerechten Steuersätzen, Rente mit 63 oder 67, Drohnenankauf, Krim-Krise, Zentralbankzins, Offshorekonten, Rüstungsexporten und vielem mehr. Es ist ihr akademisch geschulter, messerscharfer Verstand, der es ihr ermöglicht, komplizierte Vorgänge zu begreifen, zu analysieren.

Das Tempo des Arbeitsablaufes ist im höchsten Grad kräftezehrend. Ausländische Besucher aus der ganzen Welt stehen bei ihr Schlange. Automatisch drängt sich einem die Frage auf: Wird sie bei der nächsten Bundestagswahl noch einmal kandidieren?

Schwer zu sagen. Sie selbst hält sich bedeckt. Das Amt hat ja auch Vorzüge. Man lernt Leute kennen, die man als »Normalo« nie erleben würde. Und dann ist da noch etwas, was man in einem Spitzenamt genießt, wie mir einst Karl Carstens nach dem Ausscheiden als Bundespräsident (1979 bis 1984) verriet: »Zu jeder Zeit zu jedem Punkt der Erde mit der Luftwaffe fliegen zu können, das vermisse ich am meisten.« Merkel dann auch? Ich glaube nicht.

»Bild« trennt sich von mir: Tiefer Fall und neues Glück

Ein Mitglied der »Bild«-Chefredaktion warnt mich vor: »Wir wollen den Vertrag mit Ihnen nicht verlängern.«

»Warum das denn?«

»Diekmann wird es Ihnen selbst sagen. Ich kann mich mit dieser Entscheidung ohnehin nicht anfreunden.«

Kurz darauf treffen wir uns zu dritt im Restaurant »Dressler« auf dem Berliner Boulevard Unter den Linden. Freundlicher Händedruck, kurzes höfliches Lächeln, dann ernste Gesichter. Diekmann hat seinen mir wohlgesinnten Stellvertreter Jörg Quoos, inzwischen »Focus«-Chef, mitgebracht. In der Vergangenheit schrieb Quoos schon mal: »Tolle Kolumne! Heute bestes Stück im Blatt.«

»Lieber Graf Nayhauß«, eröffnet Diekmann das Gespräch, »wir haben beschlossen, die Zusammenarbeit mit Ihnen nicht fortzusetzen.« Pause. »Das hat nichts mit der Qualität Ihrer Kolumne, den Top 10 der Woche, zu tun. Die war immer super. Aber nun müssen mal die Jüngeren ran.«

Die Jüngeren ran – gegen dieses Argument kann ich, der zu diesem Zeitpunkt das stolze Alter von Vierundachtzig erreicht hat, nichts einwenden. Diekmann weiter: »Wir werden Ihnen selbstverständlich ein großes Abschiedsessen geben.«

»Danke, darauf kann ich verzichten.«

»Warum denn?«

»Dann müsste ich eine Rede halten und käme nicht umhin, Unfreundliches zu sagen – zum Beispiel, wie die Kolumne immer wieder weggelassen wurde.« Das war wiederholt aus mir nicht überzeugenden Gründen geschehen und schließlich, nach meinen Protesten, nur noch mit ausdrücklicher Billigung des Chefredakteurs erlaubt.

»Sie müssen ja nicht reden«, lenkt Quoos ein, »wir könnten stattdessen ein größeres Fest geben – mit allen Redakteuren und Sekretärinnen des Politik-Ressorts.«

Ich bleibe bei meinem Nein, gehe jedoch auf einen weiteren Vorschlag Diekmanns ein: »Schreiben Sie uns eine sechsteilige Serie über Ihre Zeit bei ›Bild‹. Wir können damit in der zweiten Januarwoche beginnen.«

Ich sage ein knappes »Einverstanden«, bin gleichwohl geschockt. Trotz der Vorwarnung des Kollegen aus der Chefredaktion und wiederholtem Gezerre um meine Verträge bin ich von der Entscheidung, mich nach 30 Jahren Tätigkeit als »Bild«-Kolumnist abzusetzen, überrumpelt.

Die letzten »Top 10 der Woche« erscheinen – immerhin groß aufgemacht – am 31. Dezember 2010. Zehn Tage später startet meine Abschiedsserie in »Bild«, reich bebildert, eine halbe Seite einnehmend. Dazu heißt es im von der Redaktion geschriebenen Vorspann: »Er traf Könige, Präsidenten, Kanzler: ›Bild‹-Kolumnist Mainhardt Graf von Nayhauß. Kein Journalist war näher an den Mächtigen. Nach dreißig Jahren endet seine Kolumne in ›Bild‹ – und der Graf erinnert sich in einer neuen

›Bild‹-Serie an die wichtigsten Momente und seine spannendsten Begegnungen.«

Ich beende die letzte Folge der Serie mit den Sätzen: »Alles ändert sich. Über 5500 Kolumnen geschrieben, nebenbei noch neun Bücher. Nun allerdings ist Schluss. Der Chefredakteur möchte an dieser Stelle ein neues Gesicht. Vielleicht auch ein neues Format. Wie gesagt, alles ändert sich.«

Diekmann schreibt mir noch eine E-Mail: »Und selbstverständlich möchte ich diese Gelegenheit auch einmal nutzen, um Ihnen im Namen von ›Bild‹ meinen allerherzlichsten Dank für all die Jahrzehnte auszusprechen, in denen Sie DER Kolumnist der ›Bild‹-Zeitung überhaupt waren. Eine solche Leistung bleibt unerreicht.« Das DER schreibt er zur Betonung in großen Buchstaben. Was ich vermisse, ist ein Dankeswort des Vorstandsvorsitzenden von Springer, Mathias Döpfner. Immerhin komme ich bei Einbeziehung meiner Tätigkeit vor »Bild« für andere Blätter des Unternehmens auf über 40 Jahre Verlagszugehörigkeit!

Die ist nun zu Ende. Hans Leyendecker schreibt über meine Verabschiedung in der »Süddeutschen Zeitung«: »Als der Journalist Mainhardt Graf von Nayhauß-Cormons auf die achtzig zuging, wurde er oft gefragt, wann er denn nun aufhören wolle. ›Aufhören? Merkwürdige Vorstellung‹, hat er dann meist geantwortet und hinzugefügt, er wolle weiterarbeiten, ›solange es der liebe Gott zulässt‹.

Bei ›Bild‹ hört der 84-Jährige nun nach 30 Jahren auf, und mit Gott hat das nichts zu tun, eher mit der Chefredaktion. Erst hatte er für das Blatt die Kolumne ›Bonn vertraulich‹ geschrieben, dann kam ›Berlin vertraulich‹ und am Ende ›Meine Top 10 der Woche‹ – eine Kolumne mit den wichtigsten Leistungen, schönsten Flops und vielen Personen. Eine sehr kleine Form. Die Arbeit lag für ihn nicht im Beschaffen der Stoffe, sondern in der Kunst, ein Thema auf wenige Zeilen zu bringen. Warum sich ›Bild‹ nicht mehr mit dem Alten schmücken mag und jetzt doch noch eine Woche lang seine Erinnerungen als Serie druckt (›Meine 30 Jahre bei Bild‹), sagt er nicht.

Neues Gesicht, anderes Format – das kennt man. Offiziell nennt ›Bild‹-Chefredakteur Kai Diekmann den Grafen ›ein Urgestein des politischen Journalismus‹, der die Berichterstattung über zahlreiche deutsche Regierungen in ›Bild‹ mit geprägt habe. ›Dafür bewundern ihn viele junge Kollegen‹, sagt Diekmann. ›Und genau diesen wollen wir künftig auf den Politikseiten noch mehr Raum geben und neue Formate ausprobieren.‹ Mit anderen Worten: Onkelchen, hör endlich auf.«

Aber mich zur Ruhe zu setzen kommt mir in der Tat befremdlich vor. Deshalb höre ich mich um. Als ich dem Chefredakteur des Berliner »Tagesspiegel«, Stephan-Andreas Casdorff, ein Angebot mache, reagiert er spontan: »Mit Handkuss übernehmen wir Sie und die Kolumne. Aber ich muss mich noch mit meinem Stellvertreter kurzschließen.« Dann umgehend der Bescheid: »Sie können schon nächsten Freitag liefern. Wir werden Ihren Beitrag jeweils freitags auf Seite 1 mit Ihrem Foto veröffentlichen.«

Was für ein Knüller! Ich reibe mir hocherfreut die Hände. Für den »Tagesspiegel« bin ich übrigens kein Neuer. Bereits vor fünfzig Jahren schrieb ich als freier Mitarbeiter große Artikel für das Blatt. Mein neuer Einstieg beginnt mit dem Top: »Die stressigste Woche … hatte Angela Merkel: Sicherheitskonferenz, (München), Weimarer Dreieck (Warschau), Eröffnung Ski-WM (Garmisch). In Berlin Spitzengespräch ›Familienbewusste Arbeitszeiten‹, Hartz-IV-Poker, Eröffnungsrede Chemiekongress, Kabinett, Kundus-Untersuchungsausschuss«. Und damit der Leser etwas zum Schmunzeln hat, schließe ich die Top 10 mit: »Die ungewöhnlichste Lebenserfahrung … machte ZDF-Intendant Markus Schächter: Anfang der Siebzigerjahre verdingte er sich als Eis verkaufender Student am Strand bei Saint Tropez. Nun ehrte ihn Frankreich mit dem ›Nationalen Verdienstorden‹.«

In der nächsten und übernächsten Freitagsausgabe werde ich wieder gedruckt. Dann eine böse Überraschung: Chefredakteur Casdorff schickt mir folgende E-Mail: »Lieber Graf, wie sollen wir's sagen? Unsere Leser laufen Sturm. Sie wollen keine Kolumne, die früher in der ›Bild‹-Zeitung stand. Selten zuvor haben wir eine derart erbitterte, klare Ablehnung erfahren. Und zwar mit Abo-Kündigung. Das tut uns sehr leid, wir haben das Anti-Springer-Gen unserer Leser unterschätzt. Darum müssen wir uns leider von der Kolumne wieder trennen. Sehr schade ist das. Aber gerne würden wir noch mit Ihnen essen gehen. Wenn Sie noch mögen, worauf wir hoffen.«

Nachdem ich die Enttäuschung überwunden habe, antworte ich – man weiß nie, wann man sich im Leben wieder begegnet –, dass ich trotz der Enttäuschung gerne die Essenseinladung annehme. Auf dieses Essen mit den beiden Chefredakteuren warte ich noch heute.

Daraufhin biete ich anderen Blättern meine Kolumne beziehungsweise generelle Mitarbeit an. Zum Beispiel dem Chefredakteur der »Süddeutschen Zeitung«, Kurt Kister, der mir einmal schrieb: »Wie sehr ich Sie als Mensch und Kollegen schätze, wissen Sie ohnehin.« Aber nun die Kolumne in seinem Blatt bringen, nachdem sie zuvor beim »Tagesspiegel« gekippt wurde, findet er nicht gut. Also sagt er ab.

In früheren Zeiten brauchte ich nicht selbst zu antichambrieren. Das besorgte der gebürtige Ungar und Medienmanager Jóska von Ferenczy. Er erreichte für Journalisten, die er unter Vertrag hatte, die bestmöglichen Honorare, was der Kalauer über seine Erfolge für unsereins verdeutlicht: »Ohne Ihnen nix verdienen!« Er war zudem ein hervorragender Schlichter. Darum schrieb ich ihm zu seinem 75. Geburtstag:

»Lieber Jóska!
Unter all Deinen guten Eigenschaften – grenzenlose Großzügigkeit, Freundestreue, Verhandlungsschläue bei Wahrung unser Autoreninteressen und und und – gibt es eine, die bisher bei allen Würdigungen zu kurz kam und darum heute hervorgekehrt werden muss: Ferenczy als Blitzableiter! Wenn Du in Bonn warst, erreichte mich nicht selten ein in ›Sprin-

ger-Lyrik‹ (30 Anschläge pro Zeile) geschriebener Brief, in dem Du schreibst: ›Ich wäre nicht Ferenczy, wenn ich mich nicht gleich nach Rückkehr nach München melden würde, dass ich eine schlaflose Nacht in Bonn verbracht habe (...). Es wäre nett, wenn Du mich gleich einmal anrufen könntest.‹

Dann vernehme ich aus dem Telefonhörer Deine leidende Stimme und ahne, was kommt:

›Kinkel hat sich über Dich beschwert ...‹ Oder: ›Rühe hat sich über Dich beschwert ...‹ Auch: ›Juliane Weber (gemeint die rechte Hand Kohls) hat sich über Dich beschwert...‹

Ferenczy – die Klagemauer für Bonner Politiker (und ihre Vorzimmerdamen). Du mit Deiner einmaligen Fähigkeit, ›saure Gurken als Sachertorte zu verkaufen‹ (O-Ton Ferenczy), bringst es dann immer wieder fertig, dass die beleidigten Herren und Damen doch wieder mit mir reden.

Darum, lieber Jóska, verbinde ich meine (und natürlich auch Sabines) allerherzlichsten Glückwünsche an Deutschlands jüngsten, flottesten Fünfundsiebziger in der Hoffnung, dass Du mir künftig nach Bonn-Besuchen nur noch schreibst, was ich auch schon einmal von Dir zu lesen bekam: ›Wenn ich singen könnte und Du ein Mädchen wärst, würde ich singen: Ich küsse Ihre Hand, Madame!‹ Das allerdings geschah nach einer positiven Kolumne über Dich. Dein Mainhardt«

Aber nun, als ich seine Dienste hätte gebrauchen können, ist er ein kranker, an den Rollstuhl gefesselter Mann, der wenige Monate später in München verstirbt.

Doch ein tiefer Fall führt oft zu höherem Glück. Das schrieb bereits William Shakespeare. Denn plötzlich taucht ein Partner aus früheren Zeiten auf: Werner Schulte, Ende vierzig, den ich einige Jahre zuvor bei der Veröffentlichung meines Buches »Denk ich zurück an Bonn – das war die Macht am Rhein« kennenlernte. Er war damals Verlagsleiter des eco-Verlages, als Lektorin fungierte seine Schwester Beatrix, als Redaktionsassis-

Jóska von Ferenczy mit einem Buch zu seinem 75. Geburtstag 1994, für das seine über hundert Autoren, enge Mitarbeiter und Spitzenpolitiker Beiträge schrieben.

tent Heinrich Hengst. Schulte und Hengst sind jetzt beim Kölner Lingen Verlag tätig und an mir interessiert. Schulte schlägt vor, dass ich für den Verlag eine Buchreihe herausgebe: Pro Jahr soll ich zwei Bücher zu politisch-kritischen Themen schreiben, selbst Beiträge liefern, aber vor allem andere Autoren an Land ziehen. Schulte ist bei Lingen inzwischen Juniorpartner des Verlegers, Heinrich Hengst Ressortleiter Sachbuch. Meine Bedenken, ich könnte für die neue Rolle durch meine Tätigkeit beim Boulevard nachteilig abgestempelt sein, wischt er beiseite: »Die Sorge haben wir nicht.«

Im März 2012 erscheint das erste Buch mit dem Titel »Größenwahn und Politik«, es wird in der Bayerischen Landesvertretung in Berlin mit über achtzig Gästen von »Stern«-Kolumnist Hans-Ulrich Jörges vorgestellt. Zu den Autoren gehören so bekannte Namen wie Wolfgang Gerhardt (FDP-Bundestagsabgeordneter), Jürgen Rüttgers, vormals NRW-Ministerpräsident, Bestseller-Autor Thilo Sarrazin, Barbara Scheel, Frau des ehemaligen Bundespräsidenten; ferner Peter Scholl-Latour, »Cicero«-Chefredakteur Christoph Schwennicke, Theo Waigel und, nicht zu vergessen, mein Schulfreund Arnold Kirchner, der gekonnt und witzig eine Art Vorwort in Form eines Gedichtes zum Thema beisteuert. Und damit zu einer ständigen Einleitung auch in den folgenden drei Bänden wird.

Zum Gelingen des zweiten Bandes »Kauderwelsch – Die Sprache der Politiker« tragen unter anderem bei: Sigmar Gabriel, Hans-Dietrich Genscher, Michael Glos, Ex-Bundespräsident Roman Herzog, »Zeit«-Herausgeber Josef Joffe, Luxemburgs Premierminister Jean-Claude Juncker, Roger Köppel, Verleger und Chefredakteur der Züricher »Weltwoche«. Weil ich gern auch einen Künstler in diesem Autorenteam dabeihaben will, schreibt ebenso Star-Regisseur und Filmproduzent Dieter Wedel.

Auch bei Band 3 (»Verschwendung – Politik der Maßlosigkeit«) und Band 4 (»Wahlversprechen – Alles nur Schwindel«) beteiligen sich prominente Autoren. Bei der Verpflichtung der Autoren erlebe ich oft interessante, auch amüsante Geschichten. Kontakte aus früheren Zeiten zahlen sich aus. So beginne ich ein Gespräch mit Thilo Sarrazin auf einem Empfang mit den Worten: »Wir wissen beide voneinander, hatten jedoch noch nie miteinander zu tun.«

Er gibt lächelnd zurück: »Mit Ihnen hatte ich schon Anfang der Achtzigerjahre zu tun, als ich noch Büroleiter beim Bundesfinanzminister Lahnstein war. Sie hatten über ihn eine kritische Kolumne geschrieben, die ihn sehr ärgerte. Er beauftragte mich, mit der Rechtsabteilung des Hauses Kontakt aufzunehmen, ob wir gegen Sie prozessieren könnten. Das Ergebnis meiner Recherchen war allerdings: Keine Chancen!« Anschließend erklärt er seine Bereitschaft, einen Beitrag zu liefern, wiewohl gerade selbst mit dem Schreiben eines neuen Buches beschäftigt.

Die meisten waren spontan zur Mitarbeit bereit, so SPD-Chef Gabriel, und dabei stellte sich heraus, dass er als ehemaliger Lehrer ein großer Verfechter deutlicher Sprache ist. Seine Parteigenossin Andrea Nahles, damals noch SPD-Generalsekretärin, dagegen lehnte eine Mitarbeit beim Thema »Wahlverspechen – Alles nur Schwindel« ab: »Hätte die Chance gerne genutzt. Allerdings bin ich zurzeit vollends im Bundestagswahlkampf eingespannt und werde leider keine Zeit finden.« Sie hätte fast fünf Monate Zeit gehabt.

Tragisch die Zusage vom ehemaligen Verteidigungsminister und früheren SPD-Fraktionsvorsitzenden Peter Struck. Er war spontan bei der Sache. Nachdem er sein Manuskript geliefert hatte, starb er kurz darauf.

Und was schrieb ich zu diesen Themen? Zum Beispiel über »Größenwahn und Politik«: Der damalige Bundestagspräsident Eugen Gerstenmaier führte einen Mordsaufstand aus, damit er wie Bundespräsident, Kanzler und Außenminister auch eine Diplomatennummer für seinen Dienstwagen bekäme, eine »0«-Nummer. Seine bis dahin geführte normale Zulassung R 511-808 empfand er als unter seiner Würde. Er motzte so lange, bis er mittels einer Sonderrechtsverordnung in der Straßenverkehrsordnung das Sonder-Kfz-Kennzeichen 1-1 zugeteilt bekam. Die Nummer führt heute übrigens Bundestagspräsident Norbert Lammert an seiner Kutsche.

Und zum Thema »Kauderwelsch – Die Sprache der Politiker« schrieb ich: Eine meiner Lieblingskarikaturen zeigt einen Politiker am Rednerpult. In der dazugehörigen Sprechblase steht: »BLA-BLA-BLA-BLA«. Später fragt ein anderer Politiker den Redner: »Was haben Sie neulich in Ihrer Rede zur Steuerreform gesagt?«

»Nichts.«

»Das weiß ich. Ich meine, wie haben Sie es formuliert?«

Das Kauderwelsch der Politiker – ein echtes Ärgernis. So faseln sie von »Schnittmengen«, wenn sie Gemeinsamkeiten meinen. Der SPD-Landes- und Fraktionsvorsitzende in Schleswig-Holstein, Ralf Stegner, während der Koalitionsverhandlungen zwischen Sozialdemokraten, Grünen und Südschleswiger Wählerverband: »Es hat sich gezeigt, dass die drei Parteien sehr, sehr viele Schnittmengen haben.« Selbst die Kanzlerin verfällt dieser Unsitte. Sie strebe 2013 im Bund erneut ein Bündnis mit den Liberalen an, »weil es zwischen beiden Parteien die größten Schnittmengen gibt«. Wenn sie sich da mal nicht verschnippelt.

Und meine Meinung zum Thema »Verschwendung – Politik der Maßlosigkeit«?

Von Sparen keine Spur. Freitagabend, Lufthansa-Flug Berlin-Tegel nach Köln/Bonn. In der Economy die Passagiere dicht gedrängt. Auf den besseren Plätzen vorn – durch einen Vorhang von der »Holzklasse« abgeschirmt – nur zwei Personen: der CDU-Bundestagsabgeordnete und ehemalige Umweltminister Norbert Röttgen sowie die SPD-Generalsekretärin Andrea Nahles. Warum sitzen die Volksvertreter nicht beim Volk, sondern in der Business Class? Das würde Geld sparen. Hin- und Rückflug in Business 560 Euro, dagegen der Preis in Economy durchschnittlich 198 Euro, mit Glück sogar nur 123 Euro.

Ich fliege nicht nur auf dieser Strecke grundsätzlich Economy, um Geld zu sparen. Ich bezahle nämlich die Flüge aus eigener Tasche, bei den Abgeordneten ist es der Steuerzahler.

Im Januar dieses Jahres flogen fünf Bundestagsabgeordnete in der Business Class für sieben Tage ausgerechnet nach Kuba, um sich »über Lage und Entwicklung der kubanischen Landwirtschaft zu informieren«. So eine offizielle Mitteilung des Bundestags. Also um von den Altkommunisten Raúl und Fidel

Castro zu lernen? »Nein, um Geschäftsmöglichkeiten für die deutsche Wirtschaft zu erkunden«, verteidigt eine Abgeordnete die Reise. Nur, dafür haben wir doch eine deutsche Botschaft in Havanna.

Die Arbeit an diesen Büchern und mit den vielen Autoren ist eine schöne, neue Erfahrung für mich. Auch verläuft die Zusammenarbeit mit meinen Verlagspartnern, mit Werner Schulte und seinem Textchef Heinrich Hengst beim Lingen Verlag, sehr harmonisch, fast familiär. Auch privat treffen wir uns. Beide beweisen, dass es im Berufsleben auch menschlich zugehen kann. Vielleicht ist die Erklärung dafür, dass es sich hier nicht um einen großen Verlag, nicht um einen Konzern handelt, sondern um ein Familienunternehmen. Haupteigner und Gründer des Verlages ist Helmut Lingen, inzwischen über achtzig, der in den Sechzigerjahren seinen Verlag mit einer cleveren Vertriebsidee aufbaute: Verkauf der Bücher über Geschäftsstellen von Tageszeitungen und später auch über die Handelsketten von Tchibo und Aldi. Mit den Einnahmen des Verlags gründeten er und seine Frau 1993 die gemeinnützige »Helmut und Ruth Lingen-Stiftung«. Ihr Zweck: Finanzierung von Krankenhausprojekten, Wissenschaft, Forschung und politischer Bildung. Zu Letzterem zählt die von mir als Herausgeber verantwortete Buchserie unter dem Titel »edition-lingen-stiftung«. Im Internetportal der Stiftung schreibe ich zusätzlich einen wöchentlichen Blog über Politik und die handelnden Personen. Kurzum, ich habe weiterhin ein publizistisches Standbein, wofür ich dem Schicksal dankbar bin.

Dass ich noch so aktiv sein kann, ist ja keine Selbstverständlichkeit. Unlängst begegnete ich zufällig in Berlin Unter den Linden Ex-Bundeskanzler Gerhard Schröder. Er, mit schelmischem Lachen: »Was, Sie leben noch?« Und ob! Trotz meines inzwischen erreichten Alters von 88 Jahren bin ich guter Dinge, übe weiterhin meinen journalistischen Beruf aus und – was auch zu meinem Wohlbefinden beiträgt – blicke auf ein erfolgreiches, abwechslungsreiches Leben zurück. Ich begriff bereits als Neunzehnjähriger, der anstelle des nicht mehr lebenden Vaters für Mutter und Bruder sorgen musste, dass das Leben nicht ein vorgezogenes Paradies auf Erden ist, sondern ein täglicher Kampf – kaum anders als vor Tausenden von Jahren, als die Menschen in einer Welt voller Gefahren täglich auszogen, um Nahrung und Unterschlupf zu finden. Diese Ursprünge menschlichen Daseins werden heutzutage überdeckt von den Bequemlichkeiten der modernen Zivilisation. Vor diesem Hintergrund vertrete ich den Standpunkt: Nicht jammern, nicht klagen, sondern zupacken, Probleme lösen.

Auf meinem Abiturzeugnis, das kriegsbedingt nur ein Not-Abi war und nicht zum Studium berechtigte, stand, wie schon erwähnt, als Berufswunsch: »Diplomat oder Journalist«. Wäre Ersteres geglückt (nicht nur im Nachkriegsberlin als Ortskraft in schwedischen Diensten), wäre ich seit über zwei Jahrzehnten zum Ruhestand gezwungen. Insofern bin ich froh, dass mich der Zufall (»Diebstahl«) auf die journalistische Schiene setzte. Die Diskussion »Rente mit 63 oder 67« verfolge ich einigermaßen unbeteiligt. Gewiss, wer in der Glut eines Stahlwerkes, im Bergbau unter Tage oder als Dachdecker bei Wind und Wetter malochen muss, ist leicht mit Mitte sechzig am Ende seiner Kraft. Aber Schreibtischarbeiter?

Ebenso wenig habe ich Verständnis für den Streit um Home Office. Man muss nur wollen und wagen, den Vorteil des Arbeitens von zu Hause aus zu erkennen und zu nutzen. Ich arbeitete das letzte Mal in einer Redaktion vor über vierzig Jahren in München. Seitdem habe ich von zu Hause aus alle meine Texte geschrieben. Voraussetzung für diese Form des journalistischen Arbeitens: Man ist gut vernetzt, besitzt die Handy-Nummern der wichtigsten Politiker (die einen auch mal von der Regierungsbank anrufen) und hat Zugang zum Archiv eines großen Medienkonzerns; letzteres ist dank der Datenbanken von Google und Wikipedia nicht mehr ganz so wichtig, aber immer noch von Vorteil bei Sonderwünschen.

Im Bonner Arbeitszimmer, nun nicht mehr am Rodderberg, sondern in Bonn-Kessenich

Zugegeben, es gibt im Home Office hin und wieder unliebsame Störungen – etwa wenn die weinende Tochter aus dem Kindergarten nach Hause kommt und zum dritten Mal die dann von der Versicherung nicht mehr ersetzte Zahnspange unterwegs verloren hat. Man unterbricht die eigene Arbeit, stochert stattdessen mit ihr am Rande eines Baches nach dem verdammten Stück herum, statt die fällige Kolumne zu Ende zu schreiben – überdies noch von der Vorstellung geplagt, der Chefredakteur würde das mitkriegen.

Eine Kolumne, also einen festen Platz an genau festgelegten Erscheinungstagen zu haben und zudem von Haus aus arbeiten zu dürfen, ist ein Privileg, umso mehr, wenn man für ein großes Medium publiziert. Allein ist man halb so wichtig. Dabei technisch auf absoluter Höhe zu sein, ist ein Muss. Texte sind aus dem Computer, Laptop oder Smartphone an die Redaktion abzusetzen. Analog geschickte Beiträge, zum Beispiel per Fax, die

Ehefrau Sabine

erst von einer Redaktionssekretärin ins Digitale umgesetzt werden müssen, halten den Redaktionsbetrieb auf, und man wird den Kollegen schnell lästig.

Ich bereiste fast alle Kontinente, sah unvorstellbaren Reichtum, andererseits bittere Armut, kurzum die Vielfalt menschlichen Daseins. Mit meinen Beiträgen in Print, Fernsehen, Rundfunk und Internet erreichte ich bisweilen wöchentlich über zehn Millionen Menschen. Ein Traumergebnis für jeden publizistisch Tätigen.

Und einen weiteren Traum erfüllte ich mir: den vorübergehenden Ausstieg aus der Hetze des beruflichen Alltags, indem ich mir mit Ende dreißig eine dreijährige Pause leistete, auf große Reise ging. Wichtig dabei: In meinem Beruf hatte ich mir durch spektakuläre Veröffentlichungen bereits einen Namen gemacht, so dass ich nach meiner Rückkehr in der Branche weiterhin gefragt war.

Richtig in meinem Leben war auch die Entscheidung, erst mit vierzig zu heiraten – und zwar die Richtige. In zwei Jahren feiern wir hoffentlich Goldene Hochzeit. Zu meinen beruflichen Erfolgen trug natürlich auch meine Frau bei, indem sie als unser »Außenminister« Kontakte hielt, Freundschaften pflegte und vor allem unsere Töchter Tatjana und Tamara mit viel Liebe erzog. Die beiden, mit Unterstützung ihrer Ehemänner Dominik und Alexander, bescherten uns fünf aufgeweckte und gesunde Enkel: Charlie, Ludovico, Edina, Maximilian und Louis. Sie alle sind eine große Bereicherung unseres Lebens.

Ich verdanke diesem Leben auch bisweilen wahnwitzige Erlebnisse. Als Bonner »Spiegel«-Korrespondent flog ich einmal auf dem Sitz des Co-Piloten einen britischen Jagdbomber – und durfte über dem Rheintal Loopings und Rollen drehen. Die Royal Air Force hatte mich zum Dank für einen freundlichen Artikel über sie zu einem Gratisflug eingeladen. Bei einer kurzen Vorbesprechung kam es zu einem Missverständnis: Befragt, ob ich Kriegsteilnehmer gewesen wäre – »Ja« – und ob ich fliegerische Erfahrungen hätte – »Ja, Segelfliegerschein A« –, wies der Geschwaderkommandeur den Piloten an: »Count Nayhauß is an old World War glider pilot. When you are up there, let him take over!«

Ein anderes Erlebnis: Während der Pause eines Kohl-Besuches in Schleswig-Holstein veranlasste der für die Polizei zuständige Innenstaatssekretär einen zur Eskorte gehörenden Motorradpolizisten, mir seine Maschine für eine Probefahrt zu überlassen. Mir entgegenkommende Verkehrsteilnehmer verrissen vor Staunen fast ihr Steuer, als ihnen ein Zivilist auf einem Polizeimotorrad entgegenbrauste. Was niemand wusste: Der Staatssekretär, der mir das außergewöhnliche Erlebnis bescherte, war ein Schulfreund.

Und schließlich durfte ich einmal, während meiner Zeit als Dolmetscher beim US-Transportation Office, eine Rangier-Lokomotive fahren – Traum eines jeden Jungen. Allerdings unterschätzte ich die Schubkraft von zehn beladenen Güterwaggons und knallte trotz verzweifelter Bremsversuche gegen einen Prellbock.

Habe ich besonders gesund gelebt? Ja und nein. Ich trieb viel Sport. Auf dem Internat gab es nicht nur täglich eine Stunde Sport, wir gingen abends aus purer Lust in Turn- oder Schwimmhalle, denn das Verlassen der Anstalt zwecks anderer Zerstreuung war uns ohne Genehmigung nicht erlaubt. Später, bis Mitte der Siebzigerjahre, bin ich täglich gejoggt. Seitdem laufe ich noch Ski, fahre Rad – und segel bis heute mit eigener Jolle auf dem Mittelmeer. Das Rauchen habe ich bereits vor Jahren aufgegeben, und übermäßig getrunken habe ich nie – mit einer Ausnahme: Anfang der Fünfzigerjahre tranken wir an einem Silvesterabend mit Willy Brandt Aquavit aus Wassergläsern; danach wurde ich zur Ausnüchterung kopfüber in eine Mülltonne gehängt.

Die Veränderungen, die ich seit den Fünfzigerjahren im Journalismus erlebt und mitgemacht habe, waren gewaltig – im Guten wie im Schlechten. Ich bin noch mit Manuskripten, die für die Illustrierte »Quick« bestimmt waren, in der Nacht zum Bonner Hauptbahnhof gehetzt und habe sie im Postwagen des D-Zugs nach München mit einem Trinkgeld einem der Beschäftigten übergeben – mit der Bitte, die Texte in München der Redaktion zuzustellen. Heute ein Tastendruck auf »Senden« meines Computers, und in Sekunden ist das Geschriebene in der Redaktion.

Früher durfte ich – wie auch der eine oder andere Kollege – zu Beginn einer Kabinettssitzung dabei sein, mich mit Kanzler und Ministern unterhalten. Für Home Stories standen Bundespräsident, Kanzler und Minister ohne zu zögern zur Verfügung. Als ich den FDP-Vorsitzenden Lindner bat, ihn einmal zu Hause zu erleben, lautete seine Antwort: »Aber nicht zum Schreiben.« Entgegenkommen, gegenseitiges Vertrauen sind selten geworden.

Als in den Fünfzigerjahren der Journalist und Mitherausgeber der »Zeit«, Ernst Friedlaender senior, bei Bundeskanzler Adenauer zum vereinbarten Interview über Europapolitik und die deutsch-französischen Beziehungen erschien, entschuldigte sich der Kanzler, dass ein anderer Termin dazwischengekommen sei: »Aber Sie kennen ja meine Einstellung zum Thema, setzen Sie sich an meinen Schreibtisch, wir stellen Ihnen eine Schreibmaschine zur Verfügung, und beantworten Sie Ihre Fragen in meinem Sinn. Wenn ich zurückkomme, schau ich mir das Ganze an.« So geschah es. Adenauer korrigierte zwei, drei Passagen, und damit war das Interview genehmigt.

Dass Ähnliches heute geschehen könnte, wage ich zu bezweifeln. Was Politiker und Journalisten verband und gegenseitigen Respekt auslöste: Wir gehörten allesamt der Kriegsgeneration an. Journalisten wurden nach Bedarf in den Auswärtigen Dienst übernommen, brachten es bis zum Botschafter. Heute ist so etwas unmöglich.

Wir sind aber auch zahlreicher geworden. In Berlin gibt es über 4000 Medienvertreter. An die 3000 sind vom Bundestag mit Hausausweisen ausgestattet. Blogger, oft ohne Redaktionszugehörigkeit, pochen ebenfalls auf Zulassung. Ende der Fünfzigerjahre hatte die Bundespressekonferenz, der Verein der am Sitz von Regierung und Parlament arbeitenden Journalisten, 216 Mitglieder. Heute sind es 920 (Stand Mai 2014). Fotografen wurden einst als Mitglieder nicht aufgenommen; heute sind neunundsiebzig dabei.

Als ich beim »Spiegel« in Bonn anfing, wurde von der Chefredaktion vorausgesetzt, dass ich für besondere Anlässe Frack, Stresemann und Smoking besaß. Auch »Spiegel«-Herausgeber Augstein erschien zum Presseball im Frack. Heute trägt man selbst bei Filmpremieren, zum Beispiel mit Tom Cruise, Jeans und Kapuzenpullis. Krawatten in der Redaktion sind out.

Zu Beginn meiner journalistischen Tätigkeit gab es kein Fernsehen und keine Fernsehjournalisten. Inzwischen schicken die Sender bei wichtigen Anlässen bis zu vier Teams, in der Hoffnung, dass wenigstens eines mit nicht verwackelten Aufnahmen zurückkommt.

Nachtschicht machten wir einst noch selbst. Heute verlagern Redaktionen Nachtarbeit nach Australien oder in die

USA, um rund um die Uhr online zu vermelden, was in der Welt passiert. Im Internet wird bisweilen per News-Ticker im Fünf-Minuten-Takt berichtet, als säße man im War Room des Pentagon. Bei Google kann man bis zu 7000 (!) Beiträge zu ein und demselben Thema abrufen – einer schreibt vom anderen ab. Wahnsinn! Die Menschheit wird mit Nachrichten hoffnungslos überfüttert.

In fast siebzig Jahren habe ich als Chronist der Macht zudem erlebt, wie Macht die Menschen, speziell Politiker, verändert. Ich teile daher weitgehend die Einschätzung des israelischen Staatspräsidenten Schimon Peres, der einmal sagte: »Alle Mächtigen, die ich näher beobachtet habe, sind ungeduldig und intolerant geworden, haben eitel das Maß ihrer Möglichkeit überschätzt und Prinzipien sowie Freunde selbstherrlich aufgegeben« – Ausnahmen bestätigen die Regel, zum Beispiel Angela Merkel.

Ich erlebte andererseits auch die Hilflosigkeit und Verzweiflung gestürzter Amtsträger, zum Beispiel des CDU-Politikers Eugen Gerstenmaier, vierzehn Jahre Bundestagspräsident. 1969 stolperte er über eine Entschädigungszahlung von 281 107 D-Mark wegen in der NS-Zeit erlittenen Unrechts. Er gehörte dem Kreis der Verschwörer gegen Hitler um Stauffenberg an, kam nach dem Scheitern des Attentats vom 20. Juli 1944 vor den »Volksgerichtshof« und in Gestapo-Haft. Die Entschädigungssumme basierte auf der Begründung, ohne seine Zugehörigkeit zum Widerstand wäre er ordentlicher Professor geworden. Diese Bezüge seien ihm entgangen. Rechtlich nicht zu beanstanden. Aber dass ein hoch besoldeter Politiker noch zusätzlich Entschädigung kassierte, löste in weiten Kreisen Entrüstung aus – heute Shitstorm genannt. Genervt trat Gerstenmaier zurück. »Ich fühle mich wie ein Stück Wild, das keinen Blattschuss bekommen hat, sondern eine Ladung Schrot, und sich nun damit dahinschleppt.« Zwei Monate nach der Demission musste er aus der Amtsvilla am Rhein ausziehen, der schwarze Dienst-Mercedes 300 SEL wurde ihm genommen, und er konnte keine Sommerfeste mehr auf Staatskosten geben. Ich war dabei, wie er – einst von beflissenen Bediensteten umgeben – nun ganz allein mit dem Zollstock in der Hand in Bonn und Umgebung nach einer anderen Bleibe suchte, um ein völlig neues Leben zu beginnen.

Doch der Amtsverlust, so schwer er auch zu verkraften sein mag, gehört selbstverständlich zur Demokratie mit dazu. Weitaus schwieriger für einen Journalisten ist der Umgang mit echten Schicksalsschlägen, von denen ja auch Politiker nicht verschont bleiben.

Zwei Beispiele.

Ein jugendlicher Anhalter, ordentlich gekleidet, steht mit herausgestrecktem Daumen auf der Standspur der Autobahn. Dort ist Trampen allerdings verboten, weshalb schon bald ein Streifenfahrzeug der Autobahnpolizei neben ihm stoppt. Zwei Polizisten steigen aus, um ihn nach seinen Ausweispapieren zu fragen und auf das Verbotene seines Tuns hinzuweisen. Was eine Routineangelegenheit zu sein scheint, gerät in wenigen Sekunden zu einem Drama.

Als sich die Beamten dem jungen Mann auf wenige Schritte nähern, zieht dieser völlig unerwartet ein Messer aus der Tasche, setzt es sich auf die Brust – dort, wo das Herz schlägt – und ruft: »Keinen Schritt weiter, oder ich steche zu!« Die Beamten halten erschrocken inne. Dann geht einer auf den Anhalter mit ausgestreckter Hand zu: »Nun gib schon das Messer her.« Er sagt es in einem besänftigenden, fast bittenden Ton. Doch im nächsten Moment erstarrt er: Der junge Mann drückt sich die Klinge bis zum Schaft in die Brust und bricht zusammen.

Als dessen Personalien nach vergeblichen Rettungsversuchen im Krankenhaus festgestellt werden, erfährt die Tragödie eine weitere Steigerung: Bei dem Toten handelt es sich um Raimund Schmid, gerade mal im 21. Lebensjahr, Sohn des bekannten Sozialdemokraten Prof. Dr. jur. Carlo Schmid.

Der Vater des jungen Selbstmörders ist eine weithin geachtete Persönlichkeit, Rechts- und Staatswissenschaftler, 1947 bis

1950 Justizminister von Baden-Württemberg, Mitglied des SPD-Parteivorstandes, einer der Väter des Grundgesetzes und seit der ersten Legislaturperiode Vizepräsident des Deutschen Bundestages.

Ich bin damals, es ist das Jahr 1956, beim »Spiegel« und erhalte von der Redaktion den Auftrag, Carlo Schmid nach den Umständen des tragischen Todes zu befragen. Ich komme mir wie der Reporter des Satans vor (glücklicherweise verzichtet die Redaktion später auf einen Artikel über diese Tragödie). Im Präsidentenflügel des Bundeshauses stoße ich auf Carlo Schmid vor seinem Büro. Er ist ein Mann von großer Statur und wuchtiger Leibesfülle – fast wie später Helmut Kohl. Als ich ihn frage: »Herr Professor, hat sich die Polizei da vielleicht einen Übergriff erlaubt?«, rollen Tränen über seine Wangen. Verlegen schaue ich zu Boden und registriere nebenbei, dass andere, ebenso verlegen, versuchen, möglichst schnell an uns vorbeizuhuschen. Carlo Schmid schüttelt sein Haupt, dessen Haar, eine dichte Mähne, locker zurückgekämmt ist: »Ist schon gut, Nayhauß, die Beamten trifft keine Schuld. Die suche ich bei mir. Ich hätte mich mehr um den Jungen kümmern sollen.« Er klopft mir mit seiner kräftigen Hand kurz auf die Schulter, wendet sich abrupt ab und geht schleppenden Schrittes in sein Arbeitszimmer.

Szenenwechsel.

Rainer Barzel, viele Jahre Bundesminister, CDU-Partei- und Fraktionsvorsitzender, später Präsident des Deutschen Bundestages, ist in München. Seine an Leukämie erkrankte Frau Kriemhild liegt dort in einer Klinik. Es ist jetzt Freitagnachmittag. Aufgekratzt wie lange nicht mehr, schickt sie ihren Mann nach Hause. »Ich seh' jetzt noch ein bisschen fern. Und morgen holst du mich raus. Versprichst du mir das?«

»Puppchen«, so nennt er sie zärtlich, »das müssen die Ärzte entscheiden. Wenn die sagen, das geht in Ordnung, hole ich dich.«

Als Rainer Barzel am nächsten Morgen in der Klinik anruft, sagt die Stationsschwester: »Es geht ihr nicht gut. Es ist wohl besser, Sie kommen gleich.« Er macht sich sofort auf den Weg und trifft gegen neun Uhr in der Klinik ein. Der Zustand von Kriemhild Barzel ist bereits so weit verschlechtert, dass sie ihren Mann kaum erkennt. Gegen zehn Uhr fällt sie in Bewusstlosigkeit. Als Punkt sechzehn Uhr die Glocken der Marienkirche läuten, hört ihr Herz zu schlagen auf. Alle Spuren des Leidens der letzten Monate sind aus ihrem Gesicht verschwunden. Ihrem Mann erscheint sie plötzlich so schön und mädchenhaft, wie er sie vor vierzig Jahren kennengelernt hatte. Jeder wohnte damals bei seinen Eltern in der Berliner Kantstraße – sie in Haus Nummer 1, er in Nummer 3. »Barzels – eins, zwei, drei«, lautete fortan ein Familienspruch.

Jetzt trifft ihn der Tod seiner Frau umso härter, als seine Tochter Claudia drei Jahre zuvor freiwillig aus dem Leben geschieden war. Er bittet mich – wir sind seit vielen Jahren befreundet –, ihn bei der Rückkehr aus München am Köln/Bonner Flughafen abzuholen.

Am Tag nach dem Tod seiner Frau fliegt er mit der Mittagsmaschine ein – an seiner Seite Timmchens beste Freundin, Helga Meyer-Scheben. Vor dem Flughafengebäude erwarten wir ihn: sein ehemaliger Bürochef Ludwig Rehlinger, meine Frau und ich. Weinend umarmt er jeden von uns. Vorbeikommende registrieren erstaunt die Tränen im Gesicht des bekannten Politikers und blicken im nächsten Moment verschämt zur Seite.

Zeuge solcher Einzelschicksale zu sein, war für mich nicht minder bewegend als die politischen Veränderungen von historischer Bedeutung, die ich miterleben durfte: den Fall der Mauer in Berlin und die Wiedervereinigung meines Vaterlandes. Noch im Januar 1945 auf französischem Boden kämpfend, habe ich heute in Frankreich nicht nur seit fast vierzig Jahren eine Wohnung, ich darf sogar bei Europawahlen den französischen Kandidaten meiner Region mitwählen – einziger Vorbehalt: Ich darf nicht gleichzeitig in Deutschland votieren. Früher wurde ich an der Grenze bei der Einreise mit dem Wagen gefilzt und zurückgeschickt, weil ich verbotenerweise zehn Liter Sprit zu viel im Reservekanister hatte. Inzwischen gibt es keine Grenze mehr.

Ich bin stolz und dankbar, dieses Zusammenwachsen Europas erlebt zu haben. Überhaupt, ich hatte ein aufregendes, interessantes und, trotz mancher Leiden – Krieg, Bombennächte, Hungersnot, harte Jugend –, erfülltes Leben. Anders als mein Vater und Seinesgleichen, die ihr Leben, das man nur ein Mal hat, im Widerstand gegen Hitler opferten – weshalb hier noch ein letztes Kapitel folgen muss.

Der Kreis schließt sich

Endlich ein Ort des Gedenkens für Vater

Dumpfer Trommelwirbel, ein Trompeter spielt das Lied vom »Guten Kameraden«. In der ersten Reihe die Spitzen des Staates und Angehörige jener Offiziere des Widerstands gegen Hitler, die just an diesem Ort – ein schmuckloser Hof im Berliner Tiergartenviertel – nach gescheitertem Putsch gegen den Diktator erschossen wurden.

Sechsundzwanzig Kränze. Sogar der Zentralrat der Juden und das Internationale Auschwitz-Komitee schickten Gebinde. Der israelische Botschafter ist anwesend. Alles nicht selbstverständlich. Lange wurde den Verschwörern um Oberst Claus Schenk Graf von Stauffenberg vorgehalten, erst Hitlers militärische Siege in Kauf genommen, dann zu spät gehandelt zu haben. Andere warfen den Offizieren den Bruch des Treue-Eids gegenüber ihrem obersten Befehlshaber vor. Erst 2001 schaffte es das Verteidigungsministerium, in seinen Berliner Räumen eine Gedenktafel für alle Opfer des 20. Juli 1944 anzubringen.

Der Kanzler, es ist Gerhard Schröder, erinnert in seiner Rede, »dass der Widerstand gegen die Gewaltherrschaft nicht erst 1944 begonnen hatte [...], er setzte bereits 1933 ein, als die Nationalsozialisten die Macht an sich rissen.«

Recht hat er.

In der »Gedenkstätte Deutscher Widerstand«, am selben Ort der Feier, findet sich eine 23-bändige Dokumentation über den Widerstand allein in Berlin. Auszüge: Der Regierungsbeamte Dr. Erich Klausner wurde 1934 in seinem Dienstzimmer von der SS erschossen. Vorwurf: umstürzlerischer Kontakt zur katholischen Kirche. Der SPD-Fraktionsvorsitzende im Reichstag, Rudolf Breitscheid, wurde 1933 ausgebürgert, floh nach

Frankreich, wurde 1941 an Deutschland ausgeliefert, ins KZ Buchenwald gesteckt, kam dort 1944 bei einem Fliegerangriff um. Die Bezirksamtsangestellten Fonden, Dombrowski und Pahnke wurden hingerichtet, weil sie Spottverse auf Hitler schrieben.

Auch mein Vater und sein grausames Schicksal sind im Band »Widerstand in Schöneberg und Tempelhof« genannt.

Seit 2009 wird seiner zusätzlich in Form eines »Stolpersteins« in Berlin-Friedenau, Stierstraße 4, gedacht. Die »Stolpersteine« sind eine Idee des Kölner Künstlers Gunter Demnig, sie sollen an die Opfer des Nazi-Regimes erinnern und werden vor den Häusern auf dem Gehweg platziert, wo die Betroffenen zuletzt wohnten, bevor sie verfolgt, ermordet oder deportiert wurden. Sie sollen Vorübergehende zu kurzem Verharren und Gedenken anhalten. Inzwischen gibt es in Europa über 40 000 Steine, in Berlin an die 5000. Die Einbettung des Steins in Erinnerung an meinen Vater – ein mit einer Messinglegierung überzogener kleiner Betonblock von 10 × 10 Zentimetern – erfolgt an einem Montag im September 2009. Zunächst spricht in Anwesenheit einer kleinen Gruppe von Andächtigen die Mitinitiatorin der »Stolperstein-Initiative Stierstraße«, Petra Fritsche, Worte des Gedenkens. Dann ist es an mir, eine kurze Rede zu halten. »Endlich, lieber Vater, haben wir einen Ort, an dem wir deiner gedenken können. Nicht nur, dass Hitlers Schergen dich zu Tode folterten, nein, sie verweigerten sogar die Herausgabe deiner sterblichen Überreste, so dass wir niemals erfuhren, wo sie dich verscharrten. Auch werde ich nicht vergessen, wie sie unsere Wohnung stürmten und selbst unter den Kinderbetten nach ›diesem Schwein‹, so nannten sie dich, suchten. Wiewohl erst sieben Jahre alt, sehe ich das Bild von unserer verzweifelten Mutter, die immer wieder schrie: ›Hilfe! Hilfe!‹ Mit diesem Stolperstein haben wir endlich einen Ort, wo wir dich besuchen können und gedanklich Zwiesprache mit dir halten werden. Du bist nicht vergessen.«

Ich verneige mich alsdann über Vaters »Stolperstein«, lege eine Rose nieder, Zeichen des tiefen Mitgefühls der Familie.

Gedenkstein für Vater Stanislaus in der Stierstraße, Berlin-Friedenau

Die Anwesenden und ich verharren in einer Gedenkminute. Eine Frau spielt ein Stück auf einer Violine. Anschließend schreiten alle zu der in der Stierstraße gelegenen Philippus-Kirche, wo die kleine Trauergemeinde ausführlich Gelegenheit hat, sich zu erinnern und Gedanken auszutauschen.

Die Stierstraße ist keine besonders lange Straße, damals wie heute bürgerliches Milieu, Altbauten mit verzierten Fassaden. Dennoch, allein in dieser Straße sind inzwischen – man glaubt es nicht, es sei denn, man hat es gesehen – 57 »Stolpersteine« verlegt. Bis auf drei Fälle dienen alle anderen der Erinnerung an jene, die das Hitlerregime nicht überlebten. Die auf den kleinen Steinen vermerkten Namen, Geburtsdaten, Orte und Todesursachen sind erschreckendes Zeugnis menschlicher Schicksale während der Nazi-Diktatur. Ergänzt werden sie durch eine höchst lesenswerte Schrift des bereits genannten Initiativemitglieds, Petra Fritsche. Sie beschreibt in einer Abhandlung über »Die Straße als Ort des Erinnerns« Lebenswege der Opfer.

So den meines Vaters. Im gegenüberliegenden Haus, Stierstraße 14, lebte der sozialkritische Schriftsteller der Zwanzigerjahre in Berlin, Max Hermann-Neiße. Er verließ auf Drängen seiner Frau Leni noch in der Nacht des Reichstagsbrands, am 1. März 1933, Berlin und emigrierte über Zürich nach London. Das rettete ihm das Leben. Dort schrieb er eindrucksvolle Gedichte über den Verlust der Heimat. Er starb 1941 in London. Seine Frau, die ihm gefolgt war, nahm sich im Oktober 1960 das Leben.

Stierstraße 19: Elfriede Friedemann war Christin jüdischer Herkunft und Eigentümerin des Hauses. Einen Tag vor der Deportation verließ sie die Wohnung mit einem Handkoffer und flüchtete zu einer Freundin nach Strausberg. Sie hinterließ einen Brief, in dem sie ihren Selbstmord ankündigte. Indes, sie machte ihre Selbstmorddrohung nicht wahr, sondern flüchtete weiter nach Stuttgart zu der »Württembergischen Pfarrhauskette«, deren Mitglieder Verfolgte versteckten. Ihre Tochter Susanne, zunächst Zwangsarbeiterin in Berlin-Weißensee, bekam eines Morgens vom Betriebspförtner zu hören, dass die Gestapo ihretwegen angerufen hätte, sie solle sofort nach Hause kommen. Sie wusste, was das bedeutete, und fuhr nicht in die Stierstraße, sondern zu ihrem Freund Bernhard von Schüching. Noch bevor Elfriede Friedemann und ihre Tochter Susanne untertauchten, wurden ihre Untermieter, das Ehepaar Herbert und Gertrud Polke, im Januar 1942 nach Riga deportiert.

Geht man die Stierstraße weiter, stößt man immer wieder vor Häusern auf »Stolpersteine« mit Inschriften wie: »Vom Warschauer Ghetto nach Treblinka gebracht und dort ermordet.«

Im Haus an der Stierstraße 29 gestalteten einst jüdische Bürger in einer Privatwohnung eine Ersatz-Synagoge. In zwei der sechs Zimmer wurde ein Betsaal eingerichtet. Nach der Pogromnacht im November 1938 zerstörten und schlossen die Nazis sogar dieses Provisorium. Da die »Stolpersteine« bisher ausschließlich Personen gewidmet waren, schuf der Künstler Gunter Demnig zusätzlich »Stolperschwellen«, die vor Gebäude verlegt werden, welche ebenfalls vom Nazi-Terror betroffen waren – wie die Wohnung mit der Ersatz-Synagoge.

Erst dieser Tage fiel mir ein Foto von meinem zu Tode gefolterten Vater in die Hände. Es zeugt von so scheußlicher Grausamkeit, dass man es in diesem Buch nicht zeigen kann. Dabei wird mir einmal mehr bewusst, welch hohes Gut wir dank der im Grundgesetz verankerten Meinungsfreiheit errungen und zu verteidigen haben.

Denn jetzt gilt: Wer schreibt, der bleibt! Stirbt nicht durch Henkers Hand.

Dank

Man kann als Autor noch so kluge Sätze formulieren, interessante Ideen haben – letztlich bedarf es der Hilfe vieler. Vor allem braucht man eine Plattform zur Veröffentlichung. Hier bin ich dem Siedler Verlag zu großem Dank verpflichtet.

Aber schon um so einen erstklassigen Verlag zu finden, bedarf es eines Vermittlers, eines Literaturagenten. Und in diesem Fall war es Dr. Rüdiger Dammann, der früher selbst in verschiedenen Verlagen als Programmleiter arbeitete. Er hat zudem dieses Buch lektoriert. Ihm gilt mein ganz besonderer Dank.

Man braucht aber auch beim Schreiben Helfer. Da ist besonders zu erwähnen mein leider zu früh verstorbener Bruder Engelbert, der über meine Familie mütterlicherseits eine grandiose Recherche zu Papier gebracht hat. Ihm ist es zu verdanken, dass dieser Teil meiner Ahnen fast minutiös beschrieben ist, gekonnt und farbig formuliert. Sein Sohn Dirk Nayhauß, selbst Autor mehrerer Bücher, hat mir Berge von Familiendokumenten zur Auswertung überlassen. Auch dafür herzlichen Dank.

Manchmal sind es auch Kleinigkeiten, die der Unterstützung bedürfen. So hat sich der stellvertretende Berliner Senatssprecher, Bernhard Schodrowski, über ein Jahr lang bemüht, einen Brief ausfindig zu machen, den Willy Brandt 1950 (!) an den Senat schrieb, um sich für die Fortsetzung der Entschädigungsrente an meine Mutter einzusetzen, die ihr nach der Ermordung meines Vaters durch das Nazi-Regime zugesprochen, die aber nach Kriegsende groteskerweise nicht weitergezahlt wurde. Gesucht wurde nach diesem Dokument monatelang. Zunächst vergeblich im Berliner Landesarchiv – dort sei trotzdem gedankt Frau Anne Rothschenk und Stephan Zakow; gefunden wurde es schließlich im Willy-Brandt-Archiv der Friedrich-Ebert-Stiftung, Bonn. Dort hatte sich Sven Haarmann des Falles angenommen. Viel Aufwand für ein einziges Dokument.

Wenn es um Recherchen geht, danke ich auch den Kollegen vom Springer-Archiv, allen voran Sylvia Hinrichs. Sie alle gingen meinen Rechercheanfragen mit bewundernswerter Ausdauer nach.

Bei eigenen Recherchen im Internet konnte ich auf die sachkundige Hilfe meines Freundes Hans Koenig zurückgreifen, der dies von seinem jetzigen Wohnsitz in Monaco aus tat. Auch wenn man selbst seit Jahrzehnten mit Computer und Internet umzugehen weiß, irgendwann versagen doch eigene Kenntnisse. Da halfen mir mit nimmermüder Ausdauer mein Schwager Thomas Knorr aus München und mein langjähriger Freund in Bonn, Dr. Roland Alexander. Gelegentlich waren auch sie am Ende mit ihrem Latein.

Großen Dank verdient meine Sekretärin seit Jahrzehnten, Ute Bogner, die das gesamte Manuskript schrieb, ohne zu murren, wenn ich mich wiederholte, bereits geschriebene Texte bis zur Unkenntlichkeit redigierte, und die Sonderschichten einlegen musste, wenn Ablieferungstermine drängten.

Natürlich ist auch meiner lieben Frau Sabine Dank geschuldet. Sie half nicht nur bei Recherchen vor Ort, sondern bewies einmal mehr, dass ihr Erinnerungsvermögen an bestimmte Vorgänge in unserem gemeinsamen Leben besser ist als das meine. Sie warnte mich, wenn ich zu indiskret zu werden drohte, und hat überdies hingenommen, dass ich über zwei Jahre Abend für Abend im Arbeitszimmer unseres Bonner Hauses verschwand, um bis in die tiefe Nacht zu schreiben. Sie hielt den Kontakt zu unseren Freunden aufrecht, die ich vernachlässigte.

Sollte ich den einen oder anderen übersehen haben, dem ich Dank schulde – er möge mir verzeihen, trotzdem das Buch lesen und möglichst weiterempfehlen.

Bonn, im Sommer 2014

Personenregister

Bildnachweis

Bundesregierung: 409, 418, 489 o., 489 u.
Dieter Bauer: 339, 382
Frank und Marc Darchinger, Bonn: 454, 473, 493
George Delanoff: 401
Guido Mangold: 252, 288, 297
Helmut R. Schulze/Photography International: 354, 385, 476, 479, 489 Mi.
J.H. Darchinger/Friedrich-Ebert-Stiftung, Bonn: 371
Kurt Rohwedder: 353
Roberto Pfeil: 432
Rolf Hayo: 405
Sepp Spiegel: 517
Archiv der sozialen Demokratie/Friedrich-Ebert-Stiftung, Bonn: 126, 128
Winfried E. Rabanus: 284, 307, 320, 361

Alle übrigen Bilder stammen aus dem Privatarchiv des Autors (11, 14, 18, 30, 34, 36, 38, 40, 47, 56, 61, 73, 77, 103, 108, 134, 143, 145, 156, 221, 229, 241, 265, 347, 511, 518, 529).